求真集

刘瑜 ◎ 著

徐洪佩 ◎ 整理

中国社会科学出版社

图书在版编目（CIP）数据

求真集／刘瑜著；徐洪佩整理. —北京：中国社会科学出版社，2024.10. -- ISBN 978-7-5227-4167-3

Ⅰ.C53

中国国家版本馆 CIP 数据核字第 2024JP0690 号

出 版 人	赵剑英
选题策划	宋燕鹏
责任编辑	王正英　宋燕鹏
责任校对	李　硕
责任印制	李寡寡

出　　版	中国社会科学出版社
社　　址	北京鼓楼西大街甲 158 号
邮　　编	100720
网　　址	http://www.csspw.cn
发 行 部	010-84083685
门 市 部	010-84029450
经　　销	新华书店及其他书店
印　　刷	北京明恒达印务有限公司
装　　订	廊坊市广阳区广增装订厂
版　　次	2024 年 10 月第 1 版
印　　次	2024 年 10 月第 1 次印刷
开　　本	710×1000　1/16
印　　张	41
插　　页	2
字　　数	615 千字
定　　价	198.00 元

凡购买中国社会科学出版社图书，如有质量问题请与本社营销中心联系调换
电话：010-84083683
版权所有　侵权必究

前　言

《求真集》乃刘瑜先生论文集。刘瑜（学生时代曾用"余"，亦曾用"牛心"为笔名）先生（1937—2020），辽宁省绥中县人。1959年毕业于东北师范大学中文专业。曾从事过教育和学报编辑工作。1987年调入山东济南社会科学院文史哲研究所，从事古典诗词和近代小说的研究，主要研究李清照及其词，职称为研究员。2002年被单位聘为"济南社会科学院学术顾问"。曾兼任中国李清照辛弃疾学会理事、山东省古典文学学会理事、山东省近代文学学会理事等职。

刘瑜先生一生不论做人还是研究学问，总是讲究"求真求实"，此《求真集》之名由来，亦为先生生前所定。

先生一生勤勉，论文和著作均颇丰。在《文学遗产》《山东社会科学》等期刊发表论文百余篇，出版《漱玉词全璧》《李清照词欣赏》《莫道不消魂》《漱玉词欣赏》《李清照全词》《刘鹗及〈老残游记〉研究》等著作。在省市获奖十余次。

先生的研究主要有以下三方面：

对宋代女词人李清照及其词的研究做出了重大贡献，成就卓越。出版李清照词欣赏及研究著作数部：《漱玉词欣赏》、《李清照词欣赏》、《李清照全词》、《莫道不销魂——李清照作品赏析》（台湾出版）、《李清照全集评注》（合著，刘瑜先生撰写《词集》全部）、《漱玉词全璧》等，相关研究论文四十余篇。论著之中，《漱玉词全璧》为其代表作。该书于2016年由中国社会科学出版社出版，全书一百余万字，堪称鸿篇巨制，主体分为"漱玉词及佚句""存疑词及佚句"两部分。凡署过一次及以上李清照（易安）名字之词作、佚句俱收录之，计有李清照（易安）词六十四阕、佚句九，存疑词廿七阕、佚句四，其中新收三首存疑词，皆可谓"凤毛麟角"。又考辨校记历代载籍所收李清照（易安）及其存疑词三千余阕次、佚句若干则。每首词后设考辨、注释、品鉴、选评诸条目。该书"是作者在二十多年的李清照词研究的基础上，对李清照《漱玉词》所作的集大成的研究。不仅对宋元明清民国历代文献对李清照词的记录与评述加以整理，其中很多现存只有孤本，作者亲自赴国家图书馆、上海图书馆、复旦大学图书馆等地，亲自加以摘抄纪录，考证了现存《漱玉词》每首词的真伪，条分缕析，形成了迄今为止《漱玉词》最完整、最全面的文献学的整理与文艺学的评析，对推进李清照词的研究有极其重要的文献学的价值"。（中国社会科学出版社官网评）

《东岳论丛》刊发书评，认为此书是《李清照词研究新的里程碑》；《中华读书报》书评认为此书为《一部李清照词研究的巅峰之作》，"是迄今我国李清照词研究所取得的重大成就和进展，是一座丰碑，有多项意义非凡的突破"。

对刘鹗及《老残游记》研究也取得一些可喜成果。发表论文近二十篇，并辑成专著《刘鹗及〈老残游记〉研究》，其中数篇论文发表在《文学遗产》及日本《清末小说》、日本《清末小说通讯》、韩国《中国小说研究会报》、韩国《中国小说论丛》等国际刊物上，并被国内多家大型刊物收录转载。《刘鹗及〈老残游记〉研究》一书亦被评为《一部颇有特色的学术专著》（《新闻出版报》）、《刘鹗及〈老残游记〉研究的新里程》（《联合报》）、《近代文学研究的可喜成果》（《济南日报》）、《贵在突破创新》（《东岳论丛》）等。

为了弘扬爱国主义优良传统，先生还参与编著了《近代爱国诗词精粹鉴赏》，且为此书撰稿二十篇；《济南市爱国主义教育基地巡礼》，先生亦为辛亥革命烈士陵园写了"解说词"。

此外先生还为《汉魏六朝诗歌鉴赏辞典》《唐诗百科大辞典》《古代小品文鉴赏辞典》等书撰写文章。另有《龚自珍〈小游仙词十五首〉的艺术特色》《试谈对中国古代建筑及其遗址的保护和弘扬》《试谈历史文化名城济南几处名胜古迹的保护和开发问题》《中国传统文化的批判和继承》等论文发表。

因先生对李清照及其词研究的卓越成就，山东济南章丘百脉泉公园"李清照故居"石碑后面勒石铭记。

"天空没有留下翅膀的痕迹，但我已经飞过"，《求真集》是先生一生的研究成果，是他用辛勤的汗水、宵衣旰食的心血浇灌而出的花朵，勒为此书，以为纪念。

徐洪佩
二〇二四年二月
于大溪地寓所

目　　录

上编　李清照及其词的鉴赏和研究

婉约派大宗李清照及其词 …………………………………（3）
李清照《武陵春》赏析 ……………………………………（22）
李清照《一剪梅》赏析 ……………………………………（27）
李清照《醉花阴》赏析 ……………………………………（32）
李清照《永遇乐》赏析 ……………………………………（37）
李清照《渔家傲》赏析 ……………………………………（42）
李清照《如梦令》赏析 ……………………………………（46）
李清照《如梦令　酒兴》赏析 ……………………………（50）
故乡何处是　忘了除非醉
　　——读李清照词《菩萨蛮》……………………………（54）
思国怀乡情更深
　　——读李清照词《添字采桑子》………………………（59）
跌宕曲折　一唱三叹
　　——李清照词艺术特色管见之一………………………（64）
离情深婉　真色生香
　　——读李清照词《凤凰台上忆吹箫》…………………（69）
旧时天气旧时衣　情怀不似旧家时
　　——读李清照词《南歌子》……………………………（74）
读李清照《清平乐》词………………………………………（79）

试灯无意思　踏雪没心情
　　——读李清照《临江仙　并序》 …………………（83）
读李清照《浣溪沙》词一首 …………………………………（89）
这次第　怎一个愁字了得
　　——谈李清照《声声慢》词 ………………………（94）
淡荡春光寒食天　黄昏疏雨湿秋千
　　——读李清照词《浣溪沙》 ………………………（99）
酒意诗情谁与共　独抱浓愁无好梦
　　——李清照《蝶恋花》词赏析 ……………………（104）
征鞍不见邯郸路　莫便匆匆归去
　　——读李清照《青玉案》词 ………………………（109）
魂梦不堪幽怨　更一声啼鴂
　　——读李清照《好事近》词 ………………………（114）
空梦长安　抱恨何极
　　——读李清照《蝶恋花》词 ………………………（120）
谈李清照词《鹧鸪天》 ………………………………………（125）
李清照《鹧鸪天》词赏析 ……………………………………（130）
熏破春睡　梦远不成
　　——读李清照《诉衷情》词 ………………………（133）
读李清照词《孤雁儿　并序》 ………………………………（138）
读李清照《小重山》词 ………………………………………（143）
读李清照《行香子》词 ………………………………………（148）
读李清照《蝶恋花》词 ………………………………………（154）
读李清照词三首 ………………………………………………（159）
终日向人多蕴藉
　　——读李清照《摊破浣溪沙》 ……………………（172）
李清照词欣赏二题 ……………………………………………（176）
李清照词鉴赏三则 ……………………………………………（184）
李清照的三首咏梅词 …………………………………………（198）

读李清照《浣溪沙》词一首 …………………………………… (211)
李清照《临江仙》词作年辨析 ………………………………… (216)
李清照《摊破浣溪沙》词作年初探 …………………………… (221)
李清照词情景交融刍议 ………………………………………… (227)
论李清照词的结尾艺术 ………………………………………… (232)
李清照词《长寿乐》真伪的重要新发现 ……………………… (241)
李清照词探疑 …………………………………………………… (245)
新发现李清照彪炳千秋之爱国词篇 …………………………… (253)
李清照及存疑词九首考辨 ……………………………………… (264)

中编　刘鹗及《老残游记》研究

四十五年来刘鹗及《老残游记》研究述评 …………………… (287)
刘鹗生活的时代 ………………………………………………… (313)
刘鹗不平凡的一生 ……………………………………………… (322)
论刘鹗的朴素唯物主义思想 …………………………………… (338)
论刘鹗的朴素辩证法思想 ……………………………………… (351)
论刘鹗的爱国爱民思想 ………………………………………… (360)
从毓贤的密呈专折看刘鹗参订的晋矿合同 …………………… (378)
刘鹗修路开矿刍议二题 ………………………………………… (386)
试论太谷学派对刘鹗的影响 …………………………………… (394)
论刘鹗对维新变法的态度 ……………………………………… (403)
论刘鹗《老残游记》的创作心理动机 ………………………… (418)
从《风潮论》看《老残游记》 ………………………………… (438)
《老残游记》——刘鹗救国安天下方略的艺术化 …………… (453)
论《老残游记》的景物描写 …………………………………… (474)
论《老残游记》的人物描写 …………………………………… (487)
巧设悬念　妙用白描 …………………………………………… (512)
论《老残游记》的语言特色 …………………………………… (521)

下编　其他方面的研究

魑魅羞争焰　甘心赴国难
　　——章炳麟《狱中闻沈禹希见杀》诗赏析 …………（535）
陆沉何日起神州
　　——黄节《庚子重九登镇海楼》诗赏析 ……………（537）
万方兵气此潜藏
　　——黄节《岳坟》诗赏析 ………………………………（540）
天下兴亡　匹夫有责
　　——陈去病《为诸生讲史》（选一）诗赏析…………（543）
渴望诞英灵　为国平西戎
　　——吴禄贞《过华岳狂吟》诗赏析 ……………………（546）
心却比　男儿烈
　　——秋瑾《满江红　平生肝胆》词赏析 ………………（549）
金瓯已缺总须补　为国牺牲敢惜身
　　——秋瑾《鹧鸪天　夜夜龙泉壁上鸣》词赏析 ………（553）
忧国忘家　捐躯济难
　　——秋瑾《感时》（选一）诗赏析 ………………………（556）
义无反顾
　　——秋瑾《感愤》诗赏析 ………………………………（559）
无国更何家
　　——秋瑾《柬徐寄尘》诗赏析 …………………………（562）
长歌慷慨莫徘徊
　　——秋瑾《柬志群》诗赏析 ……………………………（565）
牺牲血肉寻常事　莫怕轻生爱自由
　　——罗福星《绝命词》（选二）赏析 ……………………（568）
青史青山尚未忘
　　——连横《台南》诗赏析 ………………………………（571）

几时痛饮黄龙酒
　　——孙文《挽刘道一》诗赏析 …………………………（574）
中华之魂永不死　亿万同胞齐奋起
　　——于右任《从军乐》诗赏析 …………………………（577）
悲天悯人
　　——周实《睹江北流民有感》诗赏析 …………………（581）
高风亮节
　　——周实《拟决绝词》赏析 ……………………………（583）
卧薪尝胆
　　——周实《感事》诗（选一）赏析 ……………………（586）
坠作自由花
　　——林文《感怀》（选一）诗赏析 ……………………（588）
入梦有歌思易水　上弦无调不凉州
　　——陈更新《偶题》诗赏析 ……………………………（591）
巫山高 ………………………………………………………………（594）
饯谢文学离夜 ………………………………………………………（596）
临江王节士歌 ………………………………………………………（598）
严先生祠堂记 ………………………………………………………（601）
岘山亭记 ……………………………………………………………（603）
六一居士传 …………………………………………………………（606）
祭石曼卿文 …………………………………………………………（609）
龚自珍《小游仙词十五首》的艺术特色 …………………………（612）
辛亥革命烈士陵园解说词 …………………………………………（620）
试谈历史文化名城济南几处名胜古迹的保护和开发问题 ………（628）
试谈对中国古代建筑及其遗址的保护和弘扬 ……………………（635）
中国传统文化的批判和继承 ………………………………………（640）

后　记 ………………………………………………………………（645）

上 编

李清照及其词的鉴赏和研究

婉约派大宗李清照及其词

　　李清照是我国文学史上杰出的女词人，号易安居士，生于北宋神宗元丰七年（1084），卒于宋高宗绍兴二十五年（1155）后。山东章丘明水镇人。此市镇今仍为济南市管辖。

　　她诞生在名门望族，其父李格非官至礼部员外郎，是驰名的学者和文学家，曾"以文章受知于苏轼"（《宋史·李格非传》），有文集四十五卷（刘克庄《后村诗话》载），《宋史·艺文志》载，李格非著《礼记精义》十六卷，《史传辨志》五卷，《永洛城记》一卷，等等，皆不传，今惟《洛阳名园记》一卷尚存。《宋史·李格非传》（总第一三一二二页）："妻王氏，拱辰孙女，亦善文。女清照，诗文犹有称于时，嫁赵挺之之子明诚，自号易安居士。"宋王拱辰夫人薛氏墓志铭："孙女三人，长适左奉议郎、校对秘书省黄本书籍李格非……"（洛阳市第二文物工作队编《洛阳新获墓志》第三三九页）。此墓志铭，可据证明《宋史》记载之真实性。宋庄绰撰《鸡肋编》："岐国公王珪，在元丰中为丞相。父准，祖贽，曾祖景图，皆登进士第。……又汉国公准子四房，孙婿九人：余中、马玿、李格非……"（卷中，第四十八页）。又宋李清臣撰《王文恭公珪神道碑》："女，长适郓州教授李格非，早亡"（《钦定四库全书》本《名臣碑传琬琰之集》上，卷八，第十八页）。上述四种记载均不能否认。如何解释呢？据黄盛璋《赵明诚、李清照夫妇年谱》李格非由"郓州教授"升迁京城为官太学，清照已三岁，说明清照生于其父做"郓州教授"之时。这与宋李清臣撰《王文恭公珪神道碑》："女，长适郓州教授李格非，早亡"相合。可见李格非前妻清照生母为王准孙女。做"郓州教授"在前，在京城为"左奉议郎，校对秘书省黄本书籍"（宋王拱辰夫人薛氏墓志铭）在后。王拱辰孙女为李清照继母，可定。李清照在这样一个有极高文化素养的书香门第里，从小就受到文学艺术的熏陶，使她在少女时代就能写出惊人的诗作。宋王灼撰《碧鸡漫志》云：易安"自少年便有诗名，才力华赡，逼近前辈，在士大夫中已不多得"。她在早年就写出《浯溪中兴颂诗和张文潜韵》二首。宋周煇撰《清波杂志》评曰："以妇人而厕众作，非深有思致者能之乎。"李清照在词的创作上取得卓越的成就，并非偶然。

李清照十八岁与太学生赵明诚结婚。赵明诚，字德甫，山东诸城人。其父赵挺之，时为吏部侍郎。结婚时赵明诚在太学就读，后出仕为鸿胪少卿。赵明诚"自少小喜从当世学士大夫访问前代金石刻词……。于是益访求藏蓄，凡二十年而后粗备"（赵明诚《金石录序》），是一位专门辑录研究金石刻词的考古学家和文物收藏家，著有《金石录》。宋张端义《贵耳集》称李清照"《金石录》亦笔削其间"，她为这部书付出了很多的心血。两人结婚以后，志同道合，情深意笃，共同研究金石刻词，立下"饭蔬衣练、穷遐方绝域，尽天下古文奇字之志"，"虽处忧患困穷而志不屈"。他们曾"质衣取半千钱，步入相国寺，市碑文果实归"，"有亡诗逸史、鲁壁汲冢所未见之书，遂力传写"，遇有文物，"亦复脱衣市易"，"仰取俯拾，衣食有余。连守两郡，竭其俸入，以事铅椠"。他们为共同的事业竭尽财力，呕心沥血，以遂其志。夫妇两人有共同的乐趣：他们把收集来的文物，"相对展玩咀嚼"；"每获一书，即同共勘校，整集签题；得书、画、彝、鼎，亦摩玩舒卷，指摘疵病，夜尽一烛为率"；"余性偶强记，每饭罢，坐归来堂烹茶，指堆积书史，言某事在某书、某卷、第几页、第几行，以中否角胜负，为饮茶先后。中即举杯大笑，至茶倾覆怀中，反不得饮而起"，其"乐在声色狗马之上"。两人同舟共济，同甘共苦，情致高雅，在文学史上被传为佳话。

南渡前，李清照的家庭生活也不是完全平静的，曾有幸灾祸福。事情是这样的：北宋徽宗崇宁元年（1102），易安十九岁，即结婚的第二年，蔡京为尚书左丞，赵挺之为尚书右丞。是年，蔡京又为尚书右仆射兼中书侍郎，焚元祐法，力排元祐党人，李格非"提点东京刑狱，以党籍罢"（《宋史·李格非传》）。这对李清照是个沉重的打击，李清照对赵挺之极为不满，有诗云："炙手可热心可寒"；她曾写诗上赵挺之以拯救其父，有"何况人间父子情"之诗句。

大观元年（1107），追随蔡京的赵挺之，在其死后三天被蔡京诬陷，京"兴大狱穷治"，赵明诚被株连入狱。后因证据不足又被放出。于是，明诚携夫人退居青州。这对李清照、赵明诚的生活冲击是很大的。从此，两个人把所有的兴致和全部精力都集中在研究金石书画上面，他们节衣缩食，相濡以沫，过着清贫乐道的生活，"甘心老是乡矣"。《金石录》终于政和七年（1117）写成，共计三十卷，明诚自序，刘跂为之序。此书，先后苦心经营了二十多年。

宣和三年（1121）赵明诚知莱州。宣和七年，钦宗继徽宗位，改年号靖康（1126）。明诚移官淄州。这一年，金兵大肆南侵，攻陷汴京。靖康二年（1127）徽钦二帝"北狩"，史称"靖康之耻"。赵构在南京（今河南商丘）称帝，改号建炎，宗室南渡。"靖康之耻"对国家民族是最大的耻辱，对于人民是最大的不幸，对于爱国志士是最大的悲哀。是年三月，明诚奔母丧南下江宁（今江苏南京）。八月明诚知江宁，建炎二年（1128）春天，李清照南渡至江宁。

建炎三年（1129）二月，赵明诚罢守江宁。五月八日，江宁改名建康。夫妇乘舟上芜湖，准备安家在赣江边上。五月至池阳（今安徽贵池），又被朝廷诏守湖州（今浙江吴兴）。六月十三日与清照离别，去建康拜见皇帝，一路疲惫，染疾，病倒建康。等李清照接到明诚重病的消息，赶到建康时，明诚已病入膏肓，八月十八日溘然长逝。这对李清照的打击是致命的。

赵明诚在建康重病中，曾有个张飞卿学士，提玉壶让明诚看，此器并非真玉所制，而是个似玉非玉的石头制品，随即又提回去了。事后谣传他们以玉壶"颁（《癸巳类稿》作'颂'）金"，易安闻之非常惊恐，于是"尽将家中所有铜器等物，欲赴外廷投进"，由此丧失了一些珍贵文物。

明诚逝后，易安投奔在洪州任兵部侍郎之明诚妹婿。建炎三年十一月，洪州被金兵攻陷，"连舻渡江"之书散为烟云。她又去投奔任敕局删定官的弟弟李迒，赴台州。从此，她的萍踪漂泊于江浙一带。

李、赵多年辛苦经营的文物也命运多舛，明诚于建炎元年（1127），奔母丧南下江宁，同年，李清照亦从青州（今山东益都县）载书十五车南下江宁。其余"锁书册、什物用屋十余间"于青州故居，十二月金兵攻陷青州时被战火化为灰烬。到洪州，其余的书在洪州沦陷时又散失了大部分。居会稽时，余下的文物又遭盗。全部文物书籍就这样几乎损失殆尽。

关于李清照是否改嫁问题，学术界争论了三百多年。有些史料，如胡仔《苕溪渔隐丛话》（绍兴十八年即公元1148年成书）、李心传《建炎以来系年要录》（嘉定三年即公元1210年成书）、李清照《投内翰綦公崇礼启》等，记载了她改嫁一事；有些论者，以为她出身名门，又是郡守之妻，彼时已年老，改嫁似乎不合情理，且并无可靠根据（详见黄盛璋《李清照事迹考辨》）。但无论改嫁与否，都不会影响她在中国文学史上的地位。

李清照博通古今，晓音律，善棋画，诗词文俱佳。明陈弘绪著《寒夜录》评曰："古文、诗歌、小词并擅胜场。虽秦黄辈犹难之，称古今才妇第一，不虚也。"她还写了我国文学史上第一篇词论，大胆卓识，对苏轼、秦观、柳永等词坛大家做出了别有见地的批评，阐明了自己的文艺思想。她主张"词别是一家"，讲究音律，崇尚典重，讲究故实，追求气格高雅，对当时及后来的创作产生了深远的影响。

"靖康之耻"大大地触动了李清照的爱国情怀和民族自尊心。为此，她写了许多忠愤激发、讽喻至深、爱憎分明的诗篇。她看到汴京沦陷、徽钦二帝被掳北去，宗室纷纷南逃，便在《夏日绝句》中写道："生当作人杰，死亦为鬼雄。至今思项羽，不肯过江东"，抨击了北宋统治阶级的腐败无能、没有豪杰之气，讽刺了他们狼狈逃跑、畏惧金人的丑恶行径。此时又有诗云："南来尚怯吴江冷，北狩应悲易水寒"，直刺南渡的君臣只求享乐，苟且偷生，不去灭虏拯救二帝的数典忘祖，得鱼忘筌的卑鄙行为。又有诗云："南渡衣冠少王导，北来消息欠刘琨"，意思是说，南渡的君臣中很少有像王导那样使晋复兴的干才，北来的音讯中缺少像晋代刘琨那样在北方屡胜异族的消息，表现出她对当时统治集团的极大失望和愤慨。

南渡以后，她又写了许多爱国诗篇。曾"沥血投书"写《上枢密韩公工部尚书胡公》诗云："夷虏从来性虎狼，不虞预备庸何伤"，对敌虏如狼似虎的本性有清醒的认识，并深切痛恨，告诫出使金国北去的韩公、胡公要有充分的准备，百倍加以提防。在她的《打马赋》中说："佛狸定见卯年死"，表现她对金人的刻骨仇恨。她对当时出现的金人傀儡政权——张邦昌的伪楚、刘豫的伪齐深恶痛绝。在她的《咏史》诗中云："两汉本继绍，新室如赘疣。所以嵇中散，至死薄殷周。"意思是说，两汉本来是继承的关系，南、北宋也是继承的关系，伪楚、伪齐之如王莽的新室都是多余而有害的肿瘤，是要不得的。嵇康至死菲薄殷周，反对司马氏篡权，人们应该像他那样，坚守民族气节，极力反对两个傀儡政权。

易安诗《上枢密韩公工部尚书胡公》中又云："不乞隋珠与和璧，只乞乡关新信息"，"欲将血泪寄山河，去洒青州（东山）一抔土"，其《蝶恋花》词云："永夜恹恹欢意少。空梦长安，认取长安道"，都表现她对故国乡关的深情思念。其《打马赋》中又云："木兰横戈好女子。老矣谁能（不复）志千里，但愿相将过淮水。"她年老体衰，不能像花木兰那样操戈跃马去前线杀敌，但愿收复中原后，涉过淮水，回到故乡去。她在《菩萨蛮》词中云："故乡何处是，忘了除非醉"，可见她对故国家乡的思念是何其殷切深沉。李清照是一位伟大的爱国文学家。李清照的著作甚丰，宋晁公武《郡斋读书志》载，有《李易安集》十二卷，《宋史·艺文志》载，有《易安居士文集》七卷。易安《漱玉词》，《直斋书录解题》说为一卷，《唐宋诸贤绝妙词选》说为三卷，《宋史·艺文志》说有六卷，说法不一，其书皆久无传本。明毛晋订汲古阁初刻本《诗词杂俎》之《漱玉词》收词十七首半。清王鹏运辑《四印斋所刻词》之《漱玉词》收词五十八首。李文椅辑《漱玉集》诗文并收，词七十九首。赵万里《校辑宋金元人词》中辑《漱玉词》收词四十三首，附十七首。今有中华书局编《李清照集》，王学初《李清照集校注》，黄墨谷《重辑李清照集》，徐北文主编《李清照全集评注》，侯健、吕智敏《李清照诗词评注》等，可供阅读参考。

李清照以词的成就为杰出，古今评家均给予高度评价。明杨慎撰《词品》评曰："宋人中填词，李易安亦称冠绝，使在衣冠，当与秦七、黄九争雄，不独雄于闺阁也。"《钦定四库全书总目》"提要"云："清照以一妇人，而词格乃抗轶周、柳，虽篇帙无多，固不能不宝而存之，为词家一大宗矣。"清陈廷焯撰《白雨斋词话》云："李易安词，独辟门径，居然可观。其源自从淮海、大晟来，而铸语则多生造。妇人有此，可谓奇矣。"清王士禛撰《花草蒙拾》评曰："谓婉约以易安为宗，豪放惟幼安称首。"清李调元撰《雨村词话》评曰："易安在宋诸媛中，自卓然一家，不在秦七、黄九之下。词无一首不工。其炼处可夺梦窗之席，其丽处真参片玉之班。盖不徒俯视巾帼，直欲压倒须眉。"郑振铎先生《插图中国文学史》评曰："像她那样的词，在意境一方面，在风格一方面，都可以说是'前无古人，后无来者'。"何其芳《文学史讨论中的几个问题》评曰："就是在所有古代的词人中，她也是成就最高的作者之一。"李清照在词的创作上取得的成就，为古今人们所共识和称赞，并给以很高的评价。

李清照词以南渡为契机，前期词多写离情别绪，后期词多写国破、家亡、夫丧、颠沛流离的凄苦及对故国乡关的思念。

李清照南渡前的婚前之词作，多写少女时代的情怀和活动：荡秋千、郊游、惜花、伤春、"青春期潋艳的轻愁"等。如《如梦令》（昨夜雨疏风骤）、《如梦令》（常记溪亭日暮）、《怨王孙》（湖上风来波浩渺）、《浣溪沙》（淡荡春光寒食天）等，表现了她活泼开朗的性格，喜欢游玩、热爱自然的情趣，她聪颖，多情善感，不受封建礼教的羁绊。

李清照南渡前的婚后之词作，多写离愁别绪。如《醉花阴》（薄雾浓云愁永昼）、《一剪梅》（红藕香残玉簟秋）、《念奴娇》（萧条庭院）、《凤凰台上忆吹箫》（香冷金猊）、《小重山》（春到长门春草青）、《行香子》（草际鸣蛩）、《蝶恋花》（暖雨晴风初破冻）、《诉衷情》（夜来沉醉卸妆迟）、《玉楼春》（红酥肯放琼苞碎）等等，表现了她对爱情的无比忠贞和执着。

南渡后的词，多写对故国乡关的思念，是这一时期词作的主要内容。如《添字采桑子》（窗前谁种芭蕉树）、《菩萨蛮》（风柔日薄春犹早）、《蝶恋花》（永夜恹恹欢意少）、《永遇乐》（落日熔金）、《鹧鸪天》（寒日萧萧上锁窗）等，表现了她对故乡的殷切思念，对故国的深深热爱。

南渡后，有些词是写她忧愁和凄苦的，如《临江仙》（……，云窗雾阁常扃）、《武陵春》（风住尘香花已尽）、《声声慢》（寻寻觅觅）、《清平乐》（年年雪里）、《孤雁儿》（藤床纸帐朝眠起）、《渔家傲》（天接云涛连晓雾）等等，表现了金兵侵占中原，南宋王朝采取卖国投降的政策给她造成的国破、家亡、丧夫、颠沛流离等种种灾难，为其带来的无法排遣的浓愁和痛苦。

那么，李清照的词有什么艺术特色呢？

第一，作者在抒情词中创造了具体、鲜明、生动的形象。形象性是构成艺术美的重要因素。李清照词所塑造的抒情主人翁的整体形象，或个别形象都是很美的。

1. 作者笔下的艺术画面带有运动性，人物形象是活动着的、运动着的，有时环境也是活动着的，故抒情主人翁的形象活灵活现、栩栩如生、跃然纸上，所以能强烈地感染着读者。

如《如梦令》（常记溪亭日暮）这首词，作者塑造了一个游览溪亭，在溪亭喝得大醉，兴尽晚归，误入荷花丛中，全力划船挣脱，并且惊起一滩鸥鹭在天空翻飞的女主人翁的形象。女主人翁那卓尔不群的情趣，那洒脱飘逸的风姿，那活泼开朗的性格，那热爱祖国河山的感情，都得以充分地表现。女主人翁溪亭"沉醉""晚回""误入""争渡""惊起"，这一系列人物活动的描写，使整个画面都活动起来了。不仅人是活动的、运动的，周围的环境也是活动的、变化的。"日暮"，使我们感觉到太阳在缓缓下沉，霞光的颜色在变幻；"争渡"的船桨激起的波浪，使整个水面在动荡；惊起的"一滩鸥鹭"在天空翻飞回旋。女主人翁在动荡的环境中活动，情景交融，有影视画面的艺术效果。

又如《渔家傲》（天接云涛连晓雾）这首词，作者通过浪漫主义的构思，塑造了一个对南宋黑暗社会现实不满、对理想境界的追求、对自由的向往、对光明的渴望的女主人翁形象。作者用动词"归""闻""问""报""嗟""学""去"把女主人翁的形象写得栩栩如生；作者又用"接""连""转""舞""举""住""吹"等动词，写出了拂晓时海天溟茫、激荡变幻的阔大景象。不仅人物形象是活动着的，她所活动的环境也是活动着的，这样就给这语言艺术的画面带来无限的生机和活的气息，感人至深。又如《声声慢》（寻寻觅觅），作者塑造了一个在国破家亡、丈夫新丧等灾难奔集而至时，失魂落魄，"寻寻觅觅""守着窗儿""凄凄惨惨戚戚"的女主人翁形象。女主人翁在"冷冷清清""晚来风急""雁过""梧桐更兼细雨"的不断变化的环境里活动，她"寻寻觅觅"、饮"三杯两盏淡酒"，"怎敌他、晚来风急""伤心""守着窗儿""愁"，表现了女主人翁那种刻骨的不可终日的哀愁。

还有《点绛唇》（蹴罢秋千）、《诉衷情》（夜来沉醉卸妆迟）等绝大多数的词中，作者所创造的语言艺术的画面，虽然不像影视艺术画面那样直观，但它在读者脑海中形成的运动、连续的画面，比画家笔下静止的孤立的画面要高明得多。这是李清照词塑造形象的高超之处。

2. 把抽象的事物形象化。抽象的东西很难引起人的美感，李清照善于把抽象的东西形象化，给人以美的享受。

李清照的《武陵春》（风住尘香）词，写女主人翁因国破、家亡、丧夫、颠沛流离给她带来的无法排遣的浓愁。"愁"，是思想意识的东西，是抽象的，但作者赋予"愁"以重量，"只恐双溪舴艋舟。载不动、许多愁"，表明"愁"是极为沉重的，把"愁"形象化了。"梦"，是人在睡觉时大脑中的一种表象活动，也是看不见摸不着的。其《浪淘沙》中云："帘外五更风。吹梦无踪"，把梦变成了烟、云、雾之类的东西，风一吹，就无影无踪了，把梦物化了，故《草堂诗余续集》评此词时说"'吹梦'奇"。又如《一剪梅》（红藕香残）中写："一种相思，两处闲愁。此情无计可消除，才下眉头，却上心头"，把"愁"变成了一个有生命的东西，能"上"，能"下"，生动，形象，使人的感受十分强烈。又如《凤凰台上忆吹箫》（香冷金猊）："凝眸处，从今又添，一段新愁"，把"愁"，变成"一段"可度的东西。又如《点绛唇》（寂寞深闺）云："柔肠一寸愁千缕"，"愁"之多如同千根线，把"愁"变成"线"，就是可感的了。作者把抽象的东西变成有生命的或无生命的、具体可感的东西，形象化了，"言前人所未言"，增强了词的艺术美，提高了词的审美价值。

第二，李清照词复杂的思想感情都是与词中的景物交融在一起的，产生一种撼人心弦的艺术美。

清刘熙载《艺概·诗概》云："山之精神写不出，以烟霞写之；春之精神写不出，以草树写之。故诗无气象，则精神亦无所寓也"，说得颇有道理。作者的思想感情，要靠对景物的描写表达出来。景为情的外化，情为景的内涵。李清照词无一篇没有景物描写，可以说是情中有景，景中有情，情景交融，触景生情，缘情布景，妙合无垠。如《忆王孙》："湖上风来波浩渺。秋已暮、红稀香少。水光山色与人亲,说不尽、无穷好。　　莲子已成荷叶老。清露洗、蘋花汀草。眠沙鸥鹭不回头,似也恨、人归早。"

此词作者写了晚秋湖上的景物:飒爽的秋风吹过湖面,碧波无际。湖上水生植物的鲜花已经不多了,星星点点,随风飘散着淡淡的清香。莲子已经成熟,荷叶衰萎了,纯净的浓露冲洗了水面上那点点的蘋花和岸边的水草。晚秋景象写得如此开阔清鲜,优美动人,毫无萎靡之感。显然作者笔下的秋色已染上了作者的感情色彩,融情入景。融的什么情?那就是对美好晚秋景象热爱之情。故作者赞道:"说不尽、无穷好。"本来是人热爱山光水色,作者赋予了它以人的思想感情,说它"与人亲",这是移情作用。本来是人依恋山水不忍离去,却说"鸥鹭""似也恨、人归早",赋予了鸥鹭以人的思想感情。这样作者把自己对晚秋大自然的热爱之情,移至山水、鸥鹭身上,把客观之景与主观之情融为一体,形成一个情景交融、主客统一的美好艺术境界。激发读者对晚秋祖国山河壮丽景象的有关联想,从而获得巨大的审美愉悦。又如易安的《渔家傲》:"天接云涛连晓雾。星河欲转千帆舞。仿佛梦魂归帝所。闻天语。殷勤问我归何处。　　我报路长嗟日暮。学诗谩有惊人句。九万里风鹏正举。风休住。蓬舟吹取三山去。"

此词,《唐宋诸贤绝妙词选》题作"记梦",这与其他梦游诗一样,不是真梦,而是借浪漫主义的构思,寄托作者的情怀。作者为了抒发自己的心志,缘情布景,开头写出拂晓时天地一片溟濛的阔大景象,天接着翻滚的云层,云层又接着那茫茫的雾气,造成读者的心理感应。此时,"我"似乎回到了天宫,听到了天帝的问话,向天帝倾诉隐衷:慨叹所要走的道路又远又长,可是到了太阳将落的时候,"我"满腹经传,能写出惊人的诗句,又有什么用处呢?"我"要乘飓风,破万重浪,到那理想的境界海中仙山上去。但倾诉隐情之中含着景物:"路长""日暮""九万里风鹏正举""蓬舟吹取三山去"。在景物中含有深邃的情思。"路长""日暮"皆檃栝屈原

《离骚》诗意:"路漫漫其修远兮,吾将上下而求索","欲少留此灵琐兮,日忽忽其将暮"。作者何以櫽栝《离骚》诗句入词?易安所处的南宋与屈原所处的时代政治腐败,奸佞当道,"邪曲之害公","方正之不容",有过之而无不及。南宋统治集团只求苟安淫乐,不图收复中原。易安丈夫早亡,她颠沛流离。无论是国家的命运还是她个人的境遇,在短期内都没有好转的可能,这就是"路长嗟日暮"的真正含义。她对南宋统治集团无限幽愤,她渴求所乘的篷舟能被大风吹到海中仙山上去。这是对腐朽黑暗社会现实的迅速改变的渴望,是对和平、自由、幸福的追求和向往。这是我们透过作品中的形象所认识到的词之底蕴,深刻的思想意义。

情中有景,景中有情,情景交融。词中的景象是有限的,激起我们的想象是无限的。场面恢宏,景象壮阔,气势磅礴,构想新奇,作者才思超迈,充满豪情壮采,撼人心扉。又如易安《渔家傲》:"雪里已知春信至。寒梅点缀琼枝腻。香脸半开娇旖旎。当庭际。玉人浴出新妆洗。　　造化可能偏有意。故教明月玲珑地。共赏金樽沉绿蚁。莫辞醉。此花不与群花比。"

这是一首咏梅词。李清照深得咏梅之法,把咏梅与写爱情融为一体,自然浑成,寄情于景,情景交融。作者笔下的景物是怎样的呢?在白雪皑皑的世界里,报春的寒梅开放了,白玉般的枝条,装饰衬托着光洁柔美的花朵。半开着喷发馨香的寒梅花,像敷着胭脂和其他化妆品散发芳香的美人脸庞。当它立在庭院中,又多么像刚洗浴过后扮好新妆的美人,绝无纤尘。

作者用拟人手法,移情作用,把寒梅写得亦花亦人。不仅写出梅花绰约的风姿,更主要的是写出梅花的"神"韵。大自然可能别有一番用意,特别钟爱梅花,让明月分辉朗照。这也是一种审美的移情作用。皑皑的雪地,银色的月辉,像美玉般的枝条,白色的梅花,凌寒傲雪,高雅芳洁,一尘不染,高标逸韵,遗世独立。谐美自然,浑然一体。这多么像一个巨大的舞台,背景美、灯光美,把本来妖娆的女主人托衬得更加美好。取得了突出的舞台效果,使欣赏者感受到一种强烈的美感。作者通过对梅花的直接描写和审美移情，创造了一个情景交融、主客统一的美好艺术境界。使我们透过梅花的形象，认识到作者以梅花自喻，天作良缘，花好月圆，以此赞美自己美好的婚姻和爱情。激发读者无限的联想，既有景外之景，又有意外之意。

又如易安《声声慢》："寻寻觅觅。冷冷清清，凄凄惨惨戚戚。乍暖还寒时候，最难将息。三杯两盏淡酒，怎敌他、晚来风急。雁过也，正伤心、却是旧时相识。　满地黄花堆积。憔悴损、如今有谁堪摘。守着窗儿，独自怎生得黑。梧桐更兼细雨，到黄昏、点点滴滴。这次第，怎一个、愁字了得。"

此词是建炎三年（1129）赵明诚死后的近秋之作。这是国难家灾当头，一个极无聊赖的孀妇痛苦的心声，是心底真情的发露。上片头三句，写冷冷清清的环境，抒凄怆，悲伤，忧愁之情。次二句写季候的变化无常，抒愁极致，无法将息的痛苦之情。再次三句写晚来风急的天气，抒凄寒难挨之情。末三句，写雁过中天，更激起她的悲伤之情。下片头三句，写晚秋菊花零落衰败的景象，抒其凄凉落寞的情怀。次二句，写暗窗独守，抒孤寂凄惶之情。再次三句，写黄昏经严霜寒风吹打的梧桐再遭细雨摧残的惨象，抒"愁"字难以表达的复杂感情。此词多层次写景抒情，缘情布景，哀景愁情。每层布景之不同，情也随之有微妙的变化。全词写出一幅萧瑟凄惨的景象："冷冷清清"的环境，"乍暖还寒"的季候变化，"晚来风急""更兼细雨"的天气，"满地黄花堆积""梧桐"半死的惨象。这是一片哀景，为典型人物的活动创造一个典型环境。一个孀妇在这个典型环境里"寻寻觅觅"，"最难将息"，"憔悴损"，独自"守着窗儿"，"愁"字难忍，沉哀入髓。情与景合，心与物融，妙合无垠，形成一种情景交融的艺术境界，产生了勾魂摄魄的感染力。使我们透过作者写的生活情景看到后面更为深邃的社会意义。赵明诚病殁，这比被金兵烧杀致死的黎民百姓还要幸运些。妻离子散，家破人亡，哀鸿遍野，便是北国沦陷区的惨状。所以李清照悲戚哀愁的心境是有普遍性的，尚有更甚者，尽管情况各有不同。

郭沫若说："诗的本职专在抒情"（《论诗三札》，见《沫若文集》第十卷），但诗的感情绝不是抽象地抒发的。"景乃诗之媒，情乃诗之胚，合而为诗"（谢榛《四溟诗话》）。李清照词，缘情布景，借景抒情，情中有景，景中有情。情景交融，浑然一体，构成了具有美学价值的美好意境，具有撼人心魄的艺术感染力。

第三，李清照的词委婉含蓄、跌宕曲折。

清王弈清等撰《历代词话·欧阳炯序花间》："其词大抵婉约轻和，不欲强作愁思。"清冯金伯辑《词苑萃编》（卷之二）云："或问花间之妙，曰：'蹙金结绣，而无痕迹。'"华钟彦《花间集注·发凡》云："镂玉雕瑷，低徊要眇，又两宋婉约派之所导源也。……先河后海之义。"《花间集》开婉约词之先河，至两宋发展壮大已成海，形成婉约派了。清王士祯《花草蒙拾》云："婉约以易安为宗。"委婉含蓄，跌宕曲折为"婉约"派词之表现特征，是李清照词的艺术风格。深受《花间集》之影响。主人翁的思想感情不直接表露出来，而是蕴藏在作者所塑造的艺术形象之中，含蓄蕴藉，耐人寻味。如《浣溪沙》（小院闲窗春色深），其中只有一句"倚楼无语理瑶琴"是具体写女主人翁的形象的。女主人翁倚楼默默无语，不是无话可说，而是把满腹的心里话付与瑶琴，写出了女主人翁的内心活动。女主人为什么这样？我们用唐王维《秋夜曲》的"银筝夜久殷勤弄，心怯空房不忍归"来作这一形象的注脚吧，因为心上人远离身边。故这一形象十分含蓄，耐人咀嚼，起着画龙点睛，醒明题旨的作用。女主人翁的相思之情，就是蕴含在"倚楼无语理瑶琴"这一形象里暗示给我们的。

此词景物形象也是很含蓄的："小院"，透露院子令人心情郁闷；"重帘未卷"，说明闺房少人或无人；"影沉沉"，令人心怯。因此说这景物的形象也含着凄清、寂寞、气闷的色彩，这与女主人"心怯空房不忍归"的无限凄寂的心绪是和谐一致的。又如《凤凰台上忆吹箫》（香冷金猊）上片，作者塑造了一个百无聊赖、慵懒萎靡的女主人翁形象。闺房里熏炉中的香料已经燃尽,也无心续添,床上的红锦被翻若波浪形也不愿去叠,任宝贵的妆匣闲置,太阳照在帘钩上,也不去梳头。她有无数的心里话想说,可又咽了回去。她近来消瘦了许多,但不是因为多喝了一些酒,而使身体受到一些损伤,也不是因为悲秋,而使身体憔悴。女主人的形象令人可怜堪悯,是含蓄蕴藉的,能激发读者遐思无限,并根据自己的生活经验,对她的心理活动,进行猜想和推测。作者把至洁至纯的相思之情熔铸在女主人翁百无聊赖身体憔悴的形象之中,而不直抒胸臆,可谓情景婉绝。

再如《醉花阴》(薄雾浓云愁永昼),作者在此词中塑造了一个重阳佳节凄楚发愁,半夜不眠,东篱把酒赏菊,体瘦甚于黄花的女主人翁形象。"玉枕纱橱,半夜凉初透",孤枕空帐秋夜凉,明明写的是"相思",却不着"相思"二字。"东篱把酒黄昏后。有暗香盈袖",重阳饮酒赏菊怀亲人,确确实实是写"离别",却不着"离别"一词。"愁"和"瘦"的原因是"离别"和"相思",但作者却把它藏在东篱把酒赏菊和秋夜孤枕空帐的形象背后,多么委婉含蓄。

跌宕曲折,一唱三叹也是李清照词的显著艺术特色。文学艺术是社会生活的反映,社会生活是千变万化的,不曲折就不能穷社会生活之妙。人的感情是错综复杂的,不曲折就不能尽人之情。从艺术心理上来说,跌宕曲折,是作者强化情感的重要手段,是一种逆向强化,是对作品中人的思想和需要的一种抑止。情感在一次次抑止中逐步激烈。这就是心理学所说的挫折效应。李清照常用跌宕曲折的艺术手法,使其词取得令人荡气回肠的艺术效果。如《武陵春》(风住尘香花已尽),写了"物是人非",也就是国破家亡、丧夫、颠沛流离之苦给她带来的无法排遣的浓愁。可是"欲语泪先流",而终于不能说。浓愁得不到排遣和宣泄,"欲语"的感情活动受到抑止,女主人翁的情感因此更加惆怅悲切。下片是说双溪地方的春光还好,独抱浓愁,欲借景消忧,只恐对景难排,欲游而终于不能去游。使"也拟"的动机受到阻碍和抑止,浓愁因为又一次得不到排遣而被强化,情感也就越加凄婉哀绝。构思新巧,跌宕曲折,极欲吐而不吐,欲游而不游之致。若欲吐则吐、欲游则游,则不曲也,僵直乏味,失去了艺术光彩。

又如《如梦令》(昨夜雨疏风骤),通过对话表现出女主人翁对春光的珍视,对百花的怜惜,对美好事物的热爱。"试问卷帘人",女主人翁的动机是需要知道暴风雨后百花遭遇的真实情况,因"不消残酒"而不能亲察,妙在一"问",摇曳生姿。易安对百花的关切之情亦跃然纸上。侍女态度轻漠,"却道海棠依旧",宕起波澜,使女主人的动机和需要受到抑止和阻碍,因为情况不真实,未能急易安心中之所急。这样使情感得到强化。女主人为了使自己的动机和需要得到满足,又生一曲,引出"知否。知否"的叠问。语气急促,态度殷切。几经跌宕曲折,最后推出"应是绿肥红瘦",含不尽凄惋怜惜之情,将情感推向高潮。故《蓼园词评》评曰:"短幅中藏无数曲折,自是圣于词者。"作者用跌宕曲折的艺术手法强化作品的情感,妙趣横生,引人入胜,亦即强化了读者的欣赏动力。

再如《永遇乐》(落日熔金),上片写南宋临安元宵节的情景,及作者对故国乡关亲人的怀念。分四层:"落日"三句,写傍晚明丽,热念亲人;"染柳"三句,写春色晦暗,情怀凄怆;"元宵"三句,写天气晴好,她却疑虑风雨;"来相召"三句,写朋侣相约,她冷然谢绝。其感情忽热忽冷,忽喜忽忧,春天也忽明忽暗。换头一笔宕开,忽然回忆起几十年前北宋汴京的元宵节。"中州"六句,写中州元宵节人们兴高采烈的情景。"如今"六句,由远忽然转近,写临安元宵节女主人翁凄楚悲凉的情怀。此词写得忽远忽近,忽喜忽悲,忽明忽暗,忽冷忽热,情味盎然。清·毛先舒云:"尝论词贵开宕,不欲沾滞,忽悲忽喜,乍远乍近,斯为妙耳。"此外易安《一剪梅》(红藕香残)、《声声慢》(寻寻觅觅)等词都写得跌宕曲折。

易安词波谲云诡、摇曳生姿。欲游忽止、欲吐又咽、忽悲忽喜、乍远乍近、忽明忽暗、极尽跌宕曲折,一唱三叹之能事。作品思想感情的潮水在跌宕曲折的河床中澎湃流淌，情感不断强化，读者的欣赏动力也随之强化，作品取得勾魂摄魄的艺术效果。

第四，李清照的一些词，上下片总体艺术构思上的特色是：先隐后显。

李清照词的这种构思很巧妙。她往往在上片对事物进行描写，而将真意隐藏。在经过铺陈展衍腾挪之后，在下片显露真情。从艺术心理学来看，作者不是想永不在词中显露真情，而是在下片的关键处显露宣泄，在未显露之前，先在上片用隐藏的方式，为下片的显露宣泄作感情和认识的蓄势。即欲露先藏。

如《小重山》（春到长门春草青）这首词，上片写春到人间，春草青青，红梅开绽的早春景象。虽然也说"留晓梦、惊破一瓯春"，但我们却不知它的内容和真正含义，作者将其真意隐藏在春的景象和人物形象背后，创造了一个具有神秘色彩的境界。这样，抓住了读者的审美心理，以诱发读者展开想象，调动欣赏者的思维，从而去探求作者的真意。艺术作品"隐藏"的神秘感，产生一处巨大的吸引力，这便是强烈的艺术魅力。因而强化了读者艺术欣赏的动力，使读者一气读下去。读到结尾："二年三度负东君。归来也、着意过今春。"这是全词思想感情的高潮，是作者心声的最强音，使读者恍然大悟，方才晓得"留晓梦、惊破一瓯春"的真正含义原来是回味着心上人归来的美好梦境。至此知道了全词是写离情别绪的。

又如《添字采桑子》（窗前谁种芭蕉树），上片，写窗前庭院中芭蕉的形象，融情入景，女主人要抒发什么感情，仍含而不露。下片，写三更雨打芭蕉，作者彻夜不眠。惟结句"愁损北人"为全词的关捩，是点示之笔。易安祖籍山东济南，由于金人侵犯北方，她避兵江浙，背井离乡，故自称"北人"，露出思国怀乡的浓厚感情，使读者心里朗然，有"日出远岫明"之愉悦。回过头来，我们就懂得了开头为什么女主人惊异"窗前谁种芭蕉树"了，因为她是北方人，故对生长在南方的芭蕉格外敏感。她笔下芭蕉的形象是有限的，而我们由此而引起的联想是无限的。也使欣赏者懂得作者上片极力渲染芭蕉株多、叶茂、荫浓的原因是为下片铺垫，因而下片雨打芭蕉的声响才越大，女主人的心境也更凄楚苍凉，痛苦难捱，思国怀乡之情也益加浓重，女主人的情怀也越令人悲悯。这是艺术心理学欣赏动力平复中的"反思"。作者上片把真情隐藏，蒙上一层神秘的色彩，欲露先藏，魅力无穷。

又如《菩萨蛮》（风柔日薄春犹早），此词是易安流寓江浙后写的一首怀乡词。上片，写女主人早春日里浓睡，而致使鬓上插戴的梅花残损。有经验的作家是笔无虚设的，这绝不是写闺阁妇女的饱食终日，无所事事，以睡觉打发光阴。那么作者写早春白日睡觉致使梅残，到底有何用意？作者在上片设下一个悬念，而把真意隐藏在人物形象的背后。下片写她除了醉酒，精神麻木，否则是不会忘记故乡的。"故乡何处是。忘了除非醉"是此词情感的凝聚点，是词眼，表现她对故国乡关深沉的爱，直抒胸臆，这是显露。至此我们明白了"睡起觉微寒。梅花鬓上残"的含义：因为醉酒才浓睡，因浓睡梅花才致残。不多饮酒，不能沉醉，不沉醉则不能排除浓重的乡愁。悬想得到开释，期待得到了结果，此词构思精妙。

再如《鹧鸪天》（寒日萧萧上锁窗），上片，写晚秋庭院凄凉衰败的景象。其中虽有"梧桐应恨夜来霜"一句，但我们不敢断定它寄寓的思想感情到底是什么？真意隐藏。下片，"仲宣怀远更凄凉"，仲宣即王粲，建安七子之一，著名诗人，曾登上当阳城楼，极目远望，引发了他浓重的乡愁，写了一首《登楼赋》，其中有"情眷眷而怀归兮，孰忧思之可任"，"悲旧乡之壅隔兮，涕横坠而弗禁"等句，写出了他的深深怀念家乡，心摧肠断，涕泪横流。易安这里以"仲宣怀远"自况，才显露出其词旨是怀乡。反过来，我们才准确而深刻地理解上片"梧桐应恨夜来霜"等句的含义。"霜"代表杀伐之意，象征金人统治者百万貔貅的烧杀抢掠，惨绝人寰，侵占大好河山，人民深陷水火之中。因此，上片并非单纯地写秋日景象，而是寄情于景，至下片才透露怀乡之情。上隐下显，欲露先藏。还有《点绛唇》（寂寞深闺）等词上下片的构思也具有如此特色。

第五，语言清新浅易，明白如话。

李清照词这种语言上的特色，后来形成了"易安体"。宋·辛弃疾写了《丑奴儿·博山道中》，自云是"效李易安体"。宋·侯寘也写过《眼儿媚·效易安体》词，可见李清照词语言上的特色，对后代的影响之大。

首先，李清照善于锤炼词句，收富有生命力、表现力的口头语入词，这早被古人称道。清·彭孙遹撰《金粟词话》云："李易安'被冷香消新梦觉，不许愁人不起'，'守着窗儿，独自怎生得黑'，皆用浅俗之语，发清新之思，词意并工，闺情绝调。"清·梁绍壬纂《两般秋雨庵随笔》云："易安《一剪梅》词起句'红藕香残玉簟秋'七字，便有吞梅嚼雪，不食人间烟火气象，其实寻常不经意语也。"宋·张端义撰《贵耳集》评《永遇乐》时云："'于今憔悴，风鬟霜鬓，怕见夜间出去'，皆以寻常语度入音律。炼句精巧则易，平淡入调者难"，并称赞是"以故为新，以俗为雅。"清·沈雄撰《古今词话》评易安《声声慢》时云："'守着窗儿，独自怎生得黑'，又'梧桐更兼细雨，到黄昏，点点滴滴'，正词家所谓以易为险，以故为新者，易安先得之矣。"又如《永遇乐》结句："不如向、帘儿底下，听人笑语"，为民间俗语。李清照从俚言、俗语、口头语选取有生命力表现力的词语加以锤炼入词。李清照词语言清新自然，明白如话，这是易安词总体的语言风格，篇篇可见。

其次，易安善于学习和借鉴前人的语言。如《醉花阴》："薄雾浓云愁永昼"，由中山王《文木赋》："薄雾浓雰"脱出；"人比黄花瘦"，由宋·康与之"人比黄花瘦几分"脱出；《小重山》："春到长门春草青"，由五代·薛昭蕴《小重山》引来，浑化无迹；易安此词中的"碾玉成尘"，由宋·黄庭坚《催公静碾茶诗》"碾玉尘"脱出；易安《一剪梅》："红藕香残玉簟秋"，由五代顾夐《浣溪沙》："红藕香寒翠渚平"点化而来；《一剪梅》："此情无计可消除，才下眉头，却上心头"，由宋·范希文《御街行》："都来此事，眉间心上,无计相回避"脱出;《临江仙》:"庭院深深深几许"全句引自宋·欧阳修(五代·冯延巳)《蝶恋花》;《永遇乐》:"落日熔金",由宋·廖世美《好事近》:"落日水熔金"脱化而来,等等。李清照学习、借鉴前人语言,有青出于蓝之奇。后人对前人语言的学习、借鉴,虽大家不能免。引用前人诗词文之句,如出诸己;点化前人诗词文之句,焕出新意,都是一种创造。

李清照词长于白描,擅用拟人、比喻、对比等修辞格,妙用叠字,这也是其词艺术特色的反映。李清照词之所以具有如此巨大的艺术魅力,还在于其词殊为真、善、美。

李清照在中国文学史上是卓然一大家,使婉约词大放异彩,对后来的文学产生过深远的影响。

(原文刊发于《李清照词欣赏》序,民族出版社1997年版,后作者在此基础上进行了修订)

李清照《武陵春》赏析

　　风住尘香花已尽，日晚倦梳头。物是人非事事休。欲语泪先流。　　闻说双溪春尚好，也拟泛轻舟。只恐双溪舴艋舟。载不动、许多愁。

　　李清照（1084—1156左右），号易安居士，是我国文学史上一颗光辉灿烂的明星，杰出的女词人。她在北宋末年登上词坛，曾对我国的词学做出过重大贡献。她写的词论是我国最早的一篇关于词的论作。她写的词，语言清新浅俗，明白晓畅，意味隽永；表现方法"轻松含蓄"；风格"清秀婉约"。形成别具一格的"李易安体"，后来有很多词人模仿她的词体进行创作。她的作品为后人所珍爱。有《漱玉词》传世。

　　《武陵春》，据黄盛璋《李清照事迹考辨》云："词意写的暮春三月景象，当作于绍兴五年三月。"由于金兵蠢动进逼，她避乱金华。时年五十二岁（1135）。

　　起句，"风住尘香花已尽"，是写景，"造境"。意思是说，狂暴的恶风已经停息，尘土里还夹杂着芳香的气味，百花荡然无存。着实写出一幅凄凉衰败的景象。此句，本无一字写"愁"，但此景却含有哀凉的情绪，透出"愁"来。作者缘情布景，所写之景恰好要表达所抒之情。凄凉衰败的景象"恰称人怀抱"（李清照《蝶恋花》语），正与她此时心情相契合。作者写景的目的，是用感情色彩浓厚的自然景观，渲染苍凉的气氛，衬托作者愁苦抑郁的心情。

第二句,"日晚倦梳头",是写情。太阳升得老高了,她还慵懒地没有梳头。一个"倦"字表现在人的行为上,却是无穷的哀愁郁结在心头的反映。李清照词中,有几处写"未梳头"之意,但写法因时、因事、因情而异。《浣溪沙》:"髻子伤春懒更梳。晚风庭院落梅初……""晚"上,因为"伤春","髻子懒更梳","更"字说明早上梳头还是正常的吧。这是写淡淡的闲愁。李清照《凤凰台上忆吹箫》:"起来人未梳头。任宝奁闲掩,日上帘钩。""日上帘钩"时,"起来人未梳头",原因是"明朝。这回去也,千万遍阳关,也即难留"。这是写离恨。《武陵春》:"日晚倦梳头。""日晚"时"倦梳头",其原因是国破、家亡、丧夫等遭遇而造成的不可排遣的浓愁。稍一比较便可发现,作者的遭际益惨,愁愈浓重,梳头的时间越迟,写法也随之变化了。这绝非作者纯艺术的追求,从诗词的表达角度说,随着客观事物的变化,作者经历的不同,思想感情也因时因事而异,写法也必然不同。虽都是写"梳头",如写法不变,就不能尽千变万化的事物之妙,就不足以尽感情丰富的词人之情。从此可以看出生活与艺术的关系,及创作的规律来。

首句写景,情含景中;二句写情,但不是纯乎写情,"日晚"露出景来,则景含情中。情景交融,"互藏其宅"。王夫之《姜斋诗话》卷上云:"关情者景,自与情相为珀芥也。情景虽有在心在物之分,而景生情,情生景,哀乐之触,荣悴之迎,互藏其宅。"

三四句,承前。"物是人非事事休",直抒胸臆。这是"欲语泪先流"的原因。意思是说,一些事物还在,可是人不如昔了,一切都算罢了。"物是人非"之中,作者着意写"人非","物是"与"人非"是对立关系,"物是"起衬托作用。那么"人非"又包含什么内容呢?靖康之耻,北国沦陷,易安仓皇南渡,金石书画大部分散失,颠沛流离,无所归宿,这是何等悲惨的遭遇呀!特别是她相依为命的终身伴侣赵明诚过早暴亡,夫妻情爱甚深,明诚每远游,她曾屡次不忍离别,更哪堪明诚的突然逝去,这对她又是怎样致命的打击啊!李清照《南歌子》云:"旧时天气旧时衣。只有情怀、不似旧家时"与《武陵春》的"物是人非"之意略同,不过后者所包含的内容更加丰富,所反映的作者的思想感情更加惨苦而已。种种不幸的刺激,无边苦难的折磨,人不如昔是自然的了。亲人离开人世,是"人非"的重要内容。

"事事休",这是作者在残酷的现实面前,一个封建社会的女子痛苦绝望,孤单无告,得不到任何怜悯和慰藉时的悲叹。

"欲语泪先流",刚要说,而未说之时,已经伤心地垂泪了。李清照《凤凰台上忆吹箫》词中云:"生怕闲愁暗恨,多少事、欲说还休",写的是闲愁暗恨,离情别绪。"欲说还休",想要倾诉,忽而又收住。这种吞吞吐吐之间,含不尽之意,但感情还是可以控制的。《武陵春》的"欲语泪先流"是由"欲说还休"发展而来的。也是想说到底未能倾诉,但感情终于无法控制了,欲说先流下辛酸的眼泪,依然是吞吐式。委婉含蓄,沉哀入骨。写的是国破之恨,家亡之忧,丧夫之痛,颠沛流离之苦,内容扩大了,感情更加浓挚了,表达方式也随之变化发展了。

换头一转,宛若奇峰兀起,"闻说双溪春尚好,也拟泛轻舟"。李白《宣州谢朓楼饯别校书叔云》诗:"抽刀断水水更流,举杯销愁愁更愁。人生在世不称意,明朝散发弄扁舟。"尽管李清照与李白"愁"的内容不同,但都有借扁舟泛游以消忧之意。易安过去是喜欢游春赏景的,从她的诗词中可以看到。《永遇乐》词云:"中州盛日,闺门多暇,记得偏重三五。铺翠冠儿,捻金雪柳,簇带争济楚。"是说在汴京未失守之前,妇女们都非常重视元宵佳节,争着打扮,穿戴得很讲究,去外游赏。又如《念奴娇》云:"清露晨流,新桐初引,多少游春意。"双溪为金华名胜,是游览的好地方。而今独抱浓愁,正值"双溪春尚好",何不对景遣愁,姑且一游。故"也拟泛轻舟"了。

上片末句,"物是人非事事休。欲语泪先流",写她的哀愁和痛苦。换头"闻说双溪春尚好,也拟泛轻舟",写她想到"春尚好"的双溪去泛舟,借以消愁。上下片联系紧密。换头虽一转,但笔断意未断。

最后三句，合。笔锋陡转，"只恐双溪舴艋舟。载不动、许多愁"，言外之意，恐怕去春光明媚的双溪泛游，也无法使自己消忧，"愁"真是太深沉了。李煜《浪淘沙》词云："往事只堪哀。对景难排"，说的就是这个意思。罗大经《鹤林玉露》（卷七）云："诗家有以山喻愁者，杜少陵云：'忧端如山来，澒洞不可掇'。赵嘏云：'夕阳楼上山重迭，未抵春愁一倍多'是也。有以水喻愁者，李颀云：'请量东海水，看取浅深愁。'李后主云：'问君能有几多愁。恰似一江春水向东流。'秦少游云：'落红万点愁如海'是也。贺方回云：'试问闲愁都几许。一川烟草，满城风絮。梅子黄时雨。'盖以三者比愁之多也，尤为新奇。兼兴中有比，意味更长。"李清照："只恐双溪舴艋舟。载不动、许多愁"，对"愁"的描写，创造了新的境地，乃尔绝妙。把愁多，比作小船都无法载动，使人的感受更加强烈，产生了非凡的艺术魅力。与上面诸家相比高出一筹。且看"只恐双溪舴艋舟。载不动、许多愁"的来龙去脉。宋初，郑文宝《柳枝词》云："不管烟波与风雨，载将离恨过江南"，他对"愁"的描写向前推进一步，已经把离愁别绪搬到船上，这是个创造，因而也越加新奇。后来苏轼仿效郑文宝的词，在《虞美人》中云："无情汴水自东流。只载一船离恨、向西州"。陈与义又借用了苏轼的词句，在《虞美人》中写道："明朝酒醒大江流。满载一船离恨、向衡州。"到了李清照，又用"只恐双溪舴艋舟。载不动、许乡愁"来写"愁"的浓重，虽然其中有借鉴前人诗句的痕迹，但绝不是踏袭，而是根据自己国破、家亡、丧夫、颠沛流离的种种灾难的特殊感受，郁结在心底的挚浓的愁恨喷薄欲出，借助自己匠心独运的高超艺术技巧，学习前人传统，稍加点化，便创造出新的境界，产生了巨大的艺术效果。她再也不是把"愁"放在船上一味地载来载去，而是变精神为物质，并赋予它以重量了。这是创新，也是突破。后来诗人们又把"愁"从船上搬到马背上，又由马背搬到车上，又把"愁"变成了春色。进一步向前发展了。

"物是人非事事休。欲语泪先流"，想对人述说以遣怀，欲说却又先流下辛酸的泪水,而终于不能说,更加惆怅悲切;"闻说双溪春尚好,也拟泛轻舟",独抱浓愁,想借景消忧,只恐对景难排,欲游而又终于不能去游,更加凄婉哀绝。波澜跌宕,极吞吞吐吐、欲游而不发之致。表达的感情更加强烈了。这是曲笔,作者通过新颖独到的艺术构思,把自己凄楚的心情深沉的愁恨含蓄巧妙、摇曳生姿地表达出来。这样表达确实可以收到浅薄外露、一览无余的文字所不能达到的艺术效果。

刘勰《文心雕龙·情采》云:"情者文之经,辞者理之纬",意思是说:情感就是文章的经线,它贯穿始终,文辞就像编织道理的纬线。李清照《武陵春》贯穿全词的经线是什么?就是"愁"情。上片,开头两句,起,写凄凉衰败的景象,缘情布景,透出"愁"情。"日晚""倦"梳头,含着"愁"情;三四句,承,写"愁"的根源和愁的情态;下片,换头一转,笔断"经"未断。写欲借景遣"愁";末二句,又一转,写无法排遣的浓"愁"。篇末点题。以"愁"为线索,贯穿全词。

这首词写了由于"物是人非",也就是国破、家亡、丧夫、颠沛流离等种种苦难,给她带来无法排遣的浓愁。鲁迅先生说:"无情未必真豪杰。"不要说一个感情极其丰富的杰出词人,就是一个普通的正常妇女,安有国破、家亡、丧夫、饱受颠沛流离之苦,而不知道愁的吗?刘勰《文心雕龙·情采》中云:"至情发而为辞章",意思是说,在作者的激情满怀不能不抒发的时候,才提笔成章的。李清照的《武陵春》词,正是因为金人的残酷侵略,反动统治集团的投降卖国,给作者造成种种的不幸,哀愁痛苦填胸臆,不得不抒发自己的情怀时,才写下这首词的。封建时代,宋朝的一个贵族妇女的不幸遭遇竟如此凄惨,那么一个普通的劳动人民的命运该是怎样的呢?便可想而知了。这就是《武陵春》所表现的主题,"愁"的典型意义,带有普遍的社会性,绝不是李清照的无病呻吟。

(锦州师范学院《语文教学与研究》1981年第1期)

李清照《一剪梅》赏析

  红藕香残玉簟秋。轻解罗裳，独上兰舟。云中谁寄锦书来，雁字回时，月满西楼。　　花自飘零水自流。一种相思，两处闲愁。此情无计可消除，才下眉头，却上心头。

  李清照词以南渡为契机，前后风格迥异。南渡前多以闺情相思为内容；南渡后多写身世遭逢的苦凄。据伊世珍《琅嬛记》云："易安结褵未久，明诚即负笈远游。易安殊不忍别，觅锦帕书《一剪梅》词以送之。"可见，这是李清照南渡之前，与赵明诚结婚不久赠给丈夫的送别之词。婚后，夫妻情爱笃深，生活充满学术和艺术的气息，甚为美满。离别对他们简直是一种不幸。

  "红藕香残玉簟秋。"起句，"红藕"，即红色荷花。水里盛开的红色荷花亭亭玉立，袅娜多姿，出淤泥而不染，谁个不爱？但是它"香残"了。好生生的红色荷花竟然凋零了，只剩下余香，真是"无可奈何花落去"，风景大杀，这自然会触发人们的怜悯、惋惜、惆怅之情。故作者笔端的"红藕香残"就染上了悲凉凄切的感情色彩。这是写外景、远景。"玉簟"，华美的竹席。"玉簟秋"，意思是，坐着华美的竹席因生凉而知秋季来了。点明了时节。作者凭自己的主观感受引出"秋"来，但不能把"秋"仅看成是客观的节令，它主要起着渲染气氛的作用。作者撷取了自然景观"红藕香残"作为外景远景和极富生活特色的"玉簟秋"作为内景近景，用两个典型景物，融注了自己的思想感情，渲染了气氛，借以烘托作者所要表达的离愁别绪。颇有

"多情自古伤离别。更哪堪、冷落清秋节"之意。

　　人们不禁要问：易安何以要用"红藕香残玉簟秋"作为开头呢？我以为这是借鉴古人词句。南唐中主李璟写相思之情的《浣溪沙》词开头云："菡萏香销翠叶残"，这与"红藕香残玉簟秋"同意。"菡萏"，荷花的别称。"玉簟秋"与"翠叶残"本意相同，前者由座席因凉而引出"秋"来；后者说天气凉了，翠绿的荷叶凋零了，这只不过是隐写"秋"的节令罢了。因为词的写作背景不同，词人的经历不同，各有不同的特殊感受，易安对古人词句加以点化，仅增别具生活气息的"玉簟秋"三字，造出新境，乃尔精巧，艺术的感染力更加强烈。

　　人们不禁要问：作者何以偏偏借鉴"菡萏香销翠叶残"这样词句作为开头呢？自古以来，人们很是称颂赞赏荷花的，故诗人咏荷者甚多。战国时代伟大诗人屈原《离骚》中云："制芰荷以为衣兮，集芙蓉以为裳"，意思是说，用碧绿的荷叶裁制成上衣，采集来荷花制成下裙，表达自己高尚的情操。诗人还常用同心并蒂的荷花表示忠贞不渝的爱情，如唐·王勃《采莲曲》云："牵花怜共蒂，折藕爱连丝。"唐·孟郊《孟东野诗集·去妇》："妾心藕中丝，虽断犹连牵"，"藕断丝连"这一成语则源于此。宋·周敦颐作《爱莲说》称颂荷花为"花之君子"，"出淤泥而不染"。人们爱莲花的习俗延续至今，报载闽赣一带曾传诵过"莲花葬红军"的故事。显然荷花是忠贞的爱情、高尚的品格、美好事物的象征。荷花的凋残谢落，意味着美好事物受到破坏和扼抑，自然引发人们的悲哀凄怆之情，以此开头不仅渲染了气氛，也会使读者预感到诗人将发生异乎寻常的事情。

　　作者何以从广阔的视野选取"红藕香残"这一典型景物作为开头，而不用"菡萏香残"或"白藕香残"作为开头呢？绝非妙手偶得，也有其本。唐·李商隐《赠荷花》诗云："此花此叶常相映，翠减红衰愁杀人"、宋·贺铸咏荷花词《芳心苦》云："断无蜂蝶慕幽香，红衣脱尽芳心苦"。其中"红衣脱尽芳心苦"与"翠减红衰愁杀人"句意相同。虽然"芳心苦"表面指红色荷花落尽，莲心生出苦味，但两句都有红色荷花凋零，特别使人感到痛苦之意。本来，人看到"红藕香残"就够"芳心苦""愁杀人"的了，更哪堪此际离别？这样就给萧索肃飒的秋天别离又增添了几分凄凉的色彩。颇有宋玉《九辩》"悲哉！秋之为气也。萧瑟兮，草木摇落而变衰。憭栗兮，若在远行。登山临水兮，送将归"之境，凄神寒骨。"红藕香残玉簟秋"，景中有情，情含景中，情景交融。故陈廷焯《白雨斋词话》云："易安佳句，如《一剪梅》起七字云：'红藕香残玉簟秋'，精秀特绝。"这个赞语是有道理的。乍看寻常七字，但内涵极富，乃词人出奇制胜之处。

"轻解罗裳"，意思是说，轻轻解下罗制的下裙。言外之意，已经到了凄凉的秋天，换上能御寒的衣服吧。"轻"字表现易安对明诚的情爱笃深，体贴入微，关怀备至。

"独上兰舟。"意思是说，你将一个人登上木兰木制的小船远行了。言外之意是，我不能在你的身旁相互关照了，独自珍重吧。"独"字虽指明诚而言，反过来也反映易安这个失伴鸳鸯的依恋凄怆的意绪。

明诚易安这对炽爱着的新婚夫妇的离别是不可避免的了，山高路远，交通阻隔，相见亦难，缠绵悱恻的情思只能在书信中倾吐了。于是宕开一层，设想别后的书信，引出下面词句：

"云中谁寄锦书来"，意思是说，有谁能做信使从云中传递美好的书信呢？言外之意，没有谁能从云中传递美好的书信，雁足传书只不过传说而已，音信无凭，作者用个反诘句，表达了肯定的意思，写出此时此刻的怅惘之情。

"雁字回时，月满西楼。"意思是说，纵使雁足能传递书信，也要等雁阵归来的时候，凄寒的月光充满西楼，我独居深闺，茕茕孑立，翘首盼望着你的佳音，那该是何等难挨呀！月光越"满"，越能勾引起对亲人的思念之情。

上片写离别的情景，作者满腔的离愁别绪、凄怆抑郁之情倾注在笔端,所写的东西自然蒙上主观的感情色彩,景中有情,情中有景,情景熔于一炉。作者采用运密入疏的艺术手法,把离别时那种浓挚惆怅的复杂感情寓于轻淡的笔墨之中,含蓄蕴藉,意味隽永,格外使人神伤。

我们读着李清照那晓畅清秀的词句,仿佛真切地听到她话别时那深情的嘱语;仿佛清楚地看到她送别时那怅然若失悲戚痛苦的情状;仿佛黯然觉得贤淑多情的年轻女词人离别时那颗眷眷的心在激烈地跳动。

下片写别后相思之情的难堪和无法排遣。换头,照应首句。

"花自飘零水自流。"意思是说,花会自行凋落,水会自行流动。"自"字说明这是个自然规律。此句写凄清的秋天在荷花凋落的水边送别时的景物。实际上这是个借喻,作者用这种景物比喻"青春易老,时光易逝"的道理,借自然之境,揭示自己所悟得之哲理。但作为喻体的本身,不是单纯为说理而存在的,而是作为词本身不可缺少的有机组成部分而存在的,即通过写景渲染气氛,烘托离愁别苦。所言之理切,所抒之情真;晓之以理,动之以情。则必然是:

"一种相思,两处闲愁。"意思是说,同是一种相思的感情,却两地为它愁苦、折磨着。爱情本是人性中的至洁至纯,又"多情自古伤离别。更哪堪、冷落清秋节",另加之"青春易老,时光易逝",这是下片所写的"相思"的丰厚基础。作者用这一形式对称、音节和谐的对偶句,凸显出别后两处相思是何等的自然和不可避免啊!因爱得深,才思得切;思而难偶,才愁得苦;愁得苦,则情痴。故:

"此情无计可消除",此句颇有水到渠成之妙。意思是说,这种别后的相思之情是无法消释和排遣的。作者以理驱情,层层推进,作品的思想感情似乎在这里达到了高潮,很有曲终意尽,戛然而止之势。写什么呢?放开一步,宕出远神。故:

"才下眉头,却上心头。"以此对偶句作结。意思是说,竭力控制自己的思想,努力排遣相思之苦,使紧蹙的眉峰刚刚舒展,相思之情却立即涌上心头。不露"相思"两字,却把"相思"之情的无法排遣具体化、形象化、深刻化。这样便把作品的思想感情又拔高一级，推向顶峰。"不著一字，尽得风流"，乃尔精巧。

此句与古人词句也有渊源。南唐李后主词《乌夜啼》云："剪不断。理还乱。是离愁。别是一番滋味在心头。"其中"剪不断。理还乱。是离愁"，与"此情无计可消除"意全同。"别是一番滋味在心头"与"才下眉头，却上心头"更见相同之处了。宋·范希文《御街行》词云："都来此事，眉间心上，无计相回避"与"此情无计可消除，才下眉头，却上心头"同意。《艺苑卮言》中评范词末句云："类易安而小逊之。"王士禛《花草蒙拾》中云："……然易安亦从范希文'都来此事，眉间心上，无计相回避'语脱胎。李特工耳。"可见易安善于融化前人诗句，稍加点化，气韵焕然，便成为千古绝唱。此结尾堪称"豹尾"，遒劲有力，"含不尽之意见于言外"，耐人寻味。

上片主要写离别的情景，下片写别后的相思。上下联系自然，结构严谨。语言晓畅清秀，不加雕琢。文气贯通，有一泻千里之势。

在漫长的中国封建社会里，以爱情为主题的文学作品可谓多矣！李清照《一剪梅》词，就是艺苑中的一朵芳葩。周笃文先生在《宋词》一书中简评李清照《一剪梅》词说："这是旖旎的、心心相印的、无计排遣的爱情的剖白。愁吗？是的，这是蜜一样的清愁啊！在那女性要求普遍遭到压制的时代，能这样大胆地讴歌自己的爱情，毫不扭捏，没有病态成分，尤其显得可贵。"这是多么好的热情洋溢的赞语呀！在那黑暗的时代，一个受压抑的中国封建社会的妇女，勇于打破封建思想的羁绊，冲破封建主义的樊篱，得需要何等桀骜刚毅的性格和奋然解脱、孜孜求索的叛逆精神呀！这种性格和精神岂不更值得赞颂吗？这种性格和精神与她那"生当作人杰，死亦为鬼雄"的豪壮诗句，同出一炉。

（锦州师范学院《语文教学与研究》1981年第2期）

李清照《醉花阴》赏析

  薄雾浓云愁永昼。瑞脑消金兽。佳节又重阳,玉枕纱橱,半夜凉初透。 东篱把酒黄昏后。有暗香盈袖。莫道不消魂,帘卷西风,人比黄花瘦。

  李清照结婚未久,丈夫赵明诚便负笈远游。别后,某一年的重阳时节,她写了《醉花阴》词寄给赵明诚。伊世珍《琅嬛记》载:"易安以重阳《醉花阴》词函致明诚。明诚叹赏,自愧弗逮,务欲胜之,一切谢客,忘食忘寝者三日夜,得五十阕,杂易安作,以示友人陆德夫。德夫玩之再三,曰:'只三句绝佳'。明诚诘之。答曰:'莫道不消魂,帘卷西风,人似黄花瘦'。正易安作也。"这段佳话,表明"莫道不消魂,帘卷西风,人比黄花瘦"一语的绝妙和《醉花阴》词的高超。

  起句"薄雾浓云愁永昼。瑞脑消金兽"。重阳时节浓重的乌云,蒙蒙的薄雾,满天的愁思。此时此景,我们的词人要到外面去遣愁解闷吗?不,她只有孑然一身,深闺独坐,这样或许少增添些烦闷和忧伤。可是,无聊的时光是寂寞难挨的!于是,便在铜质兽形的香炉里点燃起瑞脑。"瑞脑",是一种香料的名字。

  幽闺充满了瑞脑的馨香,烟雾缭绕,然而竟毫无奏效,瑞脑已在熏炉里燃尽,我们的词人却"永昼"发愁。"薄雾浓云"是由中山王《文木赋》:"奔电屯云,薄雾浓雾"脱化而来。"永"字,说明"愁"的时间很长及愁的无法排遣。

此词的开头,与易安《武陵春》开头:"风住尘香花已尽"、《一剪梅》开头:"红藕香残玉簟秋"、李璟《浣溪沙》开头:"菡萏香消翠叶残"、李白《菩萨蛮》开头:"平林漠漠烟如织"……,都是缘情布景,情景交融。易安《武陵春》写国破、家亡、丧夫、颠沛流离给她带来的无法排遣的浓愁;《一剪梅》写离别的情景和别后相思之情的无法消释;李璟《浣溪沙》写一个妇女思念丈夫的凄凉哀怨的情怀;李白《菩萨蛮》写旅人思归的凄怆意绪。因而这些词的开头,都不是纯乎写景,其中蕴含着作者丰富的思想感情,情景熔于一炉。开始作者用颇具艺术魅力的笔墨,渲染了凄凉抑郁的气氛,既是环境的铺陈,也是人物思想感情的披露。谢榛认为"凡起句当如爆竹,骤响易彻"。上述诸词的开头,也似一声轰鸣,响彻全篇,并余音不绝,惆怅忧伤的意绪贯穿始终。元·乔孟符云:"作乐府亦有法。曰凤头、猪肚、豹尾六字是也。"所谓"凤头",就是形象化,引人入胜的开头,上述诸词的开头俊秀玲珑,精巧特绝。一开始就震撼了读者,紧紧抓住读者的心,使其一气呵成地读下去,迫不及待地想了解人物的命运及所发生的不幸。我想此类开头,被称为"凤头",当之无愧。

次三句,承,"佳节又重阳,玉枕纱橱,半夜凉初透"。"佳节又重阳"中的"佳节""重阳",即重阳节。农历九月九日,日月皆值阳数,并且相重,故曰"重阳"。这是一个古老的传统节日,很受人们重视。唐·孟浩然《过故人庄》诗云:"故人具鸡黍,邀我至田家。……开轩面场圃,把酒话桑麻。待到重阳日,还来就菊花。"由此可见重阳节日有朋友约会,把酒赏菊的习俗。唐·王维《九月九日忆山东兄弟》诗云:"独在异乡为异客,每逢佳节倍思亲。遥知兄弟登高处,遍插茱萸少一人。"从此可以看到重阳节还有亲人团聚,遍插茱萸,登高的习俗。《武林旧事》载:"禁中例于八日作重九排当,于庆瑞殿分列万菊,灿然眩眼,且点菊灯,略如元夕,内人乐部,亦有随花赏,如前赏花例","都人是月饮新酒,泛萸簪菊……"从宫中民间节日的活动看到,宋代重阳节的盛大及为人们所重视的程度。

李清照与赵明诚情爱笃深。她不忍离别，如《一剪梅》云："一种相思，两处闲愁。此情无计可消除，才下眉头，却上心头。"这种离愁别绪，每逢佳节良辰，会增加几倍，更何况，重阳节并非一般的节日，它是讲求亲人团聚，朋友佳会，饮酒赏菊的节日。当然使她比在别的节日更加感到凄楚苍凉。"又"字说明时光的飞逝。

"玉枕纱橱"，"玉枕"，瓷质的枕头。纱橱，即纱帐。瓷质的枕头，薄薄的纱帐，不能抵御晚来的秋"凉"。"半夜凉初透"，"初透"说明夜半以后更"凉"。作者对凉意的体察是那样细微真切，说明那"愁永昼"的人，并未曾酣然入梦，相思之苦在熬煎着她。颇有"一片冰心在玉壶"，凉上加凉之感，苦守空帏之怨了。此三句明明白白写的是"相思"，却不著"相思"一字，含蓄蕴藉。

换头，转，"东篱把酒黄昏后。有暗香盈袖"。陶渊明《饮酒》诗云："……采菊东篱下，悠然见南山。山气日夕佳，飞鸟相与还……"意思是说，在东边的篱笆旁采摘菊花，不自觉地抬头望见了南山。山上的景物到了黄昏就更加美好，鸟儿相亲相爱地飞回栖息的地方。孟浩然《过故人庄》诗云："……开轩面场圃，把酒话桑麻。待到重阳日，还来就菊花。"意思是说，开窗面对着场园，手持着酒杯畅谈着丰收的好年景。等到过重阳节，还来一道观赏菊花。易安"东篱把酒黄昏后"，是参照陶、孟两诗成句，意思是，黄昏之后，我在东边的篱笆旁持着酒杯饮酒，鸟儿已经成双成对地飞回栖息的地方，唯有心爱的人却不回归，多么使人黯然神伤。

"有暗香盈袖"，此句由《古诗十九首·庭中有奇树》脱出，诗云："攀条折其荣，将以遗所思。馨香盈怀袖，路远莫致之。此物何足贵，但感别经时"，意思是说，抓住奇树的枝条，折取盛开的花朵，将用它赠给我思念的人，芳香的气息充满襟袖间，路途遥远，我没有办法寄给你。此花没有什么贵重的地方，只因为离别很久了，想借这花把我的怀念之情带给你。"有暗香盈袖"檃栝该诗之意，意思是说，眼前菊花盛开，馨香充满襟袖间，"花间一壶酒，独酌无相亲",折取这寄寓怀念之情的鲜花,可也没有办法寄给远方的亲人。换头这两句,确确实实是写"离情别绪",但不提"离别"一点。委婉、朦胧。

后三句,又一转,"莫道不消魂,帘卷西风,人比黄花瘦"。这句意思是,不要说人的心情不凄凉悲伤,飒飒秋风卷动着帘子,人比黄花还要消瘦呢。"莫道不消魂",转折跌宕,自言自语,"莫"与"不"都是表示否定,此句为双重否定句式,语气更加肯定,加强了表达效果。此句由江淹《别赋》:"黯然销魂者,惟别而已矣"脱化而来。

"帘卷西风,人比黄花瘦。"千里清秋,西风凛冽,红衰绿减,惟菊花傲然狂放,生命力极为旺盛。无奈秋风卷帘入户,危及愁绪满怀的人,"为伊消得人憔悴"。"人比黄花瘦",《词综偶评》云:"结句亦从'人与绿杨俱瘦'脱出。"

换头两句,写重阳把酒赏菊,偏重叙事。接着"莫道不消魂",转折跌宕,激起波澜。接着又放开一步,来一句"帘卷西风",语气稍缓,为结句作好垫铺,最后推出"人比黄花瘦",把词的思想感情推向高潮,可谓宕出远神。此句设想新颖,前无古人,"言人之所欲言,言人之所不能言,言人之所不敢言"。"含有余不尽之意。"

全词写她重阳时节思念丈夫的凄怆意绪。在艺术技巧上,主要采用直接叙述的方法,即"赋"的方法。只是最后一句"人比黄花瘦",采用的是比的方法,形象鲜明,"言别人所不能言"。此为警句,"瘦"为词眼。

首句点出"愁"来,末句指出"愁"的结果"瘦"来,呼应首句。"玉枕纱橱,半夜凉初透。"孤枕空帐秋夜凉,明明白白是写"相思",但却不著"相思"一字,含蓄蕴藉。"东篱把酒黄昏后。有暗香盈袖",把酒赏菊怀亲人,确确实实是写"离别",但不提"离"字一点。委婉、朦胧。"愁"与"瘦"的原因是"离别"和"相思",但作者把它藏在东篱把酒赏菊和秋夜孤枕空帐的形象背后。只是寥寥几笔,却含有无限的内容和情意,十分耐人寻味。易安善学前人传统,然能跳出前人窠臼,不袭陈言。生活是文学艺术的源泉,"也是文艺获得独创性的根本"。易安有本身的生活经历和特殊的感受,把古人的诗句进行改造,与自己所要表达的思想感情熔于一炉,熔铸出意新语奇的词句,焕发出新的光彩。"人比黄花瘦"就有"青出于蓝"之妙。又如易安《武陵春》"只恐双溪舴艋舟。载不动、许多愁",由宋初诗人郑文宝《柳枝词》"不管烟波与风雨,载将离恨过江南"脱出。易安《一剪梅》"此情无计可消除,才下眉头,却上心头",由范希文"都来此事,眉间心上,无计相回避"脱出。学习前人传统,点石成金,用前人诗句,不留痕迹,浑如天成,成为绝唱,是易安文学创作的特色之一。当然古代诗人诗句的暗合,也不能说没有。

李清照匠心独运,绝妙高超的艺术技巧,是值得我们借鉴的,当然,现在亿万人民团结一致,奋力振兴中华,谁也不会为了"强说愁"而偏要到易安词中去寻觅"冷冷清清,凄凄惨惨戚戚"。

(锦州师范学院《语文教学与研究》1981年第3期)

李清照《永遇乐》赏析

　　落日熔金，暮云合璧，人在何处。染柳烟浓，吹梅笛怨，春意知几许。元宵佳节，融和天气，次第岂无风雨。来相召、香车宝马，谢他酒朋诗侣。　　中州盛日，闺门多暇，记得偏重三五。铺翠冠儿，捻金雪柳，簇带争济楚。如今憔悴，风鬟雾鬓，怕见夜间出去。不如向、帘儿底下，听人笑语。

　　张端义《贵耳集》云："易安居士李氏，赵明诚之妻，《金石录》亦笔削其间。南渡以来常怀京洛旧事。晚年赋'元宵'《永遇乐》词……"可见此词为易安南渡后期，饱受国破家亡、丧夫、颠沛流离之苦的晚年，某一个元宵佳节，伤今追昔之作。刘辰翁在自己的《永遇乐》小序中云："余自乙亥上元，诵李易安《永遇乐》，为之涕下，今三年矣。每闻此调，辄不自堪，遂依其声，又托之易安自喻。虽辞情不及，而悲苦过之。"可见易安《永遇乐》词，具有令人一唱三叹的强烈的艺术感染力量。

　　"落日熔金，暮云合璧，人在何处"，开头三句的意思是，快要落山的太阳像熔化的黄金那样光辉耀眼，晚云聚集在一起，像整块的玉璧那样色彩斑斓。可是亲爱的人儿在哪里呢？这里写出了夕阳的娇艳，晚云的瑰丽。真是"夕阳无限好"啊！日暮之时，"宿鸟飞归急"，作为有丰富感情的人，触景生情，怎不思念生离死别的亲人呢？繁钦《定情诗》云："日暮兮不来，凄风吹我襟。望君不能坐，悲苦愁我心。"阮籍《咏怀》（八）云："日暮思亲友，晤言用自写。"况且这是一个元宵佳节的傍晚,"每逢佳节倍思亲",易安面对着良辰美景佳节,怎能不油然思念死去的亲爱的丈夫,则自然发出"人在何处"的悲叹。颇有"物是人非"之感慨。"落日熔金"与廖世美《好事近》词:"落日水熔金"相近。后来辛弃疾也仿照此句,有《西江月》"一川落日熔金"句。江淹《拟休上人怨别》云:"日暮碧云合,佳人殊未来",盖为"暮云合璧,人在何处"之本。头三句为一层,写傍晚晴好,怀念亲人。

"染柳烟浓,吹梅笛怨,春意知几许","染",指春天使柳树着了绿色。"柳烟",即柳如烟的意思,指傍晚迷蒙中柳树的颜色。温飞卿《菩萨蛮》云:"江上柳如烟",这是"残月天"的柳树颜色。欧阳修《蝶恋花》云:"杨柳堆烟",写"门掩黄昏"时的杨柳颜色。总之都是朦胧中的柳色。"吹梅笛怨",《乐府杂录》云:"笛者羌乐也,古有《梅花落》曲。""怨",哀怨。这三句的意思是说,在夕阳的辉映下,被春风染绿的柳树的颜色像浓烟一般,笛里奏出《梅花落》的凄凉哀怨的曲调,这光景知道有几分春色呢!"染柳烟浓",写春景。在春之原野上回荡着哀凉的笛声,就在本来暗淡的背景上,加涂了令人不快的色彩,显得越加晦暗。这是情寓于景。"春意知几许"是表示说不准临安的春色到底有几分,说明对春光的兴味索然,态度冷淡。易安早年写的《如梦令》云:"昨夜雨疏风骤。浓睡不消残酒。试问卷帘人,却道海棠依旧。知否。知否。应是绿肥红瘦。"反映出那时她对春事的关心、对春光的珍惜、对春景体察的细致入微。"残酒"未消,躺着就准确地推测出海棠的"绿肥红瘦",但是今日面对春景却不能说出"几许"春意,态度冷漠。显然,这是国破、家亡、丧夫、颠沛流离等种种苦难折磨的结果。

"元宵佳节,融和天气,次第岂无风雨","融和",天气温暖宜人。"次第",转眼间。这三句的意思是说,今天是美好的元宵佳节,天气是和暖宜人的,难道转眼间就不会有风雨吗?易安"岂无风雨"的疑虑,是受过无边苦难的折磨和种种不幸刺激的人所特有的战战兢兢、栖栖惶惶、多疑多虑的精神状态的真实写照。

"来相召、香车宝马,谢他酒朋诗侣",意思是说,婉言谢绝了前来邀请的骑着宝马、驾着香车的饮酒朋友作诗侣伴。易安是喜欢游春赏景的,周煇《清波杂志》(卷八)云:"易安每值天大雪,即顶笠披蓑,循城远览以寻诗。"是说易安在建康时,游兴之高。而今何以竟然"谢他酒朋诗侣"?这个果,是由前面三层铺叙的三个原因:傍晚晴好,怀念亲人;春色晦暗,态度冷漠;天气和暖,但疑风雨,所造成的。其中"人在何处"是起主导作用的根本原因。春色晦暗、疑虑风雨是次要的原因。可以想见,元宵节日,日暮之时,不仅引人思念亲人,也使人产生怀念故国家乡之情。崔颢《黄鹤楼》诗云:"日暮乡关何处是,烟波江上使人愁。"这是南宋都城临安的元宵节,自然引起作者对"中州盛日"元夕的回忆,开了下阕。

"中州盛日,闺门多暇,记得偏重三五","中州",古代称河南为豫州,因为它是九州的中心,故称中州。此处指汴京。"盛日",繁荣昌盛的时代。"三五",指正月十五,元宵佳节。意思是说,汴京繁华兴旺的时代,妇女们有多闲暇的时间,记得特别重视正月十五元宵佳节。

"铺翠冠儿,捻金雪柳,簇带争济楚","铺",装饰。"翠",指珠翠。"捻金",捻金成丝,以其为饰。"雪柳",盖用素绢白纸捻成的柳枝。《武林旧事·元夕》载:"元夕节物,妇人皆戴珠翠、闹蛾、玉梅、雪柳……"吴自牧《梦粱录·元宵》:"宫巷口,苏家巷二十四家傀儡,衣装艳丽,细旦带花朵肩,珠翠冠儿,腰肢纤袅,宛若妇人。"可见"铺翠冠儿",就是妇女头上戴的装饰珠翠的帽子。"捻金雪柳",以金丝为饰的雪柳。《武林旧事·都人避暑》:"而茉莉为最盛,初出之时,其价甚穹,妇人簇带,多至七插……"足见"簇带"就是插戴很多。"济楚",整齐,漂亮。全句意思是说,元夕妇女们头上戴着装饰珠翠的帽子,插戴着以金丝为饰的雪柳,竞相打扮,看谁整齐漂亮。包括易安在内的妇女们,在汴京的元宵佳节真是兴致勃勃,兴高采烈。以上六句为一层,回忆北宋汴京元宵佳节的繁盛景象及人们的欢快心情。

"如今憔悴，风鬟雾鬓，怕见夜间出去"，"憔悴"，面黄肌瘦。"风鬟雾鬓"，苏轼《题毛女真》诗有"雾鬓风鬟木叶衣"句，头发乱蓬松散的意思。"怕见"，懒得。全句的意思是，现在人衰老了，头发像风吹的一样松散，像一团雾那样乱蓬，懒得夜间出去。妇女是讲究梳头的，对头发的态度，是妇女精神状态的一种表现。她年轻时写的《浣溪沙》有"髻子伤春懒更梳"句，这是因她淡淡的闲愁。《凤凰台上忆吹箫》有"起来慵自梳头"句，这是因她的离愁别苦。《武陵春》有"日晚倦梳头"句，因她国破家亡丧夫的浓愁。这些词句都是说，本来应该梳头，不过因为种种不同的愁恨而没有按时梳理。"风鬟雾鬓"，像一个精神病患者，总也不梳头的样子。我们可以想见，李清照晚年在精神上受摧残，心情上的痛苦，已经达到无以复加的程度，积久成疾了。

"不如向、帘儿底下，听人笑语"，这三句的意思是说，不如躲在帘子底下，听人们说说笑笑。这三句是由周邦彦《夜游宫》："古屋寒窗底。听几片、井桐飞坠。"脱化而来。易安是喜欢游山玩水的，在她南渡后避乱金华的艰难和愁苦的情况下，还有借景消忧的打算和兴致呢。《武陵春》云："闻说双溪春尚好，也拟泛轻舟。"尽管因为"只恐双溪舴艋舟。载不动、许多愁"而没有去成。但今天是南宋都城临安的元宵佳节，悲愁痛苦填胸臆的李清照，却根本没有借景遣愁的打算和逛街赏灯的兴致。"多少游春意"荡然无存，难道是她对元宵佳节的本身没有好感？不。她回忆北宋"中州盛日""偏重三五"时津津乐道，饶有兴味，情深意浓。这说明她对故国乡关深深地怀念，对汴京元宵佳节的向往。莫非是临安的元宵佳节的盛况不及汴京？也不。《武林旧事·元夕》载："山灯凡数千百种，极其新巧，怪怪奇奇，无所不有……。宫漏既深，始宣放烟火百余架，于是乐声四起，烛影纵横。……终夕天街鼓吹不绝。都民士女，罗绮如云，盖无夕不然也。至五夜，则京尹乘小提轿，诸舞队次第簇拥前后，连亘十余里，锦绣填委，箫舞振作，耳目不暇给"，"大率效宣和盛际"。姜白石有诗云："南陌东城尽舞儿，画金刺绣满罗衣。也知爱惜春游夜，舞落银蟾不肯归。"可见临安元夕盛况绝不在汴京之下。"酒朋诗侣""香车宝马"前来邀请，说明易安虽"如今憔悴，风鬟雾鬓"，也未曾衰老到不能动的程度。"谢"字说明不是不能去游，而是不想去游，婉言谢绝。易安到底为什么不出游？上阕谈到的原因是问题的一个方面，而另一方面，"不如向、帘儿底下，听人笑语"，这是对临安元宵佳节的蔑视。在李清照眼里，它不堪一游，不屑一瞥，何由？后来的文及翁说出了易安的心头话，《贺新郎》云："一勺西湖水。渡江来、百年歌舞，百年酣醉。回首洛阳花石尽，烟渺黍离之地。更不复、新亭堕泪。簇乐红妆摇画艇，问中流、击楫谁人是。千古恨，几时洗。"真是绝妙而深邃。南宋士大夫们苟安一隅，荒淫无耻，只求游宴玩乐，不图收复中原，统一祖国。易安如此看轻临安的元宵佳节，是对南宋统治集团的愤慨和抗议。

全词，通过北宋汴京和南宋临安两个都城元宵节有关情景的描写和对比，表现作者对故国乡关亲人的怀念及凄怆悲愤的心情。

此词构思精巧。上阕：第四层，写"谢他酒朋诗侣"，这是个"果"，前三层，层层铺叙的是"谢"的原因。下阕：一层，忆昔；二层，伤今。

换头，突然回忆"中州盛日"的元宵佳节，人们兴高采烈。蓦然又笔锋陡转，写临安元夕，凄楚悲愤。前后对比，突出主题。毛先舒云："尝论词贵开宕，不欲沾滞，忽悲忽喜，乍远乍近，斯为妙耳。"（《词苑丛谈》引《诗辨坻》）

以浅俗寻常语入词。这是易安词的特色之一。"守着窗儿，独自怎生得黑"、"被冷香消新梦觉，不许愁人不起"，就是易安用"浅俗之语发清新之思，词意并工"的"闺情绝调"，"如今憔悴……听人笑语"亦然。黄山谷评说："以故为新、以俗为雅者，易安先得之矣"。

李清照词高超的艺术技巧很值得我们借鉴。

（锦州师范学院《语文教学与研究》1981年第6期）

李清照《渔家傲》赏析

　　天接云涛连晓雾。星河欲转千帆舞。仿佛梦魂归帝所。闻天语。殷勤问我归何处。　　我报路长嗟日暮。学诗谩有惊人句。九万里风鹏正举。风休住。蓬舟吹取三山去。

　　此词，无疑是易安南渡后的作品。1126年，金兵攻陷汴京，次年，掠走徽钦两帝，史称"靖康之耻"，北宋遂告灭亡。李清照也匆匆南渡。作为一个爱国者，最大的恨，莫过于亡国之恨了。李清照与赵明诚，夫妇情爱笃深，明诚暴亡。作为一个受中国封建社会的压抑、处从属地位的妇女，什么是最大的不幸？最大的不幸，莫过于丧失自己的丈夫了。作为一个中国封建社会受重重束缚的妇女，能有比国破、家亡、丧夫、颠沛流离更令人痛苦和忧愁的吗？然而，她彼时的境遇能够有所改变吗？根本没有这种可能。南宋统治集团苟安一隅，只图歌舞淫乐，不求收复中原。易安的亡国之恨不能雪；颠沛流离飘零无依的凄惨生活不能解除；丧夫之愁又何能消释？易安所向往追求的和平、自由、光明、幸福的理想境界，只能在梦中实现，则写了《渔家傲》这首词。

　　"天接云涛连晓雾"，"天"，指极高的天空。"云涛"，翻滚变幻的云层。"晓雾"，拂晓时的雾气。"晓"字点明时间。"接""连"两个动词，写出拂晓时天地一片溟濛的阔大景象。全句是说，天空接着翻滚的云层，这样的云层又连着拂晓时那蒙蒙的雾气。这是按空间顺序写的，由高到低，从上至下。

"星河欲转千帆舞","星河",即天河、银河。"欲转",将要转动。曹丕《燕歌行》云:"明月皎皎照我床,星汉西流夜未央",即天河转而向西,夜深而未尽之意。易安《南歌子》云:"天上星河转",即天上星河转动之意。"星河欲转",指拂晓前天河将调转方向,即天将黎明。"千帆舞",江海千帆开始竞发。"涛""转""舞"三个动词写出海天景象的变动。全句意思是,天欲晓,星河将调转方向,夜泊在江海上的无数船只要迎着曙光竞发。作者依然是按空间顺序写的,由上而下,从天上写到下界。

"仿佛梦魂归帝所。闻天语","仿佛",好像,似乎。"梦魂",梦中人的灵魂。"帝所",天帝的居处。"天",指天帝,这里"天"与"帝"同指。全句意思是说,拂晓,千帆竞发之时,似乎在梦中我的灵魂回到天帝的居所,听到他在讲话。

"殷勤问我归何处","殷勤",指天帝待"我"的态度殷切、勤勉、热诚。吴彦高(激)《春从天上来》云:"梦回天上,金屋银屏,歌吹竞举青冥。问当时遗谱,有绝艺,鼓瑟湘灵",也是"梦回天上",与天神问答的梦游式。古诗词采取这种"梦游"的浪漫主义构思方式,是不乏其人的。唐李白的《梦游天姥吟留别》,李贺的《梦天》,皆如此,可见古诗的相互借鉴。这句的意思是,天帝热诚殷切而勤勉地询问我去向什么地方。

上阕,写拂晓时海天溟蒙的壮阔景象,及梦回天上,天帝的殷切勤勉的询问。

"我报路长嗟日暮",换头,承上问作答。"报",回答。"嗟",感叹。"路长""日暮"皆櫽栝战国时代楚国伟大诗人屈原《离骚》诗意。"路长",即《离骚》"路漫漫其修远兮,吾将上下而求索"之意。意思是,我要走的路确实是又长又远,我将上天下地去寻求、探索。"日暮",即《离骚》"欲少留此灵琐兮,日忽忽其将暮"之意。意思是说,我本来想要在灵琐(神山)稍稍停留,可是太阳却很快地落下去了,夜幕将要降临。这是屈原向重华(舜)陈辞,楚国政治黑暗昏愦,怀王听信谗言,他遭忌蒙谗,但誓将奋然前行,上天下地去探索光明，追求理想，表现诗人屈原对楚国贵族统治集团的愤慨和勇往直前的斗争精神。

易安何以檃栝《离骚》诗句入词？易安所处的时代，与屈原所处的时代，政治腐朽，奸佞当道，"邪曲之害公""方正之不容"，有过之而无不及。南宋统治集团，只求歌舞淫乐，不图恢复中原；丈夫早亡，生活颠沛流离。无论是国家的命运，还是个人飘零无依的痛苦，在短时期内都没有转好的可能，这就是"路长嗟日暮"的真正含义。充满了对南宋统治集团政治腐败的无限幽愤。全句的意思是，我回答天帝，道路漫长，慨叹到了太阳将落的时候。"路长""日暮"，都是影射。

"学诗谩有惊人句"，"谩"，空、徒。"惊人句"，指诗句出奇，令人惊讶。尽管易安出身豪门望族，通习诗书，才华横溢，在妇女受压抑的封建时代，仍然毫无政治地位，对国土沦丧、奸臣当道的政局无济于事，对丧夫颠沛流离的痛苦丝毫不能摆脱。这是爱国者报国无门，济世无方的抑郁和慨叹。全句是说，我满腹经传，能写出惊人的诗句，可又有什么用处呢？

"九万里风鹏正举"，庄子《逍遥游》云："鹏之徙于南冥也，水击三千里，抟扶摇而上者九万里，去以六月息者也。"意思是大鹏迁移南海，振翅起飞时双翼击水掀起巨浪三千里，像旋风上升达九万里的高空，是乘六月里海波动荡的大风动身的。在易安的梦境中出现大鹏展翅九万里的雄姿，一方面表现易安胸怀的豁达、旷远，同时也表现她精神奋发，意气昂扬，并没有因为报国无门，济世无方而消沉、颓唐。

"风休住。蓬舟吹取三山去"，"蓬舟"，像蓬草一般轻的小船。"吹取"，吹得。"三山"，传说中的海上三座仙山：蓬莱、方丈、瀛洲。唐李贺梦游诗《梦天》云："黄尘清水三山下，更变千年如走马"，意思是，从天上俯览下界，在三座仙山的下面，忽而黄尘变成清水，忽而清水变黄尘，千年变化像马跑过一般迅疾。易安在梦游时也梦到了海上仙山。她热烈地希望所乘的蓬船能被大风吹到三山上去，这绝非隐逸求仙的超俗雅趣在驱使，而是对腐朽黑暗的社会现实的迅速改变的渴望，是对和平、自由、幸福境界的追求和向往。也是对罪恶社会现实的鞭挞。此二句的意思是，大风不要住呵，把我乘的蓬草一般轻的小船吹到三山上去吧。

这使我想起唐朝伟大诗人李白，当时政治腐败，他不肯"摧眉折腰事权贵"，招致逸言，玄宗以"赐金还乡"为名，赶他出京。天宝四载（745）离开东鲁南下吴越时，写下《梦游天姥吟留别》，留赠友人。也是用浪漫主义的艺术构思，借以排遣内心的悲愤惆怅之情，表达对黑暗社会现实的不满，对理想境界的追求。尽管李白与易安所处的南宋时代背景不尽相同，但都是用丰富的想象，高远的意境，梦游的形式，浪漫主义的构思，表达了对理想境界的追求、对自由的向往、对光明的渴望。有异曲同工之妙。

下阕，作者通过对天帝的答话，表现对南宋黑暗社会现实的无限幽愤，对光明、自由、幸福的理想境界的追求和向往。

上阕，写拂晓时海天溟蒙景象及天帝殷勤地询问；下阕，写易安对天帝的回答。一问一答，一脉贯穿，天衣无缝。

此词，《花庵词选》题作"记梦"，这与许多梦游诗一样，并非真梦，而是借浪漫主义的艺术构思，寄托自己的情思。

梦中场景宏阔。"天接云涛连晓雾"，云涛翻腾，海天茫茫，景象壮阔。"千帆舞"，场面盛大，"九万里风鹏正举"，气势磅礴。

易安以浪漫主义的艺术构思，梦游的方式，驰骋丰富的想象，设想与天帝问答，倾诉隐衷，对于一个封建社会受压抑，处从属地位的妇女，这设想本身就充满了豪情壮彩。表现易安胸怀的旷远、开阔，作品的风格豪放。

此词就是被评家誉为婉约派词人李清照的"豪放词"，确实在她现存的词中是不可多得的。

（锦州师范学院《语文教学与研究》1982年第5期）

李清照《如梦令》赏析

《文心雕龙·物色》云："春秋代序，阴阳惨舒，物色之动，心亦摇焉。"意思是说，四季交替，阴冷的秋冬会使人感到凄凉，天气和暖阳光充足的春夏会使人感到畅快，景物变化了，人的感情也随之动荡。又云："情以物迁，辞以情发。"意思是，人的感情因景物而变化，文辞因人的感情而产生。某年暮春的一个夜晚，暴风骤雨突然袭来，这对百花来说是一场无法避免的灾难，自然触发了感情丰富的词人的情怀，易安就在此情况下写了这首《如梦令》：

> 昨夜雨疏风骤。浓睡不消残酒。试问卷帘人，却道海棠依旧。知否。知否。应是绿肥红瘦。

"昨夜雨疏风骤"，"风骤"，风势强，而起得突然。"雨疏"，雨点大而稀落。"昨夜"，点出这场暴风雨的时间。这句是说，昨天夜里突然刮起暴风，落下稀疏的大雨点儿。这对春天的百花无疑是一场灾难，将会大煞风景，这又怎能不引发易安的痛惜之情呢？首句牵涉全篇。

"浓睡不消残酒"，"浓睡"，一夜的酣然沉睡，未能把残存的酒意消尽。易安的嗜酒，从她的好多词中可见，《如梦令·酒兴》云："常记溪亭日暮。沉醉不知归路"；《凤凰台上忆吹箫》云："今年瘦，非干病酒"；《醉花阴》云："东篱把酒黄昏后。有暗香盈袖"，等等。"浓睡"，是不易被惊醒的，况且是醉酒情况下的"浓睡"，会睡得更沉。但何以知道"昨夜雨疏风骤"呢？说明昨夜的风雨是颇具规模的，曾惊破作者的梦境。"惜春常怕花开早"，况百花惨遭狂风疏雨的摧折呢？在睡梦中易安又怎能忘记罹难的百花呢？故此句是下句的主观原因。首句是下句的客观原因。

"试问卷帘人"，"卷帘人"，指卷帘的侍女。眼下已是过了"昨夜"的清晨，从浓睡中乍醒，当然最关心的莫过于百花的命运了。偌大的风雨，百花究竟被摧残到什么程度，这是易安亟须知道的，但又不能起来察看，因为"未消残酒"，只有"问"了。"试问"，表现作者极为关切的心情。此句为陈述句，不作疑问句，亦不说出"问"的内容，让读者自己去思索、推断。故评家评曰："一问极有情"，是很有道理的。

"却道海棠依旧"，"却"字一转。"海棠依旧"，海棠花依然如故。易安对这种回答颇有愕然之感。显然未能碰上作者的心情，极不从意，又激起新的波澜，再增一曲。这种回答表示侍女态度的漠然，感情的轻淡，因而引起易安的叠问。相形之下更显出易安对百花别是一般地关切之情。

"知否。知否"，意思是，知道吗？知道吗？因为侍女的回答使易安深感意外，禁不住重复发问。感情真挚，语气急促，对"海棠"关切之情溢于言外。几经跌宕曲折，最后推出自己的成熟看法：

"应是绿肥红瘦"，"是"为判断词。"绿肥红瘦"，绿色的花叶壮大了，而鲜花凋零了。风雨曾把浓睡的女主人惊醒，可谓大矣！如不是这样，未曾起来，也未曾看见，安能知道"昨夜雨疏风骤"呢？百花又怎能禁得，凋零谢落是必然的了，故曰"应是"。所以，"应是绿肥红瘦"的判断是准确而又令人信服的。王士禛《花草蒙拾》评此句云："人工天巧，可称绝唱。"是评得很好的。

这首小令，通过对话曲折地表现出作者对百花的怜惜，对春光的珍视，对美好事物的热爱。把自己的思想感情融注在具体的形象之中。

施补华《岘佣说诗》云："诗犹文也，忌直贵曲。"词又何尝不是如此。李清照有些词是写得颇为曲折的。《武陵春》词就是如此。其中"物是人非事事休。欲语泪先流",想对人述说以遣怀,欲说又先流下辛酸的眼泪,而终于不能说,更加惆怅悲切;"闻说双溪春尚好,也拟泛轻舟。只恐双溪舴艋舟。载不动、许多愁",独抱浓愁,欲借景消忧,只恐对景难排,欲游而终于不能去游,更加凄婉哀绝。构思新巧,曲折宕跌,摇曳生姿,含蓄蕴藉。易安《如梦令》也写得很曲折。

袁枚在《随园诗话》中亦主张"作诗文贵曲",又例曰:"方蒙章《访友》云:'轻舟一路绕烟霞,更爱山前满涧花。不为寻君也留住,那知花里即君家'。此曲也,若知是君家,便直矣。"易安小令,如开始道出"绿肥红瘦",则不曲也;如侍女答话恰是女主人所想,则不曲也,便成为一览无余,浅薄外露,僵直乏味,毫无艺术价值的东西。

《如梦令》:"试问卷帘人",百花的厄运,易安知而不言,妙在一"问"。犹如"风乍起,吹绉一池春水",宕起波澜,然易安对百花的关切,感情的细腻,昭然凸显。"却道海棠依旧",侍女感情淡薄,态度轻漠,又偏偏并非易安心中所想,易安怎能心平气和?波澜再起,又生一曲,引出"知否。知否"的叠问。语气紧迫,态度殷诚。几经曲折跌宕,最后推出"应是绿肥红瘦",含不尽凄婉怜惜之情,将作品的思想感情推向高潮。黄了翁《蓼园词评》评此小令云:"短幅中藏无数曲折,自是圣于词者。"不仅曲折,而作品的思想、意境在曲折跌宕中逐层深化。直而不露,妙趣横生。沈祥龙《论词随笔》云:"词贵愈转愈深",我以为这正是此小令出奇制胜之处。

《草堂诗余别录》:"韩偓诗云:'昨夜三更雨,今朝一阵寒。海棠花在否?侧卧卷帘看。'此词尽用其语点缀。"还有评家以为此词之意殆出于孟浩然《春晓》:"春眠不觉晓,处处闻啼鸟。夜来风雨声,花落知多少?"李石亦有《一剪梅》云:"后院棠梨昨夜开,雨急风忙次第催。"上述以惜春为内容的诗词虽各有千秋,然易安小令独占鳌头，以构思新颖，对话精巧，曲折跌宕，愈转愈深，高出一筹。

易安《如梦令》闻名遐迩，脍炙人口，千古不衰，何也？除上面原因，还有语言的功力：清新浅俗、精炼至极，"绿肥红瘦"甚为奇俊。看似不甚经意之作，却浑成大雅，煞是绝妙。

（锦州师范学院《语文教学与研究》1982年第2期）

李清照《如梦令　酒兴》赏析

易安词以南渡为契机，南渡前后的内容俨然不同。南渡前多写闺情、离别、相思之类。南渡后多写国破、家亡、丧夫、颠沛流离的苦凄。从此小令的情调看，无疑是属南渡前的作品。

作为才华横溢，豪情满怀的年轻女词人，她追求更丰富的精神生活，向往美好开阔的境界。喜欢遨游山水，尽情享受那种自然美。对旖旎的风光，绝妙的境地，爱得更加深沉。特别这种自然美不可多得常得的时候，这种佳丽的境地，便常常在脑海中涌现，并同时使人感到甜蜜和幸福。重复是记忆之母，于是这种美的境界在脑海中则经久不忘。易安在此小令中写的一次遨游便是如此。《花庵词选》题作"酒兴"。

常记溪亭日暮。沉醉不知归路。兴尽晚回舟，误入藕花深处。争渡。争渡。惊起一滩鸥鹭。

"常记溪亭日暮。""常记"，长久记忆。说明这次遨游留给易安的印象是不可磨灭的。"溪"、"亭"、落"日"、"暮"色，这是轻描淡写野游的景物，同时也交代游览的时间和地点。显然首句是写刻印在脑海中的游览胜地的环境。易安在《永遇乐》词中写临安傍晚景物时云："落日熔金，暮云合璧"，意思是说，将要落山的太阳像熔化的黄金那样光辉耀眼，晚云聚集在一起像一整块瑰丽的玉璧那样色彩斑斓。这种动人的晚景图，真是气象壮美，浓颜重彩，引人入胜。然而，此小令写的晚景图，作者在构思上却又别具匠心，采用的是迥然不同的方法，即用墨线勾勒，未曾着色，不加渲染，没用烘托，显然，这是一种白描的艺术手法。这种写法，留有更多的余地，比前者更引人遐想，令人回味，耐人咀嚼。我们想那澄碧的溪水，那翼然的溪亭，那娇艳的落日，那苍茫的暮色，该多么令人神往和怀念啊！

"沉醉不知归路。""沉醉"，喝得大醉。与易安《诉衷情》"夜来沉醉卸妆迟。梅萼插残枝"中的"沉醉"同意。易安的嗜酒，从她许多词中反映出来。易安《好事近》云："酒阑歌罢玉樽空，青缸暗明灭"、《醉花阴》云："东篱把酒黄昏后。有暗香盈袖"、《蝶恋花》词云："惜别伤离方寸乱。忘了临行，酒盏深和浅"、《玉楼春》云："要来小酌便来休，未必明朝风不起"、《永遇乐》词云："来相召、香车宝马，谢他酒朋诗侣"，《李清照集》（中华书局编辑）收录的确为易安所作，而无可争议的四十四首词中，居然有二十二首写到饮酒、醉酒之事。这说明了一个问题，一个受封建社会种种束缚和压抑的妇女，这般喜欢饮酒，并且在供人游玩的溪亭喝得大醉，竟然连回家的道路也不知道，这反映易安的豪放潇洒、纵情不羁。难道"醉翁"之意唯有酒吗？我以为这里的"沉醉"，也有"在乎山水之间"的一面。此句，转，写她在"日暮""溪亭"喝得大醉，不知道回去的水路了。

"兴尽晚回舟"，承上，写她酒醒，以最大的兴致，尽情地游览，致趣已尽，很晚才荡舟回转。"兴尽"，兴致已尽。李易安喜欢游览，说明一个爱国者对祖国美好河山深切的爱。周煇《清波杂志》（卷八）载："顷见易安族人，言明诚在建康日，易安每值天大雪，即顶笠披蓑，循城远览以寻诗……"（转引黄盛璋《赵明诚、李清照夫妇年谱》），李清照《念奴娇》云："清露晨流，新桐初引，多少游春意"，都说明了这一点。即使是避乱金华，在国破、家亡、丧夫、颠沛流离，悲愁痛苦填胸臆的情况下，也依然有借景消忧的打算。易安此时写的《武陵春》云："闻说双溪春尚好，也拟泛轻舟",尽管因为"只恐双溪舴艋舟。载不动、许多愁"而未能成行。这都说明易安追求丰富的精神生活和开阔美好的境界,反映她卓然不群的情趣,对祖国大自然的无限热爱。

"误入藕花深处。"因为是"日暮""溪亭""沉醉",故不知回归的水路;待酒醒,游兴既尽,天色已"晚",故错误地划进繁茂的荷花深处去了。"藕花",即荷花。易安词《一剪梅》云:"红藕香残玉簟秋",其中的"藕",即荷花。"红藕",红色荷花。"藕花深处",说明荷花长势旺盛,范围颇广。词的意境更加开阔。全句写"晚回舟"时错了路,不慎划到繁盛的荷花丛深处去了。

"争渡。争渡。""争",有人解为"怎"意,我以为不确。《诗词曲语辞汇释》云:"争,犹怎也。自来谓宋人用怎字,唐人只用争字。"宋人易安用"怎"字,而不用"争"字的例子,如《声声慢》:"三杯两盏淡酒,怎敌他、晚来风急"、"守着窗儿,独自怎生得黑"、"这次第,怎一个、愁字了得",里面的三个"怎"字,都是"怎么"的意思,而不用"争"字。在现存的无争议的四十四首李清照词中(《李清照集》,中华书局编)用"争"字,而不用"怎"字者,不见一例。这里的"争"字,有奋力、尽力的意思。全句是说,奋力地划呀!奋力地划呀!也正是这样,在藕遏归舟的情况下,奋力地击水声,尽力划船的举动,才惊动了准备在干滩上夜宿的鸥鹭。

"惊起一滩鸥鹭。""鸥鹭",两种水鸟。"滩",指水边或水中泥沙淤积成的干地。"一滩",整个滩上。全句是说,惊飞了在滩上准备过夜的全部鸥鹭。此句从听觉上写的,说明"争渡"的力量之大,划船的声音之响。欧阳修写颍州西湖的《采桑子》有云:"惊起沙禽掠岸飞",此句是否易安"惊起一滩鸥鹭"之本,暂不去研求,但在写法上,欧词从听觉和视觉两个角度写的。因为写的是白天的湖景。而易安只从听觉"惊起"上写,因为那是天色很晚,看不清的缘故。易安语言精练、准确、浅俗、活泼。

此小令,易安运用白描的艺术手法,创造一个平淡之境,耐人寻味。语言浅淡自然，朴实无华。正是"其淡语皆有味，浅语皆有致"。易安的另一首《如梦令》（昨夜雨疏风骤）也运用了这种白描的艺术手法，只是结尾"着色浓艳"。《贵耳集》评易安词时云："皆以寻常语度入音律，炼句精巧则易，平淡入调者难。"易安匠心独运，善于创造这种绝妙的境界。如易安《一剪梅》上阕："红藕香残玉簟秋。轻解罗裳，独上兰舟。云中谁寄锦书来，雁字回时，满月西楼"，把离别时那种浓挚的离愁别恨注入轻淡的笔墨之中。之所以格外令人神伤，便是这种平淡之境的艺术功力。

  此小令，似乎信手拈来，毫无雕琢，只寥寥数笔便勾勒出一幅日暮酒醒归舟图，清秀淡雅，静中有动，人物形象栩栩如生，却产生了强烈的艺术魅力，令人想象飞腾。它简直是影片的一个镜头。展现在银幕上的背景：骄骄的落"日"，苍茫的"暮"色，逶迤的"溪"水，亭亭的"藕花"，翼然的"溪亭"，芳草萋萋的干"滩"，群栖待宿的"鸥鹭"，幽雅恬淡；女主人公在这个环境中活动："溪亭""沉醉"，茫然"不知归路"，"兴尽晚回"，短楫轻"舟"，"误入藕花深处"，"争渡。争渡"，"惊起一滩鸥鹭"，生机盎然。女词人那种卓然不群的情趣，那豪放飘洒的风姿，那活泼开朗的性格，对祖国山河的挚爱之情，都得以充分表现。

（锦州师范学院《语文教学与研究》1983年第2期）

故乡何处是　忘了除非醉
——读李清照词《菩萨蛮》

宋靖康二年（1127），徽钦两帝"北狩"。李清照南下江宁，她接踵遭际国破、家亡、夫丧、颠沛流离的种种不幸。她忧愁吗？是的，诚如她避乱金华时写的《武陵春》词所云："只恐双溪舴艋舟。载不动、许多愁"，真是太浓重了。就在这"许多愁"里，其中有相当一部分是"乡愁"。在最能触发人离思的特定环境里，三更枕上，雨打芭蕉，她"伤心""愁损"，深深地怀念故国乡关（李清照词《添字采桑子》窗前谁种芭蕉树）；在古老的节日，阴历三月上巳的前夜，她"永夜恹恹"，"空梦长安，认取长安道"，深深地怀念故国乡关（李清照词《蝶恋花》永夜恹恹欢意少）；那么在寻常的日子里，是否忘记她的故国乡关了呢？没有。下面这首《菩萨蛮》就是写她在一个早春的白日，对故国乡关无限怀恋的深情。

原词：

风柔日薄春犹早。夹衫乍着心情好。睡起觉微寒。梅花鬓上残。　故乡何处是。忘了除非醉。沉水卧时烧。香消酒未消。

"风柔日薄春犹早。夹衫乍着心情好。"易安从写时令天气开篇。"风柔"，春风和煦。"日薄"，日光淡薄，不甚强烈。首句是说，春风和煦、日光淡薄，还是个"乍暖还寒""冷冷清清"的早春时节。点出了时令和天气。

"乍着",刚刚穿上。"心情好",身心感到轻松爽快。次句是说褪去沉重的冬装,刚刚穿上夹衫,心情是很好的。易安种种不幸遭际的摧残、累压,"只恐双溪舴艋舟。载不动、许多愁"的折磨,平日里她能够心旷神怡吗?亡国之恨尚未雪,丧夫之愁犹未除,颠沛流离的困苦境遇仍不能摆脱,这种种矛盾,在当时,都是没有办法从根本上解决的。所谓"心情好",无非是长期以来忧愁痛苦像泰山一般压在心身之上,当物换星移,时序乍新,脱掉了沉重的棉衣,宛若心身顿然减了不少负担,身体感到轻松些,心情感到惬爽些罢了。下阕"故乡何处是。忘了除非醉"一语告诉我们,此时此刻她绝非忘乎所以、"乐"而无忧。在这春心动荡的时节,或许使她倍加缅怀她的故国乡关了。

"睡起觉微寒。梅花鬓上残。"此两句,字面意思一目了然,其内涵只有细加寻释,方可得其端倪。

易安《清平乐》云:"年年雪里。常插梅花醉"、《诉衷情》词云:"夜来沉醉卸妆迟。梅萼插残枝"、《殢人娇》词云:"坐上客来,樽前酒满。歌声共、水流云断。南枝可插,更须频剪",可以看出易安咏梅赏梅词都把酌酒、醉酒同插戴梅花联系起来。我们姑且在这里可以断定,易安"梅花鬓上残",也是易安沉醉后的形象,当可用下文"香消酒未消"一语,来印证这一判断的可靠性。"常插梅花醉",这是易安早春的嗜好。"残",在翻转中揉损梅花而致残,说明酒饮得多,浓睡的时间长。

"睡起"的"睡",不禁使人要问,为什么早春白日睡觉?这并不是闺阁中人百无聊赖,用睡觉来打发光阴,而是因为沉醉,不能不浓睡。使我们不禁再问:易安为什么要饮这么多的酒,致使沉醉?在这里,不妨联系一下下阕:"故乡何处是。忘了除非醉"一语,我们便茅塞顿开:不多饮则不能沉醉;不沉醉则不能排遣浓重的乡愁。"觉微寒",回应首句,因为是"日薄春犹早"。"起""觉"两字,说明虽是残酒未消,但酒力已减大半。酩酊大醉,酒力劲作,人是不会觉得冷的,何况是"微寒"呢!"睡起"这一行动显示头脑还是清醒多了，对故乡的思念之情正是"才下眉头，却上心头"，又重新袭击着她。"欲将沉醉换悲凉"（晏几道《阮郎归》），用其他的办法开解家国之思都是不能奏效的。于是她按捺不住，放出心声，直抒胸臆，开了下阕。

"故乡何处是。忘了除非醉。"过片与黄庭坚的《清平乐》过片"春无踪迹谁知？除非问取黄鹂"句式相同。前句用反诘句，肯定正面的意思，后句都用"除非"一词，表示条件关系的句式。

"故乡何处是"，意思是说，时刻怀念的故乡在哪里呢？此句包含着对故乡深深的怀念，也包含着对南宋统治集团无限幽愤。他们屈膝媚敌，沉迷声色，苟安一隅，不去收复中原，故乡依然陷入金人统治者的蹂躏之中，消息杳然，相见无由。此句与崔颢《黄鹤楼》诗"日暮乡关何处是"同意，不过他写的是淡淡的乡愁。

"忘了除非醉"，易安对故乡的爱，何其浓挚。她在《上枢密韩公工部尚书胡公》云："欲将血泪寄山河，去洒东山一抔土。"意思是想把血泪寄与祖国的大好山河，去洒故乡名山一把土。又在此诗中云，"不乞隋珠与和璧，只乞乡关新信息"，意思是说，不希求隋侯之珠、和氏之璧那类珍宝，只望求得故乡光复的好消息。《打马赋》中云："老矣谁能志千里，但愿相将过淮水"，意思是说，我老了不能实现远大志向了，但愿收复中原，同大家一起回到淮水以北的家乡去。《春残》诗云："春残何事苦思乡，病里梳头恨最长"，《添字采桑子》词云："伤心枕上三更雨，……愁损北人、不惯起来听"，《蝶恋花》词云："永夜恹恹欢意少。空梦长安，认取长安道"，这些诗词中的语句都表现了易安对故国乡关是何等的缅怀，何等执着的爱。怀念家乡、热爱祖国的山河，这便是她爱国主义的具体表现。"忘了除非醉"，意思是说，除非酩酊大醉的时候才能忘记故乡。"除非"这是表示条件关系的关联词语，指出忘记故乡只有一种可能，就是在沉醉之时，在其余的任何时候，无论是春夏秋冬，不管是白天夜晚，甚至在梦里也常常出现被金人铁蹄践踏下的可爱故乡的影像，此句极言易安对故国乡关深沉地怀念，执着地热爱。

"沉水卧时烧。香消酒未消。""沉水"是一种熏香名,点燃之后,可使室内润香,使人爽心。在李清照的十首词中谈到点燃熏香之事。《满庭芳》词云:"篆香烧尽"、《浪淘沙》词云:"宝篆成空"、《孤雁儿》词云:"沉香断续玉炉寒"、《鹧鸪天》词云:"梦断偏宜瑞脑香"、《忆秦娥》词云:"断香残酒情怀恶"、《浣溪沙》词云:"玉炉沉水袅残烟"、《念奴娇》词云:"被冷香消新梦觉"、《浣溪沙》词云:"玉鸭熏炉闲瑞脑"、《浣溪沙》词云:"瑞脑香消魂梦断",这些词中的"瑞脑""篆香""宝篆""沉水"都是熏香名。可见喜闻熏香、饮酒、插戴梅花醉,均为易安生活中的嗜好。"卧时"回应上文,指上片"睡"觉之时。女主人未睡之前点燃香料这一活动,是在"睡起觉微寒。梅花鬓上残"之前,然而却在下阕写出,起着补充说明的作用。"香消酒未消",意思是香料已经燃尽,可是残存的酒意尚未消除。这一面说明酒饮得多,另一面也补充说明上阕"睡"的原因,是因为"醉酒"。因醉酒而浓睡,因浓睡而梅残。这样一来,才能使我们窥测到女主人公那隐秘的内心活动,词的主题才得以深化,思想才得以升华。它不是写闺阁中人的闲情逸趣,而是写一个爱国女词人对故国乡关那种深沉执着的爱,反映了她无法排解的思国怀乡的浓烈感情,使词达到了完美的艺术境界。

上阕作者写早春日里用醉酒浓睡来开解浓重的乡愁的情景。幽隐婉约,深杳内蕴。

下阕写她除了神经受到麻醉,否则是不会忘记故乡的。直陈胸臆,披肝沥胆。

在艺术技巧上匠心独出。上隐下直;上平淡下浓挚。隐与直相济,平淡与浓挚相成。在内容上,下阕对上阕起到了补充和醒明的作用。构思超妙,斐然成章。

试以李清照南渡后,写其江南流落,思国怀乡的深厚感情的《添字采桑子》与此词作比较:

窗前谁种芭蕉树,阴满中庭。阴满中庭。叶叶心心、舒卷有余情。　　伤心枕上三更雨，点滴霖霪。点滴霖霪。愁损北人、不惯起来听。

词上阕渲染芭蕉的壮盛和"余情"；下阕写三更雨打芭蕉，殊念故国乡关的深厚感情。上阕是下阕的铺垫，上扬下抑，顺理成章。结构严谨，构思精工。

一个是早春用酒排解乡愁，而终不能；一个是春季夜里三更雨打芭蕉，而乡愁倍增。同一主题，但表现手法迥然不同。可谓两臻佳境，各具风韵，皆有撼动人心的艺术魅力。

"文艺作品的价值，不在于是否表现了自我，而是在于它在多大程度上反映了具有普遍意义的社会生活的客观内容，表达了人民群众的思想感情。"（《宣传文艺"表现自我"错在哪里》）金兵攻陷汴京，掳走徽钦两帝，大好河山被侵略者的铁蹄践踏，渡江南来的难民有谁不昼夜思念故国乡关；渡江南来的有血性的臣僚，有谁没有黍离之悲，桑梓之情；南宋的广大人民及朝野爱国志士，有谁不急切力图"还我河山"，光复中原。李清照在此词中所表露的思国怀乡的绵绵愁绪，殷殷乡情，并非唯其一人才有，那是宋朝广大人民的共同心声。古人以怀乡为题材的文学作品不乏其篇。汉·佚名诗《行行重行行》云："胡马依北风，越鸟巢南枝"、唐·李白诗《静夜思》云："举头望明月，低头思故乡"、唐·岑参诗《春梦》云："枕上片时春梦中，行尽江南数千里"、宋·欧阳修词《渔家傲》云："乡关千里危肠断"、宋·苏轼词《永遇乐》云："天涯倦客，山中归路，望断故园心眼"、李清照"故乡何处是。忘了除非醉"，可是有谁的遭遇像李清照这样悲惨？有谁像李清照那样思国怀乡痴情至诚？有谁思国怀乡像李清照那样深沉执着？这是时代的历史和个人的思想、经历及美学理想的产物。李清照的怀乡词，无论是思想内容，还是艺术技巧都有很高的价值，应得到我们今人的特别珍重。

（锦州师范学院《语文教学与研究》1984年第5期）

思国怀乡情更深

——读李清照词《添字采桑子》

北宋灭亡，明诚病逝，金兵袭扰，易安避乱江浙，漂泊无依。某一个春季阴沉凄清的夜晚，她也许投宿在荒村茅舍，她也许夜卧在异地的旅次候馆，她也许寄居在他乡的寓所，难堪的孤独忧伤索莫。她日见庭院中的芭蕉树，三更兼听雨打芭蕉的凄厉声响，她的思国怀乡之情益加深沉浓重，就挥笔写下了这首《添字采桑子》：

窗前谁种芭蕉树，阴满中庭。阴满中庭。叶叶心心、舒卷有余情。　　伤心枕上三更雨，点滴霖霪。点滴霖霪。愁损北人、不惯起来听。

此词，作者以疑问句开笔："窗前谁种芭蕉树"，引出对芭蕉的描摹。这里易安并非询问何人种植了芭蕉树，也不必要人来作答，而是诧异惊愕时脱口而出的呼语。惊异什么？自然是"阴满中庭。叶叶心心、舒卷有余情"了。视野之广，易安何以捕捉"阴满中庭"的芭蕉树来写呢？是有其本的。唐杜牧《雨》诗云："一夜不眠孤客耳，主人窗外有芭蕉。"说明雨打芭蕉的声音，最能触发人的异乡之感和愁绪，古代诗人慧笔，多有"夜雨芭蕉"的描绘，余不觑缕。不必说雨打芭蕉，就是无雨，风吹芭蕉的沙沙声，也足能引起人们的一片哀愁。吴文英《唐多令》云："何处合成愁。离人心上秋。纵芭蕉、不雨也飕飕"，不过雨打芭蕉更使人增加几分愁绪。

"阴满中庭",即芭蕉树阴遮满庭院之意。"满"字写出芭蕉的壮盛及面积之大。头两句的末句为"阴满中庭",次两句的首句用同样的句子领起,首尾蝉联,这固然是词调的需要,但这在修辞学上叫"顶针"。在这里运用"顶针"修辞格的作用,突出芭蕉的株多、叶茂、阴浓,为下文的抒情打下丰实的基础,同时也增加了词的建筑美、音乐美。

"叶叶心心、舒卷有余情",其中的"叶叶心心、舒卷",指芭蕉叶的舒展、蕉心的卷起。这是春天的景色,点出了时令。唐钱珝《未展芭蕉》诗云:"冷烛无烟绿蜡干,芳心犹卷怯春寒。一缄书札藏何事?会被春风暗拆看。"意思是说,未舒展的芭蕉叶,像熄灭的无烟绿色蜡烛,芳香的蕉心卷着,怕的是料峭的春寒。未展的蕉叶多么像古代束卷着的书信,里面藏着什么情事?它一定会被春风吹绽,就像必定会被情人拆开书信暗自偷看一样。此词中"叶叶心心、舒卷有余情",即叶子已经伸展,"书札"已被春风拆开,但"心心"犹"卷",内情尚未被人全然知晓,故曰"有余情"。草木无情,自是诗人多情。这是拟人手法,古诗词常见。如陆游《秋波媚》云:"多情谁似南山月,特地暮云开。灞桥烟柳,曲江池馆,应待人来。"是也。李白《劳劳亭》诗云:"春风知别苦,不遣柳条青。"是也。苏轼诗《饮湖上初晴后雨》云:"欲把西湖比西子,淡妆浓抹总相宜。"是也。陈与义《春寒》诗云:"海棠不惜胭脂色,独立蒙蒙细雨中。"是也。易安词屡用此法,如《怨王孙》云:"水光山色与人亲","眠沙鸥鹭不回头,似也恨、人归早"。并非"水光山色"与"人"亲,而是"人"殊爱"水光山色"。不是"眠沙鸥鹭"在"恨",而是人在依恋不舍。如《凤凰台上忆吹箫》云:"惟有楼前流水,应念我、终日凝眸。"言水念人,则把水人格化了,这样把无情的东西,赋予人的感情,栩栩如生,增强了艺术感染力。

上片,写日见窗前庭院中芭蕉的繁盛和富有"余情",着重写景。王国维《人间词话》云:"昔人论诗词有景语、情语之别,不知一切景语皆情语也。"实则为融情入景。

过片，笔锋一转，"伤心枕上三更雨"，意思是人在床上翻转，夜半未眠，哀伤悲恻，三更时又下起雨来，并且淅淅沥沥，连绵不已。满怀愁绪，痛苦难耐。"点滴霖霪"，即雨点绵绵不断，滴滴答答。

"点滴霖霪"，与前句"点滴霖霪"蝉联，此处"顶针"修辞格的作用，突出了淫雨靡靡，渲染一种令人烦恼不畅的气氛，使"伤心"人的心底累加上一层难挨的负压，更添惆怅，更觉凄伤。增强了表达效果，突出了主题。

"愁损北人、不惯起来听"，雨不断地下着，真"愁损"了"北人"。"愁损"，因为发愁，使人的精神损伤，身体瘦削。北宋灭亡，易安本山东济南人，被迫流落江南，故称"北人"。自称"北人"，颇有念念不忘故国乡关之意。李清照《上枢密韩公工部尚书胡公》云："不乞隋珠与和璧，只乞乡关新信息"，意思是不希求隋侯之珠、和氏之璧那样珍宝，只是渴望求得家乡光复的好消息。又云："欲将血泪寄山河，去洒东山一抔土。"意思是要把血泪寄与沦陷区的大好河山，去洒家乡名山一捧土。易安《打马赋》云："木兰横戈好女子，老矣不复志千里，但愿相将过淮水。"意思是花木兰替父从军，挥戈跃马，为国立功，真是个好女子，我老了不能实现远大的抱负了，但愿收复中原，同大家一齐回到淮水以北的家乡去。足见易安对祖国的山河爱得多么深沉，对收复失地多么关切，对乡关是何等的怀念。即便是一个普通的家庭妇女，不必说感情丰富的爱国词人，安有国破、家亡、丧夫、颠沛流离却能高枕无忧的吗？易安的"愁损""伤心"是自然的了。正是"乡愁怕听三更雨"，更哪堪雨打芭蕉的凄凄沥沥的声响呢？"芭蕉"生在南方，雨打芭蕉更刺痛了她的"故乡心""愁人耳"，故"不惯起来听"。卒然一结，轻淡饶味，余韵袅袅。至此，一个杰出女词人，在国破、家亡、丧夫、颠沛流离等不幸遭际的打击下，孤凄、哀伤、憔悴、思国怀乡的形象跃然纸上。

下片写三更雨打芭蕉，易安夜不成眠，痛苦悲伤，深深怀念故国、乡关。

此词，作者以清淡隽永的笔致，通过"三更"雨打"阴满中庭"的"叶叶心心""有余情"之"芭蕉"这一典型环境的描绘，写出易安那种深沉浓重、痛苦难耐的思国怀乡之情。

此词也有所祖，温庭筠《更漏子》："梧桐树。三更雨。不道离情正苦。一叶叶，一声声。空阶滴到明。"与易安此词意境相似，只是"梧桐树"表示秋天的时令，而易安词中"芭蕉""心心""卷"着，时指春季罢了，写的是离情。李煜《长相思》有"秋风多。雨相和。帘外芭蕉三两棵。夜长人奈何。"与易安词意境略同，写的是相思。《词苑丛谈》载宋徽宗时无名氏《眉峰碧》云："薄暮投村驿。风雨愁通夕。窗外芭蕉窗里人，分明叶上、心头滴。"写的是离情。而易安此词写的是思国怀乡的深厚感情，立意高远。她融化前人词意，脱胎古人诗句，不着痕迹，并能创意出奇。叶少蕴云："诗人点化前作，正如李光弼将郭子仪之军，重经号令，精神数倍。"诚然是也。周紫芝《鹧鸪天》有"梧桐叶上三更雨，叶叶声声是别离"句。宋人还有"枕前泪共阶前雨，隔个窗儿滴到明"句。均可见文学艺术的继承和发展。

此词语言疏淡隽永，构思精巧，结构严谨。上片着重写景，融情入景，是下片的铺垫；下片着重写情，情景交融。上片着力渲染芭蕉的株多，叶茂、阴浓、"有余情"，因而下片雨打芭蕉的声响才越大，女主人公的心境也就愈凄楚苍凉、痛苦难耐，思国怀乡之情也就更浓烈，词人的心境也愈令人悲悯。上扬下抑，顺理成章。

"无情未必真豪杰"，李清照在此词中所写的"伤心""愁损"，绝非无病呻吟，实际上交织着对北宋亡国之恨、民族之爱、颠沛流离之苦，客居江浙，心系乡国。其中也蕴含着对自己种种不幸遭遇的感慨，又客观反映了宋代人民历经战乱，身陷水火的深重苦难，其典型意义就在这里。

易安此词与她的许多词一样,给人以美的享受,千古脍炙,其艺术美的基础就是情真意笃,可谓"生香真色"。

(《锦州师专学报》1984年第1期,廊坊师专《语文教学之友》1984年第5期转载,但文字略有修改)

跌宕曲折　一唱三叹

——李清照词艺术特色管见之一

李清照是我国文学史上宋代的杰出女词人。她夺帜婉约,炳曜词坛。其《漱玉词》的残卷遗篇,流传至今,人皆咨嗟称赏。南宋刘辰翁在《永遇乐》小序中说:"余自乙亥上元,诵李易安《永遇乐》,为之涕下。今三年矣,每闻此词,辄不自堪……"足见易安词的非凡感染力,古今亦然。说明易安词极高的美学价值和惊人的艺术魅力。

跌宕曲折,一唱三叹,是易安词的显著艺术特色之一。文学是社会生活的反映,社会生活本身就是错综复杂、千变万化的。作为文学艺术,有时不曲折就不能穷纷纭变化的社会生活之妙,"情随事迁",有时不曲折就不能尽填胸臆的激荡之情。易安词极尽跌宕曲折之致。施补华《岘佣说诗》云:"诗犹文也,忌直贵曲。"词又何尝不是如此。

如《武陵春》:

> 风住尘香花已尽,日晚倦梳头。物是人非事事休。欲语泪先流。　　闻说双溪春尚好,也拟泛轻舟。只恐双溪舴艋舟。载不动、许多愁。

写了由于"物是人非",也就是国破、家亡、丧夫、颠沛流离之苦,给他带来的无法排遣的浓愁。其中"物是人非事事休。欲语泪先流"，是说一切事物还在，可是人不如昔了，想对人述说以遣怀，欲说又先流下辛酸的眼泪，而终于不能说，更加惆怅悲切；"闻说双溪春尚好，也拟泛轻舟。只恐双溪舴艋舟。载不动、许多愁"，是说双溪地方的春光还好，也打算荡舟旅游。独抱浓愁，欲借景消忧，只恐对景难排，欲游而终于不能去游，更加凄婉哀绝。构思新巧，跌宕曲折，一唱三叹，摇曳生姿，含蓄蕴藉。极欲吐而不吐，欲游而不游之致。有"感心动耳，荡气回肠"之效。

又如《如梦令》：

> 昨夜雨疏风骤。浓睡不消残酒。试问卷帘人，却道海棠依旧。知否。知否。应是绿肥红瘦。

此词通过对话表现出作者对春光的珍视，对百花的怜惜，对美好事物的热爱。其中"试问卷帘人"，百花的厄运，易安知而不言，妙在一"问"，犹如"风乍起，吹绉一池春水"，宕起波澜，然易安对百花的关切，感情的细腻，跃然纸上。"却道海棠依旧"，侍女的答话，感情淡薄，态度轻漠，又偏偏并非易安心中所想，未急易安心中之所急，易安怎能心平气和？波澜再起，又生一曲，引出"知否。知否。"的叠问。语气急促，态度殷诚。几经跌宕曲折，最后推出个"应是绿肥红瘦"，含不尽凄婉怜惜之情，将作者的思想感情推向高潮。黄了翁《蓼园词评》评此小令云："短幅中藏无数曲折，自是圣于词者。"意境在跌宕曲折中逐层深化，深婉俊美，妙趣横生。

袁枚在《随园诗话》中也主张"作诗文贵曲"，又例曰："王仔园《访友》云：'乱乌栖定夜三更，楼上银灯一点明。记得到门还不扣，花阴悄听读书声。'此曲也，若到门便扣，则直矣。"易安小令，如开始道出"绿肥红瘦"则不曲也；如侍女答话恰是易安所想所急，则不曲也。便成为一览无余，浅薄外露，僵直乏味，毫无艺术价值的东西。

《草堂诗余别录》："韩偓诗云：'昨夜三更雨，今朝一阵寒。海棠花在否？侧卧卷帘看。'此词尽用其语点缀。"还有评家以为此词之意殆出于孟浩然《春晓》："春眠不觉晓，处处闻啼鸟。夜来风雨声，花落知多少？"上述以惜春为内容的诗词虽各有千秋，然易安小令独占鳌头，以构思新颖，对话精巧，曲折宕跌，高出一筹。颇有"青出于蓝"之妙。

又如《凤凰台上忆吹箫》：

> 香冷金猊，被翻红浪，起来慵自梳头。任宝奁闲掩，日上帘钩。生怕闲愁暗恨，多少事、欲说还休。新来瘦，非干病酒，不是悲秋。　　休休。这回去也，千万遍阳关，也则难留。念武陵人远，烟锁秦楼。记取楼前流水，应念我、终日凝眸。凝眸处，从今又添，一段新愁。

此词写易安与赵明诚分别前后的离情别绪。开头两句是说，早晨起床，兽形铜质熏炉中点燃的香料早已熄灭，红锦被翻着无心去叠，头发也懒得梳理。任凭华贵的妆匣闲置，太阳高照。这是女主人公的心事重重，魂魄不宁的精神状态的写照。人何以如此？未说原因。第三句是说，最怕勾引起闲愁暗恨，万重心事，欲说又咽了回去。仍然未说出原因。第四句是说，新近的消瘦何由？连用两个否定句，排除了两种可能性："非干病酒"，即与多喝了些酒而使身体不适无关；"不是悲秋"，即与为萧瑟凄清的秋日感伤无关。虽然大大缩小了原因的范围，可到底是为什么还是没有道出，留有充分的余地，供人们去猜度，推测。"含有余不尽之意。"故陈廷焯《白雨斋词话》云："'新来瘦'三语，婉转曲折，煞是妙绝。"

上阕分三层：一层（头两句）写情态，未写原因；二层（第三句），欲吐原因又咽回。在表情上却进了一步，虽然未告诉我们具体原因，但已说出跟"多少事"有关；三层（第四句）可吐了原因，又并非正面，十分耐人寻味。在表情上又向前推进一步，虽然还是没有告诉我们具体原因，但其原因的范围已大大缩小，人们就很容易捕捉了。真是跌宕曲折，错落有致，极尽吞吞吐吐之情趣。作者的思想感情在吞吐往复中逐层推进。

换头，笔锋陡转，"休休"，罢了，罢了。不必说了，不必道了，一切都无济于事，一切都没有必要，感情激起更大的波澜。真是波谲云诡，变化莫测。"这回去也，千万遍阳关，也则难留"，易安明诚这对炽爱的夫妇离别是不可避免的了。沈际飞《草堂诗余正集》云："清风朗月，陡化为楚雨巫云；阿阁洞房，立变成离亭别墅。至文也。"是评得很好的。

再如《永遇乐》：

> 落日熔金，暮云合璧，人在何处。染柳烟浓，吹梅笛怨，春意知几许。元宵佳节，融和天气，次第岂无风雨。来相召、香车宝马，谢他酒朋诗侣。　　中州盛日，闺门多暇，记得偏重三五。铺翠冠儿，捻金雪柳，簇带争济楚。如今憔悴，风鬟霜鬓，怕见夜间出去。不如向、帘儿底下，听人笑语。

全词，通过北宋汴京和南宋临安两个都城元宵节有关情景的描写和对比，表现作者对故国乡关和亲人的怀念及凄怆悲凉的心情。

开头，"落日熔金，暮云合璧，人在何处"。意思是，快要落山的太阳像熔化的黄金那样光辉耀眼，晚云聚集在一起，像整块玉璧那样色彩斑斓，可是亲爱的人儿在哪里呢？写出夕阳的娇艳，晚云的瑰丽，傍晚是何等的明朗，怀念起亲人。次三句，"染柳烟浓，吹梅笛怨，春意知几许"。意思是，被春风染绿的柳色处在傍晚的迷蒙之中，像浓烟一般。笛里又奏出《梅花落》的凄凉哀怨的曲调，知道有多少春天的意味呢？景物变得暗淡，又加涂了令人不快的色彩，显得春色越加晦暗。其次三句，"元宵佳节，融和天气，次第岂无风雨"。意思是，今天是美好的元宵佳节，天气是和暖宜人的，难道转眼间就不会有风雨吗？再次三句，"来相召、香车宝马，谢他酒朋诗侣"。意思是，婉言谢绝了前来邀请的骑着宝马、驾着香车的饮酒朋友作诗侣伴。

上阕分四层：傍晚明朗，热念亲人；春色晦暗，凄怆冷漠；天气晴好，疑虑风雨；朋侣相邀，婉言谢绝。真是忽明忽暗、忽冷忽热、忽晴忽雨，有邀却辞，跌宕曲折，妙趣无穷。是写南宋临安元宵佳节的情景，及作者对故国乡关和亲人的怀念，以及凄怆悲凉的心情。

换头，突然回忆几十年前北宋汴京"中州盛日"的元宵佳节，"闺门多暇，记得偏重三五。铺翠冠儿，捻金雪柳，簇带争济楚"。真是兴高采烈。忽近忽远，笔锋又蓦然急转，写临安元夕凄楚悲愤，"如今憔悴，风鬟霜鬓，怕见夜间出去。不如向、帘儿底下，听人笑语"。忽喜忽悲。毛先舒云："尝论词贵开宕，不欲沾滞，忽悲忽喜，乍远乍近，斯为妙耳。"深婉曲折，隽永流美。

此外，易安《一剪梅》（红藕香残玉簟秋）、《声声慢》（冷冷清清）等很多词都写得跌宕曲折。

综上所述，足见易安词摇曳生姿，云诡波谲，忽明忽暗、忽热忽冷、忽悲忽喜、乍远乍近、欲游忽止，欲吐又咽，情趣盎然，极尽跌宕曲折，一唱三叹之能。这是李清照词显著艺术特色之一。也是易安词闻名遐迩，脍炙人口，千古不衰的一个原因。

（《锦州师专学报》1983年第4期）

离情深婉　真色生香

——读李清照词《凤凰台上忆吹箫》

  香冷金猊，被翻红浪，起来慵自梳头。任宝奁闲掩，日上帘钩。生怕闲愁暗恨，多少事、欲说还休。新来瘦，非干病酒，不是悲秋。　　休休。这回去也，千万遍阳关，也则难留。念武陵人远，烟锁秦楼。记取楼前流水，应念我、终日凝眸。凝眸处，从今又添，一段新愁。

  此词有版本的不同，人多从《绝妙好词》本。《唐宋词选》（中国文学研究所编）中此词（如上）文字较合情理，词意最为贯通。并非如李攀龙《草堂诗余隽》所云："写出一腔临别心神"，而是写别后的相思。

  刘勰《文心雕龙·知音》云："书亦国华，玩绎方美。"意思是，好的书籍文章，是一国的芳蕤，反复探求体会才感觉它的美妙。又云："世远莫见其面，觇文辄见其心。"意思是，作者所处的时代距我们久远了，我们未能见过他的面，看他的文章，我们就可以见到他的思想感情了。

  "香冷金猊，被翻红浪，起来慵自梳头。"《香谱》："香兽以涂金为狻猊、麒麟、凫鸭之状，空其中以燃香，使香自口出，以为玩好。""金猊"，指黄铜铸成的狻猊形熏炉。"狻猊"，即狮子。"香冷"，指香料已经燃尽。"被翻红浪"，即红锦被翻若波浪形，无心去叠之意。盖祖柳永《凤栖梧》"鸳鸯绣被翻红浪"句。"起来慵自梳头",我们的词人起来了,但慵懒得无意梳妆。温庭筠《菩萨蛮》云:"小山重叠金明灭。鬓云欲度香腮雪。懒起画蛾眉。弄妆梳洗迟"、李璟《应天长》云:"一勾初月临妆镜,蝉鬓凤钗慵不整"、易安《浣溪沙》云:"髻子伤春懒更梳"、其《武陵春》云:"日晚倦梳头"、其《永遇乐》云:"如今憔悴,风鬟霜鬓,怕见夜间出去",都有懒梳头之意,反映其伤春、伤别、伤乱的心绪。易安何以"慵自梳头"?此词未写所以然,但妇女对头发的态度是其精神状态的一种表露。全句是说屋内黄铜的狮形熏炉里的香料已经燃尽,床上的红锦被翻成波浪形,女主人无意去叠,早晨起来了,她慵懒得不愿梳妆。

"任宝奁闲掩,日上帘钩。""宝奁",精美珍贵的妆匣。"闲掩",闲置。孙光宪《临江仙》:"镜奁长掩,无意对孤鸾","掩",闭而未开之意。全句是说:任凭精美珍贵的妆匣闲置,太阳的光辉照在帘钩上。进一步写女主人慵懒的情景。以上是直描。这种情态是异乎寻常的,究竟是为什么?使读者莫名其妙,发人索解。

"生怕闲愁暗恨,多少事、欲说还休。""生怕",最怕,与周邦彦《庆春宫》:"生怕黄昏,离思牵萦"中的"生怕"同意。全句是说,最怕勾引起闲愁暗恨,万重心事,想要倾诉,又咽了回去。易安《武陵春》:"物是人非事事休。欲语泪先流",辛弃疾《丑奴儿》:"而今识得愁滋味,欲说还休。欲说还休。却道天凉好个秋",都是吞吐式。借以反映女主人公内心活动的异常激烈及惆怅、悒郁的情怀。何以如此,仍含而不露,诱人寻绎。

"新来瘦,非干病酒,不是悲秋。"新近的消瘦何由?连用两个否定句,排除两种可能性:"非干病酒",即与多喝了一些酒而使身体不适无关;"不是悲秋",即与为萧瑟凄清的秋日哀伤无关。虽然大大缩小了原因的范围,可到底是为什么,还是没有道出,留有余地,供人们去猜度、推测。用的是摈除法,"含不尽之意于言外"。故陈廷焯云:"'新来瘦'三语,婉转曲折,煞是妙绝。"

上阕分三层:头二句写"慵"懒的情景,未说所以然,用直描法;第三句,欲吐原因,又咽回。虽然还是没告诉我们具体原因,但在表情上却进了一步，已说出是与"多少事"有关，用吞吐法；末句用摈除法吐露原因，十分耐人咀嚼。在表情上又向前推进一步，虽然还是没有告诉我们具体原因，但已大大缩小了原因的范围，人们就容易捕捉了。跌宕有致，极尽吞吞吐吐，吐而不尽之情趣，作品的思想感情在吞吐往复中逐层推进。

词人选取的是典型含蓄的镜头：室内，黄铜的狮形熏炉冰凉，床上翻着浪形的红锦被，珍美的妆匣闲置，灿烂的阳光照在帘钩上，女主人欲说又止，身体瘦削。女主人的形象是鲜明的，词人的情愫是蕴藉的，然而她为什么不去点香、不去叠被、欲说又止、身体消瘦，诱发我们去探求。显示易安词撼动人心的艺术魅力。

"休休。这回去也，千万遍阳关，也则难留。""休休"，罢了罢了。换头，起着承前启后的作用。"阳关"，即王维的《渭城曲》，一作《送元二使安西》："渭城朝雨浥轻尘，客舍青青柳色新。劝君更尽一杯酒，西出阳关无故人。"全句是说，罢了，罢了，不必说不必道，一切都无济于事，一切都没有必要。这次分离即使唱千万遍《阳关》曲，也难以挽留。这是易安在别后自悔自怨设法挽留远行的丈夫赵明诚而终不能奏效时，自我开解的剖白。这对炽爱的夫妇的离别是无法避免的了。感情表达得甚为细腻真挚。

"念武陵人远，烟锁秦楼。""武陵"，指湖南常德。"武陵人"，源于晋·陶渊明《桃花源记》："晋太元中，武陵人捕鱼为业，缘溪行，忘路之远近。忽逢桃花林……"指离家远行的人。另有《幽明录》载："汉明帝永平中，剡县刘晨、阮肇共入天台山采药，道迷入山，见一杯流出，有胡麻饭出一大溪。溪边有两女子，姿容绝妙，遂留半年，怀土求归。既已至家，亲归零落。邑屋更便，无复相识。讯问，乃七世孙。"韦庄《天仙子》云："来洞口，望烟分。刘阮不归春日曛"，杨无咎《水龙吟》云："似汉皋珮解，桃源人去，成思忆、空凝伫"，可见后来"武陵人"盖为离家远行人的代称。

"烟锁秦楼"，即烟雾封锁着秦楼之意。《列仙传拾遗》："萧史善吹箫，作鸾凤之响。秦穆公有女弄玉，善吹箫，以女妻之。萧史遂教弄玉作凤鸣。居十数年，凤凰来此。公为作凤台，夫妇住其上。数年，弄玉乘凤、萧史乘龙去。""秦楼"，即凤台。李白《忆秦娥》云："箫声咽，秦娥梦断秦楼月"、李煜《谢新恩》云："秦楼不见吹箫女，空余上苑风光"、柳永《笛家弄》云："岂知秦楼，玉箫声断，前事难重偶"，其中的"秦楼"，皆有"凤去台空"，"吹箫人去"，览物怀人之意。全句是说，心爱的人远离家乡，烟雾封锁了我的居处，红妆空帏，孤凄难耐。此处用典使爱情更具浪漫色彩，表情益加绵婉。

"记取楼前流水，应念我、终日凝眸。""记取"，记着。冯延巳《三台令》云："流水。流水。中有伤心双泪。"晏几道《留春令》云："别浦高楼曾漫倚。对江南千里。楼下分流水声中，有当日、凭高泪。"我以为易安词三句，援之以二公词之意。意思是说，你要永记楼前的流水呀，其中有惜别伤怀的双泪，一想起它，就该思念我每天从早到晚一往情深地呆望着你呀！"凝眸"，一往情深，专注不已。《乐府雅词》曾公衮《品令》有"应有凌波，时为故人凝目"句，柳永《诉衷情》有"故人千里。竟日空凝睇"句。可见文学之"通变"。

"凝眸处，从今又添，一段新愁。""凝眸处"，即凝神呆望的地方。周邦彦《锁阳台》有"凝眸处，黄昏画角，天远路岐长"句，石孝友《蝶恋花》词有"独上危楼凝望处。西山暝色连南浦"句。全句是说，凝神呆望的地方，从今后，因为怀念你，又增添了一段新的离愁。赵万里《校辑宋金元人词》中袁易《高阳台·鸳鸯菊》："黯销凝，添得东篱，一段闲愁"，盖祖易安此词之句。可见文学的继承和发展。

上阕写女主人的慵懒，满腹心事，迩来消瘦的情景。不着"离""别"一字，然笔含别意，墨透离情，幽隐婉约。

下阕写别后的相思。感情如万斛泉涌，运笔一片神行。上隐下露，上果下因。跌宕曲折，风神摇曳。此词的构思同于易安写思国怀乡之情的《菩萨蛮》词：

风柔日薄春犹早。夹衫乍着心情好。睡起觉微寒。梅花鬓上残。　故乡何处是。忘了除非醉。沉水卧时烧。香消酒未消。

上片写早春日里睡醒，梅花残留鬓上。未说白日何以睡？梅花如何残？深渺内蕴，不着"想""念""愁"一字，尽得风流。下片写她除了醉，否则是不会忘记故乡的。尽情发露，直抒胸臆，披肝沥胆。上含蓄，下直率，上果下因。两词同一机杼，不过《凤凰台上忆吹箫》更为深婉曲折罢了。

此词到"记取楼前流水，应念我、终日凝眸"，似有曲终意尽戛然而止之势。又推出"凝眸处，从今又添，一段新愁"一句，作结。这固然是词调的需要，但在内容上起着画龙点睛的补足作用，愁上增愁，突出词旨，使全篇精警得神。这使我想起李煜的《望江南》词：

多少恨，昨夜梦魂中。还似旧时游上苑，车如流水马如龙。花月正春风。

全词写亡国之君李煜对南唐帝王游乐生活的梦境，结句"花月正春风"使词出神入化，起到了补足的作用。既点明了时间，又补叙了月明花香春风和煦的自然背景，使乐中添乐，借以反衬今日悲恨之极，恨中增恨。两词结句作用相同，有异曲同工之妙。

《填词杂说》云："生香真色，在离即之间，不特难知，亦难言。"意思是，人在离别的时候，自然流露的、毫无做作的、纯洁浓挚的感情是最美好的，沁人心脾的，这个道理虽不甚难懂，也是难以用语言表达的。（"难言"并不见得）。易安《凤凰台上忆吹箫》写的就是这种"真色"，但何以这般"生香"，在闺怨之作中卓绝千古，那是借助于李清照这位杰出女词人的"神来之笔"，艺术手法的超卓。

（《锦州师专学报》1984年第2期）

旧时天气旧时衣　情怀不似旧家时
——读李清照词《南歌子》

  天上星河转，人间帘幕垂。凉生枕簟泪痕滋。起解罗衣、聊问夜何其。　　翠贴莲蓬小，金销藕叶稀。旧时天气旧时衣。只有情怀、不似旧家时。

  赵明诚在建炎三年（1129）病故之后，李清照处在国破家亡、夫丧身零的悲痛和种种的苦难之中，但她常常忆起南渡之前的一些往事。或许因为伉俪情重，一次她记起十五年前曾与赵明诚在月下花前吟诗的事，抚今追昔，感慨万端，写了一首《偶成》诗："十五年前花月底，相从曾赋赏花诗。今看花月浑相似，安得情怀似往时。"客观事物是不知人世的更易的，明月依然分辉笼地，鲜花仍旧喷香斗奇，但是人恍如隔世，"情怀"迥异。而今她的"情怀"是由多种因素和成分构成的，不单是她个人身世飘零的哀伤和遭际的凄苦，还交融着她对整个国家和民族悲惨命运的切肤之痛。因此此诗的内涵深刻，形象也完美。大约是写此诗之后的某一年的秋初，在同一时代背景下，写了一首《南歌子》词，内容与此诗颇有相似之处，但情调更为深沉，感怀更加凄怆。

  "天上星河转，人间帘幕垂。"作者一开笔，顿然将读者带入广漠、迷茫、黝黯、岑寂的夤夜之中。"星河"，即天河。韩愈《岳阳楼别窦司直》诗云："星河尽涵泳，俯仰迷上下"、叶梦得《临江仙》："小轩敧枕，檐影挂星河"，其中的"星河"都是天河、银河之意。"转"，星象的变化短期内人们是不易察觉的，能够明显看出"星河转"动，说明夜已经很深了。"垂"字，暗示夜的平静，又在"垂"字之前冠之以"人间"两字，告诉我们并非一家两家，人间皆如此，再次表明这是个遥夜。起头两句的意思是，深邃的苍穹，缀满闪闪的繁星，一条明亮的天河，转离了入夜时的位置。人世间，家家户户的窗帘帐幕垂挂着。沈德潜曾称赞《暂使下都夜发新林至京邑赠西府同僚》诗开头云："谢玄晖'大江流日夜，客心悲未央'极苍苍莽莽之致"，此词开头胜谢诗开头一筹。用天上、人间、黑夜，构成一个旷远、阔大、幽暗、苍苍茫茫的境界，借以抒发孤独、凄凉、哀伤的情怀。开端的境界越旷远、阔大，帘内"凉生枕簟泪痕滋"的女主人益显得身只影单。黑夜的色彩似乎蒙在女主人的心上，她也愈加黯然，这都增强了艺术表达的效果。

开头以对仗的句式领起，十分自然，似乎在向读者说明一个规律，"天上星河转，人间帘幕垂"，永远如此，夜夜依旧，古今皆然。是最后抒情的伏笔。这样的开头甚为精彩。

"凉生枕簟泪痕滋。起解罗衣、聊问夜何其。"人要在夜间睡眠，"天上星河转，人间帘幕垂"，来恢复一天的疲劳。但是该眠不眠，这是异乎寻常的。"凉生枕簟泪痕滋"，女主人不仅没有入睡，还在床上辗转反侧，伤心落泪，枕上竹席的泪痕越来越扩大。"枕簟"，用细竹篾编的垫在枕上的小席子。"凉生枕簟"，枕着枕上的细竹席感觉有些凉意，点明了秋天的节序。此语与李清照《一剪梅》："红藕香残玉簟秋"中的"玉簟秋"意思相类似，意思是说，人坐在华美的竹席上，因竹席生凉而知秋，点出了时令，不过一个是"坐"，一个是"枕"，都是从触觉上写的。"滋"，增多。"泪痕滋"，泪越流越多，痕迹越来越扩大。"凉生枕簟泪痕滋"，与冯延巳《鹊踏枝》"萧索清秋珠泪坠。枕簟微凉，展转浑无寐"的意境是相同的。"起解罗衣"，起来解开罗制的衣服。说明女主人一入夜就把头扎在枕头上了。暗示给我们她心事的堆垒沉重，心情痛苦殊甚。显然入夜脱衣也难以进入梦乡，但现在夜又是这样的深沉，又不能不脱掉罗衣。"聊问夜何其","聊",姑且。"夜何其"一语本于《诗经·庭燎》"夜如何其？夜未央"。周邦彦《夜飞鹊·别情》词亦化用此句,云:"河桥送人处,凉夜何其。"与李清照的"夜何其"就更为相近了。"聊问夜何其",姑且,聊以自"问",反映她的心际是无可告语的孤寂,沉痛。"夜什么时候才是尽头啊？","现在夜是几更了？""夜怎么这样漫长呀？""夜怎么这样难耐呀？"设想她问话的内容,上述哪一种都是说得通的,究竟问的是什么,多么耐人咀嚼。《填词杂说》中云:"填词结句,或以动荡见奇,或以迷离称隽,着一实语,败矣。"此词前结堪称"以迷离称隽",言有尽而意无穷。

"翠贴莲蓬小,金销藕叶稀。"过片承前"起解"句。此词为双调《南歌子》,下片换头,与上片开头两句均为对偶句,对罗衣的花饰进行了工笔的描摹。"翠",绿色。"贴"与温庭筠《菩萨蛮》:"新贴绣罗襦,双双金鹧鸪"中的"贴"同意。盖与现在将另外做好的小兔小鹿的图案缝在胸前或裤脚上的缝制方法是一样的。"金销",即"销金",以金饰物。这里是用金丝线绣扎的意思。此对句是说,罗衣缝的是另外制作的绿色小小莲蓬,上面是用金线扎成的稀疏的荷叶。"莲蓬小",尚未成熟;"藕叶稀",已不壮盛。从衣服的花饰特征上看,此衣为女主人年轻时的秋装。古人的裁制衣服和现代的时装设计家的设计时装都是一样的,既讲年龄特征,又讲季节特征。比如现在衣服兜上、胸前、裤腿、袖子绣有长颈鹿、熊猫、斑马等图案的,不用说,一般都是童装。在衣服的胸前绣有鲜艳的花朵的,不必打听,一般都是姑娘们的时装。女主人猛然看见这件贴上小小莲蓬、金线扎成的稀疏荷叶的罗衣,勾引起她对许多年轻时美好往事的回忆。此衣也许是李清照这位豪门千金的嫁衣,穿着它曾对未来夫妻生活充满幸福的憧憬;也许此衣是李易安这位望族少妇的礼服,穿着它曾迎宾赴宴,与侪辈争齐楚。睹物怀旧,怎能不有所感慨呢？于是开了下文:

"旧时天气旧时衣。只有情怀、不似旧家时。""旧时天气",回应首句"天上星河转",仍然如故。"旧时衣"承前"翠贴莲蓬小,金销藕叶稀",衣服依旧。"只有"与上片"聊问"都是虚词,用在结句衬逗,使词生曲折,姿态生动。"情怀",指人的感情,心绪。"旧家",从前。柳永《小镇西》:"夜来魂梦里,尤花殢雪。分明似旧家时节",其中的"旧家",也是"从前"之意。那么从前的"情怀"如何?快乐欢畅,美好幸福。与明诚一起观花赏月,游山玩水,整理金石,背书赌茶,吟诗赓和,充满学术的气息和无限生活的情趣。如今为什么"凉生枕簟泪痕滋"?"情怀"如何?黍离之悲,桑梓之情,丧夫之哀,颠沛之苦,万感交集,与年轻时相比而觉"物是人非",故发出"只有情怀、不似旧家时"的嗟叹,感喟深沉,"卒章显其志"。三个"旧"、三个"时"表示对过去的深情怀恋,"不似",对而今充满无限痛惜之情。

此句妙在衬跌。作者不直说今日情怀之恶——"情怀不似旧家时",先用种种事物的不变——"旧时天气旧时衣"一句来衬托"只有情怀"的异变,令人不胜哀怜、悲悯、叹惋之致,这种艺术效果,就是衬跌手法的功力。刘熙载《艺概·词曲概》中说:"词之妙全在衬跌。如文文山《满江红·和王夫人》云:'世态便如翻覆雨,妾身元是分明月',《醉江月·和友人驿中言别》云'镜里朱颜都变尽,只有丹心难灭',每二句若非上句,则下句之声情不出矣",是很有见地的。

此词,作者以凄伤的笔触,抒发了南渡后国破家亡、丧夫身零的悲怆情怀。

上片,写深夜天气依旧,女主人孑然一身,辛酸落泪,而怨夜长不尽。

下片,写女主人衣服如故,天气依旧,感慨情怀甚恶。

构思精巧。先写"天上星河转",天气依旧,是下文抒情的伏笔。"翠贴莲蓬小,金销藕叶稀",衣服如故,是下文抒情的基础。最后感喟"旧时天气旧时衣。只有情怀、不似旧家时","卒章显其志",有水到渠成之妙。

上下片开头两句均为对偶句,谐美自然。《词绎》中说:"词中对句，正是难处，莫认作衬句。至五言对句、七言对句，使观者不作对疑，尤妙"，"不作对疑"正为此词对句的特色，高超之处。

此外，衬跌手法及三个"旧"、三个"时"字的叠用，也都表明易安艺术手法的圆熟，精湛。

此词，深刻的思想内容与高超的艺术技巧达到完美统一，不失为一首绝妙好词。

(《锦州师专学报》1985年第1期)

读李清照《清平乐》词

年年雪里。常插梅花醉。挼尽梅花无好意。赢得满衣清泪。
今年海角天涯。萧萧两鬓生华。看取晚来风势，故应难看梅花。

靖康元年丙午（1126）北宋都城汴京失守，建炎元年丁未（1127）徽钦两帝被金兵掳去，北宋沦亡。是年赵明诚从淄州（今山东淄博）奔母丧南下江宁（现在江苏省南京）。是年赵明诚奉诏知江宁。也是这一年，李清照从青州（今山东益都县）载书十五车南下江宁。建炎三年己酉（1129）赵明诚罢守江宁，后被旨知湖州。同年赵明诚赴召病殁江宁。从此李清照就流落江浙，漂泊"海角天涯"。金兵南犯，南宋王朝岌岌可危。一年的早春，她打量着"未开匀"的梅花，回忆起南渡前与梅花有关的一些往事，忆昔伤今，感慨无穷，写了这首《清平乐》词。

"年年雪里。常插梅花醉。"写女主人公南渡前，年年雪压大地，梅花独放，点染先春，喜欢插戴梅花饮酒，并且一醉方休。发端不直陈眼前情事，而是从往昔年年雪里插梅这一生活情趣写起。女主人公见到眼前梅花依旧绚烂，"今看花月浑相似，安得情怀似往时"，便油然想起南渡前与梅花有关的一些情事。"雪"字，写出北方早春的独特景象。北方坚冰封地，寒风凛冽，白雪皑皑，唯其梅花斗风傲雪，独自开放，点染先春，超群绝伦，故女主人喜欢它，插戴它。这也显示出词人的雅韵丰神，高洁超逸。每当这个时节，词人的酒兴融怡,常常多饮,往往沉醉。"插花",戴花。古代不仅是女人,就是男人也要在年节仪礼时戴花的。《东京梦华录·元宵》:"彩结栏槛,两边皆禁卫排立,锦袍,幞头簪赐花",可见宫中男卫士元宵节插花。宋·邵雍《插花吟》:"头上花枝照酒卮,酒卮中有好花枝",写的是男诗人邵雍春日饮酒插花。都是男子插花的例子。两宋时代还流行女子在元夕左右戴玉梅,即白色绢制的梅花。李汉老《女冠子》:"东来西往谁家女,买玉梅争戴,缓步香风度",就说明了这一点。易安的插戴梅花,不完全是拘泥于时俗,更主要的是因为梅花隽雅高洁,超然霞举。这也反映了词人的嗜好和审美情趣。易安《诉衷情》词云:"夜来沉醉卸妆迟。梅萼插残枝"、又《菩萨蛮》词云:"睡起觉微寒。梅花鬓上残。　故乡何处是。忘了除非醉",都是"年年雪里。常插梅花醉"的佐证。

　　首韵的意思是说,南渡之前,年年如此,每当北国寒风凛冽,严冰封地,白雪皑皑的时候,只有梅花斗风傲雪,点染先春,我经常喜欢插戴它,因为它隽雅高洁,卓尔不群。春到人间,我酒兴融怡,插戴着心爱的梅花。端起了酒杯,就不愿放下,往往一醉方休。

　　"挼尽梅花无好意。赢得满衣清泪。"承上,回忆从前关于"挼尽梅花"的一些往事。"挼花",这是古典诗词中的常用词,往往表示女人的心情不好。酒意诗情,李清照要与丈夫明诚共享;花前月下,李清照要与丈夫明诚共处。当丈夫远离身边,她孤独寂寞,愁绪缱绻,情怀甚恶,也有"挼花"的时候。比如易安《诉衷情》:"更挼残蕊,更捻余香",是写枕边残梅的郁香把她梦中心上人归来的梦境熏破,她气得把梅花用手揉碎。这是因为她思念相依为命的心上人,渴望他梦中归来而不得,没有好的心绪才这样做的。"赢得",获得。最终往往落得满衣服相思的洁净泪水。此韵的意思是,南渡前,我是很喜欢插戴梅花的,但有时心情不好,也曾将梅花用手揉碎,多因为春天对明诚的思念,最终的结果,相思的纯净泪水沾湿了我的衣裳。以上是写南渡后某一年初春看到梅花,引起对梅花有关的一些往事的回忆。一幕一幕,一件一件,不过这些事情都好像离现在很远很远，仿佛发生在另外一个世界里。

开端，作者从远处着笔，做出姿态，"年年雪里。常插梅花醉"，如江河日夜流淌，源远流长，表现女主人对故国往事的无限眷恋，对梅花的一贯喜爱。次两句，"挼尽梅花无好意。赢得满衣清泪"，好比滔滔江河，突然受阻，水回浪激；从爱梅到"挼"梅，词生波澜。"挼"梅，显示女主人比爱梅花更爱自己的丈夫，表现对丈夫深切悼念之情。上片，忆昔。

"今年海角天涯。萧萧两鬓生华。"换头，转写当今漂泊"海角天涯""两鬓生华"的苦况。以"今年"冠领，点明时间，与上片的"年年"相对照、区别，着意说明这是南渡以后的某一年。"海角天涯"，形容相隔路途遥远。张仲素诗《燕子楼》："相思一夜情多少，地角天涯不是长"，晏殊《踏莎行》："无穷无尽是离愁，天涯海角寻思遍"，两诗词中的"地角天涯""天涯海角"与此词中的"海角天涯"是同意的。建炎三年（1129），明诚病殁江宁，金人进袭，李清照便随着"流人伍"流落江浙，如水上浮萍，漂泊不定，远远离开故国乡关，可谓是"海角天涯"。

"萧萧两鬓生华"，"萧萧"，与易安《摊破浣溪沙》："病起萧萧两鬓华"中的"萧萧"同意，都是头发短而稀疏的样子。"两鬓生华"，两边耳际的头发白了。北国的大好河山沦落金人之手，她对故国乡关殷切思念；妇女受歧视的封建时代，孀居是何等艰难；又漂泊流亡在"海角天涯"，身心劳瘁，她怎能不"萧萧两鬓生华"。这是时代的灾难和她生活道路坎坷困厄的记录。

此韵的意思是，而今我逃难流亡在距离家乡遥远的江浙，种种灾难残酷地折磨着我，使我两鬓短而稀疏的头发里，已经生出了白发。

"看取晚来风势，故应难看梅花。"结尾两句，关合上片。"看取"，看着。与李白《长相思》"不信妾肠断，归来看取明镜前"中的"看取"同意。南渡之前那是个和平安宁的时代，李清照曾与爱人赵明诚饮酒赏花，游山玩水，研究金石，背书赌茶。年年初春插戴梅花，春天又曾有过多少次离别的痛苦和甜蜜的思念，这一切都不复返了。现在又是梅花开放的时节，从年龄上说，两鬓已生出白发；从地点上说，是在距故乡有数千里之遥的"海角天涯"；从生活上说，现在是流亡逃难；从心情上说，深沉的家国之思，孀居的孤苦，种种的磨难，真是"双溪舴艋舟。载不动、许多愁"，"安得情怀似往时"。"风势"，暗喻当时金兵进犯，南宋国势危机，处于风雨飘摇之中，同时也包含有李清照孀居生活中处境险恶的意思。"梅花"，是美好和幸福的象征。最后两句的意思是说：看着晚来狂风吹打，所以料想难以看到烂漫的梅花。言外之意，南宋国势的岌岌可危，以及个人生活处境的险恶，因而一切美好的理想、幸福的往事再也无法实现了。

刘熙载《艺概·词曲概》云："收句非绕回即宕开，其妙在言虽止而意无穷。"此词结句"绕回"，紧扣"梅花"。内涵博深，令人"掩卷犹作三日之想"，达到"言虽止而意无穷"的艺术境界。

此词的艺术特色，就是成功地运用了白描手法、对比手法和比兴手法。苏轼《江城子》："十年生死两茫茫。不思量。自难忘。千里孤坟，无处话凄凉。纵使相逢应不识，尘满面，鬓如霜。　夜来幽梦忽还乡。小轩窗。正梳妆。相顾无言，惟有泪千行。料得年年断肠处，明月夜，短松冈。"全篇运用白描手法，不加渲染，不用烘托，语言精练，仿佛字字从肺腑中流出，表达了对亡妻的深挚悼念的至真之情。这与李清照此词的艺术表现手法是基本相同的。但李清照《清平乐》较苏轼《江城子》更为含蓄。她以白描手法为主，但又通过抚今追昔的对比手法和"看取晚来风势，故应难看梅花"的比兴手法，表现了作者深沉的家国之思，对亡夫的悼念之情和个人身世的飘零之感。都是"以不言言之"，含蓄蕴藉，余韵缭绕。因而比之苏轼的《江城子》，似更耐人寻味些。

（《黔南民族师专学报》1985年第2期）

试灯无意思　踏雪没心情

——读李清照《临江仙　并序》

欧阳公作《蝶恋花》，有"深深深几许"之句，予酷爱之，用其语作"庭院深深"数阕，其声即旧《临江仙》也。

庭院深深深几许，云窗雾阁常扃。柳梢梅萼渐分明。春归秣陵树，人老建康城。　　感月吟风多少事，如今老去无成。谁怜憔悴更凋零。试灯无意思，踏雪没心情。

《李清照集校注·李清照事迹编年》中说："洪炎所云泉州故相赵挺之家，以实录缴进事观之，即明诚家，亦即清照也。据此，似清照平生行踪，或曾至福建。倘确曾驻家泉州，则《临江仙》词所云'人客建安城'（赵万里辑本《漱玉词》作'人老建康城'），殆为入闽或出闽时过建安（今福建建瓯）作。"又在《李清照集校注》所收《临江仙》后说："而词中云：'人老建康城'，又云：'而今老去无成'，明为感旧伤今之语，与在建康时情境不甚相合，不似从明诚居建康时作。疑从《词学丛书》本《乐府雅词》作'建安'为是。"此说也有可疑之处。我以为，"人老建康城"与"而今老去无成"之中的"老""老去"，是与年轻时相比而言，或因国破家难、辗转的折磨而苍老多了。赵明诚于建炎二年（1128）三月十日跋易安从青州故第带出的蔡襄《赵氏神妙帖》云："去年秋西兵之变，余家所资，荡无遗余。老妻独携此卷而逃。未几，江外之盗再掠镇江，此帖独存。"其中的"老妻"为明诚对李清照的称呼，她时年四十五岁。既然明诚可称李清照为"老妻",易安在此词中自云"老""老去"亦很自然,也不足为怪。故"人老建康城"可从,"而今老去无成"似也无疑。

《重辑李清照集》中《临江仙》词后"编年"中说:"此词当作于建炎三年,金陵于建炎三年改为建康府,李清照是年即离建康,生平足迹也未再到建康。"根据建炎三年江宁改名"建康",确定写作年代似亦不足为据,因为江宁几次易名。况且根据《建炎以来系年要录》(卷二十三),建炎三年(1129)五月八日江宁易名建康,可李清照于三月从明诚具舟上芜湖,改名前二个月就不在江宁了。这正如"春归秣陵树"中的"秣陵",战国时楚威王置金陵邑,秦始皇称"秣陵",以后,又几次更名,此词中的"秣陵",为古名的沿用。孙吴时名建业,东晋建兴初改建康,隋又改江宁,同理,此词中的"建康"也是古地名的沿用。根据"人老建康城"一语,确认此词为易安从明诚守建康时作,无疑。但具体时间还是难以确定。

"庭院深深深几许,云窗雾阁常扃。"开端,以景起,写庭院中的景象,意在渲染气氛。缘情布景,也为主人公的活动提供一个典型的环境。"几许",多少。与苏轼《观潮》诗:"欲识潮头高几许?越山浑在浪花中",贺铸《石州慢》词:"欲知方寸,共有几许清愁?芭蕉不展丁香结"中的"几许"同意。"扃",门外之关,引申为关闭的意思。作者笔下的景色是怎样的呢?深深的庭院里阴冷凄清,高高的楼阁有时浓雾缭绕,有时乌云笼罩着它的窗子,门户常常是关闭着。这种气氛与主人公的心境是一致的,起到了衬托的作用。劈头一个疑问句,这与易安词《添字采桑子》开头:"窗前谁种芭蕉树"、苏轼《水调歌头》:"明月几时有"的开头颇似,都不须作答,这种开头的好处在于能引起读者注意,加深印象,避免平板,使文势跌宕。并用"深深深"一字三叠,使读者感到庭院甚为阴森幽凄,显著地增强了艺术效果。杨升庵云:"一句中连三字者,如'夜夜夜深闻子规',又'日日日斜空醉归',又'更更更漏月明中',又'树树树梢啼晓莺',皆善用叠字也"(《词苑丛谈》),此词首句亦如此。

"柳梢梅萼渐分明。春归秣陵树，人老建康城。"此三句，继而从"庭院"中的景物"柳"和"梅"写到春归秣陵。"萼"，花瓣外面的一层小托片。此三句的意思是说，柳树的梢头已泛出绿色，梅花的萼片微绽，已逐渐明显地透露出春的信息，美好的春光回到了这个秦代被称为秣陵邑的树上，可是人却逐渐衰老在这个东晋时代被称作建康的城市里。"渐"说明经过多次观察；"分明"，体现观察细致入微。作者由庭院的"柳梢""梅萼"的变化推知春回整个秣陵树上；又使读者从秣陵树的春色联想到春归人间大地。这是从小见大的写法。"柳"早春泛绿，"梅"早春开放，选择柳梅来写春讯，是极为切当的，说明作者是善于撷取典型事物来体现季节特征的。易安为什么要慨叹"人老建康城"呢？让我们了解一下自建炎元年（1127）三月，到建炎三年（1129）三月，她在整整两年的峥嵘岁月中的遭遇：明诚在建炎元年三月从淄州独奔母丧南下江宁，她为婆母悲伤，并为明诚分忧和担心。因为当时金兵已攻下汴京，国家形势异常危机，兵荒马乱；建炎元年金人掳徽钦两帝北去，北宋灭亡，作为爱国者，她定是肝胆欲裂；建炎元年十二月，李清照在青州故里，西兵之变，明诚家存书册十余屋被焚毁，她曾携蔡襄《赵氏神妙帖》及载书十五车逃往江宁。一年中，一个妇女，在古代交通不发达的情况下奔波千里，这是何等的艰难辛苦疲惫；建炎三年二月明诚罢守江宁，刚刚安居又转徙，必然引起她心情的波动和不安。这些重大的危险痛苦的经历，使这位四十四五岁的中年女子，与同龄妇女相比，或与自己的过去相比，"老"了许多，这是何等自然的事。况且她看到美好的春光又回到秣陵，也有归日，可是北国的美好江山被侵占，自己有乡不能回，何时是归年？故发出"人老建康城"的喟叹。

上阕，作者写早春庭院里和建康城的景色及其感慨。绝大部分写景，只前结抒情。

"感月吟风多少事，如今老去无成。"换头忆昔，宕开一笔，然后抚今。"感月吟风"，指以风花雪月为内容写诗词。如今经过种种苦难，汴京陷落，徽钦两帝被掳，北国大好河山被金人侵占，国家民族到了生死存亡的危险时刻，哪里有什么闲心去吟风弄月呢？人被摧折得衰老了，没有年轻时那种"吟风弄月"的情致了。但不是什么诗也不写了。比如《夏日绝句》："生当作人杰，死亦为鬼雄。至今思项羽，不肯过江东。"又诗云："南渡衣冠少王导，北来消息欠刘琨。"又诗云："南来尚怯吴江冷，北狩应悲易水寒"，这些忠愤激发，讽谕至深，直刺南宋统治集团的腐败无能、妥协逃跑的卑劣行径，表现易安强烈爱国思想感情的诗篇，就是这时写的。

"谁怜憔悴更凋零。试灯无意思，踏雪没心情。""憔悴"，指人的面色不好，身体瘦弱。"更"，又。"凋零"，一般指花朵凋谢，这里指人事的衰落。与陆游《秋感》诗："前朝名胜凋零尽，百岁关心只自知"中的"凋零"同意。"谁怜憔悴更凋零"，意思是，现实是何等的无情，有谁来怜惜人的死活和文化名胜的受破坏呢？"试灯"，《武林旧事·元夕》云："禁中自去岁九月赏菊灯之后，迤逦试灯，谓之'预赏'"。民间大抵也如此。从九月到下年元夕，将自家制的灯拿去观赏、拣选，挑佼佼者备元夕之用，叫试灯。"试灯无意思"，是说易安对试灯感到没有兴趣，这是人心理的一种变化。"踏雪"，冬天雪地郊游。据周煇《清波杂志》载："顷见易安族人，言明诚在建康日，易安每值天大雪，即顶笠披蓑，循城远览以寻诗，得句必邀其夫赓和，明诚每苦之也。"这是否与"踏雪没心情"相矛盾呢？并不矛盾。人们的嗜好、兴趣都是长期形成的，突然人的兴致没了，这倒是说明在客观上发生了什么大事影响了人主观上的变化。如易安《清平乐》云："年年雪里。常插梅花醉"，说明她是喜爱梅花的。其《诉衷情》云："更挼残蕊，更捻余香，更得些时。"对梅花竟变得如此怨恨，这是为什么呢？因为它熏破了主人的美好梦境。易安是喜欢游山玩水的，其《武陵春》云："闻说双溪春尚好，也拟泛轻舟。只恐双溪舴艋舟。载不动、许多愁。"可女主人又为什么不去泛游？因为国破、家亡、丧夫、颠沛流离的种种苦难引起的愁绪太浓重了。易安喜欢试灯，喜欢踏雪，诚哉是也。假使明诚在建炎三年二月罢守江宁，在此年的元宵节之前就透露了这一消息，他的爱人——一个饱尝战乱、奔波之苦的妇女李清照得知后，前景未卜，不知所之，再想想国家民族的悲惨命运，她还有意思去试灯吗？她还有心情去踏雪吗？当然没有了。这种感情不就很容易被人理解了吗？最后是上下联意思相类似的对仗。

下片，着重写情；上片，侧重写景。如刘熙载《艺概·词曲概》中云："词或前景后情，或前情后景，或情景齐到，相间相隔，各有其妙。"此词，通过早春景象的描写，表现作者南渡之后百感交集系念家国的复杂思想感情。

《乐府雅词》所收此词无小序，小序是后来加的。序中已说明首句援用欧阳修《蝶恋花》之句。引他人完整的词句入词，并非易安文思枯竭，到别人词中去做贼，这正是继承前人优良文学传统的一种方式。用得巧妙妥帖，天衣无缝，浑然一体，如出诸己，正反映词家的高超。此法并非始于李清照。陆龟蒙诗云："殷勤与解丁香结，从放繁枝散诞香"，王介甫引其中的一整句入诗云："殷勤与解丁香结，放出枝头自在春"。钱起《湘灵鼓瑟》诗云："曲终人不见，江上数峰青"，秦少游引此完整的二句诗入词云："千里潇湘挼蓝浦，兰桡昔日曾经。月高风定露华清。微波澄不动，冷浸一天星。　　独倚危樯情悄悄，遥闻妃瑟泠泠。新声含尽古今情。曲终人不见，江上数峰青。"皆浑如天成，妙趣横生。余不弹述。像苏轼、秦观、李清照，这些灿烂的明星勿须用此法来济才情之穷。

此词用了两组对仗："春归秣陵树，人老建康城。"一是春回秣陵树上，万物复苏，欣欣向荣；一是人老建康的城里，沉痛悲怆，每况愈下。上下联意思相反，两种事物相互映衬，即为反对。"试灯无意思，踏雪没心情"，都表现了易安深沉复杂悒郁的情怀，上下联的意思相近，并列的事物相对，即为正对。两组对仗的妙用，深化了主题，增强了词的词型美和词的韵味美。

含蓄蕴藉，耐人寻味。她慨叹："人老建康城""如今老去无成""谁怜憔悴更凋零",她悒怅:"试灯无意思,踏雪没心情",均以率直的方式出之。但为什么这样?隐藏在心底的原因究竟是什么?那是深沉的家国之痛,却含而不露。

　　此词总体的构思,艺术手法的卓荦,在易安词中是独具特色的。

(《锦州师专学报》1985 年第 3 期)

读李清照《浣溪沙》词一首

小院闲窗春色深。重帘未卷影沉沉。倚楼无语理瑶琴。
远岫出云催薄暮，细风吹雨弄轻阴。梨花欲谢恐难禁。

此词，从内容上看，属于李清照前期的作品。作者用情景交融的艺术手法，含蓄蕴藉的笔致，写出了女主人伤春怀人的悒怅心绪。

"小院闲窗春色深。"作者以写小院的环境启笔。"院"前用"小"来修饰，说明院子的范围不大，并给人一种别致幽雅之感。"闲窗"，窗子关闭着，不动用。易安《凤凰台上忆吹箫》："任宝奁闲掩，日上帘钩"，意思是，任凭珍美的妆匣闲置不用，日光照在帘钩上。写出女主人的心上人离别，她愁情缱绻，百无聊赖的情态。其中的"闲"字，与此词中的"闲"字同意，都是关着不用之意，同样反映了女主人百无聊赖的意绪。"闲窗"，颇有孙光宪《虞美人》"红窗寂寂无人语"的意味。"春色深"，春色浓艳。在这恬静雅致的小庭院里，杨柳轻拂，百花争艳，芳香四溢，春意正浓，但是那雕绘的窗户总是关闭着。女主人似乎对这美丽景色无动于衷，却闷在闺房里，既不到小院里观看美丽的春色，也不打开窗子探望。这是为什么？待在院子里觉得有些凄惶，待在屋子里也要将门窗紧闭，觉得有些凄凉。因为心上人远离身旁，她孑然独处，抑郁惆怅，就是面对外面的美景也难以排遣，揭示出离愁别恨之深。不言"愁"而"愁"自见。

"重帘未卷影沉沉。"作者转笔而写闺房，闺房是什么样子呢？

"重帘未卷",层层的帘子垂挂着,这不是现放下的,而是根本"未卷"。"影沉沉",影子沉重,闺房幽暗。孙光宪《河渎神》:"小殿沉沉清夜。银灯飘落香炲",秦观《如梦令》:"遥夜沉沉如水。风紧驿亭深闭",其中的"沉沉",与此句"沉沉"同意。不仅琐窗紧紧地关闭着,重重帘子也是整日价垂挂着,这反映了女主人心境的孤寂凄惶,百无聊赖。这与易安《念奴娇》:"楼上几日春寒,帘垂四面,玉栏杆慵倚"的原因大致相同。一方面是思念丈夫,一方面也是因为"斜风细雨""细风吹雨"的天气所致。她无处开解,更添愁闷。

开头两句由庭院的环境写到室内的环境,主人公虽然尚未出场,但是她那孤独寂寞,怅然若失的意绪隐然而蕴其中,这是融情入景。

"倚楼无语理瑶琴。""倚楼"与"倚栏"一样,都是诗词中的常用形象,往往表现主人公相思念远的怅惘情怀。张泌《浣溪沙》:"杜鹃声断玉蟾低。含情无语倚楼西"、顾敻《临江仙》:"碧染长空池似镜。倚楼闲望凝情",其中"倚楼"这一形象就是表现主人公对心上人的思念的。"无语",这一人物形象不是无话可说,而是有千种风情,无与人说。表现女主人激烈复杂的心理活动,颇有"此时无声胜有声"之境界。孙光宪《清平乐》:"掩镜无语眉低。思随芳草萋萋",女主人遮着镜子,低头垂眉,郁郁寡欢,沉默无语,可是她的心却随着萋迷的芳草,飞到远方的心上人那里。又孙光宪《临江仙》:"含情无语,延伫倚栏杆",主人公含情脉脉,默默无声靠栏杆站着,思念心中人。这都是用"无语"这一形象揭示人物内心世界的例子。"理瑶琴","理",练习。"瑶琴",精美的琴。此句意思是说,女主人怅然地靠着楼,默不作声,练习着弹琴。韦庄《谒金门》:"有个娇娆如玉。夜夜绣屏孤宿。闲抱琵琶寻旧曲。远山眉黛绿",写的是一个娇娆女子洁美如玉,夜夜在绣花的屏风前的床上孤宿无伴。她思念着自己的心上人,深夜难眠,抱着琵琶弹奏过去与心上人共同欣赏的曲子。易安的"理瑶琴",跟韦词的"寻旧曲"意境是相似的,都是寄托自己的幽怨、思念之情,并借以消磨难耐的光阴。

"远岫出云催薄暮",笔锋急转,写傍晚的天气。"岫",山。如顾敻《更漏子》:"远岫参差迷眼",是其例。"远岫出云",源于陶渊明《归去来辞》:"云无心以出岫,鸟倦飞而知还。"《古艳尺牍》中《沈素琼复吴伟英书》:"白云无心而出岫,风则引之矣",也祖于陶渊明《归去来辞》。"催",催促。史达祖《绮罗香》:"做冷欺花,将烟困柳,千里偷催春暮",易安词《点绛唇》,"惜春春去。几点催花雨",其中的"催"都是催促之意,都是拟人的手法。"薄暮",傍晚,黄昏。范仲淹《岳阳楼记》有"薄暮冥冥,虎啸猿啼"句。首句"小院闲窗春色深"的"春"字,点出季节。此句的"暮"字,点出一天里的具体时间。那遥远的群山,升起飘飘悠悠的阴云,催促着黄昏快快降临,使人的心感到一种负压和烦闷,在离绪绵绵的情怀上又添加一些砝码。

"细风吹雨弄轻阴。""轻阴",暗淡的轻云。唐·张旭《山中留客》:"山光物态弄春晖,莫为轻阴便拟归",韩愈《同水部张员外籍曲江春游寄白二十二舍人》:"漠漠轻阴晚自开,青天白日映楼台",其中的"轻阴"就是指阴云而言。"细风",微风。"弄",戏弄,张先《天仙子》:"沙上并禽池上暝,云破月来花弄影",极为古人称道,张先自赏其"影"字。而王国维却盛赞其"弄"字,在他的《人间词话》里云:"'红杏枝头春意闹',着一'闹'字而境界全出。'云破月来花弄影',着一'弄'字境界全出。""弄",从修辞上说,用的是拟人的手法;从构思上说设想新奇;从艺术效果上说写出了一个风吹花舞,影子婆娑的动态的画面,表现主人公那孤寂的内心世界。这与此词的"弄"字,有异曲同工之妙。微风吹着细雨,戏弄着暗淡的乌云。"弄"字写出一幅风雨戏云,阴云飘卷的动感画面,表现女主人形影相吊的凄寂心境,也是用拟人的手法写的,设想奇特,境界全出。与张先"云破月来花弄影"的"弄"字同一机杼。道潜诗有《临平道中》:"风蒲猎猎弄轻柔"句,可见古人的相互借鉴。下片开始两句用对偶句,描绘一幅阴暗黄昏,风吹细雨，云雾飘飞的画面。在本来"倚楼无语理瑶琴"的惆怅情怀之上，又加深一层令人烦闷的色彩，更添加女主人公的愁绪，增强了艺术的表达效果。

"梨花欲谢恐难禁。"承前，依据前面天气进行推想，微风吹着细雨，戏弄着暗淡的乌云，又何尝不摇曳着千树，戏弄百花？女主人进行由此及彼的联想，又因为惜春的女主人最爱群芳，对花也最敏感。关合首句"春色深"，物极必反，盛春将向衰歇的方向发展。"恐"，推断之词，相当于现代汉语中的"大概"。所以梨花经黄昏凄风苦雨的吹打，将要凋谢，大概是难以避免的了，那么人青春年华的消逝何尝不是如此呢？此结耐人咀嚼，余味久远绵长，表现了女主人珍惜梨花，爱惜春光之意。

作者为什么从群芳中选出"梨花"来写呢？周邦彦《浪淘沙慢》："恨春去、不与人期，弄夜色、空余满地梨花雪。"又易安《怨王孙》："秋千巷陌，人静皎月初斜。浸梨花"，写的都是暮春景色。梨花凋落意味着春将逝去，故用梨花凋谢表示盛春已去，是最典型的。

上片，写春色已深，女主人用弹琴来排遣离愁，表现对丈夫的思念之情。

下片，写一个风雨的黄昏，女主人看到梨花将谢，表现出伤春的思想感情。

上片怀人，下片伤春。怀人为全词主脑。易安的一些词，将伤春之感与怀人之情密切联系起来写。易安《好事近》（风定落花深），上片写的是伤春，下片写的是怀人。作者把伤春和怀人结合起来写有什么好处？用伤春之感，引出或衬托怀人之情。春是美好事物的象征，也是美妙青春的象征，春光的逝去，也意味着青春年华的流逝。"锦瑟年华谁与度"，自然引出对丈夫的思念，在本来伤春的心底又加上怀人，春愁加离愁，使主人公的心绪更加难堪，使艺术表达效果倍增。总之，伤春与怀人，两种情感，相辅相成，相得益彰，会收得良好的艺术效果，作者这样构思，是匠心独具的。

陶明浚《诗说杂记》："下字之法：贵乎响，言其有声也；贵乎丽，言其有色彩也；贵乎切，一字可以追魂摄魄也；贵乎精，灼然如明珠，屹然如长城也。"所言者"响""丽""切""精"之字哪里来？必从琢炼中来。此词中的"催""弄"两个动词用得高妙，颇有神韵。

易安被誉为婉约派之宗。《便读草堂诗余》评此词时云："写出闺妇心情，在此数语"，这首区区六句的小词，却写得婉约清丽、景情兼胜，体现了婉约派词之特色，不能不令人赞服。

(《朝阳师专学报》1985 年第 4 期)

这次第　怎一个愁字了得

——谈李清照《声声慢》词

  寻寻觅觅。冷冷清清，凄凄惨惨戚戚。乍暖还寒时候，最难将息。三杯两盏淡酒，怎敌他、晚来风急。雁过也，正伤心、却是旧时相识。　　满地黄花堆积。憔悴损、如今有谁堪摘。守着窗儿，独自怎生得黑。梧桐更兼细雨，到黄昏、点点滴滴。这次第，怎一个、愁字了得。

  黄墨谷《重辑李清照集》此词编年中说："此词当作于建炎三年秋，是年八月十八日赵明诚卒，系悼亡之词。"虽说不能绝对，但从此词女主人那悲痛欲绝，摧肝裂胆，不可终日的浓挚感情而言，确属明诚死后的近秋之作。靖康元年（1126）汴京陷落，建炎元年（1127）徽钦二帝"北狩"，北宋灭亡。李清照的亡国之恨，丧夫之哀，孀居之苦，奔集而至。国难人人都有份，不过像李清照那样的爱国者会更沉痛些。赵明诚病殁，这比被金兵烧杀致死的黎庶百姓还算幸运些。妻离子散，家破人亡，哀鸿遍野，便是北国的惨状。此词所表现的"凄凄惨惨戚戚"的情怀，是国难家灾当头，一个极无聊赖的孀妇的痛苦心声，是心底真情的流露。所以李清照的悲戚哀愁的心境是有普遍性的，尚有更甚者，尽管情况各有不同，还是反映了那个时代的社会现实。

  "寻寻觅觅。冷冷清清，凄凄惨惨戚戚。""寻"与"觅"，意同，均当"找"讲。莫非是女主人失去了什么无价之宝，才使她这般苦苦寻觅？是的，她失去的是无法用金钱来衡量的东西。"永夜恹恹欢意少。空梦长安，认取长安道"（易安《蝶恋花》），她梦寐寻觅的是金人统治者侵占的故国、京都；"故乡何处是。忘了除非醉"（易安《菩萨蛮》），她寻觅的是被金人践踏蹂躏的故乡；"一枝折得，人间天上，没个人堪寄"（易安《孤雁儿》），她寻觅的是病故的曾经相依为命的丈夫……她寻觅的不仅是物质的，还有精神的。她寻觅温暖、寻觅依托、寻觅慰藉。由于失去的东西多而重大，给人造成了无法弥补的物质的精神的空虚，给人造成了无法愈合的精神上的严重创伤。她精神恍惚，六神无主，怅然若失，不由自主地"寻寻觅觅"，似乎想要弥补自己物质上的精神上的空虚。又怎么能够找到？"寻寻觅觅"，写女主人的精神情况。于是她四顾茫茫，一片"冷冷清清"。无论是物质的还是精神方面的，皆一无所得。这是写环境。那么女主人的心境又是怎样的呢？"凄凄惨惨戚戚"，就是倍觉凄凉、悲伤、忧愁。古人对首韵十四叠字广为称奇："超然笔墨蹊径之外"（《花草新编》）、"真似大珠小珠落玉盘也"（《词苑丛谈》）、"出奇胜格"（《两般秋雨庵随笔》）、"造语奇隽""奇笔"（《白雨斋词话》）。但是这些评述均未说出这些叠字的好处。"寻觅"，叠成"寻寻觅觅"，这寻寻那找找的意思。寻找的范围扩大了，次数增多了，程度加强了，取得了明显的艺术效果。"冷清"，叠成"冷冷清清"，写出了环境的冷落凄清，加强了"冷清"的程度和色彩。"凄"，这里指人心情的凄凉。"惨"，悲伤。"戚"，忧愁。叠成"凄凄惨惨戚戚"，人的情怀倍加恶劣，沉哀入骨。此间十四叠字，奇迹般地增强艺术表达效果，深化了主题，达到"复而不厌，赜而不乱"的艺术境地，叠音错落，气机流动，真"大珠小珠落玉盘也"，增加了词的音律美。难怪千古以来这样被人称赏。

"乍暖还寒时候，最难将息。"承前，说明这是个突然转暖，又归于寒冷，变化无常的时候，人易遭到外感，最难得到将养和休息。种种灾难的摧残，种种痛苦的折磨，不仅使她的精神受到很大的损伤，使她的身体也甚为衰弱，本来应该很好地将养和休息，但是金人的侵略,流亡的生活,恶劣的天气,使她全然不能办到。

"三杯两盏淡酒,怎敌他、晚来风急。""三""两",这里是虚数,不多之意。又是"淡酒",酒薄,无力。酒既少又薄,产生不了多大的热量,加上身体的衰弱,又怎么抵挡得了那晚上吹来的迅疾的寒风呢?女主人饮酒的主要原因有二:一是为了暖身御寒,看来这个目的是不能达到的;二是为了开解一下"凄凄惨惨戚戚"的情怀。谈何容易,绝非"三杯两盏淡酒"所能奏效的。因此,还是身寒心愁啊。

"雁过也,正伤心、却是旧时相识。"相传雁是能够传书的,古代交通不便,信息难通,企望大雁带书传信。女主人曾对大雁寄予过热望,《蝶恋花》云:"好把音书凭过雁。东莱不似蓬莱远",姊妹之间的感情靠雁来沟通;《一剪梅》:"雁字回时,月满西楼",夫妻的相思意渴望雁来传送。故称"旧时相识"。然而今天大雁又飞过来了,正值身寒心愁的时候,她仰望飞雁,在浓愁郁结的心底,增添了无边的愁绪。她首先想起的曾经相依为命的丈夫已安睡九泉。她又想起姊妹等亲人也天各一方。她又想起那可爱的故乡在金兵的践踏之下,大雁根本不能带来令人振奋的消息。雁空过,泪空流,肠空断。

"满地黄花堆积。憔悴损、如今有谁堪摘。""黄花",指菊花。"憔悴",身体瘦弱,脸色难看。易安词中几处描写菊花,《鹧鸪天》:"不如随分樽前醉,莫负东篱菊蕊黄"、《行香子》:"天与秋光。转转情伤。探金英、知近重阳"、《醉花阴》:"人比黄花瘦"。按照古老的习俗,在菊花盛开的时节,人们都要饮酒赏菊的,特别是重阳节这一天。易安《好事近》:"风定落花深,帘外拥红堆雪","堆雪"指堆积的白色落花。此词"堆积"的是凋落的黄色菊花。"满地",极言境界的衰煞。没有凋落的菊花,也被秋风严霜所吹打,损伤了往日的姿容。"如今有谁堪摘",眼前已过了重阳节,菊花零落,不堪入目,有谁还会摘取它,欣赏它呢?作者以菊花的飘零残损自况,隐寓无限的身世寥落的感慨,没有人来怜悯和同情。

"守着窗儿，独自怎生得黑。""守着窗儿"，女主人为什么这样？天气向晚，屋里出现黑沉沉，精神受到重大损伤的女主人心里栖栖惶惶，窗下比屋里要亮得多。在这里人的心情或许敞亮些，安静些。但是，随着时间的推移，黑夜即将来临，这是无法避免的。外面渐渐暗下来，屋里更是黑洞洞的。孤单单的一个女人将怎样挨过这漫漫的黑夜。古人对"黑"字多称其妙。《词菁》（卷二）："'黑'字妙绝"，《白雨斋词话》："'黑'字不许第二人押"，《云韶集》（卷十）："'黑'字警。后幅一片神行，愈唱愈妙"，《湘绮楼评词》："'黑'韵却新，再添何字？"都评得很有道理。

"梧桐更兼细雨，到黄昏、点点滴滴。""梧桐"，从立秋开始落叶，到"黄花"堆积之时已历霜半死。这样的梧桐再加遭急风寒雨的吹打，生命岌岌可危。雨"点点滴滴"，下个没完，简直是个催命的雨。急风寒雨是这般无情地袭击着梧桐，多么像种种灾难对易安的摧残！"点点滴滴"四叠字，写出细雨的绵密愁煞人，这是用叠字的艺术效力。《白雨斋词话》引张正夫云："后叠又云：'到黄昏、点点滴滴'，又使叠字，俱无斧凿痕"，《词的》："连用十四叠字，后又四叠字，情景婉绝，真是绝唱。"都是评得很好的。

"这次第，怎一个、愁字了得。""次第"，情形、光景（见《诗词曲语辞汇释》）。结句意思是说，这样一个接着一个令人悲伤的情景，是怎么能够用一个"愁"字所能概括得了的呢？收总全篇。全词是一幅萧瑟凄惨的图画："冷冷清清"的环境，"乍暖还寒"的季候变化，"晚来风急""更兼细雨"的天气，"满地黄花堆积""梧桐"半死的景象，一个孀妇在这个背景上"寻寻觅觅"，柔肠寸断。这是何等震撼人心灵的艺术杰作，亦词、亦画、亦影视。

全词结构精严，层次分明。

上片，头三句，"寻寻觅觅（情）。冷冷清清（景），凄凄惨惨戚戚（情）"，写出其凄凉悲伤忧愁的情怀；次二句，"乍暖还寒时候（景），最难将息（情）"，流露出痛苦哀伤之情；再次三句，"三杯两盏淡酒，怎敌他（情）、晚来风急（景）"，写其凄寒难挨之情；

末三句,"雁过也(景),正伤心、却是旧时相识(情)",表现益加痛苦悲伤之情。下片,头三句,"满地黄花堆积(景)。憔悴损、如今有谁堪摘(情)",表现其凄怆落寞之情;次二句,"守着窗儿(景),独自怎生得黑(情)"表现其孤寂凄惶之情;再次三句,"梧桐更兼细雨,到黄昏、点点滴滴(景)",蕴含愁闷忧烦之情;"这次第(全景),怎一个、愁字了得(情)",总述愁情之浓深。综观全词,层层画面无不染上愁之色彩。多层次言愁,景物变化,情随境迁,情也各有微妙之不同。缘情布景,触景生情,情景婉绝,浑然一体。

此词用直接描述的方法,"敷陈其事而直言之者也",即"赋"的方法,写出一个秋日的黄昏凄凉,萧索、衰杀的境界:"冷冷清清""乍暖还寒""晚来风急""雁过""满地黄花""梧桐更兼细雨"。具有苍凉、悲伤、忧愁的情怀的女主人就在其中活动,沉哀入骨,悲苦殊甚。这是国难、家灾等多种不幸奔涌而来的时候,一个孀妇的痛苦呻吟,是肺腑之真情发露。李清照的这种痛苦忧愁在那个时代具有普遍性,反映了社会现实。

《问花楼词话》评曰:"二阕,共十余个叠字,而气机流动,前无古人,后无来者,可为词家叠字之法。"又《词律》评曰:"用仄韵。从来此体皆收易安所作,盖其遒逸之气,如生龙活虎,非描塑可拟。其用字奇横而不妨音律,故卓绝千古。"这是从全词的叠字、音韵方面对此词所给予的高度评价,并非浮夸之词。

此词,情景婉绝,气韵遒逸,姿态生动,音调顿挫谐美,超然笔墨,历来被人称赏,是《漱玉词》中之佼佼者。

(《锦州师专学报》1986年第1期)

淡荡春光寒食天　黄昏疏雨湿秋千
——读李清照词《浣溪沙》

> 淡荡春光寒食天。玉炉沉水袅残烟。梦回山枕隐花钿。
> 海燕未来人斗草，江梅已过柳生绵。黄昏疏雨湿秋千。

李清照的父亲李格非曾做过北宋朝廷的礼部员外郎。李清照生在这样的仕宦之家，过着大家闺秀的生活。她天资聪颖，性格开朗，喜欢游玩，勇于冲破封建礼教的束缚。那堪闺阃的幽邃寂寞，常常跟姐妹或侍女到后花园去荡秋千；深宅大院的重门锁不成，有时跟侍女或同伴流连溪亭，泛舟湖上；"满园春色关不住"，有时与同伴到野外寻芳斗草，折翠簪红。此词写的就是她少女时代的某一"寒食天"的生活情景。

"淡荡春光寒食天"，起笔写春季寒食天的景象。以景开篇，在文艺作品中是很普遍的。李白的《菩萨蛮》："平林漠漠烟如织。寒山一带伤心碧"，牛希济《生查子》："春山烟欲收，天淡星稀小"，李璟《浣溪沙》："菡萏香销翠叶残。西风愁起绿波间"，皆其例。或以景寄情，或借景抒情，或渲染气氛，或烘托心境。写景为女主人的活动提供了一个自然环境，并点明了节令。"淡荡"，指春风轻拂，天气和煦。秦少游诗云："三月柳花轻复散，飘扬淡荡送春归"，吕本中《菩萨蛮》："高楼只在斜阳里。春风淡荡人声喜"，其中的"淡荡"与此词中的"淡荡"都是写春日景象的，意思相同。"寒食"，节令名。吴自牧《梦粱录》载："清明交三月节，前二日谓之寒食。京师人从冬至一百五日，便是。"韦庄《浣溪沙》有"清晓妆成寒食天"句。首句意思是说，春光荡飏，天气和煦，景物宜人，正是寒食节的时候。作者劈头描绘户外景象，是总写。这好比影视片开始介绍自然背景的一个镜头，或者是个"画面"。

"玉炉沉水袅残烟"，这宛若影视摄像机转了镜头，对准了深闺。里面的景象是怎样的呢？在精美的熏炉里，沉水这种香料已经燃尽，残烟缭绕上升。"玉炉"，与易安《醉花阴》："玉枕纱橱，半夜凉初透"中的"玉枕"很可能均为白瓷制作，洁白如玉，故称"玉炉""玉枕"。"沉水"，也叫沉香，这是一种香料的名字。《梁书·林邑国传》："沉木者，土人斫断之，积以岁年，朽烂而心节独在，置水中则沉，故名曰沉香。"易安《菩萨蛮》有："沉水卧时烧。香消酒未消"句。"袅"，烟气缭绕上升的样子。陆游《太平时》有："铜炉袅袅海南沉。洗尘襟"句，"残"，说明沉水已经燃尽。

屋内的氤氲弥漫，沉水的余烟缭绕上升。只有珍美的熏炉与女主人相伴。

作者用高度凝练的词句写出室内的环境，选取室内的"玉炉""沉水""烟"加以描绘。易安在明诚病殁之后所写的悼亡之作《孤雁儿》有"沉香断续玉炉寒"句，也是写室内环境的，所选取的景物"沉香""玉炉""烟"是相同的，不同之处，前者的"烟""袅残"，后者的"烟""断续"。后者一个"寒"字，使室内的环境染上了凄凉的色彩，这是为了烘托女主人丈夫去世后那种悲凉的情怀。此词作者描写的环境由户外转到了深闺。

"梦回山枕隐花钿"，"梦回"，梦醒。此句好像影视摄影机将镜头对准了女主人公的头部，这是个特写镜头。汤显祖《牡丹亭·惊梦》："梦回莺啭，乱煞年光转"，苏小小《蝶恋花》（《警世通言·卷八》）："歌罢彩云无觅处，梦回明月生南浦"，其中的"梦回"均为梦醒之意。"山枕"，山形的枕头。"花钿"，一种嵌金花的首饰。唐鱼玄机《折杨柳》诗有"朝朝送别泣花钿，折尽春风杨柳烟"，唐卢纶《美人》诗有："推醉惟知弄花钿，潘郎不敢使人催"句。

"隐"，倚。华钟彦《花间集注》中温庭筠《菩萨蛮》："山枕隐浓妆"注云："言枕之如山也。隐，倚也，《孟子》'隐几而卧'。赵注：'隐倚其几而卧也。'"此词之"隐"与温词之"隐"同意。

此句意思是说，寒食天的早晨，女主人从梦中惊醒，美丽的嵌花首饰倚着山形的枕头。作者描写对象由物及人。

"梦回"，实际上是青春之梦醒来，往昔的寂寞春闺再也锁不住她那青春的觉醒的心。"满园春色关不住"，她要冲出闺阃，同侍女或伙伴们寻芳觅胜，踏青斗草，折翠簪红，消去"青春期激滟的轻愁"。开了下片。

"海燕未来人斗草"，"海燕"，指在梁檐筑巢之燕。晏殊《破阵子》："燕子来时新社，梨花落后清明"，按晏殊的说法，燕子要在社日刚到的时候飞来。社日是古代春秋两季祭祀土神的日子。春社是在立春后，清明前。眼前正是清明前两天的寒食节，但海燕还未到来。"人"，指当时的年轻妇女和小孩，当然也包括女主人在内。"斗草"，古代年轻妇女和小孩，以草赌输赢的一种游戏。据说此戏始于南朝。南朝宗懔《荆楚岁时记》载："五月五日，四民并蹋百草，又有斗百草之戏。"这种民俗在文学作品中有所反映，在诗词之中常常出现。如晏几道《临江仙》："斗草阶前初见，穿针楼上曾逢"，吴文英《祝英台近·春日客龟溪游废园》："斗草溪根，沙印小莲步"。从年龄特征来说，一般年轻人对花鸟树木的喜爱要甚于中老年人。人们一提到春天，具有春天特征的事物就呈现在脑海里。作者写"海燕未来"，说明女主人的心目中已经出现呢喃燕子翩翩起舞的形象，但"海燕未来"，这似乎使"寒食天"显得寡淡。然而年轻的妇女、孩子们依然走到田野、溪边、陌上踏青寻芳，折翠簪红，以草斗胜负，玩得十分开心。

"江梅已过柳生绵"，女主人同她的侍女、姐妹或伙伴们来到江边上，旷野里，那些野梅曾迎寒冒雪开放，现在花期已过，被人喜爱的柳树，已经生出柳絮。"江梅"，一种野生的梅，不是人工栽种的。"梅""柳"都是最能表现春色的典型景物，李清照《蝶恋花》

有"柳眼梅腮，已觉春心动"句。然而现在却是梅花早已开过，柳树生出柳絮，海燕未来，总使人感到美中不足的遗憾，句中含有一种淡淡的哀郁。这是概括地写白天的活动及看到的景象。

"黄昏疏雨湿秋千"，晚饭后，霞光万道的黄昏，恬谧、宁静，正是年轻人和孩子们消食、游戏的好时光。按习惯，每个春日的黄昏，她总和姐妹或侍女们到后花园里荡秋千。易安《点绛唇》："蹴罢秋千，起来慵整纤纤手。露浓花瘦。薄汗轻衣透"，就是她少女时代荡秋千时尽兴和欣悦的写照。但是，今天黄昏却不能到后花园里荡秋千去了，淅淅沥沥的小雨，淋湿秋千的彩绳、花板、画架。"黄昏疏雨"与张泌《浣溪沙》"黄昏微雨"的境界是一致的。颇有宋·美奴《如梦令》"无绪。无绪。生怕黄昏疏雨"的意味。"疏雨"，雨点小而稀。"秋千"，一种游戏的器具。据说秋千之戏源于北方山戎族，齐桓公北伐引至中原。汉、唐、宋此俗颇盛，一直延续至今。古寒食、清明节时最兴荡秋千，唐韦庄《鄜州寒食》："好是隔帘花树动，女郎撩动送秋千"，明瞿佑《清明即事》："秋千一架明园里，人隔垂杨听笑声"，都记载了寒食清明佳人荡千的情况。就是在这样一个春光荡飏的寒食天，在这广漠的空间里缺了"年去年来来去忙"的翩翩海燕，显得有些寡淡冷清。绚烂的江梅已经开过，使人感到美中不足。翠绿的柳枝已生出柳絮，枝条似乎也不如以前那般娇嫩。但是她却没有兴致像唐王表那样去写"寒食花开千树雪"（《清明日登城春望寄大夫使君》），也没有像唐温庭筠那样去写"晓睡朦胧百啭莺"（《寒食前有怀》），不难看出作者的心境。选取这些令人近乎败兴的景物，为了缘情布景，反映女主人惜春之情，及青春期淡淡的轻愁。

王国维《人间词话》云："一切景语皆情语也。"作者通过对一些春天景物及人物活动的描写，表现了女主人寒食斗草的喜悦，惜春的淡淡哀郁和"青春期潋滟的轻愁"。

上片，写寒食天室内外的景象及女主人从梦中醒来。

下片，写女主人白天户外的活动及黄昏看到的景象。

全词作者尽用墨线简笔勾画，不事雕琢。虽然描绘的是万紫千红的春天，但不着一点颜色。易安《如梦令》："常记溪亭日暮。沉醉不知归路。兴尽晚回舟，误入藕花深处。争渡。争渡。惊起一滩鸥鹭。"用白描手法写一次遨游暮归的情景；易安《清平乐》："年年雪里。常插梅花醉。挼尽梅花无好意。赢得满衣清泪。　今年海角天涯。萧萧两鬓生华。看取晚来风势，故应难看梅花。"用白描的手法，写出作者年老飘零，国家岌岌可危的感慨。这些词在艺术表现上的主要特色是相同的。

结构严谨，通体灵活，脉络清晰。在时间上，从早晨写到白天，又从白天写到黄昏，按一天的时间顺序写人物活动；空间上，由户外写到深闺，又由深闺写到野外，由野外写到家园。通体轻灵，曲折多变。

此词格调清新，下语浅俗，作者并非精心雕琢，刻意求工，似乎信手拈来。《填词杂说》云："男中李后主，女中李易安，极是当行本色……。铲尽浮词，直抒本色，而浅人常以雕绘傲之。此等词极难作。"可见此词来之不易。孙麟趾云："用意须出人意外，出句如在人口头，便是佳作。"说得很有道理。

（《锦州师专学报》1986年第2期）

酒意诗情谁与共 独抱浓愁无好梦
——李清照《蝶恋花》词赏析

> 暖雨晴风初破冻。柳眼梅腮,已觉春心动。酒意诗情谁与共。泪融残粉花钿重。　　乍试夹衫金缕缝。山枕斜欹,枕损钗头凤。独抱浓愁无好梦。夜阑犹剪灯花弄。

赵明诚与李清照结为夫妇之后,曾有多次离别。结婚时赵明诚正在太学就读,后出任鸿胪少卿。又曾由莱州(今山东掖县)移官淄州(今山东淄博),夫妻作暂时的离别都是可能的。就是夫妇屏居青州(今山东益都县)乡里十年,也不能说绝对没有离别过。明诚曾受亡父株连被逮捕入狱;后由青州起知莱州,初独赴任;由淄州独奔母丧去江宁,这些都是赵李有案可稽的离别。此词中所写的离别已经无法考证确在何年何地为何事。由于两人志同道合,情爱笃深,即使是短期的暂时离别,也会激起绵绵愁绪。此词写的是一年早春的离愁别苦。

"暖雨晴风初破冻。柳眼梅腮,已觉春心动。"以写初春生机勃然的景象开端。用"渐入"手法。"暖雨晴风初破冻","晴风",指天朗风清。"初",点出这是个早春时节。"破冻",使冰河、积雪、冻土融化。"破"字十分传神,写出"暖雨晴风"化育万物之威力。"柳眼",刚生的柳芽,形如眼,故称"柳眼"。李煜《虞美人》:"风回小院庭芜绿。柳眼春相续",元稹《生春诗》:"何处生春早,春生柳眼中"。"柳眼"一词在写春天景象的诗词中常常见到。"梅腮",指花蕾外层的梅花瓣。"春心",一般指青年男女怀思异性的心理。李商隐《无题》:"春心莫共花争发,一寸相思一寸灰",汤显祖《牡丹亭·寻梦》:"少甚么低就高来粉画垣,元来春心无处不飞悬",其中的"春心"就是这个意思。此词中的"春心动"是一种拟人化的写法,是指春天使万物复苏的自然力量。温暖的春雨,淡荡的春风,使严封的冰河、覆盖的积雪、冻结的土地刚刚融化。从如眼的柳芽,泛红的梅花花瓣,人们已经觉察春天在施展它化育万物的威力。

这里作者把春人格化了,它有"心",春之子——柳,有"眼",梅,有"腮"。把抽象的春具体化,形象化。我们似乎感到这颗充满生机的芳心在有节奏的跳动。词人通过对早春景物进行深入细致的观察,切身体验,又根据自己的审美理想,抓住早春景物的外部特征和内在的精神特质,以超卓的表现手法,写出早春生机盎然的景象,生动形象,形神兼备。作者的用意一面用早春景象引出本旨,可爱的春天姗姗而至,可是心上的人儿却没有归来,油然而引起她的离情别绪,开了下文;一方面用乐景写哀的艺术手法,使其艺术效果倍增。手法超妙。

"酒意诗情谁与共。泪融残粉花钿重。"由前早春景物的描绘,引出对离情别绪的抒发。李清照喜欢饮酒,无论在前期和后期的词作中都不难见到,与明诚共饮也可见于词作,《渔家傲》云:"共赏金樽沉绿蚁。莫辞醉。此花不与群花比",记载了夫妇两人饮酒赏花的事情。与明诚一起赋诗在她的诗中也有所表现。其《偶成》诗云:"十五年前花月底,相从曾赋赏花诗。"周辉《清波杂志》:"顷见易安族人,言明诚在建康日,易安每值天大雪,即顶笠披蓑,循城远览以寻诗,得句,必邀其夫赓和",这些便是"酒意诗情"与明诚"共"的文字记载。明诚一面是李清照心爱的丈夫,同时也是她最好的"酒朋诗侣"。作者用一反诘句,肯定无爱人与共,比直陈含蓄有味。表现无限惆怅叹惋之情。"泪融残粉花钿重","融",融和,调和。"花钿",古代妇女一种嵌金花的首饰。易安《浣溪沙》:"梦回山枕隐花钿"，唐女诗人鱼玄机《折杨柳》诗："朝朝送别泣花钿，折尽春风杨柳烟"都提到它。"重"，说明女主人的身体瘦弱无力，亦可见其精神状态之不佳。什么原因，那是因为丈夫远离自己的身边，相思所致。李璟《浣溪沙》云："沈郎多病不胜衣"，意思是说，我像沈约一样多病，连穿的衣服都觉得有些沉了。这与李清照"泪融残粉花钿重"一句的构思颇似。易安词的"花钿重"是因为自己思念丈夫，身体日渐衰弱，连头上戴个首饰都觉得重了。两句意思是，我的心上人离开我的身旁，我跟谁在一起赋诗畅饮，泪水融合着残留的脂粉。由于思念而柔肠萦损，身体瘦削，连嵌花的首饰戴在头上都感觉有些沉了。

"乍试夹衫金缕缝。山枕斜欹，枕损钗头凤。"承前，写思念丈夫的情态。"金缕"，金丝线。"山枕"，山形的枕头。顾夐《甘州子》："山枕上，几点泪痕新"，温庭筠《菩萨蛮》："山枕隐浓妆。绿檀金凤凰"，皆其例。"欹"，歪向一侧。古诗词写人的睡态时常用，阎选《临江仙》："珍簟对欹鸳枕冷，此来尘暗凄凉。"温庭筠《南歌子》："脸上金霞细，眉间翠钿深。欹枕覆鸳衾"，其中的"欹"意相同。"钗"，古代妇女的一种首饰。钗头作凤形的叫"凤钗"。"钗头凤"，指钗头的凤凰而言。温庭筠《归国遥》："翠凤宝钗垂䌽縏"中"翠凤宝钗"便是"凤钗"的一种。女主人刚刚褪去冬装，换上用金丝线缝制的夹衣，既合体又别致。她也并不刻意珍惜，倒在床上，没有脱衣，因脱衣也不能入睡，活动反倒不自如。她倾斜身子，头歪向一侧，枕着山形的枕头。自从爱人离去，她就夜夜如此，翻来覆去，离情绸缪惆怅，难以入睡，致使枕头磨坏了钗头的凤凰。作者用白描艺术手法，平淡的笔致，写出女主人夜晚缱绻的离愁，痛苦难耐的情态。含蓄、蕴藉。此韵，作者着意用人物活动来揭示人物的内心世界，痛苦万状，而以"不言言之"。本来"金缕""缝"与"夹"的衣，首饰上的"钗头凤"皆为女主人的珍爱之物，然而现在她也似乎不甚看重。穿着"金缕"缝的夹衣，不怕揉皱；戴着"凤钗"倒下，磨损也不顾惜。人物的行为正是人物心理的一面镜子,她的心完全被心爱的人所占据。反映相思之情痴,夫妻恩爱之深。

"独抱浓愁无好梦。夜阑犹剪灯花弄。""抱",怀。"梦"是现实生活的反映。梦是生活的折光。如亡国之君李煜被囚,常常追恋南唐的帝王生活,曾做过从前春天游乐生活的梦,《望江南》:"多少恨,昨夜梦魂中。还似旧时游上苑,车如流水马如龙。花月正春风。"晏殊《破阵子·春景》:"疑怪昨宵春梦好,元是今朝斗草赢。笑从双脸生。"这是用梦境的好坏来预兆事物的凶吉祸福,这当然是唯心的。但是人心境不佳时,常常做"恶梦",即无好梦,这是个事实,绝大多数人都有过这种体验。"独",表现主人公的孤凄无伴,形影相吊。"独抱浓愁无好梦",是说她闺房独守,四顾凄凉,红烛垂泪,怀着浓重的愁绪,人即使在失眠的翻转中睡去,也不会有欣喜可慰的梦境的。"夜阑",夜深。此词在写夜的诗词中常见。如杜甫《羌村》:"夜阑更秉烛,相对如梦寐。"苏轼《临江仙》:"夜阑风静縠纹平。小舟从此逝,江海寄余生。"皆其例。"灯花",灯芯余烬,形似花。古人常以灯花为喜事之兆。唐鱼玄机诗《迎李近仁员外》云:"今日喜时闻喜鹊,昨宵灯下拜灯花。"意思昨天晚上是在灯下向灯花礼拜,今日喜事来临的时候,又听到了喜鹊来报喜。其中的"灯花"与此词中的"灯花"同意。"弄",玩。既然"独抱浓愁无好梦",睡去也不会有吉祥幸福的梦,不会有与爱人相见或爱人归来的美好梦境;满怀愁绪又难以睡去,怎么办?一面用剪子修剪灯花,使其开得更大更美,拜求夫妻幸福,丈夫早日归来的吉祥运气。一面剪着灯花玩,聊以自慰,消磨夤夜的时光,然而,内心是何等的凄恻。古人称赏两句"写景之工""皆为入神之句"。

上片,写她早春白日里流泪,对丈夫怀着深情思念。

下片,写她早春夜不成寐,修剪灯花,做喜事之兆,希望爱人在外吉祥,早日归来。

开头,用的是中国诗歌的传统"兴"的写法。古来对"兴"的写法众说纷纭,朱熹所云:"兴者,先言他物以引起所咏之词也",

也只不过是"兴"法之一种。按这种说法,"兴"是先写其他事物,借以引出所要写的事和所要抒发的感情。《诗经·蒹葭》:"蒹葭苍苍,白露为霜。所谓伊人,在水一方。溯回从之,道阻且长。溯游从之,宛在水中央。"开头"蒹葭苍苍,白露为霜",是说河边的芦苇青青呀,上面落满的晶莹的露珠,已结成严霜。女主人公触景生情,睹物怀人,引起了对"伊人"的无限思念。此词开头以景起,写出早春万物复苏春情发动的景象。春回大地,而自己的爱人却没有归来,引起了对自己丈夫的深情思念。既起到烘托渲染的作用,也点明时令。有一石数鸟之妙。

古人写人的愁浓怨极,而不直言,通过对主人公的无聊的行为和开解似的嬉戏的描写,来开掘人物内心灵魂深处,因此这些无聊的行为和开解似嬉戏,便有一种极为深沉的含蓄美,有奇特的艺术魅力。唐王维《乐府·秋夜曲》:"桂魄初生秋露微,轻罗已薄未更衣。银筝夜久殷勤弄,心怯空房不忍归。"女主人并非乐妓夜阑练功,"银筝夜久殷勤弄",表现其不堪空房独守的孤独、凄凉、寂寞、痛苦。蘅塘退士评曰:"貌为热闹,心实凄凉,非深于涉世者不知。"又杜牧《秋夕》:"银烛秋光冷画屏,轻罗小扇扑流萤",刘禹锡《春词》:"行到中庭数花朵,蜻蜓飞上玉搔头",张祜《赠内人》:"斜拔玉钗灯影畔,剔开红焰救飞蛾。"这些言怨之诗中,女主人的行为近乎无聊,女主人就是聊以自慰和开解,从而反映她的内心世界的无限凄寂幽怨。不言怨而怨意盎然,妙在言外。易安此词结句"夜阑犹剪灯花弄"用剪灯花消磨时光,聊以解闷,又拜求好的运气,表现女主人对爱情的执着追求。此结余韵袅绕,不绝如缕。苏轼说,"言有尽而意无穷者,天下之至言也",诚如是。

此外,此词拟人手法的运用,生活中的一些事物的选取,都能显出作者艺术手法纯熟多变。但运用之妙,纯乎一心,非轻易所得。

(《锦州师专学报》1986 年第 3 期)

征鞍不见邯郸路　莫便匆匆归去
——读李清照《青玉案》词

　　征鞍不见邯郸路。莫便匆匆归去。秋风萧条何以度。明窗小酌，暗灯清话，最好留连处。　　相逢各自伤迟暮。犹把新词诵奇句。盐絮家风人所许。如今憔悴，但余双泪，一似黄梅雨。

此词，《花草粹编》《历代诗余》收入，以为李清照所作。

　　从"如今憔悴"而言，此词盖写于南渡以后。又从"征鞍不见邯郸路"，"盐絮家风人所许"而论，此词盖为送别弟兄而作。据《金石录后序》云："有弟远，任敕局删定官，遂往依之"，很可能是赠与为官的远弟的惜别之词。易安是否有长兄或其他的弟弟，不得而知。

　　"征鞍不见邯郸路。莫便匆匆归去。"首二句，破空而来，从挽留直起，笔势陡健。"征鞍"，指骑马远行的人。吴泳《上西平》有"跨征鞍，横战槊，上襄州"句。"邯郸路"，邯郸路上。邯郸，古今地名。《枕中记》里说，开元年间，有道者吕翁，经邯郸路上邸舍，遇一少年卢生，卢生哀叹穷困。吕翁从囊中取出一枕，对生曰："子枕吾枕，当令子荣适如志"。生枕而睡去，梦已晋迁，历享数十年荣华富贵。一觉醒来，主人炊黄米饭尚未成熟。此处化用了此典，意思是说，你骑马远行，辛苦辗转，追求功名，到头来或许像邯郸路上的卢生一样，是一枕黄粱。还是要多住些日子，不要就匆匆忙忙地回去吧。"便",就。这一面是劝诫,一面是挽留。这也反映了作者对黑暗社会现实的不满,对南宋统治阶级失去了信心。赵宋王朝屈膝投降,使爱国臣民收复中原的愿望成为泡影。奸佞当道,陷害忠良,无数的爱国志士被杀害贬谪,人们的良好愿望也是虚幻的,无法实现。

"秋风萧条何以度。明窗小酌,暗灯清话,最好留连处。"承前,"秋风",点明了送别的时节。"萧条",寂寞冷落的样子。易安《念奴娇》:"萧条院落,又斜风细雨,重门须闭",孔尚任《桃花扇》:"村郭萧条,城对着斜阳道",其中的"萧条"与此词的同意。女主人是这般地挽留客人,那么让客人怎样度过秋风飒飒、寂寞冷落的秋天呢?"秋风"句,作者用设问提醒,"明窗"两字用自答拍合。又用一对偶句,怡然自得地劝诱、挽留客人:白天在明亮的窗下小饮,洗去心中的不快;夜晚要在昏暗的灯光下清谈、叙旧,慰藉离怀。这样招待客人与南渡前写的《殢人娇》"坐上客来,樽中酒满。歌声共、水流云断"的气氛和场面截然不同。女主人公会以现有的生活条件,做最大的努力来招待客人的,然而,也只能是"小酌""暗灯",这反映了女主人生活的拮据。这正是南渡以后国破家亡,流落江浙,孀居生活的缩影。

"最好留连处","留连",舍不得离开。与杜甫《江畔独步寻花》"留连戏蝶时时舞,自在娇莺恰恰啼",欧阳修《采桑子》:"俯仰留连。疑是湖中别有天"中的"留连"意同。此四句的意思是,怎样度过凄寂、冷落的秋天呢?白天在明亮的窗底下小饮,晚上在昏暗的灯光下话旧,这是最好的令人留恋、舍不得离开的地方。上片,作者一抑一扬,一褒一贬,意在劝说、挽留客人,但也反映了作者对南宋统治集团丧失信心,不寄托任何希望,想摆脱国事家事给自己带来的无穷烦恼的思想感情。

"相逢各自伤迟暮。犹把新词诵奇句。"换头,转,用逆挽法,写相逢后的情景。"迟暮",暮年。本于《楚辞·离骚》"惟草木之零落兮,恐美人之迟暮"。意思是说,一想起花草树木的衰萎谢落,就担心自己由壮年长到老年。这是南渡多年以后的一个秋风萧瑟的时节，李清照与自己久别之弟弟（或哥哥）相逢了。在别离的时间里，经历多少困厄和坎坷，心里包藏多少辛酸和痛楚。他们相逢时各自映入眼帘的第一个视觉形象，突出的便是衰老了许多。他们抚今追昔，不禁为各自的暮年而相互感伤。但相逢之时，姐弟之间仍然是一起欣赏艺术，吟诗填词，咏出惊人的奇绝的句子。年龄虽然都有很大的增长，世事也有巨大的变化，"犹"字说明，他们在文学方面的兴趣爱好仍然不减。于是开了下句。

"盐絮家风人所许"，承前。"盐絮家风"，《世说新语·言语门》载，王羲之之子、左将军王凝之妻——谢道韫，为东晋安西将军谢奕之女，聪颖而有才学。一日降雪，叔父谢安便欣然咏道："白雪纷纷何所似？"道韫的哥哥谢朗应道："撒盐空中差可拟"。道韫道："未若柳絮因风起。"叔父甚悦。世因称才女为"咏絮才"。"盐絮家风"，指家庭爱好文学的风尚而言。"人所许"，家里人的文学修养很高，造诣颇深，为世人所称赞。

"如今憔悴，但余双泪，一似黄梅雨。"以此三句，总束全篇。

"如今憔悴"，"如今"，强调现在与过去的迥然而异。"憔悴"，面色难看，身体消瘦。易安《永遇乐》词有"如今憔悴，风鬟雾鬓，怕见夜间出去"句。两词盖同属暮年词作。女主人经历了人间的沧桑，遭受了国破家亡，夫丧身零的种种苦难的折磨和精神上的摧残，年老体衰，如此不济。故"憔悴"一词的背后，含有女主人无限的辛酸和血泪。

"但余双泪"，"但"，只、仅。"双泪"，张祜《宫词》："一声何满子，双泪落君前"，李煜《子夜歌》："故国梦重归。觉来双泪垂"句，其"双泪"均为人过度悲伤，双眼涌泪的意思。对女主人说来，北国失掉了，乡关失掉了，丈夫失掉了，金石书画失掉了，亲朋失掉了，年华失掉了，没有财产也没有后人。拖着衰老的笨重的躯壳，除此以外什么也没有了。如果说有的东西，只有双眼垂下的泪水了。这委婉地道出女主人晚年心境的凄怆痛苦。

"一似黄梅雨","一似",竟像。"黄梅雨",江南春末夏初梅子成熟的时节雨水频繁,俗称黄梅雨。这在诗词之中多有描写。苏小小(《警世通言》卷八)《蝶恋花》:"燕子衔将春色去,纱窗几阵黄梅雨。"赵师秀诗《约客》:"黄梅时节家家雨,青草池塘处处蛙",皆其例。此句意思是说,如今年老体衰了,回顾这坎坷的一生,我什么也没剩下,假使说还有余下的东西,只有双眼不断涌出的泪水了。泪水不仅没有减少,竟然像黄梅雨般地流个没完。反映出女主人晚景的悲惨,心情的哀伤。贺铸《青玉案》结句:"试问闲愁都几许。一川烟草,满城风絮。梅子黄时雨。"为此句之本。贺词结句为博喻。用"黄梅雨"喻愁之多。朱淑真《清平乐》有"携手藕花湖上路,一霎黄梅细雨"句。易安此词用"黄梅雨"喻泪水多而不断。"一似黄梅雨",一面是比喻,一面又是夸张,是两种修辞格的兼用。结句,是女主人对晚景及心境的集中的表露,借以挽留客人。人愈是到老年,愈是眷恋亲人,这是人之常情,更何况是孤苦无依的独在异乡的孀妇呢?而今经久不见的弟弟(或哥哥),要跨上征鞍离去了。从年龄上说,年事已高;从身体上说,又如此衰弱,此别,恐成永诀。女主人怎能不挽留,怎能不依恋亲人呢?泪水又怎能不"一似黄梅雨"!以此句关合首句。

上片,写对客人的挽留。

下片,写相逢后的情景。

此词,先写将别时对客人的挽留,后写相逢时的情景,即先发生的事情后写,后发生的事情先写,用逆挽法。岑参《逢入京使》:"故园东望路漫漫,双袖龙钟泪不干。马上相逢无纸笔,凭君传语报平安",马上相逢在前,而后写;故园东望,龙钟挥泪,是由"逢入京使"而引起的思乡之情,但先写,用的也是逆挽法。这与易安此词写法同妙。

易安《词论》中评秦少游词时云:"秦即专主情致,而少故实。譬如贫家美女,虽极妍丽丰逸,而终乏富贵态",说明她是主张词中用典的,此词中"征鞍不见邯郸路""盐絮家风人所许",两处用典，扩大了词意的内涵，使词神味隽永，主题深化。

此外，用了设问、对偶、比喻、夸张等修辞格，使词灵秀俊逸，跌宕多姿，寄意遥深。

(《锦州师专学报》1986年第4期)

魂梦不堪幽怨　更一声啼鴂

——读李清照《好事近》词

  风定落花深，帘外拥红堆雪。长记海棠开后，正是伤春时节。　　酒阑歌罢玉樽空，青缸暗明灭。魂梦不堪幽怨，更一声啼鴂。

  李清照《好事近》这首词，从创作时代上说，是属她南渡前的作品，还是南渡后的作品呢？从内容上说，词的主旨是伤春呢？还是思乡呢？或是怀人呢？读者乍看似乎莫衷一是。这也牵涉创作时代问题。一首高超的词作，尽管作者极尽委婉含蓄之能事，但她总是要有意露出一点蛛丝马迹，暗示其词旨的情意。我以为此词当属南渡前所作，写伤春之感及怀念丈夫之情的词作。

  "风定落花深，帘外拥红堆雪。"作者是从一场暴风平息之后的春事衰歇景象开笔的。"风定"，风停了。"落花深"，被暴风狂掠之后，凋零的花瓣积得很厚。从"落花深"一语，我们可以想象得到，暴风雨前的鲜花不仅繁多，并且烂漫。那一定是春色满园，姹紫嫣红，花团锦簇，千姿万态，生机盎然。从"落花深"一语，我们还可以联想到，那风势定然是很强的，所以才有偌大的破坏性。或许黑沉沉的天气，还下着疾雨。这种开头是颇具匠心、别出机杼的。它是从一件事的结局写起，使读者从结局自然会联想分析到造成这种结果的原因及以前事情本身的状况。结局越惨，意味着造成这种结局的原因就会越严重越厉害；观察现场，会使人窥测到事情的本来面貌。一开始就使读者神思飞跃，想象飞腾。虽然不言其事，但其事也在不言之中了。此句巧在精炼，妙在蕴藉，绝在发人联想。

"帘外拥红堆雪。"首句"风定落花深"，好比介绍一场狂风暴雨洗劫之后惨景的影视远镜头。接着，影视摄影师把镜头移到"帘外"。帘外的凄凉景象是"拥红堆雪"，这是个近镜头。"风定"使读者联想到风狂雨疾时的情景，使人联想到满园春色，百花盛开的景象。读者会油然而从"帘外"联想到"帘内"。所以"风定""帘外"两个词语看似寻常，但却是很有诱发人想象力的词语，并非信手拈来，而是从琢炼中得来的。用"红"代红色落花；用"雪"代白色落花，这种用法与李清照《如梦令》："绿肥红瘦"，用"绿"代枝叶，用"红"代鲜花的用法是相同的。此法并非始于李清照，毛熙震《浣溪沙》："弱柳万条垂翠带，残红满地碎香钿"，毛文锡《酒泉子》："惠风飘荡入芳丛。惹残红。"其中的"红"，皆代落花。用雪比喻白色的落花，也有所本。李煜《清平乐》："砌下落梅如雪乱。拂了一身还满"，毛熙震《菩萨蛮》："梨花满院飘香雪。高楼夜静风筝咽"，都是用雪比喻白色的落花的例子。"拥"，相聚。"深""拥""堆"三个词，生动形象地写出落花之多、堆积之厚。"落花深"，是帘内女主人目睹的视觉形象。昔日争艳的百花曾是多么可爱，摧残百花的狂风疾雨又是何等的可恶，落花满地自然令人怜惜惆怅。《蕙风词话》云："起处不宜泛写景，宜实不宜虚，便当笼罩全阕。它题便挪移不得。"开头写狂风之后百花凋零的实景，以渲染衬托，"笼罩全篇"，达到"笔未到意先吞"的艺术效果。

"长记海棠开后，正是伤春时节。""长记"，长久记忆。秦观《望海潮》有"长记误随车。正絮翻蝶舞，芳思交加"句，李存勖《忆仙姿》有"长记别伊时，和泪出门相送"句。海棠花落正值暮春时节，所以诗词之中常用海棠花表示时令，而一些以惜春为内容的诗词也常提到它。如温庭筠《遐方怨》："不知征马几时归。海棠花谢也，雨霏霏。"意思是说，不知骑马远戍的心上人何时能够回来，海棠花凋落了，美好的春光即将逝去，细雨霏霏更增愁绪。郑文妻孙氏《忆秦娥》:"海棠开后,望到如今",意思是海棠花开之后,已是暮春时节,我惋惜人的青春年华像春光一样逝去,我至今一直盼望你的归来。温孙两词相同,都是写伤春怀远的。

"长记海棠开后,正是伤春时节。"一方面道出女主人对海棠花开别是一般地关切,一方面告诉我们女主人在海棠花开后是伤春的,并且年年如此。今年的海棠花开了又落,春意阑珊,女主人的心情就不言而喻了。正是"闺中女儿惜春暮,愁绪满怀无释处"。(《红楼梦·葬花吟》)

"酒阑歌罢玉樽空,青缸暗明灭。"换头,转,如异军突起。"酒阑",喝完了酒。明人文征明《闲兴》:"酒阑客散小堂空,旋卷疏帘受晚风",易安《鹧鸪天》词云:"酒阑更喜团茶苦,梦断偏宜瑞脑香",其中的"酒阑"都是一个意思。"歌罢",唱歌完了。苏小小(《警世通言》卷八)《蝶恋花》:"歌罢彩云无觅处,梦回明月生南浦。"写唱歌完了,梦醒以后的情景。"酒阑歌罢玉樽空",也有其本,由毛文锡《恋情深》:"酒阑歌罢两沉沉"脱出。易安《殢人娇》:"坐上客来,樽中酒满。歌声共、水流云断",与此词开头很相似。"酒""歌""樽"都是相同的,但《殢人娇》中的"坐上客来",明确告诉我们,这是个宴会,似乎宾朋满座,酒意正酣,歌舞助兴。《好事近》所写的是一次宴会的结束,正是"酒阑客散小堂空"的凄寂景象。女主人只有伴着"青缸暗明灭"。"缸",《广韵》:"缸,灯。"如晏几道《鹧鸪天》:"今宵剩把银釭照,犹恐相逢是梦中。""釭"和"缸"同,即灯。"青",青荧,指灯光青白微弱。元代叶颙《书舍寒灯》:"青灯黄卷伴更长,花落银釭午夜香","青灯",与"青缸"同意。"暗明灭",指灯光忽暗忽明,一直到熄灭。这个宴会虽然已经结束,但从"酒""歌""玉樽"来看,这是个上层人家的宴会,讲究排场,气氛异常,并非一般人家的酒宴。但是,"酒阑客散小堂空",一个热闹的场面不见了,女主人又重归寂寞孤凄。她伴着孤灯枯坐,悒郁惆怅。尽管夜阑人静,但毫无睡意。那孤灯发出青白的光,忽暗忽明。女主人望着它发呆,心潮随着灯光起伏。一直把灯油熬尽，灯光熄灭。作者为什么写欢宴人散，青灯暗明灭？嘉宾满堂，似乎暂时填补人心灵上的空虚，开解一下缠绵的离愁，但人散之后，女主人又重归空寂。她的心随着灯光的闪动而活动着，这样就烘托出女主人孤寂的离怀和复杂的内心世界。显然，这是在写春闺之怨，绸缪离情。

"魂梦不堪幽怨，更一声啼鴂。"承前，小堂的灯光是熄灭了，但是女主人是否安然进入了梦乡？"魂梦"，指人睡梦时的心神。张泌《河传》："梦魂悄断烟波里。心如醉。相见何处是"，韦庄《应天长》："碧天云，无定处。空有梦魂来去"，其中的"梦魂"都是这个意思。"堪"，忍受。李璟《浣溪沙》云："还与容光共憔悴，不堪看"，唐张窈窕《寄故人》："淡淡春风花落时，不堪愁望更相思"，其中的"不堪"，均为不能忍受之意。"幽怨"，潜藏在心里的怨恨。秋瑾《昭君怨》诗有："枉把栏杆拍遍，难诉一腔幽怨。"春事将歇，众芳零落，女主人正为此而感伤。一阵欢宴之后，残灯明灭，女主人孑然一身，离情悱恻。梦魂是忍受不了深怨暗恨的。意思是说有深愁暗恨的人是难以进入梦乡的。"更一声啼鴂"，"更"，再，又，表示另外述说一事。与柳永《雨霖铃》："多情自古伤离别。更那堪、冷落深秋节。"中的"更"字用法相同。"鴂"，一种鸟，说法不一。辛弃疾《贺新郎》词有："绿树听鹈鴂。更那堪、鹧鸪声住，杜鹃声切"句，自注云："鹈鴂、杜鹃实两种，见《离骚补注》。"《词源》认为："鹈鴂"一指杜鹃，一指伯劳鸟。《词源》还认为："鹈鴂，即杜鹃。"那么杜鹃与伯劳是一种鸟，还是两种鸟呢？杜鹃在暮春立夏时开始鸣叫，伯劳要在夏时开始叫，看来是指两种鸟。那么易安词中的"啼鴂"当为杜鹃，鸣叫之时正值百花凋残的时候。屈原《离骚》："恐鹈鴂之先鸣兮，使夫百草为之不芳"，《汉书·杨雄传》注云："鹈鴂，一名子规，一名杜鹃，常以立夏鸣，鸣则众芳皆歇。"

灯油已经熬尽，遥夜沉静，月色笼罩，小庭空荡，女主人躺在床上翻腾，夜久不寐，离愁别绪，绵绵不已。这时听到窗外林中传来一声杜鹃的啼鸣,更刺痛她的心,使她耳不忍闻。旖旎的春光即将逝去,美丽的年华在悄悄溜走,心上人不在身边。因此,这一声凄厉的"鵾"啼,既渲染了暮春的气氛,又增添了女主人的愁绪,深化了主题,取得了良好的艺术效果。

上片,写风停之后,落花满地,女主人感伤春日将暮。

下片,写酒阑歌罢,离愁缱绻,夜不能寐,闻啼鵾更添惆怅。

此词上下片的开头,其手法是相同的,很值得借鉴。上片"风定落花深,帘外拥红堆雪",这是从一场暴风雨洗劫后的衰败场景开笔的,从落花的"深""堆""拥",我们不仅看出暴风雨之狂恶,我们尚可推测到昔日庭轩繁花锦簇,春意盎然。可是眼前往日的繁花被暴风雨一扫而尽,变得如此萧条冷落,触景感怀,女主人伤春之情随之产生。下片,换头"酒阑歌罢玉樽空,青缸暗明灭",这是从一场欢天喜地兴高采烈的酒宴结束之后,女主人伴着孤灯独处闺房,长夜难寐的情景写起的。那种热闹愉悦的气氛一扫而空,女主人重归孤寂,愁绪勃发。沈祖棻在《宋词赏析》中分析李清照《武陵春》时曾引用谭献评欧阳修《采桑子》的例子。我觉得李清照的《好事近》比她的《武陵春》更类似欧阳修的《采桑子》。欧阳修《采桑子》云:"群芳过后西湖好,狼藉残红。飞絮蒙蒙。垂柳栏杆尽日风。　笙歌散尽游人去,始觉春空。垂下帘栊。双燕归来细雨中。"谭献《复堂词话》评欧词开端为"扫处即生"。欧、李两词的上下片的构思布局似同一机杼。李词上片首句"风定落花深",与欧词上片首句"群芳过后"颇类。李词下片首句"酒阑歌罢玉樽空",与"笙歌散尽游人去",颇似。欧词引出的是淡淡的春愁,李词引出的是春愁兼离愁。可见古人在文学艺术上的借鉴和相互学习。

古典诗词中,常用听到某种声音作结,既深化了主题,又取得余韵娓娓之效。易安词《添字采桑子》结句:"点滴霖霪。愁损北人、不惯起来听",女主人正在为思念故国乡关而伤心,忽然外面传来雨打芭蕉的怪异之声响,北方人听得很不习惯,这使她更有独在异乡之感,更撩拨起她的乡情,深化了主题。易安《永遇乐》结尾:

"不如向、帘儿底下，听人笑语"，女主人懒得夜间出去，即使元夕出去，不仅会浓愁难遣，反而会添增愁绪，不如在帘儿底下听听别人说说笑笑，既可开心，又不会添愁，反映女主人无限的哀郁和辛酸。易安《行香子》结句"闻砧声捣，蛩声细，漏声长"，女主人思念丈夫，夜耿耿而不寐。那沉重的捣衣声，细微的寒蛩声，迢递的漏滴声，交织成一个哀怨、凄凉、委婉的交响乐曲，这和李清照的心曲在节奏、旋律、情调上似乎是一致的。秋夜的交响曲与李清照心曲浑然一体，悠悠不绝。女主人听到这种交响曲产生共鸣，更添愁绪，深化了主题。李后主《捣练子》结尾："无奈夜长人不寐，数声和月到帘栊"，其《望江南》结尾："笛在月明楼"，秦观《八六子》："正销凝。黄鹂又啼数声"，张抡《烛影摇红》："满怀幽恨，数点寒灯，几声归雁"，陈亮《水龙吟》："正销魂，又是疏烟淡月，子规声断"。诸词结句的手法与易安《好事近》结句手法相同，深化了主题，增强了表达效果，并使词余音娓娓，神韵悠然。

此词，上片直率，下片含蓄；上片伤春，下片怀人。虽然是寥寥数语的小词，无论是立意布局，还是开头结尾，都十分考究，实属词林上乘。

（《曲靖师专学报》1986 年第 1 期）

空梦长安　抱恨何极

——读李清照《蝶恋花》词

南宋统治集团屈膝求和，沉迷声色，苟安一隅。广大"遗民""泪尽胡尘里"，"忍死望恢复"，可是他们的热望终成泡影。泪，算是空流。北宋南渡逃难的血性臣民，更是江河日日，乡情殷殷，梦魂夜夜。梦，毕竟是虚幻的。李清照就是这"漂泊"避难的"流人伍"中的一个代表。其《上枢密韩公工部尚书胡公》云："不乞隋珠与和璧，只乞乡关新信息"，"欲将血泪寄山河，去洒东山一抔土"，其《打马赋》云："木兰横戈好女子，老矣不复志千里。但愿相将过淮水"，其《菩萨蛮》云："故乡何处是。忘了除非醉。"可见她思国怀乡之情的笃深浓重。然而，她流寓江浙多年，依然是有乡回不得。一个农历三月上巳，这是古老的节日，"每逢佳节倍思亲"吧，她怀着对故国乡关的深沉怀念、对南宋统治集团偏安一隅的无限愤懑和与亲朋不能团聚的怅惘心情，召集邻近的亲族叙旧，以慰绵绵乡思，写下《蝶恋花　上巳召亲族》这首词：

永夜恹恹欢意少。空梦长安，认取长安道。为报今年春色好。花光月影宜相照。　　随意杯盘虽草草。酒美梅酸，恰称人怀抱。醉莫插花花莫笑。可怜春似人将老。

"永夜恹恹欢意少。空梦长安，认取长安道。""永夜"，长夜。"恹恹"，生病的样子。长夜漫漫，冷冷清清，孤怀凄怆，绵绵的乡思，在折磨着她，像生病的样子，辗转床褥，祖居的故乡、繁华的京都、爱恋的亲朋，一幕一幕在脑海中浮现，倍加黯然神伤。首句，作者以悒郁惆怅的笔触领起，为全文定下基调，制造氛围。按《艺概·词曲概》的说法，"大抵起句非渐引即顿入"，我以为此词开头为"渐引"，而非"顿入"，"其妙在笔未到而气已吞"。

"欢意少。"少，言其有，并非言其无。那么这少许的"欢意"从何而来？盖梦中实现了自己的夙愿，回到阔别的故都。"长安"本是唐代京城，此处借指北宋首都汴京。辛弃疾《菩萨蛮》云："西北望长安。可怜无数山"，李好古《清平乐》云："点点尽堪肠断，行人休望长安"，张舜民《卖花声》云："回首夕阳红尽处，应是长安"，以上诸句中的长安均实指汴京，用法相同。"认取"，认得，"取"，助词。梦是由于精思存想或某种激刺，睡眠时在大脑中形成的表象活动。表什么象，与受什么刺激、精念存想的内容有关。对乡关深挚地热爱、对收复中原无比关切的爱国词人李清照，朝思暮想故国旧家，尤其是每逢佳节更为严重，在上巳的夜晚梦里才出现旧曾谙的故都汴京的景象。"上巳"，阴历三月上旬之巳日。《韩诗》注云："郑国之俗。三月上巳之辰。此两水（溱、洧）之上，招魂续魄，拂除不祥。"后此风相沿不改。《后汉书》："是月上巳，官民并禊，饮于东流水"，"魏以后但用三月三日，不复用巳日"。（《词源》）唐代每年三月初三，官民皆云集曲江池，"禊饮踏青"，玄宗时每年三月三日于此赐宴臣僚。可见唐代长安三月上巳节日之盛。北宋汴京的上巳更令易安梦魂萦绕。"梦长安"是虚幻的，"认取长安道"也是徒然。着一"空"字，表现词人怅恨无穷，浩叹不已。此两句为虚写，虚中带实，梦中的汴京景象毕竟是真实的。

"为报今年春色好。花光月影宜相照。""为"，假使、如果。表假设关系的关联词语。"报"的主语应该是"造化"，此略。作者赋予"造化"以人的行为。易安《渔家傲》云："造化可能偏有意。故教明月玲珑地"，其中的"造化"，指大自然，谓大自然"有意"，赋予人的情意，用法与前相同，均为拟人的修辞格。两句的意思是说，如果造化有意向人们报告今年的春色格外美好，那么鲜花的光彩、明月的清辉应该相互照映，然而眼下是节日上巳，三月初三的夜晚，花色是娇艳的，美中不足的是没有月光照耀，遗憾殊甚。言外之意是，春色美好，花草虫鱼各得其所，却人志不遂；年景好，应该使人们美满、幸福，让人们与亲朋团聚，可是今夕，虽南渡多年，中原尚未收复，仍然是有乡回不得，抱恨何极？此两句写实，实中带虚，形转而意承，含不尽思国怀乡之意。

"随意杯盘虽草草。酒美梅酸，恰称人怀抱。"过变，笔锋勒转，写召亲族便宴。上片，因乡情浓重，下片，才召亲族叙旧，意脉暗通，笔断意未断。

"草草"，简单草率，准备不足。张炎《清平乐》云："客里看春多草草。总被诗愁分了"，辛弃疾《永遇乐》云："元嘉草草，封狼居胥"，此两句的"草草"都是草率之意。王安石《示长安君》诗中，"草草杯盘供笑语，昏昏灯火话平生"的"草草"与此词的"草草"都是饭菜简单不丰盛，准备不足的意思，由前引申而来。两句大意是，随随便便的酒食饭菜，虽然是简单而不丰盛，但醇香的酒、酸溜溜的梅正合人的心意。反复吟哦，我们仿佛觉得易安正在宴会上向前来的亲族表示歉意；仿佛觉得她正在樽前对亲族频频地劝酒；仿佛觉得她正在席间娓娓亲切地叙旧。易安《菩萨蛮》词云："故乡何处是。忘了除非醉。"还是用酒排解浓重的乡愁吧。于此作者着笔由人及物。

"醉莫插花花莫笑。可怜春似人将老。""醉"字承前启后，易安与亲族用酒洗愁，至醉方休。饮酒插花是她的雅趣，其《殢人娇》云："坐上客来，樽中酒满。歌声共、水流云断。南枝可插，更须频剪"，其《诉衷情》词云："夜来沉醉卸妆迟。梅萼插残枝"，其《菩萨蛮》词云："睡起觉微寒。梅花鬓上残。……沉水卧时烧。香消酒未消"，其《清平乐》词云："年年雪里。常插梅花醉"，上面词句足以说明这一点。饮酒插花象征词人的高洁风雅，朱敦儒《鹧鸪天》云："玉楼金阙慵归去，且插梅花醉洛阳"，人的嗜好往往是长时期形成的，一经形成，不易改变，现在易安何以"醉莫插花"？"可怜春似人将老"一语告诉我们，国破家亡、丧夫、颠沛流离的种种苦难摧得"人将老"，使她不再有簪花的兴致了。苏轼有"人老簪花"的诗句，其《吉祥寺赏牡丹》诗云："人老簪花不自羞，花应羞上老人头。"意思是说，人虽然老了，但自己不以戴牡丹花而感到难为情，可是牡丹花应该为插戴在老人头上而感到羞愧。两句别有风韵。易安并不踏袭苏诗，不落窠臼，反其意写"人老不簪花"，看来格调似乎有些低沉，其实不然，正是"创意出奇"，恰到好处。《宋书·谢灵运传论》云："若前有浮声，则后需切响。"此句暗应首句，是一反衬之笔。"人将老"，平生簪花的兴致消磨了，惟绵绵乡思不减，思国怀乡的那颗丹心愈加强而有力地跳动，词旨昭然。"故乡何处是。忘了除非醉"（易安《菩萨蛮》），只要思维正常，一息尚存，是不会忘记故国旧家的。多么可歌可泣的爱国心啊！

"花莫笑""春似人将老"为传神之笔，拟人的艺术手法。春"将老"，对珍惜春光的词人最是"可惜"，"人将老"，更为"可惜"。我们用易安《打马赋》中语"老矣不复志千里，但愿相将过淮水"来作注脚吧！意思是，我老了，不能像花木兰那样替父从军，挥戈跃马，为国立功实现远大的抱负了，这是一可惜；至今还是"空梦长安"，"相将过淮水"的愿望仍未成为现实，中原不得收复，二可惜。这是"欲将血泪寄山河"的赤子之心，丝毫得不到慰藉的心声，对中原不能收复的慨叹，易安以深沉婉约的笔墨出之。

上片，写上巳的夜晚，深深地怀念故国乡土。首句写整夜病病恹恹、郁郁寡欢，这是实中带虚的写法；次两句写"空梦长安"，然而梦中长安街道的景象毕竟是真实的，这是从写虚入手，化虚为实的写法；末两句，前一分句提出一种假设的情况，后一分句所说花光月影未能相照的景况是切实的，这是虚中带实的写法。实中带虚，虚中有实，化虚为实，虚实相生，相辅相成，艺术手法达到高超的境地。

下片，写节日宴请亲族，以慰乡思。作者先从"杯盘"写到

"人怀抱"，由物及人；后从"醉"写到"花"，由人及物；又从"花"拓展写到"春"，又折回写"人"，这是由物及人。寥寥三十字，描写对象动荡的频率如此之高，简直形成一个清晰的规则的曲线，映入读者的眼底。跌宕有致，曲尽其妙。《填词杂说》云："填词结句，或以动荡见奇，或以迷离称隽。"此词结句，堪称"以动荡见奇"了。

下语平淡，用意精深，曲折的情意，用直率的方式出之，含蓄天成。上片，头三句言外之意为：中原未能收复，有乡回不得，心怀悒怅；次两句，弦外之音是：年景好应使人们美满、幸福，该让人们回到久别的故乡去，然而欲归不能，抱恨无穷。下片，头三句言外之意是劝慰亲族用美酒洗解乡愁；末两句的弦外之音为人虽然老了，饮酒簪花的兴致消了，但怀念故国乡关的那颗赤诚的心依然在激烈地跳动。梅圣俞云："状难写之景，如在目前，含不尽之意，见于言外。"《文心雕龙·隐秀》云："隐也者，文外之重旨者也。"意思是说，含蓄是在言外含有重要的意义。又云："隐以复意为工。"意思是，含蓄要以在言外有一番意思为精妙。又云："使玩之者无穷，味之者不厌。"意思是，含蓄使玩赏者有无穷之味，使品尝者永不厌倦。斯乃"才情之嘉会"，这才是作者的才能情感的最好表现。此词之含蓄就达到了如此妙绝的境地。

此词写"眼前景，口头语"，看来是目过了然，但认真推究却含有深沉的故国之思。词调不长，却是多种艺术手法的浓缩。此词似不被人注重，但多加寻绎，方觉得大将杰才"不示人以璞"。此词的写法在李清照词中是很独特的，很值得我们借鉴。

（《抚顺师专学报》1986 年第 2 期）

谈李清照词《鹧鸪天》

从《诗经·桑柔》:"忧心殷殷,念我土宇",到羁留台北的于右任的诗句:"葬我于高山之上兮,望我大陆;大陆不可见兮,只有痛哭",涉及怀乡的内容和以怀乡为题材的文艺作品,在我国几千年的文学史上,从未间断过。《楚辞·九章》的《哀郢》中云:"鸟飞反故乡兮,狐死必首丘",意思是说鸟要返回它的故乡,狐狸死时头要向着山岗。《古诗十九首·行行重行行》中云:"胡马依北风,越鸟巢南枝",意思是说胡地的马到了南方依恋着北方吹来的风,南方飞到北方的候鸟要在南枝上筑巢。这说明连无情无义的禽鸟畜兽都眷恋自己的故乡,人何以堪?更不必说才华出众、豪情满怀的词人。李清照南渡之后,陷入了国破家亡、夫死流离的悲惨境地,心绪落寞,乡情殷切,忉怛懵恻,摧肝裂胆,写了一些怀乡词。这些怀乡词的价值并非一般的怀乡之作所能比拟,在浓重的乡情之中融入了深沉的故国之思。其《鹧鸪天》就是一首别具特色的怀乡词。

寒日萧萧上锁窗。梧桐应恨夜来霜。酒阑更喜团茶苦,梦断偏宜瑞脑香。　　秋已尽,日犹长。仲宣怀远更凄凉。不如随分樽前醉,莫负东篱菊蕊黄。

"寒日萧萧上锁窗。梧桐应恨夜来霜。"起笔陡然一个"寒"字,似有一股寒气笼罩全篇,顿觉寒意充塞词间。作者用"寒"字修饰"日"字,这似乎令人费解,太阳本身发光发热何以谓之

"寒"？这与"寒火"一词有相类之处。人们称只有光焰而无热度的火为"寒火"，那么"寒日"一词便容易被人理解了。五代徐昌图《临江仙》有："淡云孤雁远，寒日暮天红"句。晚秋的霜晨气温甚低，日光淡薄，人感觉不到阳光的热量，故称"寒日"。"萧萧"，多形容风声，但此处做"动貌"解为宜（《词源》此词解〈二〉为"摇动貌"，《词通》此词补释"动貌"）。杜甫《登高》诗云："无边落木萧萧下，不尽长江滚滚来"中的"萧萧"，尽管人多解为"风声"，我以为这是不确切的。"滚滚"，是状长江滔滔江水之急态的，与此相对的"萧萧"，似也应状风吹树叶飘落的动态为宜。故《登高》中的"萧萧"与此词的"萧萧"的意思颇似。此词中"萧萧"，是状霜晨日光的动态的，指日光一点一点爬上窗棂而言的。"锁窗"，窗棂成连锁形的窗子，窗子多以窗棂的形状而得名。唐宋时"锁"与"琐"通。琐，即连环。贺铸《青玉案》有"月桥花院，琐窗朱户"句，温庭筠《定西番》有"楼上月明三五。琐窗中"句。首句是说，晚秋的霜晨，气温甚低，没有热量的日光一点点爬到连环形的窗子上。

"梧桐"，是一叶知秋的树木，从立秋开始落叶，到了晚秋，不知经受了几番风雨严霜的摧残。"恨"，草木无情，显然是拟人手法。写"梧桐"避免平铺直叙地描摹它的茎叶，而是先摄"神"，说它"恨夜来霜"，为什么"恨"？霜曾多次无情地摧残过它。摧折得什么样子？没有写，耐人寻味。"霜"代表杀伐之意，象征金人统治者的百万貔貅，烧杀抢掠，惨绝人寰，侵占祖国大好河山，人民深陷水火，故"应恨"。此句的意思是暮秋的夜晚，霜凝大地，梧桐树曾多次遭到它的残酷摧残。头两句，写出深秋霜晨凄寒肃杀的景象。"寒""恨"两字含有鲜明的感情色彩，融情入景，情景交融。这并非单纯的景物描写，而是运用寓意象征来渲染气氛烘托词人凄凉情怀的。

"酒阑更喜团茶苦，梦断偏宜瑞脑香。"写女主人室内的活动。"酒阑"，喝完了酒。苏东坡《行香子》有"绮席才终，欢意犹浓。

酒阑时、高兴无穷"句。"团茶",一种名贵的人工制成的圆饼形茶块。《归田录》载:"茶之品莫贵于龙凤,谓之团茶。凡八饼重一斤。"现在江西庐山的"桂花茶饼",当为同类的东西。"梦断",从睡梦中醒来。古诗词常用,如陆游《沈园》诗"梦断香消四十年,沈园柳老不吹绵",李白《忆秦娥》:"箫声咽,秦娥梦断秦楼月"。"偏宜",意外适合。李珣《浣溪沙》有"入夏偏宜淡薄妆。越罗衣褪郁金黄"句。"瑞脑",一种熏香的名字。易安词中有几首提到它。《浣溪沙》云:"瑞脑香消魂梦断",《浣溪沙》:"玉鸭熏炉闲瑞脑",《醉花阴》:"瑞脑消金兽"。女主人在屋里闷坐,她的心境像外面的天气一般寒凉。还是喝点酒吧,一面可以消愁解闷,一面还可暖暖身子。于是她端起了酒杯,"酒到唇边莫留残",一饮而尽。也许喝得急一点,多一些,身体有些不适。在这时,按着过去的习惯,非常喜欢喝上点名贵的浓浓的团茶解一解,可是流亡生活是这般困窘,哪里有名茶可饮。于是借着酒力睡去了。在沉睡之中她千里魂游,回到了祖居的故乡。她熟悉那里的街道,那里的房舍,那里的人们。依稀是在归来堂与赵明诚背书斗茶,仿佛在月底花前赏花赋诗……。一怔醒来,心还在猛烈地跳动,原来是个梦。于是故乡的往事在脑海中萦绕盘旋,她决心抑制自己,不要去想了,但没有奏效。她越想越愁闷。如果在这时,按照昔日的习惯,嗅一嗅瑞脑的馨香来爽心开怀,该是格外合适的。可是流亡生活是这般的拮据,又到哪里去买珍贵的瑞脑?从连环窗的窗缝看一看太阳,才知道天已过午了。作者用一对偶句,写女主人室内的活动,表现她百无聊赖,无可奈何,不可终日的凄怆情怀。为什么这样?在下阕作了回答。

"秋已尽,日犹长。仲宣怀远更凄凉。"此韵意思是,秋季已经过尽,白天还觉得那般漫长,乡愁浓重,度日如年。我无时无刻不在怀念我的故乡,比王粲当年怀念家乡的情景更为凄凉。

仲宣,即王粲,建安七子之一,是个著名的诗人。他曾登上当阳的城楼,极目远眺,引发了他的浓重乡愁,伤乱之感,写了一篇

《登楼赋》云：

"遭纷浊而迁逝兮，漫逾纪以迄今。情眷眷而怀归兮，孰忧思之可任！凭轩槛以遥望兮，向北风而开襟。平原远而极目兮，蔽荆山之高岑。路逶迤而修迥兮，川既漾而济深。悲旧乡之壅隔兮，涕横坠而弗禁。"

这是"仲宣怀远"的最好注脚。意思是说，我遭逢离乱转徙流亡，至今已十二年多了。我深深地怀念我的故乡，谁能承受得了这心摧肠断的忧思呢！我靠着窗栏而远望，向着北风敞开衣襟。平原是多么茫远，我放眼遥望，小而高的荆山遮住了视线，道路曲折漫长绵远，江阔水深难以涉过。悲故乡千里重重阻隔，泪痕横溢不能自已。

易安以王粲怀远自况，不露自己情境，含蓄有味。着一"更"字，与王粲怀远相比，其"凄凉"只有过之而无不及。虽然都是怀乡，但王粲怀远含有怀才不遇，不被刘表重用的苦闷。李清照家国沦亡，丈夫病殁，漂泊无依，境遇更为凄惨，怀乡之情更为深沉哀凉，并交织着故国之思。

"不如随分樽前醉，莫负东篱菊蕊黄。""随分"，照例。袁去华《念奴娇·九日》云："随分绿酒黄花，联镳飞盖，总龙山豪客"，张孝祥《点绛唇》词："四到蕲州，今年更是逢重九。应时纳祐。随分开樽酒。"其中的"随分"皆为照例、照样之意。"东篱菊蕊黄"，化用陶潜《饮酒》诗："采菊东篱下"之意。李清照《醉花阴》："东篱把酒黄昏后。……人比黄花瘦"，《声声慢》："三杯两盏淡酒，……满地黄花堆积"，把饮酒与赏菊连在一起。饮酒赏菊这是个古老的习俗，特别是农历九月九日重阳节的时候。孟浩然《过故人庄》诗云："开轩面场圃，把酒话桑麻。待到重阳日，还来就菊花。"杜牧《九日齐山登高》："尘世难逢开口笑，菊花须插满头归。但将酩酊酬佳节，不用登临恨落晖。"此习俗唐宋时代都很兴盛，一直延续至今，饮酒赏菊年年如此，今年也照样，故称"随分"。两句的意思是，不如照例跟往年一样，在酒杯之前醉倒，不要辜负菊花一年一度开放的良辰美景。实际上女主人的本意是用"樽前醉"来排遣浓重的乡愁，错开一笔，偏说"莫负东篱菊蕊黄"，宕出远神。

上片，写晚秋霜晨庭院中凄寒萧杀的景象及女主人用饮酒睡觉来开解乡愁的情景。

下片，写女主人无可奈何，最终仍用"樽前醉"的办法排遣浓重的家国之思。

此词上片与易安《念奴娇》上片的构思，局法大体相同。《念奴娇》开始写了早春庭院的萧条冷落及天气的恶劣："萧条庭院，又斜风细雨，重门须闭。宠柳娇花寒食近，种种恼人天气。"女主人只能闷坐在屋里，用写"险韵诗"喝"扶头酒"的方法消愁解闷，打发光阴。《念奴娇》写的是早春的离愁别苦，此词写的是晚秋的家国之思。后者的境界令人凄神寒骨，情调更加沉郁悲凉。

此词结构甚为精彩。《艺概·词曲概》中云："收句非绕回即宕开，其妙在言虽止而意无穷"，很有道理。此词末句宕开，本来乡情浓重，心绪凄怆，用酒浇悲，却说"莫负东篱菊蕊黄"。辛弃疾《丑奴儿》下片："而今识尽愁滋味，欲说还休。欲说还休。却道天凉好个秋"，本来愁结满怀，说了也无济于事，故"欲说还休"，结句宕开，"却道天凉好个秋"，无限抑郁惆怅之情溢于言外。两词结句如直抒胸臆，僵直枯燥，便缺乏了艺术的生机。宕开一笔，别出远神，境界全出，更引起读者的冥想遐思，获得特殊的艺术效果。

作者具有国破家亡，夫死身零的切身痛苦的强烈感受，在艺术表现上匠心独运，善于捕捉摄取生活中典型事物："寒日""锁窗""梧桐""夜来霜""酒""团茶""瑞脑""东篱""菊"等。用多种手法：典故、对偶的运用等，塑造了一个在凄寒的晚秋，家国之思深沉浓重，痛苦难耐的女主人公形象，充满了生活的气息，动人心弦。

(《鞍山师专学报》1987年第1期)

李清照《鹧鸪天》词赏析

  暗淡轻黄体性柔。情疏迹远只香留。何须浅碧深红色,自是花中第一流。 梅定妒,菊应羞。画栏开处冠中秋。骚人可煞无情思,何事当年不见收。

  李清照在她写的《夏日绝句》中说:"生当作人杰,死亦为鬼雄",这固然是对南宋那些屈膝求和的上层统治集团深刻的讽刺和无情的鞭挞,但也从中反映出她的人生观。她认为人生在世应该是做一个英雄豪杰,万世流芳。李清照对花卉的欣赏,反映了她的审美观。她认为花的姿容不一定非得绰约娇艳,只要"情疏迹远只香留"就是"第一流"的好花了。可见,她的观人赏花的标准,不其注重外表之美,很重视内在的因素或灵魂之美。她之所以极力推崇"桂花",不是因为它的美丽,而是因为它永存特殊浓烈的芳香,这反映了她的审美情趣。此词就是咏桂花的一首词。

  "暗淡轻黄体性柔。情疏迹远只香留。"桂花生得不像其他花卉那样鲜艳、明丽,绰约妖娆,也不像其他花卉那样媚人眼目,而是"暗淡轻黄"体质轻柔,并不惹人注目。可是当它凋谢枯萎了,人们对它的感情疏远淡薄了,而它那浓郁的馨香依然存在于人世。作者认为这种特质,是群芳所无法比拟的,也正是桂花卓然逸群之处。

  "何须浅碧深红色,自是花中第一流。""何须",易安《多丽·咏白菊》有"人情好,何须更忆,泽畔东篱"。都是为什么一定之意。"深红",指花儿的颜色。"浅碧",指叶子的颜色。"浅碧深红"，浅绿色的叶子，衬托着深红色的鲜花，一般来说，这样的鲜花都被人们视为是美丽的。诸如红色的芍药、红色的牡丹、红色的荷花，都是被人称赏的著名花卉。唐韩愈《芍药》："浩态狂香昔未逢，红灯烁烁绿盘龙。觉来独对情惊恐，如在仙宫第几重。"宋韩琦《月季花》："牡丹殊艳委春风，篱菊萧疏怨晚丛。何似此花荣艳足，四时常放浅深红。"作者以为"浅碧深红"的花是美丽的，但花卉为什么必须这样才算品类高超的呢？桂花的颜色"暗淡轻黄"，虽然没有特出的妍态娇姿，但它"情疏迹远只香留"，作者评它为当属众芳中的"第一流"。显然，作者评论花的优劣，虽也注重其姿容，但更注重她的芳香。反映了作者的审美观是注重事物的内在美。桂花的踪迹没有了，但它的香味常留人间，这还不应该是第一流的花吗？

"暗淡轻黄"，"浅碧深红"，使我们想起那些有名无名的、在民族战争中做出不朽贡献的英雄人物，虽然"情疏迹远"，但他们的业绩是永传千古，万世流芳的，这些人物无疑都是英雄豪杰，自然属于人中第一流的人物了。作者在这里，不啻咏一区区桂花，而是别有寄托，寓意深广的。

"梅定妒，菊应羞。画栏开处冠中秋。"过变，写"梅""妒""菊""羞"，内容拓展，腾挪生发，从侧面写桂花的高标逸韵，更进一层。

梅花凌寒冒雪独自开放，预报春的信息。孤标逸韵，高雅芳洁，古代的诗人雅士多咏梅之作，仅宋代黄大舆辑《梅苑》就收唐至南北宋间梅词十卷。但从芳香上比较，它略逊桂花一筹。词人对梅花也是珍爱的，她在词中多有描写。但因时间、地点、情感的变化，对梅的态度也不完全一样。在这里，作者仍是把梅放在名花之列的，像梅这样的名贵花卉尚且嫉妒桂花，这不进一步烘托桂花的高洁了吗？

"菊花"，也是历来被人赞赏的一种花卉，从陶渊明的"采菊东篱下，悠然见南山"（《饮酒》），到李清照"东篱把酒黄昏后。有暗香盈袖。莫道不销魂，帘卷西风，人比黄花瘦"。写菊花的诗词不计其数。多为文人雅士赞颂的菊花，在桂花面前，却感到羞愧，这同样凸显了桂花的高雅。既然梅妒菊羞，那"画栏开处冠中秋"，就是水到渠成，自然而然的了。连菊花都愧感不如，在仲秋季节开放的花中，还有什么能比得上呢？在仲秋彩绘的栏杆旁开放的群花之中，桂花的淡雅芳香当然应居群芳之首了。

"骚人可煞无情思，何事当年不见收。"作者以议论收总全篇。"骚人"，屈原作"离骚"，故称屈原为骚人，后来称诗人亦为骚人。这里指屈原。"可煞"，《诗词曲语辞汇释》解为"可是"。结句句式，与温庭筠《杨柳枝》："杏花未肯无情思，何事行人最断肠"颇似，说明易安是善于学习前人传统的。结句的意思是说，屈原没有情思，为什么当年他写"离骚"，对许多花进行赞赏，唯独没有写桂花呢？然而桂花的花香又是这般逸群。这是作者的不平，这是作者的抱怨。表现词人对桂花的赞美之情。这种赞美，是通过诗中议论达到的。反映了作者既注重外表美，又注重内在美的审美观。卖国奸臣秦桧，也是仪表堂堂，他没有万古流芳，却是遗臭万年。而那些仪表不扬而有民族气节的人，却能万古流芳。吟诗写史之人该大力赞扬他们。

诗中议论，古已有之，杜牧《赤壁》："折戟沉沙铁未销，自将磨洗认前朝。东风不与周郎便，铜雀春深锁二乔。"词中议论，古亦有之。苏轼《水调歌头》，"不应有恨，何事长向别时圆。人有悲欢离合，月有阴晴圆缺，此事古难全。但愿人长久，千里共婵娟。"又刘过《六州歌头》："中兴诸将，谁是万人英。身草莽，人虽死，气填膺。尚如生。"此词结句为议论，通过议论赞美桂花，使主题深化，并余韵缭绕，耐人咀嚼，意味悠远绵长。

此词并非咏区区桂花，而寄托遥邃。诚如沈祥龙云："咏物之作，在借物以寓性情，凡身世之感，君国之忧，隐然蕴于其内，斯寄托遥深，非沾沾焉咏一物矣。"此词亦然。

(《济宁师专学报》1986年第4期)

熏破春睡　梦远不成
——读李清照《诉衷情》词

　　夜来沉醉卸妆迟。梅萼插残枝。酒醒熏破春睡，梦远不成归。　　人悄悄，月依依。翠帘垂。更挼残蕊，更捻余香，更得些时。

　　唐金昌绪《春怨》："打起黄莺儿，莫教枝上啼。啼时惊妾梦，不得到辽西"，这首小诗脍炙千古，几乎人人皆知。黄莺的美妙歌声女主人不是不喜欢，但是，它的饶舌却会惊扰她甜蜜的梦境。女主人为了在梦中与自己远戍辽西的丈夫亲切会面，实现她在现实中无法实现的心愿，不得不忍心把黄莺打跑。在动人的莺啼与美好的梦境不可兼得的矛盾中，她选取了后者，尽管是虚幻的。这一抉择，有力地突出了题旨。李清照的这首《诉衷情》与金昌绪《春怨》有相似的内容，在艺术构思上也有异曲同工之妙。在总的艺术成就上也绝不在《春怨》之下。

　　头两句，以"夜"字冠领，点明了时间。夜是人们休息睡眠的时候，一般说来在外面的人都要归宿，连鸟儿也要回巢。人该归而不归，应眠而不眠，这是反常的。作家、影视艺术家往往抓住这个典型环境来表现人的离愁别苦或激烈的思想活动。"沉醉"，大醉。易安词《如梦令》，有"沉醉不知归路"句。"萼"，花瓣外面的一层小托片。一开始，作者把我们引入的仿佛是银幕上的一个场景：夜晚，女主人孤零零地坐在床边，伴着垂泪的红烛，闺房独守。她紧锁眉峰，悒郁惆怅。为了排解心头的郁闷，用酒麻醉神经，醉意很浓。于是她倒在床上，头枕鸳鸯枕睡去了，连头上的妆饰也没有卸去。由于心境不宁，虽是沉醉，仍旧难以安枕，她时而睡向这边，又时而翻转。过了一会儿，镜头移到她的头上，这是个特写镜头：宝簪光闪闪，钗头凤欲飞，鬓边的梅枝上仅剩些花萼，像没贴花瓣的人造花，只有萼片直挺挺地插在枝上一般。花蕊花瓣哪里去了？镜头又移向枕畔，原来琼片碎玉撒在那里！李清照《清平乐》云："年年雪里。常插梅花醉"，说明她是很喜爱梅花的。

次两句，"酒醒"，酒劲过了。按常理是应该继续香甜地睡下去的，但不能，春天美好的梦境竟意想不到地被"熏"破了。"春睡"，意义双关，一指春天的觉，也暗示了节序；一指青年人充满美好的幻想具有光怪陆离的梦境的觉。"熏破"，一个是烟，一个是气味，可能造成这种结果。是烟吗？不可能，室内没有烟源。要说气味，是有的。有别的什么气味吗？没有，满屋充满梅花浓郁的芳香，就是它把熟睡的女主人"熏"醒了。"春睡"醒了，似乎没有多大可惜，也没有什么可抱怨。但是，不然，恰好在"春睡"中梦见自己心爱的丈夫在遥远的地方正往家里走，未等欢聚，梦就被"熏"破了，多么可惜、多么无情。"梦远不成归"，这好像影视的插叙镜头。在现实中，女主人日夜凝眸，望眼欲穿，愁损芳姿，仍不得相见；在梦中，可有了相见的机缘，无奈又被香气破坏了，多么懊恼，多么沮丧。

金昌绪《春怨》，使女主人惊觉的是黄莺的歌唱声。岳飞《小重山》："昨夜寒蛩不住鸣。惊回千里梦，已三更"，使主人公惊梦的是蟋蟀之鸣叫声，总之破梦的是音响，是听觉受到强烈刺激的结果。但是在诗词里写花的馨香强烈刺激了人的嗅觉，而使人的美好梦境受到破坏，这不能不说是个创造，是个发展，十分新鲜。易安在《摊破浣溪沙》中也曾用过此种构思方法，云："梅蕊重重何俗甚，丁香千结苦粗生。熏透愁人千里梦，却无情。"写出了对美好梦境被熏破的惋惜、怨怅的思想情绪。

下片头三句，"悄悄"，这里是寂静无声之意，与曹唐诗"树影悠悠花悄悄"，冯延巳《鹊踏枝》"阶下寒声啼络纬。庭树金风，悄悄重门闭"中的"悄悄"同意。"人悄悄"，正是夜深人静，人间情侣倾诉衷情的好时候。"依依"，留恋难舍，不忍离去之意。这与《诗经》"昔我往矣，杨柳依依"，贺铸《鹧鸪天》"原上草，露初晞。旧栖新垅两依依"中的"依依"意思相同，均赋予了人的思想感情。"翠"，着色浓艳，正是年轻妇女喜欢的色彩。

此词换头，好比电影的镜头转而对准室外。银幕上呈现的景象是怎样的呢？女主人再也忍受不住心绪的悒怅忧烦，起来徘徊，倚窗外望。左邻右舍的人都已经睡熟了，万籁无声，恬静安谧。院里及远处的树木像是守夜的忠诚卫士，一动不动。一轮偏西的明月发出银白色的光辉，好像对人留恋难舍，不忍偏离似的。作者仅用六个字，便勾勒出一幅良夜美景图。闺中空垂着绮丽的绿色帷幕。此时此刻，正是天下情侣同枕共席的美好时光，然而女主人心爱的人儿不但不能回来团聚，就是在梦中梦见他要归来的美好梦境也被"熏"破。这种美好的愿望不仅不能在现实中实现，就是在梦中也不能实现。她的心绪更加凄楚苍凉，更引起对自己心上人的强烈思念。在艺术表现上，这是一种乐景写哀的反衬手法，突出了主题，艺术效果也倍增。

末尾三句，"更"，再。"挼"，揉搓。鹿虔扆《临江仙》有"手挼裙带，无语倚云屏"句。"蕊"，这里指花。"捻"，用手指搓转，这里指搓梅致烂。这与张泌《浣溪沙》"闲折海棠看又捻，玉纤无力惹余香"中的"捻"同意。最后，电影的镜头又转向室内。女主人面对着良夜美景，不仅不能使她心爽意惬，反而愁绪倍增。金昌绪《春怨》中的女主人，为了在梦中能够与远戍辽西的丈夫相见，而保证梦境不被破坏，要把自己喜爱的黄莺赶跑。此词中，是什么东西使女主人的心上人不能在梦中归来呢？是那馥郁的枕边残损的梅花。尽管她喜欢梅花，但她更爱自己的丈夫，因此梅花再次罹难，女主人的怨气径向梅花发泄。只见她拾起枕畔的残梅，先是两手揉搓，揉碎了芳肌。可是还有香味喷鼻，就是它"熏"破了美好的梦境，她气得用手指一点一点地搓烂梅花花瓣的碎末，似乎非要把梅花的香味消尽不可。"更得些时"，再争得一些时间，十分耐人咀嚼，语尽而意未尽。她这样做，就是为了期待美好梦境的再来。排除了干扰，使其有较充裕的时间，让"远梦"得能"成归"。仅仅十二个字，两个小小的动作，便把女主人那复杂的内心世界揭示得纤毫毕露。此结，与秦观《行香子》前结："有桃花红，李花白，菜花黄"，后结："正莺儿啼，燕儿舞，蝶儿忙"，与苏轼《行香子》结句："但远山长，云山乱，晓山青"，易安《行香子》结句："闻砧声捣，蛩声细，漏声长"，形式相同，都是由三个结构相同，并有一个重字的词组组成。这种结尾自然流美，增加了词的音乐美，建筑美。

作者通过"沉醉""卸妆迟""酒醒""熏破""梦远""挼残蕊""捻余香"等人物活动来开掘主人公的灵魂深处，表现她对丈夫的深情思念。这与影视艺术有时不用解说，不用道白，只通过人物在屏幕上的表演活动表现主人公隐秘的心理活动，感染观众，揭示主题，何等相似乃尔。易安词颇具戏剧性。

作者用寥寥四十四个字，写出女主人种种含蓄的活动及复杂曲折的心理，惟妙惟肖。女主人的思想感情波澜起伏：因愁而"沉醉"，因"梦远"而高兴，因"熏破"而愤怒。对梅花，因爱而插戴，因憎而"挼""捻"。情节的发展也如此跌宕曲折，人物形象栩栩如生，读者不禁拍案称绝，惊叹不已。前人云："词以婉转为上，宜若九曲湘流，一波三折"，是有一定道理的。

匈牙利诗人裴多菲诗："生命诚可贵，爱情价更高。若为自由故，两者皆可抛。"生命可贵，爱情价高，为祖国的独立自由，两者均可抛弃，衬托出"自由"的非同凡响，高于一切。此词，梅花芳香可爱，为了爱人归来的幻梦，可以牺牲梅花，衬托出她对丈夫的爱是无比深沉的。使主题更加鲜明突出。这是透过一层的写法。

此词写出易安年轻时对离别的丈夫的思念之情，玲珑别致，甚为精彩。用语平淡,幽渺含蓄,运用多种技法。在总的艺术成就上,要胜金昌绪《春怨》诗一筹。在卷帙浩繁的唐宋词中自有其地位。

(《昭通师专学报》1985年第1期)

读李清照词《孤雁儿　并序》

　　世人作梅词，下笔便俗。予试作一篇，乃知前言不妄耳。

　　藤床纸帐朝眠起。说不尽、无佳思。沉香断续玉炉寒，伴我情怀如水。笛声三弄，梅心惊破，多少春情意。　　小风疏雨萧萧地。又催下、千行泪。吹箫人去玉楼空，肠断与谁同倚。一枝折得，人间天上，没个人堪寄。

　　李清照《金石录后序》云："（建炎己酉，公元1129年）夏五月，至池阳（今安徽贵池），被旨知湖州（今浙江吴兴），过阙上殿。遂驻家池阳，独赴召。六月十三日，始负担，舍舟……，遂驰马去。途中奔驰，冒大暑，感疾。至行在（当时建康，今南京），病痁。七月末，书报卧病。……遂解舟下……。比至……疟且痢，病危在膏肓……八月十八日，遂不起。取笔作诗，绝笔而终。"这段文字记载了赵明诚逝世的扼要经过。从他好端端的离家赴召，到绝笔而终，仅两个月的时间，说明他是溘然而逝。故李清照悲痛欲绝。因为志同道合，伉俪情笃，故易安"悲泣"，"杞妇之悲深"（易安《祭赵湖州文》）。她怎能忘记明诚？他像一枝风雅高洁的梅花，永存易安的心扉，"用生命的泉水将它灌溉栽培"。后来她写了一首咏梅词《孤雁儿》。起初，词"往往调即是题"，调与内容是一致的。《孤雁儿》由无名氏词"听孤雁声嘹唳"而得名。可见易安选此调写梅词并非偶然，借梅花以表孤怀及对亡夫的悼念之情。

头三句，起笔于景，落笔于情。开端顿入，以"藤床纸帐"冠领。那么它与题旨有何关系？"藤床"，藤制之床。"纸帐"，纸制之帐。《遵生八笺》："纸帐，用藤皮茧纸缠于木上，以索缠紧，勒作绉纹。不用糊，以线折缝缝之。顶不用纸，以稀布为顶，取其透气。或画以梅花，或画以蝴蝶。自是分外清致"（词源）。还有一种"梅花纸帐"（见宋人林洪《山家清事》），是一种法用独床，四柱挂以半锡瓶，插数枝梅花。可见无论是梅花纸帐还是一般纸帐都与梅花有关。元谢宗可《纸帐》诗"清悬四壁剡溪霜，高卧梅花月半床"说明了这一点。这就是词人在写室内环境时撷取"藤床纸帐"的原因，开始便切紧"梅"题，但含而不露。女主人早晨从藤床上纸帐中醒来，第一眼看到的便是帐顶绘饰的、风雅高洁的梅花，立即忆起逝去的明诚，使哀伤的情怀愈加沉痛。绵绵愁思怎能尽述，哪里会有好的心绪。"说不尽、无佳思"笼罩全篇。此句与易安《怨王孙》"说不尽、无穷好"一样率直。

　　次两句，承写室内环境，借以抒情。"沉香"，一种熏香的名字。周邦彦《苏幕遮》有"燎沉香，消溽暑"句。"沉香"即"沉水"，易安词中常提到，如"沉水卧时烧。香消酒未消"等，燃香可消暑祛寒爽心。"断续"，女主人独守香炉，心情沉重，愁绪千缕，连香都添得不及时，断断续续，终于熄灭。揭示了她隐秘沉痛的内心世界。"玉炉"，盖为瓷质的熏炉。"玉"，这里亦可解为炉的美称。"伴我情怀如水"，古今文人常喜欢用水打比方，唐杜牧《秋夕》诗云："天阶夜色凉如水"，用水之凉喻天阶之寒。宋寇准《夜度娘》："柔情不断如春水"，用春水的滔滔不绝比喻绵绵不已的情思。鲁迅诗句："月光如水照缁衣"，用水之流动喻月光之流动。当然这种比喻并非始于鲁迅。此词中"情怀如水"，喻法与《秋夕》喻法相同，都是取水之"凉"，不过此句用水之凉喻情怀之苍凉，极言心绪之恶。全句是说，沉水这种香料断断续续，直至熄灭，瓷质熏炉已经冰凉，"我"形影相吊，孑然一身，只有寒炉与心如冷水一般的"我"相依为伴，无人相慰，孤凄无告。此两句，先写景，后抒情，借景抒情，景情相生，妙合无垠。

再次三句，由前写室内环境，承转写外面环境。"笛声三弄，梅心惊破"，看来"笛声"与"梅"有密切关系。"三弄"，指古笛曲"梅花三弄"。"惊"字，作者赋予"梅"以感知，把无生命的东西写活了。"破"，这里是绽开之意。全句是说，笛里奏出"梅花三弄"的哀怨曲调，梅花的蓓蕾被催绽。看看初放的梅花，有无限芳春的情调和意味。良辰美景，勃然生机，令人心旷神怡。然而这春天仿佛不属于她，爱人永诀，肝胆欲裂，孤苦伶仃。作者利用美景愁情，"梅心惊破，多少春情意"与"说不尽、无佳思"的美感差异性，渲染烘托心扉的哀痛。即所谓乐景写哀。陈子良《于塞北春日思归》诗云："我家吴会青山远，他乡关塞白云深。为许羁愁长下泪，那堪春色更伤心。"远离家乡，为此羁愁，经常落泪，哪堪春色浓艳，使人更思念家乡。杜甫《绝句》云："江碧鸟逾白，山青花欲燃。今春看又过，何日是归年。"好山好水，春光无限，不仅不能使人赏心悦目，反而倍增乡愁。同理，都是乐景写哀。王夫之《姜斋诗话》云："以乐景写哀，以哀景写乐，一倍增其哀乐。"精辟地说明了这种艺术手法的非凡感染力。

过片，又一个承转，承前写环境，从写梅花转而写天气。"疏雨"，雨点稀小。"萧萧"，雨点着地的声音。象声词。"千行泪"，是虚数，与庾信《寄王林》"独下千行泪"，苏轼《江城子》"惟有泪千行"中的"千行泪""泪千行"同意，极言哀伤之甚。"又"字，说明女主人在丈夫死后常常是泪涕交颐的，揭示出她这一时期悲哀的心境。天刮着微风，稀疏的雨点不紧不慢地下着，落地发出刷刷的响声。女主人本来心绪黯然，然而细雨绵绵，下得人心扉无缝，真是"人间无个安排处"，于是又催下滂沱的伤心泪。杜甫"感时花溅泪"（《春望》），易安伤心时雨"催"泪，"溅""催"两动词确有异曲同工之妙。

次两句，"吹箫人去玉楼空"，运用典故。《列仙传拾遗》："萧史善吹箫，作鸾凤之响。秦穆公有女弄玉，善吹箫，以女妻之。萧史遂教弄玉作凤鸣。居十数年,凤凰来此。公为作凤台,夫妇住其上。数年,弄玉乘凤、萧史乘龙去。"易安写离愁别苦的《凤凰台上忆吹箫》也用此典,云:"念武陵人远,烟锁秦楼"。此词用典,说明心爱的丈夫赵明诚离开了人世。委婉典雅,意味隽永,情趣盎然。"肠断与谁同倚","肠断",指人极度哀愁。江淹《别赋》云:"是以行子肠断,百感凄恻",王建《宫中调笑》云:"肠断,肠断,鹧鸪夜飞失伴",其中的"肠断",都是过度哀伤,柔肠愁断之意。两句是说,自己相依为伴的丈夫离开了人世,过去同居的美丽楼房,显得格外空荡凄清,"我"极度哀伤,有谁慰藉、怜悯,我将与谁相依为命?

末三句,"一枝折得",折取一枝初绽的梅花。"得",助词,用动词后。"人间天上"古来有不同含义。李煜《浪淘沙》:"流水落花春去也,天上人间",其"天上人间"有迷茫邈远,难以寻觅之意。韦庄《思帝乡》:"说尽人间天上,两心知",其"人间天上"指誓约,白居易《长恨歌》有"在天愿作比翼鸟,在地愿为连理枝"。此词中的"天上",指"吹箫人去",萧史乘龙飞升,即寓明诚魂归九天。"人间",自己活在人间,与明诚无相见机缘,隔世永诀。"人间天上",一个在人间,一个在天上。此处化用典故,南朝陆凯与范晔交善,陆凯从江南遥寄一枝梅花给长安故人范晔,并赠诗曰:"折梅逢驿使,寄与陇头人。江南无所有,聊赠一枝春。"表现对挚友的慰藉和深厚的情谊。此词,易安折取一枝初放的梅花,想寄赠自己死去的丈夫,因为梅花象征他高尚的品格,可是一个在天上,一个在人间,有哪一个"驿使"能够传递给心爱的人儿呢?表现对逝去的爱人的缅怀和悼念,及对亡灵的安慰。

此词,如叠嶂奇峰,层层布景,景景呈新;借景抒情,情随景迁,景景生悲。"藤床纸帐朝眠起(景)。说不尽、无佳思(情)";"沉香断续玉炉寒(景),伴我情怀如水(情)";"笛声三弄,梅心惊破(景),多少春情意(情)";"小风疏雨萧萧地(景)。又催下、千行泪(情)";"吹箫人去玉楼空(景),肠断与谁同倚

（情）"。每层均前景后情，借景抒情，情随景迁，景景生哀。

此词在局法上与易安《念奴娇》词有颇似之处。《念奴娇》："楼上几日春寒，帘垂四面（景），玉栏杆慵倚（情）。被冷香消新梦觉（偏景），不许愁人不起（情）。清露晨流，新桐初引（景），多少游春意（情）。日高烟敛（景），更看今日晴未（情）"，也是层层布景，前景后情，借景抒情，情随景迁。说明易安艺术技巧的高超娴熟，构局的精工佳绝，虽几经更景，自有一气卷舒之妙。

"吹箫人去玉楼空"，把明诚的逝世及自己悲痛的心情，用萧史弄玉的爱情神话故事，委婉出之，运实于虚，切当自然，超逸蕴藉。结句"一枝折得，人间天上，没个人堪寄"。乍看似乎没有用典，实际上化用南朝陆凯寄一枝梅花给范晔的故事，说明用典融化不涩，不着痕迹，最得用古之法。《诗人玉屑》记载杜少陵的话："作诗用事，要如禅家语，'水中着盐，饮水乃知盐味'。"此词用典达到如此高超的艺术境地。

李大钊说："两性相爱是人生最重要的部分。"真善美的爱情，因为病故而受到毁坏，便有悲剧的色彩了，格外牵动人心，令人悲悯。因此，李清照以悼亡为内容的梅词《孤雁儿》，具有非凡的艺术魅力。此词巧妙灵活地运用多种艺术手法，实属词林佳品。

（《营口师专学报》1984年第2期）

读李清照《小重山》词

　　春到长门春草青。红梅些子破、未开匀。碧云笼碾玉成尘。留晓梦、惊破一瓯春。　　花影压重门。疏帘铺淡月、好黄昏。二年三度负东君。归来也、着意过今春。

　　从节序上说,有的年份在春节前立春,有的年份在春节后立春。大体上过新春是从过春节开始的。春节是最受我国人民重视的传统节日。在《东京梦华录》和《武林旧事》中记载了北宋南宋时代春节的盛况。北宋政治家诗人王安石的《元日》诗云:"爆竹声中一岁除,春风送暖入屠苏。千门万户曈曈日,总把新桃换旧符。"写出了新春喜庆的大好景象。人们都愿意合家安乐,团圆幸福。"每逢佳节倍思亲",都盼离人归来。春天的绝好光景也最能撩拨离人的情怀。杜甫《江畔独步寻花》诗云:"黄四娘家花满蹊,千朵万朵压枝低。留连戏蝶时时舞,自在娇莺恰恰啼。"又朱熹《春日》诗云:"胜日寻芳泗水滨,无边光景一时新。等闲识得东风面,万紫千红总是春。"两诗是写盎然春色的千古绝唱。春光并非由诗人笔下的"黄四娘家""泗水滨"所独占,以小见大,可知天下:阳光明丽,春风骀荡,莺歌燕舞,花团锦簇,芳香四溢。人们有好的吃喝穿戴愿意与亲人同享,有良辰美景愿意与亲人同度,正因为如此,李清照迫切希望"二年三度"未能在家度过新春的丈夫赵明诚归来,好好过过新春,并依声填词,写了这首《小重山》。

　　"春到长门春草青。红梅些子破、未开匀。"头三句,写出早春的美丽景象。开端以景起,"春到长门春草青",援薛昭蕴《小重山》首句。"长门"和"长信"一样,都是汉宫名,在诗词中出现往往代表冷宫之意。《文选》旧题司马相如《长门赋序》云:"孝武皇帝陈皇后,时得幸,颇妒。别在长门宫,愁闷悲思。闻蜀郡成都司马相如天下工为文,奉黄金百斤,为相如、文君取酒,因于解悲愁之辞。而相如为文以悟主上,陈皇后复得亲幸。"这段文字告诉我们此典的由来和寓意。易安引薛词之句入词,意在以冷落的"长门"隐喻自己曾寂寞独守深闺,虽然易安并非因嫉妒被打入冷宫,但赵明诚的远游,使李清照深闺索居,其愁闷、凄寂、悲思是有相同之处的。然而现在她似乎得到了他将归来的信息,就像春迅来了一般,令人欣慰、振奋。引前人诗词之句入诗词,并非始于李清照,此法延续至今。毛主席的诗句,"天若有情天亦老",就是全句引自李贺《金铜仙人辞汉歌》,宋万俟咏也曾引此句入词,其《忆秦娥》云:"天若有情天亦老。此情说便说不了。"据《诗人玉屑》说此格始于李白,其诗云:"解道澄江静如练,令人还忆谢玄晖",就引谢玄晖诗句"澄江静如练"入诗。此格的关键在于用得天衣无缝,熨帖自然,浑化无迹。易安引全句入词,一箭双雕,一举两得。一面恰如其分地写出早春景象,一面隐含独处索居的寂寞愁思,真是妙趣横生,更饶风韵。"些子",一些。"未开匀",暗示这是个早春。

春回大地,来到这冷落的庭院,寂寞深闺。春草青青,杨柳依依,红色的梅花有一些已经开绽,但开得尚不均匀。这使我们看到已是红梅枝头春意闹了,它撩拨着离人那千回万转的柔情,撩拨女主人的情怀。景物描写给女主人的活动提供一自然环境,并引起她对心上人的思念。"触物以起情",开了下韵。

"碧云笼碾玉成尘。留晓梦、惊破一瓯春。"写女主人屋内的活动。"碧云",指绿色的茶。"碧云笼",平时装绿茶的竹编器具,"碾玉",即碾茶。黄庭坚《催公静碾茶诗》:"睡魔正仰茶料理,急遣溪童碾玉尘",其中的"碾玉尘",与此词的"碾玉成尘"同意。宋时崇尚白茶,调和香料制成茶团,用时将茶团用茶碾碾碎,故

"碾玉成尘"。女主人旁观或亲自操作为过新春迎接心上人做准备。盖与现在人迎新春度春节要杀猪、淘米、备烟酒糖茶是一致的。这一活动与"留晓梦"是直接联系着的。女主人早晨做了一个甜美的梦。梦是生活的折光，所梦之事往往就是朝思暮想的事，梦见了什么，她没有告诉我们。留有无限空间，使读者浮想联翩。"留"表现女主人希望甜美的梦境永存，供她玩味、咀嚼，如食橄榄，像品尝清蜜一般。恨不得把它变成现实。联系下片，我们有根据地判断，这个梦是与爱人归来有关的。"每逢佳节倍思亲"，梦魂也跟着狂腾起来。她想品尝方才碾好的茶，一边煮着，一边咀嚼回味那个梦，一直到水汽蒸腾着，壶盖咯咯声响，才使她注意到茶煮沸了。于是斟了一杯茶，太热，喝不到嘴，只好放在身旁。"瓯"，杯。那茶上的蒸气袅袅上升，她已沉浸在甜美梦境之中。梦中人含着笑挥动臂膀，兴冲冲地归来了。她想着，想着，只听吱的一声，易安惊喜得手舞足蹈，以为心上人破门而入。她定了定神才明白是春风鼓开了门，那杯茶也被碰洒了，故"惊破一瓯春"。"春"，这里指茶。黄庭坚《踏莎行》："碾破春风，香凝午帐"，"碾春"，即碾茶之意，寥寥十五个字，写出多么曲折复杂的心理，含有多么丰富细腻的感情，非心细如发的词人难以写出。

"花影压重门。疏帘铺淡月、好黄昏。"换头，转而写早春黄昏的良辰美景，用一对偶句，增加词的建筑美。虽然庭院里的梅花尚未开匀，但繁花锦簇，层层叠叠，花的影子斑斑驳驳，映在重重的门上，似乎沉沉地压下来。清淡的月光洒在稀疏的帘子上，显得那么凝重，就像铺在上面一样。"压""铺"，两个动词用得生动形象。李贺《雁门太守行》："黑云压城城欲摧，甲光向日金鳞开"，"压"字传神地写出天气的阴沉险恶。两个"压"字都是虚写，实质上都没有重量压在"城"和"门"上，这是由作者观察到的视觉形象，在脑海里引起了由此及彼的想象，而产生的一种感觉。"铺"，前人也有类似的用法，白居易《暮江吟》："一道残阳铺水中，半江瑟瑟半江红。""铺"，使人对光有种凝重厚实的感觉。一个形容日光，一个修饰月光，有异曲同工之妙。都说明作者琢炼字句的精工绝妙。花影淡月如此出奇，故作者赞道："好黄昏。"作者通过黄昏时分美好春色的渲染，衬托女主人春来喜悦欢快的心情。这种心情是经过深闺难挨的寂寞、凄苦之后，看到了心上人归来的希望时所流露的那种欣喜欢悦的心情。犹如山涧的溪水，经过冬天封冻的凄寂，春天解冻后那样欢畅激荡。

此刻，正是月下花前赏花吟诗的好时光，于是引出下韵对心上人归来的期冀，词情发展到高潮。

"二年三度负东君。归来也、着意过今春。"易安南渡后写的《偶成》诗云："十五年前花月底，相从曾赋赏花诗。"看来月下花前曾是他们年轻时最好流连处。现在是初春绝好的"黄昏"，一样的"花影""淡月"，"春宵一刻值千金"，共同赏花观月的心上人何在？自然倍加盼望心上人的归来。心上人已经二年三度辜负了春天的大好时光，也辜负了她的双撑盼睫，未能共度新春。"东君"，司春之神。此韵似数、似怨、似劝，似盼，看来平淡无奇，但包孕极富，是多种复杂感情的浓缩。快快地归来吧，好好用心度过今年这美好的春天。此韵，笔墨酣畅，痛快淋漓，毫不忸怩，勇敢发露。把词的思想感情推向高潮，卒彰显其志。

上片，写春到人间，春草青青，红梅开绽的早春景象及她对丈夫的思念。

下片，写早春黄昏庭院中的美好景象及她盼望丈夫归来的急切心情。

上片，含蓄。虽然也是写景写情，但读者难以一眼破的，其妙谛是在不言之中的。"长门"是代表冷宫的，意味着赵明诚离去后，她心际曾是寂寞愁苦的。"留晓梦"，隐含她对丈夫的思念之情。下片，直率。写景抒情，径抒胸臆，如春日江河，欢腾而下，一览无遗，含蓄直率相映成趣。

易安在她的《凤凰台上忆吹箫》（香冷金猊）、《菩萨蛮》（风柔日薄春犹早）、《武陵春》（风住尘香花已尽）词中，也采用了同样的构思方法。其《凤凰台上忆吹箫》上片："香冷金猊，被翻红浪，起来慵自梳头。任宝奁闲掩，日上帘钩。生怕闲愁暗恨，多少事、欲说还休。新来瘦，非干病酒，不是悲秋。"写女主人的慵懒，满腹心事，迩来消瘦的情状。为什么这样？却没有说，含蓄而有情致。字里行间流露出离情别意。下片："休休。这回也去，千万遍阳关，也则难留。念武陵人远，烟锁秦楼。记取楼前流水，应念我、终日凝眸。凝眸处，从今又添，一段新愁。"显然，是写别后的相思，尽情发露，坦诚直率。上隐下露，上含蓄下直率，这种构思方法妙在何处？好比一个卓越的魔术师，先用一个魔毯铺在地上，而这个毯子中间随着他那魔术棒的上指而拱起，但里面是什么东西，却令人想象飞腾，想入非非。观众屏住呼吸，急不可待，不弄个究竟决不善罢甘休，这就是含而不露的魅力。当观众的神魂狂腾后，想象的翅膀逐渐疲倦，抓耳挠腮，心里闷得慌的时候，魔术师见机将魔毯一揭，里面竟是一些瑰宝，五光十色，璀璨夺目，观众一饱眼福，审美的心理得到了极大的满足，无不拍手称绝，流连忘返，这便是露的欢跃。我觉得李清照词上隐下露的构思方法，之所以取得特殊的艺术效果，与上面魔术师的魔术那样扣人心弦是有相似之处的。

将上下片分开看，各是先景后情。纵观全词情景相间，以景托情。其景是情的存在发展的依托。

此词，格调欢快，意境开朗，色彩鲜明，感情真朴，生活情趣浓厚，字里行间流露出苦心孤诣、孜孜追求的愿望即将要实现的那种喜悦乐观的情绪。与李清照那些写离愁别苦情绪感伤的词相比，格调迥异。

(《阜新师专学报》1985年第1期)

读李清照《行香子》词

  草际鸣蛩。惊落梧桐。正人间天上愁浓。云阶月地,关锁千重。纵浮槎来,浮槎去,不相逢。 星桥鹊架,经年才见,想离情别恨难穷。牵牛织女,莫是离中。甚霎儿晴,霎儿雨,霎儿风。

  南朝梁·宗懔撰《荆楚岁时记》:"天河之东,有织女,天帝之女也。年年织杼劳役,织成云锦天衣,天帝怜其独处,许嫁河西牵牛郎。嫁后,遂废织纴。天帝怒,责令归河东。唯每年七月七日夜,渡河一会",记载了牛郎织女这一神话故事。此故事源远流长,汉《古诗十九首》:"迢迢牵牛星,皎皎河汉女。纤纤擢素手,札札弄机杼。终日不成章,泣涕零如雨。河汉清且浅,相去复几许?盈盈一水间,脉脉不得语",就是以牛女故事为题材的一首诗歌。隋·王睿《七夕》诗云:"天河横欲晓,凤驾俨应飞。落日移妆镜,浮云动别衣。欢逐今宵尽,愁随还路归。犹将宿昔泪,更上去年机。"也是一首此类题材的诗歌。《全唐诗》中以此为内容的诗歌数以百计。表现牛女故事的戏剧《天河配》至今还在舞台上演出。两千多年来牛女神话故事盛传不衰,家喻户晓。宋·秦观《鹊桥仙》词、李清照《行香子》词,都是以这一故事为内容的词作。李清照以牛女故事为寄托,表现她对离家远行丈夫的深情怀念。

  "草际鸣蛩。惊落梧桐。正人间天上愁浓。"秋初,农历七月七日晚，夜空清澄，繁星缀满苍穹，河汉显得格外明晰。按神话故事，这是一年一度牛郎织女相会的"七夕"。易安或许不忍遥望牛女的相会，但深闺黝黑岑寂，被冷香消，独抱浓愁，好梦难成，不得不走到庭院。她四顾茫茫，形单影只，选坐在永昼凝眸的梧桐树下，周围沉静安谧。忽然从杂草丛生的墙角传来一阵寒蛩（蟋蟀）的低吟，接着有几片梧桐叶飘悠而下，仿佛梧桐叶是被鸣蛩惊落的一般。作者由听觉形象写到视觉形象。一个"惊"字赋予梧桐以生命感知，将植物写成了有知觉的动物。其手法与李煜《采桑子》"辘轳金井梧桐晚，几树惊秋"和李清照《孤雁儿》"笛声三弄，梅心惊破，多少春情意"中的"惊"字用法相同。"梧桐"，从立秋起开始落叶，故称"一叶知秋"的树木，古人常用"梧桐晚""梧桐叶落"，表示秋天的时节，这是作者选取它入词的原因。万籁声繁，作者何以选取"蛩"鸣？因为"蛩"，蟋蟀，又名促织，这与织女的辛勤劳作密切联系起来。均可见作者选材的典型性。

"正人间天上愁浓"，意思是说，彼时正是人间的"我"和明诚，与天上的牛郎织女离愁浓重的时候。"人间天上"一语也有其祖。崔颢《七夕》诗云："人间天上不相见"，柳永《二郎神》："愿天上人间，占得欢娱，年年今夜"。"正"字，说明此时此刻人间的赵李及天上的牛女情怀的完全一致。作者从听觉写到视觉；其空间，由人间写到天上；写的事由人间事写到神仙事，从现实到幻想，令人想象飞腾，遐思无限。"人间"，稍微一点，揭示本题。头三句起笔于景，落墨于情。何事"愁浓"？紧启下文。

"云阶月地，关锁千重。""云阶月地"云做阶梯，月亮做地。用古人语，唐杜牧《七夕》诗云："云阶月地一相过，未抵经年别恨多"，《周秦行纪》有诗云："香风引到大罗天，月地云阶拜洞仙"，可见易安词对前人文学遗产的继承。"关锁千重"，关卡封锁千重之意。织女会见牛郎得登上云做的阶梯，月亮的地面，路经道口关卡，闯过层层封锁，处处障碍，相见是何等的艰难啊！这是想象中牛女相会的艰难险阻，平时是无法跨越的。

"纵浮槎来，浮槎去，不相逢。""纵"，即使。"浮槎"，即木筏。张华《博物志》："旧说云：天河与海通。近世有人居海渚者，年年八月有浮槎，去来不失期"（引《李清照集校注》），意思是说，年年有浮槎在天河里来去，也是枉然，还有"云阶月地，关锁千重"，特别是有天帝的禁令，故平常是不能相逢的。

上阕，写人间的"我"和明诚，与天上的牛郎织女一样愁绪浓重，相逢艰难。但每年七月七日，按天帝的规定，牛女毕竟能够相逢一次。开了下文，写牛女的相逢。

"星桥鹊架，经年才见，想离情别恨难穷。""星桥鹊架"，传说每年七月七日晚，有喜鹊在天河中搭桥，织女从桥上过去会见牛郎。唐宋之问《牛女星》诗云："飞鹊乱填河"，唐李峤《奉和七夕两仪殿会宴应制》诗云："桥渡鹊填河"，都是"七夕"牛女相会喜鹊搭桥的诗句。"星桥"，即鹊桥。秦观《鹊桥仙》有"忍顾鹊桥归路"句。"经年才见"，经过一年才能见面一次。极言机会难得，佳期可贵，时光短促。故"离情别恨难穷"。

因为"经年才见"，"佳期如梦"，那么离愁是不能穷尽的，别恨是难以了却的。假使人间天上之情侣，能够朝夕依偎在一起，离情别恨不就消释了吗？"想"，作者以己推仙，寄予深切的同情和良好的愿望。也正是现实中自己美好的期求，与明诚正在离别之中，愁肠寸断，朝思暮想，离愁别恨，难以自己。

"牛郎织女，莫是离中。"她凝望广漠无垠的天宇，深邃神秘的夜空，时隐时现的星星，想象驰骋飞腾，那牛郎织女该不是在离别之际，正是在热烈地相会之中。秦观《鹊桥仙》云："金风玉露一相逢，便胜却、人间无数"，意思是说，每年在秋风送爽、露珠晶莹的秋夜，牛郎织女相逢一次，却胜过人间的无数次相会。感情的浓挚及热烈的程度，是常住一起的情侣无法比拟的，胜过一筹。从这点说来是对的，因为是久别重逢。又云："两情若是久长时，又岂在、朝朝暮暮"，对久别的情侣这是希冀，这是祝愿，这是安慰，这是开解。他主张的是忠贞长久的爱情。无疑，这种思想观点是很宝贵的。但并非反对朝朝暮暮生活在一起，或者说，不是凡朝朝暮暮生活在一起即为庸俗。李清照大胆地唱道，她不愿意"一种相思，两处闲愁"，愿意像鸳鸯那样朝夕相伴。我想秦观也不愿意过着牛郎织女一般的爱情生活。尽管他仕途坎坷，屡遭贬谪，绝无终生一年一度一相逢的牛女式的爱情生活的经历。所以易安同情牛郎织女"离情别恨难穷"。今晚牛女星靠得最近，是神话传说中的"七夕"，是牛郎织女欢会的良辰。然而对照自己，回到现实中，夫妻正分居两处，深深地陷入离别的悲哀之中，情怀绸缪惆悦。"秋夕"，本"人间天上愁浓"，上下皆哀。"七夕"，"天上"欢会，"人间"伤别。明写"天上"之乐，暗伤"人间"之哀。即所谓乐景写哀，诚如王夫之《姜斋诗话》所云："以乐景写哀，以哀景写乐，一倍增其哀乐。"

"甚霎儿晴，霎儿雨，霎儿风。""甚"，正的意思。易安观察天空的变化，正一会儿晴，一会儿雨，一会儿风。她推测，牛女尚在欢会之中，天气恶劣，该难以成行。感情多么细腻，此词非饱尝离愁别苦者难为。

易安词还有与此类似的结句，如《行香子》（天与秋光）前结："渐一番风，一番雨，一番凉"，后结："闻砧声捣，蛩声细，漏声长"。又如《诉衷情》后结："更挼残蕊，更捻余香，更得些时。"都是由三个结构相同，个别字词相同的词组并列组成，前人把它叫"重笔"。此结极锻炼，亦极自然，深化了词的思想，增强了词的音律美，修辞美。辛弃疾《三山作》词结句："放霎时阴，霎时雨，霎时晴。"《问邨庐随笔》认为此结"脱胎易安语也"。可见此结对后世文学之深远影响。

上阕，写秋夕人间天上愁浓，相逢之艰难。

下阕，写"七夕"牛女的欢会，寄予无限同情。

寄托，是此词的主要艺术特色，写离情别绪而不直陈，通过"七夕"牛女相会的神话故事婉转曲达。刘熙载《艺概·词曲概》

云："词之妙莫妙于以不言言之，非不言也，寄言也。如寄深于浅，寄厚于轻，寄劲于婉，寄直于曲，寄实于虚，寄正于余，皆是。"此词是"寄直于曲"，"寄实于虚"，写牛女的天仙事，寄托自己怀念丈夫的缱绻愁情，堪称佳构。含蓄而有情致。

此词在写"天上愁浓"之前着"人间"一词，这一笔极为精彩。这一笔既轻又重。言其轻者，落墨少而淡，只轻微一点即收住，全词余处不着"人"事；言其重者，二字起揭示题旨的重要作用，是全词的关捩。没有它，词旨则变为颂歌牛女爱情的忠贞了。这一绝技，易安在《添字采桑子》中也曾应用。"窗前谁种芭蕉树，阴满中庭。阴满中庭。叶叶心心、舒卷有余情。　伤心枕上三更雨，点滴霖霪。点滴霖霪。愁损北人、不惯起来听。"着"北人"一词，便使我们确认它不是写男女相思之词，而是怀乡之作。易安本是山东济南人，北宋灭亡，她流落江浙，念念不忘故国乡关，故自称"北人"，词旨昭然。

易安《菩萨蛮》词："风柔日薄春犹早。夹衫乍着心情好。睡起觉微寒。梅花鬓上残。　故乡何处是。忘了除非醉。沉水卧时烧。香消酒未消。"如不在下片着"故乡"一词，我们读过此词，只觉得词情迷离惝怳，不知所以。有了它，读者茅塞顿开，知道词人之所以如此，是殷殷乡情所致。说这一笔是画龙点睛吗？不，它的作用远远超过点睛。画龙，即使不点睛，若有清晰的轮廓，我们尚可认准它是龙，不至于鱼龙混淆。只是不那么精警得神而已。这好比是书写汉字中的"太"或"卜"字，如果没有"太"下面和"卜"上面那一点，我们就确认它是"大"和"下"字了，字音字义全变了。如果那一点模糊了，到底是"大"是"太"、是"下"是"卜"呢？我们莫衷一是，难以认定。因此，这一笔非同小可，着墨极精，用意颇深。是全词的关捩，也表现局法的奇巧。

此词用"正""纵""想""莫是""甚"等虚词衬逗，使其姿态飞动，转折达意，通体灵活，节奏起伏变化。

易安写离情别绪的《一剪梅》《念奴娇》《醉花阴》《凤凰台上

忆吹箫》等词，皆为词林上品，艺苑芳葩，为古今人所称道。《行香子》也是写离情别绪的，写法独具匠心，其美学价值绝不在其他篇章之下。

(《本溪师专学报》1985年第2期)

读李清照《蝶恋花》词

泪湿罗衣脂粉满。四叠阳关,唱到千千遍。人道山长山又断。潇潇微雨闻孤馆。　惜别伤离方寸乱。忘了临行,酒盏深和浅。好把音书凭过雁。东莱不似蓬莱远。

黄盛章《赵明诚、李清照夫妇年谱》云:"近人据元人选本《翰墨大全》,此词前有一序,为昌乐馆寄姊妹,故有'潇潇微雨闻孤馆'之句。按清照于宣和三年八月十日到莱州,见《感怀诗序》,而此词有云:'若有音书凭过雁,东莱不似蓬莱远',是盼其姊妹寄书东莱,必与赴莱州有关,昌乐即今昌乐,为自青州赴莱所必经,此词应是宣和三年秋清照自青州赴莱中途宿昌乐县之馆驿而作,时间当在七、八月间。""青州",即现在山东益都县。"东莱",现在山东掖县。黄先生根据《翰墨大全》此词之序、《感怀诗序》及赵李生平事迹和此词内容所做出的上述判断是令人信服的,毋庸置疑。

革命战友、亲生骨肉、恩爱夫妻、炽热恋人、手足同胞的分离是不可避免的。苏轼《水调歌头》:"人有悲欢离合,月有阴晴圆缺,此事古难全",这一富于哲理性的著名的词句形象地说明了这一道理。由于古代交通不便,妇女活动的范围又很狭窄,加上李清照多愁善感、姊妹情深,所以使她们的离别格外伤情。以至于她在途中昌乐的馆驿中形影相吊,黯然泣下,倍觉同胞情重,写了这首《蝶恋花》词慰藉姊妹。

"泪湿罗衣脂粉满。四叠阳关，唱到千千遍。"诚如是。此词首句超然而起，以追溯姊妹分别时的悲伤场面发端，渲染了气氛，为全文定下了感伤凄凉的基调。"泪湿罗衣脂粉满"，这与牛峤《菩萨蛮》"啼粉污罗衣"的意境相同，不过牛词是写夫妻离情别绪的。"脂粉满"，极言身上脂粉之多。这么多的脂粉又都是泪水冲下的，说明泪水之多。泪水之多说明姊妹间离别时感伤之甚，因而也越表明姊妹情深。"阳关"，即王维的《渭城曲》，一作《送元二使安西》："渭城朝雨浥轻尘，客舍青青柳色新。劝君更尽一杯酒，西出阳关无故人。"苏轼论《阳关三叠》唱法云："……余在密州，文勋长官以事至密，自云得古本《阳关》，每句皆再唱，而第一句不叠。乃知古本三叠盖如此。""四叠阳关"按坡翁之言推之，或许第一句也叠，故称四叠。究竟如何唱法，无案可稽。"千千遍"，和《凤凰台上忆吹箫》"千万遍阳关"均为虚数，极言其多。为什么要反复唱《阳关》曲？它是古代的送别之曲。特别是其中"劝君更尽一杯酒，西出阳关无故人"两句，这是送行者对离者美好的祝愿，亲切的嘱咐，真挚的道情，离者复杂的思想感情通过唱词表达出来。"脂粉满""千千遍"，表现姊妹间的感情是何等深厚浓挚。此词开门见山，作者用精笔勾勒了离别的场面。人与人之间友谊的深浅，感情的厚薄，在分别的片刻得以真实、自然、集中然而又是最大程度的表现。选取离别的场面，表达姊妹骨肉之情是最典型的。李清照要离开青州的姊妹到在莱州做官的丈夫赵明诚那里去了，除了准备好携带的东西外，还要好好梳洗打扮一番的，这是人之常情。临别之际，姊妹为她饯行，她泪涕交颐。涕泪和着脸上的脂粉污染了整个漂亮的绸衣，哭得像泪人一样。姊妹为她频频举起酒杯，无数次地唱送别的《四叠阳关》曲，相对哽咽着叙述关切的嘱语。李清照虽然不是西出阳关，但是在交通不发达的古代，即使几百里却也是"相见时难别亦难"，所以深情的姊妹泣不成声，格外悲伤。首韵为作者依声填词、嘱语姊妹做了敷陈。

"人道山长山又断。潇潇微雨闻孤馆。"写她远离姊妹，在中途的昌乐驿馆中夜间闻雨声的孤凄心境。"山长"隐喻路途遥远。唐李涉《六叹》诗云："山长水远无消息"，意思是说，相隔万水千山消息杳然。晏殊《鹊踏枝》："欲寄彩笺兼尺素。山长水阔知何处。"意思是，我想寄信给你表示思念之情，可是山重水复，地域辽阔，知道你在哪里呢？诗词中的离情别绪常常与"山长水远"联系起来。"断"，尽。"人道山长山又断"，意思是，人们都说山脉是很长的，可我已经走到了山的尽头，远远别离了我的姊妹。此句承前，在于说明临行过度哀伤的原因；启后，提出孤馆夜不成眠的根据。"潇潇"，雨点着地的声音。这与柳永《八声甘州》："对潇潇、暮雨洒江天，一番洗清秋"、岳飞《满江红》的"潇潇雨歇"中"潇潇"同意。作者夜晚住在异地孤寂的驿馆里，伴着寒灯长夜不寐，回想起与姊妹伤离惜别的眷恋之情，不禁阵阵辛酸。人们都说山长水远，然而今天她又似乎走到了它的尽头，遥遥地离开了姐妹，相见再待何时？这时隔窗传来唰唰的雨声，细雨绵绵不已，更增加了心头的无限愁绪。她低回顾影，只觉得摧肝裂胆的难受，不禁潸潸泪下。作者用抛在后面的苍苍茫茫的远山和潇潇微雨构成一幅寥廓、迷蒙、凄凉的画面，这虽然是虚写的景物，但却奇妙地烘托了黑夜孤馆女主人的怅惘、悲伤、孤寂的心境。

上阕写姊妹分别时悲伤的情景和在昌乐驿馆中的凄楚心境。

"惜别伤离方寸乱。忘了临行，酒盏深和浅。"张炎《词源》云："最是过片，不要断了曲意，须要承上接下。"换头与上片首三句绾合，承写离别时情景。"方寸"，指人的心田。"乱""忘"二词，朴实无华，揭示出临行那矛盾复杂的愁思缭乱的心理。奔莱州明诚，欲留不住，姊妹情深，欲离难行。"酒盏"，酒杯。《词苑丛谈》《张才翁以张公庠诗为词》载，张公庠游白鹤山有诗云："别离长恨人南北，会合休辞酒浅深。"张才翁将此诗点化成《雨中花》词云："别离万里，飘蓬无定，谁念会合难凭。相聚里，休辞金盏，酒浅还深。"写的是人久别之后，"会合""相聚"时的痛饮。李清照"忘了临行，酒盏深和浅"写的是姊妹的饯别。这也许是暗合，都是源于类似的生活情景。两句的意思是,奔莱州的丈夫明诚,这是情理中事,姊妹情深,欲离难舍。姊妹们哽咽着低唱送别的《阳关》曲,一遍又一遍。尤其是"劝君更尽一杯酒,西出阳关无故人",更撩人酸楚泪涌。她们一杯杯喝下去,顾不得细察酒杯里酒的多和少。此两句作者着力开掘临行时依依惜别的心理活动。

"好把音书凭过雁。东莱不似蓬莱远。"写对姊妹的叮嘱、安慰、期望。"好",便于。"凭",凭借,依靠。"雁",相传它是能够传递书信的。《汉书·苏武传》:"言天子射上林中,得雁,足有系帛书。""蓬莱",《史记·封禅书》云海中有三座仙山:蓬莱、方丈、瀛洲。实际上是传说中的虚无缥缈的神仙境界,人莫可及。惜别饯行的悲伤场面,集中、突出地表现了其姊妹深情,情益深益觉孤馆的凄寂。越凄寂,越怀念骨肉情深的姊妹。怎么办?依声填词安慰他们。如此,自己也感到莫大的慰藉。结句意思是,距东莱尽管山长水远,但信息是可以相通的。不像传说中的海上仙山蓬莱那么邈远,还是便于凭借远征的大雁把书信从青州传到莱州的。

下阕写临行姊妹悲伤的场面,及依声填词嘱语姊妹的情景。

此词,通过姊妹惜别的情景、孤馆夜宿的凄寂、寄语姊妹的描写,表现出其姊妹间感情的真挚深厚。

此词上下两片并列对称。上片:头韵追溯姊妹临别的情景,侧重人物外貌、行动描写;次韵写独处孤馆的凄伤。下片:头韵承写姊妹临别的情景,侧重心理的开掘;次韵写依声填词,安慰姊妹。结构精工。

此词构思缜密精巧。上片:头韵陡峭,次韵舒缓。惜别情浓,驿馆才觉孤凄。下片:头韵振起,驿馆越孤寂,越追想临别情景。次韵和缓,越追想临别情景越觉有必要安慰姊妹。一脉贯穿,顺理成章,波澜起伏,词卒显志。

在时间上,作者从过去(临行)写到现在(孤馆);由现在(孤馆)又折回写到过去(临行);又从过去(临行)设想将来(青州莱州间的书信)。在空间上,作者从青州写到征途;又从征途写到昌乐；从昌乐又折回写到青州；从青州折进写到莱州、蓬莱。真可谓"若九曲湘流，一波三折"。可见作者才情敏赡，艺术思维的活跃。

此词，非有姊妹离别的真实体验和强烈生活感受者莫能为。运用多种手法，语言朴实、通俗、活泼、清新，感情真挚、亲切、细腻，使我们受到巨大艺术感染和得到美的享受。

（《朝阳师专学报》1985 年第 2 期）

读李清照词三首

点 绛 唇

蹴罢秋千，起来慵整纤纤手。露浓花瘦。薄汗轻衣透。

见有人来，袜刬金钗溜。和羞走。倚门回首。却把青梅嗅。

秋千之戏，据传齐桓公从北方山戎族引至中原。"秋千"原名"千秋"，汉武帝在后庭祈祷千秋之寿，为避忌讳，改为"秋千"。《开元天宝遗事》载："天宝宫中至寒食节，竞竖秋千，令宫嫔辈笑以为宴乐，帝呼为半仙之戏，都中士民相与仿之。"杜甫《清明二首》云："十年蹴鞠将雏远，万里秋千习俗同"，可见唐代宫中、民间均尚秋千之戏。宋词中也常见对荡秋千的描绘。苏轼《蝶恋花》云："墙里秋千墙外道。墙外行人，墙里佳人笑"；张先《木兰花》词云："龙头舴艋吴儿竞。笋柱秋千游女并。"可见宋时荡秋千的习俗亦很普遍。生性活泼、勇敢、喜欢游玩的少女李清照就很爱这种游戏。《点绛唇》词写一个少女，荡完秋千正在休息，忽见生人来此，十分紧张，急忙回避，一边倚门回头嗅着青梅，一边窥视究竟的情态。这个少女实际上就是她自己。

"蹴罢秋千，起来慵整纤纤手。""蹴"，这里是踏的意思。"慵整"与顾夐《虞美人》"翠翘慵整倚云屏"、鹿虔扆《思越人》"玉纤慵整云散"中的"慵整"，都是倦怠地整理之意。"纤纤手"，指细柔娇嫩的少女之手。与《古诗十九首·迢迢牵牛星》："纤纤擢素手，札札弄机杼"、韦庄《河传》："翠娥争劝临邛酒。纤纤手"中的"纤纤……素手""纤纤手"同意。李清照年轻时，大抵开怀的事都要做得尽兴的。其《如梦令》云："昨夜雨疏风骤。浓睡不消残酒"，意思是说，昨天夜里雨点疏落狂风骤起，浓睡未能消除残存的酒意。可见饮酒之多，是尽兴的。另一首《如梦令》云："兴尽晚回舟，误入藕花深处"，意思是，游兴已尽，很晚才泛舟回转，错误地划到荷花的深处。说明易安的赏游也是要尽兴的。玩耍呢，荡秋千也如此。用力荡平秋千，一次又一次，那"玉指纤纤嫩剥葱"（欧阳修《减字木兰花》语），被秋千的彩绳勒得发红、发木、发胀，因为过于疲倦，一面喘息，一面倦怠地整理一下细嫩的双手。

"露浓花瘦。薄汗轻衣透。""露浓"，朝露浓重，说明这是一个早晨。"花瘦"，鲜花有些衰萎了，"人间四月芳菲尽"，暗示这是初夏的早晨。浓浓的露华，湿了媚柳娇杨，湿了假山上的怪石，湿了秋千的画架、彩绳，也湿了将要凋落的花卉。一层轻汗湿透了少女轻柔的薄衣。作者点染环境，暗示季节时间，写出了活动的激烈。

上阕，写尽兴地荡完秋千，坦然休憩。

宋洪觉范《秋千》诗云："画架双裁翠络偏，佳人春戏小楼前。飘扬血色裙拖地，荡送玉容人上天。花板润沾红杏雨，彩绳斜挂绿杨烟。下来闲处从容立，疑是蟾宫谪降仙。"写出小楼庭院景物的明丽和佳人荡秋千立地的如仙姿容，可谓匠心独运。着实是一幅"春日佳人荡千图"。但此诗与易安该词内容不同，该词上阕着意渲染荡秋千的尽兴、疲倦、弛然小憩，而不是写如何荡秋千，故从"蹴罢秋千"开笔。为下文忽有人来的窘迫、紧张作了敷陈和铺垫。

"见有人来，袜刬金钗溜。和羞走。"封建社会中妇女是受禁锢的，尤其是豪门闺秀，往往是大门不出，二门不迈。长期如此他们益加羞见生人。女主人荡完秋千，正在绿荫下，画架旁，花草间放心休息，由于疲倦，鞋也未穿，衣襟微敞，散着汗。正在这时，突然见到有个陌生人闯进园里来了。在意想不到毫无准备的情况下，她手忙脚乱，不知所措，已经来不及穿鞋理衣，只好袜底着地，霍然跑向屋门，忙得连头上的金钗也滑脱了。"袜刬"，袜底着地。与李煜《菩萨蛮》"刬袜步香阶"中的"刬袜"同意。李煜《浣溪沙》有"佳人舞点金钗溜"句，刘过《贺新郎》有"看舞彻、金钗微溜"句，其中的"金钗溜"都是写美人纵情翩舞使头上的金钗滑落。易安的"金钗溜"不是因为舞蹈，而是快跑颠荡所致，但我们仍然可以想象得出那飘然优美的芳姿。"和羞走"，含着羞跑了。作者用摄神之笔，把少女心地的纯真、性格的活泼、身体的轻灵写得形神生鲜。

"倚门回首。却把青梅嗅。""倚门"，这是诗词里常见的形象，如毛熙震《河满子》："独倚朱扉闲立，谁知别有深情"，牛峤《望江怨》："倚门立，寄语薄情郎"，韦庄《清平乐》："含愁独倚金扉"，多写含情脉脉的情态。易安"回首"做什么？显然是想弄清闯进来的是谁？是什么样的人？或是出于礼貌，或是出于害羞的心理，总是不能直巴巴地看人，赶快折取青梅，一面嗅着，一面掩遮窘态，一面窥察来者，神灵姿秀，妩媚动人。

作者在寥寥的四十一字中，塑造了一个纯洁活泼、聪敏、勇敢、多情的少女形象。特别是通过人物的行动："蹴""起来""慵整""见""刬""走""倚""回首""嗅"，和肖像描写："薄汗轻衣透""和羞""金钗溜"等，揭示了人物的精神韵致及内心的情愫。文笔清新而细腻，平淡而奇横。使作品产生了强烈的艺术魅力。

上阕，写荡千的尽兴、疲倦、坦然小憩。这是"弛"；下阕，写忽见人来的紧张、回避及倚门回头嗅梅窥视的情态。这是"张"。上下一弛一张，相映成趣。

此词也有所本。唐韩偓《偶见》（一作《秋千》）诗云："秋千打困解罗裙，指点醍醐索一樽。见客入来和笑走，手搓梅子映中门"（《全唐诗》六百八十三页，韩偓四）。其中"秋千打困解罗裙"，这与易安词"蹴罢秋千，起来慵整纤纤手"，露着袜子休息相类似，都是写打秋千困倦情状的。韩诗的"见客入来"与李词的"见有人来"文字、句意逼肖。韩诗的"和笑走"与李词"和羞走"只一字之差,句式也完全相同。韩诗的"映中门"与李词的"倚门",人物的动作都没有离开门,只是一个隐着("映",《说文解字》释为"隐"也)一个靠着。韩诗的"手搓梅子"与李词的"却把青梅嗅",人物动作所及都是"梅",不过一个是"搓",一个是"嗅"。从比较看出,李词与韩诗逼肖,难道是易安妙手偶得吗?巧合的可能性是很少的。但并非踏袭,这是明显的。韩偓诗写少女打毕秋千疲乏了,"解罗裙"休憩,呼要一杯精制的乳汁,充饥解渴。正在这时,忽有客人闯入,穿裙子已来不及,她含笑逃跑了,手里揉搓着梅子,隐蔽在中门的后面。易安词意荡完秋千,倦怠了,"慵整纤纤手","薄汗轻衣透",露着袜子休息,在这时发现有生人来此,已经来不及穿鞋,多么不体面不好意思呀,只好袜底着地,含着羞逃走了,头上的金钗也滑脱了。靠着门回头,一面嗅着青梅,一面窥视来者。两诗词神似,只是人物的具体行动情态有所不同。在类似的环境、场合,"羞"字比"笑"字更能揭示少女的内心世界,更能突现紧张窘迫情况下少女的情态。因此"羞"较"笑"卓荦。韩诗《偶见》结句"手搓梅子映中门"也没有易安《点绛唇》结句"倚门回首。却把青梅嗅"那样少女的形象神韵灵秀,姿态娴雅,含情脉脉,令人回味无穷。有青出于蓝之奇。易安运化唐诗浑如天成,如同己出。

古今诗人墨客,櫽栝前人诗意,点化前人诗句,虽大家不能免。唐王勃《滕王阁序》名句:"落霞与孤鹜齐飞,秋水共长天一色",由庾信《马射赋》"落花与芝盖齐飞,杨柳共春旗一色"脱化而来,独绝千古。晋无名氏《且住为佳帖》云:"天气殊未佳,汝定成行否。寒食近,且住为佳尔",辛弃疾《霜天晓角》云:"明日万花寒食,得且住、为佳耳",由前翻出。《词苑丛谈》评曰:"晋人语本入妙,而词又融化之如此,可谓珠璧相照矣。"鲁迅名句"横眉冷对千夫指,俯首甘为孺子牛"由《北江诗话》一楹联"酒酣或化庄生蝶,饭饱甘为孺子牛"换骨。元郑奎妻《春词》:"秋千蹴罢鬟鬌髻，粉汗凝香沁绿纱",盖本易安此词。

文学上这种运用、檃栝、脱胎换骨,丝毫不能损害作家的形象,降低作品的价值,正反映了文学的继承和发展,相互借鉴的关系。

此词,语新意隽,纤秾典雅,丰情无限。从格调上看当属早期词作。

点 绛 唇

寂寞深闺,柔肠一寸愁千缕。惜春春去。几点催花雨。
倚遍栏杆,只是无情绪。人何处。连天芳草。望断归来路。

晏殊《玉楼春·春恨》:"绿杨芳草长亭路。年少抛人容易去。楼头残梦五更钟,花底离情三月雨。 无情不似多情苦。一寸还成千万缕。天涯地角有穷时,只有相思无尽处。"写出多情词人的离愁别苦,是一首伤离之作。此词构思新颖奇巧,古今传诵,当属词林上乘。李清照这首《点绛唇》与晏词有相同的内容,那就是:"伤离",还有个别颇似的词句。但也有不同之处,易安词兼有"伤春"的内容。此词构思亦很别致。熔"伤春"与"伤离"于一炉。《云韶集》评此词时说:"情词并胜,神韵悠然",并非过誉。

"寂寞深闺,柔肠一寸愁千缕。"开端直抒胸臆,猛倾愁肠,正命意本旨所在,总领全词。"闺",过去妇女居住的内室。其前着一"深"字,写出闺阃的幽邃,凄清。又以"寂寞"一词冠领,将冷清的气氛、无聊的意绪笼罩全篇,写出了女主人闺房独守的孤寂。"一寸",或言其小,或言其少。此词中"一寸",极言其小。李商隐《无题》:"春心莫共花争发,一寸相思一寸灰",其中的"一寸"极言其少。"千"是虚数,极言其多。"缕",一般指丝线,这里指思绪。"柔肠",指软弱的心肠。此二句是说,女主人深闺索居,身只影孤,落寞无聊,一寸软弱的心肠就有无限的愁绪。"柔肠一寸愁千缕"一句，运化韦庄《应天长》："别来半岁音书绝。一寸离肠千万结"句，其意境是相同的。易安为表达自己的真实思想感情需要，根据自己的独特生活感受，只改三字。韦词"离"与"别来半岁音书绝"，意义重复。易安改为"柔"字，突出表现女主人的多愁善感，感情脆弱，禁受不住离别造成的打击，极为切当，传神。"缕"字较"结"字更为生动、形象、恰当地表达愁思的千头万绪，心情的缭乱不堪。尽管易安于前句写出女主人深闺索居的苦况，但何以如此，是蕴藉含蓄的，这较韦词的一览无余，更有韵味。又李煜《蝶恋花》云："一寸相思千万绪。人间没个安排处。"晏殊《玉楼春·春恨》："无情不似多情苦。一寸还成千万缕。"从这些诗句的类似之处和不同之处，可见文学艺术继承和发展的关系。从这些词句的高下看，虽各有千秋，然易安词两句以含蓄隽永略胜诸家一筹。头韵的"愁"字，似乎是个疑团，设了个悬念。何以如此，开了下韵。

"惜春春去。几点催花雨。"古今中外的人们，几乎没有不热爱春天不赞美春天的。春天阳光灿烂，惠风和畅，它是美好事物的象征；春天，冰消雪融，万物复苏，这是力量的象征；春天，繁花似锦，姹紫嫣红，将意味硕果累累，它是幸福希望的象征。因此，人们对春天的逝去，几乎无不感到痛惜。所以，在一些古代的诗词中，诗人们抒发了他们对春天珍惜、热爱、追寻的思想感情。周邦彦《六丑》云："愿春暂留，春归如过翼。一去无迹。"词人通过对春光的挽留，表现了他对春天的热爱之情。春天的逝去，这是自然规律决定的必然，怎么挽留得住？诗人也是懂得的，杨炎正《蝶恋花》："万点飞花愁似雨。峭杀轻寒，不会留春住。"于是多情的诗人便抒发了无可奈何的惆怅情怀，欧阳修在《蝶恋花》中叹道："雨横风狂三月暮。门掩黄昏，无计留春住。"好心的词人天真地想，春天去了，如有人知道它的去处，把它召唤回来该多好。黄庭坚在他的《清平乐》中写道："春归何处。寂寞无行路。若有人知春去处。唤取归来同住。"这又怎么能够办到。于是词人又想入非非，设想既然春天留也留不住，唤也不回，拗它不过，那只有让人们去主动追寻它好了。于是王观《卜算子》词云："若到江南赶上春，千万和春住。"表现词人对春天的痴情幻想，孜孜地追求，执着地热爱。难道我们只是单纯地理解诗人们追寻的仅仅是季节之春？不，使我们很自然地联想到诗人们追求的是蒸腾向上、生机勃勃、幸福美好的事物。易安的"惜春春去"，是托物咏情，叹惋"酒意诗情谁与共"及"锦瑟年华"的流逝，在怜惜美好事物的消失。

"几点催花雨"，女主人对催花速开迅落的雨，怀有无限幽怨。叹"花"之衰败就是惜春，晏殊的"无可奈何花落去"，辛弃疾的"惜春常恨花开早，何况落红无数"皆其例。实际上此韵为倒装，通过艺术形象来说明"愁"的原因。原因不啻其一，尚有其二，开了下片，血脉贯通。

"倚遍栏杆，只是无情绪。"在古典诗词中，"倚栏"这是个常用形象，常用形象往往有特定的含义。比如在诗词中出现女主人懒画眉、迟梳洗的形象时，此诗词往往是写她的怨愁的。如温庭筠《菩萨蛮》："懒起画蛾眉，弄妆梳洗迟"，易安《武陵春》："风住尘香花已尽，日晚倦梳头"，皆如此。又如在诗词中出现"红豆"的形象时，此诗词大多是写相思内容的，如王维《相思》云："红豆生南国，春来发几枝？愿君多采撷，此物最相思"，欧阳炯《南乡子》："两岸人家微雨后。收红豆。树底纤纤抬素手。"皆其例。"倚栏"这个人物形象，一般用以表现主人公的伤离怀远等悒郁惆怅的情怀。李璟《浣溪沙》："多少泪珠何限恨，倚栏杆"，易安《念奴娇》："楼上几日春寒，帘垂四面，玉栏杆慵倚"，均其例。"遍"，说明倚栏的次数之多，怀想之情殊切，并非一日之事。"无情绪"，心怀抑郁惆怅，南宋陈梅庄《述怀》有"黄鹂知我无情绪，飞过花梢禁不声"句。这两句意思是说，一个时期以来，倚遍了栏杆的每一个地方，凝眸远眺，望眼欲穿，双撑盼睫仍得不到半点安慰。情怀怅惘，心情落寞。

"人何处。连天芳草。望断归来路"，承前。"人何处"，用反诘句,达到正面肯定的意思,引人注意。意思是说,心爱的人儿是难以寻觅的。"连天芳草",意思是说繁盛清香的绿草连着天际。《花草粹编》等作"衰草",不可从。《诗词杂俎》本《漱玉词》等作"芳草",可从。在古代诗词中,往往写伤离怀远的内容常常提到"芳草"。李煜《清平乐》"离恨恰如春草,更行更远还生"、牛希济《生查子》"回首犹重道。记得绿罗裙,处处怜芳草"、范仲淹《苏幕遮》"山映斜阳天接水。芳草无情,更在斜阳外"、万俟咏《忆秦娥·别情》"千里草。萋萋尽处遥山小"、李重元《忆王孙》"萋萋芳草忆王孙。柳外楼高空断魂",皆其证。为什么把盼亲人归来与"芳草"联系起来?皆祖《楚辞·招士隐》:"王孙游兮不归,春草生兮萋萋",由此演化而成。意思是说,公子哥儿们远游啊,尚未归来,春草生长啊,多么茂盛。"望断",这里指盼归情切,以极多次数凝望。回应"遍"字。韦庄《木兰花》:"独上小楼春欲暮。望断玉关芳草路。"其中的"望断"就是这个意思。此韵是说,心上的人儿在什么地方呢?芳香的野草生得如此繁茂,一直延伸到天际,天连草,草连天。我急切盼望你的归来,栏杆倚遍,我不住地翘首凝神企望那归来的道路,望极天涯不见你的芳踪,望得我好苦啊!诚如《类编笺释续选草堂诗余》(卷上)所云:"草满长途,情人不归,空揽寸肠耳",语意甚怆,悠悠不尽。

上片:写女主人深闺愁浓,哀怜春光逝去。

下片:写女主人倚栏凝望及情侣未归的怅惘。

此词构思别致。旖旎的春天归去了,意味着不可多得的青春年华之流逝。明媚的春光宝贵的年华不能与爱人同度,韶光不再,痛惜低回,情侣未归,抑郁怊怅。熔"伤春""伤离"于一炉。因"惜春"倍"伤离";因"伤离"益"惜春"。相辅相成,相得益彰。

上片,头韵总领,"寂寞深闺,柔肠一寸愁千缕",何以如此?"惜春""伤离"所致,故次韵承写"惜春"。下片,转写"伤离",意脉井井,思路赫然。

运化前人诗句，为神妙之境，熨帖无迹。"柔肠一寸愁千缕"，由"一寸离肠千万结""一寸相思千万绪""一寸还成千万缕"脱化而来。

"倚遍栏杆"，是古诗词的常用形象，这与欧阳修《玉楼春》"栏杆倚遍使人愁"，张耒《秋蕊香》"朱栏倚遍黄昏后"的意境是相同的。

"连天芳草"，由"王孙游兮不归，春草生兮萋萋"等诗句换骨。可见文学艺术之"通变"。

情中有景，景中有情。"几点催花雨"，似乎是景语，但"催"字蕴涵有对"花"的怜惜之情。"连天芳草"，好像写景，又蕴蓄王孙不归之意。"倚遍栏杆"，似乎是情语，又露出"栏杆"这一景物来。情景交炼，"互藏其宅"。

易安写惜春、伤离念远之词何以这样拨动人的心弦？字字酿造于心肝流出于肺腑，是至洁至纯的真情剖白。傅庚生先生在《中国文学欣赏举隅》中说："读情真之作，如食橄榄，初尚疑其苦涩，回味始觉如饴，而其芳馨永留齿颊间；非然者如嚼甘蔗，初似崖蜜输甜，忽已残渣在口，既无余味，吐之为爽矣。"是很有道理的。

怨　王　孙

湖上风来波浩渺。秋已暮、红稀香少。水光山色与人亲，说不尽、无穷好。　　莲子已成荷叶老。清露洗、蘋花汀草。眠沙鸥鹭不回头，似也恨、人归早。

王国维《人间词话》云："有我之境，以我观物，故物皆着我之色彩"，此语诚哉是也。这说明"物"是客观的东西，而作者笔下的"物"无不染上"我"的感情色彩。因为时间的改变，作者经历的变故，思想感情的变化，虽然同是写秋天的景物，其笔下的秋色会有所不同。李清照笔端的秋色就是如此。其《一剪梅》云："红藕香残玉簟秋"，《鹧鸪天》云："寒日萧萧上锁窗。梧桐应恨夜来霜。……秋已尽，日犹长。仲宣怀远更凄凉"，《醉花阴》云："薄雾浓云愁永昼。……佳节又重阳，玉枕纱橱，半夜凉初透。　东篱把酒黄昏后。有暗香盈袖。莫道不消魂，帘卷西风，人比黄花瘦"，《忆秦娥》云："临高阁。乱山平野烟光薄。烟光薄。栖鸦归后，暮天闻角。　断香残酒情怀恶。西风吹衬梧桐落。梧桐落。又还秋色，又还寂寞"，这些词多写离情别绪，因此笔端的秋色都着"我"之色彩，染上了凄楚悲凉的情调。但易安《怨王孙》词中秋色却俨然不同了。作者以亲切清新的笔触，写出暮秋湖上山光水色的优美迷人，表现她对祖国大好山河的无限热爱之情。从情致上看出，她此时的生活是安静、和平、闲适、欢快的，此词属李清照早期作品无疑。

"湖上风来波浩渺。秋已暮、红稀香少。"起句，通俗自然，开门见山，直触词旨，毫无突兀之感。"湖上"，点出地点。"浩渺"，辽阔无边。"秋已暮"点出节序。"红"，指鲜花，与易安名句"绿肥红瘦"中的"红"同意。开头三句，作者对湖上景物作了轮廓的勾勒。尽管如此，但我们还是可以想象湖上水色的绮丽动人。已是晚秋时节，在湛蓝的天底下，翠鉴琼田，一望无边，有几叶小舟悠悠飘荡。朝阳又把它的光辉射向湖面，飒爽的秋风吹来，细浪腾跃，泛起满湖的碎金。湖上水生植物的鲜花已经不多了，星星点点，随风发散着淡淡的清香。从电影艺术来说，这是视点高远，表现阔大场景的远镜头，但它比"镜头"更高明，使我们闻到视觉无法感知的幽香。作者不仅从视觉角度来写，也从嗅觉角度来写。

"水光山色与人亲，说不尽、无穷好。"水光是迷人的，山色更引人入胜。请看近处的山势：有的亭亭玉立，妖娆婀娜；有的威壮耸峙，笔峭险雄。看那远处：层峦叠嶂，跃跃争秀。有的山上苍翠欲滴，那大概是片片的松林；有的山上，像一堆堆火焰在燃烧，那大概是簇簇枫林；有的山坳，还笼罩着白纱般的雾。水光秀美，山色潇洒，旖旎动人，好一幅暮秋湖光山水的画卷，虽神来之笔难以穷尽。故词人叹曰:"说不尽、无穷好。"这是情不自禁,脱口而出的赞语。这与欧阳修对颍州西湖的赞语"天容水色西湖好"(《采桑子》),与白居易对江南春日风光的赞语"江南好"(《忆江南》),同样率直、豪爽、热烈、奔放。"水光山色与人亲",这是一种拟人的写法,赋予山水以人的感情意识,栩栩如生。鹿虔扆《临江仙》云:"藕花相向野塘中。暗伤亡国,清露泣香红",生长在野外池塘中的芳香的红色荷花,偷偷相对着为亡国而悲伤流泪。作者的亡国之痛,通过拟人的手法曲折地表达出来。苏轼《饮湖上初晴后雨》诗云:"欲把西湖比西子,淡妆浓抹总相宜",西湖像美女西施一般俏丽,无论是妆饰淡雅,还是打扮浓艳,总是秀美动人的。作者用拟人的修辞方法写出西湖风光的美丽。"水光山色与人亲",易安用拟人的手法,移情于山水,把自己对祖国山河的热爱之情,婉转曲达。此句有总前启后的作用。

"莲子已成荷叶老。清露洗、蘋花汀草。"换头,承写湖上景物。"蘋",也叫"田字草",生长在浅的泥水中。"汀",水边平地。"清露洗",交代出湖上游赏的时间,浓露未晞,万物如刚洗过一般,正是早晨或九点以前的时间,下文的"人归早"的"早"字也说明了这一点。

莲蓬子已经成熟了。往日湖上"接天莲叶无穷碧,映日荷花别样红"的景物不见了。如今那田田荷叶已经衰萎,凝碧的叶盘上晶莹的露珠,盈盈垂滴。纯净的浓露冲洗了水面上那点点星星的蘋花和岸边平滩上的水草。多么清新的世界!从电影艺术上来说,这很有"近镜头"的特点。

"眠沙鸥鹭不回头,似也恨、人归早。""鸥鹭",两种水鸟名。鸥鹭不回头,不干人事,作者谓其恨人回去太早。本来是自己依恋山水,流连不舍,把这种感情用拟人手法迁至鸥鹭身上,使对祖国山河的热爱之情,婉转委曲地表达出来。作者为了表达的需要,把禽鸟畜兽拟人化。宋李纲《病牛》诗云:"但得众生皆得饱,不辞羸病卧残阳",将牛拟人,借揭示牛的内心世界,表达作者"鞠躬尽瘁，死而后已"的美丽灵魂，高尚情操。《敦煌曲子词·鹊踏枝》云："比拟好心来送喜，谁知锁我在金笼里。欲他征夫早归来，腾身却放我向青云里。"将喜鹊拟人，通过人与鹊的对话，表现了女主人公对离家远征的丈夫的思念，增强了艺术的感染力。

此词两句拟人手法的运用，不仅妙趣横生，而且也使作者笔下的景象获得勃然的生机。连同"来""洗"等动词的运用，使整体画面灵活，气韵飞动。前结后结皆有无穷之味。极精炼，亦极自然，获得"能令人掩卷后，犹作三日之想"的强烈艺术效果。

《词源·句法》云："词中句法，要平妥精粹。一曲之中，安能句句高妙？只要拍搭衬副得去，于好发挥笔力处，极要用工，不可轻易放过，读之使人击节可也。"两个拟人句皆为平易中有"句法"的入神之句，高妙而精粹。

从此词的格律结构上看，上下两片的韵律结构都是一致的，是并列的，上片前三句概括写湖上景物；后三句，用拟人手法表现作者对山水的热爱。下片，前三句具体写湖上景物；后三句用拟人手法表达对湖光山色依恋的深情。

《金粟词话》评易安《念奴娇》"被冷香消新梦觉，不许愁人不起"和《声声慢》"守着窗儿，独自怎生得黑"时说："皆用浅俗之语，发清新之思，词意并工，闺情绝调。"《贵耳集》评李易安《永遇乐》："于今憔悴，风鬟霜鬓，怕见夜间出去"时说："皆以寻常语度入音律，练句精巧则易，平淡入调者难。"都推崇易安词语言的"浅俗""清新""寻常"。这一特点，在《怨王孙》这首词中更有充分的体现，通篇明白如话，一目了然。

古人写秋多感伤之语，悲凄之调。能把秋天写得绚丽多彩，令人精神振奋，浮想联翩，也有人在。王荆公《桂枝香》："登临送目。正故国晚秋，天气初肃。千里澄江似练，翠峰如簇。归帆去棹残阳里，背西风、酒旗斜矗。彩舟云淡，星河鹭起，画图难足。"这一幅令人竞折腰的金陵晚秋壮丽景色的画卷，多么使人心驰神往。唐杜牧《山行》诗云："远上寒山石径斜，白云生处有人家。停车坐爱枫林晚,霜叶红于二月花。"多么清澄、明丽、令人心神鼓舞的秋色。

毛主席《沁园春·长沙》:"看万山红遍,层林尽染;漫江碧透,百舸争流。鹰击长空,鱼翔浅底,万类霜天竞自由。"好一派生机盎然的秋色,非领导亿万人民披荆斩棘,勇往直前的无产阶级革命家难为。绝非高兴灵机一动而出之。

但是,作为一个中国封建社会受压抑、受禁锢的女子,把晚秋景象写得如此浩大、俊朗、清鲜、亲切、令人意志焕发,毫无萎靡之感,这是作者本身精神境界的表露,在中国古代文学史上闺阁作家中实属少见,在"须眉"中亦不多让。

(《本溪师专学报》1986 年第 1 期)

终日向人多蕴藉

——读李清照《摊破浣溪沙》

  病起萧萧两鬓华。卧看残月上窗纱。豆蔻连梢煎熟水,莫分茶。 枕上诗书闲处好,门前风景雨来佳。终日向人多蕴藉,木樨花。

  赵明诚于建炎三年己酉(1129)八月十八日卒于建康。平时夫妇恩深情厚,每次分别,对他们都是一场灾难。易安又哪堪明诚的诀别,摧肝裂胆,痛不欲生这是自然的。于是她得了重病。《金石录后序》载:"葬毕,余无所之……,余又大病,仅存喘息。"可见明诚卒及清照病都在秋天。此词所言之"病起",又在"木樨花",即桂花开放的秋日,在季节上是相符的。《金石录后序》又云:"独余少轻小卷轴书帖、写本李、杜、韩、柳集,世说、盐铁论,汉唐石刻副本数十轴,三代鼎鼐十数事,南唐写本书数箧,偶病中把玩,搬在卧内者,岿然独存",其中,"偶病中把玩",与此词中的"病起萧萧两鬓华""枕上诗书闲处好",又是相符的。纵上观之,此词的写作时代,当在明诚卒后,清照病中。

  "病起萧萧两鬓华。""病起",从病中挺起身。作者没有写为何而病?病情怎样?而是从一场病的结果写起。女主人经过床褥的辗转,病痛的折磨,与疾病的顽强斗争,终于战胜了病魔,挺起了身子。身体的衰弱不必说,女主人一病两鬓苍,而且"萧萧",头发短而稀疏了,此与易安《清平乐》"今年海角天涯。萧萧两鬓生华"

的"萧萧"同意。此词的开头,与易安《武陵春》开头:"风住尘香花已尽",《好事近》开头:"风定落花深",有相似之处,都是从一件事情的结果写起。《武陵春》《好事近》开头,使读者从"尘香花已尽""落花深",油然而联想起风势的狂暴,昔日百花竞放、姹紫嫣红等种种景象。此词的首句,会自然引起读者的神思飞越:女主人为什么病?病情如何?产生了一系列的问号和想象。这种开头,耐人寻味。从病的结果"萧萧两鬓华"上看,病情是够严重的了,头发有脱落的迹象。"华",说明不仅是病促成的,还有一种"愁"的成分在里边。李白《秋浦歌》(十五):"白发三千丈,缘愁似个长",说明"愁"与"白发"的因果关系。这种"愁",又可能是造成"病"的主要原因。一病起来,两"鬓"白了,发白并非旦夕之事,说明病的时间之长。

"卧看残月上窗纱。""卧看",躺在床上望。与杜牧《秋夕》"天阶夜色凉如水,卧看牵牛织女星",罗隐《新月》"禁鼓初闻第一敲,卧看新月出林梢"中的"卧看"意同。"残月上窗纱",与魏承班《渔歌子》"窗外晓莺残月",颇似,盖写早晨的景象。"残月",残缺的月亮。杜牧《秋夕》写孤寂的宫女,夜间倒在床上望着牵牛织女星尚能一年一度一相逢,心里不是滋味。清照写"卧看残月",亦是别有用意的。女主人望着残缺的月亮,想到自己丈夫新亡,爱情生活受到彻底破坏,多么像一个残月亏损!我以为,头两句为倒装,先"卧看",后"病起"。这是写拂晓女主人卧看残月,从病中挺起的情景。

"豆蔻连梢煎熟水,莫分茶。"女主人虽然从大病中挺起身,但身体依然亏损虚弱得厉害,需继续用药将息。"豆蔻",药用植物,性辛温,能去寒湿。"熟水",一种饮料。《事林广记别集》(卷七)载"造熟水法"云:"夏月,凡造熟水,先倾百煎滚汤在瓶器内,然后将所用之物投入,密封瓶口。则香倍矣。"女主人服用的是用豆蔻连同枝叶一起煎制的熟水,即"豆蔻熟水"。其制作方法,《事林广记别集》载:"白豆蔻壳拣净,投入沸汤瓶中,密封片时用之,极妙。每次用七个足矣，不可多用，多则香浊。"（见俞平伯《唐宋词选释》注）。由于豆蔻性去寒湿，而茶性却助湿，药性相反，故"莫分茶"，即不沏茶之意。

上片写大病初愈，服药将养的情景。

"枕上诗书闲处好，门前风景雨来佳。"过变，用一对偶句写出令人开怀的两幅画面。女主人在病中，不能下地做事，挺起身坐在床上，故称"闲处"；倚在枕上作诗读书是很令人解闷的，故赞其"好"。易安此次有"病"，"枕上诗书"与上引《金石录后序》所载明诚去世后易安的作为与病情是相符的。此词很可能就是这次病中所写。门前的风光景物经过雨水冲洗格外清新、旖旎。当时北国沦丧，金兵进逼，家事国事两渺茫，女主人的心情可想而知，但作者所写的两幅画面，一个曰"好"，一个曰"佳"，似乎"情"与"景"格格不入，不谐调一致。我总觉得，这是女主人尽力往好处想，往佳处看，是一种自我开解的方式。也表现女主人自我克制的刚毅、旷达的性格。

"终日向人多蕴藉，木樨花。"女主人从病中挺起，坐在床上，望着室外盛开的桂花。清照对桂花是有特殊感情和兴趣的。她的《鹧鸪天·桂花》："暗淡轻黄体性柔。情疏迹远只香留。何须浅碧深红色，自是花中第一流"；《摊破浣溪沙》："揉破黄金万点轻。剪成碧玉叶层层。风度精神如彦辅，大鲜明"等，都表明她对桂花不是一般的赞赏。病中为了开解，使心境旷达，自然要在枕上看书写诗，要望望门前雨后的格外清新的风光。为了吸引自己的注意力，不断更换观察点，又把注意力转到桂花上。女主人眼里的桂花是个什么样子呢？"终日向人"，整日面向着人。"蕴藉"，易安《玉楼春》也有"不知蕴藉几多香，但见包藏无限意"句，其中的"蕴藉"，都是含蓄，不显露之意。作者在这里赋予桂花以人的感情。似乎木樨花终日对人含情脉脉，在默默不语中蕴涵着无限的情意。作者在这里赞赏桂花的是一种含蓄的美。恩格斯说，作家的思想感情"应该从场面和情节中自然而然地流露出来，而不应当特别把它指点出来"(《致敏娜·考茨基》),李清照这首词的本身也正体现了这种委婉含蓄的艺术特色,"终日向人多蕴藉",读来感人至深。

(《青海师专学报》1986年第2期)

李清照词欣赏二题

怨 王 孙

  帝里,春晚。重门深院。草绿阶前。暮天雁断。楼上远信谁传。恨绵绵。　　多情自是多沾惹。难拚舍。又是寒食也。秋千巷陌,人静皎月初斜。浸梨花。

  此词,《草堂诗余》《词的》《诗词杂俎》本《漱玉词》等,题作"春暮"。

  建中靖国元年辛巳(1101),李清照与赵明诚结婚。当时赵明诚正在太学就读。出学后任鸿胪少卿。大观元年(1107)明诚偕清照屏居乡里,离开了京城。夫妇婚后在京城里生活约七年的时间。虽然史料没有记载,但夫妇在这个时间曾有过短暂的离别。从此词"帝里"观之,该词就是写这一时期中的离情别绪的。

  "帝里,春晚。重门深院。"首韵写环境。"帝里",京城。唐上官婉儿诗《九月九日上幸慈恩寺登浮图群臣上菊花寿酒》云:"帝里重阳节,香园万乘来。"宋卢氏《凤栖梧》:"帝里繁华,迢递何时至?"皆其例。这里指北宋都城汴京。开端交代了地点。"春晚",春暮,其景象是"春城无处不飞花,寒食东风御柳斜"的时候。这里点出了节序。"重门深院","重门",一道道门。易安《念奴娇》:"萧条庭院,又斜风细雨,重门须闭",易安《小重山》:"花影压重门。疏帘铺淡月、好黄昏",三首词都是写相思的,里面都谈到"重门",都写了重重门户紧闭,庭院幽邃、凄寂。此词作者以景发端,从"帝里"起笔,落笔"庭院",空间由大到小。读者读过之后顿有一种抑郁凄寂之感。《乐府指迷》云:"大抵起句便见所咏之意,不可泛入闲事,方入主意",情与景交融无迹。开头的意思是说,在京城汴梁,已是暮春时节,杨花柳絮无处不在飘飞。在重门紧闭的深幽的庭院里,已是落花满地。

"草绿阶前。暮天雁断。""草绿",说明草已长得旺盛。李白《菩萨蛮》:"平林漠漠烟如织,寒山一带伤心碧",意思是说,平地上的树林漫无边际,好像被白色的轻纱笼罩着,一片寒山上的青绿色,看了使人伤心。"碧"色令人情伤。此词中的"绿"字与李白词中的"碧"字同一机杼,一定更刺痛女主人的心。作者之所以选取"草"来写,也是别有用意的。《楚辞·招士隐》:"王孙游兮不归,春草生兮萋萋",后来芳草似乎成了怀归念远的代名词了。唐姚月华《古怨》"春水悠悠春草绿,对此思君泪相续",刘长卿《谪仙怨》"独恨长沙谪去。江潭春草萋萋",南唐后主李煜《清平乐》"离恨恰如春草,更行更远还生",宋秦观《八六子》"倚危亭。恨如芳草,萋萋刬尽还生",都由《楚辞·招士隐》演化而来。女主人对"草"是特殊敏感的,触景生情,思念远离的亲人。一个"绿"字媚眼刺心,怀思之情更加强烈。

"暮天雁断","暮"点出具体时间。"雁断",北归的大雁过尽了。在诗词中常常出现大雁。相传雁是能够传带书信的,所以在一些思归怀人的诗词里就常常出现。易安《蝶恋花》:"好把音书凭过雁。东莱不似蓬莱远",就是盼望姊妹常常通信以慰相互思念之情的。此词的"雁断",是说投捎书信的征鸿已经过尽,可是心上人消息杳然。此两句意思是说,庭院里的台阶前绿草如茵,傍晚的天空看不到远征的雁群,它已经过尽了。头五句,写出暮春庭院的凄寂景象。言简意深,暗藏机锋。"晚""重""深""绿""暮",用得恰当传神,对渲染气氛深化主题起了很好的作用。

"楼上远信谁传。恨绵绵。"承前。用"楼上"这一反诘句振起,"恨绵绵"拍合,直抒胸臆。"楼上",女主人独居处,在静谧的黄昏倚窗凝望天际,希望远征的大雁,能够给她带来心上人的信息,可是北归的鸿雁已经过尽,音信无凭。于是女主人更是忧心忡忡,设想以后的书信,将由谁来传递呢?女主人似乎很失望,不但没有得到安慰,反而又担心起无人来传递消息了。

"多情自是多沾惹。难拚舍。又是寒食也。""惹",招引。与辛弃疾《摸鱼儿》"算只有殷勤,画檐蛛网,尽日惹飞絮"中的"惹"字意思相同,"无情不似多情苦",因为多情者这么多痛苦,烦恼,都是由多情而招引来的。"拚舍",舍弃、屏除。多情者的痛苦和烦恼,是很难消解的。真是"剪不断。理还乱。是离愁。别是一番滋味在心头",也如易安《一剪梅》词所云:"一种相思,两处闲愁。此情无计可消除,才下眉头,却上心头。"

"又是寒食也",照应首句。"寒食",清明前二天。南朝梁宗懔《荆楚岁时记》云:"去冬节一百五日,即有疾风甚雨,谓之寒食。""又"字,含有时光易逝、时不待人的慨叹。全句的意思是说,谁让自己是这般多情呢!招引来这么多的痛苦和烦恼,想尽各种办法也难排除。日夜如梭,光阴似箭,恍惚又到寒食节了。锦瑟年华不能与爱人同度。无限抑郁惆怅之情落于笔端。

"秋千巷陌,人静皎月初斜。浸梨花。"结句宕开,以景结尾。《乐府指迷》云:"结句须要放开,含有余不尽之意,以景结尾最好。如清真之'断肠院落,一帘风絮',又'掩重关,遍城钟鼓'之类是也。"说的就是这类结尾。

"秋千",是一种游戏的器具。据说秋千始于北方山戎族,齐桓公北伐引至中原。汉武帝于后庭祈祷千秋之寿,为避忌讳,将"千秋"改为"秋千"的。唐宋时代盛行秋千之戏。"巷陌",街道。辛弃疾《永遇乐》有"斜阳草树,寻常巷陌"句。在小的街道上立秋千,可见当时荡秋千的普遍。"皎月",洁白的月。《古诗十九首》"明月何皎皎",唐人李华《海上生明月》"皎皎秋中月,团团海上生",其中的"皎皎"都是形容明月的洁白。"浸梨花",月光像水一样浸透了梨花。三句的意思是，女主人浓重的离愁别恨，煎熬着她，使她不能安睡，夜深了，她走到窗前，茕茕孑立，凝望着室外，那熟悉的街道旁，秋千的画架矗立着，万籁俱静，一轮皎洁的明月刚刚偏西，月光像水一样浸透了雪白的梨花。此句很受古人称道。《花草蒙拾》评曰："'皎月''梨花'本是平平，得一'浸'字妙绝千古。与'月明如水浸宫殿'同工。""静""皎""浸"将夜的环境渲染得很美。良辰美景不能与爱人同度，使女主人的"绵绵"离恨，更增一倍，况且梨花将要谢落，春天又要逝去。正是"花开不同赏，花落不同悲。欲问相思处，花开花落时"（唐薛涛诗）。

上片，写女主人春晚深院楼上怀远。

下片，写女主人寒食夜阑不寐，楼上对景难排离愁。

构思缜密工巧：上片，先写暮春庭院里的景象，由"帝里"写到"深院"；由"阶前"写到"暮天"。空间由外到内，从大到小，由下至上，又由"暮天雁断"一语，引出楼上人的离"恨绵绵"。自上返下，由物及人。下片，先写寒食夜阑离愁难遣，后写月下景象，由人及物。前结"恨绵绵"有"水穷云起"之妙，带出过变之意。此恨由多情招引来，却无计遣解去，过变承上启下。极迷离惝恍缠绵悱恻之致。

王国维的《人间词话》云："词以境界为最上，有境界则自成高格"，又云："境非独谓景物也。喜怒哀乐，亦人心中之一境界。故能写真景物、真感情者，谓之有境界。否则谓之无境界"，此词自成高格，境界超妙。由两幅画面构成：上片，是一幅"暮春黄昏深院楼上怀远图"，景物烘托别恨；下片，是一幅"寒食夜阑离愁难遣图"，景物明丽，反衬离愁。《莲子居词话》云："言情之词，必借景色映托，乃具深婉流美之致。"是有道理的。

此词，布局匀称，结构严谨，画面隽雅，愁浓语淡，情景悠然。

浪淘沙

帘外五更风。吹梦无踪。画楼重上与谁同。记得玉钗斜拨火，宝篆成空。　　回首紫金峰。雨润烟浓。一江春浪醉醒中。留得罗襟前日泪，弹与征鸿。

建炎三年（1129）二月，李清照的丈夫赵明诚罢守江宁（今江苏南京），是年三月乘舟去芜湖，入姑孰（今当涂），准备择居赣水边上，结束了约两年的江宁生活。至池阳（今安徽贵池），明诚被旨知湖州。他匆匆安家池阳，六月，只身去江宁参见皇帝。一路酷暑，疲劳，染疾，一到江宁便病卧床褥。七月，李清照闻讯来建康，明诚已病入膏肓。八月，明诚卒于建康。李清照茫然不知所之，于是年十一月，因金兵进犯，她不得不离开建康。此词盖为李清照辞别亲夫葬地建康时所作。

"帘外五更风。吹梦无踪。"作者开头从"帘外"景象着笔，落墨"帘内"，由物及人。"五更"，从时间而言，这是个春夜将晓的时候；在住所的帘外，刮起了浩荡的春风，它好比远来早到的客人拍打着门窗，惊醒了正在梦中的女主人，把梦境驱赶得无影无踪。梦是生活的折射，往往是白天想什么，夜里就梦见什么。那么，女主人整日想的是什么呢？夜间又梦见什么呢？虽然作者在这里没有告诉我们，但是下三句，还是透露给我们了。开头用"渐入"法，从"帘外"写到"帘内"，从"风"写到"梦"，由物及人。此词开头在构思上与李煜《浪淘沙》开头"帘外雨潺潺。春意阑珊。罗衾不耐五更寒"有相似之处，都从"帘外"起笔，时间均在"五更"，也是由天气写到人，也用"渐入"法。但帘外所发生的事情不同，一个是"风"，一个是"雨"。虽然都写到"梦"，但一个是梦见爱人，一个是梦见故国。首句，化用秦观《如梦令》"无绪。无绪。帘外五更风雨"句，浑然天成。《草堂诗余续集》（卷上）评曰："'吹梦'奇。"正说明易安设想的奇特，富有创新的精神。

"画楼重上与谁同。记得玉钗斜拨火，宝篆成空。"承前，一面暗示"梦"的有关内容，一面回忆夫妻相依为命的温馨的爱情生活。女主人梦醒之后，躺在床上，一睁眼便想到今后将与谁一同登上彩绘的阁楼呢？意思是说，我那心上人再也不能跟我一同登上那美丽的彩楼了。这便是女主人白日所想，夜间所梦。这与她的《蝶恋花》"酒意诗情谁与共"，贺铸《青玉案》"锦瑟年华谁与度"的句法和意思基本相同。"画楼"，雕绘得很美丽的楼房。由思念而引起"记得"的往事的回忆。记得无数个夜晚，夫妻在昏黄的灯光下，有时欣赏金石，有时读书作诗，有时撰写《金石录》，有时夜话人生，有时纵论国事。灯油熬干了，再续添，灯芯烬结了，便用玉钗倾斜着拨亮灯焰，点燃的名贵篆香，曾多少次燃成灰烬。这一切一切、一幕一幕都清晰地在脑海中闪过。这些甜美温馨的爱情生活，尽管回忆起来使她感到幸福，但是还要尽力控制自己不要去回忆，因为那样只能增加自己的痛苦。但那些刻骨铭心的生活画面的出现，不是用理智所能左右得了的。"玉钗""宝篆"中的"玉""宝"，都是美称。"钗"，是妇女的一种首饰。"篆"，就是篆香，一种印有篆字的熏香的名字。易安词《满庭芳》有："篆香烧尽，日影下帘钩"，朱淑真《书王庵道姑壁》："尘飞不到人长静，一篆炉烟两卷经"，皆其例。上片，写五更在梦中被风惊醒之后，对以往爱情生活的回忆，心怀酸楚，情不自禁。

"回首紫金峰。雨润烟浓。一江春浪醉醒中。"换头，陡然振起，转写回顾所见，实际上是明转暗承。"回首"，是回头望的意思。"紫金峰"，山名，即指今南京市郊的紫金山。建康，即今天的南京，是赵明诚的母亲寿终之地，也是赵明诚病卒之地，又是夫妇所居之地，或者说，这是与清照息息相关之地，她怎能忘记这个地方？这是李清照的心上人长眠之地，她怎能不回忆？意思是说，我回首遥望紫金山——那值得记忆，值得留恋，值得怀念的地方，如今我远离了你。那茫茫的细雨浸湿了紫金山的山峰，浸湿了江宁大地，浸湿了丈夫的陵墓，那浓重的烟云遮挡住我的视线。"一江春浪醉醒中"，这里的"江"指长江，建康在长江边上。"春"点出了节序。春日那滔滔东去的大江，多么像一个喝醉酒的人躺在那里，在一半昏迷一半清醒之中，飘飘悠悠地流去。言外之意是回首一切往事，都像滔滔东去的长江之水，一去不复返了。而人对于世事，又像一个醉酒的人处在似乎昏沉、又似乎清醒之中。这里，作者赋予大江以人的行为感知，这是拟人的手法。这里的"回首"，正如辛弃疾《菩萨蛮》所云："西北望长安。可怜无数山"，她看到的"紫金峰""雨润烟浓""一江春浪"，也只能是想象中的，意念的景象而已。是虚写，并非实景。但写得茫远而有神韵。

"留得罗襟前日泪，弹与征鸿。"由情入景，收束全词。"留得"，表示对悼亡之泪无比的珍视。"罗襟"，指罗衣的前襟。"前日"，犹言不久以前，并非前天。"前日泪"，指明诚病殁建康时，易安那种悲伤的泪水。易安《金石录后序》："（明诚）病危在膏肓。余悲泣"，可以想见，明诚病逝，易安该是多么的悲伤了。"征鸿"，远飞的大雁，正应前句的"春"字。春日正是南雁北飞的时候，作者把她为明诚吊丧时落在罗衣前襟上的泪水留下来，弹给远飞的大雁，将它带到建康，洒在明诚的墓前，生动、形象、婉曲地表达对亡夫深切的悼念之情。《汉书·苏武传》："教使者谓单于，言天子射上林中，得雁，足有系帛书，言武等在某泽中"，这是雁足传书之本，历来被文人所援用。如李珣《望远行》："玉郎一去负佳期。水云迢递雁书迟"，此词的"雁书"就是运用雁足传书的典故。易安并非一成不变地袭用雁足传书这个典故，而是将它进行了改造。明诚新亡，由于金兵的进犯，她不得不带着摧肝裂胆似的痛苦，带着无法忍受的悲哀，带着孤独绝望，离开丈夫的埋葬地建康。路越行越远，日月如梭，春回江南，她听到雁声嘹唳，望着鸿雁，心里想着亡夫，不能带信了，"人间天上，没个人堪寄"，只好把昔日遗留着的悼亡眼泪弹给征鸿，托它带到建康，洒在亡夫的墓前，表示深切的悼念吧！不让征鸿传书，而是让它传泪。这一改造，是以作者自身生活独特变化为依据，为了表达悼念亡夫之情的需要，自然地化用了雁足传书的典故，多么新鲜，多么轻灵。化俗为雅，化陈腐为新奇。

上片，写五更春风惊梦，怀念丈夫。

下片，写她回首遥望建康的紫金峰，设想把罗襟悼亡之泪弹与征鸿，深表悼念之情。

此词是用赋体铺陈来写悼念亡夫之情的。用陈述之法，直陈其事，而又不把情说露，既劲直，又哀婉。此词写悼念之情，却不着一个"念""愁""伤""悲""哀"之类的词，而哀伤、缅怀之情却充塞字里行间，溢于言表。陈廷焯《白雨斋词话》评曰："凄艳不忍卒读"，说明此词有催人泪下、感人肺腑、令人回肠荡气之艺术魅力。

此词，表现了李清照艺术上的独创精神。"帘外五更风。吹梦无踪"，本来是春风吹打门窗之帘作响，惊醒了女主人，破坏了梦境，但作者偏不这么说，却琢炼成"吹梦无踪"四个字。梦境是虚无缥缈的，像一片轻纱，被风一吹，飘然而去，给人一种美的享受，这是一种创造，"亭然以奇"，难怪《草堂诗余续集》赞道："'吹梦'奇。"

化用雁足传书的典故，为鸿雁传泪，造语新警，更有青出于蓝之奇。易安《武陵春》："只恐双溪舴艋舟。载不动、许多愁"，化用张元干"载取暮愁归去"、苏轼"只载一船离恨、向西州"之句，又赋予"愁"以重量，这是个创造，是个发展。《而庵诗话》云："呆人能以一棒打尽从来佛祖，方是个宗门大汉子；诗人能以一笔扫尽从来窠臼，方是个诗家大作者"，李清照不落俗套，是勇于创新的词坛女杰。

（《阜新师专学报》1986年第3期）

李清照词鉴赏三则

行 香 子

天与秋光。转转情伤。探金英、知近重阳。薄衣初试,绿蚁新尝。渐一番风,一番雨,一番凉。　　黄昏院落,凄凄惶惶。酒醒时、往事愁肠。那堪永夜,明月空床。闻砧声捣,蛩声细,漏声长。

此词,冷雪盦本《漱玉词》收入,中华书局《李清照集》也收入。

李清照婚后,丈夫赵明诚曾离家远行,她以《醉花阴·重阳》词寄给赵明诚,抒写重阳佳节对丈夫的深情思念。南渡后,赵明诚病故,她避乱漂泊,在一个"近重阳"的时节,写了一首《行香子》词,表现对逝去丈夫的缅怀及悲凉的心情。前者写的是生离,后者写的是死别,故后者悲苦过之。从艺术技巧之精湛上说,虽然不像《醉花阴·重阳》那样引人注目,但它确是一颗明珠,瑰宝,在艺海的深处熠熠发光。

"天与秋光。转转情伤。探金英、知近重阳。"宇宙,造化,自然,使人间世界有四季的区别,给人们以秋日的光景。随着节气及阴雨风寒的往复变化,秋天变得天高气清,烟消云敛,西风飒飒,草木衰萎,落叶萧萧,山川寂寥,景象凄肃。《文心雕龙》云:"物色之动,心亦摇焉",意思是说,景物的变化,使人的思想感情也波动起来。本来易安因国破、家亡、夫丧，又颠沛流离而心境凄悲，看见眼前衰颓的景象，怎能不黯然"情伤"。"转转"，指天气的反复变化。"转"，变化。她年轻时看到秋天的景象曾是无比欣悦的，赞道："水光山色与人亲，说不尽、无穷好。"然而现在，已经遭受种种苦难的摧残，使她的心境情怀产生巨大的变化，"览物之情，得无异乎？"这便是她"情伤"的原因。

"探金英、知近重阳。""探"，仔细观察，看。"金英"，黄色菊花。"重阳"，农历九月九日为重阳节。此句意思是，仔细观察一下黄色菊花就知道重阳佳节临近了。按照古老的习俗，人们要在重阳节这一天团聚，赏菊，饮菊花酒，插茱萸等。孟浩然《过故人庄》诗云："故人具鸡黍，邀我至田家。绿树村边合，青山郭外斜。开轩面场圃，把酒话桑麻。待到重阳日，还来就菊花。"王维《九月九日忆山东兄弟》诗云："独在异乡为异客，每逢佳节倍思亲。遥知兄弟登高处，遍插茱萸少一人。"从这两首诗可以看出古时重阳节人们的活动。年轻时，她曾写《醉花阴·重阳》，词云："莫道不销魂，帘卷西风，人比黄花瘦。"与丈夫赵明诚仅仅是暂时的离别就使她的感情禁受不住，她比菊花还要消瘦了。而今，国破家亡，明诚逝世，她转徙江浙，"独在异乡为异客"。"近重阳"抚今追昔，又何等的"情伤"！

"薄衣初试，绿蚁新尝。""薄衣"，粗糙的衣服。《梁书·武帝纪·入屯阅武堂下令》："菲食薄衣，请自孤始。"为其例。"绿蚁"，一种新酿成的酒，上浮绿色泡沫，这种泡沫，后来成为酒的代称。也叫浮蚁、碧蚁。白居易《问刘十九》："绿蚁新醅酒，红泥小火炉"，李珣《渔歌子》："鼓清琴，倾渌蚁。扁舟自得逍遥志"，其绿蚁就是这种酒。意思是，刚刚试穿一件粗糙衣服，品尝了新酿的绿蚁酒。因为时"近重阳"，衣服要加厚；因为"情伤"，需要用酒来浇愁。"每逢佳节倍思亲"，"独在异乡为异客"，思今虑昔，情怀酸楚。此句承前。

"渐一番风，一番雨，一番凉。"此句回应首句的"转转"。

"渐",渐进。意思是,在阴雨风凉的反复变化中,每刮一次风,下一次雨,天气依次转凉。此句由三个结构相同,两个字相同的词组成。此类用句,使词自然流动,增加词的音律美和修辞美。

上片:写近重阳,天气逐渐转凉,女主人百感交集,格外情伤。

"黄昏院落,凄凄惶惶。酒醒时、往事愁肠。"上片的"秋光""近重阳",点明节序,此处的"黄昏",点出时间。落日的余晖已渲染在茫茫的天边,庭院里也变得昏黄,暗淡。一阵秋风吹来,又有庭树的叶子飘落,发出飒飒的声响,冷冷清清,凄凄惨惨。一个人在院子里感到惊恐害怕,凄凉的景象恰似她如水的情怀。白天绿蚁曾使她醉倒,当夜幕要降临的时候,酒劲过了,麻醉了的神经刚刚恢复正常,种种往事又涌上心头。真是"抽刀断水水更流,举杯销愁愁更愁"(李白《宣州谢朓楼饯别校书叔云》)。北国沦丧,至今不得收复,大量的金石书画,荡然无存。相依为命的丈夫,在兵荒马乱中逝去,自己避乱江浙,漂泊无依。抚今追昔,真是"旧恨春江流未断,新恨云山千叠",愁肠寸断。范仲淹《御街行》亦有:"愁肠已断无由醉。酒未到,先成泪","愁肠",极言愁事熬心。

"那堪永夜,明月空床。""永夜",漫漫长夜。易安词《蝶恋花》:"永夜恹恹欢意少。"郎士元《宿杜判官江楼》诗云:"故人江楼月,永夜千里心。"几个"永夜",都是同意。"明月",是美丽的,又给黑夜以光明,故引起人们无穷的遐思,奇妙的幻想。古今的骚人墨客,在他们的诗文中未曾涉及过明月的,几乎没有。骚人有的望月思乡,李白《静夜思》"床前明月光,疑是地上霜。举头望明月,低头思故乡",白居易"共看明月应垂泪,一夜乡心五处同"为其例;有的望月怀人,如杜甫在月下思念他的妻子儿女,其《月夜》诗云:"今夜鄜州月,闺中只独看。遥怜小儿女,未解忆长安。"又如苏轼《水调歌头》:"但愿人长久,千里共婵娟",这是思念手足弟兄的;有的望月思念故国,如李后主《虞美人》"小楼昨夜又东风。故国不堪回首月明中"就是如此。李清照望着明月,思念逝去的丈夫。美好的明月,它的光辉照在词人身边的空床上。过去一起望月，同床共枕的爱人已经不在人世，又哪忍受得了这般孤单无告的凄凉情景。《古诗·明月何皎皎》云"明月何皎皎，照我罗床帷"，曹丕《燕歌行》"明月皎皎照我床，星汉西流夜未央"，都是写女子思念丈夫的著名诗句，易安"明月空床"由此点化而成，将诗句浓缩简化，利用"明月"与"空床"的美感差异，乐景写哀，其哀倍增。

"闻砧声捣，蛩声细，漏声长。""砧"，古代捣衣用的石头。古时妇女多在秋季拆洗缝制衣服，忙到深夜。《子夜吴歌》云："长安一片月，万户捣衣声。秋风吹不尽，总是玉关情。何日平胡虏，良人罢远征。"这是写妇女在明月之夜听到捣衣的声音，怀念远征丈夫的诗。秦观《满庭芳》词云："又是重阳近也，几处处、砧杵声催。"其时节与此词时节是相同的。李煜《捣练子令》："深院静，小庭空。断续寒砧断续风。无奈夜长人不寐，数声和月到帘栊。"这与易安此词意境基本相同，都是表现听砧人对亲人的怀念。易安在"往事愁肠"的情况下，写出对逝去的丈夫无比怀念，悲苦甚之。

"蛩声细。""蛩"，蟋蟀。人夜长不寐，听到蟋蟀细微的叫声，倍觉情怀凄切。唐白居易《闻虫》诗云："暗虫唧唧夜绵绵，况是秋阴欲雨天。犹恐愁人暂得睡，声声移近卧床前。"杜甫《促织》诗云："促织甚微细，哀音何动人。草根吟不稳，床下夜相亲。久客得无泪，故妻难及晨。悲诗与急管，感激异天真。"可见古人常用蟋蟀的哀吟衬托愁人的悲苦心境。"促织"即蟋蟀。

"漏声长。""漏"，古代一种滴水计时用的器具。毛熙震《更漏子》："更漏咽。蛩鸣切。满院霜华如雪。"古时词调名与词的内容是一致的。《更漏子》作为常用词调，及其产生的本身，就说明更漏是诗人经常写的素材。"长"字，说明女主人久久不能入睡。

易安近重阳追念丈夫，饮酒也无法排遣，酒醒时种种往事使她悲伤。明月照耀，她孤苦伶仃，夜阑不寐。沉重的捣衣声，细微的蛩鸣声，迢递的漏滴声，组成一个哀怨、凄凉、婉转的交响乐曲，它与李清照的心曲在节奏、旋律、情调上是合拍的。

下片：写黄昏时她情怀悒郁，往事的愁肠，及永夜对丈夫的怀念。

作者通过典型环境的描写，完美地表达了对逝去丈夫的怀念这一题旨。这一艺术手段，在此词创作上的体现是昭著卓绝的。她首先检选的是四季风光中的"秋光"。"秋光"，是令人"情伤"的，从这一点说是典型的。写此季节的环境时抓住"渐一番风，一番雨，一番凉"这一秋天气候变化的典型特征来写，进而撷取秋光中"近重阳"这一时节，典型意义在于它是令人"倍思亲"的时节；写此时节的景物，抓住了"金英"，因为菊花独放百花杀是这一时期的独特征象，又进而选取"近重阳"时节中最易使人缅怀往事亲人的"黄昏""永夜"，写这一时刻的环境时抓住"黄昏院落""明月空床""砧声""蛩声""漏声"这些使人愁发郁勃的典型景物和声音。作者写节序时所摄取的景物都是颇具典型性的，通过综合、融化而塑造出来典型的环境。这表现了作者艺术技巧的高超和善于继承前人优良文学传统。同时也表现了作者对生活体察的深微，感受的强烈。

易安此词前结"渐一番风，一番雨，一番凉"，后结"闻砧声捣，蛩声细，漏声长"与她的另一首《行香子》后结"甚霎儿晴，霎儿雨，霎儿风"，都是由三个结构相同，个别一二个字相同的片语组成，前人把它叫"重笔"。此类结句盖祖于温庭筠《更漏子》结句："一叶叶，一声声。空阶滴到明。"前人评此句说："此等句法，极锻炼，亦极自然，故能令人掩卷后犹作三日之想"，余韵无穷。温词结句是由两个结构相同，一个结构不同的片语组成，是"二重笔"。到了苏轼《行香子》结句："但远山长，云山乱，晓山青"，用了"三重笔"，其中有一个重字"山"。到了李清照的两首《行香子》，结句用的是"三重笔"，"二重字"，"一番"，"霎儿"，向前发展了。辛弃疾有《行香子》结句："放霎时阴，霎时雨，霎时晴"，《问邃庐随笔》认为此句"脱胎易安语也"。明高启《行香子》前结"正一番风，一番雨，一番霜"更明显看出是从易安词中化出。

从此可见文学艺术继承和发展的关系。

此词运用"转转""凄凄惶惶"六个叠字。古诗词常用叠字。《诗经》中的,"关关雎鸠","桃之夭夭","杨柳依依",《古诗十九首》中的"行行重行行","青青河畔草",乔吉《天净沙》"莺莺燕燕春春",易安"凄凄惨惨戚戚"等等,不胜枚举。此词六个叠字加浓了词的凄凉气氛,把词人悲凉的心境表达得更为深切,增强了诗词的音律美。

此词声声凄切,字字沉哀。她的哀愁与"为作新诗强说愁"不同,与浮薄的"闲愁"不同,又与一般的离愁别苦不同,这是在异族残酷进犯,南宋统治集团采取屈辱投降政策之下,一个难民的痛苦呻吟,虽然写的是个人遭逢的凄悲,但却有代表性。国破家亡,夫死妇丧,妻离子散,背井离乡,颠沛流离,这是整个时代的苦难。

念 奴 娇

萧条庭院,又斜风细雨,重门须闭。宠柳娇花寒食近,种种恼人天气。险韵诗成,扶头酒醒,别是闲滋味。征鸿过尽,万千心事难寄。　　楼上几日春寒,帘垂四面,玉栏杆慵倚。被冷香消新梦觉,不许愁人不起。清露晨流,新桐初引,多少游春意。日高烟敛,更看今日晴未。

唐赵征明诗云:"寸心宁死别,不忍生离忧",意思是情愿身死诀别人世,也禁受不了生离的忧愁和痛苦。说明离情别绪是格外令人难堪的。不知易安是否完全同意这种观点,但至少她是"不忍生离忧"的。其《一剪梅》词云"一种相思,两处闲愁。此情无计可消除,才下眉头,却上心头";《醉花阴》词云"莫道不销魂,帘卷西风,人比黄花瘦";《凤凰台上忆吹箫》云"新来瘦,非干病酒,不是悲秋",这些词句都说明了这一点。这些写离愁别苦的词,"岂特闺帏,士林中不多见也",绝非过誉。《漱玉词》中,还有一首

《念奴娇》词，也是历来被人称赞的写离情别绪的闺情绝调。黄墨谷先生《重辑李清照集》中说此词当写于宣和三年（1121），明诚既知莱州，易安从居地青州寄给丈夫的。

"萧条庭院，又斜风细雨，重门须闭。"开头，作者用"萧条"一词冠领，为画面上的"庭院"染上了幽凄、冷落的色彩。这还不够，又在这个色彩上，加涂了"斜风""细雨"，于是这个"庭院"使人看了觉得益加阴森悚然了。故深深的"庭院"，重重的门户都须紧闭。仿佛满院的风雨就够受用的了，而门外的那些无边的风雨，简直使人无法招架，望而生畏了。张志和写的《渔歌子》云："西塞山前白鹭飞。桃花流水鳜鱼肥。青箬笠，绿蓑衣。斜风细雨不须归。"同是"斜风细雨"，一是主人公独处深闺，还要"重门须闭"；一个是主人公在野外桃花流水畔只身垂钓，"不须归"。这不是性别不一，胆子大小造成的，而是主观因素不同所致。"重门须闭"，突出反映了易安的孤怀凄怯。

"宠柳娇花寒食近，种种恼人天气。"寒食节，《武林旧事》载："清明节前三日为寒食节，都城人家，皆插柳满檐，虽小坊幽居，亦青青可爱。……有诗云'莫把青春都折尽，明朝更有出城人'。"吴自牧《梦粱录》云："清明交三月节。前两日谓之寒食。京师人从冬至后数起，至一百五日，便是。此日家家以柳条插于门。名曰明眼"，可见宋代时人寒食节"宠柳"的习俗。

唐韩翃《寒食》诗云："春城无处不飞花，寒食东风御柳斜。""春城"长安与李清照住地山东青州气候大致相当，寒食节正值仲春将过，有的花零落、有的花衰萎、有的花次第开放。"人间四月芳菲尽"，寒食节正是人们惜芳"娇花"的时节。此句意思是人们爱柳喜花的寒食节临近了，可以踏青寻芳访胜，极意纵游。易安心怀悒怅，恰好借明媚旖旎的春光遣怀，然而不能，近日已有了几场"斜风细雨"，不但不能调解，反而倒使心头增添了无穷的烦闷。因此阴阴雨雨、风风寒寒，天气变化无常，格外"恼人"了。

"险韵诗成，扶头酒醒，别是闲滋味。"女主人心绪忧郁，天气阴雨风寒，不仅无法到外面去开解，闺楼闷坐反而倍加岑寂郁勃。那么时光又将怎样熬过？有了，试用写险韵诗的方法消磨。或因易安才情敏赡，或因时间漫长，险韵诗终于写成了。怎么办？"此情无计可消除，才下眉头，却上心头。"想来想去，又决定试用喝酒的办法排解心头的烦闷。于是喝了一种缠头上脑的烈性酒，即"扶头"酒。赵长卿《小重山》："恼人处，宿酒尚扶头"，刺激性很大。昏睡了一个阶段。终于酒消人醒，又重归愁煞人。真是"剪不断。理还乱"，"别是一番滋味"。究竟是什么原因？作者仍然没有告诉我们。

"征鸿过尽，万千心事难寄。"相传雁足是可以传书的，可远征的大雁已经过完了，即使心事堆堆累累，也没有办法传给远方的丈夫啊。这里向我们透露了"庭院"这一"有我之境"冷落萧条毫无生气，对"斜风细雨""重门须闭"，心境惶惶，完全是绸缪离情所致。

"楼上几日春寒，帘垂四面，玉栏杆慵倚。"过变，回应上阕开端。"寒食近""斜风细雨"导致"几日春寒"。也因阴、雨、风、寒，楼上四面帘子才垂下。"玉栏杆"还是要倚的，怀着亲人归来的希望。但是阴雨碍着她的视线，远眺已觉枉然；因为天气恶劣，心上的人儿难以成行，于是她似乎有些心灰意懒，故美丽的栏杆"慵"倚了。"慵"，懒的意思。

"被冷香消新梦觉，不许愁人不起。"显然，这是另一天的早晨，被子冷了，熏炉里的香料也已燃尽，刚刚从新的梦境中惊醒。"不许愁人不起"，用两个否定词"不"，否定之否定，肯定了愁人欲睡不能，欲倒难住，愁闷得慌，只可起来。这本寻常之事，易安琢炼此两句，"炼俗为雅""化去陈腐""字面生新"，被人称赏。《金粟词话》云："李易安'被冷香消新梦觉，不许愁人不起'，'守着窗儿，独自怎生得黑'，皆用浅俗之语，发清新之思，词意并工，闺情绝调"，是评得恰切的。

"清露晨流，新桐初引，多少游春意。"早晨，晶莹的露珠一串串下落,新发的桐条刚生出绿芽。雨也住了,天渐渐开朗,正值寻芳踏青游赏访胜的好时节,可以纵情游览,借景消忧,游春之意就更浓了。"清露晨流,新桐初引"引自《世说新语·赏誉》。《诗辨坻》(卷四)云:"李易安用《世说》全句,浑妙。"《论词随笔》云:"用《世说新语》,更觉自然。"《词征》(卷五)云:"李易安《百字令》词用《世说》,亭然以奇,别出机杼。"易安引前人语入词,自然、贴切、浑成脱化,似自出心裁。

"日高烟敛,更看今日晴未。"太阳升高了,烟云渐渐聚拢了。几天来,天气变化无常,似晴非晴,欲晴又雨,下了又停。试着仔细看一看,今日天气是否彻底晴了,然后决定是否去踏青寻芳。此结句古人咸称其墨妙。

《诗辨坻》(卷四)云:"尝论词贵开宕,不欲沾滞。忽悲忽喜,乍近乍远,斯为妙耳。……李《春情》词本闺怨,结云:'多少游春意'、'更看今日晴未',忽尔拓开,不但不为题束,并不为本意所苦,直如行云舒卷自如,人不觉耳。"《蓼园词评》云:"只写心绪落漠,遇寒食更难遣耳。陡然而起,便尔深邃。至前阕云'重门须闭',次阕云'不许''不起',一开一合,情各戛戛生新。起处雨,结句晴,局法浑成。"皆评得很有道理。

作者把离情别绪,含蓄在所写的景物及人物的形象中。上片,开头两句写景,融情入景,"着我之色彩"。"萧条庭院",反映女主人心绪的落寞。"重门须闭",反映女主人孤怀凄怯。"种种恼人天气",反映女主人心情抑郁烦闷,景含愁情。次两句写情,又不直说,用人物行动情态来暗示。"险韵诗成",为什么写?没有说。"扶头酒醒",为什么喝?也没有告诉我们。写诗饮酒连续消磨很长一段时间,诗成酒醒,只见她还是抓耳挠腮,"闲"得难堪。什么原因,含而不露。"闲",暗隐何意?仔细寻绎,端倪可测。易安写离情的《一剪梅》词云:"一种相思,两处闲愁,此情无计可消除",写别绪的《凤凰台上忆吹箫》词云:"生怕闲愁暗恨,多少事,欲说还休",其中的"闲愁",实指离愁,那么"闲滋味",即相思之苦了。"征鸿""难寄",透露出作者写的离情别绪。但仍不着"离""愁"两字,多么含蓄蕴藉。下片,人物的行为、情致:"玉栏杆慵倚""不许愁人不起""多少游春意""更看今日晴未",都是离愁别苦所致。仅仅点出"愁"来,仍不提"离"字。幽隐隽永。通过人物的行为和景物描写揭示人物的复杂曲折的心理。词旨婉约,情意绸缪。诚如《文心雕龙·隐秀》中云:"夫隐之为体,义生文外,秘响旁通,伏采潜发。"意思是说,含蓄是在言外产生无穷之意。好像秘密的音响从别的地方传来的。暗藏的光彩在里面生发。又说"珠玉潜水,而澜表方圆",意思是,含蓄就像珠玉藏在水里,水面的波澜才激荡变幻。此词含蓄真是达到"珠玉潜水""伏采潜发""义生文外""澜表方圆"的艺术境地。

菩　萨　蛮

　　归鸿声断残云碧。背窗雪落炉烟直。烛底凤钗明。钗头人胜轻。　　角声催晓漏。曙色回牛斗。春意看花难。西风留旧寒。

　　刘禹锡《秋风引》:"何处秋风至?萧萧送雁群。朝来入庭树,孤客最先闻。"作者惊异地看到萧瑟的秋风吹来,它送着北雁南飞。早晨,秋风吹得庭院里的树木飒飒作响,独在异乡为异客的人最先听到这种声音。可见羁旅他乡的人对时节物候是特殊敏感的。

　　南渡之后,李清照对金人践踏下的故乡之思念与日俱增。因此她对报春的梅花,春季的到来,北飞雁群的感觉十分锐敏,她的乡愁也随之浓挚。此词就是李清照南渡之后的怀乡之作。

　　"归鸿声断残云碧。背窗雪落炉烟直。"开端用"归鸿"领起,虽然作者说雁的嘹唳"声断",但"骤响易彻",已笼罩全篇。大雁是一种候鸟,春天要由南方飞往北方的。电影《庐山恋》中的周筠与其父在美国的山林中游猎,突然天际出现一行北归的大雁。周筠举枪要向大雁射击，周筠的父亲立即阻止说：大雁是个有志气的飞禽，只要春天一到就要飞回故乡的，树高千尺，叶落归根，这是我们中华民族的传统，特别是上了年纪的人更是萦萦于怀的，真想像大雁一样飞回故乡啊！引起了他一阵难耐的乡思。此词作者之所以劈头一个"归鸿"，尽管时代及其历史背景不同，同样是用以反映主人公浓重的乡愁的。"故乡何处是。忘了除非醉"（易安《菩萨蛮》），她无时无刻不在思念故乡，因此她对北归的大雁非同一般的敏感，亦最能撩拨她的乡愁。这是大雁对异乡异客的一种回馈。那悲凄的雁鸣响彻云天，在她那想听又不堪听的矛盾心理的瞬间，雁声消失了。大雁的影子也在青绿色的晚云中隐没了。大雁，届时能够回到故乡，自己却是有乡回不得。她惆怅地望着遥远的北方。"碧"，青绿色。王实甫《西厢记》"碧云天，黄花地，西风紧，北雁南飞"中的"碧"是形容云之颜色的，意同。"背窗"，北面的窗子。《诗经·伯兮》："焉得谖草，言树之背"，"背"，北。作者为什么偏写北面的窗子，而不写南面的窗子？这与作者选取"归鸿"北去和"愁损北人、不惯起来听"（易安《添字采桑子》）中用"北人"的构想是同一机杼的。女主人的心里向着北方，思念着北方的故乡。"雪落"，暮雪纷纷落下，这对乡愁浓重的女主人来说在心理上又增加一层凄寒和负压。"炉烟直"，室内熏炉里的烟垂直上升，这写出室内空气的沉静。归鸿的余音悠悠，北窗的暮雪纷纷，垂直的熏烟袅袅，环境的岑寂沉闷，越使女主人的愁发郁勃。

首韵写的是早春黄昏室内外的环境。其色彩是昏暗的，凄寒的。这与女主人因思乡而愁苦烦闷的感情色彩是和谐一致的。

"烛底凤钗明。钗头人胜轻。"作者的笔锋转而写夜晚室内的景象。

"烛"，点明这是个黑夜。"钗"，古代妇女的一种首饰。钗名因钗头形状而异，钗头为蝉形的称蝉钗。牛峤《菩萨蛮》："柳阴烟漠漠，低鬓蝉钗落"，是也。钗头为雀形的称雀钗，温庭筠《更漏子》："金雀钗，红粉面"，是也。钗头为燕形的称燕钗，毛希震

《浣溪沙》："碧玉冠轻裛燕钗，捧心无语步香阶"，是也。钗头为凤形的叫凤钗，唐杨容华《新妆》诗云："凤钗金作缕，鸾镜玉为台"，是也。"人胜"，古时正月初七为"人日"，剪彩为人形，故名人胜。"胜"，妇女头上的一种首饰。梁宗懔《荆楚岁时记》："人日，……剪彩为人，或镂金箔为人，以贴屏风，亦戴之头鬓。又造华胜以相遗。""人胜""华胜"，为胜之两种。"归鸿""人胜"，点出具体的季节和时间。室内的蜡烛发出昏暗的光，女主人心事重重，连妆都没有卸。烛底下凤钗光闪闪，钗头上人胜轻飘飘。像李清照这样的大家，无疑在选材上是考究的，入词的材料是典型的，那么作者选取头妆上的"凤钗""人胜"来写，其典型意义在哪里呢？典型在女主人行为上的反常。反映女主人激荡的心潮，揭示女主人复杂的内心世界。一般妇女都爱梳洗打扮，但有时一反常态，突然懒得打扮了，这反映心理上的变化。李清照词，几次写懒梳头、极无聊赖的行为和情态，或反映对丈夫的深情思念，或反映家国之忧的浓重。"日晚倦梳头"（《武陵春》）、"宝奁闲掩，日上帘钩"（《凤凰台上忆吹箫》），皆其例。同样，头是梳了，但晚间不爱卸妆，这也是写女主人异乎寻常的举动，既不卸妆又不睡眠，反映出女主人激烈的心理活动。这种构思方法对揭示女主人公的内心世界的艺术效果是卓著的。此词，女主人无论是在烛光下的闷坐，还是在床上枯卧，没有心思卸妆，都写出了她对故乡的深情怀念。

"角声催晓漏。曙色回牛斗。"换头，写拂晓时的景象。拂晓，从时间上说，是夜间的延续，从时序上说又是夜晚的尽头。在意脉上说，殷殷乡情不仅没断，反而与时俱增。"角"，古时军队中的乐器，彩绘得很美丽，也称画角。鲁逸仲《南浦》"风悲画角，听单于、三弄落谯门"，陆游《秋波媚》"秋到边城角声哀。烽火照高台"，皆其证。《渊鉴类函》中引《卫公兵法》："夫军城及屯营行军在外，日出日没时，挝鼓一千槌（三百三十三椎为一通）。鼓音止，角音动，吹十二声为一叠。角音止，鼓音动，如此三角三鼓而昏明毕。"可见黄昏、拂晓用角报时。"漏"，古代滴水计时的器具。这在诗词里也常见。温庭筠《更漏子》"柳丝长，春雨细。花外漏声迢递"，又《归国遥》"画堂照帘残烛。梦余更漏促"，为其例。"牛斗"，即牵牛星和北斗星。杜甫《夜》诗："步檐倚杖看牛斗，银汉遥应接凤城。"晁冲之《拟一上人怀山之什》诗："山空牛斗寒，寺静鱼鼓肃。"拂晓时，从军营里传出凄凉的画角声，像催促漏水快滴一般，天空的曙光，使牛斗星隐没。女主人彻夜不眠，只有孤灯伴着她。那嘹唳的雁鸣仿佛在屋里回响，她的心随着北归的雁阵回到可爱的故乡。故乡的山山水水，故居的街坊邻里，儿童时的欢乐，年轻时爱情的幸福，父母的慈爱，祖辈的坟茔，一切的荣辱，悲欢离合，都一幕幕在脑海中联翩出现，历历在目，似乎觉得心都牵念得疲乏了。

"春意看花难。西风留旧寒。""春"字再次点明时令。易安最喜欢游玩，赏花，览胜。在早春时节最喜欢饮酒赏梅的，赏梅最好的时辰又是在早晨，李清照《玉楼春》"要来小酌便来休，未必明朝风不起"，又《清平乐》"看取晚来风势，故应难看梅花"，都是担心早晨、夜间起风，早晨不能观赏完好的梅花。眼下，正是一个彻夜不寐之后的早晨，因为一夜的乡愁，或许偏宜通过赏梅来开解一下绵绵的乡思。大雁的北归，雪里的梅花，已显示些许的春意，春已来到人间。但想欣赏一下梅花是十分困难的，北风阵阵吹来，尚残留着冬日的寒威。

此句，倒装句法，并非单纯浅薄的早春景象的描摹，而是寄托遥深，感喟无穷。因为金人的残酷统治，侵略者铁蹄的践踏，虽然春天来了，但沦陷区及家乡的景象依然目不忍睹。结句余味悠远，意味深长。

上片，写黄昏室内外的景象及女主人永夜思念家乡的情景。

下片，写拂晓时室外的景象和女主人难以看到梅花的惆怅。

此词，充分体现了婉约派词的艺术风格，即委婉、含蓄。词的本旨是写主人公对沦陷区及故乡的深情怀念，但全词共四十四个字，不着"愁""恨""思""念""故乡"一字，而把绵绵的乡国之愁蕴蓄在所写的景象和人物的艺术形象之中,真是浑涵得奇。其意境深邃、幽邈。有"不着一字,尽得风流"之妙。

宋严羽《沧浪诗话》云:"语忌直,意忌浅,脉忌露,味忌短",否则僵直浅薄,一览无余,缺乏艺术生命力,词亦然。易安《鹧鸪天》:"寒日萧萧上锁窗。梧桐应恨夜来霜。酒阑更喜团茶苦,梦断偏宜瑞脑香。　　秋已尽,日犹长。仲宣怀远更凄凉。不如随分樽前醉,莫负东篱菊蕊黄",与此词总体构思同一机杼。两词只"归鸿声断残云碧""仲宣怀远更凄凉"一句,暗示女主人深沉的乡国之思。其余则衷曲蕴藉,意脉不显。

此词,不假雕饰,纯用白描手法。在时间上:先写黄昏,次写夜晚,后写早晨;在空间上:先写室外,次写室内,后又写室外,结构井然。层层布景,铺叙委婉。

词旨婉约,局法井序,意境幽远。此词乃属怀乡佳制。

(《铁岭师专学报》1986 年第 3 期)

李清照的三首咏梅词

玉 楼 春

红酥肯放琼苞碎。探着南枝开遍未。不知蕴藉几多香,但见包藏无限意。 道人憔悴春窗底。闷损栏杆愁不倚。要来小酌便来休,未必明朝风不起。

《乐府指迷·咏花卉及赋情》云:"作词与诗不同,纵是花卉之类,亦须略用情意,或要入闺房之意。"又云:"如只直咏花卉,而不着些艳语,又不似词家体例,所以为难。"我觉得此语是有些道理的。李清照写梅深得咏物之法,此词把咏红梅与写爱情巧妙地融为一体,自然浑成,一扫咏梅词之俗套,正合"词家体例","入闺房之意"又无"淫艳之语",当为咏花卉之上乘。

"红酥肯放琼苞碎。探着南枝开遍未。"此词径起,开端便写红梅。"红酥",红润柔滑。"酥",是一种乳制品。陆游《钗头凤》:"红酥手。黄縢酒。满城春色宫墙柳。"其中的"红酥"与此词中的同意。不过一个是形容手的红润柔滑,一个是状红梅的色泽。"苞",花未开时包着花朵的小叶片。"琼",美玉。诗词中常用"琼"来修饰"枝""苞""楼"等,表现其美丽。"碎",这里是绽裂的意思。"肯放",愿意开放之意,显然是一种拟人化的写法。通过逢春时梅花的"肯放",表现了作者对春天的热爱和赞颂。"探",寻查。一个"探"字,表现了女主人对梅花的热爱和关注。"着",

附着。"南枝",面向南的枝条。唐刘元载妻《早梅》:"南枝向暖北枝寒,一种春风有两般"(《中国女子历代诗词选》),说明南枝向阳,北枝背阴,故梅花南枝先放。又朱淑真《蜡梅》有"昨夜南枝报春信,摘来香束月中清"句。"探着南枝开遍未",从南枝梅花是否开遍,尚未可知,而由此推知北枝的梅花没有开放或很少开放。可以断定,这是梅花初放的时节。一个冬天,冰雪封地,山林寂寥,庭院隆寒,赵明诚在一段时间里离开了家。李清照闺房独守,极凄凉无聊。她天天盼望春天的到来。冰雪消融,到大自然中去拾翠簪红,松解一下心中的怨结。那么什么是春天的资讯呢?只有雪中开放的梅花。有时她向东君祈祷,拜求梅花的早日开放。她盼呀,盼呀,终于盼来了春天,红润柔滑的红梅才愿意开放,美丽的花苞终于绽裂。李清照《清平乐》云:"年年雪里。常插梅花醉",《渔家傲》词云:"共赏金樽沉绿蚁。莫辞醉。此花不与群花比"。说明夫妇饮酒赏梅,这似乎是个惯例。于是她特地寻查一下向阳的梅枝,到底梅花开遍了没有?是否到了夫妻饮酒赏梅的良辰。此句为疑问句。作者没有作正面回答。

"不知蕴藉几多香,但见包藏无限意。"此韵,承写梅花的芳香和精神。"蕴藉",含蓄。易安《摊破浣溪沙》有"终日向人多蕴藉,木樨花"句。"包藏",里面隐藏。女主人打量着梅花,它芳香四溢,沁人心脾,不知它蕴含多少芳香的气味。"但"字一转,写梅花的精神。女主人上下察看一阵,凝神了,引起了她对花前月下往事的回忆。她觉得梅花孤标独迥,高雅芳洁,含有无限的情意。更激发她想念丈夫盼其归来的急切心情。"包藏无限意",只有感情丰富细腻的人,才会有这样的灵感。花、鸟、虫、鱼本来无情,作者赋予它们以人的感情意识,显然这是拟人的手法,审美移情作用。鹿虔扆《临江仙》云:"藕花相向野塘中。暗伤亡国,清露泣香红。"说荷花也知亡国之恨,暗自哭泣。唐罗隐《牡丹》:"当庭始觉春风贵,带雨方知国色寒。日晚更将何所似,太真无力凭栏杆。"说傍晚的牡丹花,像杨贵妃那样疲惫无力地倚靠着栏杆站着。这是作者赋予花以人的感情和姿态的例子，把花人格化，栩栩如生地写出花的精神。这是作者以梅自喻，是说自己年轻、貌美、感情丰富。是下文的铺垫和原因。"托物以寓意，此格尤新奇。"并非虚语。

"道人憔悴春窗底。闷损栏杆愁不倚。"换头，由上面的写花转而写人，形断实连。"道人"，即别人这样说我，议论我。"人"，为易安自指。"憔悴"，人面黄肌瘦，像要得病的样子。柳永《凤栖梧》"衣带渐宽终不悔。为伊消得人憔悴"句，易安《临江仙》有"为谁憔悴损芳姿。夜来清梦好，应是发南枝"句。"闷损"，闷极了。秦观《河传》有"闷损人、天不管"句。"倚栏"，凭栏。这是古典诗词中常见的形象，用来表达悒怅相思的情怀，元郑奎妻《爱月夜眠迟》："徘徊不语倚栏杆，参横斗转风露寒"，朱淑真《秋日晚望》："倚阑堪听处，玉笛在渔舟"，皆其例。此词云"栏杆愁不倚"，一反常态，妙言人心情之不佳。全句意思是，人们都这样说我，议论我，在春日闺房的窗底下，离情绸缪，低回顾影，盼望你的归来，像得病一样，面黄肌瘦，简直把我苦闷坏了，我已经无力去倚栏了。这里是借别人的口来表现自己，为相思而苦闷、憔悴。用他人的同情、关怀，打动爱人的心，来唤起爱人更为深挚的爱，使他尽快地归来。表现易安对爱情执着的追求，对爱人不可终日地思念。收到比正面描写更能震撼人心的艺术效果。

"要来小酌便来休，未必明朝风不起。"前句写出女主人对丈夫的殷切思念之情。接着，女主人委婉提出要爱人回家饮酒赏梅之事。从局法上说，这是合。明明是女主人急不可待，殷切盼望爱人的归来，却不直说，而偏偏要说丈夫"要来小酌"，写得多么婉约而富于情致。"酌"，饮酒。"便"，就。"未必"，不一定之意，是表示推测、判断的词语。该句中的"未必"与后面的"不"配搭，构成否定之否定的句式，即肯定判断，表示明朝风可能起来的意思，以说服丈夫马上归来，以偿热愿。意思是你如果要回家饮酒赏梅，赶快回来就是了，明天早上会刮起大风，那么晚来你就很难观赏到梅花了。《春觉斋论文》云："魏叔子之论文法，析而为四：曰伏，曰应,曰断,曰续……。伏处不必即应,断处亦不必即续,此要诀也。"要在下面关键处去"应"、去"续"、去"合",词法亦然。此词换头转而写人,似乎离了题,断了词意,可结句极其巧妙地扣在题的本旨上,真可谓"藕断丝连","明断暗续",妙在意脉贯穿。实际上,这种形式上的突兀陡转是一种用曲折、隐秘的方式,深化词的方法,曲径通幽,更富意趣。

上片,写梅花的色香和精神。

下片,写女主人的相思之苦,及急切盼望丈夫归来饮酒赏梅的心情。

此词章法,在于起承转合之妙。首两句,起,写梅花的姿色;次两句,承,写梅花的芳香和精神;换头,转,写女主人的相思之苦;结句,合,写盼望丈夫归来饮酒赏梅的急切心情。上片,起承无迹,为下片蓄势。下片,过变转得陡然,末句合得巧妙轻灵。

此词,《花草粹编》《历代诗余》题为《红梅》,作者因思念丈夫才写这首梅词的。上片,作者把观察、想象、联想等精神活动发动起来,强化了女词人对梅花的感受。这是对作者思想的反馈。作者又用比喻、拟人等手法将梅花的色香和精神表现出来。作者以梅花自喻,把梅花写得越俏丽、越馨香、越情深意浓,便愈能够打动爱人的心。下片,写相思之苦,殷切盼望丈夫归来饮酒赏梅,以慰双撑盼睫。这样的咏梅就不是仅仅咏一红梅,而是把咏梅与爱情的描写巧妙地融而为一,自然浑成。这与李清照《孤雁儿》同一机杼,词云:"藤床纸帐朝眠起。说不尽、无佳思。沉香断续玉炉寒,伴我情怀如水。笛声三弄,梅心惊破,多少春情意。　　小风疏雨萧萧地。又催下、千行泪。吹箫人去玉楼空,肠断与谁同倚。一枝折得,人间天上,没个人堪寄。"把咏梅与怀念丈夫的内容巧妙地切当地结合起来,扫除了庸俗的梅词沾沾而咏一物,索然呆述,枯燥无味的做法。这是易安梅词高明、超绝之处。

沈雄曰:"紧要处,前结如奔马收缰,须勒得住,又似住而未住。后结如众流归海,要收得尽,又似尽而不尽者。"此词前结,

"但见包藏无限意",如"奔马收僵""似住而未住",有"水穷云起",带出下意之妙。结句,"要来小酌便来休,未必明朝风不起",从时间上说,照例丈夫应该归来赏梅;从情理上说,她愁情绻缱,痛苦难挨,丈夫也应该归来,以慰芳心一片;从天气上说,明早风起,将很难看到梅花。故归来饮酒赏梅,似"泉流归海",势在必然,但究竟归与不归,令人骋想无极,乃有"似尽而不尽"之妙。余韵缭绕,悠悠不绝。

这首小词,仅仅五十七字,亦能显出易安的艺术匠心,诚如王灼《碧鸡漫志》云:易安居士"作长短句,能曲折尽人意,轻巧尖新,姿态百出",绝非虚誉。

渔　家　傲

　　雪里已知春信至。寒梅点缀琼枝腻。香脸半开娇旖旎。当庭际。玉人浴出新妆洗。　　造化可能偏有意。故教明月玲珑地。共赏金樽沉绿蚁。莫辞醉。此花不与群花比。

王淇《梅》诗云:"不受尘埃半点侵,竹篱茅舍自甘心。只因误识林和靖,惹得诗人说到今。"是说梅花不受半点尘埃的侵染和玷污,自己甘心处在竹篱茅舍之间。宋代诗人林和靖,隐居孤山,以梅为妻以鹤为子,人称"梅妻鹤子",梅花悔恨认识了他,招引千百年来诗人的咏梅颂梅,议论纷纷。这首脍炙人口的咏梅诗,写出梅花的高标逸韵和安贫乐道的精神境界,也反映了历代诗人写出的梅诗之多。女词人李清照喜欢梅花,她写的咏梅词,在浩繁的咏梅诗词之中占有重要的位置。此词就是她的一首咏梅词。当为李清照南渡前所作。

"雪里已知春信至。寒梅点缀琼枝腻。"劈空一个"雪里",将读者带入坚冰封地、白雪皑皑的世界。然而,在这个世界里只有梅花冒寒傲雪独自开放,点染先春。这就是梅花最为人称赏的特质,所以在许多的咏梅诗里，都提到这一点。白玉蟾《早春》诗云："南枝才放两三花，雪里吟香弄粉些"，僧齐己《早梅》诗云："前村风雪里，昨夜一枝开"，皆其例。梅花是一种报春之花，当冰雪覆盖大地的时候，它却独自开放，显示出无限的生机。人们在雪的世界里一见梅花开放，便知道是春天来了。"寒梅"，点出本旨，落笔擒题。"点缀"，经装饰衬托，使事物更加美好。"琼枝"，像美玉制成的枝条。"琼"，美玉。李煜《破阵子》："凤阁龙楼连宵汉，玉树琼枝做烟萝"，明高启《梅花》："琼枝只合在瑶台，谁向江南处处栽。"其中的"琼枝"与此词中的意同。"腻"，光洁柔润，往往用以形容花的光泽，在咏花卉的词诗中常见。唐吴融《木笔花》："嫩如新竹管初齐，粉腻红轻样可携"，明陈石亭《秋海棠》："露浥秋姿腻，风回宫袂凉"，皆其证。此句意思是，寒梅用美玉般的枝条装饰衬托着光洁柔美的花朵。头两句写出寒梅遗世独立、高雅芳洁的标格。

"香脸半开娇旖旎。当庭际。玉人浴出新妆洗。"词人赋予寒梅以人的情态。"香脸"，指女人敷着胭脂或使用其他化妆品而散发香味的面部。用以比拟半开着的散发芳香的花朵。"娇"，妖娆。"旖旎"，与魏承班《玉楼春》"春风筵上贯珠匀，艳色韶颜娇旖旎"，《木兰花》"小芙蓉，香旖旎"中的同意，均为妩媚柔美之意。"玉人"，美人。在古典诗词中常见，唐杜牧《寄扬州韩绰判官》"二十四桥明月夜，玉人何处教吹箫"，唐无名氏《咏美人骑马》"促来金镫短，扶上玉人轻"，皆其例。显然作者用拟人的修辞方法写出梅花的绰约姿容。此三句是说，雪里半开着喷发馨香的寒梅花，像敷着胭脂或使用其他化妆品而散发芳香的美人脸庞，多么妖娆妩媚。当它在庭院中，又多么像美人乍从浴室走出，上好刚洗过的新妆，绝无纤尘。这不仅写出她绰约的风姿，同时也写出她"不受尘埃半点浸"的高雅芳洁的品格。不啻写出梅花的姿容，更主要的是写出寒梅的"神"韵。

"造化可能偏有意。故教明月玲珑地。""造化"，大自然。唐薛涛《朱槿花》："造化大都排比巧，衣裳色泽总薰薰"，宋翁元广《剪春罗》："谁把风刀剪薄罗，极知造化著功多"，其中的"造化"与此词中"造化"意同。"玲珑"，清晰明亮。李白《玉阶怨》："却下水晶帘，玲珑望秋月"，温庭筠《菩萨蛮》："竹风轻动庭除冷。珠帘月上玲珑影"，皆其例。"地"，助词。全句是说，大自然可能是别有一番心意，特地让明月在空中朗照。万物为大自然之子，只有寒梅受到"造化"的特别钟爱，让明月分辉照耀。皑皑的雪地，银色的月辉，白色梅花那种素雅芳洁的颜容仪态，谐美自然，浑然一体。这多么像一个巨大的舞台，背景美，灯光美，把本来妖娆的女主人，衬托得更加美好，取得了突出的舞台效果。

"共赏金樽沉绿蚁。莫辞醉。此花不与群花比。""共赏"，一同观赏。李清照《偶成》："十五年前花月底，相从曾赋赏花诗"，记载了夫妇两人赏花赋诗的情景。这次也是在月下花前，并且是在雪地里共同观赏初放的寒梅，兴味盎然。林逋著名的《山园小梅》诗结句："幸有微吟可相狎，不须檀板共金樽"，意思是幸好有相亲近的朋友可以相互娱乐，共同赏梅，低声吟诗，不需要歌女击板歌唱，也不要共同举杯饮酒。李清照的志趣则不然，不仅要与自己的爱人共同赏梅饮酒，并且要依声填词，劝酒助兴。梅花是这样给予人以美的享受，令人开怀，酒兴大作，一定要喝得痛快酣畅，一醉方休。"金樽"，珍贵的酒杯。"绿蚁"，古代酿酒时浮在上面的沫子，也叫浮蚁，后来以此为酒的代称。易安词《行香子》："薄衣初试，绿蚁新尝"，唐翁绶《咏酒》："逃暑迎春复送秋，无非绿蚁满杯浮"，皆其例。"沉绿蚁"，酒上的浮沫沉下去了，可以马上举杯痛饮了。全词以"此花不与群花比"总束全篇，使全词振作。这是最精辟的结语和赞语，也是作者写梅、赞梅、托梅言情的原因。梅花不是其他的花所能比拟的，为什么？梅在"雪里"开放，说明它的卓尔不群，凌寒傲雪，标高韵逸。"琼枝"，"玉人浴出新妆洗"，表现梅花冰清玉洁的特质。"香脸半开娇旖旎"，说明梅花芳颜仪态之非凡。

上片，写出梅花的丰神雅韵，超然霞举。

下片，写大自然和人对梅花的偏爱及此花的无与伦比。

咏物的诗词古已有之，或托物以寓意，或借物之言情。这首词，通过咏梅，写出梅花的超然霞举，高标逸韵，形神俱似。这也是作者的精神品质和形貌的缩影。林逋《梅花》诗云："天与清香似有私"，意思是自然给予梅花以清香，好像老天对梅花别有恩泽。李商隐《十一月中旬至扶风界见梅花》："素娥唯与月"，意思是说，嫦娥使月亮发光，照耀着梅花。此为易安词"造化可能偏有意。故教明月玲珑地"之本。我认为此词是托物言情的。沈祥龙云："咏物之作，在借物以寓性情，凡身世之感，君国之忧，隐然蕴于其内。斯寄托遥深，非沾沾焉咏一物矣"。如苏轼的《水龙吟·次韵章质夫杨花词》（似花还是非花）、《贺新郎》（乳燕飞华屋）、史达祖《双双燕》（春社过了）、姜白石的《齐天乐》（庾郎先自吟愁赋）、陆游的《卜算子·咏梅》（驿外断桥边）、赵佶的《燕山亭·北行见杏花》（裁剪冰绡）等等，都是人们交口称赏的咏物言志的咏物词。当然并非所有的咏物词都别有寄托。我觉得李清照这首《渔家傲》也是有寄托的，作者在于通过咏梅花讴歌自己美好幸福的婚姻爱情。"造化可能偏有意。故教明月玲珑地"，造化偏偏让明月分辉，花月相照，花好月圆。这使我们自然联想到赵明诚与李清照那神妙离奇的婚姻故事。据《琅嬛记》载，明诚少时，一次白天睡觉，在梦中读书，醒来只记得三句："言与司合，安上已脱，芝芙草拔"，莫名其妙，以此告诉他的父亲。父亲欣然解道，"言与司合"是"词"，"安上已脱"是"女"，"芝芙草拔"是"之夫"，我儿将是"词女之夫"啊！后来李格非将其女李清照嫁给赵明诚，明诚果然成了"词女之夫"。这个故事的真伪我们没有必要去考证，但读者看过之后，似乎觉得"造化可能偏有意。故教明月玲珑地"，真是天做良缘，花月相照，花好月圆，婚姻幸福美满。故夫妇两人共同举杯，为明诚得一才华横溢、梅花一般高雅芳洁的词女而干杯，为自己美好幸福的爱情拼得一醉。显然，此词李清照以高格独迥、孤标逸韵、冰清玉洁的梅花自喻。

此词在艺术上的另一特色，是拟人手法的超卓，将梅花写得形神俱似，亦花亦人。梅花有一令人陶醉的"香脸"；她有令人倾倒的"娇旖旎"的情态；梅花犹如"玉人浴出新妆洗"一般的高雅芳洁，一尘不染。一个靡颜腻理、风姿绰约、标高韵逸、冰清玉洁的梅娘形象跃然纸上，呼之欲出。这种神奇的艺术效果，便是高超的拟人艺术手法的功力。

梅圣俞《续金针诗格》云："诗有内外意，内意欲尽其理，外意欲尽其象，内外意含蓄，方入诗格"，词亦然。此词外意是写梅花，内意是写人，亦花亦人，浑然一体。妙在"有寄托入，无寄托出"。

此词，梅花是自我形象的缩影，似有"孤芳自赏"情绪的流露。

满 庭 芳

小阁藏春，闲窗锁昼，画堂无限深幽。篆香烧尽，日影下帘钩。手种江梅更好，又何必、临水登楼。无人到，寂寥浑似，何逊在扬州。　　从来知韵胜，难堪雨藉，不耐风揉。更谁家，横笛吹动浓愁。莫恨香消雪减，须信道、扫迹情留。难言处，良宵淡月，疏影尚风流。

李清照在《孤雁儿》小序中说："世人作梅词，下笔便俗。予试作一篇，乃知前言不妄耳。"说明《孤雁儿》这首梅词不流于俗。《满庭芳》这首梅词，与《孤雁儿》一样，具有自己独特的艺术构思，亦不同于一般的咏梅词。此词当为清照南渡前的词作。

"小阁藏春，闲窗锁昼，画堂无限深幽。"写早春闺阁画堂殊为凄寂幽邃。就其此词本旨而言，这是侧入。春天来到了人间，春天来到了庭院，春天来到了绣楼。"春"字点明了时节。"藏"字，说明小楼的重门紧闭着。"小阁"，小楼。陈与义《临江仙》有"闲登小阁看新晴"句。"闲窗"，与安易《浣溪沙》"小院闲窗春色深"中的"闲窗"同意，"锁"字说明带护栏的窗子关闭不动。绿窗寂寂，无人光顾。"藏春""锁昼"，好像楼里别有个春天，窗里另有个白昼，并与外面的世界隔绝似的。开始用一个对偶句写出女主人春季整日关在深闺，孤独凄寂、抑郁惆怅。"画堂"，雕绘得非常美丽的屋子。张泌《酒泉子》有"画堂深，红焰小，背兰釭"句。"无限"，极言画堂的深邃幽凄。头三句，通过对楼内凄寂幽邃环境的描写，暗示出女主人抑郁惆怅的情怀，并渲染了氛围。

"篆香烧尽，日影下帘钩。"小阁画堂是这般的凄寂幽邃，女主人百无聊赖，失魂落魄，索居独处，似乎与世隔绝，似乎对什么东西都不感兴趣。那么怎样消磨这永昼的时光，点燃印有篆字的熏香，调解一下沉闷的空气，一直到篆香燃尽，熬到天色将晚，日影下帘钩。女主人为什么这样？显然，这是绸缪的离愁所致。"篆香"，一种印有篆字的熏香。秦观《减字木兰花》有"欲见回肠。断尽金炉小篆香"，易安《浪淘沙》："记得玉钗斜拨火，宝篆成空"，其中的"篆香""宝篆"，都是指一种印有篆文印记的香。宋洪刍《香谱·百刻香》云："近世尚奇者作香篆，其文准十二辰，分一百刻，凡燃一昼夜乃已。""帘钩"，挂帘的钩子。杜甫《落日》诗有"落日在帘钩，溪边春事幽"句，吴文英《浣溪沙》有"玉纤香动小帘钩"句。"下"字用得警动异常，把日光写活了，有神韵，也点出一天中的具体时间。

"手种江梅更好，又何必、临水登楼。"徐徐引入本题。傍晚，室内出现暗影，可是窗下与屋里相比亮得多了。透过窗子，她看到庭院里亲手栽种的江梅，那雅韵丰神是逐渐美好。不必像王粲那样，到靠近漳水支流和沮水边登上当阳城楼四面远眺来消忧。"江梅"，点出题意。"临水登楼"，用典。建安七子之一的王粲，曾登上靠近漳水支流和沮水边的当阳城楼作《登楼赋》，以抒所怀。开头云："登兹楼以四望兮，聊暇日以销忧。……挟清漳之通浦兮，倚曲沮之长洲。"意思是说，我登上这座城楼四下眺望，借闲暇时间来消除我的忧愁。此句化用典故，意思是我在庭院里亲手栽种的江梅是最好的，在傍晚赏梅赋诗尚可消愁解忧，何必要像王粲那样，非登上临漳水支流和沮水的当阳城的楼上四面眺望，作赋抒怀，借以消忧不可呢？

"无人到，寂寥浑似，何逊在扬州。""无人到"，宕顿，"寂寥"两句拍合。"寂寥"，寂静、空旷。王维《登河北城楼作》："寂寥天地暮，心与广川闲"，江采萍《谢赐珍珠》诗："长门尽日无梳洗，何必珍珠慰寂寥"，皆其例。"何逊"，南朝梁诗人，八岁能赋诗，曾为官扬州，庭中有梅，经常在梅下作诗。杜甫《和裴迪登蜀州东亭送客逢早梅相忆见寄》诗云："东阁官梅动诗兴，还如何逊在扬州。"此三句的意思是：我的居所终日没有人来，寂寞空旷，就像何逊在扬州一样，我常常望梅赋诗，消愁解闷。写庭院的寂寞无人，女主人常在梅下作诗，"梅"隐而不露，而在典中含梅，比直接写梅更耐人寻味，蕴藉高妙。

"从来知韵胜，难堪雨藉，不耐风揉。""韵胜"，指梅花的风韵逸群，超出一般。范成大《范村梅谱·后序》："梅以韵胜，以格高。""不耐"，禁受不了，与李煜《浪淘沙》"罗衾不耐五更寒"的"不耐"同意。"难堪"，难以忍受。此句的意思是，人们从来知道梅花高标独迥，风韵逸群，但难以禁受雨的践踏，风的蹂躏，暗寓女主人的雅韵丰神，芳洁自爱，但经受不了离别等痛苦的折磨和摧残。明写梅花，暗写自我形象。这使我们自然想起李清照《渔家傲》："香脸半开娇旖旎。当庭际。玉人浴出新妆洗"，李清照《玉楼春》："不知蕴藉几多香，但见包藏无限意"，所寓的都是自我形象。

"更谁家，横笛吹动浓愁。"两句振起。吴文英《高阳台·落梅》，"南楼不恨吹横笛，恨晓风、千里关山"、姜白石《暗香》："旧时月色，算几番照我，梅边吹笛。"其中的"笛"与此词中的"笛"同指梅笛。笛曲中有"梅花落"的哀怨曲调。薛涛《春望》诗云："花开不同赏，花落不同悲。欲问相思处，花开花落时。"花开花落是最能触动人的相思之情的。此韵的意思是，梅花的雅韵丰神，令人赞赏，无奈遭到风吹雨打，令人怜悯、同情、感伤、惆怅。

然而，不知从谁家传来的笛声，吹奏的正好是"梅花落"的曲调，忧伤哀怨，与女主人此时的情怀产生了共鸣，使原来的愁绪更加浓挚。言外之意，本来离情绸缪，痛苦难耐，又听到《梅花落》的哀怨曲调。梅花落，意味着美好事物或青春年华的逝去，更触动女主人的离怀，别绪更加浓重凄恻。

"莫恨香消雪减，须信道、扫迹情留。""雪"，喻白色梅花。唐戎昱《早梅》："应缘近水花先发，疑是经春雪未消"，就是用雪来比喻梅花的。意思是，不要恨梅花香味渐消花瓣零落，一定要相信，即使是凋落的花瓣和香味一扫而光，但情谊长存。言外之意，我为思念丈夫而萦损芳肌，这是自然的，无法制止的，不要怨恨。假使我的肉体在人间消失了，但爱情永存。表现对爱情的忠贞。这是自我安慰，同时也在劝慰别人。"莫恨"与"须信"两句呼应。

"难言处，良宵淡月，疏影尚风流。""难言处"一顿，摇曳生姿，唤出下面两句。结句清俊，余韵殊胜，振作全篇。

"疏影"，梅花稀疏的影子。陈与义《临江仙》有"杏花疏影里，吹笛到天明"句，明高启《咏梅》有"寒依疏影萧萧竹，春掩残香漠漠苔"。"风流"，有风度，有韵致。唐吴融《杏花》："粉薄红轻掩敛羞，花中占断得风流"，明钱士升《紫薇花》："深紫姹红出素秋，不粘皮骨自风流"，其中的"风流"与此词中的"风流"同意。范成大《范村梅谱·后序》：梅"以横斜疏瘦、与老枝怪奇者为贵"，故易安词云"良宵淡月，疏影尚风流"，结句意思是，难以用语言表达的地方，虽然是香消雪减，但是在美好的夜晚，清淡的月光照耀着稀疏的梅影，它还是很有风韵情致的。言外之意，尽管自己受到离情别苦的折磨，魂销肠损，但是依旧别有风韵，表现了作者芳洁自爱的品质。

上片，写早春女主人闺阁索居的孤寂惆怅。

下片，写梅花虽香消雪减，但淡月下的疏影依旧很有风韵。

易安在《孤雁儿》词小序中说："世人作梅词，下笔便俗。"易安写梅词何以不俗？林逋诗《小园早梅》："众芳摇落独喧妍，占尽风情向小园。疏影横斜水清浅,暗香浮动月黄昏。霜禽欲下先偷眼,粉蝶如知合断魂。幸有微吟可相狎,不须檀板共金樽。"这是一首历来最被人称赏的咏梅诗,古人多有评骘。还有陆游的《卜算子》:"驿外断桥边,寂寞开无主。已是黄昏独自愁,更著风和雨。无意苦争春,一任群芳妒。零落成泥碾作尘,只有香如故。"也是中国词坛一首著名的梅词,脍炙千古。这两首诗词与李清照的梅词在艺术上有何异同呢?林、李、陆三首诗词,都是咏梅的,都是托物言志的。林诗托梅花自赞其高雅芳洁,陆词托梅花自喻其高风亮节,李词托梅花赞颂爱情。在各有寄托这点上是相同的。然而林、陆咏梅的诗词,从字面上说通篇都是写梅的。李词则不然,把咏梅放在人物的生活、活动中,加以描写和赞颂,把相思和咏梅结合起来,自成高格,正是易安匠心独运处。

用了大量的虚词:"更""又""何必""从来""莫""须""尚"等,呼应传神,转折达意,跌宕多姿,是此词在表达方面的另一特色。

易安咏梅,不落窠臼,在写法上别出机杼,说明易安在艺术上具有勇于创新的精神。

(《本溪师专学报》1987 年第 1 期)

读李清照《浣溪沙》词一首

髻子伤春懒更梳。晚风庭院落梅初。淡云来往月疏疏。玉鸭熏炉闲瑞脑,朱樱斗帐掩流苏。遗犀还解辟寒无。

这首小词,是易安年轻时的作品。作者用了白描的艺术手法,绘制了两幅清淡典雅的图画:一是室外"闺妇夜晚伤春图",一是室内"闺妇夜晚怀人图"。两幅画面互相映衬,相得益彰,妙趣横生,突出了词旨。

"髻子伤春懒更梳。"首句,开宗明义,袒露自己的伤春情怀,也写出伤春的情态。"髻",古代妇女的一种发式。"懒更梳",这是伤春的惆怅情怀在人行为上的表露。懒于梳洗打扮,这在古典诗词里是一种常用的形象。妇女或因伤春,或因怀人,或因某种变故,她们没有心思去梳洗打扮。作者捕捉到这一形象,用来揭示人物的内心世界,是颇为经济而又巧妙的方法,读者一看到这种情况便知道女主人的心理,容易取得良好的艺术效果。但是,这里作者没有让我们去猜测,而是明确告诉我们,其"懒更梳"的原因是"伤春"。江采萍原是唐玄宗的爱妃,后因杨贵妃得宠而被冷落。玄宗曾赐给她一些珍珠,她不受。并写《谢赐珍珠》诗一首,以表情怀。诗云:"桂叶双眉久不描,残妆和泪污红绡。长门尽日无梳洗,何必珍珠慰寂寥。"这种"双眉久不描""残妆""尽日无梳洗",便是女主人的爱、思、怨、愁、恨等多种思想感情在行为上的体现。唐李冶《得阎伯钧书》有"情来对镜懒梳头,暮雨萧萧庭树秋"句,孙光宪《浣溪沙》有"揽镜无言泪欲流。凝情半日懒梳头"句,都是典型的例子。

"晚风庭院落梅初。"作者从写人物的情态转而写外面的环境,这是由人及物。女主人可能看到了什么?可能看到的事情很多,诸如墙外的房舍、高大的树木等等,但不能全写,必须经过抉择、拣选。写什么?写庭院。这是什么样的庭院?"晚"字,道出了一天的具体时间,庭院处在夜色的朦胧中。"风"字告诉我们,天气是刮着春风的。作者虽然没有写风势的大小,但我们从"初"字看出,庭院里的梅花是经过春风的摇曳而刚刚谢落的。风究竟有几级,我们不必去推究,但其风势是足能摧落梅花的,这里似乎是补叙首句"伤春"之所由。

"淡云来往月疏疏。"承写夜晚的环境。从写地下,到写天上。"淡云来往",轻淡的云彩来回飘动,这说明晚来的风势是不小的,并且是非定向的,梅花会受到更大的摧折。"疏疏",与明冯琦《葡萄》"的的紫房含雨润,疏疏翠幄向风开",宋张耒《秋蕊香》"帘幕疏疏风透。一线香飘金兽"中的"疏疏"都是稀疏的意思。女主人望着天空:春风戏弄着轻淡的云彩,使它飘来飘去,月亮洒下稀疏的光辉。

上片,写女主人为大好的春光将尽感到哀伤,连头上的发髻也懒得再梳理。晚上,院里刮着春风,摇荡着庭树,梅花刚刚被吹落。天上轻淡淡的云彩飘来飘去,月亮投下稀疏的光辉。作者写环境,一方面补叙"懒更梳"的原因,一方面衬托女主人那种凄寂的心境。《莲子居词话》云:"言情之词,必借景色映托。乃具深宛流美之致",是有道理的。

"玉鸭熏炉闲瑞脑",换头,转而写闺房的环境。"熏炉",点燃熏香的香炉。其形状各式各样,有麒麟形、狮子形、鸭子形等等。易安《凤凰台上忆吹箫》:"香冷金猊","金猊",即黄铜的狮形熏炉。此处的熏炉是鸭形的。"玉鸭""玉枕""玉炉",可能是光洁如玉的白瓷所制。顾敻《浣溪沙》:"翠帏金鸭炷香平",顾敻《荷叶杯》："金鸭香浓鸳被。枕腻"和《临江仙》："香烬暗销金鸭冷，可堪辜负前期"，其中"金鸭"都是黄铜铸的鸭形香炉。"瑞脑"，是一种熏香的名字。前面冠之以"闲"字，说明这种香料是放置熏炉中，没有点燃。易安《浣溪沙》："小院闲窗春色深"，"闲窗"，窗之应开而不开，该用而不用，"瑞脑"应该点燃而不点燃，这都反映了女主人打不起精神，对周围的事物都不感兴趣的百无聊赖的情态。平时女主人喜燃熏香，喜欢观赏景物，然而现在却一反常态，这说明女主人的心事沉重，思想活动的激烈。

"朱樱斗帐掩流苏。""朱樱"，红色樱桃，这里指帐之颜色，"斗帐"，覆斗形的帐。张安国《满江红》："斗帐高眠。寒窗静，潇潇雨意"，宋郑文妻词《南乡子》："晓日压重檐，斗帐春寒起来忺"，其中的"斗帐"即为这类帐子。"掩"，遮盖。"流苏"，点缀的穗子。阎选《浣溪沙》："寂寞流苏冷绣茵。倚屏山枕惹香尘"，韦庄《菩萨蛮》："红楼昨夜堪惆怅。香灯半掩流苏帐"，其中的"流苏"均指帐子下垂的穗儿，一般用五色羽毛或彩线盘结而成。王维《扶南曲》："翠羽流苏帐，春眠曙不开"，其中的流苏便是羽毛制成的。红樱桃色斗帐遮盖着帐下装点的穗子。本来"流苏"是为了点缀帐子，使其更美丽漂亮，可是现在却把美的东西遮盖住不顾惜，这表现女主人已经无心思去美了。这里，作者用一对偶句写出女主人爱嗅的东西不嗅了，爱看的东西也不顾惜了，反映了抑郁惆怅的情怀。

"遗犀还解辟寒无。"《开元天宝遗事》："开元二年冬至，交趾国进犀角一株，色黄似金。使者请以金盘置于殿中，温温然有暖气袭人。上问其故。使者对曰：'此辟寒犀也。顷自隋文帝时，本国曾进一株，直至今日'"（转引自《李清照集校注》)，这就是"遗犀辟寒"之本。《词综》《历代诗余》本作"通犀"，中间有白色，直通两端。李商隐《无题》有"心有灵犀一点通"句。女主人躺在床上，斗帐里觉得格外凄清，即使有灵犀挂在帐上，安能解除心神的凄寒。

上片，写闺房外面的环境，以衬托女主人伤春的情怀。由情入景。

下片，写闺房里面的环境，以衬托女主人怀念心上人的意绪。由景入情。

作者用环境描写渲染气氛，揭示主人公的思想感情、精神状态，这样的诗词姿态生动，深婉流美，轻灵自然。这是诗词中常见的一种艺术手法。李清照娴熟地运用这种手法，所写的环境没有雷同，即使写的同一东西。《浣溪沙》："玉炉沉水袅残烟"；《醉花阴》："瑞脑消金兽"；《孤雁儿》："沉香断续玉炉寒"；《凤凰台上忆吹箫》："香冷金猊"，这些词中的句子都是写香炉和熏香的，但状态各异，妙趣无穷。易安在写室内环境时，也写熏炉，也写帐，但写法也不同。《醉花阴》："薄雾浓云愁永昼。瑞脑消金兽。佳节又重阳，玉枕纱橱，半夜凉初透"；《孤雁儿》："藤床纸帐朝眠起。说不尽、无佳思。沉香断续玉炉寒，伴我情怀如水"。《醉花阴》写的是整日发愁，女主人枯坐在闺房，瑞脑这种熏香，在黄铜铸的兽形香炉里燃尽。晚上躺在纱帐里睡觉，半夜里有些凉意透过。这是写女主人秋天日夜的离愁。虽然也写室内的环境，时间发生在白天与黑夜，选写的是瑞脑在玉炉里燃尽，凉意透过纱橱。《孤雁儿》写的是女主人在藤床上梅花纸帐中醒来，心绪很不好，断断续续地往玉炉里添香，一直到香料燃尽，玉炉冰凉。只有冰凉的玉炉伴着她像水那样的情怀。这是写她对丈夫沉哀入髓的悼念之情。作者虽然也写的是室内环境，但时间是早晨，选写的室内景物，一是梅花纸帐，一是断续燃尽瑞脑的冰凉的玉炉，女主人的情怀如水。此词写的室内环境，时间是入夜时分，摆的是玉鸭形的熏炉，里面的瑞脑没有点燃，睡在朱樱斗帐里，心头的寒意难以解除。写的是怀念丈夫时怅惘的情怀。虽然都是写室内环境，都写摆设的"炉"、住的"帐"，心情的凄凉，但意境却不相同。由于时间的不同，生活的变化，周围环境的改变，即使都写"愁"，但具体的感受也有所不同。所以同是写室内环境，可我们丝毫没有重复、雷同、索味的感觉。

易安词是婉约含蓄的,有时用环境描写暗示给我们。

　　此词在内容上、风格上,从文学史的角度来看,受唐五代一些词的影响是很深的。五代张泌《浣溪沙》:"翡翠屏开绣幄红。谢娥无力晓妆慵。锦帏鸳被宿香浓。　　微雨小庭春寂寞,燕飞莺语隔帘栊。杏花凝恨倚东风。"此词中作者选取的典型材料:"绣幄""晓妆慵""小庭""杏花""春寂寞",与易安词中的"斗帐""髻子""懒更梳""庭院""落梅""伤春"基本相同。顾敻《浣溪沙》:"雁响遥天玉漏清。小纱窗外月胧明。翠帏金鸭炷香平。　　何处不归音信断,良宵空使梦魂惊。簟凉枕冷不胜情。"此词中作者选取典型材料:"遥天""月胧明""翠帏""金鸭""香""冷",与易安此词中选取的材料:"淡云""月疏疏""斗帐""玉鸭""瑞脑""寒"颇似。这样的例子在《花间集》中并不少见。这说明易安词受唐五代词的影响较深。谭仲修云:"易安居士独此篇有唐调",我以为不仅如此。易安此词的内容和选材,与《花间集》基本相同,但我们却毫无重复之感,亦无觉因袭之嫌。这是因为作者不同,每人的心境不同,对相同事物的具体感受也不同。不同感受与基本相同的材料和不同的材料熔为一炉,因此形成了各具特色的意境。

(《朝阳师专学报》1987年第2期)

李清照《临江仙》词作年辨析

庭院深深深几许,云窗雾阁常扃。柳梢梅萼渐分明。春归秣陵树,人老建康城。　　感月吟风多少事,如今老去无成。谁怜憔悴更凋零。试灯无意思,踏雪没心情。

王仲闻《李清照集校注》中《李清照事迹编年》里说:"洪炎所云泉州故相赵挺之家,以实录缴进事观之,即明诚家,亦即清照也。据此,似清照平生行踪,或曾至福建。倘确曾驻家泉州,则《临江仙》词所云'人客建安城'(赵万里辑本《漱玉词》作'人老建康城'),殆为入闽或出闽时过建安作。"此说,有人曾提出异议,其考辨在此概不觊缕。笔者首先对《李清照集校注》辑录此《临江仙》后校记中所云:"而词中云:'人老建康城',又云:'而今老去无成',明为感旧伤今之语,与在建康时情境不甚相合,不似从明诚居建康时作。疑从《词学丛书》本《乐府雅词》作'建安'为是。"提出异议。先生所谓"'人老建康城',又云:'而今老去无成',明为感旧伤今之语,与在建康时情境不甚相合",实质上就是认为李清照从明诚居建康时是个中年妇女,没有"老""老去",年仅四十五六岁,在年龄上不符,故认为"不似从明诚居建康时作。疑从《词学丛书》本《乐府雅词》作'建安'为是"。笔者认为"人老建康城""而今老去无成"之中的"老""老去",是与年轻时比较,或因国破家亡的忧愁,辛苦辗转的折磨,显得憔悴苍老多了。让我们了解一下自建炎元年(1127)三月到建炎三年(1129)

二月，她在这整整两年岁月中的遭遇：明诚在建炎元年（1127）三月，从淄州独奔母丧南下江宁，她为婆母悲伤，并为明诚分忧担心，这是自然的。靖康元年（1126）金兵攻下汴京，国家形势异常危急，兵荒马乱。建炎元年（1127）徽钦二帝被掳北去，北宋灭亡，作为爱国者，她肝胆欲裂。建炎元年（1127）十二月青州兵变，家存书册什物十余屋被焚。李清照曾载书十五车南下，建炎二年（1128）春到达江宁。一个妇女，在古代交通不便的情况下奔波千里，这是何等的艰难辛苦疲惫。建炎三年二月明诚罢守江宁，刚刚安居又转徙，必然引起她心情的波动和不安。这些重大而坎坷的经历（根据黄盛璋《赵明诚、李清照夫妇年谱》、王仲闻《李清照事迹编年》、俞正燮《易安居士事辑》），使这位四十五六岁的中年女子与同龄妇女相比，或与自己过去相比变得苍老了，这是何等自然的事。况且她看到美好的春光又回到秣陵，可是北国美好江山被金人侵占，有乡不能回，何日是归年？怎能不追想故乡、汴京的往事。一个处从属地位的封建社会的妇女，在上述情况下面对危急的国家形势又无能为力，故发出"春归秣陵树，人老建康城"，"如今老去无成"的感旧伤今之慨叹。

"感月吟风多少事，如今老去无成。""感月吟风"，指以风花雪月为内容写诗词。如今经过种种灾难，汴京陷落，两帝北狩，北国沦亡，国家民族到了生死存亡的危险时刻，哪里还有什么闲心去吟风弄月呢？人被现实影响得苍老了，没有年轻时"吟风弄月"的那种情致了。但不是什么诗也不写了。如《夏日绝句》："生当作人杰，死亦为鬼雄。至今思项羽，不肯过江东。"又诗云："南渡衣冠少王导，北来消息欠刘琨。"又诗云："南来尚怯吴江冷，北狩应悲易水寒。"这些忠愤激发，讽谕至深，直刺南宋统治集团的腐败无能、妥协逃跑的卑劣行径，表现易安强烈爱国思想感情的诗篇，就是这时写的。在这种背景下发出"感月吟风多少事，如今老去无成"的感旧伤今的慨叹是自然的。我觉得"人老建康城""如今老去无成"等词句与易安在建康时情境没有什么不相合之处。如果《李清照集校注》辑录此词的校记中所云："而词中云：'人老建康城'，又云：'而今老去无成'，明为感旧伤今之语，与在建康时情境不甚相合"，只指"老""老去"，在年龄上与李清照从赵明诚守建康时年龄是四十五六岁的中年妇女不相合，我以为这也不足为疑。赵明诚于建炎二年（1128）三月十日跋易安从青州故第带出的蔡襄《赵氏神妙帖》云："去年秋西兵之变，余家所资，荡无遗余。老妻独携此而逃。未几，江外之盗再掠镇江，此帖独存。"其中的"老妻"为明诚对李清照的称谓，而易安在词中自云"老""老去"亦很自然，也不足为怪。

综上所述，"人老建康城"可从，"而今老去无成"无疑。

《李清照集校注》辑录此词之后的校记中又云："在建康时每大雪辄循城远览，意兴甚豪，而此云'踏雪没心情'，情境完全不合。"这是王仲闻先生认为此词不是易安从明诚守建康时作的另一根据。

词中"谁怜憔悴更凋零。试灯无意思，踏雪没心情"，"谁怜憔悴更凋零"是说金兵烧杀抢掠，统治集团腐败逃跑，有谁来怜惜人的死活和文化典籍的败坏呢？"试灯"，《武林旧事·元夕》云"禁中自去岁九月赏菊灯之后，迤逦试灯，谓之'预赏'"。大抵民间也如此。"试灯无意思"，是说易安对元夕之前的试灯没有兴致，这是人心理上的变化。"踏雪"，指冬天雪地郊游。据周煇《清波杂志》载："顷见易安族人，言明诚在建康日，易安每值天大雪，即顶笠披蓑，循城远览以寻诗，得句必邀其夫赓和，明诚每苦之也。"说明她是喜欢"踏雪"的。这是否与此词中"踏雪没心情"相矛盾呢？我想并不矛盾。女主人对"踏雪""试灯"都没有心情了，这倒说明在客观上发生了什么重大事件，一时影响到主观上的变化，不是说她过去、现在、将来根本没有这种爱好。如易安《清平乐》中云："年年雪里。常插梅花醉"，说明平素她是喜欢梅花的。可是在她的《诉衷情》中云："更挼残蕊，更捻余香，更得些时"，又表现了对梅花的无比怨恨之情，这是偶然的，因为梅花的浓郁馨香熏破了女主人美好的梦境，使她不能在梦中与其心上人相见。我们不能说她根本不喜欢梅花，不能把偶然当作一般。易安《武陵春》云："闻说双溪春尚好，也拟泛轻舟。只恐双溪舴艋舟。载不动、许多愁。"因为易安很是喜欢明媚的春光，喜欢游览山水名胜，故"也拟泛轻舟"。可是国破、家亡、夫丧、颠沛流离的种种苦难引起的愁绪太浓重了，她难以借景消忧，故"只恐双溪舴艋舟。载不动、许多愁"，对泛游又感到"无意思"，"没心情"了，这是很自然的事。由于某种重大事情的冲击，导致感情上的变化，使本来喜欢的东西也不喜欢了，使原来高兴做的事也没心情去做了，这样的情况是常有的，是情理中事。因此我们绝对不能因为她的作品中一时出现挼捻梅花的现象，一时出现没有心情泛游的描写，而与她喜欢梅花、喜欢游山玩水的爱好不符，就不做具体分析简单下结论，认为作品不是她所作，或不是同一时期的作品。

我们研究一下易安在建康时的"情境"，是有助于问题的解决的。易安从明诚守建康时，汴京已经陷落，徽钦两帝已被掳北去，北国沦亡，金兵南犯，统治集团采取屈辱退让的政策，国家民族处在岌岌可危的境地。在这样的社会背景下，一个爱国词人忧国忧民痛苦不安，是自然的。在这样的情境下，"每值天大雪，即顶笠披蓑，循城远览"的动机是什么？我想一面是出于对祖国大好山河的热爱，一面是借景消忧，绝不是纸醉金迷者的寻欢作乐。"循城远览以寻诗"，都寻了些什么诗，没有具体记载。但绝无"吟风弄月"之作。诚如她在词中所说："感月吟风多少事，如今老去无成。"事实上，也没有发现一篇吟风弄月之作是她这个时期所作。遗留下来的此期作品，均为忠愤激发的忧国忧民诗词。这些诗词表现了也代表了易安在这一恶劣的社会环境下的思想感情。这与此词中"试灯无意思，踏雪没心情"的"情境"，是符合的。

综观上述，从周煇《清波杂志》所载分析她"循城远览"的动机、"寻诗"的内容、在建康时的社会环境及思想感情，都没有发现与此词内容有何不符合之处。故断定此词为易安从明诚守建康时所作。

明诚在建炎三年（1129）农历二月罢守江宁，假使在此年的元宵节之前就透露了这个消息，他的爱人——一个饱经战乱、奔波之苦的女词人李清照得知后，前景未卜，坐等建康，国事日迫，国家民族到了危险的时刻，她还有心思去"试灯"和"踏雪"吗？这种感情是自然的，很容易被人理解。笔者以为此词当作于建炎三年元宵节之前或前一年年末。

《重辑李清照集》辑录《临江仙》词后的《编年》中说："此词当作于建炎三年，金陵于建炎三年改为建康府，清照是年即离建康，生平足迹亦未再到建康。"根据建炎三年江宁易名建康，确定此词的写作年代，不足为据，因为江宁几次改名。况且根据《建炎以来系年要录》（卷二十三），建炎三年农历五月八日江宁易名建康，可李清照于此年农历三月从明诚具舟上芜湖，改名前的两个月就不在江宁了。这正如"春归秣陵树"中的"秣陵"，战国时楚置金陵邑，秦时称秣陵，以后又多次改名，此词中的"秣陵"为古名的沿用，孙吴时又改名建业，东晋建兴初改建康，隋又改江宁。同理，此词中的"建康"也是古地名的沿用。两名实指一地。根据"春归秣陵树""人老建康城"两语，确定此词为易安从明诚居江宁时所作，无疑。

（《河南师范大学学报》1987 年第 3 期）

李清照《摊破浣溪沙》词作年初探

《花草粹编》辑录李清照两首《摊破浣溪沙》词，《历代诗余》只辑录其中的一首，原词如下：

> 病起萧萧两鬓华。卧看残月上窗纱。豆蔻连梢煎热水，莫分茶。　　枕上诗篇闲处好，门前风景雨来佳。终日向人多蕴藉，木樨花。

古代的词集所辑录的这首李清照词，均未注明这首词的写作年代。今人编的《李清照集》（中华书局1962年版）、王仲闻《李清照集校注》、王延梯《漱玉集注》等所辑录的这首词，也未注明写作年代。黄墨谷《重辑李清照集》将其编入"建炎元年南渡以后之作"中，究竟属于南渡之后哪个时期的作品，仍未说明。中国社会科学院文学研究所编《唐宋词选》（人民文学出版社1981年版）所辑录的此词之后的说明中说："这首词没有写愁苦，而是表现一种闲适的心情，似乎作者暮年已习惯于颠沛流离的生活。"显然编者以为此词是李清照的暮年之作。

此词究竟作于何时何地？笔者仅就这一问题进行初步探讨。抛砖引玉，以就正于同行。

专家学者在李清照生平事迹的研究中，对"李清照改嫁"这一公案进行长期的论争，结论基本上是肯定的。其主要根据是李心传《建炎以来系年要录》和易安《投翰林学士綦崇礼启》中的有关记载。其他根据，笔者不一一觍缕。对于这两个材料绝大多数学者认为是可靠的。

易安《投翰林学士綦崇礼启》云："此盖伏遇内翰承旨，搢绅望族，冠盖清流，日下无双，人间第一。"从此看出，写此启的时间正当綦崇礼任内翰（翰林学士）之时。据宋洪遵《翰苑群书》卷十一《翰苑题名》载："綦崇礼，绍兴二年二月，以吏部侍郎兼权直院，七月，除兵部侍郎依旧兼权，九月，除翰林学士，四年七月，除宝文阁学士，知绍兴府"，得知綦崇礼在绍兴二年九月始任翰林学士。那么此启，易安写于綦崇礼任内翰（翰林学士）时期的哪一年呢？又据李心传《建炎以来系年要录》（卷五八）载："（绍兴二年九月）右承奉郎监诸军审计司张汝舟属吏。以汝舟妻李氏讼其妄增举数入官也。其后有司当汝舟私罪徒，诏除名，柳州编管。十月己酉行遣。李氏，格非女，能为歌词，自号易安居士。"李清照在翰林学士綦崇礼的帮助下，她"得免丹书"，张速被判刑，为了"感戴鸿恩"，在此案将解或刚解之时，写了此启以谢綦，这是合乎情理的。因此写此启的时间约在绍兴二年（1132）九、十月或略晚一点。

又据《投翰林学士綦崇礼启》载："故兹白首，得免丹书"，其"白首"并非囫囵之语，随便占得，而是李清照在绍兴二年九、十月间，四十九岁时头发的真实写照。"白首"指人老发白，当然不一定全白，杜甫《梦李白二首》（二）有"出门搔白首"句。

易安《摊破浣溪沙》词云："病起萧萧两鬓华。卧看残月上窗纱"，其中的"两鬓华"，表明作者在写此词时的头发特征。"鬓"，《辞源》解为"耳际之发也"。这两句的意思是，从病中挺起，两边耳际的头发花白了。"华"，黑白混杂。而"白首"是指人老了最上部位的头发也白了。只"两鬓华"不能谓之"白首"。显然易安《投翰林学士綦崇礼启》"故兹白首，得免丹书"中的"白首"与易安《摊破浣溪沙》中的"两鬓华"是两个不同的概念。随着年龄的增长，身体逐渐衰老，按一般规律说，人的头发先从两鬓白起，逐步白及顶上，这是常识。从"两鬓华"到"白首"，一般说来快也要二三年的时间。据易安《金石录后序》云："余自少陆机作赋之二年，至过蘧瑗知非之两岁，三十四年之间，忧患得失，何其多也。"这是李清照头发白得很快的原因。可见易安《摊破浣溪沙》词的作年，约在该启作年的前二、三年的光景。前面论及此启作年在绍兴二年（1132）九、十月或略晚一点，李清照时年四十九岁。

试析易安《摊破浣溪沙》："病起萧萧两鬓华。卧看残月上窗纱"，"枕上诗篇闲处好，门前风景雨来佳。终日向人多蕴藉，木樨花"这几句词的内容，我们可以看出下面几个问题：一、病情重，病的时间长。"病起萧萧两鬓华"，"病起"，说明曾经病倒。"萧萧"，头发短而稀疏，表明头发有脱落的迹象。"两鬓华"，一病挺起两边耳际的头发花白了。虽未全白，但有白色鬓毛生出。非旦夕之事。都显示出病势重而病的时间长。二、"枕上诗篇闲处好"，表明易安在病中曾在枕上读书写诗。三、从"终日向人多蕴藉，木樨花"来看，作者从病中挺起和写此词的时间，是在木樨花开放的时节。木樨花，即桂花。据易安咏桂花的《鹧鸪天》词云："梅定妒，菊应羞。画栏开处冠中秋"，表明桂花是在中秋盛开。故说明《摊破浣溪沙》词的写作时间也在中秋时节。四、从"卧看残月上窗纱"而论，"残月上窗纱"中的"上"与易安《鹧鸪天》"寒日萧萧上锁窗"中的"上"字用法相同。此词中的"上"字是说"残月"升起，月光照在纱窗上。"残月"指月牙，又据"豆蔻连梢煎熟水"，说明正在为女主人煎药，按传统中医要求，晚饭后睡前服药，说明此时正是晚饭后，睡觉前，月牙升起的时候，表明这是月中上旬的景象。显然，女主人"病起"及此词的写作时间，再推进一层说，即为中秋之上旬。

前面论及易安《摊破浣溪沙》作年，约在易安《投翰林学士綦崇礼启》作年的前二、三年，即李清照四十六七岁的时候。那么在李清照的生平事迹中有没有关于她在四十六七岁时秋日重病或如

《摊破浣溪沙》一词内容有关的记载呢？有的。

易安《金石录后序》载："（赵明诚）葬毕，余无所之。朝廷已分遣六宫，又传江当禁渡。时犹有书二万卷，金石刻二千卷，器皿、茵褥，可待百客，他长物称是。余又大病，仅存喘息"，其中的"余又大病，仅存喘息"，说明这次病是很重的。这与易安《摊破浣溪沙》所云"病起萧萧两鬓华"之病势是相合的。

据《金石录后序》云："（赵明诚）八月十八日，遂不起。取笔作诗，绝笔而终。"记载了赵明诚病殁之日为建炎三年（1129）农历八月十八日。又据《金石录后序》"葬毕，……余又大病，仅存喘息"而论，赵明诚逝后不能立即下葬，待葬毕，李清照大病，时为建炎三年八月下旬，仍为中秋时节。

易安《摊破浣溪沙》词云："病起萧萧两鬓华。卧看残月上窗纱"，"枕上诗篇闲处好，门前风景雨来佳。终日向人多蕴藉，木樨花"，木樨花，即桂花，前面已经谈及，要在中秋开放。说明李清照此词中所言之重病的时间，及写这首词的时间也在中秋时节。这样此词的写作时节及易安此词所言其重病的时节与易安《金石录后序》所载"余又大病"的时节，同在中秋，是相合的。

按《金石录后序》所载，赵明诚病逝的时间为建炎三年农历八月十八日。尽管当时金兵疯狂进犯，"朝廷已分遣六宫"，"事势日迫"，像赵明诚这样官位显赫之人，逝后绝不能立即下葬。又据《金石录后序》："葬毕，……余又大病，仅存喘息"，即赵明诚葬后李清照大病，当从此年的八月下旬开始。病情极重，若从大病中挺起，能坐视庭院中的木樨花，时间最早要在下月上旬。又据《宋史》（二，纪，四六八页）、《纲鉴易知录》（七、二一四〇页），《建炎以来系年要录》载，建炎三年为"闰八月"，那么这个"下月上旬"，即为闰八月的上旬。按正常的规律，桂花要在八月中秋盛开，前面说过。因为当年是闰八月，节气往后赶，即在当年闰八月的上旬，能看到开着的桂花，这是完全可能的，合乎事实的情理中事。这样，李清照在这闰八月的上旬要从重病中挺起，坐视窗外开着的木樨花，也是合情合理的事。

易安《摊破浣溪沙》词中所言，易安"病起"之时正是桂花开着之日。可是一般桂花要在中秋盛开。这首词所记载的情况却是上旬桂花开放着。这恰与前面论及《金石录后序》所载易安重病中挺起的时间要在闰八月的上旬，正是桂花开着的时节及情景是相符的。

李清照《金石录后序》中云："念侯有妹婿，任兵部侍郎，从卫在洪洲，遂遣二故吏，先部送行李往投之。冬十二月，金寇陷洪州，遂尽委弃。所谓连舻渡江之书，又散为云烟矣。独余少轻小卷轴书贴、写本李、杜、韩、柳集，《世说》、《盐铁论》，汉唐石刻副本数十轴，三代鼎鼐十数事，南唐写本书数箧，偶病中把玩，搬在卧内者，岿然独存。"其中的"独余少轻小卷轴书帖……南唐写本书数箧，偶病中把玩"，这些记载与李清照《摊破浣溪沙》所言"枕上诗篇闲处好"也是相合的。

综上所述，易安《摊破浣溪沙》的内容与易安《金石录后序》所载赵明诚建炎三年八月十八日逝后李清照大病的情景是一致的。时间也正好是绍兴二年易安写谢启的前三年。这并非偶然。笔者断定此词当作于建炎三年赵明诚逝后的闰八月的上旬，从重病中挺起之日。

此词的内容是不是"没有写愁苦，而是表现一种闲适的心情，似乎作者暮年已习惯于颠沛流离的生活"呢？笔者认为并非如此。写浓愁而不露，笔法超妙。

"病起萧萧两鬓华。卧看残月上窗纱。"作者没有写为何而病？患的什么病？病情怎样？而是从一场病的结果写起。女主人经过床褥的辗转，病痛的折磨，与疾病的顽强斗争，终于战胜了病魔，挺起了身。这是一场大病，病情重，病的时间又长。这在前面已经分析过了。"两鬓华"，不仅是病使之然也。也是愁促成的。李白《秋浦歌》（十五）云："白发三千丈，缘愁似个长"，说明"愁"与"白发"的关系。人们在生活中都有这种体验，或者说这是个常识。李清照愁吗？是的。刚刚失去相依为命的终身伴侣，平时夫妻情爱笃深，她又多愁善感，痛不欲生，过度悲伤这是自然的。诚如李清照《祭赵湖州文》所云："坚城自堕，怜杞妇之悲深。"又加之北国沦亡，故乡陷落，金兵进袭，"朝廷已分遣六宫"，"事势日迫"怎能使她不哀愁。这种种关系国破家亡、生死攸关的大事和悲惨的遭际是其致"病"的根本原因。一个杰出的词人，写风写雨，确是笔无虚设的。作者写"卧看残月上窗纱"，也是别有用意的。"花好月圆"，象征着美好、幸福、圆满。这里李清照以"残月"自喻，意思是说自己不是一个美满幸福的人了，多么像亏损苍白的残月呀！夫死、国破、家亡又遭病痛的折磨而"仅存喘息"，命运是何等的悲惨。无以复加的忧愁、痛苦、哀伤隐然而深藏其中。女主人病卧床褥，望着初生的月牙，心情是何等的酸楚，不言而喻了。此句揭示出女主人那隐秘复杂的内心世界和激烈的思想活动。

"枕上诗篇闲处好，门前风景雨来佳"，换头，用一对偶句写出令人开怀的两幅画面。女主人白天在病中不能下地做事，挺起身坐在床上，故称其"闲处"。倚在枕上读书写诗，或把玩文物，借以排愁解忧，故称其"好"。门前的景物经过一场雨的冲洗之后，格外清新秀爽、旖旎，多么令人开心，故称其"佳"。女主人本来"大病，仅存喘息"，再去哀伤愁忧，人是很危险的，故一切尽力往好处想，竭力往佳处看，这是一种奋力自拔、图强振作，故作旷达的表现。也正因为如此，女主人才从大病中挺起。表现了女主人那种自我克制的刚毅性格和复杂的内心世界。不是"表现一种闲适的心情，似乎作者暮年已习惯于颠沛流离的生活"，而是愁达到无以复加，危及生命的程度，为图强振起，以旷达的笔墨出之。虽然不着"愁"字，但还是露出"愁"的蛛丝马迹，妙在以不言言之。

综上所述，此词的写作年代，当在建炎三年赵明诚病殁之后的闰八月的上旬，从重病中挺起之日，地点在建康，即今江苏南京。

（《锦州师院学报》1987年第4期）

李清照词情景交融刍议

李清照词，从内容上说，南渡前多写离情别绪，南渡后多写国破、家亡、丧夫、颠沛流离的苦凄及对故国乡关的思念。这些复杂的思想感情都是与词中的景物交融在一起的，产生一种撼人心弦的艺术美。刘熙载《艺概·诗概》云："山之精神写不出，以烟霞写之；春之精神写不出，以草树写之。故诗无气象，则精神亦无所寓也"，说得颇有道理。作者的思想感情，要靠对景物的描写表达出来。景为情的外化，情为景的内涵。李清照词无一篇没有景物描写，可以说是情中有景，景中有情，情景交融，触景生情，缘情布景，妙合无垠。

如《忆王孙》：

> 湖上风来波浩渺。秋已暮、红稀香少。水光山色与人亲，说不尽、无穷好。　莲子已成荷叶老。清露洗、蘋花汀草。眠沙鸥鹭不回头，似也恨、人归早。

此词作者写了晚秋湖上的景物：飒爽的秋风吹过湖面，碧波无际。湖上水生植物的鲜花已经不多了，星星点点，随风飘散着淡淡的清香。莲子已经成熟，荷叶衰萎了。纯净的浓露冲洗了水面上那点点的蘋花和岸边的水草。晚秋景象写得如此开阔清鲜，优美动人，毫无萎靡之感。显然作者笔下的秋色已染上了作者的感情色彩，融情入景。融的什么情？那就是对美好晚秋景象热爱之情。故作者赞道:"说不尽、无穷好。"本来是人热爱山光水色,作者赋予了它以人的思想感情,说它"与人亲",这是移情作用。本来是人依恋山水不忍离去,却说"鸥鹭""似也恨、人归早",赋予了鸥鹭以人的思想感情。这样作者把自己对晚秋大自然的热爱之情,移至山水,鸥鹭身上,把客观之景与主观之情融为一体,形成一个情景交融,主客统一的美好艺术境界。激发作者对晚秋祖国山河壮丽景象的有关联想,从而获得巨大的审美愉悦(参见拙作《漱玉词欣赏》中《说不尽、无穷好》)。

又如易安的《渔家傲》:

天接云涛连晓雾。星河欲转千帆舞。仿佛梦魂归帝所。闻天语。殷勤问我归何处。　　我报路长嗟日暮。学诗谩有惊人句。九万里风鹏正举。风休住。蓬舟吹取三山去。

此词,《花庵词选》题作《记梦》,这与其他梦游诗一样,不是真梦,而是借浪漫主义的构思,寄托作者的情怀。作者为了抒发自己的心志,缘情布景,开头写出拂晓时天地一片溟濛的阔大景象,天接着翻滚的云层,云层又接着那濛濛的雾气。造成读者的心理感应。此时,"我"似乎回到了天宫,听到了天帝的问话,向天帝倾诉隐衷:慨叹所要走的道路又远又长,可是到了太阳将落的时候,"我"满腹经传,能写出惊人的诗句,又有什么用处呢?"我"要乘飓风,破万重浪,到那理想的境界海上仙山上去。但倾诉隐情之中含着景物:"路长""日暮""九万里风鹏正举""蓬舟吹取三山去"。在景物中含有深邃的情思。"路长""日暮"皆橐栝屈原《离骚》诗意:"路漫漫其修远兮,吾将上下而求索","欲少留此灵琐兮,日忽忽其将暮",这是屈原向重华(舜)陈词,说楚国政治黑暗昏聩,怀王听信谗言,屈原遭忌蒙谗。此后更坚定他的政治信念,从苍梧出发,誓将奋然前行,上下求索,追求理想,表现屈原对楚国统治集团的愤慨和勇往直前的战斗精神。作者何以橐栝《离骚》

诗句入词？易安所处的南宋与屈原所处的时代政治腐败，奸佞当道，"邪曲之害公"，"方正之不容"，有过之而无不及。南宋统治集团只求苟安淫乐，不图收复中原。易安丈夫早亡，她颠沛流离。无论是国家的命运还是她个人的境遇，在短期内都没有好转的可能，这就是"路长嗟日暮"的真正含义。她对南宋统治集团无限幽愤，她渴求所乘的篷舟能被大风吹到海上仙山上去。这是对腐朽黑暗社会现实的迅速改变的渴望，是对和平、自由、幸福的追求和向往。（参见拙作《漱玉词欣赏》中《九万里风鹏正举》）这是我们透过作品中的形象所认识到的生活底蕴，深刻的思想意义。

情中有景，景中有情，情景交融。词中的景象是有限的，激起我们的想象是无限的：比如，"帝所"是个什么样呢？是否有金屋银屏？天"帝"的形象，是否像影视中的仙翁？使我联想海上风云变幻、骇浪排空的景象等等。如果说词中的"我"是"实"、是"显"，那么词中的天"帝"便是"隐"、是"虚"。此词是"实"与"虚"、"显"与"隐"、"有限"和"无限"的统一。场面恢宏，景象壮阔，气势磅礴，构想新奇，作者才思超迈，充满豪情壮彩，撼人心扉。

又如易安《渔家傲》：

> 雪里已知春信至。寒梅点缀琼枝腻。香脸半开娇旖旎。当庭际。玉人浴出新妆洗。　　造化可能偏有意。故教明月玲珑地。共赏金樽沉绿蚁。莫辞醉。此花不与群花比。

这是一首咏梅词。李清照深得咏梅之法，把咏梅与写爱情融为一体，自然浑成，寄情于景，情景交融。作者笔下的景物是怎样的呢？在白雪皑皑的世界里，报春的寒梅开放了，白玉般的枝条，装饰衬托着光洁柔美的花朵。半开着喷发馨香的寒梅花，像敷着胭脂散发芳香的美人的脸庞。当她在庭院之中，多么像美人乍从浴室走出，上好刚洗过的新妆，绝无纤尘。作者用拟人手法，移情作用，把寒梅写得亦花亦人。不仅写出梅花绰约的风姿,更主要的是写出梅花的"神"韵。大自然可能别有一番用意,特别钟爱梅花,让明月分辉朗照。这也是一种审美的移情作用。皑皑的雪地,银色的月辉,像美玉般的枝条,白色的梅花,凌寒傲雪,高雅芳洁,一尘不染,高标逸韵,遗世独立。谐美自然,浑然一体。这多么像一个巨大的舞台,背景美、灯光美,把本来妖娆的女主人衬托得更加美好。取得了突出的舞台效果,使欣赏者感受到一种强烈的美感。作者通过对梅花的直接描写和审美移情,创造了一个情景交融、主客统一的美好艺术境界。使我们透过梅花的形象,认识到作者以梅花自喻,天作良缘,花好月圆,以此赞美自己美好的婚姻和爱情。(参见拙作《漱玉词欣赏》中《此花不与群花比》)激发读者无限的联想。既有景外之景,又有意外之意。

又如易安《声声慢》:

寻寻觅觅。冷冷清清,凄凄惨惨戚戚。乍暖还寒时候,最难将息。三杯两盏淡酒,怎敌他、晚来风急。雁过也,正伤心、却是旧时相识。　　满地黄花堆积。憔悴损、如今有谁堪摘。守着窗儿,独自怎生得黑。梧桐更兼细雨,到黄昏、点点滴滴。这次第,怎一个、愁字了得。

此词是建炎三年赵明诚死后的近秋之作。这是国难家灾当头,一个极无聊赖的孀妇痛苦的心声,是心底真情的发露。上片头三句,写冷冷清清的环境,抒凄怆、悲伤、忧愁之情。次二句写季候的变化无常,抒发愁极致病、无法将息的痛苦之情。再次三句写晚来风急的天气,抒发凄寒难捱之情。末三句,写雁过中天,更激起她的悲伤之情。下片头三句写晚秋菊花零落衰败的景象,抒其凄凉落寞的情怀。次二句,写暗窗独守,抒孤寂凄惶之情。再次三句,写黄昏经严霜寒风吹打的梧桐再遭细雨摧残的惨象,抒发"愁"字难以表达的复杂感情。此词多层次写景抒情,缘情布景,哀景愁情。每层布景之不同，情也随之有微妙的变化。全词写出一幅萧瑟凄惨的景象："冷冷清清"的环境，"乍暖还寒"的季候变化，"晚来风急""更兼细雨"的天气，"满地黄花堆积""梧桐"半死的惨象。这是一片哀景，为典型人物的活动创造一个典型环境。一个孀妇在这个典型环境里"寻寻觅觅""最难将息""憔悴损"，独自"守着窗儿"，"愁"字难忍，沉哀入骨。情与景合，心与物融，妙合无垠，形成一种情景交融的艺术境界，产生了勾魂摄魄的感染力。使我们透过作者写的生活情景看到后面更为深邃的社会意义。赵明诚病殁，这比被金兵烧杀致死的黎民百姓还要幸运些。妻离子散，家破人亡，哀鸿遍野，便是北国沦陷区的惨状。所以李清照悲戚哀愁的心境是有普遍性的，尚有更甚者，尽管情况各有不同。（参见拙作《漱玉词欣赏》中《怎一个愁字了得》）

郭沫若说："诗的本职专在抒情"（《论诗三札》，见《沫若文集》第十卷），但诗的感情绝不是抽象地抒发的。"景乃诗之媒，情乃诗之胚，合而为诗"（谢榛《四溟诗话》）。李清照词，缘情布景，借景抒情，情中有景，景中有情。情景交融，妙合无际，浑然一体，构成了具有美学价值的美好意境，具有撼人心魄的艺术感染力。

（济南社会科学院《探索与决策》1994 年第 1 期）

论李清照词的结尾艺术

诗词与文章同理,都是一个统一的有机的整体,总体结构是有其完美性的。结尾是文艺作品很重要的组成部分,有相对的独立性,但与开头一样,又都为表达思想内容服务。李清照词彩高华,脍炙千古,亦称冠绝,卓然大宗。其词的结尾为词的重要组成部分,也是精美绝伦,多姿多彩。本文对李清照词的结尾,进行了归类研究。

一 以动荡的场景作结

如易安《渔家傲》(天接云涛连晓雾)词写凌晨天海苍茫的景象,通过女主人与天帝的对话,表现她对南宋社会环境的不满和忧愤,对和平、幸福、美好的理想境界的渴求和向往。为了使这一主题得以充分地表现,以"九万里风鹏正举。风休住。蓬舟吹取三山去"作结。场面极为壮阔浩大,海天溟濛,风云变幻,惊涛排天,女主人驾着一叶小舟,乘风破浪,驶往仙岛三山。她叱咤风云,呼唤狂风不已,无所畏惧,表现作者对理想境界的执着追求。

如《点绛唇》(蹴罢秋千),写一个妙龄少女,秋千荡毕,怡然小憩,猝见一陌生人破门入园,她心身紧张,急忙躲避,一边倚门回头嗅着青梅,一边窥视究竟。这个少女实际就是她自己。此词结尾:"和羞走。倚门回首。却把青梅嗅。"我们仿佛看到一个影视片活动着的画面:一个妙龄少女,见生人来此而含羞逃走,不是深藏起来，而是顺手折枝青梅，靠着门回头边窥边嗅，少女内心的情愫含蓄不尽，何其俊奇，何其风雅。

《如梦令·酒兴》（常记溪亭日暮），写的是她年轻时的一次胜游，表现她超逸拔俗的情趣，健美潇洒的风姿，豪放爽朗的性格，以及对大自然热爱的禀赋丽质。结句："争渡。争渡。惊起一滩鸥鹭。"我们读完之后，在脑海里回荡的是活动着的形象：她那奋力划船时挥斥遒劲的英姿，那黄昏时在芳洲上盘旋翻飞的鸥鹭。像影视片的场景在脑际循环放映。

《点绛唇》（寂寞深闺）、《浪淘沙》（帘外五更风）、《鹧鸪天》（寒日萧萧上锁窗）等词结尾，都属此类。

这些词的结尾有个共同特点，就是以极富表现力的活动着的形象作结。这种活的、动的、含蓄的形象更具生动性、更具感染力，给人的印象更深刻、更耐人寻味。《填词杂说》云："填词结句，或以动荡见奇，或以迷离称隽。"上述结尾就是"以动荡见奇"的，与晏叔原《木兰花》结句"紫骝认得旧游踪，嘶过画桥东畔路"等同妙。这些词的结尾形象是活的、动的，也是立体的，这与电视连续剧《红楼梦》结尾：衣衫褴褛的贾宝玉在漫天雪地踽踽远行，用意同样"高大深远沉着"，而不"浅近泛佻凡俗"。词结尾塑造的形象，是全词艺术形象的有机组成部分。词的结尾很短，撷取塑造的形象都极为凝练，贵在不求形似求神似，即"遗貌取神"，"形""神"和谐统一。作者把这精炼的"形"、立体的"形"、活动的"形"安排在结尾，诱发欣赏者根据她所提供的"夜阑犹剪灯花弄""却把青梅嗅""更看今日晴未"等形象，即艺术的密码唤起审美主体相应的感觉经验，去思维、想象、联想、破译、再创造，使全篇艺术形象更加完美，使主题升华，起着"补足意蕴""醒明题旨"等作用。形象是构成艺术美的重要因素，使审美主体获得更大更多的审美享受。

二 以景结尾

沈义父《乐府指迷》："含有余不尽之意，以景结尾最好"，是有一定道理的。于景中含情，情景交融，构成一种美好的艺术境界。故词家多以景结尾。

李清照《浣溪沙》（淡荡春光寒食天），写她少女时代某一"寒食天"的生活情景，表现她珍惜春光之情。词中写了"玉炉沉水袅残烟。梦回山枕隐花钿。　海燕未来人斗草，江梅已过柳生绵"这些令人扫兴悒郁的寒食景物。尤其结尾一句"黄昏疏雨湿秋千"，写的是黄昏时晦暗迷蒙的雨景，这与前面写的环境格调和气氛谐和融彻。它的言外之意是，黄昏正是少女们游玩荡秋千的好时候，可是今晚淅淅沥沥的小雨下个不停，可惜那秋千的彩绳、画板都被淋湿了，不能到外面去玩，真是闷煞人！这个景物着"我"之色彩了，景中含情，融情入景，情景交融，妙合无垠。这个结尾，反映少女爱惜春光之情及"青春期潋滟的轻愁"。此结尾加深了词令人抑郁的色彩，有力地表现了主题。

《怨王孙》结尾："秋千巷陌，人静皎月初斜。浸梨花。"这是一首写离情的词作，上片写女主人春晚深院楼上怀远；下片写女主人寒食夜阑离愁难遣。结尾"静""皎""浸"将夜色渲染得十分安谧美丽。良辰美景不能与心上人同处，女主人的绵绵愁绪更上一层。《花草蒙拾》评此结句时说："'皎月''梨花'本是平平，得一'浸'字，妙绝千古，与'月明如水浸宫殿'同工"，这仅仅是从语言的奇巧，用词的绝妙谈的。良辰美景与离情绸缪，看来是不协调的，作者利用这个美感的差异性，用美景反衬哀情。王夫之《姜斋诗话》："以乐景写哀，以哀景写乐，一倍增其哀乐。"说得很好。因此说这个结尾的景物描写，反衬了离情，使主题更加突出鲜明，甚为超妙。

《摊破浣溪沙》是写女主人病中生活的词。"病""两鬓华"的背后隐藏着女主人深重的灾难和痛苦,这便是女主人致病的原因。尾句:"终日向人多蕴藉,木樨花",是以门前的景物"木樨花"(桂花)作结的。作者融情入景,把景物人格化,她似乎每天有意"向人"站着,"蕴藉"多情,脉脉无语。这引发欣赏者无穷的玩味,苦苦的追寻。桂花的"终日向人",就意味着女主人终日向着桂花,这是为什么?她为什么赋予桂花"蕴藉"之情?这自然使欣赏者联想起她赞美桂花的名句:"自是花中第一流"(《鹧鸪天》)、"风度精神如彦辅"(《摊破浣溪沙》),说明她颇爱桂花,故病中观赏它,以求精神上的宽慰和解脱,表现她与病魔斗争的顽强精神。病中疗养生活的宗旨,就是要战胜疾病,康复身体,此词的结尾有力地突出这一主题。使欣赏者在想象和联想、玩味和求索中获得审美的愉悦。

李清照这几首词以景结尾之所以好,从审美心理学上讲,它最后给欣赏者创造一个美妙的审美境界,看是景物描写,于景中含情,情景交融。它激发我们透过景物去探求它背后隐含的思想内容和深远的意义,从而使欣赏者的审美心理得到满足,也加深了对主题思想的理解。景有限,而意无穷,余韵悠远。

三 以情结尾

沈义父《乐府指迷》云:"或以情结尾亦好。往往轻而露",他肯定"以情结尾"也是很好的,但他又认为这种结尾常常犯"轻而露"的毛病。李清照词有些是以情结尾的,但无一不是成功的。说明李清照词结尾艺术的高超。

《一剪梅》(红藕香残玉簟秋),写别后的相思。李清照和赵明诚结婚不久,明诚负笈远游,这是李清照的赠别之词。以"此情无计可消除,才下眉头,却上心头"作结,无疑这是以情结尾,说明相思之情是无法排遣的。她把愁写活了,它能"上"能"下",并且"上""下"得非常快,"才下""却上",说明离愁之难遣。"才下眉头，却上心头"，也是个很好的对偶句，把抽象的"愁"具体化、形象化，我们毫无浮薄、浅露、乏味之感。从全词来说，这是对前文相思之情极精辟的概括和总结。陆机《文赋》："立片言而居要，乃一篇之警策。"王士禛《花草蒙拾》评此结尾时说："然易安亦从范希文'都来此事，眉间心上，无计相回避'语脱胎。李特工耳。"此结为"特工"的"警策"之语。

《凤凰台上忆吹箫》（香冷金猊）也是写离愁别绪的，是李清照的代表词作之一，终以"凝眸处，从今又添，一段新愁"作结。易安《武陵春》结尾："只恐双溪舴艋舟。载不动、许多愁"，赋予愁以重量；《一剪梅》结句："才下眉头，却上心头"，把愁写活了，能"上"能"下"；此词用"一段"修饰"愁"，赋予"愁"长度，变成了可以丈量的东西。李清照这些具有代表性的词作的结尾，均以情结，并创意出奇，独具匠心。篇末点出"愁"来，起着"醒明本旨"，画龙点睛的作用。

《小重山》（春到长门春草青），写早春时节，对丈夫的思念。结尾前，词的意思是朦朦含蓄的。但结尾："二年三度负东君。归来也、着意过今春"，极为响亮，篇末点题，呼应开头，是全词思想感情的高潮。陶宗仪《辍耕录》在引述乔吉作乐府六字法后说："大概起要美丽，中要浩荡，结要响亮。"此词结尾该属"响亮"一类。

上述几首词的结尾，都是以情作结的，皆为精辟、警策之句。各有特色，各臻其妙。这种情感无一不是从肝胆肺腑中流出的真情。王国维云："故能写真景物、真感情者，谓之有境界。"文学艺术是以美感人的，其重要手段就是以情感人。这些结尾都是真情的凝结，感情的最强音，有很高的审美价值。每个结尾都不是孤立的，无一不使全词增辉，无一不使主题深化，无一不使思想升华。

李清照有些词也是以情结尾的，但情中含景，情景交融。如《浣溪沙》（绣面芙蓉一笑开）是写一位容颜俏丽、风姿绰约的女子与自己的情人幽会，并深情地写信给他相约再会，表现封建社会中妇女受压抑的时代，女主人大胆而纯真的爱情。结句："月移花影约重来"，本来是写爱情的，但露出"月移花影"的美好夜色，令人陶醉。如《长寿乐》是为别人祝寿的贺词，结尾："祝千龄，借指松椿比寿。"祝福寿主长生不老，为情结，但又露出"松椿"繁盛挺拔的景象。两结尾都是词思想感情的高峰和凝结点，都于情中含景，情景交融。这样的结尾还有《忆秦娥》结句："梧桐落。又还秋色，又还寂寞"、《庆清朝慢》结句："金樽倒，拚了尽烛，不管黄昏"、《浣溪沙》结句："醒时空对烛花红"等，融情入景，情景相生。李清照词结尾的情中有景，景中有情，都是情景交融谐美统一的艺术境界，它把欣赏者引到审美想象的空间，从词所提供的情景体味到无限的意味，获得美感享受。

四　以比拟、比喻的手法作结

李清照擅用比拟、比喻手法。有时用此手法结尾，造语新警，匠心独妙。《怨王孙》（湖上风来波浩渺）以欢快鲜活的格调，写出晚秋时节湖上水光山色的旖旎。结句："眠沙鸥鹭不回头，似也恨、人归早"，本来是人依恋山水，流连不舍，却把这种感情迁至鸥鹭身上。这是拟人的写法，说鸥鹭不回头"似也恨、人归早"，把作者热爱大自然的美好感情，生动、活泼、曲折地表达出来。这种结尾，将主题思想表达得更为深刻。

《醉花阴》是一首写离愁别苦的爱情词，是李清照的代表作之一。结尾："莫道不消魂，帘卷西风，人比黄花瘦。"李清照因为思念离别的丈夫而瘦削，用秋日散发幽香的黄色菊花作比拟，表达自己因相思而消瘦的精神体态之美。这个结尾被古今人所称道。作者"遗貌取神"，爱情是至洁至纯的，为爱情煎熬得瘦削了的人，像黄色菊花那样高雅、芳洁、秀美，表现了相思者的病态之美。此结虽由"人与绿杨俱瘦"化出，但"脱弃陈骸，自标灵彩"。

《如梦令》（昨夜雨疏风骤），通过对话表现了女主人对众芳的怜惜，对春光及美好事物的热爱之情。结句："应是绿肥红瘦"，此处之"瘦",是拟人的手法,把花比作人了。千古被人称赏。王士禛《花草蒙拾》评曰:"'绿肥红瘦'、'宠柳娇花',人工天巧,可称绝唱。"

《武陵春》(风住尘香花已尽)也是李清照的重要词作。写的是国破家亡、丧夫、颠沛流离给她带来的无法排遣的浓愁。结尾:"只恐双溪舴艋舟。载不动、许多愁。"作者性好观景览胜游玩,此时也打算借景消愁,泛舟春游,但由于愁绪浓重,恐借景难排,故欲游而不能成行。作者赋予愁以重量,把精神的抽象的东西具体化,形象化。用这一揭示内心矛盾的比喻句作结,使词旨更加突出。此结甚为警拔,造语新奇,匠心独运。

上述结尾,运用了比拟、比喻等艺术手法。把人比物,把物比人,这在美学上叫"移情作用",以此创作了物中有我,我中有物,物我化一,情意盎然,生机勃勃的生活图画。构成了主客观谐美统一,具有高度艺术美的审美境界,激发欣赏者的审美想象、联想,从而获得更多的美感享受。比喻使欣赏者从两个事物的"异中之同""同中之异",理会到所表现的事物本质特征:"愁"重、"泪"多、"东莱"可及[《蝶恋花》(泪湿罗衣脂粉满)],突出了词旨,产生了卓然的心理效应。结尾是整个艺术作品有机的不可分割的组成部分,因此这个结尾增加整个作品的艺术价值。

五 托物言情,即有寄托的结尾

《渔家傲》(雪里已知春信至),是首咏梅词,歌颂梅花超逸脱俗,芳雅高洁的品格。结尾:"共赏金樽沉绿蚁。莫辞醉。此花不与群花比",意思是说"造化""偏有意",天作良缘,花好月圆,为了婚姻的美满,我们尽情畅饮,我的高风雅韵,非一般女子所能比。因此这个结尾是别有寄托的,借赞颂梅花歌颂自己婚姻的美满,清高有余。

《满庭芳》(小阁藏春),是一首咏梅词。结句:"良宵淡月,疏影尚风流"，是说美丽的夜晚，笼罩着淡月的清辉，稀疏的梅影仍然风韵卓荦。无疑这是个绝妙的景物描写。通过移情作用托物言志。结尾赞扬梅花在遭际不幸，受到损害时仍然风韵非凡。梅花为自指，虽遭到离别的愁苦的折磨，身体消瘦了，但风姿仍然雍容大雅，倜傥风流。这个结尾又把梅花的高标逸韵向更高的层次推进，得以升华。

《菩萨蛮》（归鸿声断残云碧）为李清照南渡之后的怀乡之作。结句"春意看花难。西风留旧寒"，为倒装句法，表层是写早春景象和天气，深层却别有寄托感慨无穷。因为金人侵占了长江以北的广大地区，进行残酷统治，即使春天来到人间，但沦陷区家乡的景象，依然凄惨悲凉，难有勃然的生机。这便是此词结句的真正含意，意味深长。以物为表，以情为里，余韵缭绕。

这种结尾都是"采奇于象外"，"义生文外"，妙在"无寄托入，有寄托出"，有一种含蓄的美、朦胧的美。其心理效应是激发欣赏者去联想，编织直接形象背后的无限情意和人生图画，使其审美心理得到满足。

六　用问句结尾

《声声慢》（冷冷清清），是李清照的代表词作之一，当为丈夫新亡后的近秋之作。写其亡国之恨、丧夫之哀、孀居之苦交集而至之时的凄凉、悲伤、忧愁的心情。结句："这次第，怎一个、愁字了得？"就是用反问句结尾，达到正面肯定的效果，耐人寻味，为全词的词眼，可谓"豹尾"。

又如《浣溪沙》（髻子伤春懒更梳），是她年轻时所写的伤春怀人之作。结句："遗犀还解辟寒无？"意思是说，你遗下通犀还能避寒吗？作者写室内孤寂冷清的环境，以衬托伤春怀人的情怀。结尾的反诘句肯定了正面的意思，即使灵犀挂在帐上，也不能解除别离所造成的我心灵上的凄寒啊！更有效地表达了思念心上人这一主题。

《鹧鸪天》（暗淡轻黄体性柔）是易安赞颂"桂花"的词作。说它"自是花中第一流"，不是因为她的娇媚，而是因为它沁人心脾的浓香逸群和长在，对桂花倍加推崇。结尾："骚人可煞无情思，何事当年不见收？"意思是，屈原难道是位没有情致的诗人？当年他写《离骚》赞赏了许多花卉，何以没有桂花呢？可是桂花又如此超拔。此为女主人的哀怨和不满，用问句作结。作者那种责怪指点的情态跃然纸上，表现她对桂花别是一般的珍爱，同时留有充分的余地，让欣赏者去寻释解答，更意在言外。此外如《多丽》结句："人情好，何须更忆，泽畔东篱？"《转调满庭芳》结句："如今也，不成怀抱，得似旧时那？"也都属于此类结尾。用问句结尾的好处，使词避免平铺直叙，给人留下想象的空间，使读者的审美心理得到满足。

另外，李清照词还有用某种声音结尾的，如《好事近》的结句："魂梦不堪幽怨，更一声啼鴂"，《永遇乐》结句："不如向、帘儿底下，听人笑语"等；还有用一组语法结构相同或相近的语句结尾的，如《诉衷情》结句："更挼残蕊，更捻余香，更得些时"，《行香子》结句："甚霎儿晴，霎儿雨，霎儿风"等；用推测猜度的口气结尾的，如《浣溪沙》结句："梨花欲谢恐难禁"，《玉楼春》结句："未必明朝风不起"等；有用叙事抒情结尾的，如《孤雁儿》结句："一枝折得，人间天上，没个人堪寄"，《菩萨蛮》结句："沉水卧时烧。香消酒未消"等。此四种结尾又与前六种迥然而异，说明李清照词的结尾不拘一格，异彩纷呈，绚烂多姿。

总之，李清照词的结尾，各臻其妙，表现出极高的艺术成就，具有震撼人心灵的艺术感染力。余韵娓娓，悠悠不绝，激发欣赏者的审美想象和联想，从而获得美的享受，有极强的心理效应。

（山东社会科学院《东岳论丛》1994年第1期）

李清照词《长寿乐》真伪的重要新发现

李清照《漱玉词》的宋辑本，经元已亡佚。明毛晋辑《漱玉词》（影印汲古阁初刻本《诗词杂俎》）收十八首（其中《永遇乐》不全）。清王鹏运辑《四印斋所刻词》之《漱玉词》收五十首，另补遗八首。近人赵万里《校辑宋金元人词》之《漱玉词》收四十三首，断句二，附录十七首。近人李文裿辑《漱玉集》词存七十八首，逸句二。唐圭璋辑《全宋词》收李清照词四十七首，存目词二十四首，断句十。王延梯等辑《李清照集》收词四十四首，附录三十三首，逸句二。王仲闻《李清照集校注》收词四十三首，断句二，附录十四首，断句一。黄墨谷《重辑李清照集》收词四十五首，断句四。徐北文主编《李清照全集评注》收词四十八首，存疑十一首，断句十一。综上所述，我们可以看出，各家所收李清照词数量不一，为什么？其主要原因是有些词真伪难以考定，见仁见智。再者我们还可看出现存李清照词数量太少。《唐宋诸贤绝妙词选》说有《漱玉词》三卷，《宋史·艺文志》说有词六卷，总之原词数量会很多。所以学界及李清照词的爱好者一直期盼有新的李清照词被发现。

王仲闻《李清照集校注》后记中说："自（清）王鹏运以来，各家继续辑得之李清照词只有二首：即赵万里先生从《全芳备祖》发现的《南歌子》一首（亦见于王象晋的《二如亭群芳谱》及清汪灏等《广群芳谱》）、又从《截江网》发现的《长寿乐》一首。"后来，今人孔凡礼从明手抄本《诗渊》中发现李清照词《新荷叶》

（见孔凡礼《全宋词补辑》，中华书局1981年出版）。这是20世纪以来对所谓李清照词三首的重大发现，弥足珍贵，十分难得。唐圭璋先生辑《全宋词》（中华书局出版）将《长寿乐》（微寒应候）编入无争议的李清照词中（见第2集932页），指出出处《截江网》卷六。（此书全名《新编通用启劄截江网》六卷，元刻本。见唐圭璋《全宋词》"引用书目"第39页）只有孤证。王仲闻《李清照集校注》（人民文学出版社出版）也将此词收入没有争议的李清照词中（见此书第58页），指出出处：仅见"《新编通用启劄截江网》卷六"。并说："此首原题撰人为易安夫人，宋人未见有以此呼清照者，未知有误否？《翰墨大全》有延安夫人、易少夫人，俱仅一字之异。"意思是说在《翰墨大全》所收诗文作者之名，有叫"延安夫人""易少夫人"的，都与"易安夫人"之名只一字之差，不是说在《翰墨大全》中发现了《长寿乐》这首词。如果他真在《翰墨大全》中发现了此词，在其校注此词之后，定会明确标出出处有两个：一是《截江网》，一是《翰墨大全》。他没有标出后者，就证明他没有从《翰墨大全》发现《长寿乐》，并且没有标记文字的异同。尽管王仲闻收编此词之时怀有疑义，但无它证，也只好编入李清照本词之中。后来出版的一些书中，也都承袭此说，认为此词是李清照词，收在李清照名下。今录王仲闻《李清照集校注》所收此词如下：

长寿乐　南昌生日

微寒应候，望日边、六叶阶蓂初秀。爱景欲挂扶桑，漏残银箭，杓回摇斗。庆高闳此际，掌上一颗明珠剖。有令容淑质，归逢佳偶。到如今，昼锦满堂贵胄。　　荣耀，文步紫禁，一一金章绿绶。更值棠棣连阴，虎符熊轼，夹河分守。况青云咫尺，朝暮重入承明后。看彩衣争献，兰羞玉酎。祝千龄，借指松椿比寿。

笔者为了编辑《李清照全词》（山东友谊出版社 1998 年出版）的需要，有幸翻阅明手抄本《诗渊》影印本（第 6 册 4557 页）发现收录此词，词调名"《长寿乐》"，题目"冬寿太守"，署名"宋延安夫人"。唐圭璋辑《全宋词》、孔凡礼《全宋词补辑》中均未收词作者延安夫人及其词。今将《诗渊》所录原词照录如下：

长寿乐　冬寿太守

宋延安夫人

微寒应候，望日远、六叶阶蓂初秀。爱景欲挂扶桑，漏残银箭，杓回瑶斗。庆高闳此际，掌上一颗明珠剖。有令容淑德，归逢佳偶。到如今，昼锦满堂贵胄。　　荣耀，文步禁，一一金章绿绶。更值棠棣连阴，虎符熊轼，夹河分守。况青云咫尺，朝暮入承明后。看彩衣争献，兰羞玉酎。祝千龄，共指松椿比寿。

笔者比较《截江网》（卷六）及《诗渊》所录这同一首词，文字内容的异同。词调名"长寿乐"，相同。题目：《截江网》为"南昌生日"，《诗渊》为"冬寿太守"，截然不同；撰人名：《截江网》为"易安夫人"，《诗渊》为"宋延安夫人"，根本不同；《截江网》"日边""摇斗"，《诗渊》为"日远""瑶斗"；《截江网》"令容淑质"，《诗渊》为"令容淑德"；《截江网》"文步紫禁"，《诗渊》为"文步禁"，无"紫"字；《截江网》"重入承明"，《诗渊》为"入承明"，无"重"字；《截江网》"借指松椿"，《诗渊》为"共指松椿"。其余文字内容完全相同。原无标点。

唐圭璋辑《全宋词》，王仲闻辑《李清照集校注》等书，之所以将此词收为李清照词，只因仅见《截江网》，署名为"易安夫人"，"易安"为李清照之号，又无别本可参证。然而今从《诗渊》中发现了此词，并且署名为"宋延安夫人"，与前俨然不同。

笔者以为这是一个重要发现，意义重大。首先证明此词不再是"仅见"《截江网》，而是又见明抄本《诗渊》；其次，从两种载籍辑录此词的题目、文字内容的不同，给专家学者提出可供进一步研究探讨之处；惟其两种不同的载籍辑录同一首词，而署名的不同，动摇了此词是李清照本词的说法，此词应该列入李清照存疑词之列。在目前尚无充分的材料证明李清照此词的真伪的情况下，此词当以李清照存疑词视之。唐圭璋辑《全宋词》、王仲闻《李清照集校注》等书，该据此修订增补。

（山东省人民政府办公厅、山东省文史研究馆《齐鲁文史》2001年第2期）

李清照词探疑

近些年来，我国古典文学的研究领域，跟其他领域一样出现了一派繁荣的景象。其中对李清照及其作品的研究，似乎形成了一股热潮。特别是对李清照词，不仅在微观的研究上取得了一些成绩，在宏观的研究上也取得了较大进展，出版了一些注释本和赏析本及论文集。这些书中，对易安词的主题、句意、词意的理解有见仁见智之处，作为一家之言，都是值得尊重的。笔者不自揣其谫陋，通过析疑就教于大方，以求得到正确或接近正确的解释。

"春到长门春草青""惊破一瓯春"

李清照《小重山》词云：

　　春到长门春草青。红梅些子破、未开匀。碧云笼碾玉成尘。留晓梦、惊破一瓯春。　　花影压重门。疏帘铺淡月、好黄昏。二年三度负东君。归来也、着意过今春。

王仲闻《李清照集校注》（人民文学出版社）注解中云："'长门'：《文选》司马相如《长门赋序》：'孝武皇帝陈皇后，时得幸，颇妒。别在长门宫，愁闷悲思。闻蜀郡成都司马相如天下工为文。奉黄金百斤为相如、文君取酒。因于解悲愁之辞，而相如为文，以悟主上，陈皇后复得亲幸。'"又云："按《花间集》载薛昭蕴《小重山》词二首,一首起句为'春到长门春草青',一首起句为'秋到长门秋草黄',易安此首起句盖效之。"

黄墨谷《重辑李清照集》(卷一)《小重山》笺云:"'春到长门春草青'乃用《花间集》薛昭蕴《小重山》词首句。"

有的唐宋词鉴赏辞典里此词的鉴赏文说:"薛昭蕴《小重山》词有'春到长门春草青'句,此词即用其成句,不过薛词是借史事写宫怨,清照写的是自己。"有的赏析文章中还说:从全词的内容以及李清照夫妻并无破镜重圆之事来看,作者可能不是运用这一典故,而是袭用《花间集》载薛昭蕴《小重山》词之一的首句,借以说明春到人间草转青而已。

上述几例,都未对此词的首句"春到长门春草青"在易安此词中如何诠释及为什么援薛昭蕴《小重山》首句入词这些问题,皆语焉不详。笔者以为,这些问题很值得讨论。

拙见以为,此词开头以景起,"春到长门春草青",援薛昭蕴《小重山》首句。"长门"与"长信"一样,在诗词中出现往往是代表冷宫之意。《文选》司马相如《长门赋序》:"孝武皇帝陈皇后,……别在长门宫,……陈皇后复得亲幸。"这段引文解说了此典的由来和寓意。清照引薛词首句入词,意在象征冷落的"长门",隐喻自己的寂寞独守深闺,虽然易安并非因嫉妒被打入冷宫,但夫妻离别的愁闷、凄寂、思念是有相通之处的。另引前人诗词之句入诗词并非始于李清照。据《诗人玉屑》说,此格始于李白,其诗云:"解道澄江静如练,令人还忆谢玄晖",就引谢玄晖诗句"澄江静如练"入诗。万俟咏《忆秦娥》:"天若有情天亦老。此情说便说不了",就是引李贺《金铜仙人辞汉歌》"天若有情天亦老"全句入词,此格延续至今,毛主席诗《人民解放军占领南京》:"天若有情天亦老"句,同源于此。此格的关键在于引用得天衣无缝,熨帖自然,浑化无迹。清照引薛词首句为开端,一面恰如其分地写出早春景象,给女主人的活动提供一个环境,"触物以起情",春归人未归,引起她对心上人的思念,有"笼罩全篇"引起下文之妙;一面用典隐喻她独处索居的寂寞、愁苦和对丈夫的深情思念。以不言言之，妙趣横生，有揭示和深化主题的作用。

因此，此词的主题是写春天到来，庭院中的美好景象触动了她盼望心上人早日归来，共度美好春光的急切心情。首句的意思是春回大地，春光当年曾光顾陈皇后失宠时居住的长门宫，现如今也同样来到了我寂寞独守的庭院。早春时节，春草青青，红色的梅花似开未开，朦胧可爱。故首句与主题是完全一致的，一气贯下，笼罩全词，深化了意境。

此词上片末句"惊破一瓯春"究竟该怎样理解？王仲闻《李清照集校注》、黄墨谷《重辑李清照集》皆无注解。

有的唐宋词鉴赏辞典对此解释说："晓梦初醒，梦境犹萦绕脑际，喝下一杯春茶，才把它驱除。"

有的解释说："为了提提精神，想要重温梦境，最惬意的事莫过于在细品香茶时细细追忆重温。……这种微妙的心理活动，借碾茶品茶的生活细节神情兼备地无痕迹地透露给了读者，正是情在茶香中，梦在茶香中！"

有的解释说："在美好的春日里，按说是应该去游春或是到大自然里去享受这春日的欢乐的，但是词人却在那里用碾茶等琐细而无聊的事情，消磨着时光。在这样的情况下，词人的心灵当然是痛苦的，所以到夜里做梦也没有好梦，常常从梦中惊醒，春日与惊梦，的确是太不协调了，因而词人云'惊破一瓯春'。"

有的臆解说：春来茶意浓。盎然的春意使词人的心境舒坦愉快，她特意取出具有上等茶味的碧云茶团，碾碎煎煮，蛮有兴致地斟饮着，但当她想起了今晨的"晓梦"时，对春日的陶醉便惊破在一杯春茶之中了……可见晓梦的内容，大概就是她往日与丈夫相思相爱的情形。词人不愿忘掉夜来的好梦，但记留下来的好梦，此时却惊破了她春日的陶醉。

此外还有种种诠释，众说纷纭，莫衷一是。

语言是交流思想的工具，若不把句子的字词弄懂弄通，势必不能很好地理解作品的思想内容。弄清"破""春"为何所指，首先需要弄清"惊破一瓯春"句中的语法关系。笔者认为此句中的"春"为茶的代称。宋林逋《茶》诗云："石碾轻飞瑟瑟尘，乳香烹出建溪春"，又苏轼《次韵曹辅寄壑源试焙新茶》诗："明月来投玉川子，清风吹破武林春"，上引的"春"皆指茶而言。"惊"，惊动。"破"，毁坏，犹言洒之意。"瓯"，这里指茶杯。如唐郑谷《峡中尝茶》："合座半瓯轻泛绿，开缄数片浅含黄"，唐孙淑《对茶》诗："灯光翻出鼎，钗影倒沉瓯"，皆其例。此词"惊破一瓯春"句，与苏轼《次韵曹辅寄壑源试焙新茶》诗："清风吹破武林春"句的结构基本相同。苏诗之句的主语是"清风"，李词之句的主语"我"省略，两个"春"都是宾语，是"惊破""吹破"涉及的对象。笔者认为"留晓梦、惊破一瓯春"的意思是：我回味着拂晓时梦见心上人的美好梦境，沉浸在梦境之中，想着，想着，忽然一不小心碰洒了身边一杯斟好的茶。联系上下文，词意贯通，合乎情理，极富生活情趣，意味盎然，栩栩如生。表现了她对丈夫如醉如痴的思念，执着地盼归，深化了词旨。

"为报今年春色好。花光月影宜相照"

李清照《蝶恋花》词云：

上巳召亲族

永夜恹恹欢意少。空梦长安，认取长安道。为报今年春色好。花光月影宜相照。　　随意杯盘虽草草。酒美梅酸，恰称人怀抱。醉莫插花花莫笑。可怜春似人将老。

王仲闻《李清照集校注》、黄墨谷《重辑李清照集》对"为报今年春色好。花光月影宜相照"两句均未加诠释。有的鉴赏文中说："今年的自然春色跟往年一样好，而今年的政局远远不如从前了。

'为报'二字，点明这春天的消息是从他人处听来的，并非词人游春所见。实际上是说，今年建康城毫无春意，虽是朝花月夜仍旧，而有等于无。'宜相照'的'宜'字，作本来应该解。'相照'，前着一'宜'字，其意似说它们没有相照，更确切一点，是词人对此漫不经心，反映出她的忧闷。"有的说："'报'字，'宜'字，不无透露女词人应时纳俗、强颜欢笑。"有的说："报道今年的春色很好，花光月影应该照见我们。这是写她的想象，想象在梦中会见时的情景。想象的美好，正说明她对丈夫想念的深切。向丈夫报道的只是良辰美景，充满诗意。"有的说："词人讲，还是让大家别沉浸在那些令人心酸的事情里、说点令人宽心的事吧：听说今年春色很美，在明媚的春光里，百花盛开、群芳争艳、绚丽多彩、春意盎然。到晚来繁星满天、月光皎洁、照临群芳，在地上投下了花枝绰约的倩影，微风徐来，花影摇曳，掩映生晕，景色宜人。要是能领略一下这样的景色，也是会很令人惬意、让人心情开朗一些的。"还有一些讲解，不一一赘述。

对"为报今年春色好。花光月影宜相照"两句，见仁见智，差距很大。文学鉴赏作者可以按原作提供的情境，进行丰富的想象，但不能脱离原作的情与境，漫无边际去写，更不能脱离原作的本旨；而原作情境只有一种，本旨只有一个，也就是合情合理的准确解释应只有一个，我们应该求得准确或较为准确的解释。不可能各种解释都是合情合理的。为了探求准确之解，首先必须解决两个问题。

一、"为报今年春色好"，是不是指今年时局好，有望收复中原。注家或鉴赏家多认为此词作于建炎二年或建炎三年的三月上巳。据《宋史·高宗纪二》载，从建炎二年正月到建炎三年三月末止的国家的政治、军事形势甚恶。高宗开始在扬州。金兵长驰直入，进犯山东、河北、山西、陕西、河南、安徽、江苏等广大地域，一年多的时间攻陷南宋州郡、城市计39个，另外遭到侵犯的州、郡、城市有19个，宋将领守臣战死的32人，投降的7人，反叛的有14人，逃遁的有9人。迎击敌人多次失败，只有一次胜利，仅收复6个州、城。建炎二年十二月，隆祐太后被护送至杭州。建炎三年上巳节的前一个月，即二月，时局进一步恶化。金兵袭来，"从扬州帝被甲驰幸镇江"。金人火焚扬州，高宗驻跸杭州。三月朝廷发生政变。"傅等迫帝逊位于皇子魏国公，请隆祐太后垂帘同听政，尊帝为睿圣仁孝皇帝"，但遭到吕颐浩、刘光世、张浚、韩世忠等的强烈反对，他们仍然奏乞高宗"亲总要务"，改元明受，又重新拥立高宗。直到四月，"皇帝复大位，与太后御前殿垂帘"，接着复纪年建炎，皇太后撤帘。内讧外患，时局殊恶，"永夜恹恹欢意少。空梦长安，认取长安道"，正是时局不好，收复中原无望的史实反映。

其次应该明确的问题：即上巳的夜晚花光月影能否相照？此词是"上巳召亲族"，上巳的夜晚是没有"皎月"的，"花光月影"不可能"相互美妙地映照"。

笔者以为此词是易安南渡后流寓江浙时，某年"上巳召亲族"叙旧抒怀时而作。词中写的是上巳节她对故国乡关的怀念之情。三月上巳为古代节日。宋代一般取三月初三（农历）为上巳节。朔月刚过，初三晚上也只能刚刚看到点点的月牙儿，夜色颇为暗淡，"花光月影""相互映照"又何谈得？即使是三月上旬的初七八日，人们也充其量看到的是昏黄的上弦月，也难有"鲜花的光彩和皎月的影子相互美妙地映照着"的良辰美景可赞。可是，作者为什么偏偏要在没有明月照耀的上巳夜晚写到"为报今年春色好。花光月影宜相照"呢？这就是问题的症结所在。

笔者认为，此两句的意思是，如果造化要向人们报告今年的春色美好，那么就应该让花光月影相互照映，但是上巳节日的夜晚是没有明月的，花光月影是不能相照的。言外之意是说，春色美好，"花鸟虫鱼各得其所"，但是国家抗金形势很不好，人们不能美满、团圆、幸福。中原尚未收复，今夕仍然是有乡不能回，这是多么遗憾的事呢？隐含对故国乡关的深沉怀念和对南宋统治集团无限愤懑之情。"子孙南渡今几年，飘流遂与流人伍"（易安《上枢密韩公工部尚书胡公》），今年上巳节的夜晚只能是"永夜恹恹欢意少。空梦长安，认取长安道"，抱恨之大何极！前后句意贯通，意境深邃。

"道人憔悴春窗底。闷损栏杆愁不倚"

李清照《玉楼春》词云：

> 红酥肯放琼苞碎。探着南枝开遍未。不知蕴藉几多香，但见包藏无限意。　　道人憔悴春窗底。闷损栏杆愁不倚。要来小酌便来休，未必明朝风不起。

其中"道人憔悴春窗底。闷损栏杆愁不倚"两句怎样理解？正确解释"道人"一词，是理解把握两句内容的关键。《李清照集校注》在注释"道人"时说："得道之人，或云僧也。（刘义庆《世说新语》称僧多曰道人。）后世称道士为道人。此词中'道人'，乃清照自称，言学道之人。"后来注家及鉴赏家多从此说。

又有解释说："这里写作者欣赏梅花而愁思、憔悴。所谓'道人'，就是'说有人'，是指作者，并非'道士'或'僧人'，更不是'学道之人'。"有人将"道人"的"道"解成"意料"。

综上可见，对"道人"的理解和讲法有明显的不同。但在清照《如梦令》中有"却道海棠依旧"句，其中"道"当"说"讲，未曾有人提出不同意见，换句话说这种解释是较准确、切当的。李清照《玉楼春》词"道人憔悴春窗底"句与"道海棠依旧"句，在语法基本结构上是完全相同的。两个"道"都是动词。"人憔悴春窗底"与"海棠依旧"分别是两个谓语"道"涉及的对象，这个对象各是不可分割的一件事，是宾语。同一人的词中两个基本结构完全相同的句子，前一个谓语"道"当"说"讲，后一个句子的谓语"道"亦应当"说"讲，无疑。且在李清照诗词中尚未见"道"当"意料"讲的例子。笔者认为"道人"应解为"说我"或"议论我"，"人"为清照自指。"道人憔悴春窗底"一句省略了主语"人们"。"闷损",闷极了。《诗词曲语辞汇释》:"秦观《河传》词:'闷损人、天不管。'此犹云闷煞。"此词"闷损"与秦词的意同。"倚栏",这是古典诗词中常用的形象,用以表现其相思悒怅情怀的。元郑奎妻《春词》:"徘徊不语倚栏杆,参横斗转风露寒",朱淑真《秋日晚望》诗:"倚阑堪听处,玉笛在渔舟",皆其例。此词写女主人"栏杆愁不倚",一反常态,极言人心绪之不佳。此两句的意思是说,人们都这样说我,议论我,在春日闺房的窗底下,像得病一样面黄肌瘦,离情绸缪,低回顾影,盼望你的归来,我苦闷极了,已愁得无力再去倚栏了。这里是借别人之口来表达自己为相思而愁苦、憔悴。言外之意,别人都这样爱怜我、同情我、关怀我,你是我的心上人,比别人更应该怜悯我、关怀我,我为思念你而身体憔悴,愁苦不堪,你赶快归来吧。以此来唤起爱人更为深挚的爱,表现易安对爱情执着地追求,对爱人不可终日地思念。收到了比正面描写更能撼人心灵的艺术效果。从上文的意思来说,此两句是一脉相承的。上片写早春梅花含有"无限意",这一面是早春景象的描绘,一面以梅自喻,说自己是多情多意的。过片"道人"两句紧承上片写自己多情多意的表现,为思念丈夫而"憔悴""闷损""愁不倚",意脉相连。最后两句"要来小酌便来休,未必明朝风不起",一气贯下,盼丈夫早日归来共饮。此韵手法与末韵手法同妙。明明女主人急不可待,殷切盼望爱人的归来,却不直说,而偏偏要说丈夫"要来小酌",写得多么委婉而富于情致。

(山东省人民政府办公厅、山东省文史研究馆《齐鲁文史》2005年第1期)

新发现李清照彪炳千秋之爱国词篇

  我国宋代伟大爱国女词人李清照（公元1084—1156?），曾于绍兴三年（1133）写诗《上枢密韩公工部尚书胡公》，其序云："绍兴癸丑（三年）五月，枢密韩公（肖胄）、工部尚书胡公（松年）使虏，通两宫也。有易安室者，父祖皆出韩公门下，……见此大号令，不能忘言，作古、律诗各一章，以寄区区之意，以待采诗者云。"① 两个使者，即枢密韩肖胄、工部尚书胡松年，奉诏出使金国，此等大事《宋史》②、《建炎以来系年要录》③、《续资治通鉴》④ 等皆有记载。绍兴二、三、四年李清照居杭州，对国家兴亡、民族命运异常关心，写诗给肩负国家民族使命、关系密切之韩、胡两公，表示祝愿提醒。这首充满强烈爱国主义思想情怀之诗歌早被发现并编辑在她的作品集中，为我们所欣赏赞颂。她也最关注韩、胡两公出使之成果，归来后她写诗词表示慰问和庆贺，为情理中事，绝对"不能忘言"。凡大事必有始终。那么这首诗词是否失传了呢？否。"养在深闺人未识"，笔者考辨发现并欣然宣告：这首词以无名氏词收在《楝亭十二种》本《梅苑》⑤ 等多种载籍中。以楝亭本《梅苑》为

---

① 王仲闻：《李清照集校注》卷2，人民文学出版社1979年版，第109页。
② （元）脱脱等撰：《宋史》，中华书局1977年点校本，第11691、11698页。
③ （宋）李心传撰，胡坤点校：《建炎以来系年要录》卷66，中华书局2013年版，第1287—1288页。
④ （清）毕沅撰：《续资治通鉴》卷112，中华书局1957年点校本，第2961—2976页。
⑤ （宋）黄大舆辑：《梅苑》，《楝亭十二种》本，上海古书流通处1921年影印。此论文所用《梅苑》皆为该版本。

例，其卷一，第九页，署名之李易安词《孤雁儿》（藤床纸帐）后，衔接词第二首无名氏词便是：

真珠髻　红梅

重重山外，苒苒流光，又是残冬时节。小园幽径，池边楼畔，翠木嫩条春别。纤蕊轻苞，粉萼染、猩猩鲜血。乍几日、好景和风，次第一齐催发。　　天然香艳殊绝。比双成皎皎，倍增芳洁。去年因遇，东归使指，远恨意曾攀折。岂谓浮云，终不放、满枝明月。但叹息、时饮金钟，更绕丛丛繁雪。

一　考辨历代此阕载籍著录其撰者之名称

（一）遍考历代此阕著录为李清照（易安）词之载籍

只有民国李文裿辑《漱玉集》①，收作李清照词，并注明出自《梅苑》。然《梅苑》此词未注明撰者。未知编者何据？又对词之内容没有一字注释和说明，失据。

（二）遍考历代此阕著录为无名氏词之载籍

《梅苑》、《花草粹编》（三种：影印明刊十二卷本、文渊阁《四库全书》本、文津阁《四库全书》本）②、《钦定词谱》③、《天籁轩词谱》④、《全宋词》⑤、《李清照集》⑥、《李清照集校注》⑦ 等载籍收

---

①（民国）李文裿辑：《漱玉集》卷4，北平冷雪盦1931年印，第6页。
②（明）陈耀文辑：《花草粹编》三种：12卷本，卷12，南京陶风楼1933年影印，第1页；24卷本，卷23，文渊阁《四库全书》，台湾商务印书馆1986年影印，第1页；24卷本，卷23，文津阁《四库全书》，商务印书馆2005年影印，总第123页。
③（清）王奕清等纂修：《钦定词谱》卷34，中国书店1983年影印，第10页。
④（清）孙平叔鉴定、叶申芗编次：《天籁轩词谱》卷5，清道光九年刻本（首都图书馆藏），第38页。
⑤ 唐圭璋辑：《全宋词》，中州古籍出版社1996年版，下，第2415页。
⑥ 中华书局编：《李清照集》附录，中华书局1962年版，第59页。
⑦ 王仲闻：《李清照集校注》附录，第341页。

录，但俱未注撰人，皆为无名氏词。

（三）遍考历代此阕著录为晏几道词及其存目词之载籍

《新校正词律全书》①、《御选历代诗余》② 收作晏几道词；《全宋词》收为晏几道"存目词"③。那么此词是不是晏几道词？笔者考辨：晏几道（1038—1110），靖康之变④，即北宋灭亡的前十六七年在世。显然为北宋词人。查《续修四库全书》影汲古阁《宋名家词》之晏几道撰《小山词》无此阕，即他本人之词集不载。这就排除了晏词之可能。查唐圭璋辑《全宋词》之晏几道词亦未收，收为其"存目词"，"出处：《历代诗余》卷八十四"，"附录：无名氏词，见《梅苑》卷一"。此词迄今仍为无名氏词。

二 从此阕的思想内容考辨作者的创作时代

词中："东归使"，显然这是南宋王朝派出的使者，从国家东部行在临安（绍兴八年定都）出发，又回到东部临安的一次外交活动。北宋都城汴京（今开封），地处中原。故此次外交活动属南宋。更与北宋灭亡前十六七年在世的词人晏几道扯不上关系。这就否定了此词撰者为晏几道之说，并界定此词非为北宋之词。

词中："岂谓浮云，终不放、满枝明月。但叹息、时饮金钟，更绕丛丛繁雪"，隐喻侵占中原的金国总有一天会失败灭亡，沦陷之大好河山一定会光复。渴望到时高举金杯美酒，围绕繁盛的梅花痛饮，

---

① （清）万树论次，徐本立纂：《新校正词律全书》拾遗，卷5，古今图书馆校正，德记书局，民国间，第13页。
② （清）沈辰垣等辑：《御选历代诗余》卷84，浙江古籍出版社1998年影印本，第410页。
③ 唐圭璋辑：《全宋词》上，第182页。
④ 靖康之变：宋钦宗靖康元年（1126）十一月，金兵攻陷北宋都城汴京（今开封）。靖康二年（1127）四月，金兵掳走宋徽宗赵佶、宋钦宗赵桓、后妃宫女、众多官吏等，珍贵文物、图书、府库积蓄等抢掠一空。史称"靖康之变"。

庆祝胜利。这对南宋时局发展充满胜利之信心和切盼,并非北宋形势。限定了此词必为南宋之词。

三 考辨词中"比双成皎皎"的"东归使"及创作时间

词中:"天然香艳殊绝,比双成皎皎,倍增芳洁",隐赞"东归使",给我们提供的信息:"比双",是两个出使者。"殊绝","皎皎","芳洁",说明都是卓越、杰出人物。

我们首先查看南宋、金人议和史,考辨两个"东归使"为何人。《宋史》载南宋绍兴三年"五月"诏命(六月成行)"丁卯,以韩肖胄等充金国军前通问使"出使金,"……以胡松年副之"。"十一月己未……甲子,韩肖胄等使还"[1];《建炎以来系年要录》载:"绍兴三年六月……丁亥,同签书枢密院事韩肖胄工部侍郎胡松年入辞","绍兴三年十有一月……甲子,枢密院言端明殿学士同签书枢密院事韩肖胄工部尚书胡松年使还"[2];《续资治通鉴》载:"绍兴三年……六月……韩肖胄为端明殿学士、同签书枢密院事,充大金军前奉表通问使,给事中胡松年试工部尚书,充副使。……丁亥,入辞","绍兴三年……十一月……甲子,端明殿学士同签书枢密院事韩肖胄、工部尚书胡松年使还,诏肖胄等速赴行在"[3],总上三史所载其告辞皆为六月、归来为十一月,时间是相同的。诏命出使者是枢密韩肖胄、工部尚书胡松年,为正副通问使。也是相同的。

考辨南宋史上唯有绍兴三年"五月"(六月出行),诏命同时出任词中所云"比双成皎皎"的两个出使者——枢密韩肖胄、工部尚书胡松年为正副通问使使金,诏命此两人同时出使并无第二次。

---

[1] (元)脱脱等:《宋史》,第505、11691、507—508页。
[2] (宋)李心传撰,胡坤点校:《建炎以来系年要录》卷66、70,第1287、1288、1361、1364页。
[3] (清)毕沅:《续资治通鉴》卷112、113,第2961—2976、2990—2995页。

词中："去年因遇,东归使指,远恨意曾攀折",词人"遇"东归使是梅花盛开之时折梅敬献。梅花是顶寒冒雪开放预报先春的。史载"十一月"归来,梅花竞放,与词中"遇""东归使""攀折"梅花敬献,所记载的季候特征梅花开绽是一致的。词、史又一吻合之处。这是客观事实。

词中的两个"东归使"就是史书中的韩胡正副"通问使"。证明词、史所载的外交活动相吻合,为同一次。"遇""东归使""攀折"梅花敬献在"去年""十一月",写词时间在下一年,即绍兴四年(1134)初。

四 考辨诗、词、史有关人物事件记载的一致性

(一) 考辨李清照上韩、胡二公诗与词中两个"东归使"

靖康之变(1127),北宋灭亡。同年赵构在河南商丘称帝,史称高宗,年号建炎。建炎三年(1129)李清照丈夫赵明诚病卒于江宁。李清照《金石录后序》:"壬子,又赴杭"①,即绍兴二年(1132)亦到杭州。三四年(十月离开)仍居杭②。绍兴"三年春正月丁巳朔,帝在临安"③。此时李清照随着北宋逃亡的队伍流落到江浙。《宋史》载:南宋绍兴三年(1133)"五月"诏命"以韩肖胄等充金国军前通问使"出使金国④,"以胡松年副之"⑤。暂居杭州的李清照闻讯曾写诗《上枢密韩公工部尚书胡公》,诗序云:"绍兴癸丑(三年)五月,枢密韩公、工部尚书胡公使虏,通两宫也。有易安室者,父祖皆出韩公门下,……见此大号令,不能忘言,作古、

---

① 王仲闻:《李清照集校注》卷3,第181页。
② 见荣斌《李清照年表》,载徐北文主编《李清照全集评注》,济南出版社2005年版,第425—426页。
③ (元)脱脱等:《宋史》,第502页。
④ (元)脱脱等:《宋史》,第505页。
⑤ (元)脱脱等:《宋史》,第11691页。

律诗各一章，以寄区区之意，以待采诗者云。"① 李清照为国破夫丧无家可归的难民，此诗云："子孙南渡今几年，飘零遂与流人伍。欲将血泪寄山河，去洒东山一抔土"②，渴望收复失地回到故乡。这是关系国家前途个人命运的头等大事。易安早闻韩胡二公的高风亮节及治国的良策妙计，对他们非常崇敬和赞佩。她"父祖皆出韩公门下"。韩胡二公是亡国的重臣受命新主出使金国，一面探望原徽钦二帝，一面求"权时之和"，待国强将雪奇耻。李清照对韩胡二公之出使，寄予殷切而强烈的愿望。都是亡国的臣民，李清照的渴望打败金兵收复失地与韩胡二公肩负的国家民族的使命是一致的，是个命运共同体，同病相怜，同仇敌忾，故"见此大号令，不能忘言，作古、律诗各一章，以寄区区之意"，表示祝贺和提醒。诗中赞韩公："中朝第一人，春官有昌黎。身为百夫特，行足万人师"③；赞胡公："胡公清德人所难，谋同德协必志安"④。这是词中隐颂两个"东归使"的赞语"天然香艳殊绝，比双成皎皎，倍增芳洁"之最好诗语注脚。

（二）考辨南宋史上的两个"东归使"为何许人物

考辨南宋史上同时诏命两个词中所云"比双成皎皎"的出使者唯有韩、胡两公，同时：且无第二次。诗、词尽情歌颂他们，然而枢密韩肖胄、工部尚书胡松年究竟为何许人？

《宋史·列传·韩肖胄》："曾祖琦、祖忠彦，再世为相。"建炎二年，"时召侍从问战守计，肖胄条奏千余言，帝称其所对事理简当。吏部尚书席益叹曰：'援古证今，切于时用，非世官不能也！'"绍兴二年"诏百官各言省费裕国、强兵息民之策，肖胄言……""时多为采纳"。绍兴三年，韩肖胄"充通问使，以胡松年副之。肖

---

① 王仲闻：《李清照集校注》卷2，第109页。
② 王仲闻：《李清照集校注》卷2，第111页。
③ 王仲闻：《李清照集校注》卷2，第109页。
④ 王仲闻：《李清照集校注》卷2，第110页。

胄慨然受命"。"将行,母文语之曰:'汝家世受国恩,当受命即行,勿以我老为念',帝称为贤母,封荣国夫人。""肖胄至金国,金人知其家世,甚重之。"①《宋史·列传·胡松年》:"幼孤贫,母粥机织,资给使学,读书过目不忘。""建炎间,密奏中原利害,召赴行在,出知平江府,未入境,贪吏解印敛迹,以兴利除害十七事揭于都市,百姓便之。"绍兴三年,"以松年试工部尚书为韩肖胄副,充大金奉表通问史。时使命久不通,人皆疑惧,松年毅然而往",后以疾"卜居阳羡,虽居闲不忘朝廷事,屡言……帝皆嘉纳"。"松年平生不喜蓄财。""方秦桧秉政……故士大夫无不曲意阿附为自安计。松年独鄙之,至死不通一书,世以此高之。"② 史载肖胄家世荣耀,曾祖、祖父为北宋名相,母被帝称"贤母"并封为"荣国夫人";胡松年家世贫寒,"母粥机织,资给使学"。除家世不同外,治国皆有妙方良策,得到皇帝称赞赏识,多次晋升,获朝内外人士的高度评价,诏命两人为正副通问使使金,韩慨然受命,胡毅然前往。宋史皆有传,万世流芳。《宋史·列传》韩肖胄、胡松年的事迹,皆为词中隐颂的"天然香艳殊绝","比双成皎皎,倍增芳洁"的"东归使"之最可靠的史传注脚。是彪炳中国史册的杰出人物。词、诗、史又一相合处。总之:

1. "词"中两个"东归使"、"史"中的"正、副通问使"、"诗"中的"韩、胡"二公,为同一所指,即枢密韩肖胄、工部尚书胡松年。

2. 词中隐颂两个"东归使":"天然香艳殊绝,比双成皎皎,倍增芳洁";诗明赞韩公:"中朝第一人,春官有昌黎。身为百夫特,行足万人师"③,明赞胡公:"胡公清德人所难,谋同德协必志安"④;《宋史·列传》所载韩、胡二公皆为功名显赫的历史人物,是词、诗

---

① (元)脱脱等:《宋史》,第 11689—11693 页。
② (元)脱脱等:《宋史》,第 11697—11699 页。
③ 王仲闻:《李清照集校注》卷 2,第 109 页。
④ 王仲闻:《李清照集校注》卷 2,第 110 页。

颂词赞语的史传注脚，是吻合的，名副其实的。

3. 词云："岂谓浮云，终不放、满枝明月。但叹息、时饮金钟，更绕丛丛繁雪"；诗云："子孙南渡今几年，飘零遂与流人伍。欲将血泪寄山河，去洒东山一抔土"①，二段词、诗的内容意旨是相同的。诗直抒胸臆，词隐喻寄托，表现手法不同。

4. 词云：词人"遇""东归使"是梅花盛开之时折梅敬献的。史云：正副通问使"十一月"归来②，梅花竞放，所记载的季候特征和梅花开绽是一致的。

以上考辨词、诗、史所载的人物、事件、时间及有关内容是互相吻合的，一致的，相同的，证明词、诗同出一炉，一人手笔。

（三）爱国词篇归属李清照（易安）

韩、胡两公出使前，李易安（清照）写诗祝愿提醒："夷虏从来性虎狼，不虞预备庸何伤……"③ 呼之在前；归来后，易安（李清照）写词表示慰问庆贺，应之在后。行前写诗祝贺提醒，归来写词慰问庆贺，这是她对"不能忘言"的实践，这是她对承诺的履行。在使者的肩上担负着国家民族的使命，寄托着李清照打败金兵光复神州，"欲将血泪寄山河，去洒东山一抔土"之强烈愿望，她肯定特别关心两个出使者的胜利归来及取得的外交成果。其关心的程度要比初使时倍增，写诗词表示慰问庆贺，寄托赞颂使者，仇恨敌人，渴望早日打败金兵，收复失地光复神州之崇高爱国主义思想情怀，这是情理中的必然，是绝对的。"养在深闺人未识"，这首词以无名氏词编在多种载籍中（见前）。还以《楝亭十二种》本《梅苑》为例，此词编在其卷一第九页，署名之李易安词《孤雁儿》（藤床纸帐）后，为衔接的第二首无名氏词。可为什么偏偏编在李易安署名

---

① 王仲闻：《李清照集校注》卷2，第111页。
② （元）脱脱等：《宋史》，第507—508页。
③ 王仲闻：《李清照集校注》卷2，第110页。

词后，这并非偶然，是个助证。楝亭本《梅苑》，据笔者所考，部分相同作者的词作是按第一首署名，其余不再署名，不署名之词作皆归属第一首署名撰者，这是按中国古书传统的编排方法编排的。此无名氏词编在署名的李易安词后面，经详细考辨确认其为李易安词，方知此词编排就是属于按古书传统编排方法编排的那部分。其中繁多署名的、无名的词作混杂在一起，编排而无规律，难以用编排方法确定无名氏词之归属。署名的词编在前，无名的词衔接在后，虽然是乱编的，然恰巧后面词作正好归属第一首署名撰者，这种歪打正着的结果几乎不存在。笔者所考其"诗""词""史"所载惟有种种恰合，而无不符之处，确凿无疑，石破天惊，考辨证明该首就是李清照彪炳千秋的爱国词篇。笔者首个识得"庐山真面目"。汉韩婴《韩诗外传》："良玉度尺，虽有十仞之土，不能掩其光；良珠度寸，虽有百仞之水，不能掩其莹"①，斯言甚是！

五　疑题考辨

（一）关于"双成"

王仲闻《李清照集校注》此词正文"双成"加了专名号②，理解为用了西王母侍女董双成典故。笔者认为此词"比双成皎皎，倍增芳洁"应解为：一对对比并着，洁白亮丽，倍增芳馨洁美，比喻韩、胡两公出使的成就，使原本超迈之高尚品德不朽勋业增辉添彩。此解最切题旨。为此文未取用典之意的原因之一。考辨此词有四种载籍：《花草粹编》三种③及《御选历代诗余》④，其"双成"皆作

---

① （汉）韩婴撰，许维遹校释：《韩诗外传集释》卷4，中华书局1980年版，第161页。
② 王仲闻：《李清照集校注》卷2，第341页。
③ （明）陈耀文辑：《花草粹编》三种：12卷本，卷12，南京：陶风楼1933年影印，第1页；24卷本，卷23，文渊阁《四库全书》，台湾商务印书馆1986年影印，第1页；24卷本，卷23，文津阁《四库全书》，商务印书馆2005年影印，总第123页。
④ （清）沈辰垣等辑：《御选历代诗余》卷84，第410页。

"成双",尤其是文渊、文津、御选三本皆为皇家图书,国藏宝典。据考其中李清照及存疑词俱无涉反清之思想内容,故未被馆臣删改过。搜编最佳版本,优中选优,皆有极高权威性,然俱无用典之意,这为此文未取用典之意原因之二。这里"成双"与"双成"虽成倒文,但词意基本相同,与董双成无关,这是未采用典之意的原因之三。顺理成章。

(二) 关于词题"红梅"

细究此词内容,"粉萼染、猩猩鲜血",又以"比双成皎皎""芳洁""繁雪",描绘梅花而证,此词所咏为"白梅"。江浙一带白梅之特征:一般为白花,萼为红褐色,有两花同生于一芽苞者,恰好用以隐颂两个杰出的出使者,在阳历一二月或稍前后开放。词人"遇""东归使""攀折"梅花敬献是在阴历"去年""十一月",正好是阳历一二月或稍前,白梅开放的时节,这与此词所描绘之白梅形象特征一致。词中"次第一齐催发"是继写"猩猩鲜血"的白梅,遇"好景和风",就"一齐催发",而不是向阳的梅枝先放背阴的梅花后开。并非写红梅。"红梅"是传抄刻印之辗转中误抄误刻。清沈辰垣等编《御选历代诗余》此词题作"梅"[①],亦不确切。

清蒋敦复论《南宋咏物皆有寄托》:"唐、五代、北宋人词,不甚咏物,南渡诸公有之,皆有寄托。白石、石湖咏梅,暗指南北议和事。及碧山、草窗、玉潜、仁近诸遗民,乐府补遗中,龙涎香、白莲、莼、蟹、蝉诸咏,皆寓其家国无穷之感,非区区赋物而已"[②],"即间有咏物,未有无所寄托而可成名作者",论述南宋咏物词皆有寄托,隐含"南北议和",寄寓家国之忧。没有一个词家之咏物词,没有这种寄托,而成为著名词人,且作品成为名作的。

---

① (清)沈辰垣等辑:《御选历代诗余》卷84,第410页。
② (清)蒋敦复:《芬陀利室词话》卷3,载唐圭璋编《词话丛编》第4册,中华书局1986年版,第3675页。

《真珠髻》(重重山外)这首词原题"红梅",是首咏梅词。正因为蕴含"南北议和",寄托词人浓重的家国之忧,撕肝裂胆似的乡愁,对消灭敌虏光复失地充满必胜信心的崇高爱国思想,而获得高度评价和极大荣耀,将永垂中国文学史。填补了李清照只有写乡愁而没有更高层次爱国词篇的空白。

(原文刊发于山东省人民政府办公厅、山东省文史研究馆《齐鲁文史》2015年第4期,后作者在此基础上进行了大幅度修订)

李清照及存疑词九首考辨

一 怨王孙

　　梦断，漏悄。愁浓酒恼。宝枕生寒。翠屏向晓。门外谁扫残红。夜来风。　玉箫声断人何处。春又去。忍把归期负。此情此恨，此际拟托行云。问东君。

　　　　　　——洪武本《增修笺注妙选群英草堂诗余》

[考辨]

遍考历代此阕著录为李清照（易安）词之载籍：

宋无撰人辑《草堂诗余》，文渊阁《钦定四库全书》本·集部（卷一，第二八页），收作李易安词；宋无撰人辑《草堂诗余》，文津阁《钦定四库全书》本·集部（卷一，总第五七〇页），收作李易安词。宋轶名辑/何士信增注《增修笺注妙选群英草堂诗余》双照楼景刊（洪武本，余前上，第二九页），笔者视为收作李易安词。宋轶名辑/何士信增注《增修笺注妙选群英草堂诗余》（内名），《四部丛刊》影印涵芬楼本（前集，卷之上，第三八页）收录，未著撰者，笔者认定此书编者是以李易安词收之。明茅暎远士评选《词的》清萃闵堂抄本，《四库未收书辑刊》影印（卷之二，第二一页），收作李清照词，等等，遍考五十八种历代此阕著录为李清照（易安）词之载籍。

遍考历代此阕著录他人或无名氏及存疑词之载籍：

宋何士信辑《草堂诗余前集二卷后集二卷》，明嘉靖三十三年杨金刻本（卷下前，第一八页）收录，未注撰者；

赵万里辑《漱玉词》，《校辑宋金元人词》本（第一一页），"附录一"、王仲闻《李清照集校注》人民文学出版社（第七九页），收为李清照"存疑词"；

唐圭璋辑《全宋词》，中州古籍出版社两册本（上，第六四九页），收为李清照"存目词"；

中华书局编《李清照集》（第四四页），"附录"收之。

[按]《草堂诗余》按所收词之编排方法分两个系列。一是按"前集"："春景类""夏景类""秋景类""冬景类"；"后集"："节序类""天文类""地理类""人物类""人事类""饮巽器用""花禽类"，以内容分类编排的，称"类编本"。另一系列，词按"小令""中调""长调"编排的，称"调编本"。

笔者先考"类编本"。宋轶名辑/何士信增注《增修笺注妙选群英草堂诗余》算是现存最早的"类编本"。何士信增修所据底本《草堂诗余》二卷本（《直斋书录》有载）今失传。《景刊宋金元明本词》本所辑此书（洪武本）后记中云："日本狩野博士有元至正癸未庐陵泰宇书堂刊本……泰宇（书堂）遵正（书堂）同是江西坊肆，……不如洪武本（遵正书堂本）为完善也。"明洪武二十五年遵正书堂刻本，收李易安署名词五首：《如梦令》（昨夜雨疏）、《醉花阴》（薄雾浓云）、《一剪梅》（红藕香残）、《凤凰台上忆吹箫》（香冷金猊）、《念奴娇》（萧条庭院），两首《怨王孙》（梦断，漏悄）、《怨王孙》（帝里，春晚）不在其内。明嘉靖十七年陈钟秀校刊本《精选名贤词话草堂诗余》，有《四印斋所刻词》本，比洪武本多收两首李易安署名词：《武陵春》（风住尘香）、《怨王孙》（梦断，漏悄）。明嘉靖三十三年杨金刻本，比洪武本多收一首李易安署名词：《生查子》（年年玉镜台）。《四部丛刊》本《增修笺注妙选群英草堂诗余》（影涵芬楼印杭州叶氏明刊本）收李清照署名词五首，与洪武本同。上皆为"类编本"之重要版本。只有陈钟秀校刊本

《精选名贤词话草堂诗余》，收《怨王孙》（梦断，漏悄）一首为李易安词，其余上述诸多重要版本皆未收两首为李易安署名词。何士信增注所用之祖本底本今不见。两首《怨王孙》，原祖本就没收作李易安署名词？还是被何士信等"修"掉了？不得而知。上"类编"诸本成了无源之水，难考源流承传演变之关系。

笔者再考《草堂诗余》"调编"系列。宋无撰人辑《草堂诗余》文津阁四库全书本《提要》："臣等谨按《草堂诗余》四卷，不著撰人名氏。旧传南宋人所编。……此本为明上海顾从敬所刊，前有嘉靖庚戌何良俊序，称为其家藏宋刻，较世所行本多七十余调。"说明是书就是明何良俊序所说，上海顾从敬家藏，比世行多七十余阕之宋刻本。文渊阁本宋无撰人辑《草堂诗余》之《提要》："则此书在庆元以前矣。……此本为明上海顾从敬所刊，何良俊称为从敬家藏宋刻"，即成书于南宋，公元1995年前。文渊阁本、文津阁本宋无撰人辑《草堂诗余》皆为明顾从敬家藏宋刻本，内容基本相同。俱收李易安署名词八首：《如梦令》（昨夜雨疏）、《武陵春》（风住尘香）、《醉花阴》（薄雾浓云）、《怨王孙》（梦断，漏悄）、《怨王孙》（帝里，春晚）、《一剪梅》（红藕香残）、《凤凰台上忆吹箫》（香冷金猊）、《念奴娇》（萧条庭院）。《怨王孙》（梦断，漏悄）、《怨王孙》（帝里，春晚）两首就在其中。

考明武陵逸史编次/开云山农校正《类编草堂诗余》（简称"开云山农校正本"）与文津阁《钦定四库全书》本宋无撰人辑《草堂诗余》（简称"文津阁本"）之关系：开云山农校正本实收宋词"小令"一百五十九首，除了将文津阁本"小令"一百四十一首全部照收外，还在文津阁本第六十五首《谒金门》（空相忆）与第六十六首《阮郎归》（东风吹水）之间增词六首：《谒金门》（春雨足）、《谒金门》（风乍起）、《清平乐》（春风依旧）、《清平乐》（深沉院宇）、《清平乐》（悠悠扬扬）、《更漏子》（玉炉香）。又在第七十七首词《青衫湿》（南朝千古）与第七十八首词《西江月》（凤额绣帘）之间增词十二首：《海棠春》（流莺窗外）、《浪淘沙》（蹙损远山眉)、《浪淘沙》(帘外雨潺潺)、《浪淘沙》(把酒祝东风)、《锦堂春》(楼上紫帘)、《朝中措》(平山栏槛)、《眼儿媚》(杨柳丝丝)、《眼儿媚》(楼上黄昏)、《贺圣朝》(满斟绿醑)、《柳梢青》(岸草平沙)、《柳梢青》(子规啼血)、《柳梢青》(有个人人)。开云山农校正本从文津阁本照录"小令"一百四十一首,占开云山农校正本所收全部"小令"一百五十九首约百分之八十八点七。文津阁本第二十六首《浣溪沙》(小院闲窗)撰者欧阳永叔,开云山农校正本未注撰者;文津阁本第三十一首《浣溪沙》(手卷真珠)撰者李景,开云山农校正本未注撰者;文津阁本第八十首《西江月》(点点楼前)撰者无名氏,开云山农校正本作苏子瞻。除上之外两本在词调、题目、作者、引文、顺序、编次:"小令"一卷、"中调"一卷、"长调"两卷,计四卷,全部相同。笔者仅用二书"小令"部分比较分析足以证明开云山农校正本源于文津阁本,即宋无撰人辑《草堂诗余》。开云山农校正本从文津阁本照录李易安词八首,两首《怨王孙》就在其中(如前)。

再考《续修四库全书》明顾从敬辑《类选笺释草堂诗余》(下简称:类选本)与文津阁《钦定四库全书》本宋无撰人辑《草堂诗余》(下简称:文津阁本)之关系:类选本实收宋词"小令"一百五十七首,文津阁本所收"小令"一百四十一首;类选本未收文津阁本中《玉楼春》(秋千院落)、《鹊桥仙》(纤云弄巧);类选本《浣溪沙》(小院闲窗)撰者周美成,文津阁本此词撰者作欧阳永叔;类选本《浣溪沙》(鹭外红绡)撰者周美成,文津阁本此词撰者贺方回;类选本之《木兰花令》(都城水绿)与其《木兰花令》(沉檀烟起)顺序颠倒;类选本在文津阁本之《谒金门》(空相忆)后连增六首"小令",在《青衫湿》(南朝千古)后连增十二首"小令",所增小令之位置、阕数、内容与开云山农校正本所增完全相同。其余所收"小令"之词调、题目、撰者、顺序,类选本和文津阁本完全一致。类选本除两首外将文津阁本中"小令"一百三十九首照收,占全部类选本所收"小令"一百五十七首约百分之八十八点五。其中就包括李易安《怨王孙》（梦断，漏悄）、《怨王孙》（帝里，春晚）两首。文津阁本所收李易安署名词八首，类选本全收。

笔者惊奇地发现开云山农校正本从文津阁本照录"小令"一百四十一首，占开云山农校正本所收全部"小令"一百五十九首约百分之八十八点七。类选本所收"小令"百分之八十八点五源自文津阁本宋无撰人辑《草堂诗余》。即文津阁本宋无撰人辑《草堂诗余》就是开云山农校正本、类选本之祖本、母本、底本。仅以二书"小令"部分推论，其"中调""长调"部分皆然，故不赘言。

文津阁本宋无撰人辑《草堂诗余》收李易安署名词八首。其八首李易安署名词，包括《怨王孙》（梦断，漏悄）、《怨王孙》（帝里，春晚）两首，又皆为明代开云山农校正《类编草堂诗余》、沈际飞评正《草堂诗余正集》、顾从敬类选《类选笺释草堂诗余》、胡桂芳重辑《类编草堂诗余》、隐湖小隐订《草堂诗余》、杨慎批点《草堂诗余》、韩俞臣校正《类编草堂诗余》、上元昆石山人校辑《类编草堂诗余》、陈继儒评选《草堂诗余》（即《古今词统》）等九种调编本所继承照搬。其次明代大部分继承照搬文津阁本宋无撰人辑《草堂诗余》李易安这八首署名词之《草堂诗余》，还有李攀龙补遗《新刻题评名贤词话草堂诗余》、李廷机评《新刻注释草堂诗余评林》、吴从先/宁野甫汇编《新刻李于麟先生批评注释草堂诗余隽》等书，其中李易安两首《怨王孙》皆录，无失收者。李易安两首《怨王孙》就为前所列举明代十多种《草堂诗余》继承照收，显然其祖本、底本、根据即是文津阁本宋无撰人辑《草堂诗余》。一脉相承，前源后流。

笔者据前所考，两首《怨王孙》（梦断，漏悄；帝里，春晚）并收为李易安词是有根据的，无论"调编本"是直接收入，还是间接收入，其祖本、母本、底本都是文津阁本宋无撰人辑《草堂诗余》。赵万里辑《漱玉词》两首《怨王孙》皆未收作易安词，收为"存疑之作"，云："前一阕（指'梦断，漏悄'），……类编本（指《类编草堂诗余》）以为李作，失之。后一阕，至正本不收，见类编本，未详所出"；唐圭璋辑《全宋词》仅收一首《怨王孙》（帝里，春晚）为李清照（易安）词，另一首《怨王孙》（梦断，漏悄）收为"存目词"，附注："无名氏作，见《草堂诗余》前集卷上"；王仲闻《李清照集校注》两首《怨王孙》俱未收，收为"存疑之作"。云："前一首杨金本《草堂诗余》前集卷下作无名氏词；后一首杨金本《草堂诗余》同卷作秦少游词，并无题。《类编草堂诗余》并以为李清照作，不可据。"就李易安（清照）词而论，文津阁本宋无撰人辑《草堂诗余》共收李易安词八首，为其祖源；列举明《类编草堂诗余》《类选笺释草堂诗余》等九种《草堂诗余》皆照收其八首李易安词。计列举十多种明《草堂诗余》皆继承照收文津阁本宋无撰人辑《草堂诗余》之李易安《怨王孙》（梦断，漏悄）、《怨王孙》（帝里，春晚）两首词，为其正流；"调编本"两首并收为李易安（清照）词，有根有据，源流清晰，一脉相承，铁证如前。倒转过来，至正本《草堂诗余》、杨金本《草堂诗余》等未将李易安《怨王孙》（梦断，漏悄）、《怨王孙》（帝里，春晚）两首词收为李清照（易安）词"不可据"。据上考辨足以证明未收之误。赵、唐、王等所考皆未详，所论率尔。兹入《漱玉词》。

二　怨王孙　春暮

帝里，春晚。重门深院。草绿阶前。暮天雁断。楼上远信谁传。恨绵绵。　　多情自是多沾惹。难拼舍。又是寒食也。秋千巷陌，人静皎月初斜。浸梨花。

——《诗词杂俎》之《漱玉词》

[考辨]

遍考历代此阕著录为李清照（易安）词之载籍：

宋无撰人辑《草堂诗余》，文渊阁《钦定四库全书》本·集部（卷一，第二八页）；宋无撰人辑《草堂诗余》，文津阁《钦定四库全书》本·集部（卷一，总第五七〇页）；明茅暎远士评选《词的》清萃闵堂抄本，《四库未收书辑刊》影印（卷之二，第二一页）；明顾从敬类选/沈际飞评正《草堂诗余正集》，明万贤楼自刻本（卷一，第三六页）；明杨慎批点/闵暎璧校订《草堂诗余》，明闵暎璧刻朱墨套印本（卷二，第一页）等五十四种载籍收作李易安（清照）词。

遍考历代此阕著录他人或无名氏及存疑词之载籍：

宋何士信辑《草堂诗余前集二卷后集二卷》，明嘉靖三十三年杨金刻本（卷下前，第一八页），收作秦少游词；

赵万里辑《漱玉词》，《校辑宋金元人词》本（第一一页），"附录一"，王仲闻《李清照集校注》人民文学出版社（第八〇页），收为李清照"存疑词"。

中华书局编《李清照集》（第四四页），"附录"收之。

［按］综上，五十四种载籍收录为李清照（易安）词。王仲闻以为"杨金本草堂诗余同卷作秦少游词"，而收为李清照存疑词。检秦观撰《淮海词》（汲古阁本《宋名家词》）未收；查唐圭璋辑《全宋词》之秦少游词亦未收。仅收为"存目词"，"附注：'李清照作，见《类编草堂诗余》卷一'"。秦观词之疑点已排除。详见前《怨王孙》（梦断，漏悄）"按"，为两阕共按。无疑，皆为李易安（清照）词作，兹入《漱玉词》。

三　转调满庭芳

芳草池塘，绿阴庭院，晚晴寒透窗纱。谁开金锁，管是客来吵。寂寞樽前席上，春归去、海角天涯。能留否，酴醾落尽，犹赖有残葩。　　当年曾胜赏，生香熏袖，活火分茶。尽如龙，骄马流水轻车。不怕风狂雨骤，恰才称、煮酒看花。如今也，不成怀抱，得似旧时那。

——文渊阁《钦定四库全书》之《乐府雅词》

[**考辨**]

遍考历代此阕著录为李清照（易安）词之载籍：

宋曾慥辑《乐府雅词》，影印涵芬楼手抄本（乐下，第六三页）；宋曾慥编《乐府雅词》，文渊阁《钦定四库全书》本·集部（卷下，第六九页）；宋曾慥撰《乐府雅词》，文津阁《钦定四库全书》本·集部（卷下，总第四七八页）；宋曾慥辑《乐府雅词》，丛书集成初编本（卷六，第二六六页）；清汪玢笺《漱玉词汇抄》，问遽庐正本，复旦大学图书馆藏（手抄，不分卷页，第二〇首）等十六种载籍收作李清照（易安）词。

遍考历代此阕著录他人或无名氏及存疑词之载籍，虽广征博采而未得。

[**按**] 上述载籍均收作李易安（清照）词，撰者无异名，故辑入《漱玉词》。笔者以此阕三种载籍考辨其优者：

（一）涵芬楼手抄本《乐府雅词》（与《四部丛刊》本全同）："□□金缫"；"惟□"；"有□□"；"□□□龙娇（注：与'骄'辨别不清）"。脱字太多。语言文字是交流思想的工具，缺漏太多的文字则难以表达完整的词意。

（二）文津阁本《乐府雅词》（上面多家所据）：补后作"玉钩金缫"，王仲闻笺注云："文义，与下句不甚连接，疑有错误，或馆臣臆补。"意脉不通，不可取。"惟□□"，文津阁本作"惟愁"，王仲闻笺注云："仍缺一字，疑非。"笔者认为，据《钦定词谱》此调以晏几道《满庭芳》（南苑吹花）及周（邦彦）词（风老鹰雏）为正体。该调晏词此句为三字。此补不合律。"有□□"，文津阁本补后作"有梨花"，王仲闻笺注云："文津阁四库全书本乐府雅词作'梨花'。按季节，酴醾花开在梨花之后。江南有二十四番花信风，酴醾亦在梨花之后，此处作'梨花'不妥。"笔者认为，所补有背事实，不可取。"□□龙"，文津阁本补后作"极目犹龙"，王仲闻笺注云："文津阁四库全书本乐府雅词作'极目犹'。赵万里辑漱玉词云：'与律不合，盖出馆臣臆改。'"笔者认为，此调正体晏词此句为三字，并非四字句。"残"，王仲闻笺注："四印斋本漱玉词注：别作'笺'。未知所据何本，文义亦不合。"笔者认为，"煮酒残花"，令人无解，上下不通，"残"字不可取。所补各词语俱有问题。

（三）文渊阁《钦定四库全书》本《乐府雅词》："谁开金锁"，涵芬楼本作"□□金繠"；文渊阁《钦定四库全书》本《乐府雅词》："春归去"，涵芬楼本作"惟□"；文渊阁《钦定四库全书》本《乐府雅词》："残葩"，涵芬楼本作"□□"；文渊阁《钦定四库全书》本《乐府雅词》："尽如龙，骄"，涵芬楼本作"□□□龙，娇"，且"娇"与"骄"辨认不清；文渊阁《钦定四库全书》本《乐府雅词》："看"，涵芬楼本作"残"。笔者认为文渊阁本，上述所补各词语于正文中前后意脉贯通，全阕浑然一体，韵律与《钦定词谱》（卷二四，第三页）晏几道《满庭芳》（南苑吹花）同："双调九十五字，前后段各十句，四平韵"，为正体。此词九十五字中平仄声亦合。文渊阁《钦定四库全书》本《乐府雅词·提要》云："此本抄自上元焦氏，止存三卷及拾遗，殆非足本。然（朱）彝尊《曝书亭集》又载此书《跋》云：绎其自序称三十有四家，合三卷词人，为足本无疑。盖此卷首原题当为（朱）彝尊初稿集所载，乃详定之本。"说明此本"抄自上元焦氏"藏书，"足本无疑"，"详定之本"。此本所载《转调满庭芳》（芳草池塘）是不是李清照原词？或经朱彝尊等校补，不得而知，但与文津阁《钦定四库全书》本、涵芬楼手抄本、《四部丛刊》本所载此词比较，即使同为校补本，文渊阁《钦定四库全书》本此词以字全、文通、意顺，合律，独占鳌头。故择为《漱玉词全璧》的范词，底本。

四　点绛唇

蹴罢秋千，起来慵整纤纤手。露浓花瘦。薄汗轻衣透。

见有人来，袜刬金钗溜。和羞走。倚门回首。却把青梅嗅。
——《御选历代诗余》

[考辨]

遍考历代此阕著录为李清照（易安）词之载籍：

明杨慎辑《词林万选》，《四库全书存目丛书》影印汲古阁刻《词苑英华》本（卷四，第二页）；清周铭编集/金成栋重校《林下词选》，《四库全书存目丛书补编》第二册（卷一，第二页）；清沈辰垣等编《御选历代诗余》，影印康熙内府本（卷五，第二六页）；清蒋廷锡/陈梦雷等辑《钦定古今图书集成》明伦汇编闺媛典，中华书局影印本，第二〇卷，闺媛总部（第三九六册之四四页）；清江标转抄《李清照漱玉词》汲古阁未刻词二十二家本，上海图书馆藏（手抄，不分卷页，第一八首）等十五种载籍著录为李易安（清照）词。

遍考历代此阕著录他人或无名氏及存疑词之载籍：

明茅暎远士评选《词的》，清萃闵堂抄本《四库未收书辑刊》影印（卷之一，第一四页），收作周邦彦词；

明毘陵长湖外史类辑/姑苏天羽居士评笺《草堂诗余续集》，明万贤楼自刻本（卷上，第六页）；明钱允治笺释/陈仁锡校阅（内署）《类编笺释续选草堂诗余》，明万历刻本《续修四库全书》影印（卷之上，第五页）等十三种载籍收作无名氏词；

宋何士信辑《草堂诗余前集二卷后集二卷》，明嘉靖三十三年杨金刻本（卷下前，第七页），收作苏子瞻词；

明陈耀文纂《花草粹编》，影印明刊十二卷本（卷一，第六三页）；明陈耀文辑《花草粹编》，文渊阁《钦定四库全书》二十四卷本（卷二，第三〇页）收录，皆未注撰人，与秦少游词《点绛唇·天台》连排，有"二"衔接；

赵万里辑《漱玉词》，《校辑宋金元人词》本（第一〇页）；王仲闻《李清照集校注》，人民文学出版社（卷一，第八三页）；徐北文等编《李清照全集评注》，济南出版社（第一五二页），皆收作李清照存疑词；

唐圭璋辑《全宋词》，中州古籍出版社两册本（上，第六四九页），收作李清照"存目词"；

中华书局编《李清照集》（第四二页）、黄墨谷《重辑李清照集》齐鲁书社（卷三，第五〇页），"附录"收之。

[按] 此词清江标转抄《李清照漱玉词》汲古阁未刻词二十二家本等十五种载籍收作李易安（清照）词。又二十余种载籍收为他人或无名氏及存疑词。另牵涉三撰者：《词的》收作周邦彦词，查周邦彦撰《清真集二卷集外词一卷》（四印斋本）、查唐圭璋辑《全宋词》之周邦彦词均无此词。杨金本《草堂诗余》收作苏子瞻词，查苏轼撰《东坡乐府》（四印斋本）、《续修四库全书》影汲古阁本《宋名家词》之《东坡词》，其本词皆未收。《花草粹编》收录，与秦少游词连排无撰者，查秦观撰《淮海居士长短句》（宋乾道刻本）、《续修四库全书》影汲古阁本《宋名家词》之《淮海词》，其本词皆未收。周、苏、秦词之可能性已不复存在，别集俱不收。赵万里云："词意浅薄，不似他作"，即便是最杰出的诗人，也不能每首都是杰作。排除了几个疑窦，辑入《漱玉词》。此阕赵万里、唐圭璋、王仲闻俱未收为李清照（易安）词。

五　采桑子

晚来一阵风兼雨，洗尽炎光。理罢笙簧。却对菱花淡淡妆。

绛绡缕薄冰肌莹，雪腻酥香。笑语檀郎。今夜纱橱枕簟凉。

——《御选历代诗余》

[考辨]

遍考历代此阕著录为李清照（易安）词之载籍：

明杨慎辑《词林万选》，《四库全书存目丛书》影印汲古阁刻《词苑英华》本（卷四，第二页）；清周铭编集/金成栋重校《林下词选》,《四库全书存目丛书补编》第二册（卷一，第三页）；清沈辰垣等编《御选历代诗余》，影印康熙内府本（卷一〇，第五三页）；清蒋廷锡/陈梦雷等辑《钦定古今图书集成》，明伦汇编闺媛典，中华书局影印本，第二〇卷，闺媛总部（第三九六册之四四页）等十三种载籍收作李清照（易安）词。

遍考历代此阕著录他人或无名氏及存疑词之载籍：

明茅暎远士评选《词的》，清萃闵堂抄本《四库未收书辑刊》影印（卷之一，第二七页）；宋何士信辑《草堂诗余前集二卷后集二卷》，明嘉靖三十三年杨金刻本（卷下后，第二七页），皆收录，并未注撰者。

明鳙溪逸史选编《汇选历代名贤词府全集》，明嘉靖刻本（卷一，第二九页），收作康伯可词；明陈耀文纂《花草粹编》，影印明刊十二卷本（卷二，第六九页）；唐圭璋辑《全宋词》中州古籍出版社两册本（上，第九〇四页），皆收录为康与之（伯可）词。

清赵式辑/陈维崧等评点《古今别肠词选》，清康熙遗经堂刻本（卷一，小令，第四二页），收作魏大中词。

清沈时栋辑《古今词选》康熙刻本（卷一，第二三页），收作无名氏词。

赵万里辑《漱玉词》,《校辑宋金元人词》本（第一一页）；王仲闻《李清照集校注》，人民文学出版社（第八二页）；徐北文等编《李清照全集评注》，济南出版社（第一三九页）；徐培均《李清照集笺注》，上海古籍出版社（第一八一页），皆收作李清照存疑词。

中华书局编《李清照集》（第四三页），黄墨谷《重辑李清照集》，齐鲁书社（第五〇页），皆附录收之。

［按］综前，此词撰者异名有三：李清照、康伯可、魏大中。有十三种载籍收为李清照（易安）词。《汇选历代名贤词府全集》、《花草粹编》等收作康伯可词，但未详所出。《全宋词》从之。然查赵万里《校辑宋金元人词》之康与之（伯可）撰《顺庵乐府》并无此词，即否定了此阕为康词之说。《古今别肠词选》收作魏大中词。

大中明人。检《明词汇刊》之《明词综》（卷五，第四页）只录其词《临江仙》（藓没钱塘歌吹里）一阕。查饶宗颐、张璋纂《全明词》（第三册，第一三九五页）亦仅收魏词一首，同前，并无此词。又排除魏词之说。此首只落李清照（易安）名下。事实胜于王鹏运等"词意肤浅，不类易安手笔"之主观看法。可认为是一种创作，不宜处处与作者对号。兹入《漱玉词》。

六　浪淘沙

帘外五更风。吹梦无踪。画楼重上与谁同。记得玉钗斜拨火，宝篆成空。　　回首紫金峰。雨润烟浓。一江春浪醉醒中。留得罗襟前日泪，弹与征鸿。

——影印明刊十二卷本之《花草粹编》

[考辨]

遍考历代此阕著录为李清照（易安）词之载籍：

明杨慎辑《词林万选》，《四库全书存目丛书》影印汲古阁刻《词苑英华》本（卷四，第三页）；清先著/程洪辑《词洁》，清康熙刻本（卷二，第五页）；清周铭编集/金成栋重校《林下词选》，《四库全书存目丛书补编》第二册（卷一，第四页）；清朱彝尊编《词综》，《钦定四库全书荟要》集部（卷二五，第六页）；清沈辰垣等编《御选历代诗余》，影印康熙内府本（卷二六，第一四〇页）；清江标转抄《李清照漱玉词》，汲古阁未刻词二十二家本，上海图书馆藏（手抄，不分卷页，第三一首）等二十五种载籍收作李清照（易安）词。

遍考历代此阕著录他人或无名氏及存疑词之载籍：

明毘陵长湖外史类辑/姑苏天羽居士评笺《草堂诗余续集》，明万贤楼自刻本（卷上，第三一页）；明钱允治笺释/陈仁锡校阅（内署）《类编笺释续选草堂诗余》，明万历刻本《续修四库全书》影印

（卷之上，第二九页）；明卓人月汇选/徐世俊参评《古今词统》（又名陈继儒评选《草堂诗余》《诗余广选》），《续修四库全书》本（卷七，第一六页）；明潘游龙辑《精选古今诗余》（《古今诗余醉》），清乾隆壬午秋镌（卷一〇，第一四页）；清陆次云/章陞辑《见山亭古今词选》，康熙刻本（卷二，第一七页）；清严沆等参订《古今词汇初编》，清康熙十八年刻本（卷四，第二八页）；清沈时栋辑《古今词选》，康熙刻本（卷二，第二五页）；清吴绮/程洪同选/茅麐较《记红集》，清康熙刊本（卷之一，双调小令，第四〇页）；清黄承勋存辑《历代词腴》，光绪乙酉五月梓，黛山楼藏板（卷上，第一三页），计九种载籍收作欧阳修词。

宋何士信辑《草堂诗余前集二卷后集二卷》，明嘉靖三十三年杨金刻本（卷下前，第三二页）；明陈耀文纂《花草粹编》，影印明刊十二卷本（卷五，第三二页）；明陈耀文辑《花草粹编》，文渊阁《钦定四库全书》二十四卷本（卷九，第四〇页）；明陈耀文编《花草粹编》，文津阁《钦定四库全书》二十四卷本（卷九，总第二四页），皆收录，俱未注撰者，均与幼卿词连排。

赵万里辑《漱玉词》，《校辑宋金元人词》本（第一二页）；王仲闻《李清照集校注》，人民文学出版社（第八五页）；徐北文等编《李清照全集评注》，济南出版社（第一五五页），皆收作李清照"存疑词"。

唐圭璋辑《全宋词》，中州古籍出版社两册本（上，第一一三页），收作欧阳修"存目词"；唐圭璋辑《全宋词》，中州古籍出版社两册本（上，第六四九页），收作李清照"存目词"；唐圭璋辑《全宋词》，中州古籍出版社两册本（上，第六八九页），收作幼卿"存目词"。

中华书局编《李清照集》（第四五页）；黄墨谷《重辑李清照集》，齐鲁书社（卷三，第四九页），皆附录收之。

［按］综上，牵涉此词之撰者有三：李清照、欧阳修、幼卿。首先，历代二十五种载籍著录为李易安（清照）词。其中清江标转抄

《李清照漱玉词》汲古阁未刻词二十二家本，为有重要影响之辑本。其次，亦有不少载籍著录为欧阳修（字永叔，号六一居士）词。然查双照楼本欧阳修撰《景宋吉州本欧阳文忠公近体乐府》、欧阳修撰《景宋本醉翁琴趣外篇》、《续修四库全书》影汲古阁本《宋名家词》之欧阳修撰《六一词》、唐圭璋辑《全宋词》之欧阳修词皆不载。这就排除了欧阳修词的可能性。再次，查唐圭璋辑《全宋词》幼卿词亦未收。这又排除了幼卿词之可能。牵涉之三撰者用排除法排除了两位，撰者非李易安（清照）莫属，兹入《漱玉词》。

七 青玉案

征鞍不见邯郸路。莫便匆匆归去。秋风萧条何以度。明窗小酌，暗灯清话，最好留连处。　　相逢各自伤迟暮。犹把新诗诵奇句。盐絮家风人所许。如今憔悴，但余双泪，一似黄梅雨。

——《钦定词谱》

[考辨]

遍考历代此阕著录为李清照（易安）词之载籍：

元刘应李辑《新编事文类聚翰墨大全》元刊本，中国科学院图书馆藏（后丙集，卷四，第九页）收录，未注撰者。与署名"易安夫人"词《蝶恋花·上巳召亲族》（永夜恹恹）连排，第二首。应视为"易安夫人"词。明陈耀文纂《花草粹编》，影印明刊十二卷本（卷七，第五八页）；明陈耀文辑《花草粹编》，文渊阁《钦定四库全书》二十四卷本（卷一四，第二八页）；明陈耀文编《花草粹编》，文津阁《钦定四库全书》二十四卷本（卷一四，总第五七页）；清沈辰垣等编《御选历代诗余》，影印康熙内府本（卷四四，第二二八页）；清王奕清等撰《钦定词谱》，影印康熙内府刻本（卷一五，第一三页）；清江标转抄《李清照漱玉词》，汲古阁未刻词二十二家本，上海图书馆藏（手抄，不分卷页，第四三首）等十四种载籍收作李易安（清照）词。

遍考历代此阕著录他人或无名氏及存疑词之载籍：

赵万里辑《漱玉词》，《校辑宋金元人词》本（第一二页），"附录一"；王仲闻《李清照集校注》，人民文学出版社（第八八页）；徐北文等编《李清照全集评注》，济南出版社（第一四七页），皆收为李清照存疑词；唐圭璋辑《全宋词》，中州古籍出版社两册本（上，第六五〇页），收作李清照"存目词"；中华书局编《李清照集》（第四六页），"附录"收之。

[按] 元刘应李辑《新编事文类聚翰墨大全》所录此词之前《临江仙·立春寄季顺妹》（一夜东风穿绣户）署名为"延安夫人"词，与其衔接连排之《更漏子·寄季玉妹》（小栏杆）、《鹊桥仙·寄季顺妹》（星移斗转）、《踏莎行·寄季姊妹》（孤馆深沉）虽都未署名，然《彤管遗编》《全宋词》等皆以延安夫人（苏氏）词收之。同理，同一本书之《青玉案·送别》（征鞍不见）也没有署名，但与署名"易安夫人"词《蝶恋花·上巳召亲族》（永夜恹恹）衔接连排，以前推之，此词亦应归属李易安无疑，合情合理。上面历代此阕著录为李清照（易安）词之载籍十四种，皆源自元刘应李辑《新编事文类聚翰墨大全》。诸家的理念见解相同。有理有据。

赵万里云："《翰墨大全》后丙集卷四引接《蝶恋花·上巳召亲族》一词，不注撰人"，而被视为李清照词是"失之"。王仲闻从之。然按古今书籍编排惯例，尤其是诗词，第一篇署撰者名，同一撰者作品连排其后皆不再署名，这些作品无疑应被视为第一篇署名撰者的作品。这种情况常见。但亦不尽然，古籍辗转流传抄写刻印过程中会发生不少错误，引用时要慎重。哪些数据可引用哪些资料不可引用，如何界定，不能"草木皆兵"，也不能"兵皆草木"，具体问题具体分析对待。《全宋词》附注该词为"无名氏词"，其词如今归属仍无，也是一个助证。兹为此词寻到原主李清照（易安），辑入《漱玉词》。

八　行香子

　　天与秋光。转转情伤。探金英、知近重阳。薄衣初试，绿蚁新尝。渐一番风，一番雨，一番凉。　　黄昏院落，恓恓惶惶。酒醒时、往事愁肠。那堪永夜，明月空床。闻砧声捣，蛩声细，漏声长。

——文津阁《钦定四库全书》本《花草粹编》

[考辨]

遍考历代此阕著录为李清照（易安）词之载籍：

仅见明陈耀文编《花草粹编》，文津阁《钦定四库全书》二十四卷本（卷一四，总第五四页）；李文裿辑《漱玉集》，冷雪盦丛书本（卷四，第三页）；中华书局编《李清照集》（第二五页），收作李易安（清照）词。

遍考历代此阕著录他人或无名氏及存疑词之载籍：

宋曾慥辑《乐府雅词·拾遗》，影印涵芬楼手抄本（乐遗下，第七页）；宋曾慥编《乐府雅词·拾遗》，文渊阁《钦定四库全书》本·集部（卷下，第九页）；宋曾慥撰《乐府雅词·拾遗》，文津阁《钦定四库全书》本·集部（卷下，总第四八六页），俱收录，皆未署撰者。明陈耀文纂《花草粹编》，影印明刊十二卷本（卷七，第四六页）；明陈耀文辑《花草粹编》，文渊阁《钦定四库全书》二十四卷本（卷一四，第一一页），皆收录，撰者注：《雅词》。唐圭璋辑《全宋词》，中州古籍出版社两册本（下，第二四四九页），收作无名氏词；王仲闻《李清照集校注》，人民文学出版社（第三三九页），"附录"收为"误题李清照撰之作品"。

[按] 此词最早著录于宋曾慥辑《乐府雅词·拾遗》（乐遗下），但未署撰人。此词明陈耀文编《花草粹编》，文津阁《钦定四库全书》二十四卷本（下简称"文津本"）收作李易安词，是现存典籍

中最早收作李易安（清照）词之载籍。李文裿辑《漱玉集》、中华书局编《李清照集》俱收作李清照词，皆据《花草粹编》，然未明何本？王仲闻《李清照集校注》按云："传世《花草粹编》两种：一为明万历原刊十二卷本（有影印本）、一为清金绳武活字印二十四卷本，此二本俱不作李清照词。""传世《花草粹编》两种"？非。文津本《花草粹编》（二十四卷）"题要"："盖犹耀文旧刻"，显然既不同十二卷本，也不同"活字印二十四卷本"，却收此阕（《行香子·天与秋光》）为李易安词。该书被《四库全书》所收是经典古籍善本，优中选优，故具权威性，惜不为仲闻所见。其余载籍有注"雅词"和"无名氏"者，撰人别无异名。赵万里辑《漱玉词》、唐圭璋辑《全宋词》等皆未收此词为易安词。前有孤证为四库经典善本，又词之思想内容和艺术特色颇类易安。故辑入《漱玉词》。

九　青玉案　春日怀旧

一年春事都来几。早过了、三之二。绿暗红嫣浑可事。绿杨庭院，暖风帘幕，有个人憔悴。　　买花载酒长安市。又争似、家山见桃李。不枉东风吹客泪。相思难表，梦魂无据，惟有归来是。

——文渊阁《钦定四库全书》本《草堂诗余》

[考辨]

遍考历代此阕著录为李清照（易安）词之载籍：

清江标转抄《李清照漱玉词》汲古阁未刻词二十二家本，上海图书馆藏（手抄，不分卷页，第四四首）收作李易安词；清王鹏运辑《漱玉词·补遗·按》，《四印斋所刻词》本（第二页），著录"毛抄本"收为"李清照　易安"词。（附录：按：毛抄本尚有《鹧鸪天·枝上流莺》一阕，《青玉案·一年春事》一阕，注云：《草堂》作少游、永叔，而秦、欧集无。今按：此二阕别本无作李词者，当是秦、欧之作，且脍炙人口。故未附录）；徐培均《李清照集笺注》上海古籍出版社（第四三页），据清彭元瑞抄《汲古阁未刻词》之《漱玉词》收作李清照词。

遍考历代此阕著录他人或无名氏及存疑词之载籍：

宋无撰人辑《草堂诗余》，文渊阁《钦定四库全书》本·集部（卷二，第一三页）；宋无撰人辑《草堂诗余》，文津阁《钦定四库全书》本·集部（卷二，总第五七五页）；明顾从敬类选/沈际飞评正《草堂诗余正集》，明万贤楼自刻本（卷二，第二五页）；明周瑛撰《词学筌蹄》，《续修四库全书》本（卷五，总第四三四页）；明陈钟秀校《精选名贤词话草堂诗余》，《四印斋所刻词》本（草堂上，第一四页）；明杨慎批点/闵暎璧校订《草堂诗余》，明闵暎璧刻朱墨套印本（卷三，第一三页）等二十九种载籍收作欧阳修（永叔）词。

宋轶名辑/何士信增注《增修笺注妙选群英草堂诗余》（内名）《四部丛刊》，影印涵芬楼本（前集，卷之上，第一九页）；宋何士信辑《草堂诗余前集二卷后集二卷》明嘉靖三十三年杨金刻本（卷上后，第二三页）收录，皆未注撰者。

唐圭璋辑《全宋词》，中州古籍出版社两册本（上，第六五〇页），收作李清照"存目词"。

王仲闻《李清照集校注》，人民文学出版社（第九七页）；徐北文等编《李清照全集评注》，济南出版社（第一四四页），皆收为李清照"存疑词"。

［按］综上，载籍此阕撰者有三：一为李清照（易安），一为欧阳修（永叔），一为秦观（少游）。王鹏运云："当是秦、欧之作。"查景宋吉州本《欧阳文忠公近体乐府》、景宋本欧阳修撰《醉翁琴趣外篇》、《四库全书》本欧阳修撰《六一词》俱未载此阕，这都是欧阳修本人之别集。令人惊讶的是，二十九种载籍著录为欧阳修词，皆以讹传讹。查秦观撰《淮海集》《淮海居士长短句》亦不载。其别集均未收，即排除欧、秦词之可能。只落李易安（清照）名下。

《草堂诗余正集》此词撰者欧阳永叔之下有小注："一刻易安"，说明他本此词有以撰者易安之名刻印行世者，惜未说明出处。王鹏运按语表明虽已疑之，但仍以四印斋本《漱玉词》"补遗·按"著录。江标转抄《李清照漱玉词》汲古阁未刻词二十二家本、徐培均《李清照集笺注》所据彭元瑞抄《汲古阁未刻词》之《漱玉词》皆收作李清照词，是个力证。兹入·《漱玉词》。

唐圭璋辑《全宋词》《漱玉词》跋云："赵万里详加斠正，录为定本一卷，都四十三首。自《殢人娇》（玉瘦香浓）一首外，都精准可信，兹用此本。"综上笔者对九首李清照及存疑词之详加考辨，赵万里、唐圭璋、王仲闻之"定本"，"都四十三首"，"都精准可信"之樊篱，无疑将被胀破。

（山东省人民政府办公厅、山东省文史研究馆《齐鲁文史》2016年第1期）

中 编

刘鹗及《老残游记》研究

四十五年来刘鹗及《老残游记》研究述评

刘鹗的《老残游记》被鲁迅先生评为晚清四大"谴责小说"之一，内容丰富，意蕴深邃，具有很高的艺术成就，翻译成多国文字，在国内外影响巨大，被联合国教科文组织认定为世界文学名著。本文拟就四十五年来对刘鹗及《老残游记》研究作一宏观审视概说。评论举要，显示这方面研究演进的轨迹；揭示异论歧见和尚待解决的问题，以供借鉴；总结取得的成绩，考察存在的问题，以便把这方面的研究推向前进。

一 对《老残游记》思想内容的研究评论

（一）总体研究评论

四十五年来对刘鹗及《老残游记》的研究评论，大致可分以下三个时期：

五六十年代

回顾这一时期，这方面的研究，必然涉及学术界的一场争论，其焦点就是如何评价认识这部小说，观点可分两类，针锋相对。

全盘否定和近于全盘否定

1955年张毕来发表文章（下称张文㊀）认为："《老残游记》是一部坏书"，"既然在思想内容上是反动的，它就不是好的文学作品"①。在他同年发表的另一篇文章（下称张文㈡），进一步论定"这部书的思想内容，是很反动的"②。引起了一场争论。

针对此论，念如、劳洪、许政扬、时萌、刘维俊、严薇青等发表评论，主张从正反两方面看，即两点论。学术界有些论者不同意这种看法。针对严文，尺松在1964年发表《不能为刘鹗的卖国言行辩护》③，观其题可知文章内容。此后，李永先亦针对严文，在1965年发表文章（下称李文）认为："《老残游记》是通过一个摇串铃的江湖医生老残，在游历途中的所见所闻，表达了作者忠于封建统治者，仇视革命、仇恨人民的反动思想。"④ 同年发表王俊年文章，认为它是："一部适应清末统治集团中洋务派政治上的需要而产生的、为地主买办阶级的利益服务的反动小说。"⑤ 这场争论尚未分晓就被"文化大革命"的洪流冲断。概括起来，这一时期有些论文是对《老残游记》全盘否定或近于全盘否定的，显然这是受"左"的思潮影响。

正反两方面看

念如针对张文在1955年发表文章（下称念文）认为："这部小说的大部分是有着积极意义，应该正面予以肯定的。"但是"作者站在改良主义立场上"，"借题攻击革命，袒护一些糊涂官、滑头官"，"故意撇开义和拳的反抗运动不谈，……是应该严格批判的"⑥。其次，劳洪于1956年发表文章（下称劳文）认为："贯穿在《老残游记》整个书中的一个颇为激动人心的思想，是作者一再为之呼吁的

---

① 张毕来：《〈老残游记〉的反动性和胡适在〈老残游记〉评价中所表现的反动政治立场》，《人民文学》1955年2月号。
② 张毕来：《略谈〈老残游记〉》，《文艺学习》1955年3月号。
③ 尺松：《不能为刘鹗的卖国言行辩护》，《文史哲》1964年第6期。
④ 李永先：《为什么要为汉奸辩护——读〈关于老残游记的作者刘鹗〉》，《文史哲》1965年第1期。
⑤ 王俊年：《〈老残游记〉是一部什么样的作品》，《光明日报》1965年2月28日。
⑥ 念如：《应该以慎重严谨的态度来评价〈老残游记〉》，《光明日报》1955年12月11日。

所谓'仁政'的思想","向我们揭示了一幅暗无天日的封建社会末期的可怕的生活图景","全书中展开的那些带有一定程度的批判性和暴露性的描写","应该被肯定下来","当然,这本书对于封建制度批判的不彻底性,以及保留在'楔子'和第十一回中的某些反动的观点和言论,是应当予以批判的"①。这也是一分为二的观点。接着,许政扬在1956年发表文章(下称许文)②,时萌也发表文章③,认为应该从两方面看,全面否定是不对的。又有刘维俊在1957年发表文章(下称刘文),评论说:"鲁迅将它摆在'清之谴责小说'中是很有理由的","总结起来,我认为《老残游记》是一部好书,一部成功的著作,它像一朵奇花,照耀着晚清的文学史,值得我们永远学习",这是一部"现实主义杰作"④。在此时能给其如此高度评价是难能可贵的。更有严薇青在1962年发表文章(下称严文)也是针对着张文的,认为:"刘鹗的反动面貌可以说是暴露无遗。但是,即便如此,他到底还有另外的进步一面","他这种谴责和揭露"是"具有较深刻的社会意义的",对"人民疾苦,也做了比较真实的反映,表示了自己的深厚同情。这些也是属于进步方面,应该给予肯定的"⑤。这些论文都主张从正反两方面来评价《老残游记》。

"文化大革命"结束到1986年

此时期的论著,对《老残游记》的评论,多是瑕瑜互见的。

"文化大革命"后,1978年发表了时萌文章《关于评价晚清谴责小说的一些看法》,这自然牵涉如何评价《老残游记》问题,文章认为:"作为封建主义拥护者的刘鹗当然决无推翻现存社会制度之

---

① 劳洪:《刘鹗及其〈老残游记〉》,《光明日报》1956年1月8日。
② 许政扬:《向盘与红顶子——读〈老残游记〉》,《文艺学习》1956年11月号。
③ 时萌:《浅谈〈老残游记〉——与张毕来同志商讨〈老残游记〉的另一面》,《文学遗产增刊》第二集。
④ 刘维俊:《〈老残游记〉简论——兼评张毕来对〈老残游记〉的观点》,《河北日报》1957年3月20日。
⑤ 严薇青:《关于〈老残游记〉的作者刘鹗》,《文史哲》1962年第1期。

想,但他为'家国'而忧,因而被这惊心动魄的现实触动心弦,而且把它生动地描画了出来。而这画面则自然而然流露了抨击封建统治集团的思想,也就产生了破坏清王朝的客观效果。"① 肯定了《老残游记》抨击封建统治集团,揭露黑暗社会现实的进步的一面。这是向全国发出评价谴责小说,特别是《老残游记》的一个信号。1979 年发表黄德成文章,认为《老残游记》"是一部现实主义""瑕瑜互见的作品"②。这是"文化大革命"后较早直接命题评论刘鹗及《老残游记》的文章。接着对这方面的研究文章逐渐多起来了。1980 年就有这方面的论文九篇以上。1981 年池太宁文章③,1983 年钟贤培文章④,同年张如法文章⑤,也都认为这是一部"瑕瑜互见"的作品。1984 年任访秋著文(下称任文)认为:"这部小说虽然表现了作者一些错误的甚至是反动的思想,但我们并不同意有些同志对它加以全盘否定的看法。我认为对青年来说,还是有一读的价值的。除了这对当时酷吏的揭露,还有一定的认识的意义……"⑥ 以上为此时期对《老残游记》思想内容研究总体评论举要。可见评论由瑕多瑜少,向瑜多瑕少演化。

1987 年以后

对这方面的研究评论虽然也是两点论,但呈瑜多瑕少的态势,充分肯定,实事求是。1987 年发表陈辽文章,认为:"《老残游记》从整体上看,是一部忧国忧民、爱国爱民的作品,其客观社会效果是揭露了清王朝的腐败和当时社会生活中的阴暗面,起到了使人民群众惊醒起来与恶势力和恶劣环境作斗争的作用。"他主张"对

---

① 时萌:《关于评价晚清谴责小说的一些看法》,《中国近代文学论文集》(小说卷),中国社会科学出版社 1983 年版。
② 黄德成:《〈老残游记〉和作者刘鹗》,《长江日报》1979 年 5 月 27 日。
③ 池太宁:《重评〈老残游记〉》,《台州师专学报》1981 年第 2 期。
④ 钟贤培:《刘鹗论辩》,《华南师大学报》1983 年第 1 期。
⑤ 张如法:《〈老残游记〉的艺术与思想》,《华南师大学报》1983 年第 2 期。
⑥ 任访秋:《刘鹗及其〈老残游记〉》,见其《中国近代文学作家论》,河南人民出版社 1984 年版。

《老残游记》中的几个有争议的问题应做具体分析,如是,我们才能对《老残游记》获得新的认识"①。刘鹗及《老残游记》的研究热潮,促成了 1987 年全国首届刘鹗及《老残游记》学术讨论会的召开,开辟了这方面深入研究、公正评价的新时期。蔡铁鹰、陈民牛在其大会述评中说:这次会"对《老残游记》的研究则更多展示了内涵的开拓","《老残游记》很大程度上是作者政治意识的外化,既反映了作者带有浓厚时代特征的忧患意识,又在一个层次上反映了当时知识分子对传统文化的反思,这正是《老残游记》能够摆脱晚清小说丑诋私敌和漫画式夸张之类时尚的重要原因",此书"真正重要的意义,就在于它让我们在宽广的时代背景下听到刘鹗这类知识分子沉痛而无力的痛哭声"②。反映了《老残游记》研究向深层发展。

1987 年至 1992 年,对《老残游记》的思想意蕴的研究,继续向深层推进,其主要论文有:蔡铁鹰的《寓言的暗示:〈老残游记〉与晚清社会思潮》③、李士金的《〈老残游记〉深层的象征意蕴》④、钟贤培的《从〈老残游记〉看作者的创作心态》(下称钟文)⑤ 等。钟文说:"刘鹗在《老残游记》中所表现的创作心态,虽然带有时代和阶级的沉重枷锁,却表现了一个不甘屈辱的中国人反对帝国主义侵略,反对封建专制暴政,要求国家振兴富强的思想品格。这也使《老残游记》能够在近代小说领域中,成为……传世之作。"

郭延礼《中国近代文学发展史》(下称郭著)认为:"它以其深刻的思想意义、别具一格的艺术构思、不同于传统模式的叙事方式,在中国近代小说史上占有重要的地位。"又说:"刘鹗在小说中诋毁

---

① 陈辽:《〈老残游记〉新论》,《北京社会科学》1987 年第 4 期。
② 蔡铁鹰、陈民牛:《首届刘鹗与〈老残游记〉学术讨论会述评》,见《明清小说研究》1988 年第 3 期。
③ 见《淮阴师专学报》1988 年第 4 期。
④ 见《淮阴师专学报》1988 年第 4 期。
⑤ 钟贤培:《从〈老残游记〉看作者的创作心态》,《辽宁广播电视大学学报》1988 年第 2 期。

'北拳南革'是错误的,是他资产阶级改良派政治立场的反映。但对这些问题也应作具体分析,更不能因此而否定《老残游记》的思想意义。"① 评价中肯,实事求是。

对《老残游记》思想内容,内涵意蕴的研究,在 1993 年刘鹗及《老残游记》国际学术讨论会上,更取得丰硕的成果。盛成论文认为:它"是一部地方文学,是一部民族文学,也是一部世界文学","对官僚制度的谴责,对天下命运的关怀,对民众疾苦的同情,对汉学精华的阐扬,都很值得我们珍视。它是一面明亮的镜子,映照出社会的丑恶,也显示了中华文化的强有活力"②。国际学术讨论会有的论文从中国悠久的历史和深厚的传统文化的背景上来研究审视评价此书,如王平的《论〈老残游记〉的文化内涵及其渊源与价值》、武润婷的《抨击理学蒙昧主义,企盼人才更新》、卢敦基的《〈老残游记〉与传奇心态》等。王文说:"《老残游记》以其丰富的文化信息和深厚的文化内涵,显示着其独特的风格与追求。那贯穿全书的求实精神与科学观念,那浓重的民本思想,那以儒家为中心兼容释道的人生哲学,以及那略带神秘预言性质的时局分析,都使它具有了一部文化小说的特征。"笔者认为《老残游记》是刘鹗救国安天下方略的艺术化。这表明《老残游记》思想内容的研究,向更深的层次掘进,视点也较高远。上面是对《老残游记》总的评价举要。随着时间的推移,显示出观点、评价不断演进。

(二) 对楔子的研究评论

《老残游记》第一回楔子是我们研究作者的创作意图,把握小说思想内容的关捩,学术界对其评论不尽相同。

---

① 郭延礼:《中国近代文学发展史》,山东教育出版社 1991 年版。
② 盛成:《齐鲁菁华 中华瑰宝 世界名著》,见《南京理工大学学报》(哲社版) 1994 年第 1、2 期合刊。

胡适认为：“第一回楔子便是刘先生'剖心自明于人'的供状。这一回可算得他的自序或自传。”①

张文㈠评楔子时说：“清朝皇帝和诸大臣，虽然一片诚心忠意，无奈下边的小官小吏中，有的胡作乱为，以致民不聊生。而革命家又到处煽动，以致人民要起来推翻清朝。因此，刘鹗让他的人物在作品里大骂革命党。”他认为楔子的象征意义是如此的。念文认为："第一回楔子是表达作者改良主义的政治态度。"许文认为：楔子"与反映客观生活的艺术形象之间，没有任何相同点，甚至没有任何联系，它不能给人以丝毫真实感"。阿英文章（下称阿文）认为：楔子"基本上反映了当时的整个局势，人民的内外受害、愤激和渴望'国家得救'的爱国热情"，只是作者"认识不到真正能挽救危局的，并非他所说的那样'掌舵的人'"②。钟文认为：楔子"而其更深刻的客观意义，是作者以忠于现实的笔触，写出了象征洋务救国理想顷刻之间被历史的波涛打得粉碎的社会现实，使人民看到了一代标榜洋务治国的破产的真实情景"，"使我们看到了一个具有拳拳爱国心，又带着沉痛的时代的、阶级的枷锁的爱国作家的复杂心态"。此论较为深刻。评论的不同，或因角度的不同，或受时代思潮的制约。

其次，关于楔子寓言的象征问题，胡序揭示其中主要人物、事件的象征意义，其中说六枝旧桅是旧有的六部；两枝新桅是新设的两部。后来刘大绅文章③谈得较为详尽，除与胡适所言相同者外，还有八桅喻行省总督人数；新旧喻当时总督性质，这与胡适认识不同。这一点，严薇青在《老残游记》（齐鲁书社出版）注释中，与刘大绅看法一致④。刘大绅还说船上扰乱情形喻戊戌变法；高谈阔论之人

---

① 胡适：《〈老残游记〉序》，见刘德隆等编《刘鹗及老残游记资料》，四川人民出版社1985年版，下简称《资料》。
② 阿英：《关于〈老残游记〉——〈晚清小说史〉改稿的一节》，见《资料》。
③ 刘大绅：《关于〈老残游记〉》，见《资料》。
④ 见《老残游记》，齐鲁书社1981年版，第12页注［40］。

喻当时志士……关于"高谈阔论"者的象征问题,学者有异议,张文认为是喻"以孙中山为首的民主主义革命派";中国台湾学者林瑞明认为是影射"戊戌变法的维新人士"[①];严薇青在《老残游记》注释中以为喻"救国志士"[②],其说不一。到底"高谈阔论"之人所喻者何?笔者察其演说,其主张"拼""杀""打",这是一种暴力革命的行动,与维新志士的宗旨用和平方式依靠保护帝党进行变法改良俨然不同,泾渭分明,故断定"高谈阔论"者喻"民主主义革命派"。

(三) 对老残的研究评论

张文○认为:"他所创造的名士老残,实质上是一个无聊的政客。结果,老残这个形象反映了刘鹗本人的丑恶的本质,成为一个极其虚伪的形象。"对《老残游记》全盘否定论者,老残的形象自在否定之中,不再赘言;对《老残游记》持两点论者,也多把老残的形象与作者刘鹗混而论之,专论较少。郭著特设一节:《刘鹗的艺术化身:老残》,认为:"老残是小说中一个充满矛盾的悲剧性的人物","是一位忧国忧民的志士","但他对统治阶级仍抱有希望,对当时的革命力量也认识不清","他希望拯救国家的危亡,但找不到真正的出路,他自以为授以西方的'罗盘',就可以万事大吉;但又不为时人理解,被人骂为'汉奸'"。老残专论还有关爱和《论老残》[③]等,关文认为:"老残不仅是一个手摇串铃、浪迹江湖的行医先生,还是上世纪末,本世纪初中国纷乱与艰难时局的亲历者、先觉者及预言者。走方郎中之老残与哭泣扶危之老残、形体浪游之老残与灵魂悚惶之老残叠印重合,共为一体。新旧裂变的时代与忧思深广的刘鹗创造了老残,老残记录着时代的裂变和作者的

---

① 林瑞明:《〈老残游记〉与晚清社会》,见《资料》。
② 见《老残游记》,齐鲁书社1981年版,第12页注[62]。
③ 关爱和:《论老残》,《文学评论》1994年第4期。亦见孔一青《刘鹗及〈老残游记〉国际学术讨论会综述》,《文史哲》1994年第1期。

忧愤。"综观上述有代表性的评论,大致可知如今学术界对老残如何评价。

(四) 对两个酷吏的研究评价

鲁迅先生《清末之谴责小说》里说:"而攻击官吏之处亦多。……则摘发所谓清官者之可恨,或尤甚于赃官,言人所未尝言。"[①] 鲁迅的评价,产生了深远的影响。

张文㊀认为:"他写《老残游记》,目的就是要来指出清官的可恨可怕,要反对清官,他虽然也说'赃官可恨'的话,但他说'清官更可恨'。客观上,这就是为赃官准备藉口,为赃官辩护。……而《老残游记》却来反对清官,所以是反动的。"李文认为:"《老残游记》确是写了玉贤、刚弼两个酷吏诬害于朝栋父子和魏家父女。不过被害两家都是地主或其他上层分子。关于玉贤、刚弼如何残害贫苦人民,作者根本没有反映。……而且写酷吏玉贤、刚弼又是为了衬托好官白太尊、庄宫保以为最高统治者辩护。"两论者对书中两个酷吏的描写是持完全否定和基本否定的态度的。还有的评家也持此态度。

对《老残游记》不是全盘否定,而是持两点论者,对小说两个酷吏的描写塑造、鞭挞揭露,绝大部分都持肯定态度。大凡论述《老残游记》思想内容的书和文章,多涉及这些问题,有代表性的文章不少。如念文认为:"(两个酷吏的描写)虽然能够暴露统治集团凶残严酷的罪行,能够引起人们对统治阶级的仇恨,是有积极意义的;但故意撇开义民被害的情形不写,就是使这积极意义有了一定的限度。"许文认为:"他特别提醒大家:使人民陷于不幸和苦痛的,不只是那些无能、贪污、排斥人才的官吏,除了这些以外,也还有像玉贤那样'能干'而嗜杀、刚弼那样'清廉'而主观、庄耀那样'爱才若渴',然而不辨贤愚是非的人物。"任文认为:"他们

---

① 鲁迅:《中国小说史略》,《鲁迅全集》第九卷,人民文学出版社1981年版。

都是酷吏。刚弼哪能说他是清官。刘鹗对清官一辞的理解,非常的片面。……刘鹗把刚弼一流人与过去的万民称颂的清官混同起来,还说什么'清官更可恨',是非常荒谬的。"对刘鹗的"清官"说提出异议。

王立兴评说:"刘鹗笔下的清官形象,是《老残游记》的主体部分。它的独特的思想内容和审美意蕴,不仅大大超越了以前同类题材的小说,而且成为我国小说史上闪耀异彩的一株奇葩,卓然特立于晚清小说之林,即使在今天,对我们仍具有一定的借鉴意义和认识价值。"[①] 此论对该书的"清官"形象给予较高的评价。

杜贵晨文章认为:"刘鹗说'有揭清官之恶者,自《老残游记》始'却说错了;任先生说'历史上……并没有把不贪赃,却枉法如刚弼一类的官吏,给了清官的称号的',也说错了。"又说:"至于'看重它对清官的批判'而不知它批清官部分地带有反拳民动机的,则几乎是普遍的状况。"[②] 此评否定了刘鹗、任访秋关于"清官"的一个观点,认为批"清官"部分不能"毫无保留"地被肯定。这是一种独立的见解。

(五) 对桃花山访贤的研究评论

鲁迅《中国小说史略》说:"作者信仰,并见于内",主要是指此部分。其内容主要分三个方面。

对批判宋儒的研究评论

胡序认为小说中玙姑对宋儒"这是很大胆的批评","他不惜现身说法,指出宋儒的自欺欺人,指出'宋儒之种种欺人,口难罄述'"。玙姑对宋儒的批判多被评家所肯定。但有的论者认为:"这一段话全是胡扯,在当时决不可能有这样的女性,除非她是一个不

[①] 王立兴:《中国近代文学考论》之《刘鹗笔下的清官形象评议》,南京大学出版社1992年版。
[②] 杜贵晨:《评〈老残游记〉"揭清官之恶"》,《齐鲁学刊》1992年第6期。

正派的女子。同时作者这段攻击程朱派理学的话,从道理上说,是正确的,但了解作者一生嫖妓纳妾的放浪生活,总感到这段话是作者借此在为自己行为辩护的话"(任文)。可见也存在不同的评论认识。

对反对北拳南革的评论

对刘鹗及《老残游记》全盘否定论者,对作者反对北拳南革自然是否定的;对此持两点论者,对这一问题绝大部分也是持否定态度的,但也有持不同的观点的,试举两例。

1968年夏志清文章(下称夏文)认为:"刘鹗申斥拳民和革命党人,却不能因此而视他对清朝效忠……""他反对非理性和无政府主义,实表示他维护文明,且非仅中国文明而已。他认定拳民的胡作妄为,起于野蛮的排外主义,其根源则为对神灵鬼怪的迷信","他视南方的革命党人为无神论者,要亵渎对祖先的敬拜,要破坏家庭制度,这看法也多少有事实的根据","对这班革命党人的破坏性估计太高了"[1]。1987年陈辽文章认为:"刘鹗虽然反对义和团革命党,但又认为'北拳南革'却都推动了社会的发展,并且开今后的'文明'。……刘鹗并没有把北拳南革全盘抹煞。联系刘鹗的其它言论,他反对北拳,是反对义和团的简单排外;他反对南革,是反对革命党中的那些口头革命派;如果考虑到孙中山在进行革命活动初期也曾诋毁过义和团,刘鹗反对'北拳南革'也并不奇怪。不过,刘鹗为所谓北拳南革之乱哭泣,无论如何是他阶级局限的落后表现。"[2] 夏、陈对同一问题的看法虽不完全相同,但都对刘鹗反对、咒骂北拳南革的问题进行较为全面、客观、具体、细致的分析,而不是简单化、绝对化。

对三元甲子推测的研究评论

胡序中说:"《老残游记》里最可笑的是'北拳南革'的预言",

---

[1] 夏志清:《〈老残游记〉新论》,见《资料》。
[2] 陈辽:《〈老残游记〉新论》,见《北京社会科学》1987年第4期。

"总之,《老残游记》的预言无一不错"。刘大绅《关于〈老残游记〉》诠解甚详,认为:"前三甲书中已自言亲历,可以不论。由甲辰以后迄今,有何事能与相符?可知此不过一时谈助矣。"① 夏文等的推测也是根本否定的。

刘厚泽在《刘鹗与〈老残游记〉》(见《资料》)中,对此有不同的评论认识,认为:"谈'三元甲子'的一段,并不是唯心迷信的虚诞神奇。"② 也有论者持类似的见解。至今未得一统。

阿文认为:"这是毒草的部分。不但破坏了全书现实性的完整,也贬低了全书的价值。"但有的论者别有认识,说此部分增加了全书的哲学意蕴和趣味。王学钧认为:"这个部分的主题便是说教性的传道。"③ 王学钧将此部分太谷学派思想内容作了详尽的考释,有《桃花山传道释论》发表在1993年日本《清末小说》上。

作者描写黄河水灾,深刻批判了不谙世故、本本主义和教条主义的危害;描写翠环、翠花沦落风尘,揭露贪官污吏贪污河款、置十几万人民的生命财产于不顾的罪恶行径,表现了作者对灾民的深切同情。持两点论的多数评家,对此部分内容的评论,没有根本分歧。

(六) 对泰山逸云和游阴曹地府的研究评论

逸云的故事及老残地狱游,是《老残游记》二集的主要内容,评家从不同的视点有不同的评论。日本学者樽本照雄认为逸云"讲'佛法'的目的,是为了最后引到'三教同一'上来","虽然是受佛教影响而设定的阴曹地府,可他的中心内容还是在说三教同一"④ 刘蕻认为"二集"中"华云是'发乎情',逸云是'止乎礼义',两种意象组起来,恰是太谷学派最为推崇的境界之一:发乎

---

① 刘大绅:《关于〈老残游记〉》,见《资料》。
② 刘厚泽:《刘鹗与〈老残游记〉》,见《资料》。
③ 王学钧:《刘鹗与〈老残游记〉》,辽宁教育出版社1992年版。
④ 樽本照雄:《试论〈老残游记〉》,见《资料》。

情，止乎礼义"①。周晓痴认为："第一回至第六回……写得非常成功。通过泰山尼姑逸云的爱情梦幻曲，抒发一己入世不易，出世尤难的感慨。并从逸云身上触发在现实生活中'曲高合寡'的孤独及颇欲霞举，'又恐琼楼玉宇，高处不胜寒'的矛盾、复杂心态"，"单就爱情题材而言……提出……惊世骇俗的观点，有认识意义和研究价值"。认为："'续集'第七回至第九回老残游阎罗殿及即将飞升西方极乐世界的交待是归于虚幻的鲜明表现。标志了那一时代改革家可能具有的悲剧心理轨迹。"② 刘德平的《浅谈老残地狱游记》（国际会议提交）也有参阅的价值。

王学钧在《刘鹗与〈老残游记〉》（见前）一书中认为二集："它的主题是证禅。这也是整部小说里集中剖白作者人生观和相应的处世态度的部分，即作者所接受的太谷学派教义"，尼姑逸云是"作者的传声筒或化身，与老残和赤龙子一样"。认为梦游地狱"这个寓言，是借阎王爷对老残的审判，来达到老残的忏悔录式的自白和自辩"。认为外编残稿"则全然是另起炉灶。但是它的精神也一如初集和二集"③。因为是残稿，专论甚少。二集的思想意蕴尚待深入研究探讨。

二 对《老残游记》艺术特色的研究评论

（一）写景状物方面

在这方面，鲁迅、胡适皆给予较高评价。鲁迅评说："叙景状物，时有可观。"④ 胡序中说："《老残游记》在中国文学史上的最大贡献却不在于作者的思想，而在于作者描写风景人物的能力"，"在

---

① 刘蕻：《论〈老残游记〉、二集、补篇的哲学特质》，见《南京理工大学学报》（哲社版）1994 年第 5 期。
② 周晓痴：《〈老残游记〉二集试论》，国际学术会议提交。
③ 王学钧：《刘鹗与〈老残游记〉》，辽宁教育出版社 1992 年版。
④ 鲁迅：《中国小说史略》，《鲁迅全集》第九卷，人民文学出版社 1981 年版。

这一点上,这部书可算是前无古人了"。

严薇青说:"它在'状物'方面的另一成就,是对人物的心理描写。这是对中国古典小说以人物具体行动表现人物性格和心理活动的传统表现手法的重大突破。"① 捷克学者维林吉诺娃评《老残游记》说:"几乎没有心理描写。"② 不符实际,有些言之过甚。陈辽认为:"《老残游记》的景物描写极其出色,这为读者所公认。但有些同志认为,这些景物描写,与人物形象的塑造无关,因此,不宜评价过高。"他认为:"《老残游记》中的景物描写,不仅有其独立存在的艺术价值,而且也是和人物形象的塑造密切联系的。"③ 此论笔者认为是适当的。上述主要论文对《老残游记》写景状物方面所取得的成就予以充分肯定,有的论者在这方面的某一问题也有不同的评论。小说最令人赞赏的景物及音乐描写有四段,其中的《明湖居听书》编入中学语文教材,研究其艺术特色的文章多篇。从语言学、修辞学、文艺学、美学等角度加以探讨,均给予高度评价。

(二) 结构方面

张文㊀认为:"就结构说,全书很松弛。……作为一个完整的艺术作品看,这分明是大缺点。"加拿大学者(居美)谢迪克认为:"按西方小说理论要求缺乏情节和主题的统一性,但全书的感情是统一的。"④ 夏文认为:"这本小说结构松散,对故事的布局显然不太关心,这可能是一般批评家对它了解比较机械化的一个原因","他是个卓然有成的艺人……此小说之所以缺乏后者那类完整性,与其说由于拙劣与粗疏,毋宁说作者故意如此","可惜他以侦探故事终

---

① 见《严薇青文稿》,齐鲁书社1993年版。
② [捷克]维林吉诺娃:《世纪转折时期的中国小说》,见台湾、香港、海外学者《论中国近代小说》,百花洲文艺出版社1991年版。
③ 陈辽:《〈老残游记〉新论》,见《北京社会科学》1987年第4期。
④ [加拿大]谢迪克:《〈老残游记〉英译本前言》,见《资料》。

结全书，却破坏了前此善为经营游记体裁的完整性"。这是一种独特的见解。笔者认为，《老残游记》是作者救国平天下方略的艺术化，因为小说所要表达的是作者救国平天下的多方面的方略，形式为内容服务，故小说难以有所谓统一的故事情节和统一的故事性叙事框架及像传统小说那样紧凑的结构。桃花山访贤几回，并非"游离部分"，是刘鹗救国方略的重要组成部分。作者认为"治乱世"必须标本并治，荐刘仁甫治盗防盗，这是治标，更主要的是用三教，特别是儒教"正人心"，这是治本。这便是此几回的内涵意蕴，是紧扣主题的。

（三）传统艺术的革新

时萌认为："《老残游记》的写作艺术，可称为晚清四大谴责小说之冠"，"觉得它的描写技术、叙事方式和语言诸方面，的确流露出冲破中国古典小说传统程式，融入西洋小说技巧的痕迹"，但"并未流露欧化的斧凿痕"[①]。季桂起认为：《老残游记》在叙事方法上的变革……其意义如下：一、它表现出中国小说开始由传统的权威叙事向人物叙事过渡；二、它打破了传统小说统一的故事性叙事框架，促进了小说功能由"讲述"向"显示"的转变；三、它体现了中国小说由传统艺术构思向现代化艺术构思转换，带动了小说观念的变革。[②] 这是一篇专论。

此外徐鹏绪的《论〈老残游记〉对传统长篇小说艺术形式的革新》、李茂肃的《崇尚"性灵"与艺术创新》（国际学术会议提交），也是集中论述此书艺术革新方面的重要文章，徐文说：《老残游记》运用游记散文的笔法，对自然景物进行细微描写，其小说中大段的心理描写，长篇的对话和独白等，都是传统小说所没

[①] 时萌：《〈老残游记〉艺术欣赏》，见时萌《中国近代文学论稿》，上海古籍出版社1986年版。

[②] 季桂起：《论〈老残游记〉的叙事方式及其变革意义》，《山东社会科学》1993年第2期。亦见孔一青《刘鹗及〈老残游记〉国际学术讨论会综述》。

有的，这些非情节的成分，对于传统小说的艺术形式都是破坏性因素，具有革新的意义。李文说："一位外国学者说：'刘鹗的作品代表了清末小说的一个典型倾向：本民族的传统方法与受西方启发的创新方法相结合的创作方法''在中国小说史上享有特别而又重要的地位。'"这些评论都是切中肯綮的。表现了刘鹗在艺术上的创新和开拓精神，取得了巨大的成就。语言方面造语新奇、生鲜活美，为评家所称赞，对此皆无异议。孔一青《刘鹗及〈老残游记〉国际学术讨论会综述》曾引用季、徐等文章有关论述说明这方面研究的进展。

三 对刘鹗的研究评论

四十五年来对刘鹗的研究评论，大致分三个时期，这与《老残游记》研究评论一样。

（一） 五六十年代对刘鹗的研究评论

胡序中评价刘鹗时说："他是一个很有见识的学者，同时又是一个很有识力和胆力的政客。"到底应如何评价刘鹗？这在五六十年代有过激烈的争论，针锋相对，有两种不同的观点。

全盘否定和几乎全盘否定

由于"左"的思想影响，张文㊀认为"刘鹗的汉奸之名，我想不会冤枉的"。接着念如、严薇青等学者发表文章，主张从正反两方面评论刘鹗，不同意张文对刘鹗几乎全盘否定的评论。于是学术界又有人针对上述主张进行激烈驳击。尺松认为："刘鹗根本不是个维新派，而是个洋务派。刘鹗是个地道的汉奸，根本就没有什么进步的一面。"① 此论是直指严文的。还有李文等，对刘鹗及《老残游记》都是全盘否定的。激扬文字，论争甚烈。

---

① 尺松：《不能为刘鹗的卖国言行辩护》，《文史哲》1964 年第 6 期。

从正反两方面看

北京大学中文系1955级学生编的《中国文学史》（修订本）认为："把刘鹗说成汉奸是不公平的，从现存史料上看，他实际上是一个具有改良思想的爱国的封建官吏，主张维新图强，又充满忠君仁政的儒家观念"；"与卖国殃民的汉奸是有原则区别的"。

针对两篇张文，念、劳、许、刘、严诸文发表，都主张从正反两方面评论刘鹗。刘文认为："刘鹗乃是一个好心的政治家，只是由于阶级出身和历史限制，使他不能摆脱贵族的政治观点和政治偏见，把他全部希望寄托在封建主义的'仁政'上，因而他对义和团的农民运动和资产阶级民主主义革命派存在着敌视的态度。但另一方面，他确实是对于人民的生活寄与深刻的同情，以及痛苦沉思着国家和民族的历史道路。"严文认为："既然肯定他在政治思想上是一个改良主义者，当然他有反动的一面，也有进步的一面"，只谈反动一面，这是"不全面""不公允"的，主张"客观地、全面地，具体地""讨论和分析"，给以"适当的评价"。接着"文化大革命"的洪流，"极左"的思潮，更不容有不同意见，不仅刘鹗及《老残游记》，恐连持两点论的论文作者也一并归入牛鬼蛇神。这一时期对刘鹗评论的特点是全盘否定、几乎全盘否定的多，一些虽是两点论的文章，否定的成分也比肯定的多。

（二）"文化大革命"后到1986年对刘鹗的研究评论

1978年发表时萌关于评价晚清谴责小说的文章，认为："刘鹗确是封建制度的抱残守阙者，他为王朝的残局而忧伤。痛感那奉天承运的王朝竟被糟踏到如此百孔千疮，因之他恨极那'血染顶珠红'的酷吏……因之也同情那如处水火不如鸟雀的遍地哀黎。"[1] 这种评论，虽针对晚清谴责小说而发，但同时也是"文化大革命"后发出

---

[1] 时萌：《关于评价晚清谴责小说的一些看法》，载《中国近代文学论文集》（小说卷），中国社会科学出版社1983年版。

评价刘鹗及其《老残游记》的号召或启示。接着逐步兴起刘鹗及《老残游记》研究的热潮，1986年笔者所见有关论文就有八十篇以上。

1981年任文（见前）认为："刘鹗的思想从其主流来看，是不足取的，是需要加以揭露和批判的。"时萌的《刘鹗论》①、严薇青的《刘鹗评传》②等，都是用一分为二的观点评价刘鹗的具有代表性的论文。这一时期的多数论者认为刘鹗好坏参半，肯定的成分渐多。

（三）1987年以后对刘鹗的研究评论

这方面的研究热情不断高涨，促成了1987年全国首届刘鹗及《老残游记》学术研讨会的召开，开辟了刘鹗研究的新阶段。江迅说："刘鹗是否'汉奸'，这个长期来悬而未决的争论，这次会上有了定论，他虽说过错话，做过错事，但却是位在经济领域内失败的改革者，有远见的实业家先驱，更是一位在文艺领域中成绩卓著的改革者。"③"汉奸"的帽子被彻底摘除。蔡铁鹰、陈民牛在《首届刘鹗与〈老残游记〉学术讨论会述评》中说，讨论认为："他的经济思想却表明他对晚清中国社会的经济特点有着深刻而独到的见解，以开矿筑路、举借外资等等为中心的经济措施也都显示了他的远见卓识。"④刘鹗极力主张借外款，利用外国技术开矿筑路，这是被人视为"汉奸"的主要原因之一。然而今天改革开放，经济理论的发展，价值标准的变化，思维观念的改变，对刘鹗的经济思想和活动才有全新的评价。这是非常重要的突破。讨论会对刘鹗的政治定性也是如此。陈辽文章认为：他是"失败的改革者"，"成功的文艺、

---

① 时萌：《刘鹗论》，《江海学刊》1983年第3期。
② 严薇青：《刘鹗评传》，见《严薇青文稿》，齐鲁书社1993年版。
③ 江迅：《刘鹗嫡孙续写〈老残游记〉》，《文汇报》1988年6月18日。
④ 蔡铁鹰、陈民牛：《首届刘鹗与〈老残游记〉学术讨论会述评》，见《明清小说研究》1988年第3期。

学术领域的开拓者","理论和实践相结合的晚清新型的知识分子"①。郭著认为:"刘鹗:一个充满悲剧色彩的人物","总起来看,刘鹗的一生是一个时代的先觉者在文艺上、学术上和事业上探索的一生,是一个充满爱国情泪的知识分子面向现实、力图以实业救国的一生,是一个失败的改革者的一生"。这以后,一直到1993年的刘鹗及《老残游记》国际学术讨论会上,研究刘鹗方方面面的论文几乎都有,对其成就,实事求是,具体问题具体分析,均给予较高评价,体现了对刘鹗的研究多方位格局。

总之,四十五年来刘鹗及《老残游记》研究是同步的,相互交织的。三个时期评论各有特点:五六十年代,全盘否定、近于全盘否定的多,两点论的多数文章否定成分也较多;"文化大革命"后到1986年,瑕瑜互见的评论多,由瑕多向瑜多转化;1987年以后的评论瑜多瑕少,充分肯定,实事求是。可见其研究评论演化的轨迹。

四 四十五年来刘鹗及《老残游记》研究取得的成绩及不足

五六十年代这方面的研究,视野较狭窄,多用社会学分析模式,方法较单一,对刘鹗及《老残游记》进行的多是所谓政治图解式的研究;"文化大革命"后至今拓宽了研究的范围,思维不断深化,理论观念也演变发展,采用了新的研究方法,使其研究不断取得进展。其成绩表现在如下四个方面:

(一) 领域拓宽,横向扩展

五六十年代,据刘德隆等编《资料》所辑录的二十六篇研究文章,其中的十六篇论文是对刘鹗及《老残游记》如何评价的论争文章,占彼时研究文章的60%以上。其余多是些资料性质的。此时出

---

① 《刘鹗新论》,见陈辽《刘鹗与老残游记》,中州古籍出版社1989年版。

版了魏绍昌的《老残游记资料》①，为学术界研究提供了方便。

"文化大革命"后到改革开放以来，除了对刘鹗是个什么样的人和《老残游记》是部什么样的书继续研究外，研究领域有很大的拓展。1. 有对刘鹗生平资料的搜集、整理、研究。出版了蒋逸雪的《刘鹗年谱》②、刘蕙孙的《铁云先生年谱长编》③、刘德隆等著的《刘鹗小传》④、刘德隆等编的《资料》、郭长海发表的《刘铁云杂俎》⑤、樽本照雄发表的《刘铁云与日本人》（《银川师专学报》译文）等，为刘鹗及《老残游记》研究创造了良好的条件，做出了很大贡献；2. 有对刘鹗实业活动的研究。主要论文有刘昆、王玉国的《主观唯心主义的生动表现》、李伟的《刘鹗的实业思想》、程家芬的《刘鹗先生与南京浦口地皮公司》（国际学术会议提交）、庄月江的《刘鹗在上海经商》⑥等；3. 有对刘鹗与太谷学派关系的研究。主要论文有严薇青的《刘鹗与太谷学派》⑦、盛成的《关于〈老残游记〉》（下称盛文）⑧、朱禧的《刘鹗〈老残游记〉太谷学派及其他》（国际会议提交）。1992年首届太谷学派学术讨论会，对此问题也进行了重点讨论。随着新资料的不断发现、发表，必将促使刘鹗及《老残游记》研究深入发展；4. 对刘鹗诗文、日记、书信、评语等的研究。有陈辽的《刘鹗的诗歌创作》、《刘鹗笔下的刘鹗》、刘蕙孙标注的《铁云诗存》⑨、时萌的《铁云诗漫评》⑩、刘瑜的《从

---

① 魏绍昌：《老残游记资料》，中华书局1962年版。
② 蒋逸雪：《刘鹗年谱》，齐鲁书社1980年版。
③ 刘蕙孙：《铁云先生年谱长编》，齐鲁书社1982年版。
④ 刘德隆、朱禧、刘德平：《刘鹗小传》，天津人民出版社1987年版。
⑤ 郭长海：《刘铁云杂俎》，日本《清末小说》1991年14号。
⑥ 庄月江：《刘鹗在上海经商》，《解放日报》1984年7月8日。
⑦ 严薇青：《刘鹗与太谷学派》，见《严薇青文稿》，齐鲁书社1993年版。
⑧ 盛成：《关于〈老残游记〉》，《南京理工大学学报（社会科学版）》1993年第2期。
⑨ 刘蕙孙标注：《铁云诗存》，齐鲁书社1980年版。
⑩ 时萌：《铁云诗漫评》，《中国近代文学研究》第三辑，中山大学出版社1985年版。

〈风潮论〉看〈老残游记〉》①等。五六十年代,对其诗文、日记、书信等均很少有专论进行研究;5. 对《老残游记》初集、二集写作发表的情况和外编残稿写作时间的考证和研究。五六十年代有魏绍昌的《〈老残游记〉残稿》、《李伯元与刘铁云的一段文字案》、《〈老残游记〉续集的一段内幕》②等都是有关这方面的文章。"文化大革命"后发表时萌的《〈老残游记外编〉残稿的写作年代考》③、樽本照雄的《关于〈老残游记〉外编残稿的写作年代》④、刘蕙孙的《我所了解的〈老残游记〉外编残稿》⑤、魏绍昌的《谈谈〈老残游记〉的写作刊印情况》⑥、张纯的《关于〈老残游记〉外编残稿的写作时间》⑦等。初集移刊《天津日日新闻》始刊于何时尚待考证。日本学者樽本照雄从京都大学人文科学研究所藏《天津日日新闻》找到《老残游记二集》,其刊载日期为光绪丁未(1907)七月初十日至十月初六日止,解开了多年的疑团。外编的写作时间,绝大多数学者认为写于1907年,具体的日、月难考。"早已不知下落的九回剪报本"如今保存在刘鹗孙子刘厚康(大经之子)手中,详见刘厚康《刘鹗先生生平几件事的澄清》(国际学术会议提交)。刘德隆等编的《资料》为研究者提供了较为详尽的版本目录。郭著说:"在国外也有英、法、德、俄、日、捷、匈、朝鲜八种文字的19种翻译本出版。据不完全统计,八十年来即有130种版本行销世界。"6. 有对作者及小说内容的考证。严薇青对小说中有的人

---

① 刘瑜:《从〈风潮论〉看〈老残游记〉》,国际学术会议论文,日本清末小说研究会:《清末小说》1994年第17号刊载。
② 魏绍昌三篇文章皆收入《中国近代文学论文集》(小说卷1949—1979),中国社会科学出版社1983年版。
③ 时萌:《〈老残游记外编〉残稿的写作年代考》,《光明日报》1983年3月15日。
④ [日]樽本照雄:《关于〈老残游记〉外编残稿的写作年代——与时萌先生商榷》,《光明日报》1983年4月12日。
⑤ 刘蕙孙:《我所了解的〈老残游记〉外编残稿》,《光明日报》1983年5月10日。
⑥ 魏绍昌:《谈谈〈老残游记〉的写作刊印情况》,《光明日报》1983年5月10日。
⑦ 张纯:《关于〈老残游记〉外编残稿的写作时间——与刘蕙孙先生磋商》,《徐州师范学院学报》1984年第3期。

物、名胜古迹、居名、店庄、楹联等均有考证①。日本樽本照雄《〈老残游记〉中人物塑造的问题——关于玙姑》②和盛文对玙姑都有考辨。王子淳的《试说玙姑》③，进一步肯定玙姑的生活原型是李素心，为李龙川的侄女。严薇青考证说："旧传刘、袁（世凯）在张曜幕中结怨之说不可信"④，学术界尚待研究考证；7. 其他方面的研究。音乐方面，有刘德隆、刘德平的《刘鹗与音乐》⑤等；甲骨方面，有柳曾符的《刘鹗与甲骨学》⑥等；行医方面，有魏宗荣的《〈老残游记〉里的医疗活动》⑦等；治河方面，有刘蕙孙、刘德音的《刘鹗治理黄河理想的初步探讨》（国际会议提交论文）等；哲学方面，有刘蕻的《论〈老残游记〉、二集、补篇的哲学特质》（国际会议提交论文）、刘瑜的《论刘鹗朴素的辩证法思想》⑧等。

美籍华裔学者马幼垣在《刘鹗》中说："（他是）对中国传统文化的继承和对西方知识的介绍均有贡献的小说家、诗人、哲学家、音乐家、医生、企业家、数学家、藏书家、古董收藏家、水利专家和慈善家。"⑨笔者除未见有人对他数学方面成就的研究成果外，其他方面学术界均有人研究和评骘。研究领域横向大拓展，几乎达到方方面面。

（二）革新研究方法，拓展思维空间

有的论文仍用社会学方法评价《老残游记》的社会意义和价值

---

① 见《严薇青文稿》，齐鲁书社1993年版。
② ［日］樽本照雄：《〈老残游记〉中人物塑造的问题——关于玙姑》，《山东师范大学学报》（哲社版）1985年第2期。
③ 王子淳：《试说玙姑》，《南京理工大学学报》（哲社版）1994年第1、2期合刊。
④ 严薇青：《重视资料 深入研究》，见《严薇青文稿》，齐鲁书社1993年版。
⑤ 刘德隆、刘德平：《刘鹗与音乐》，《解放日报》1983年1月31日。
⑥ 柳曾符：《刘鹗与甲骨学》，《镇江市报》1983年7月26日。
⑦ 魏宗荣：《〈老残游记〉里的医疗活动》，《健康报》1980年6月12日。
⑧ 刘瑜：《论刘鹗朴素的辩证法思想》，《山东社会科学》1995年第3期。
⑨ ［美］马幼垣：《刘鹗》，见《资料》，第315页。

等。如蔡铁鹰的《寓言的暗示:〈老残游记〉与晚清社会思潮》①等;有的运用比较文学的方法,如葛乃福的《〈老残游记〉与〈格列佛游记〉比较研究》(国际学术会议提交论文);有的运用心理学方法,如刘瑜的《论刘鹗〈老残游记〉的创作心理动机》②等;有的用美学的方法,如时萌的《〈老残游记〉艺术欣赏》③等。另有一些论文是几种方法、跨学科知识的兼用、相互交织和渗透的。以上这些都体现了研究模式的突破,研究方法的革新。运用新方法开拓思维空间,使思维增值,认识深化,而不是标新立异、故弄玄虚。这表明刘鹗及《老残游记》研究的突出进展。

(三) 多层面、多角度研究,纵向深化

特别是改革开放以来,对《老残游记》的研究是多层面、多角度的。有人从语言的层面进行研究,如刘琦的《〈老残游记〉语言艺术漫谈》(国际学术会议提交论文)等;有从修辞层面进行研究的,如李庆瑜的《〈明湖居听书〉修辞简说》④等;有从意象的层面进行研究的,中国台湾李瑞腾的《〈老残游记〉的哭泣意象》(国际学术会议提交论文)等;有从潜隐的层面研究的,如李士金的《〈老残游记〉深层的象征意蕴》⑤、荣斌的《哭泣甚痛为补残》⑥、刘德隆的《刘鹗的梦说》⑦等;有从审美的层面进行研究的,如李

---

① 蔡铁鹰:《寓言的暗示:〈老残游记〉与晚清社会思潮》,《淮阴师专学报》1988年第4期。
② 刘瑜:《论刘鹗〈老残游记〉的创作心理动机》,《南京理工大学学报》(哲社版)1994年第1、2期合刊。
③ 时萌:《〈老残游记〉艺术欣赏》,见时萌《中国近代文学论稿》,上海古籍出版社1986年版。
④ 李庆瑜:《〈明湖居听书〉修辞简说》,《中学文科教学参考资料》1982年第9期。
⑤ 李士金:《〈老残游记〉深层的象征意蕴》,《淮阴师专学报》1988年第4期。
⑥ 荣斌:《哭泣甚痛为补残》,《东岳论丛》1993年第4期。
⑦ 刘德隆:《刘鹗的梦说》,《南京理工大学学报》(哲社版)1994年第4期。

如鸾的《〈老残游记·鹊华桥畔〉欣赏》[1]等；有从中国悠久的历史和深厚的传统文化的层面进行研究的（见前），等等，也表明《老残游记》研究的深入，向更深的层次掘进。

（四）长足进步，硕果喜人

四十五年来，出版了两种年谱、两部资料、一本小传、两部专著、一本标注《铁云诗存》、严薇青《老残游记》新注本等（均见前）。笔者所见，总计发表论文一百八十篇左右（包括国际学术会议提交论文）。"文化大革命"后的论文约为之前的六倍，出版的专著资料，约为之前的八倍。

董正春《略论严薇青先生对刘鹗和〈老残游记〉研究的贡献》说："（严薇青）对刘鹗和《老残游记》的研究贡献得到了国内外专家的赞誉和肯定。"还有些国内学者在这方面研究的成绩令人瞩目和称扬。国际上，有些专家学者研究刘鹗及《老残游记》，取得了一些成绩，以日本樽本照雄最为突出。此外还有加拿大的哈罗德·谢迪克，德国屈汉斯等。近些年来加强了中外学术交流，对研究颇有裨益。

"文化大革命"后至今，学术界思想解放，观念变化，理论更新，百花齐放，春华秋实，成果喜人。以上四个方面，说明四十五年来，刘鹗及《老残游记》研究的长足进步，如今正形成多层面、多角度、全方位研究的新格局，横向拓展，纵向深化，纵横交错，总体研究呈现所谓网络形方法。正在形成开放的体系，封闭的体系已经解体。

刘鹗及《老残游记》研究，经过几十年的努力，虽成绩斐然，但也存在着不足。有人说《老残游记》是"做官教科书"，有人说是"做学问做人的教科书"，有人说是"政治小说"，有人说是"文

---

[1] 李如鸾：《湖光山色最宜秋——〈老残游记·鹊华桥畔〉欣赏》，见《阅读与欣赏》古典文学部分（四）。

化小说",有人说是"传道的书",其说纷纭,见仁见智。为什么会产生这种情况呢?与其说评家的视角不同,不如说论者对《老残游记》这部小说思想底蕴内涵尚未完全把握。换句话说,对这部小说思想内容神秘的面纱,尚未彻底揭开。尽管现代和前人做了许多宝贵的工作。刘鹗是太谷学派第三代主要传人之一。他给黄葆年的信中说:"圣功大纲,不外教养两途,公以教天下为己任,弟以养天下为己任","各竭心力","潜移而默运之"①,太谷学派的宗旨教义思想必然反映到小说中来。太谷学派的宗旨思想到底是什么,目前尚不甚清。太谷学派的研究制约着刘鹗及《老残游记》的研究,因此必须加强对太谷学派资料的发掘、搜集、整理、研究,随着其宗旨思想的逐渐明朗,终将识得《老残游记》的"庐山真面目"。

其次,研究方法的革新是十分重要的,并非附庸时尚。"认识的深化借助思维的深化,思维的深化是方法深化的前提","方法的演进与思维的开拓互为因果"。笔者所见,用文艺学的多种方法来研究刘鹗及《老残游记》,只是刚刚开始,更不必说自然科学研究方法、系统论、控制论、信息论等的引进。有些方面运用了新方法进行研究,论文各只是一两篇,或两三篇,有些方法尚未得到运用。文艺学方法十多种,对刘鹗及《老残游记》的研究,大多可派上用场。晚清国家民族濒临灭亡的边缘,刘鹗殚思竭虑,探索救国救民之路,主张实业救国,又不被人理解,反被诬蔑为"汉奸",其内心是何等愁闷痛苦,不得不以笔做喉舌,哭泣甚劲。用心理学方法研究刘鹗的内心世界、创作动机、作品的心理内涵等,不失为一种好的研究方法。又如这部小说有丰富的文化内涵,有鲜明的哲学色彩,我们用文化学、哲学的方法深入研究,必有令人兴奋的前景。上述方法同其他方法一样,对拓展思维空间深化研究,大有可为。"方法是寻求真理的桥梁和工具。"

再次,国内、国际刘鹗及《老残游记》学术讨论会均已召开过,

---

① 刘鹗:《致黄葆年》,见《资料》,第300页。

这是学术交流的一个渠道。国外、港澳台地区有关这方面的研究成果介绍到大陆来,一般情况下,一是不太多,二是较缓慢;我们的一些新的研究成果,发表、出版也不及时,这都不利于学者的吸收和借鉴。

笔者认为这部小说包含的文学、历史、哲学、社会、宗教等各方面的内容很丰富。需要国内外的学者携起手来,在过去的基础上再做许多艰苦的工作,才有可能写出更高水平的系统的令人信服的研究著作来。

[原文刊发于《文学遗产》1998年第2期,《华夏名人论坛》(论文卷)全文选载,人民出版社2005年版;《世界学术文库》(华人卷,第一集)收录,世界学术文库出版社1999年版;中国人民大学书报资料中心《中国古代、近代文学研究》收录,1998年7月。第"四"部分"四十五年来刘鹗及《老残游记》研究取得的成绩及不足",已经作为一篇独立论文发表在韩国中国小说学会《中国小说研究会报》第28号,1996年11月]

刘鹗生活的时代

1840年英国发动侵略中国的鸦片战争，揭开了中国近代史的序幕。1911年孙中山领导的资产阶级民主革命推翻了反动腐朽的清朝政府，结束了二千多年的封建帝制，中国近代史也于1919年而告终。刘鹗诞生在1857年，正值第二次鸦片战争的硝烟弥漫及太平天国反封反帝运动的风雷激荡之时。卒于1909年，即辛亥革命运动时期。可见这位天才的文学家刘鹗差不多经历了整个中国近代史时期，这是亘古未有的"奇局"。是中国近代史造就了刘鹗，复杂的原因使他成为"中国晚清社会的一个悲剧性人物"（时萌《刘鹗论》）。笔者下面要谈的是这一时代的历史特点，与刘鹗有直接关系的并有极大影响的重要历史事件及其社会思潮。

一　列强的侵略及其影响

英国首先以船坚炮利，发动了侵略中国的鸦片战争，从而轰开了中国这个古老国家闭关自守的国门。1840年英国强行对中国进行鸦片贸易，派军舰封锁珠江口，又沿海北上进攻厦门，占领了定海，北上天津，威胁京城。1841年英军攻击广州，清兵失败，与英订立《广州和约》；同年，英军北上攻占厦门，中国又连失定海、镇海、宁波三城。1842年失乍浦。英军调重兵攻占吴淞、上海、镇江，威胁南京，清政府求和。第一次鸦片战争中国彻底失败，与列强签订《中英南京条约》《五口通商章程》《虎门条约》《中美望厦条约》

《中法黄浦条约》。列强开始强行割地、赔款、五口通商，我国司法、关税、领事裁判等主权受到践踏。我国封建社会的性质，开始向半封建半殖民地转化。

第二次鸦片战争，美俄支持英法联合进攻中国。1856年英军攻占广州又退出。1857年英法联军又攻占广州。1858年北犯，联军克大沽、天津，威胁京城。清廷乞和，与英法美俄各国订立《天津条约》，又与俄签订《瑷珲条约》。1860年英法联军侵占天津、北京，火烧圆明园。俄国乘机侵占我国的东北、西北大片国土。清政府又与列强签订《北京条约》。1864年与沙俄签订《中俄勘分西北界约记》。第二次鸦片战争中国丧失大片国土，侵略由沿海深入内地，加深了中国社会的半封建半殖民地性质。割地、赔款，通商口岸剧增，丧失的国家主权更多。美日侵略了中国的台湾，英入侵云南、西藏，俄英侵略新疆，列强欲瓜分我国领土。

1883年法国政府发兵进攻越南，欲犯我国西南边疆，发生中法战争。1885年签订《中法新约》，承认法占领越南，祖国西南的大门被击开。中法战争，中国又失败了。

中日甲午战争（1894—1895），平壤一战清兵溃败。大东沟、旅大、威海战役，清北洋海军覆没，被迫签订《中日马关条约》。这是最令中国人心痛的、损失最惨重的一次战争和条约，从而暴露了清政府的虚弱本质，刺激了列强侵略分割中国的胃口和野心。割让台湾、澎湖、辽东给日本，开放的口岸更多了。赔款二亿两白银，国库空虚，人民负担甚重。许可日本人在中国开工厂，日本大量输出资本，掠夺我原料，剥削我人民。于是中国向半封建半殖民地社会又迈出了一大步。刘鹗的《矿事启》云："仆自甲午以后，痛中国之衰弱，虑列强之瓜分，未可听其自然。思亟求防御之方，非种种改良不可。"说明甲午战争对刘鹗的影响是很大的。

1900年八国联军侵占北京，烧、杀、抢、掠、奸淫妇女，无恶不作，慈禧携王公、大臣等西逃。被迫于1901年与十一国订立《辛丑条约》，又一次增加割地，赔款四亿五千万两白银，主权丧失更惨。中国已经沦为半封建半殖民地社会，改变了封建社会的性质，人民的灾难极为深重。此间刘鹗曾捐款筹款北上赈济，在北京办平粜，掩埋死者尸体，护送官商出京，救活很多人命。大慈大善，令人钦佩。

由于 1840 年鸦片战争以来，帝国主义列强对中国进行多次侵略战争，屡次割地，我国领土丧失严重。资本主义国家对中国的商品输出变成了资本输出，在中国设厂，掠夺原料，剥削廉价劳动力。帝国主义在中国享有领事裁判权，最惠国待遇，攫取了建租界、开放口岸、自由通商等权利，拆除中国许多军事设施，中国国家主权丧失殆尽。屡次赔款，使中国经济贫穷落后，人民深陷水火，中国已经彻底半封建半殖民地化。康有为说："吾中国四万万人……当今一日在覆屋之下，漏舟之中，薪火之上，……为奴隶，为牛马，为犬羊，听人驱使，听人割宰，此四千年中二十朝未有之奇变。……奇惨大痛，真有不能言者也。"（《京师保国会第一集演说》）

二　爱国官兵的英勇抗敌及中国人民反帝反封建的革命斗争

伟大的中国人民有着光辉的爱国主义传统，中国近代帝国主义列强的侵略，激发了中国人民的强烈爱国意识，受到中国爱国官兵的英勇抵抗。据载仅第一次鸦片战争期间，人民的起义斗争就有一百多次。中国近代史上，有三次规模最大的革命斗争：太平天国农民起义、义和团反帝斗争、资产阶级民主革命。

第一次鸦片战争时有广州三元里人民和宁波的黑水党的抗英斗争；湖广总督林则徐严禁鸦片，巩固海防，使英军无法在广州登陆；邓廷桢在福建誓死抗英，关天培保虎门、葛云飞保定海、陈化成保吴淞壮烈牺牲。第二次鸦片战争时，有广州、南海、番禺人民的抗敌斗争，有大沽的人民及爱国官兵痛击侵略军的斗争。

由于鸦片战争列强对中国的侵略，清政府腐败无能，屡次签订丧权辱国的条约，割地赔款，农民痛苦不堪，忍无可忍，1851年，农民领袖洪秀全、杨秀清等领导广西桂平金田村农民起义，风起云涌，以雷霆万钧之势横扫半个中国，建立了农民政权，1853年定都南京，欲推翻整个清朝政府。太平天国颁布了《天朝田亩制度》，实行"有田同耕，有饭同食，有衣同穿"，后又推出《资政新篇》，提出建设天国的政治主张。提倡政治、经济、民族、男女平等，具有明显深刻的反封建性质，兼有反帝的性质。反封建又反帝，说明这是一次爱国的伟大革命斗争。但因为多种原因，1864年革命最后失败了。

中法战争时期，刘永福统领黑旗军帮越南人民抗击法军，老将冯子才率部抗法，在镇南关、谅山大捷。甲午战争期间，东北岫岩、辽阳及台湾人民进行了英勇反帝斗争。总兵左保贵为保卫平壤献身，海军将领邓世昌甲午海战中壮烈牺牲，丁汝昌以身殉国。中日甲午战争日本胜利，卷起了列强瓜分中国的恶浪。

《中日马关条约》，使中国丧权辱国空前惨重，而中国人民爱国热情则无比高涨，掀起了气壮山河的义和团反帝爱国运动（1899—1900）。维新变法被镇压，甲午战败之后，帝国主义对中国侵略瓜分日烈，其教会势力在山东、河北等地益渐嚣张，激起人民的反对。在河北、山东边界一带活动的梅花拳头领赵三多来山东冠县支援对付教会的斗争，把梅花拳改为义和拳，攻打教会。德州朱红灯也领导义和拳攻打教堂。人民反对帝国主义侵略的爱国情绪逐渐高涨，各地民间组织纷纷改名为义和团。据《中国近代史》（山东教育出版社1987年版）中说，义和团名最早出之于1898年山东巡抚张汝梅的奏折："义民会，即义和团"，1899年，后任山东巡抚毓贤"出示将义和拳改为义和团"。直隶省内有教堂两千多座，教会为非作歹，义和团攻打之。其斗争发展迅猛，很快波及河北许多县份。1900年义和团纷纷进入北京，打着"助（扶、兴、保）清灭洋"等旗帜。对待义和团的态度，朝廷分两派，一派主张剿灭义和团，使洋人没有借口要挟中国；一派主张利用、控制义和团抵御洋人，免得洋人支持光绪，以维护慈禧太后的"垂帘听政"。慈禧允许招抚义和团进京，由载勋统率，刚毅等为辅。后来天津近处的义和团也进入天津，影响很大。于是在东北、华中、华南、华东、西南许多省都出现了义和团的反帝爱国斗争，有席卷全国之势。清政府与义和团共同反帝，引起了列强的强烈不满。八国联军入侵，受到义和团殊死抵抗，有廊坊大战、天津保卫战；义军攻打天津火车站、法租界、紫竹林；北京义和团攻打东交民巷使馆和西什库教堂。慈禧又转变主意，对使馆教堂，进行"明攻暗保"，意在牺牲义和团。八国联军攻打北京，清政府失利。慈禧西逃，派李鸿章、奕劻乞和，并与列强一道镇压义和团，加上义和团没有统一的领导、以封建迷信为精神支柱，如火如荼的反帝爱国斗争被剿杀了。

孙中山生于1866年，正是鸦片战争之后，太平天国失败，清政府围剿捻军、回民起义的时候。中国人民反帝反清的斗争从未停息。清末"国势阽危"，"强邻环列，瓜分豆剖"之际，爱国者都在"讲爱国之理，求救国之法"。香港西医书院毕业的孙中山，为寻求救国救民之路，曾上书给李鸿章，提出改革时政的要求，未被采纳。1894年在檀香山创立兴中会，宗旨是"驱除鞑虏，恢复中华，创建合众政府"，提出民主革命的要求。1903年黄兴、陈天华、宋教仁等在长沙成立华兴会，准备起义，泄密后逃往日本。1904年蔡元培等在上海成立光复会，徐锡麟、秋瑾、章炳麟等也参加此会，1905年，孙中山在日本，为了将分散的反清革命力量组织起来，形成统一的全国性组织，便于发动和领导，经研究，决定成立中国同盟会，以"驱除鞑虏，恢复中华，建立民国，平均地权"为纲领。从1907年到民国成立前，同盟会领导八次起义。1911年10月武昌起义成功，孙中山被选为临时大总统，1912年中华民国临时政府成立，颁布《中华民国临时约法》，"具有资产阶级共和国宪法性质"。这是中国历史上第一次反帝反封建的资产阶级民主革命，它结束了两千多年的封建帝王的统治制度。

三　中国近代的爱国思潮和救国之路

鸦片战争之后，随着列强对中国侵略的逐步加剧，国土、主权丧失次第增多，中国社会逐步半封建半殖民地化，中国人民的反帝爱国思潮也在逐步高涨。国家、民族濒临灭亡的边缘，如何救国救民，如何才能民富国强，具有爱国之心的中国人，无不踏破铁鞋，殚精竭虑，寻求这一道路，从而也促使中国人民日益觉醒。梁启超《戊戌政变记》说："我国四千余年大梦之唤醒，实自甲午战败割台湾偿二百兆以后始也。""天下爱国之士，莫不焦心竭虑，忧国之将亡，思有以挽回补救之策"（芙峰《日本宪法与国会之原动力在于日本国民》）。

（一）维新变法之路

鸦片战争中，英国用坚船利炮打开中国的大门。中国的武备远远落后于英国。湖广总督林则徐主张"师敌之长技以制敌"，魏源也提过类似主张。主张维新变法的最初思想家之一王韬说："当今之世，非行西法则无以强兵富国"（《郑观应集》之《易言·跋》）。他在《变法中》（《戊戌变法》一）里说：

> 中西同有舟，而彼则以轮船；中西同有车，而彼则以火车；中西同有驿递，而彼则以电音；中西同有火器，而彼之枪炮独精；中西同有备御，而彼之炮台水雷独擅其胜；中西同有陆兵水师，而彼之兵法独长……。设我中国至此时而不一变，安能折于欧洲诸大国，而与之比权量力也哉！

陈虬在《戊戌变法·经世博议》中说："欲图自强，首在变法。"这些维新救国、变法自强的主张，是爱国主义的。最早主张维新变法的有冯桂芬、薛福成、马建忠、陈虬、郑观应、黄遵宪、康有为等。康有为在《变则通通则久论》中云:"法《易》之变通,观《春秋》之改制,百王之变法,日日维新,治道其在是矣。"他们在"国势危迫,岌岌待亡"之时,觉得学习西方,维新变法国家民族才能得救。鸦片战争后,中国民族资本主义的发展,要求上层建筑适合经济基础,是这一规律使然。这样使变法维新的思想在不断发展。

甲午战争中国失败,清政府被迫签订《中日马关条约》,中国人民义愤填膺,康有为发动正在北京应试的一千三百余名举人,联名上书,这就是有名的《公车上书》。其主要内容有:请求光绪"下诏鼓天下之气,迁都定天下之本,练兵强天下之势,变法成天下之治",即拒批条约、迁都、练兵、变法。实行"富国""养民""教民"的新法。要求实行"议郎制"。尽管当局拒收上书,但在全国产生了深远的影响。康有为曾前后六次上书。维新人士康有为、梁启超、谭嗣同等成立学会,积极办报,大力宣传,扩大影响,使运动发展到高潮,终于得到青年皇帝光绪的支持。他企图利用维新变法,从慈禧手中夺回大权,誓"不能为亡国之君","赫然发愤",决定下诏变法。以西太后为首的顽固派认为"祖宗之法不可变","宁可亡国,不可变法",坚决反对之,因而发动政变。实行维新一百零三天,故称"百日维新"。变法失败,康有为、梁启超避难日本。谭嗣同、杨锐、林旭、刘光第、康广仁、杨深秀六君子被杀。

这是一次"进步的改革运动""爱国救亡运动""思想解放"的运动。刘鹗具有维新改良的思想,与某些维新人士过从甚密,曾参加康有为、梁启超发起组织的维新政治团体保国会(参见刘德隆等著《刘鹗小传》)。

(二) 暴力革命之路

洪秀全领导的太平天国运动(1851—1864),是中国历史上有名的一次反封建反帝国主义侵略的伟大革命斗争,因为没有先进的科学理论作指导,以宗教迷信作为精神武器,发生内讧,领导又屡犯错误,加之清政府勾结列强联合镇压,结果失败了。但它产生了重大而深远的影响。其规模之浩大,气势之磅礴,为中国历史上农民运动所罕见。

义和团运动(1899—1900)是中国农民自发的轰轰烈烈的反帝爱国斗争。因为义和团以神为精神支柱,没有统一领导,再加上清政府与列强联合镇压,也终于失败。但他们视死如归,奋勇击杀八国联军,狠狠地教训了侵略者,戳破了列强企图瓜分中国的美梦,同时也暴露了清政府的反动本质,唤起了人民的觉醒,使其认识到要想反帝救国,必须推翻反动腐败的清政府,从而也动摇了清朝的统治。这个义和团,就是刘鹗在《老残游记》中所极力诬蔑辱骂的"北拳"。

中国人民的革命前仆后继。1901年清政府与列强签订了《辛丑条约》,更激发了中国人民对中外反动派的憎恨,更暴露了清政府的反动与无能。中国人民与外国侵略者的斗争加剧,国内的阶级矛盾激化,亡国灭族的危险摆在眼前。要想挽救中国,必须推翻清政府的统治。孙中山领导的辛亥革命(1905—1911)是反帝反封建的资产阶级民主革命,终于推翻了两千多年的封建帝制,成立了中华民国,这在中国历史上是一次划时代的伟大革命,永垂青史,并使中国人民享受了一些民主自由的权利,促进了中国民族资本主义和亚洲革命运动的发展。但是"中国仍旧在帝国主义和封建主义的压迫之下,反帝反封建的革命任务并没有完成"(毛泽东《青年运动的方向》)。孙中山领导的资产阶级反帝反封建的民主革命,就是刘鹗在《老残游记》中诽谤诅咒的"南革"。

(三) 实业救国之路

主张实业救国的代表人物有张謇、郑观应等人。按《中日马关条约》,"日本得在中国通商口岸城邑,任便从事各项工艺制造,又得将各项机器任便装运进口……"这样刺激了中国民族工商业的发展。郑观应在《盛世危言·商战》中说:"习兵战不如习商战","欲制西人以自强,莫如振兴商务"。此书据统计有二十多种版本,两千余册在朝廷散发，影响很大。张謇在《对于救国储金之感言》中说："救国为目前之急。……譬之树然，教育犹花，海陆军犹果也，而根本则在实业"（转引自吴雁南等编《清末社会思潮》）。1901年，清政府为缓和国内外矛盾，巩固统治，实行"新政"，奖励私人资本主义工商业，1903年颁布了"奖励实业"的政策，也促进了一些实业的发展。此时在全国范围内形成了一种办实业的潮流，实业救国的口号也明确提出。主张实业救国的代表人物，除郑观应、张謇外，还有汤寿潜、汪康年等人。生产关系一定要适合生产力的发展，上层建筑应适合经济基础，而他们没有认识到这点，故未能提出改变社会制度的政治主张。

刘鹗的办实业、富国养民的思想，除受太谷学派的"为生民立命""富而后教"的影响外，受实业救国思潮的影响也是很大的。

另外，从19世纪60年代到90年代，统治集团里以恭亲王奕訢为首，地方上有曾国藩、左宗棠、李鸿章、张之洞、盛宣怀等，在鸦片战争和对列强的历次战争失败的情况下，求"强兵"，向外国购买洋枪、洋炮、洋舰，同时也学习外国的科学技术，办军事工业，制造枪、炮、舰等。后来"求富"，又办些民用工业，开矿山、修铁路、办工厂，派留学生学习西方的科学技术。他们虽有镇压人民革命的一面，但是他们学习外国的科学技术，促使中国资本主义工商业的发展，增强国防，抵御侵略方面的功绩不可泯灭，且产生了重大的影响。刘鹗为了办实业，与李鸿章、张之洞、盛宣怀等都有过程度不同的联系，他们对刘鹗的办实业也有一定影响。此外还有教育救国、君主立宪等主张。

上述近代史中的大事及其社会思潮，跟刘鹗息息相关，密不可分，对其思想、事业的影响极大。刘鹗不是天外来客，而是时代之子。我们只有深谙熟知中国近代史上的上述大事及各种思潮，才能很好地了解刘鹗，深入理解《老残游记》。

（《刘鹗及〈老残游记〉研究》，民族出版社1995年版）

刘鹗不平凡的一生

刘鹗，1857年（咸丰七年）诞生在江苏六合，1909年（宣统元年）卒于新疆迪化，即现在的乌鲁木齐，享年52岁。

蒋逸雪在《刘鹗年谱》中说：

> 原名孟鹏，字云抟；后更名鹗，字铁云，又字公约。刘氏本出保安军籍（今陕西保安县），世为将家，《宋史》有《刘延庆传》（卷三五七），此其远祖之可考者。延庆有子光世（《宋史》亦有传，见三六九卷），于南宋初，驻军江淮间，时往来庐州、楚州（今之淮安）、镇江。丹徒，清为镇江府治。刘氏徙丹徒，远在南宋，光世即其始迁之祖。历二十二世至成忠，字子恕，以御史出官河南。娶六合朱氏，生二子：长孟熊，字渭卿；鹗其次也。①

这里简述了刘鹗远祖及父兄等家庭情况。他四岁跟姐姐认字，五岁从父去河南汝宁。二十岁前在河南时，结交一些有志的青年。刘大绅《关于〈老残游记〉》（六）："先君随侍任所，蒿目时艰，隐然有天下已任意。故所在辄交其才俊，各治一家言。"在青年时代就立了治国安天下的宏愿。他"生来歧嶷，颖悟绝人"②，"放旷不守

---

① 蒋逸雪：《刘鹗年谱》，齐鲁书社1980年版，第1页。
② 刘大绅：《关于〈老残游记〉》，见刘德隆等编《刘鹗及老残游记资料》，四川人民出版社1985年版，以下简称《资料》，第404页。

绳墨，而不废读书"①。

刘鹗二十一岁，其父归淮安，以病卸官。他努力学习家学，为以后走向社会，从事多种事业打下了文化基础。

一 一个有益于人民的人

刘鹗在《老残游记》第七回桃花山访贤中说："此人当年在河南时，我们是莫逆之交，相约倘若国家有用我辈的日子，凡我同人，俱要出来相助为理的。其时讲舆地，讲阵图，讲制造，讲武功的，各样朋友都有"②，暗示刘鹗在青年时代所学所交，以备将来为国出力。

刘鹗于1876年（丙子）正月自河南回淮安，八月南京乡试不中，曾拜见李龙川先生。以后潜心家学。1877年（丁丑），其父自河南以病卸官归淮安。蒋逸雪撰《刘鹗年谱》说："鹗侍养之余，肆力于学。家传者：有治河、天算、乐律、方技、词章诸学。"③ 其父子恕也"精于河防之学，在豫治河卓著成效。曾著有《河防刍议》"④，对刘鹗的影响很大。刘鹗"志在圣贤"，并非极力求官，注重经世致用之学。1887年（丁亥），据《清史稿·河渠志》载黄河在开封，继而在郑州决口，广大地区的人民生命财产受到很大的威胁。清政府曾几次派要员治理河务，做勘察，为河督，但经年，工程尚未及时竣工。清政府看到工程未完而带来的恶果，下诏对有关人员予以严惩，并调任广东巡抚吴大澂暂任河道总督⑤。当时恰逢吴对治河无计可施，适刘鹗为了实践家学，为国出力，毅然奔吴大澂

---

① 罗振玉：《五十日梦痕录》之《刘铁云传》，见《资料》，第366页。
② 刘鹗：《老残游记》，齐鲁书社1981年版，第82页。
③ 蒋逸雪：《刘鹗年谱》，齐鲁书社1980年版，第9页。
④ 刘蕙孙：《铁云先生年谱长编》，齐鲁书社1982年版，以下简称《年谱长编》，第10页。
⑤ 《清史稿》卷126《河渠志一·黄河》，第3759—3760页。

麾下报效。他积极倡议"筑堤束水,束水攻沙"之策。用自己学得的治河之道,说服了吴大澂采纳其策,后得到了朝廷的允许。罗振玉《五十日梦痕录》云:"君则短衣匹马,与徒役杂作,凡同僚所畏惮不能为之事,悉任之。声誉乃大起。河决既塞。"① 由于刘鹗非凡的工作能力及吃苦耐劳的精神,至冬大堤终于合拢。朝廷特意表彰吴大澂功绩,正式任命为河道总督。而刘鹗也因此以道员被重用。但鹗坚持不受,让予其兄梦熊,"时方测绘三省黄河图,命君充提调官"。河南段决口险情已除,山东段险情严重。山东巡抚张曜与刘鹗父亲曾为同僚,知治河为其家学。眼下府中无人懂治河,又看过奖励梦熊的状子,因此写信给梦熊招揽治河人才。梦熊言其受奖真相,张曜才写信给河南河督商调刘鹗。吴大澂为"扬誉"张曜特允调任。河图测绘完毕,刘鹗赴山东任。在张曜幕中官员对如何治河分歧很大,当时有人主贾让《治河策》"不与河争地"之说,刘鹗根据山东河段特点坚决主张"筑堤束水,束水攻沙"之策,特著《治河七说》阐明自己的治河理论和方法。② 此书被当代的水利专家认定是有科学道理的。后又写就《历代黄河变迁图考》③,这些都是宝贵的知识财富。刘鹗的治河主张被采纳,他又亲自参加治河,河堤很快合拢,山东段也得治,免除数以万计的人民生命财产的损失,功不能灭,造福于人民。

1900年(庚子),八国联军攻陷北京,其兽兵烧、杀、抢、掠、奸淫妇女,无恶不作。尸横街巷,若无人收,可导致瘟疫流行,死者死矣,存者的生命必将受到威胁;再者国家粮库均被联军占领,外粮难运,造成市民的饥馑,无论官、商、民,都面临死亡的危险。若无人赈济,人民只能等死。罗振玉《刘铁云传》云:"联军入都

---

① 罗振玉:《五十日梦痕录》之《刘铁云传》,见《资料》,第367页。
② 见《年谱长编》,第23—28页。
③ 《历代黄河变迁图考》,详见严薇青《刘鹗〈历代黄河变迁图考〉》,《文化报》1962年4月28日。

城，两宫西幸。都人苦饥，道殣相望。君乃挟资入国门，议赈恤。"① 这时铁云在上海与浙江人士陆树藩始办慈善义举。铁云"自捐万饼"，加名人捐款，红十字会款，他参加救济会，以筹款北上办赈。天津以陆树藩为主；北京以刘鹗为主，设平粜、掩埋两局。他带人最先到达北京，国家粮库已被俄军占领，运京赈粮难以为继。俄军欲用库房，又不吃米，拟将米烧掉。鹗知道后，通过关系贱价购来，平粜饥民，救了广大饥民的生命；掩埋了死者的尸首，免得瘟疫发生，使国人免受死亡的威胁；他又通过关系护送官商出京，免得一死。② 刘鹗的仁义之举挽救了数以万计的国人生命。拯救众多人生命的刘鹗虽是近代人物，也应让他青史留迹，大书特书，让他恢复历史的本来面目，有"利于人心世道"。因为他为人民做了大好事。罗振玉《刘铁云传》云："君平生之所以惠于人者实在此事。"

此外，他写小说用稿酬救济梦青，安置密友颜实甫的三个女儿。他在扬州、上海行医虽有为生计的一面，但也有救死扶伤的一面。《壬寅日记》六月二十一日载："午后邓嘉生来，延请为青城诊脉也。"纯是为人服务。流放新疆时，给毛君实的信中说："去腊到狱，以读书写字为消遣计。腊尽忽思狱中若得病，必无良医，殊为可虑。故今年正月为始，并力于医。"③ 后写了《人寿安和集》（五卷），也是为他人考虑的，纯是为了救人。他为人民所做的大好事，出于"拯救斯民于水火"、悲天悯人的思想观念，深受孔孟"仁义"思想及太谷学派"当仁不让"、"为生民立命"、"万物皆我胞与，不惟一夫之饥，犹己饥之；一夫之寒，犹己寒之；即一草一木不得其所，亦以为由己所致"④ 的思想影响，"念无量众生苦集无既而不能救，此道人之大悲也"，"可度之众生以智力度之"（《致✕同道》），他的愿望是救度全人类。他是一个有益于人民的人。

---

① 罗振玉：《五十日梦痕录》之《刘铁云传》，见《资料》，第368页。
② 见《年谱长编》，第54—57页。
③ 见《年谱长编》，第147页。
④ 刘大绅编：《儒宗心法》及严薇青《刘鹗与太谷学派》，引自《资料》。

二 多才多能的文学家

刘鹗著的小说《老残游记》，被鲁迅先生誉为晚清四大"谴责小说"之一，被联合国教科文组织认定为世界文学名著，他以小说炳耀文坛，誉满全球。

这部小说的初集、二集写于1903年到1907年间，先后在《绣像小说》①、《天津日日新闻》②陆续发表，在国内外出版多种版本，据郭延礼在《中国近代文学发展史》中说："它问世之后，不仅在国内广为流传，而且在国外也有英、法、德、俄、日、捷、匈、朝鲜八种文字的19种翻译本出版。据不完全统计，八十年来即有130种版本行销世界。"③可见其影响之广泛和深远。

这部小说，写一个仙吏、江湖医生老残手拿串铃以给人世治病为宗旨而游历，进行匡世、救世、针砭时弊的经历和故事。整部小说，是在晚清时代中国沦为半封建半殖民地灾难深渊之际，中华民族到了亡国亡族的危险时刻，一个爱国的知识分子刘鹗救国救民于水火的治国安天下方略的形象化、艺术化。鲁迅先生说："作者信仰，并见于内"，"则摘发所谓清官者之可恨，或尤胜于赃官，言人所未尝言"④。

此小说艺术表现上取得了卓越的成就，有很高的艺术价值。胡适说："但是《老残游记》在中国文学史上的最大贡献却不在于作者的思想，而在于作者描写风景人物的能力。古来作小说的人在描写人物的方面还有很肯用气力的；但描写风景的能力在旧小说里简

---

① 《绣像小说》，为文艺半月刊，1903年5月在上海创刊，1904年4月停刊，共出72期，主编李宝嘉，即李伯元。详见《中国近代史词典》，上海辞书出版社1982年版，第607页。

② 《天津日日新闻》，详见《资料》，第408页注⑤。

③ 郭延礼：《中国近代文学发展史》，山东教育出版社1993年版，第1329页。

④ 鲁迅：《中国小说史略》第二十八篇《清末之谴责小说》，人民文学出版社1981年版，第289页。

直没有。"① 肯定了其在风景人物描写方面的突出成就。鲁迅说："叙景状物，时有可观。"② 从中国古典小说过渡到现代小说中间，学习西方小说技法，变革中国传统小说的写法成绩显著，人物心理的描写，语言的活泼清丽皆被评家所称道。

其次，他不仅是个小说家，而且是个诗人。有《铁云诗存》③，由刘鹗嫡孙刘蕙孙先生编辑标注，1980 年由齐鲁书社出版。

再次，刘鹗还非常喜欢音乐。刘蕙孙说："我的曾祖母朱精于音律，会弹琴。铁云先生亦然，晚年在北京从琴师张瑞珊学，更有精进。藏琴数十张，最好的一张名'石上流泉'。第四琴名'春潮带雨'。"④ 铁云《乙巳日记》正月二十三日载："谱《古琴吟》半操。"⑤ 他曾为他的琴师张瑞珊写过《〈十一弦馆琴谱〉序》。他不仅会弹琴，会识谱，还会度曲，兼有很高的音乐鉴赏能力。他评瑞珊自制三曲云："音节各极其妙，或如凤哕，或比龙吟，洵佳制也。常考古人制曲之道，不出三端：一曰以声写情，最上，如《汉宫秋月》……；二曰按律谐声，次之，如《梅花三弄》……；三曰依文叶声，又次之，如《释谈》……之类是也。张先生所制之曲，大概按律谐声之类，节奏则操之于古，妙用则独出心裁，宜古宜今，亦风亦雅。"⑥ "常考"，说明多有研究，对先生之曲的评价，表明刘鹗不仅很懂乐理，并且有很高的见解。在小说中明湖居听书，对黑妞白妞说书音乐的描写和评论，对桃花山玙姑等乐器合奏的描写，都表现了刘鹗有异乎寻常的鉴赏能力，若没有高度的音乐修养莫能为也。

此外，他对数学还有研究，"天算"为家学，曾著有《勾股天玄

---

① 胡适：《〈老残游记〉序》，见《资料》，第 383 页。
② 鲁迅：《中国小说史略》第二十八篇《清末之谴责小说》，人民文学出版社 1981 年版，第 289 页。
③ 《铁云诗存》，刘蕙孙标注，齐鲁书社 1980 年版。
④ 见《年谱长编》，第 105 页。
⑤ 刘鹗：《乙巳日记》，见《资料》，第 214 页。
⑥ 刘鹗：《〈十一弦馆琴谱〉序》，见《资料》，第 103 页。

草》《弧角三术》两种①。

另者，更为重要的是他为太谷学派的第三代传人，此学派对他一生的思想、事业的影响巨大。刘蕙孙认为："太谷学派是清道、咸、同、光间一支不太大的学术思想的暗流——民间的学派。也可说是一个秘密结社。"② 笔者以为是个儒学秘宗，他的政治思想，完全是儒家的，是以儒家不显传的，学派以为重要的某些儒家思想为宗旨的。他要求弟子们"学孔孟之学，……任孔孟之任……，言孔孟之言，……心孔孟之心"，"当仁不让"，"为天地立心，为生民立命，为往圣继绝学，为季世开太平"③，"己欲立而立人，己欲达而达人"，"富而后教"、"养民"④ 等。刘鹗一生的言行、事业，均可在儒家，特别是在太谷学派思想中找到根据。他在给黄葆年的信中说："圣功大纲，不外教养两途，公以教天下为己任，弟以养天下为己任。各竭心力，互相扶掖为之。上报四重恩，下济三途苦，同为空同之子孙，同培古今之道脉，同身同命，海枯石烂，无有贰心。"⑤ 他虽对孔孟儒学、太谷学派没有专门的学术著作，但对儒、释、道都有精深的研究和高超的见解。

此外，他又是一位既有治河研究著作，又有治河实践，且是治河成绩卓著的水利专家（前面已经谈到）。

总之，刘鹗是个多才多能的天才文学家。

三 收藏研究和整理古代文物的专家

罗振玉在《梦郼草堂吉金图序》中说："亡友丹徒刘君铁云有同

---

① 《刘鹗著作存目》，见《资料》，第532页。
② 刘蕙孙：《太谷学派思想探略》，见《资料》，第591页。
③ 刘大绅编：《儒宗心法》中《张氏遗书·黄崖夫子示门弟子书》，见《资料》，第562页。
④ 《刘鹗与太谷学派》，《严薇青文稿》，齐鲁书社1993年版。
⑤ 刘鹗：《致黄葆年》，见《资料》，第300页。

好，取聚器数十，所居距予寓斋才数十步，每风日情好，辄往就观，相与摩弄，或手自拓墨，不知门外有红尘也。"可见刘鹗对文物热爱、观赏、把玩的情景。他收藏了许多碑帖、书画、古器等。大量收藏是在庚子之后的1901年到1906年间于北京进行的。

1900年八国联军侵占北京，烧、杀、抢、掠，官、商、民生活困苦不堪，家藏文物及宫中文物流入文物市场，据《铁云先生年谱长编》（第82、83页）载，1901年"因而购得一些宋、元善本书籍及其它古器物"。计所得北宋元祐本《史记》、宋刊《西汉详节》等宋元明版本书籍十多种；古器物有立为簋，归女卣盖等十一种。买得古画黄大痴山水、碑帖《澄清堂》《圣教序》《多宝塔》[①]。"（这一年）鹗所获鼎彝、碑帖、字画及善本书籍极多。"[②] 许多都是稀有文物，价值极高。

1902年，《壬寅日记》二月初六载："晚间正文斋送《金石苑》来，索价二十不得减，留之。"二月二十日载："买得《白石神君》一轴。……又《尹宙》一部。"二十一日载："本日买得一铜器，不识其名。"二十二日载："予得千秋万岁瓦一片、唐四灵镜一具、作旅宝小鼎一个、古玉两片以归。本日买《韩仁铭》……，《鲁峻碑》一，皆乾嘉拓本也。"二十四日载："昨买一六朝帖，不知其名。查《金玉续编》知为《邓将军碑》。前日原君锡所得三代花纹瓶已归予矣。价百八十金。"二十七日载："购阮文达斋候垒卷予以归。"三月初八载："今买铜器数事……。九品皆精，致足乐也。"

笔者对1902年刘鹗《壬寅日记》[③]做了一下统计，此年共存日记295则，其中有138则记载了有关文物的活动，如买、购、留、得、取、携、索、挈、跋、读、翻阅、看、临、校、注音、释、游观、题、送、录、拓、检、去锈、摩挲、考、审定、赠等，说明鹗

---

① 见《年谱长编》，第82—83页。
② 蒋逸雪：《刘鹗年谱》，齐鲁书社1980年版，第34页。
③ 刘鹗：《壬寅日记》，见《资料》，第143页。

约两天即有一次关于文物的活动,可见其活动之频繁。共计约买文物558件(种),约平均一天买不足两件。有的虽均属字画,件大数多,但我们也如数记件,如四月初六载:"归寓,于藩检过字画二百九十余件。"又如七月十七日载:"至翰甫处,举得残砖碎石一车",检点几天,我们也以一件计之。十月二十日载:"印计七百方",亦按一件计之。此日又记:"晚,点龟骨共千三百件,可谓富矣",也按一件计之。六月三十日载:"思铁泉二千余未必无新式,姑试查之",虽泉币二千余,也按一件计之,皆因每件薄而小之故。若每一龟骨、古钱、印,都按一件计之,因太多,无法计算。此外《壬寅日记》所说:"取""携""挈""送"的文物很多,是买,是借未详,除极少从上下文能确认为"买"者外,绝大多数都不计算在内。我们仅以《壬寅日记》为例,便可推知1901年至1906年之间收藏文物品类之多,数量之巨。

《〈铁云藏龟〉自序》:"总计予之所藏,约过五千片。"[1]《〈铁云藏陶〉自序》云:"海内名家,尚未显诸著录,于是选择敝藏,属直隶张茂细心精拓,得五百余片",故知所藏陶至少在五百件以上[2]。又刘蕙孙在《铁云先生年谱长编》(第111页)中云:"《藏陶》出版后,陆续收得的,有两大箱。"无法计算。"后在日本归之罗雪堂",可见藏陶之丰。尚藏些"泥封","姑以敝藏所有,拓付石印",为《铁云泥封》[3]。铜印,据《壬寅日记》六月十二日载:"子谷、予迁道翰甫家,议定汉印六百方,千二百金。"又十月二十日载:"巳刻,潍县赵执斋来,携龟板、汉印各一匣。印记七百余方",仅两则日记计印1300方以上。加之从他年、他人收购,就更多了。后编《铁云藏印》(十册,续集四册),后来藏印归端方。

综观铁云所藏的钟、鼎、彝器、陶器、甲骨、古版书、字画、

---

[1] 《〈铁云藏龟〉自序》,见《资料》,第87页。
[2] 《〈铁云藏陶〉自序》,见《资料》,第90页。
[3] 《〈铁云泥封〉自序》,见《资料》,第91页。

帖、古币、铜印、泥封等甚富，可称得上一个私人博物馆，俨然是个文物收藏大家。

鹗《壬寅日记》① 七月二十日载："今年金石，碑版所耗近万金，若不深探力取，冀有所得，何以对我钱乎"，可见他收藏文物的目的是"深探力取"，希"冀"在学术上"有所得"。他曾首先对这些文物进行研究。仅《壬寅日记》中所载对文物进行研究的日记就有 26 则。他对金石、陶、甲骨的款识三代文字进行研究，如十月六日载："晚间，刷龟文，释得数字，甚喜。"又十月七日载："夜作《说龟》数则。"一月十日载："因将去年所注音释未竟之功卒之，亦一乐也。"七月三日载："本日释京字币为商币，甚得意。"八月十六日载："释吕尧仙砖文十则，释大敦文一则。"八月十七日载："昨夜读款识书，忽悟'齐候罍'之'㸙'字为'蒐'字，大喜。又释智鼎'王在遷居'之'遷'字为'遺召'二字，诸家误释。"八月二十六日载："始注两器，而仁斋至"。九月二日载："竭一日之力，释十六叶，凡三十二器。"九月八日载："释款识四叶。"九月十二日载："注彝器一纸。"九月十六日载："注彝器八纸。"九月十八日载："注款识五纸，而释怀鼎'䃺䰡'二字为'石池'，引太师伯鼎'石池'二字为证，颇得意。"九月十九日载："晚注款识六纸。"九月二十一日载："释款识前后已得六十纸矣。"十月十三日载："晚，圈《说文古籀》，悟龟文二字'㠭'恐是'功'字。'㗊'恐是'詻'字。《说文》：'詻'，告也。"鹗对金石陶器甲骨文款识还作考证，如六月二十六日载：

> 连日考求古泉"乘正""乘充"等币。予释"充"为"奇"，字与"正"对。一曰乘正尚金当锾，二曰乘半尚二金当锾，三曰乘奇货金当锾金，四曰乘奇货金五当锾十二。尚，上也；上之于官以当锾也。"巛"字何？为"货"。以殊布当"十

---

① 刘鹗：《壬寅日记》，见《资料》，第 143 页。

《",背有"十货"字,知"《"为"货"也。何以知其回文读亦以殊布也,莽事事师古,故以证古也。

又九月初十载:"夜考《长安获古编》金元印数事。"以上多则日记记载证之刘鹗不仅仅收藏文物,而且对金石的款识,陶器甲骨上的文字进行注释考证。

此外更值得赞扬的是他对所藏文物,特别是对碑帖的题跋,《资料》收集17文。皆说明所跋碑帖的历代所藏的来龙去脉,评定其价值,精鉴真伪等。其实这就是品评的精辟短文,研究的成果。举其一斑:《〈宋拓晋唐小楷十一种至宝〉〈王右军黄庭内景经〉梁刻宋拓本跋》说:"近见海宁陈氏《大玉烟堂》及《秀餐轩》两帖抚刻黄庭(指王羲之书《黄庭内景经》),皆祖是本。"是说海宁陈氏两帖刻本都是根据梁刻宋拓本翻刻的,指出其所本祖。"《玉烟》得其虚和,而失之薄弱;《秀餐》惩王炳之病,力求坚卓,殊乏晋人风度",是说《玉烟》帖甚获其原帖书法"虚和"的风格,而缺乏"薄弱"的特质;《秀餐》帖又"力求坚卓",而非常缺乏晋人书法的"风度"。又指出"而其不逮原本之丰腴圆湛"。通过《玉烟》《秀餐》两帖与宋拓本比较,可见作者对书法艺术的研究、评论,对文物的精鉴,已达高超的境地。最后说:"合观参证,益见古刻古拓之不易及。"① 意即"古刻古拓"的刻拓技术是难以企及的,赞赏其技艺达到登峰造极的地步。故笔者以为每一题跋都是文物鉴赏、评论的妙文。

《〈铁云藏龟〉自序》注①说:"《铁云藏龟》为我国甲骨文拓片的第一次石印成书。刘鹗自序,则可说是我国研究甲骨文的第一篇学术论文"(见资料)。他的《壬寅日记》也有研究甲骨文的记载(见前)。先是福山王文敏从范氏手中收购百余片,后从潍县赵执斋手中收得数百片,他为"国子监祭酒兼团练大臣,京师陷,与妻投

---

① 见《资料》,第94页。

井死，遗物至是归鹗"①，刘另收龟甲片千余。"定海方君药雨，又得范姓所藏三百余片，亦以归予。赵执斋又为予奔走齐、鲁、赵、魏之郊，凡一年，前后收得三千余片。总计予之所藏，约过五千片。"② 于1903年（癸卯）石印出版。胡适说："刘先生是最早赏识甲骨文字的一位学者。他的一部《铁云藏龟》要算是近代研究甲骨文字的许多著作的开路先锋。罗振玉先生是甲骨文字之学的大师，他也是因为刘先生的介绍方才去研究这些古物的。只可惜近二十年来研究甲骨文字的大进步是刘先生不及见的了。"③ 王国维的甲骨文研究也是经刘鹗的介绍。在我国文化史上，第一个石印甲骨文拓片的是刘鹗，第一个研究甲骨文的是刘鹗，写第一篇甲骨文论文的也是刘鹗。

1904年（甲辰）刘鹗又石印出版《铁云藏陶》，自序中说：

> 至于篆籀之原，舍钟鼎彝器款识而外，几无可求，学者憾焉。物不终闷，天未丧文。己亥岁，汤阴出土古龟甲盈万，予既精拓千品，付诸石印，以公同好。又以近年出土陶器，多三代之古文，品驾彝鼎而上。……可见陶之为器虽微，而古人作之正之者，皆圣贤之资，宜其文字之足重也。海内名家，尚未显诸著录，于是选择敝藏，属直隶张茂细心精拓，得五百余片，更益以旧藏陈寿卿家拓本七十余纸，并付石印。是为抱残守缺斋三代文字之二。世之宏博君子，欲考篆籀之原者，庶有取焉。④

说明石印此书的意义和作用。《〈铁云泥封〉自序》云："姑以敝藏所有，拓付石印，附诸陶器之后。虽非三代文字，然其中官名，多

---

① 蒋逸雪：《刘鹗年谱》，齐鲁书社1980年版，第38—39页。
② 《〈铁云藏龟〉自序》，见《资料》，第87页。
③ 胡适：《〈老残游记〉序》，见《资料》，第369页。
④ 《〈铁云藏陶〉自序》，见《资料》，第90页。

为史籍所不载，殆亦考古者之一助云。"① 说明了此书的价值。

刘鹗本人对三代文字的研究及《铁云藏龟》《铁云藏陶》《铁云泥封》之石印出版，为后人对中国古代文化的研究提供了方便，起了促进的作用。另有《铁云藏印》十册，续集四册，《铁云藏货》一册（今存）。此外还有一些考古文字类的著作今已不存。② 刘鹗对中国古代文物的收藏、研究和整理均有相当的贡献，功不可泯。

四 百折不回的实业家

刘鹗以"养天下为己任"，是受太谷学派的影响。何谓"养天下"，就是富国养民。那么凭什么富国养民？那就是为国为民开财源，即通过办实业达到富国养民的目的。在晚清末年，特别是甲午战争之后，"外衅危迫，分割洊至"，国人"扼腕裂眥，痛心疾首"，爱国者无不思救国图存之法，爱国主义思潮不断高涨。在救国救民方面，形成了不同的道路，有维新变法之路，有暴力革命之路，也有实业救国等道路。主张实业救国的代表人物有郑观应[③]、张謇[④]等。张謇以为"实业"为"西人赅农工商之名"（《记论舜为实业政治家》）。《世界实业一斑》说："实业盛则国势盛，实业定则国势定，实业有进步，则国势有进步，实业甲全球，则国势甲全球"[⑤]，"救穷之法惟实业，致富之法亦惟实业"[⑥]，"今日救亡之术，固当以振兴实业，为唯一之先务"（胜因《实业救国之悬谈》）。刘鹗受实

---

① 《〈铁云泥封〉自序》，见《资料》，第91页。
② 《刘鹗著作存目》，见《资料》，第532页。
③ 郑观应（1842—1922），广东香山人。中国近代早期资产阶级改良派思想家。生平简介，见《中国大百科全书·哲学》，中国大百科全书出版社1985年版，第1163页；《中国近代史词典》，上海辞书出版社1982年版，第468、469页。
④ 张謇（1853—1926），江苏南通人。主张实业救国和教育救国，是"实业救国"论的典型代表。生平简介，见《中国近代史词典》第396、397页。
⑤ 《世界实业一斑》，《湖北学生界》第1期。
⑥ 张謇：《拟请酌留苏路股本合营纺织公司意见书》，见《张季子九录·实业录》卷5，第5页。

业救国思潮的影响是很大的。刘鹗曾说："仆自甲午以后，痛中国之衰弱，……思亟求防御之方，非种种改良不可"（《矿事启》），"救之之法安在？仍不越修路、开矿、兴工、劝农四项而已"（《风潮论》）。他百折不回，走富国养民、实业救国之路。

据蒋逸雪的《刘鹗年谱》与刘蕙孙的《铁云先生年谱长编》所载，他曾先后办了不少实业：光绪十年（1884）曾在淮安南市桥经营烟草，因经营无方亏本而停业。这是他初步经商的尝试。

光绪十三年（1887），在上海开石昌书局，这是"市廛间有石印之始"。后因帮办的亲戚，趁刘鹗"送茅氏归宁，又回淮省亲"之机，"偷售承印书籍"，卷款潜逃，刘鹗"涉讼入狱"。后茅氏函告朱氏，"汇款清债"，刘鹗方被释。书局遂停业。

光绪二十二年（1896），曾得两湖总督张之洞之邀请，商议筑芦汉铁路的事。与盛宣怀的意见不一。盛为铁路总公司督办。因芦汉铁路委员竟无鹗，刘鹗辞归。十月又赴京向直隶总督王文韶建议修建津镇铁路。刘鹗的举动，引起在京守旧的同乡的反对，扬言开除刘鹗的乡籍，事无成。

光绪二十三年（1897），刘鹗应外商英福公司之聘，为在华经理。英福公司筹开山西煤矿与晋抚胡聘之有"成议"，由英人起草合同，刘鹗看其有损国家利益，往返北京间几次，为争国权。后因被山西京官刑邦彦、云南举人沈鋆章所弹劾，刘鹗被英人解聘，也"奉旨撤退"。事也未成。

刘蕙孙在《铁云先生年谱长编》中说：光绪二十五年（1899），刘鹗建议修"泽襄"路，后改"泽浦路"，终只修成道口至清化一段。

光绪二十六年（1900），"清政府中顽固派刚毅，因福公司事，参奏通洋，请就地正法"。刘鹗又在上海开五层楼商场，因上海地痞滋事而停办。方药雨在天津所办《天津日日新闻》，大部分是刘鹗投资。1928创刊，年至1929年间停办。向罗振玉办《世界教育》投资五百元。

光绪二十七年（1901），在北京与贾子咏筹办北京自来水公司和电车公司，也未成。又与哲美生、沙彪纳等人筹办河南福公司煤矿、泽浦路和商办北京西山煤矿。与陈少湍商办陇汉铁路。后又想开银行，"鼓铸铜钱"，均未成。曾对冯恕办的公慎书局投过资。

光绪二十八年（1902），筹划与天津郑永昌办海北公司，制造精盐，销往朝鲜。又为英福公司筹办四川矿务，与高子衡筹办浙江衢、严、温、处四地方的煤铁矿。后均未果。此年还与日本人松浦在天津办酱园，投资四百元。

刘鹗与亲友联合购买"浦口九袱州等江中涨地，拟自办商埠"。他料到泽浦路将修到这里，办实业将大有可为，就与当时长江水师提督程文炳，还有罗振玉等合伙开办地皮公司，购买江中"涨地"。其中"报效官家地至数百亩，备建置之用"。当时有豪绅陈浏，进士出身，"外务部员外郎"，便仗势欺人，以为洋人在浦口买地为罪名，说刘鹗凭借两江总督瑞方，串通长江水师提督程文炳干此勾当，托京城熟识的御史向军机处奏了一本，刘鹗的宿敌袁世凯、世续在军机处使坏，这便是刘鹗被流放新疆的重要原因之一。笔者至今未见刘鹗"为洋人买地"的确据铁证。从刘鹗之后人在国民政府期间要求发还浦口地产，得准，并有曾任监察院院长，代司法部部长的蔡元培为刘鹗鸣冤等事来看，"为洋人买地"是子虚不实之词，或是诬陷之语。

光绪三十一年（1905），在上海组织大成公司，与中外人士合办工矿实业。又与杨让堂办海运航船，营运大连、日本间。1905年航运船沉没无息，而告失败。这一年，他在上海徐家汇独资办坤兴织布厂，织机五百台。又在陈家滨设一小厂，织条文布。海北公司在东北制精盐，拟销往日本，后销往吉林、朝鲜边境，走私朝鲜，是一种违犯当时国法的事情，"盐务为中国利权"，"为国家专利"（时奉天将军赵尔巽语），后此公司亏损垮台，又被当时驻韩总领事马廷亮弹劾，说刘鹗在朝鲜私设盐运会社。在上海办的坤兴织布厂也因管理不善而倒闭。

光绪三十三年（1907），又在北京重拟开办北京自来水厂，办电灯、电车，未果。当时驻韩总领事马廷亮弹劾刘鹗在朝鲜私设盐运会社，牵起晋矿弹劾案、浦口地产弹劾案，合罪流放新疆。

刘鹗的一生办了许多实业，且所办实业多是前人没有办过的。他投资的《天津日日新闻》办了较长一段时间；他几曾谋划修路，只修成"道清"一段；他1897年到1905年在英福公司谋事较长一段时间。但他一生所办实业，大多失败。

他兴办实业失败的原因如下：一是在当时朝廷里没有靠山，没有强大政治势力的支持，自己也没有政治势力，受到顽固守旧势力的反对，经不起国家形势和时代风云的变化的打击；二是本身没有足够的资本和技术，去发展大的工商实业；三是各资本主义国家商品的输入，打击了民族工商业的发展；四是刘鹗本身的经营不善，故实业无就。但刘鹗办实业以"富国养民"为其宗旨，其出发点是出自爱国爱民之心，是值得肯定的；他几十年奔走呼号，创办实业的实践，对当时资本主义工商业的发展，也起到积极的促进作用。他坚决主张引进外资、外国技术、外商，来发展中国的路、矿、农工商务，是一个败而不馁、百折不回、富有远见卓识的实业家。

美籍华人学者马幼垣在《刘鹗》一文中说他是"对中国传统文化的继承和对西方知识的介绍均有所贡献的小说家、诗人、哲学家、音乐家、医生、企业家、数学家、藏书家、古董收藏家、水利专家和慈善家"[①]。纵观其生平，笔者以为他是一个有益于人民的人，是一个多才多能的杰出文学家，是中国古代文物的收藏、研究和整理有成的专家，是百折不回的实业家。刘鹗的一生是较为短促的，结局是悲惨的。因所从事的事业是多方面的，要求他事事成功是不可能的。他在文学事业方面的杰出成就，在文化事业方面的重大贡献，办赈拯救数以万计人民生命的仁行义举，治黄的著述及实践的成功等，共同构成了刘鹗不平凡的、不朽的、光彩的人生。

（《刘鹗及〈老残游记〉研究》，民族出版社1995年版）

---

① ［美］马幼垣：《刘鹗》，见《资料》，第315页。

论刘鹗的朴素唯物主义思想

笔者在研究刘鹗《老残游记》时发现，他具有较高而丰富的朴素唯物主义思想和朴素辩证法思想，这是刘鹗思想的闪光生辉之处，应该给予充分认识和肯定。目前尚无人对刘鹗《老残游记》的朴素唯物主义思想和朴素辩证法思想进行专门系统的研究和探讨。"哲学的任务在于探究世界最根本、最普遍的规律，它涉足于众多的领域，研究自然、社会、人类思维中纷繁的现象和形式，最后的归宿是要探明世界的本原，即思维和存在、精神和物质何者为第一性。"唯物主义是"哲学上的两大基本派别之一，与唯心主义对立的理论体系。在哲学基本问题上主张物质第一性，精神第二性，世界统一于物质，精神是物质的产物和反映的哲学派别"[①]。那么近代文学家刘鹗怎么看待和处理思维和存在、精神和物质的关系呢？本文就刘鹗的朴素唯物主义思想加以论述。

刘鹗在1907年为《天津日日新闻》写了一篇社论《风潮论》，阐明他在汹涌的"收回利权""排外"的社会风潮中，对当前国家重大政治经济问题所持的态度和看法。《风潮论》（二）中说：

> 吾之宗旨，惟核实二字而已。吾所以贡诸政府者，贡此核实二字也。吾所以为留学生各报馆之诤友者，亦诤此核实二字也。无论何人之言，胥置之于不理者，谓之刚愎。无论何人之

---

① 《中国大百科全书·哲学》，中国大百科全书出版社1987年版，第1、908页。

言，而轻于信从者，谓之昏庸，俱失当也。书云："舜好问而好察"，迻言察之一字即核实也，此舜所以为圣人也。其讲求核实之要旨，尤在勿为美名所荧惑，凡妖言耸众听者，必借美名为用。①

这段文字表明了他的看法和主张，即要对事物进行调查研究，通过"核实"求得真实的情况，要实事求是。偏听偏信，即"轻易信从"，其中就存在着盲目性，随意性，把客观置于不顾的地位。因为不了解别人所说的是不是真实情况，若不是真实情况，你信以为真，那就违背实际了。只凭主观，随心所欲对待事物，为所欲为，使主观与客观，意识与存在脱离，实在"昏庸"。"无论何人之言，胥置之于不理者，谓之刚愎"，兼听则明，倾听别人意见是避免主观片面、端正认识的好办法。否则，难免使主观与客观不一致，主观不能正确反映客观。只凭主观武断认识事物，这是"刚愎"。"昏庸"与"刚愎"都是主观唯心主义的表现，使意识与存在分离，其本质是意识决定了存在，意识成了第一性的了，而存在是第二性的了。"讲求核实之要旨，尤在勿为美名所荧惑"，意思是不要被表面的假象所蒙蔽，这是最重要的，要求实，获得实实在在的情况，用以为根基，作为出发点。

刘鹗在《风潮论》（七）中说：

> 而最重者在核实二字。核实云者，核则得实矣。②

刘鹗认为对当前重大的政治经济问题，要"核则得实"，即从实际出发，实事求是。他认为：书云"舜好问而好察"中的"察"字即"核实"的意思，舜这样做真不愧为圣人，他非常尊崇舜的主张和行

---

① 刘德隆等编：《刘鹗及老残游记资料》，以下简称《资料》，第134—135页。
② 见《资料》，第140页。

为。刘鹗把"核实"看得"最重"要，引以为"宗旨"，不难看出刘鹗认为客观存在是第一性的，存在决定意识。要用"核则得实"的结果验证他"救之之法"的正确。使主观与客观一致，从实际出发，实事求是，是最高的方法论原则。这反映了刘鹗的朴素唯物主义思想。

我们再看看他的小说《老残游记》所着力塑造的主要人物老残，也是被人称赏敬佩的"核实"的典范。老残对游历时所见所闻的重要事件和人物是如何对待和认识的呢？北柱楼席间人们议论玉贤："他办强盗办的好，不到一年竟有路不拾遗的景象，宫保赏识非凡"，宫保"打算专折明保他"；"佐臣人是能干的，只嫌太残忍些。未到一年，站笼站死两千多人"；"此人名震一时，恐将来果报也在不可思议之列"[1] 等等。老残听后，趁去曹州探亲之机了解玉贤的政声，没有偏听偏信，不带框框，要通过亲自察访，"核实"，然后才能得出结论。

老残从雒口船行董家口，向店主老董了解到：玉贤办案"麻力""手太辣"，后来"倒反做了强盗的兵器了"[2]。又了解到于朝栋家的冤案。初步印象："玉贤这个酷吏，实在令人可恨！"[3] 为了了解真实情况，又出门走进王家小店，店主反映："衙门口有十二架站笼，天天不得空"，"我们这地狱世界"。看见店中女子惨淡悲泣的情景，向老董了解到店主儿子被无辜站死的经过，进一步认识到：玉贤"死有余辜"，"在必杀之例"[4]。后来住马村集，店伙说玉大人"赛过活阎王，碰着了就是个死"。又了解到店主妹夫被捕快设了圈套，被玉大人站死的冤案[5]。老残又到曹州街上察访玉贤政绩，"竟是一

---

[1] 刘鹗：《老残游记》，齐鲁书社1981年版，笔者所用皆为此版本。以下简称"小说"。第30、31页。
[2] 见小说，第45页。
[3] 见小说，第45—58页。
[4] 见小说，第59—61页。
[5] 见小说，第61—66页。

口同声说好,不过都带有惨淡颜色"。经过多次调查,科学分析,得出结论:"苛政猛于虎",玉贤是个"下流的酷吏,又比郅都、宁成等人次一等了"①。这是多次察访了解玉贤治下的许多冤案的真实情况,倾听众多百姓对"苛政"的反映之后才下的结论,"核则得实"的结果。以真实情况为依据,产生与真实情况相一致的认识,存在决定了意识。老残是作者的化身,反映了作者朴素的唯物主义思想。

我们再看看,老残对齐河县齐东村贾家十三人中毒的命案,是怎样认识和处理的呢?从而表现出他的世界观。

老残根据死人"骨节不硬,颜色不变,这两节最关紧要"的事实分析:"服毒一定是不错的,只不是寻常毒药。"②

老残首先要弄清"吃的什么药"及"毒药来历",就是首先要找到实据,为了解到第一手材料,亲自到省城中西大药房去调查;亲自拜访神甫克扯斯,均未得到线索和帮助。③

去省城前布置许亮去齐东村暗察那"毒药来历"④;老残为得到第一手材料亲自特意到齐东村摇着串铃以给人治病为名进行私访⑤,两人皆不露一点蛛丝马迹。他特意给魏家女治病,从魏谦口里得知,贾家挑水的王二在贾家死人的那天看见吴二浪子用小瓶往面锅里倒东西,认为是贾家大妮子与吴二浪子合谋而为。老残问魏老为什么不告他?魏老说:

> 官司是好打的吗?我告了他,他问凭据呢?"拿奸拿双",拿不住双,反咬一口,就受不得了。⑥

---

① 见小说,第67、69页。
② 见小说,第229页。
③ 见小说,第230、231、232页。
④ 见小说,第229页。
⑤ 见小说,第232页。
⑥ 见小说,第234页。

这反映了作者的思想,办案要凭事实,重证据,必以客观实在为根基。虽是魏老所言,但表现了作者认为存在是第一性的,意识是第二性的唯物论思想。

老残、许亮共同做王二的工作,使他打消顾虑,做了干证,画了十字,打了手模。①

取了人证之后,又谋划让许亮去省城跟吴二浪子鬼混。巧取了"千日醉",获得了物证。老残说:"凶器人证俱全,却不怕他不认了。"老残侦察,"核实"的出发点就是获得人证物证。"凶器人证俱全",说明了事实的真相,这是客观存在,是第一性的,决定意识,可以定案了,"却不怕他不认"②。老残唯物论的思想观念是如此的坚实。

"核实"的典型人物还有白子寿。宫保派他复审贾、魏家的案子。他不偏听偏信刚弼的胡言,"不敢先有成见","只好就事论事,细意推求",这是具体问题具体分析,不带主观色彩。审贾干、传四美斋掌柜、传魏谦、传魏家管事及两个长工,调查了解了真实情况。经科学分析:

> 既是一样馅子,别人吃了不死,则贾家之死,不由月饼可知。若是有汤水之物,还可将毒药后加入内;月饼之为物,面皮干硬,断无加入之理。③

得出的结论是月饼无毒。这是客观存在。客观存在决定主观意识。故白子寿认为魏家父女无罪,遂释放回家。主观与客观,意识与存在是一致的。

玉贤,是作者着力揭露的酷吏之一。

---

① 见小说,第235页。
② 见小说,第236—247页。
③ 见小说,第十八回。

店主老董说："……后来强盗摸着他的脾气，这玉大人倒反做了强盗的兵器了。"① "脾气"，就是他办案主观武断，不深入调查。"兵器"，是指成了强盗图报复泄私愤的工具了。玉大人的马队过了于家屯，因为没有看见火和枪，就臆定"这强盗一定在这村庄上了"。从于家"搜出三支土枪、几把刀、十几根杆子"，他就主观断定"那有良民敢置军火的道理！你家一定是强盗！"对于学礼的说明丝毫听不进；对吴举人申述冤情不接见，并武断地说："谁要再来替于家求情，就是得贿的凭据"，极刚愎自用。后来抓住与于家的移赃有关的强盗又都放了。一则，他认为案子极端可靠，已"人赃现获"，毋须再调查核实；二则，免得真相大白保不住"前程"。② 他也重人证物证，但"人赃现获"的"人"是被人陷害的好人，不是强盗；其"赃"是强盗移来的。玉贤的认识皆与事实相悖。足见玉贤主观武断，刚愎自用之至。不调查研究不顾事实真相，只凭想当然办案，是意识决定了存在，典型的唯心主义者。

刚弼，是作者揭露的另一个酷吏。抚台派其来会审，他不首先了解熟悉案情，就对暂时收审的魏家父女严刑逼供。③ 严刑逼供的本身，就是重意识，不重存在，意识决定存在。魏家管事救主心切，肯出钱打点，并且钱数与刚弼提出的人命价折半相一致并出了凭据，刚弼就主观断定十三条人命就是魏家所害。又一次对魏家女上酷刑。她熬不过，又心疼老父，便招假供。刚说："我看你人很直爽，所招的一丝不错。"④ 他向来复审的白子寿介绍案情："此案情形，据卑职看来，已成铁案，决无疑义。"⑤ 不顾事实真相，不调查实情，只靠逼供，凭主观武断办案。

此二酷吏，都是主观武断，刚愎自用的典型。不认真核实案

---

① 见小说，第45页。
② 见小说，第四、五回。
③ 见小说，第190页。
④ 见小说，第十六回。
⑤ 见小说，第218页。

情，自以为是，不重证据，靠想当然、逼供信办案，从认识论上说，那是主观唯心主义，意识决定存在，意识是第一性，存在是第二性。刘鹗认为"清官"尤其可恨，给予深刻揭露无情抨击，从本质上说，是朴素唯物主义思想与唯心主义思想的矛盾冲突，水火不容。

史观察，根据贾让《治河策》的创议，不与河争地。其治河的理论办法与山东段黄河的具体情况特点不符，即理论脱离实际，犯本本主义、教条主义的错误，认识和存在不一致，造成一场大水灾。老残说：

> 只因但会读书，不谙世故，举手动足便错。孟子所以说："尽信书，则不如无书。"①

第九回，借黄龙子的嘴说：

> 尽信书，则不如无书。②

作者两次引用《孟子·尽心上》的话，重复就是为了强调，他对孟子的观点非常赞同。贾让根据当年河段的各种具体情况治河，以"不与河争地"之策是行之有效的，然而时过境迁，所治的地段不同，现在仍然主贾让《治河策》之法，失败是必然的，是"荒谬绝伦"的。亦如老残所说"这事真正荒唐"③。从哲学上说，这是作者对本本主义、教条主义者不了解实际情况、理论脱离实际的有力批判。

庄宫保，"轻易信从"史观察，史只根据书本创议，造成黄河泛

---

① 见小说，第176页。
② 见小说，第112页。
③ 见小说，第176页。

滥;有去曹州的人说那里有路不拾遗的景象,他偏听偏信,就想专折明保玉贤,并终使晋升,却不知冤魂遍地;他对手下官刚弼根本不了解,派去复审贾、魏家的案子,结果严刑逼供,大造冤狱。这些大错的酿成,皆因宫保不了解河、人、事的真实情况,没有事实做根基的结果,即不从实际出发。

理学是以儒学思想为主,兼融佛、道的某些思想。先秦以来,儒家提倡"以礼节欲",到宋明时程朱理学吸收了佛道的"无欲""灭欲"的思想,主张"存天理,灭人欲",带有僧侣禁欲主义色彩,玙姑批判宋儒"存天理,灭人欲""存诚"时,首先用事实,以自己与子平深夜少女中男握手对坐时的真实体验,肯定人欲是人的本性,而宋儒的"灭人欲"是违背人性的。揭穿宋儒的"好德不好色"是"自欺欺人",其所倡导的"存诚"是虚伪可恨的。"以少女中男,深夜对坐,不及乱言,止乎礼义矣。此正合圣人之道。"①正合"以礼节欲"的倡导。对宋儒主要是以事实,即自己的亲自体验,加以批判的,是存在决定意识的。

刘鹗在小说第十三回《原评》中说:

> 野史者,补正史之缺也。名可托诸子虚,事须征诸实在。②

可见作者在小说中写的内容,都是力求"实在"的,反映真实的社会现实。亦见作者求"实"的精神,在认识世界的时候把"实在""存在""物质"放在最重要的地位上。

第十一回,作者借玙姑的嘴说:"月球绕地是人人都晓得的。……凡对太阳的总是明的了。由此可知,无论其为明为暗,其于月球本体,毫无增减,亦无生灭。"③借黄龙子嘴说:"环绕太阳之行星皆凭这个

---

① 见小说,第110、111页。
② 见小说,第169页。
③ 见小说,第132、133页。

太阳为主动力。"① 其对太阳系的认识是基本符合客观实际的，也反映了作者的唯物论思想和宇宙观。

从客观实际出发，实事求是，这是最科学的最高的方法论原则。玉贤、刚弼的主观武断、"刚愎自用"，宫保的不实地调查研究，"轻易信从"，即"昏庸"，史观察的本本主义，宋儒的"存天理，灭人欲"及"存诚"的欺人，之所以受到作者揭露、鞭挞、抨击，都是因为他们不从客观实在出发，不实事求是，违背了最高的方法论原则。老残破奇案的成功，对清官的揭露，对宋儒的鞭挞，对宫保、史观察的抨击，对翠环、翠花悲惨遭遇的描写，都是坚持他认为是"最重"的"核则得实"的"宗旨"，就是遵循从客观实际出发，实事求是原则的结果。老残对玉贤、刚弼、宫保、史观察、宋儒的态度，从本质上说，从哲学角度认识，反映了唯物论与唯心论思想的矛盾斗争。

太谷学派《周氏遗书抄》（道州节　第六）云：

> 道州濂溪氏（周敦颐）《通书》作，雍之（张载）《西铭》，豫之（程颐）《易传》，继继而出，不百年而人知渐转强也。②

可见学派对宋周敦颐、张载、程颐等学说的推崇。

刘鹗受中国传统哲学中的朴素唯物主义思想的影响，尤其是受明清之际哲学思潮中的思想家顾炎武、黄宗羲、王夫之、颜元等人的朴素唯物主义思想的影响是颇为深刻的。他们都提倡"经世致用"的"实学"，反对空疏的虚谈，求实求真的思想影响极为深远。

顾炎武认为："非器则道无所寓"③，意思是没有物质的东西，道理规律就无法存在，道理规律来源于客观事物。这是明显的朴素

---

① 见小说，第 136、137 页。
② 见《资料》，第 561 页。
③ 转引自夏乃儒主编《中国哲学三百题》，上海古籍出版社 1988 年版，第 327 页。

唯物主义思想，说明存在决定意识，物质是第一性的。倡导："修己治人之实学。"提出"天下兴亡，匹夫有责"的命题，重视实际调查，掌握一手材料。在明清之际的启蒙思想家中，顾炎武被后来的梁启超称为一代宗师。顾炎武考察嘉定、苏州地区的水利情况后说："善治水者，固以水为师耳"①，意思是说长于治水的人，要实地调查如今水的真实情况，万万不能照搬古人书本上说的法子，因为时过境迁，河道巨变，再因袭古书旧法，就未必妥当了。刘鹗笔下的史观察治河，主汉代贾让《治河策》不与河争地之法。不去实地调查现在河段的实际情况，照搬古人之法，废民埝，退守大堤，造成空前水灾。顾、刘所见相同。都是以水即存在为第一性，从实际出发制定治河方案。主张调查研究，使主观和客观、思维和存在一致，理论不脱离实际。刘有受顾影响的迹象。

黄宗羲说："理为气之理，无气则无理。"② 他又说："通天地、恒古今，无非一气而已。"③ 意思是道理规律是物质反映出来的道理规律，没有物质就没有道理规律。自古以来，宇宙就是物质的。这也是鲜明的唯物论思想。

王夫之云："据器而道存，离器而道毁"④，意思是道理是凭物质而存在的，脱离了物质，道理也就没有了。说明存在决定意识。又说："且夫知也者，固以行为功者也；行也者，不以知为功者也"⑤，是说认识本来是以实践为基础的，反过来，实践不能以认识为基础。阐明了认识和实践的关系，即认识源于实践，也是存在决定意识的关系，反映了王夫之的唯物论思想。王夫之要"尽废古今虚妙之说而返之实"⑥，反映了他求实的精神。

---

① 转引自夏乃儒主编《中国哲学三百题》，第133、329页。
② 引自侯外庐《中国思想通史》第五卷，人民出版社1956年版，第187页。
③ 转引自肖萐父、李锦全主编《中国哲学史》（下），人民出版社1983年版，第197页。
④ 转引自侯外庐著《中国思想通史》第五卷，第87页。
⑤ 转引自夏乃儒主编《中国哲学三百题》，第334页。
⑥ 转引自夏乃儒主编《中国哲学三百题》，第132页。

颜元云："彼（指宋明理学家）以其虚，我以其实"（《存学编》卷一）；"救弊之道，在实学，不在空言"（《存学编》卷三）；提倡"实文、实行、实体、实用，卒为天下造实绩"（《存学编》卷一）的"实学"。又说："心中思想，口中谈论，尽有千百义理，不如身行，理之为实也。"① 他说："身实学之，身实习之"（《存学编》），主张"践履"，"力行"。他提出"知无体，以物为体"，"习事见理"，"理在事中"②，认为事物是基础，理、知来源于事物，反映了颜元的物质决定精神，存在决定意识的朴素唯物主义认识论。

明清之际，除上述四位，还有戴震、朱子瑜等思想家，他们朴素的唯物主义思想，对闭门诵经、空谈心性的宋明理学给予无情的揭露和批判，主张"经世致用"的"实学"，为国计民生做实事，求真求实，蔚然成潮，开一代风气，对他们之后的清代知识分子有很大的影响。刘鹗把"核实"看作是"最重"的"宗旨"。做事以事实为依据，实事求是，对宋明理学的尖锐批判等都明显看到他受明清之际哲学发展思潮的影响。颜元批判宋儒"存天理，灭人欲"时说："禽有雌雄，兽有牝牡，昆虫蝇蜢也有阴阳，岂人为万物之灵，而独无情乎？故男女者，人之大欲也，亦人之真情至性也"③，"天不能无地，夫岂可无妇？你看见妇人，果不动念乎？这一动念，就是天理不可灭绝处"④。《老残游记》批判宋儒时写道：少女中男，半夜对坐，玙姑握子平的手时说："请问先生：这个时候，比你少年在书房里，贵业师握住你手'扑作教刑'的时候何如？""凭良心说，你此刻爱我的心，比爱贵业师何如？""这好色乃人之本性"⑤。颜、刘都是以见妇人"动念"这一事实，来说明"人欲"也是"天

---

① 转引自夏乃儒主编《中国哲学三百题》，第134、136页。
② 转引自杨荣国《简明中国哲学史》，人民出版社1973年版，第380、381页。
③ 颜元：《存人编·第一唤》，《颜元集》上，中华书局1987年版，第124页。
④ 颜元：《存人编·第三唤》，《颜元集》上，第130页。
⑤ 见小说，第110页。

理",是"不可灭绝"的,来批判宋儒的禁欲之说,看出颜对刘的影响。加之太谷学派"立功、立言、立德"要旨的影响,促使他学实学,"投效河工","赈粮平粜",办实业,创实绩,做了许多实事,以天下为己任。

刘鹗与《老残游记》这部小说,也有不少唯心的东西。如上帝、阿修罗、仙佛、妖魔鬼怪、地狱、生死轮回等,都是宗教迷信;"千日醉",使人醉倒那么长时间,形同死人;"返魂香",使下葬几个月的人复活等,这都是违背事实的杜撰和虚构。三元甲子的推测,《易经》"泽火革"卦等,也缺乏事实或科学的根据。

《老残游记·续集》第五回,作者借逸云的嘴说:"《金刚经》云:'无人相,无我相。'世间万事皆坏在有人相我相","我辈种种烦恼,无穷痛苦,都从自己知道自己是女人这一念上生出来的,若看明白了男女本无分别,这就入了西方净土极乐世界了"[①]。南禅宗即此回老残所说的"六祖","因无所住,而生其心"[②]的惠能《坛经·疑问品》云:"佛向性中作,莫向身外求。自性迷即是众生,自性觉即是佛。"[③] 又提出"无念为宗,无相为体,无住为本。"[④] 上面所说的"无人相,无我相""男女本无分别""无相""逸云除欲除尽",即指出做到心里没有一丝外界事物的影像,无任何杂念和欲望,便可见性成佛了。即彻底脱离实在,完全唯心了。禅宗佛学的色彩显然。

这是他受传统文化中儒释道、太谷学派及西洋宗教唯心成分影响的结果。但这不能抹杀刘鹗的唯物主义思想,人的思想是复杂的。刘鹗的唯物主义思想,正是他哲学思想的闪光之处,应该给予充分

---

① 见小说,第298页。
② 见小说,第305页。
③ 尹协理译注:《白话金刚经坛经》所录《坛经》,河北人民出版社1992年版,第208页。
④ 尹协理译注:《白话金刚经坛经》所录《坛经》,河北人民出版社1992年版,第210页。

肯定。刘鹗的哲学思想是"直观的、从常识出发的、缺乏坚实科学基础的"①，故称"朴素的唯物主义"。尽管他有不少唯心的哲学思想，但朴素唯物主义思想，是他世界观的主导。

（济南社会科学院《探索与决策》1994年第3期）

---

① 《中国大百科全书·哲学》，第670页，"朴素唯物主义"条。

论刘鹗的朴素辩证法思想

中国哲学史上的辩证法思想，远比西方出现的早，在春秋时期就已光华初露。毛泽东对辩证法做了很大发展，他指出，一分为二，这是个普遍的现象，这就是辩证法，辩证法的基本观点，就是对立面的统一。在春秋时代的晚期史墨就有"物生有两"，《老子》有"有无相生"①，《易传·系辞》有"一阴一阳之谓道"的说法②。"一分为二"最早见诸隋杨上善撰注《黄帝内经》③。"一分为二"的论题最早的提出者是宋代的邵雍。但杨、邵之见均未正确反映事物矛盾对立统一规律。南宋朱熹提出"此只是一分为二，节节如此，以至于无穷，皆是一生两尔"。又说"'一'是一个道理，却有两端，用处不同，譬如阴阳，阴中有阳，阳中有阴……"，"统言阴阳，只是两端，而阴中自分阴阳，阳中亦有阴阳"④。朱熹的认识近乎矛盾对立统一的辩证法，但后来跌入形而上学的泥潭。明末清初的方以智《东西均·三征》："虚实也，动静也，阴阳也，形气也，道器也，昼夜也，幽明也，生死也，尽天地古今皆二也"⑤，"有一必有二，二本于一"（《东西均·反因》）⑥；明末清初的王夫之《周

---

① 《老子》，又称《道德经》，见《道德经》，安徽人民出版社1990年版，第5页。
② 徐志锐：《周易大传新注》，齐鲁书社1986年版，第2页。
③ （隋）杨上善撰注：《黄帝内经·太素·知针石》。
④ 《朱子语类》卷六十七、九十四。
⑤ （清）方以智：《东西均》，中华书局1962年版。
⑥ （清）方以智：《东西均》，中华书局1962年版。

易外传》:"故合二而一者,即分一为二之所固有矣。"① 表明古人对矛盾统一规律的认识步上一个前所未有的高度。朴素的辩证法思想对刘鹗的影响是极为深刻的。刘鹗《老残游记》这部小说,一分为二的辩证法思想贯穿全书,书中的言论,人物事件的分析认识和评价,多体现一分为二的辩证法思想。

一　怎么看待人

第九回,作者借申子平的口说:"但是宋儒错会圣人意旨的地方,也是有的,然其发明正教的功德,亦不可及。"② 此回玙姑论教,对宋儒进行了尖锐的抨击,说:"然宋儒固多不是,然尚有是处"③,是用二分法看待宋儒的,并非简单化、绝对化,不是全盘否定的,是合乎辩证法的。

关于治河,史观察是根据贾让《治河策》不与河争地之说创议的,庄宫保轻易信从,废了民埝,使几十万人的生命财产付诸东流。这一事件,是令作者终生伤心的大事。作者对庄宫保怎么看呢?第十三回《原评》中说:"庄勤果慈祥恺悌,齐人至今思之。惟治河一端,不免乖谬,而废济阳以下民埝,退守大堤之举,尤属荒谬之至。"④ 显然,"庄勤果慈祥恺悌,齐人至今思之"为一端;"治河一端,不免乖谬"为另一端,仍然是一分为二的观点。优点错误皆在,没有完全否定或肯定。那么对史观察,作者又怎么看呢?

第十四回,老残向人瑞道:"这事真正荒唐!是史观察不是,虽未可知,然创此议之人,却也不是坏心,并无一毫为己私见在内,只因但会读书,不谙世故,举手动足便错。"⑤ 作者以为"此事真正

---

① 王夫之:《周易外传》,中华书局1977年版。
② 刘鹗:《老残游记》,齐鲁书社1981年版,以下简称"小说",第110页。
③ 见小说,第111页。
④ 见小说,第169页。
⑤ 见小说,第176页。

荒唐",这是一点;但"不是坏心""为己私见"造成的,为另一点,依然是二点论,朴素的辩证法思想。

作者对十恶不赦,死有余辜,罪不容诛,恨之入骨的"清官"玉贤、刚弼二个酷吏怎么看?作者在第十六回《原评》中说:"赃官可恨,人人知之;清官尤可恨,人多不知。盖赃官自知有病,不敢公然为非;清官则自以为我不要钱,何所不可,刚愎自用,小则杀人,大则误国。"① 此评中"赃官"与"清官"是矛盾对立面,为"官"之两端;"人多不知"与"人人知之",人们对"官"的认识也分两端;"官"之办事也分为两端,一端"自知有病,不敢公然为非"(赃官),一端是"自以为我不要钱,何所不可"(清官)。分析问题皆为二分法。若说"赃官"不好,他也有是处,"不敢公然为非";若说"清官"好吧,但也有不是之处,自以为"清",什么事都干。即黄龙子所说"坏即是好,好即是坏"②。这反映刘鹗一分为二的朴素辩证法思想。

第十一回,玙姑、申子平、黄龙子山中辩论,黄龙子说:"上自三十三天,下至七十二地,人非人等,总共只有两派:一派讲公利的,就是上帝部下的圣贤仙佛;一派讲私利的,就是阿修罗部下的鬼怪妖魔。"③ 作者意欲用二分法对"人非人等"进行分析,但所论的事物:上帝、阿修罗、仙佛、鬼怪妖魔,都是客观不存在的事物,矛盾的对立统一当然也就不存在。从认识论上说是唯心的,因违背了唯物辩证法,必然导致结论的荒谬,其方法也是一种诡辩。

刘鹗对小说中人物的分析、认识、评价,多坚持一分为二的观点,哪怕是对自己深恶痛绝的恶贯满盈的酷吏玉贤、刚弼,对自己激烈抨击的自欺欺人的宋儒,也依然如此,也不完全否定。反映了作者朴素的辩证法思想是何等坚实。

---

① 见小说,第203页。
② 见小说,第128页。
③ 见小说,第139页。

二　怎么看待事

第十回，黄龙子分析预测形势的变化时，对申子平说："（一年之后）小有变动。五年之后，风潮渐起；十年之后，局面就大不同了。"子平问："是好是坏呢？"答："自然是坏。然坏即是好，好即是坏；非坏不好，非好不坏。"①

这段言论，说明作者能用动的、不断变化的观点观察、分析、推测形势的发展，而不是孤立静止地看待局面。也说明矛盾对立双方的"互相联结、互相依存、互相渗透、互相贯通"和相互斗争转化，物极必反的道理，反映了作者朴素的辩证法思想。

第十一回，桃花山，玙姑、申子平、黄龙子辩论，作者借玙姑的嘴说："所以天降奇灾，北拳南革，要将历代圣贤一笔抹煞，此也是自然之理，不足为奇的事。不生不死，不死不生；即生即死，即死即生，那里会错过一丝毫呢？"②

作者认为"北拳南革"与"历代圣贤"是对立的两个矛盾方面，前者将后者"一笔抹煞，此也是自然之理，不足为奇的"，即认为这是事物发展的必然规律，是矛盾对立双方的斗争、转化、发展的结果，是不可避免的。反映了刘鹗的朴素辩证法思想，对矛盾对立统一的认识。

此回，三人辩论，又借黄龙子之口说："此二乱党，皆所以酿劫运，亦皆所以开文明也。"③ 刘鹗对他极力反对的"北拳南革"怎么看？尽管诬蔑之语无所不用其极，极尽辱骂之能事，但仍然用一分为二的辩证法来分析。不是绝对的"坏"，不是形而上学的一点论。一面认为"酿劫运"，造成一些所谓的灾难或破坏，这是"自然之

---

① 见小说，第 128 页。
② 见小说，第 133 页。
③ 见小说，第 134 页。

理"；另一面认为"开文明"，是功不可泯的。

第十四回，老残议论废民埝，不与河争地，造成大水灾的荒唐事时，对人瑞说："天下大事，坏于奸臣者十之三四，坏于不通世故之君子者，倒有十分之六七也！"① 这又是一个二分法。对把天下大事造坏的原因怎么看？不是绝对、简单、孤立地去看。没有把天下大事造坏的责任单单归咎于哪一方，或归"奸臣"，或归"不通世故"者，而是各有其责。"奸臣"的责任占"十之三四"，"不通世故"者的责任占"十分之六七"，只不过错误有轻重，责任有大小罢了。反映了作者的朴素辩证法思想。

关于对"盗"的态度，也分为二端：有玉贤的"逼民为盗"，也有老残的"化盗为民"，也是矛盾对立的两个方面，是一分为二的。

《老残游记·外编》中老残对"办事"发表议论说："初疑认真办事可以讨好，所以认真办事，到后来阅历渐多，知道认真办事不但不能讨好，还要讨不好；倒不如认真逢迎的讨好还靠得住些，自然走到认真逢迎的一条路上去了。"② 作者用一分为二的辩证法分析事物："办事"也存在矛盾的对立面，一为"认真"办事，一为"不认真"办事（逢迎）。"认真"办事这一矛盾方面，也有矛盾对立的两个方面，"认真"办事可以讨好；"认真"办事可以讨不好。由于在恶劣的社会环境影响下，使不认真办事（逢迎）变成了矛盾的主要方面，"认真"办事成了矛盾的次要方面，即诱导人们由原来的"认真办事"，转到"认真逢迎"这一方面来了。说明刘鹗是用矛盾对立统一规律，用辩证法思想来分析社会问题的。《老残游记·外编》，作者解释鱼鼓简板"堂堂塌"三声的意思时说："嗳，堂堂塌，堂堂塌，你到了堂堂的时候，须要防他塌，他就不塌了；你不

---

① 见小说，第176页。
② 见小说，第350页。

防他塌，他就是一定要塌的了。"① 此词，隐喻清政府日薄西山的危势，作者劝诫国人要防其"塌"。也是用一分为二的观点观察分析的。清朝的局势面临两端：一为"塌"；一为"不塌"。对立面处在既斗争又统一之中，双方"互相分离、互相对立、互相排斥、互相否定"。当然刘鹗希望国家"不塌"，极力呼唤国人防其"塌"，以各种办法，创造条件，促成矛盾对立的双方，向矛盾方面"不塌"转化。但这只是外因，反映作者阶级思想的局限性，起根本作用的是内因，清政府反动腐朽，其内部因素的变化，已近必"塌"不可的境地。然刘鹗对当时清政府所面临的形势分析是运用了矛盾对立统一的辩证法的。但对内因外因的作用和关系认识不清。

以上论述，证明刘鹗看待事物是具有坚实的朴素的辩证法思想的，并且运用得有些独到之处。

三　怎么看待宇宙

第十一回，黄龙子解释"势力尊者"时说："上天有好生之德，由冬而春，由春而夏，由夏而秋，上天好生的力量已用足了。你试想，若夏天之树木，百草，百虫，无不满足的时候，若由着他老人家性子再往下去好生，不要一年，这地球便容不得了，又到那里去找块空地容放这些物事呢？所以就让这霜雪寒风出世，拼命的一杀，杀得干干净净的，再让上天来好生，……又可知这一生一杀都是'势力尊者'的作用。"② 作者虽用这个比方说明"势力尊者"的威力之大，但也反映自然界春夏与秋冬，生与死的矛盾与斗争，反映了作者矛盾对立统一的辩证法思想，反映作者"物竞天择，适者生存"的进化论思想。

---

① 见小说，第347页。
② 见小说，第135—136页。

第十一回，黄龙子又说："……《易经》一书专讲爻象。何以谓之爻象？你且看这'爻'字"，"一撇一捺，这是一交；又一撇一捺，这又是一交：天上天下一切事理尽于这两交了。初交为正，再交为变，一正一变，互相乘除，就没有纪极了。这个道理甚精微，他们算学家略懂得一点。算学家说同名相乘为'正'，异名相乘为'负'，无论你加减乘除，怎样变法，总出不了这'正''负'两个字的范围。"① 这段话，所谓"一撇一捺"，代表事物的两个对立面。"初交为正"，指矛盾对立双方斗争，相互交感，相互作用而言。"再交为变"，指经矛盾对立双方斗争而转化。意思是事物矛盾斗争是无穷尽的，永无休止的，是绝对的永恒的。他又说："天上天下一切事理尽于这两交了"，意思是这就是宇宙的事物发展变化的规律，即宇宙辩证法。作者用数学上的"正""负"数加减乘除，结果怎么也不能超出"正""负"数的道理，说明宇宙间一切事物矛盾对立斗争，发展变化都不超出唯物辩证法的范畴。

《老残游记·续集》第五回，逸云对德夫人谈"变"的时候说："《易经》说：'穷则变，变则通。'天下没有个不变会通的人。"② 《易经》两句的意思是说，宇宙间的事物发展到极点，就会向相反的方向转化发展，转变才能使事物通达。运动、变化、发展的观点，是宇宙辩证法的重要组成部分。

此回，逸云又说："推到这里，世间就没有我中意的人了。既没有我中意的，反过来又变做没有我不中意的人，这就是屡变的情形。"③ 逸云用自己的亲身经历和体验，说明事物矛盾发展到极处，就向相反的方向转化发展，即《易经》所说的"穷则变，变则通"的道理。反映了刘鹗朴素的辩证法思想。

第十一回，玙姑、申子平、黄龙子山中辩论，作者力求用矛盾

---

① 见小说，第 137 页。
② 见小说，第 299 页。
③ 见小说，第 300 页。

对立统一的规律来解释宇宙。黄龙子说:"那是丝毫不错的。须知阿修罗隔若干年便与上帝争战一次,末后总是阿修罗败,再过若干年,又来争战",上帝又不能把他消灭,又不能降伏,"虽然战胜,则两国仍为平等之国","而上帝与阿修罗又皆不能出这位尊者之范围;所以晓得这位尊者位分实在上帝之上"①。以此说明宇宙事物存在着矛盾的对立和统一,这就是宇宙的辩证法,任何事物都不能违背这个规律——"势力尊者"。因为作者所举的例子是宗教迷信,故方法也是一种诡辩。作者认为矛盾双方的对立斗争,一方既不能把另一方消灭,也不能降伏,对立斗争,而不转化,结果仍维持宇宙平衡的关系。这种哲学变化观,来源于《易经》。《易传·乾卦·彖传》云:"乾道变化,各正性命,保合太和,乃利贞。"② 即宇宙的变化,事物对立的斗争,不是谁把谁吃掉,而是万物各有各自的性质和规律,最终保持矛盾的统一、平衡、和谐。这也反映出刘鹗的历史观和宇宙观。但这不是普遍的规律。刘鹗的用意,在以此分析推测阿修罗的部下,北拳南革永远不会胜利,瞎捣乱而已。因而是不合辩证法的,是唯心的。矛盾的一方总胜,矛盾的另一方总败,在宏观上说是静止不变的模式,因而是形而上学的。当然矛盾双方在一定条件下相对静止是存在的,然而只是暂时的。

综上所述,可见刘鹗能够运用朴素的辩证法分析认识宇宙。能够比较自如地运用矛盾对立统一规律认识、分析、评价人物和事件。由于认识论上存在着某些唯心主义,势必影响他科学地运用辩证法。

笔者探讨了刘鹗及《老残游记》的哲学思想。在他的小说、论文中,朴素唯物论思想和朴素辩证法思想随处可见。他受中国哲学史上朴素唯物论思想和朴素辩证法思想的优秀传统影响是深刻的。

---

① 见小说,第135页。
② 《易传·乾卦·彖传》,参见秦磊编著《大众白话易经》,三秦出版社1993年版,第26页;温振宇《周易哲理与现代人生》,中国书店1993年版,第2页。

他的哲学思想宇宙观，虽有不少唯心的东西，但朴素唯物主义思想和朴素辩证法思想是他哲学思想的主导。也有受严复译的《天演论》①影响的痕迹。他朴素的辩证法思想达到如此高度，应得到足够的认识和肯定，这正是刘鹗思想的闪光之处。

（此文原题《论刘鹗朴素的辩证法思想》，载山东省科学界联合会《山东社会科学》1995年第3期，收录于《刘鹗及〈老残游记〉研究》时修改，民族出版社1995年版）

---

① 《天演论》，［英］赫胥黎著，严复译。详见《中国大百科全书·哲学》，第879页，《天演论》条。

论刘鹗的爱国爱民思想

中国是有五千年历史的伟大国家，中国人民创造了高度的精神文明和物质文明，中华民族具有爱国主义的优良传统，源远流长。爱国主义是一种非常可贵的民族精神，是它使中华民族在中国这块土地上不断繁衍生息，发展壮大。在中国悠久的历史上，每当外来的侵扰杀戮危及中华民族生存的时候，特别是在中华民族生死存亡的关键时刻，总是有一些仁人志士领导人民进行不屈不挠的殊死斗争，不惜抛头颅、洒鲜血，来保卫自己的伟大国家和民族。如岳飞、文天祥、戚继光、郑成功、林则徐等民族英雄，其碧血丹心将永垂青史。爱国主义，使中华民族成为最具凝聚力、最有向心力的伟大民族，使其永居于世界优秀民族之林。

爱国主义在不同的历史时期具有不同的内涵。具有爱国主义优良传统的中华民族，绝大多数人对自己的国家都有这种深厚的热爱之情，特别是知识分子，更是如此。唐代经安史之乱，国势衰颓，诗人李白写到："中夜四五叹，常为大国忧"（《经乱离后天恩流夜郎忆旧游书怀赠江夏韦太守良宰》）[1]；宋陆游诗云："位卑未敢忘忧国"[2]、"王师北定中原日，家祭无忘告乃翁"[3]；秋瑾词云："金瓯已缺总须补，为国牺牲敢惜身"（《鹧鸪天·夜夜龙泉壁上鸣》）[4] 等

---

[1] （清）董诰编：《全唐诗》，上海古籍出版社1986年版，第400页。
[2] （宋）陆游：《剑南诗稿·病起抒怀》。
[3] （宋）陆游：《剑南诗稿·示儿》。
[4] 见《秋瑾集》。

等，都反映历代中国知识分子的爱国主义思想感情和忧国的心志。爱民也是爱国的一种表现。

在中国的近代，1840年发生了鸦片战争，英国以坚船利炮打开了中国闭关自守的国门。两次鸦片战争、中法战争、中日战争、八国联军进攻北京等，中国均以失败告终，与列强订立一个个丧权辱国的条约，割地赔款，列强在中国划分势力范围，强行租借国土。俄国侵略中国东北和新疆，美日侵略中国的台湾，英国入侵云南、西藏、新疆，列强阴谋豆剖瓜分中国。中国人民掀起了正义的反抗斗争，如：三元里人民的抗英斗争，太平天国农民运动，台湾人民的反侵略斗争，义和团运动，辛亥革命等。清政府腐败无能，对外屈辱退让，对内联合侵略者对人民的反抗斗争进行残酷的镇压。清祚危殆，统治已日薄西山，风雨飘摇，中华民族面临着亡国灭种的危险，使中国陷入半封建半殖民地的灾难深渊，形成了"中国数千年来未有之变局也"[1]。

具有爱国主义优良传统的有觉悟的知识分子，无不在国势垂危的情况下思救亡图存，并不断进行反思。在船坚炮利的列强面前，如何"剿夷"，保卫国防？林则徐曾先提出"师敌之长技以制敌"，魏源在《海国图志叙》中也主张"师夷长技以制夷"[2]。洪秀全、冯桂芬等主张学习西方，清廷以奕䜣为首的一些官僚，也进行一些洋务活动，以富国强兵。郑观应、马建忠、薛福成、王韬等对洋务运动进行反思。郑认为"富强之本，不尽在船坚炮利，而在议院，上下同心"[3]。康有为、梁启超、谭嗣同、严复等维新志士，受其影响，进一步反思洋务运动的经验和教训，提出维新变法的主张，于是才有戊戌变法，然而失败了。接着以孙中山为首的中国民主主义革命家，又对戊戌变法进行反思，提出必须推翻清政府，建立民国

---

[1] 《康有为政论集》，中华书局1981年版，第149页。
[2] 《海国图志叙》，见《魏源集》上，中华书局1976年版，第207页。
[3] 《郑观应集》上《盛世危言自序》，上海人民出版社1982年版。

的政治主张（参见《清末社会思潮》）。

从鸦片战争开始，到民国成立，中华民族的无数志士仁人，为了寻求救国之路强国之法，他们摸索、实践、反思，不屈不挠，殒身不恤，这种可歌可泣的爱国主义精神，在中国的晚清社会形成一浪高过一浪的爱国思潮，促使了中华民族的觉醒。

刘鹗（1857—1909），完全生活在中国的近代，受中华民族爱国主义优良传统的影响，又置身于中国近代逐渐高涨的爱国思潮之中。此文集中探讨近代中国文学家刘鹗在晚清社会背景下的爱国爱民思想。

一 从刘鹗的诗、文、书信等看刘鹗的爱国爱民思想

刘鹗在《都中晤吴季清大令一首》中云："涕洟谈国事，飘泊诉游踪"[1]，表现他对国事的关怀和悲痛。又《题唐诗三百首卷页》云："少陵悲苦青莲达，同是伤心感乱离；谁料目今刚李辈，昏凶十倍国忠时"[2]，表现对朝中权贵刚毅、李连英辈昏庸、凶恶的无比痛恨。其《登太原西城》云："摩天黄鹄毛难满，遍地哀鸿泪不收"[3]，表现了对深陷水火的人民深切同情。其《银鼠谚》《曹州题壁》[4]，一面反映作者对黎民百姓的同情，又一面反映作者对酷吏的愤慨。这些诗句明显表现了作者爱国爱民的思想感情。

刘鹗在《刘铁云呈晋抚禀》中云："我国今日之事，患在民失其养。一事而得养者十余万人，善政有又过于此者乎？况有矿必有运矿之路，年丰谷可以出，岁饥谷可以入，隐相酌剂，利益于农民者，更不知凡几。我国出口货值，每不敌进口货之多，病在运路不通。运路既通，土产之销场可旺，工艺之进步可速，倘能风气大开，民

---

[1] 见刘蕙孙标注《铁云诗存》，齐鲁书社1980年版，第6页。
[2] 见刘蕙孙标注《铁云诗存》，齐鲁书社1980年版，第45页。
[3] 见刘蕙孙标注《铁云诗存》，齐鲁书社1980年版，第11页。
[4] 见刘蕙孙标注《铁云诗存》，齐鲁书社1980年版，第57、62页。

富国强屈指可计也。而开矿实为之基矣。"① 此论可见刘鹗极力主张筑路开矿，以达到富国养民的目的。其主张所表现的爱国爱民的思想显而易见。筑路促进农业的发展和工艺的进步，能大开社会风气，是从国计民生，"民富国强"所考虑的。

在此禀中又说："兵力所得者，主权在彼；商力所得者，主权在我，万国之公例也。然有一国商力所到之处，则别国兵力即不能到。今日亟欲引商权入内者，正恐他日有不幸而为兵权所迫之事，必早杜其而渐之萌，为忠君爱国者当今之急务矣。"②"兵力所得"，指西方列强用武力吞食掠夺。刘鹗极力主张引进"商力"，即引进西方的先进技术、资金及管理办法办铁路、矿山、企业等，以防止列强用武力侵掠。他认为这是在敌强我弱的形势下保卫国家主权的"关键"办法。他把亟欲筑路、开矿、引商力等举措，都与国家的利益联系起来，是一种爱国思想使然，是"忠君爱国者当今之急务"。"今日借外款以兴内利，引商力以御兵力，举中国风气未开，天下能明其理者尚无多人"③，表现了刘鹗的战略眼光和远见卓识。他的设想是以某些事实为根据的，能否达到预期的效果，暂且不论，但首先应该肯定，他的出发点是爱国的，这是毫无疑问的。

刘鹗在《矿事启》中说：

> 范文正公曰："天下兴亡，匹夫与有责焉。"诚至论也。仆自甲午以后，痛中国之衰弱，虑列强之瓜分，未可听其自然。思亟求防御之方，非种种改良不可。欲求改良必先开风气，欲开风气必先通铁路，欲通铁路必先筹养路之费，舍农工商矿更有何赖？而农工商三者之利其兴也，必在风气大开之后。缓不济急，只有开矿一事见效易而收效速，为当务之首矣。然二十

---

① 见刘德隆等编《刘鹗及老残游记资料》，下简称《资料》，四川人民出版社1985年版，第129页。
② 见《资料》，第130页。
③ 见《资料》，第130页。

年开矿者不下三、四十处,率皆半途而废。盖以华人非所专长,故易败也。又思凡外国商力所到之地,即为各国兵力所不到之地,则莫若用洋商之款,以兴路矿,且前可以御各强兵力之侵逐,渐可以开通风气,鼓舞农工。卒之数十年期满,路矿仍为我有,计之至善者也,故毅然决然为之。①

中日甲午战争,中国失败,激发了列强瓜分中国的狂潮。"天下兴亡,匹夫有责",刘鹗"思亟求防御之方,非种种改良不可"。"缓不济急",以开矿"收效速",为"当务之首";华人办矿多失败,既无技术又无资金,不如借洋款以兴路矿,又可引商力而可御兵力;风气渐开,可鼓舞农工商;数十年后期满,路矿可归还中国,因此,他以为筑路开矿这是在中国"衰弱"的情况下,急防列强瓜分,富国养民,见效快的"至善"办法。我们看到一个爱国的知识分子,在国脉如缕的情况下,"抚念时局,蚤夜傍徨","竭愚尽萃"②而谋求救国之策,高度爱国之忱是令人感佩的,应该得到赞扬的。

刘鹗在他的《风潮论》中说:"当轴诸贤,宜去其忌讳之心,直陈于上,而速筹挽救之法也。不然者,一二年后即不堪设想矣。救之之法安在?仍不越修路、开矿、兴工、劝农四项而已。"③ 他以焦急的心情,预言家的眼光,用最强音呼唤皇上为首的最高统治集团,速筹挽救清政府气息奄奄的颓势之法,不能不说这是"忠君爱国"者的表现。在封建社会里,君是国家的代表或象征,忠君与爱国庶几乎同义。崇高的爱国者是以爱国为主导的,南宋的岳飞如此,文天祥如此,大多如此。岳飞曾镇压过杨么领导的农民起义,这是他的过错,但他仍不失为宋代名垂青史的民族英雄。刘鹗反对"北拳

---

① 见《资料》,第132页。
② 见《资料》,第133页。
③ 见《资料》,第140页。

南革"，这是他的阶级局限，思想局限，但他仍然是一位具有崇高爱国思想的爱国者。历代人民反对和推翻以封建皇帝为首的反动腐朽统治集团的思想和斗争更是爱国主义的。

特别是中日甲午战争，"吾国四千余年大梦之唤醒，实自甲午战败……始也"①，"自中东一役，我师败绩，割地赔款，创巨痛深，于是慷慨爱国之士渐起，谋保国之策者，所在多有"②。尤其是《公车上书》传播之后，公众、学会、报刊都"讲爱国之理，求救国之法"，救亡图存的爱国思潮回荡神州。在中华民族面临亡国亡族的危险时刻，爱国的知识分子刘鹗如何谋国？他"痛中国之衰弱，虑列强之瓜分"，敌人船坚炮利，中国孱弱，硬拼已证明必然失败，如何抵御列强的侵吞呢？"仆之宗旨在广引商力以御兵力，俾我得休息数十年以极力整顿工农商务，庶几自强之势可成；而国本可立"（《矿事启》）③，这是作者防御敌人侵略，发展国民经济的方略。他在《风潮论》中说："速筹挽救之法"、"修路、开矿、兴工、劝农"④，还是发展经济。发展经济，整顿工农商务，就得有个和平环境，即"得休息数十年"，没有战乱。刘鹗认为"北拳南革"可以开文明，那么为什么又不支持他们去开文明，反而极力反对呢？作者称其"乱党"，即认为他会破坏社会安定的，就不"得休息"以整顿农工商。因而经济不能发展，自强之势不能成，国本不能立，这与自己的救国方略相悖。这是刘鹗反对"北拳南革"最根本的出发点。不管怎样，作者思想的出发点是救国图存，爱国思想昭然，不容否认。刘鹗在《风潮论》中极力反对"排外""收回利权"，说："用收回利权之美名以暗竭天下之脂膏，使民饥寒以生内乱，用排外之美名激怒各国以生外患，内乱外患交攻并举"⑤，使社会不"得休息"，

---

① 梁启超：《戊戌政变记》，江苏广陵古籍刻印社1992年版，第1页。
② 梁启超：《爱国论》，《饮冰室合集》文集三，第67页。
③ 见《资料》，第133页。
④ 《风潮论》，见《资料》，第140页。
⑤ 《风潮论》，见《资料》，第139页。

也断绝了资金技术的来源，他渴望有个和平安稳的社会环境，得到技术和资金，实施他的救国方略，故对"排外""收回利权"极力反对。在此不妨联系《老残游记》第十一回，作者借黄龙子之口说"北拳以有鬼神为作用"，"就可以装妖作怪，鼓惑乡愚"，这样的后果即使人心不稳，社会动乱；"南革""以无鬼神为作用"，"反背天理""反背国法""反背人情"，"可知道世道却被他搅坏了"，社会动荡不安。在刘鹗看来，"北拳南革"都是直接破坏社会和平、安静，造成内乱，使社会不"得休息"的因素，是实现他的救国方略的最大障碍，这就是刘鹗为什么认为他能"开文明"，而又极力反对他的重要原因。此外，他尤其担心内部动乱和争斗，"胜负未分，船先覆了"，而列强得了渔人之利。这也是他反对"北拳南革"的重要原因之一。总之，他反对"北拳南革"，是为了实现他的救国图存、富国养民的方略，因此他的爱国思想是应该予以充分肯定的。当然，他反对"北拳南革"，也充分反映出他的阶级局限、思想局限。只认为自己的救国方略是唯一正确的，极力反对其他救国之路，也是一种自以为是的主观主义表现。

1902年刘鹗在《致黄葆年》的信中说：

> 惟其不能知天，故竟以天下为己任。天下之安危，匹夫与有责焉。今日国之大病，在民失其养。各国以盘剥为宗，朝廷以朘削为事，民不堪矣。民困则思乱，迩者，又有康、梁之徒出而鼓荡之，天下殆哉岌岌乎！……弟以养天下为己任。①

我们可以看出刘鹗在"国祚危颠""天下殆哉岌岌"之时，"以养天下为己任"的爱国爱民的思想感情，"天下之安危，匹夫与有责焉"的高度责任感。在刘鹗看来，列强的"盘剥"，朝廷的"朘削"，"民困则思乱"，又康、梁之徒的"鼓荡"，将加剧社会的动

---

① 见《资料》，第300页。

乱和国家的危机，他的富国养民的理想就不能实现。因此他反对造成社会不安定的各种因素，还如酷虐的官吏、北拳南革等。

罗振玉《刘铁云传》云："岁甲午（1894），中东之役起，……予始与君相见，与君预测兵事。……予谓东人知我国事至熟，恐阳趋关门而阴捣旅大以覆我海军，则我全局败矣。……独君意与予合，忧旅大且旦夕陷也。乃未久竟验。"① 这表现了刘鹗在中日甲午战争之际，心系国家安危，忧虑国家兴亡的殷殷爱国之情，同时也说明了他非凡的预见性。

在八国联军进北京之后，他给陆树藩的第二封信中说："人才为国之元气，京师为人才渊薮，救京师之士商，即所以保国家之元气。办法当以护送被困官商人口出京，为第一要义，平粜为第二要义，其余尤其次矣。"② 刘鹗这一重大慈善之举的出发点，首先考虑的是保住国家的元气，京师是国家人才集中的地方，人才是国家的元气，故当务之急是护送官、商、人口出京，其次是平粜救济等。因此这一义举乃是出于他爱国主义的思想。如果刘鹗为了大发国难财，他首先就要打官、商的主意，一个不放他们走，因为他们最有钱，岂能"以护送被困官商人口出京，为第一要义"，哪有不赚有钱人的钱，偏榨无钱的黎民百姓的奸商。清政府罗织私粜太仓米，中饱私囊的罪名将其流放新疆，从这点说是冤枉的。

二 从《老残游记》及其《原评》看刘鹗的爱国爱民思想

一部文学作品，是作者的政治思想及世界观的反映。刘鹗高度的爱国主义思想，在这部名著里，得到充分的反映。作者为什么创作这部小说，其出发点是什么？这在刘鹗《老残游记》的《自叙》中说得很明白：

---

① 转引自胡适《〈老残游记〉序》，见《资料》，第367—368页。
② 见《资料》，第297页。

> 吾人生今之时，有身世之感情，有家国之感情，有社会之感情，有种教之感情。其感情愈深者，其哭泣愈痛：此鸿都百炼生所以有《老残游记》之作也。
>
> 棋局已残，吾人将老，欲不哭泣也得乎？吾知海内千芳，人间万艳，必有与吾同哭同悲者焉！

作者认为，当今之时，由于列强的侵略，清政府无能，国家、民族面临着灭亡的危险，他对"家国""社会""种教"的感情极为深厚，只有以笔代喉舌，写《老残游记》来宣泄其种种复杂而激烈的思想感情，这种不以哭泣为哭泣的方式，所产生的影响更强烈、更深远，来唤起人们的觉醒，这就是作者创作此书的根本原因。表现了作者对国家、对民族、对文化的深切热爱之情。

刘鹗在《老残游记》第一回里写江湖医生老残拿着串铃，给黄瑞和治好了病，人们非常快活，唱谢神戏搭菊花山，开筵设席，欢庆的情形。老残是作者的艺术化身，黄瑞和象征黄河，影射他在山东张曜幕下，力主"束水攻沙"，治好黄河，喜悦畅快的心情。黄河的河南、山东段常决口泛滥，关系到几十万人民的生命财产的安全，刘鹗治好黄河，这既是爱民又是爱国的表现，应该庆功、奖赏、表彰。

在第一回楔子中，写老残梦中危船的寓言故事时说："那边一只帆船在那洪波巨浪之中，好不危险"，"实在危险得极"，又写道：

> 船主坐在舵楼之上，楼下四人专管转舵的事。前后六枝桅杆，挂着六扇旧帆，又有两枝新桅，挂着一扇簇新的帆，一扇半新不旧的帆，算来这船便有八枝桅了。船身吃载很重，想那舱里一定装的各项货物。船面上坐的人口，男男女女，不计其数，……面上有北风吹着，身上有浪花溅着，又湿又寒，又饥又怕。看这船上的人都有民不聊生的气象……

> 这船虽有二十三四丈长,却是破坏的地方不少:东边有一块,约有三丈长短,已经破坏,浪花直灌进去;那旁,仍在东边,又有一块,约长一丈,水波亦渐渐浸入;其余的地方,无一处没有伤痕。①

影射了当时在列强宰割之下,中国危机的国势和动荡的政局,民不聊生,痛苦不堪。中国就像在洪波巨浪中航行的破坏的大船,随时有倾覆的危险,人们也将随着葬身海底。老残面对着这种悲惨的景象,如何考虑,如何行动?这是我们研究老残思想的关键处。他极力反对杀"管船的""打掌舵的""骂船主",象征反对暴力革命,反对激发社会矛盾的做法。他的出发点是"胜负未分,船先覆了","船覆得更快了",即内乱未见分晓,国家就灭亡了。列强得了渔人之利。故需要社会的安静、稳定,反对内乱,包括"北拳南革"。他拯救危船和船民的办法,是向大船呈"向盘及纪限仪",即学习西方的科学技术,进行实业救国。表现了作者的爱国爱民思想。

作者塑造了酷吏玉贤这个典型人物。老残为了察访玉贤的政声,在去曹州府的路上调查了解情况。在董家口了解到于朝栋家、王家小店主人儿子的冤案。在马村集了解到掌柜妹夫被毁的冤案。老残慨叹:"苛政猛于虎",得出玉贤是个比郅都、宁成还残忍的酷吏的结论,表现老残对曹州百姓深切同情和热爱,对酷吏玉贤无比痛恨。老残怎样评论玉贤呢?他说:"……只为过于要做官,且急于做大官,所以伤天害理的做到这样。……官愈大,害愈甚:守一府则一府伤,抚一省则一省残,宰天下则天下死!"②作者细察玉贤之类的酷吏所造成的危害,首先考虑的是国家利益,玉贤之流将使"府伤""省残""天下死","历朝国家俱受此等人物之害"(第六回

---

① 刘鹗:《老残游记》,下简称"小说",齐鲁书社1981年版,第4、5页。
② 见小说,第73—74页。

《原评》），因为心怀国家，有急救国家民族之想，因此最痛恨玉贤等酷吏，深刻揭露之。作者又塑造了另外一个酷吏刚弼，给予无情的鞭挞。老残用一封信救活魏家父女，亲自讨来"返魂香"救活中毒的十三条人命，老残是作者的化身。这都是作者爱国爱民思想的表现。

第七回，老残为申东造献为民除害，化盗为民，使社会安静的至美良极之策，荐武艺高强的巨擘刘仁甫治盗防盗，维持治安。刘鹗之所以作这样的描写，又一次证明在他的心目中社会安定具有非常重大的意义，这是实现他救国方略的必备条件和环境。他反对北拳南革，首要目的就是反对内乱，都是出于同样的考虑。作者意欲通过小说为社会提供自以为效果甚佳，又节省开支的维持治理社会秩序的办法，虽说"筹一县之策"，意在全国和整个社会，"化盗为民"以实现他那救国图存、富国养民的社会政治理想。在第七回又写道：

……因为我二十几岁的时候，看天下将来一定有大乱，所以极力留心将才，谈兵的朋友颇多。此人当年在河南时，我们是莫逆之交，相约倘若国家有用我辈的日子，凡我同人，俱要出来相助为理的。其时讲舆地，讲阵图，讲制造，讲武功的，各样朋友都有……①

这段虽是老残所说，但却反映了刘鹗在青年时代，学习实际的本领，准备为国所用，报效祖国的理想和志愿。

第十二回，老残从黄河边回来，对着雪月交辉的景致，想起谢灵运的诗，想起《诗经》，又不禁想到国事：

"现在国家正当多事之秋，那王公大臣只是恐怕耽处分，多

---

① 见小说，第 82 页。

一事不如少一事,弄得百事俱废,将来又是怎样个了局?国是如此,丈夫何以家为!"想到此地,不觉滴下泪来,也就无心观玩景致,慢慢回店去了。①

老残想到的是国家外受列强的瓜分侵凌,内部又有重重的矛盾,内忧外患,国势飘摇,那些王公大臣不尽职尽责,得过且过,致使国家"百事俱废",为国家的前途深深忧虑。国家命运如此悲惨,大丈夫首先考虑的是国家的安危。老残即作者的化身,表现了刘鹗把国家利益放在第一位,忧虑国家现在和未来的高度爱国主义思想。

第十四回,庄宫保轻信史观察的意见,史观察轻信书本,主贾让《治河策》不与河争地之说,废民埝,退守大堤,造成了黄河泛滥,十几万人的生命财产付诸东流,老残评论此事时说:

这事真正荒唐!是史观察不是,虽未可知,然创此议之人,却也不是坏心,并无一毫为己私见在内,只因但会读书,不谙世故,举手动足便错。……天下大事,坏于奸臣者十之三四,坏于不通世故之君子者,倒有十分之六七也!②

老残评论废民埝,退守大堤,造成黄河泛滥的原因时,不是就事论事,而是把其放在纷繁的国家大事中,以此一事败坏的原因,推知分析许多天下、国家大事败坏的原因,是做官办事的只有书本知识,没有实践经验,理论脱离实际的缘故。把此事与整个国家大事联系起来,指出根源,为官员办事者鉴,使国家大事不至于败坏,是从关心国家、使人民的生命财产免受损失或少受损失这一点出发的。老残将翠环、翠花救出水火,均可见老残即刘鹗的一片赤诚爱国救民之心。

---

① 见小说,第149页。
② 见小说,第176页。

刘鹗《老残游记》第十六回《原评》中说：

> 赃官可恨，人人知之；清官尤可恨，人多不知。盖赃官自知有病，不敢公然为非；清官则自以为我不要钱，何所不可，刚愎自用，小则杀人，大则误国。吾人亲目所睹，不知凡几矣。

刘鹗这段自评，认为所谓的"清官"，像玉贤、刚弼那样主观武断，专横跋扈，结果小则枉杀无辜，大则危害国家。我们看到刘鹗衡量官员的好坏，是用对国家、人民的利害关系作为评价的标准。其痛恨"清官"，以为"尤可恨"。我们由此看出他把国家、人民的利益是放在首要的地位加以考虑的，以此为标准来评价、衡量官的优劣，这是十分可贵的，是心怀国家、人民的具体表现。

作为晚清末年的知识分子，刘鹗具有中国历史上传统知识分子对国家兴亡所具有的那种忧患意识。在第十一回，借黄龙子之口预测道："将来北拳的那一拳，也几乎送了国家的性命，煞是可怕！"意思是说，如果将来再有义和拳这样运动出来，国家已岌岌可危，差不多就要断送国家性命了。忧虑国家的前途还表现在《老残游记》外编卷一，解释鱼鼓简板"堂堂塌"三声时说：

> 嗳，堂堂塌，堂堂塌，你到了堂堂的时候，须要防他塌，他就不塌了；你不防他塌，他就是一定要塌的了。这回书，因老残游历高丽、日本等处，看见一个堂堂箕子遗封，三千年文明国度，不过数十年间，就倒塌到这步田地，能不令人痛哭也么哥！①

表明作者为国家危机衰败的形势惋惜痛哭，他以"菩萨婆心"，忠告最高统治集团，"须要防他塌，他就不塌了；你不防他塌，他就是一

---

① 见小说，第347—348页。

定要塌的了"。诚如他在《风潮论》中所说:"当轴诸贤,宜去其忌讳之心,直陈于上,而速筹挽救之法也。不然者,一二年后即不堪设想矣。"① 其用意是完全一致的。不过此处是换了一种形式,在小说中,用象征的手法,规劝统治集团要速筹急救之法,以防清王朝的彻底倒塌。清政府已倒塌如此程度,他依然"补残",可见作者的"竭愚尽萃""忠君爱国之忱"。

爱国主义是个历史范畴,不同的时代当有不同的内涵。刘鹗,虽然反对北拳南革,这是他的阶级局限,但仍不失为一个忧国忧民的拳拳爱国者。

三 刘鹗的爱国爱民行动

罗振玉的《刘铁云传》云:

> 联军入都城,两宫西幸。都人苦饥,道殣相望。君乃挟资入国门,议赈恤。适太仓为俄军所据,欧人不食米,君请于俄军,以贱价尽得之,粜诸民,民赖以安。君平生之所以惠于人者实在此事,而数年后枢臣某乃以私售仓粟罪君,致流新疆死矣。②

这是罗撰鹗传中记载刘鹗于庚子年深怀民族大义,在八国联军攻陷北京之后,被杀者尸横街巷,饿殍遍地之时,他毫不畏惧,挺身而出,携款从俄军中低价购买太仓米赈济难民的义举,称赞这是"惠于人"的好事。这是大智大勇大义的行为,非常人所能为。这是在数以万计的难民生死的关头,给人以生路的大慈大善的仁义之举。故美籍华人学者马幼垣称赞他为"慈善家",我们应该给予高度评

---

① 见《资料》,第140页。
② 见《资料》,第368页。

价。他这一举措正是爱国思想使然，即一种爱国爱民的具体行动。

刘鹗致陆树藩的信（二）中说：

> 弟寒士也，摒挡一切，愿凑捐银五千两，又筹借垫款银七千两，共一万二千两，送呈贵会，伏希察入，惟此款愿专作救济北京之用。……以地而论，北京为最急；以事而论，北京为最难。知无人去，弟愿执役，为诸君前驱可乎。①

鹗舍己为人，见义勇为，请命为赴救急难京师之前驱，实为可歌可佩。

刘大绅《关于〈老残游记〉》注中说："先君云：治国莫重于养民，为政莫先于立本"②，反映了刘鹗的民本思想。太谷学派主张"养民"，"立功、立言、立德"，"穷则独善其身，达则兼济天下"，"万物皆我胞与，不惟一夫之饥，犹己饥之；一夫之寒，犹己寒之；即一草一木不得其所，亦以为由己所致"③，其宗旨也是他勇于赈济难民的思想根源之一。尤其是"自己斥产捐款"，奋然前驱入京、"设平粜掩埋"两局，何等慷慨义气，实践了太谷学派的宗旨。

刘鹗的《呈晋抚禀》《矿事启》，上面已经论及，他极力主张借外款修路开矿是出于救国图强的考虑。他说："又思凡外国商力所到之地，即为各国兵力所不到之地，则莫若用洋商之款，以兴路矿，且前可以御各强兵力之侵逐，渐可以开通风气，鼓舞农工。卒之数十年期满，路矿仍为我有，计之至善者也，故毅然决然为之。"④可见刘鹗借外资建路矿决心之大。他以为这是救国图存的"至善"之法。

又罗振玉的《刘铁云传》云：

---

① 见《资料》，第296页。
② 转引自刘厚泽《刘鹗与〈老残游记〉》，见《资料》，第10页。
③ 严薇青：《刘鹗和太谷学派》，《严薇青文稿》第142页。
④ 见《资料》，第132页。

当君说晋抚胡中丞奏开晋铁时，君名佐欧人，而与订条约，凡有损我权利者，悉托政府之名以拒之，故久乃定约。及晋抚入奏，言官乃交劾，廷旨罢晋抚，由总署改约。欧人乘机重贿当道，凡求之晋抚不能得者，至是悉得之。①

又据刘大绅的《关于〈老残游记〉》（六）云：

会有英人某氏，筹采山西煤产，已与晋抚胡有成议，聘先君为华经理。先君见草议非知，尽去其有碍两国友好者，往返北平、山西者凡三次，草约始定。上至总理衙门，令复议，而英人某氏，亦以先君所议草约为不满，解先君聘。②

上述文字，记载了刘鹗对英人草拟条约的态度："凡有损我权利者，悉托政府之名以拒之"；"先君见草议非知，尽去其有碍两国友好者，往返北平、山西者凡三次"，表现了刘铁云是力争国权的，其行为是爱国的。

刘蕙孙在《铁云先生年谱长编》中说："外商的意图则第一要向中国政府直接取得路矿权利；第二，利息可以少要，三十年内一切大权要须归之外商，正在坚持不下时，弹劾案起，先生和方、贾退出交涉，胡亦不得不将草案奏呈"③，说明英人草拟的合同虽然对英人大有好处，但是正在研究商议、争执中的没定下来的草约，并非刘鹗起稿，何况刘鹗还力争国权呢？从现有的资料未见刘鹗在晋矿问题上有何不轨的行为。

据刘蕙孙在《铁云先生年谱长编》里说："总理各国事务衙门奏

---

① 见《资料》，第368—369页。
② 见《资料》，第402页。
③ 刘蕙孙：《铁云先生年谱长编》，齐鲁书社1982年版，第46页。

复：'山西京官原呈，谓将潞安、泽州、沁州、平定三府一州，典与洋人；徐树铭原奏，谓将铁轨、开矿包与商人，均属言之过甚，即山西京官两次公呈，将合同章程，逐层弁驳，亦多附会。'"① 说明当时京官等对晋矿问题的弹劾多不实之词。

总理各国事务衙门奏令方孝杰、刘鹗"均著撤退，毋令与闻该省商务"，刘鹗即退出，亦被英人免职。此后意商罗沙第、俄商璞科第屡派公使进衙门活动，施以重贿，得到了于晋抚处没有得到的利权，这与刘鹗没有关系。刘鹗以实业救国，积极建议兴办山西路矿，也是一爱国的表现。

刘鹗在青年时代没有沉迷于科举，读书也不拘泥科举书目，在淮安专心读"治河、天算、乐律、词章、天文、医学、兵学"②等书，早年行医、投效河工等行动，也多出于这种爱国爱民的思想。

罗振玉说："光绪戊子（1888），河决郑州。君慨然欲有以自试，以同知往投效于吴恒轩中丞。中丞与语，奇之，颇用其说。君则短衣匹马，与徒役杂作，凡同僚所畏惮不能为之事，悉任之。声誉乃大起。"③ 吴中丞采用鹗"筑堤束水，束水攻沙"之说上奏，结果冬天大堤合龙，授吴为河道总督，吴"欲表其功"，特"保以道员任用"，鹗"让与其兄"。当时正测绘三省黄河图，"命君充提调官"，完成《豫直鲁三省黄河图》。罗振玉云："时河患移山东，吾乡张勤果公（曜）方抚岱方。吴公为扬誉，勤果乃檄君往东河。"④ 勤果幕中没人懂治河，欲主贾让"不与河争地"之说，刘鹗极力反对，作《治河七说》以阐述自己"束水攻沙"等治河主张。《治河七说》《历代黄河变迁图考》都是他留给后人的治河很宝贵的参考资料，可贵的劳动成果，心血结晶，都是刘鹗对治河的贡献。刘大绅在《关于〈老残游记〉》（六）说："故投效河工，实出于悲悯一

---

① 刘蕙孙：《铁云先生年谱长编》，齐鲁书社1982年版，第43页。
② 刘大绅：《关于〈老残游记〉》，见《资料》，第401页。
③ 见《资料》，第367页。
④ 见《资料》，第367页。

念，初非家食不足也。"是一种爱国爱民的行动。

胡适说："刘先生是最早赏识甲骨文字的一位学者。他的一部《铁云藏龟》要算是近年研究甲骨文字的许多著作的开路先锋。罗振玉先生是甲骨文字之学的大师，他也是因为刘先生的介绍方才去研究这些古物的。只可惜近二十年来研究甲骨文字的大进步是刘先生不及见的了。"[1] 可见刘鹗开甲骨文研究之先河，对中国古代文化研究的贡献是很大的。此外还有不少考古类著作，如《铁云藏陶·附封泥》（四册）、《铁云藏印》（十册、续集四册）、《铁云藏货》（一册）等，说明刘鹗对祖国文化的深深热爱，这正是一种爱国主义的具体表现。他撰《要药分剂补正》《温病条辨歌诀》《人寿安和集》，都是对祖国医学的贡献。

综上所述，从刘鹗的小说到其他文字材料及他平生的重大活动，反映了他在中华民族爱国主义优良传统的熏陶下，在鸦片战争之后，列强侵略瓜分中国的狂风日烈、中华民族爱国热潮空前高涨的晚清社会环境的影响下，所表现的高度的救国救民、"天下兴亡，匹夫有责"、"以养天下为己任"的深厚的激昂的爱国主义思想感情，其爱国爱民的思想和行动令人敬佩，可歌可泣。我们把他的一生历程比作是一首婉转曲折的乐曲，其结尾是悲凉的，但爱国主义是它的主旋律。爱国爱民思想是他复杂思想的主流。

(《刘鹗及〈老残游记〉研究》，民族出版社1995年版)

---

[1] 见《资料》，第369页。

从毓贤的密呈专折看
刘鹗参订的晋矿合同

刘蕙孙《铁云先生年谱长编》载：

> 光绪三十四年南京督院电报底稿："革员刘鹗，系光绪二十四年四月都察院据云南举人沈鋆章、山西京官邢邦彦等先后联衔具呈代奏：称该员垄断矿利，贻祸晋沂，请查拿递解回籍，交地方官严加管束各折片。军机大臣面奉谕旨，著总理各国事务衙门查明办理，钦此。当经查拿未获。"①

这是光绪三十四年（1908）清外务部给南京督院的密电，令捉拿刘鹗，仍以光绪二十四年云南举人沈鋆章、山西京官邢邦彦弹劾"垄断矿利，贻祸晋沂"为罪行根据。这也是后来将刘鹗流放新疆的主要原因。

刘鹗在晋矿问题上有无足以治罪的罪恶，这是此文研究的重要问题。山西路矿问题的来历，请见《交通史路政编》（第12册第3985页），《柳太铁路借款合同的签订》：

> 光绪二十二年即西历一八九六年，政府既议定复筑芦汉铁

---

① 刘蕙孙：《铁云先生年谱长编》，下简称《年谱长编》，齐鲁书社1982年版，第43页。

路，由是各省竞谋别建枝路以与芦汉联接。晋省物产沃衍，尤饶煤铁，会鄂都张之洞疏言利用晋铁，晋抚胡聘之即推原此议，于是年五月初间疏请开办太原至正定枝路，以接芦汉干路。由山西商务局借洋款兴造，以便转输，而期开拓。二十八日得旨允准。寻商诸华俄道胜银行，由银行荐法国工程师越黎从事勘路。二十三年四月十六日奏明测勘情形，并请准与华俄道胜银行商订借款筑路之约。六月初九日得旨照准。二十四年闰三月二十七日复奉朝旨赶办。四月初二日晋抚遣山西商务局绅曹中裕，与银行代理人璞科第签订借款合同于北京总理各国事务衙门。约定路线由柳林堡起至太原止，计长五百华里。借款法金二千五百万法郎，期限二十五年，付息、还本以三个月为一次。二十六年九月十二日奏奉旨准。①

1896年清政府决定再筑芦汉铁路干线，分别由各省谋修支路与干线相接。山西物产丰饶，煤铁藏量甚富，当时湖广总督张之洞上疏说要利用晋铁，晋抚胡聘之上疏请修正定到太原支线以与芦汉铁路相接，以便转运煤铁等，得准后，欲向华俄道胜银行借款修筑，银行推荐法国工程师勘测。1897年勘测完毕，得到批准与华俄道胜银行签订借款合同。1898年晋抚命山西商务局与华俄道胜银行在北京总理各国事务衙门正式签订借款合同。这就是晋路合同。因当时矛盾激化，合同未能施行。修柳太铁路支线正是为了运输山西煤铁。

那么晋矿合同情形如何？光绪二十三年（1897）英人欲投资开采晋矿，与晋抚胡聘之有"成议"，组织英福公司，聘刘鹗为华经理，他曾积极建议晋抚兴办路矿。

罗振玉《刘铁云传》云：

---

① 《柳太铁路借款合同的签订》，见中国人民银行总行参事室编《中国清代外债史资料》，下简称《外债史资料》，中国金融出版社1991年版，第394页。

当君说晋抚胡中丞奏开晋铁时，君名佐欧人，而与订条约，凡有损我权利者，悉托政府之名以拒之，故久乃定约。①

又刘大绅《关于〈老残游记〉》云：

会有英人某氏，筹采山西煤产，已与晋抚胡有成议，聘先君为华经理。先君见草议非知，尽去其有碍两国友好者，往返北平、山西者凡三次，草约始定。②

以上两段，说明刘鹗在与英人议论草约时，是力争国权的，严肃认真的。

又据刘蕙孙《铁云先生年谱长编》云：

按据罗（振玉）、方（若）、冯（恕）诸老辈谈当时情形说：当山西京官申劾时，晋省虽已得旨准借外款办矿，与外商尚未定约。外商虽已提出草约，铁云先生和方孝杰、贾子咏等人方与外商竭力争执中，故胡聘之尚未将章程合同上奏。……正在坚持不下时，弹劾案起，先生和方、贾退出交涉，胡亦不得不将草约奏呈。③

据此，说明草约是英人提出来的，并且正在激烈争论之中，尚未确定之合同。但这是不是刘鹗的亲友后代为其开脱罪责，掩其真相的溢美之词呢？不是。

刘蕙孙《铁云先生年谱长编》载：

---

① 转引自刘德隆等编《刘鹗及老残游记资料》，下简称《资料》，四川人民出版社1985年版，第368页。
② 见《资料》，第402页。
③ 见《年谱长编》，第45、46页。

光绪东华录二十四年四月:"总理各国事务衙门奏:……税课等项,概未声叙,似于各国开矿程式尚多遗漏。"①

这段文字表明,此合同对税课等概未涉及,按开矿程式订合同,又有多项遗漏缺项,说明该合同确是不完全的,是尚未完成的草约。

光绪二十六年毓贤任山西巡抚,调查了山西路矿问题后,曾给慈禧太后、皇上密呈专折,笔者首次发现,刘鹗年谱及研究资料均未涉录,据此路矿合同真相大白。毓贤密呈专折如次:

山西巡抚毓贤折——阖省绅民公同递禀求止铁路

光绪二十六年(1900)四月二十日

奴才查前抚臣胡聘之拟开铁路、矿务两事,大为地方之害,碍难办理,请为皇太后、皇上详细陈之。查晋省山河,夙称天险,实为神京右辅,设险守国,自古皆然。若兴办铁路,门户洞开,则险要化为通途,一旦有事,强邻可以长驱直入。此铁路不可开者一也。

立政贵顺民心,好恶与同,断难相强。奴才到任后,据阖省举人、贡生范宗璋等共一百九十二人,阳曲县阖属绅民李祥等共二十八人,又据省城米、面、钱、当各商及各行商人王兴茂等共四百三十人,均公同递禀,求止铁路,以卫民生。泣诉攀辕,其情可悯。皆谓铁路一开,生机立蹙,万民待命,人心惶惶。此铁路不可开者二也。

晋省人民,贫富不均,到处之贫民尤众。若铁路一开,所有车马行店,以及肩挑负贩,皆成无用。小民无可谋生,将恐尽成饿莩。此铁路之不可开者三也。

晋省山多田少,地瘠民贫,山旁之坡路,悉皆耕种。穴居野处,赖此为衣食之资。若铁路一开,必于其田庐、坟墓有碍。

---

① 见《年谱长编》,第43、44页。

在懦弱者固能隐忍，在豪强者势必不甘，势迫情急，必致酿成事端。此铁路之不可开者四也。

晋省矿务一无可恃。外国矿师不能指出何山何产。即使煮矿可开，而煤皆毒臭，铁尽刚脆，不能行远。若开铁路，必须由四大天门行走，山势险峻，锤凿难艰，徒费人工，无利可取。此铁路之不可开者五也。

以上五者委系实在情形。且查铁路合同内载，借款赢绌，国家概不干预等语。矿务合同内载，矿师勘定何乡、何山、何种矿产，禀请山西巡抚查明，果与地方情形无碍，发给凭单，方准开票等语。细译各节，皆属未定之词。况经手之人，或已交卸，或已病故，虽曩日订有合同，似不能坚执为据。前护抚臣何枢与布政使李廷萧详加参酌，曾将铁路矿务无益有害，窒碍难办缘由，据实密陈。业经总理衙门议复。现在洋商并未催办，自可听其从缓等语。奉硃批：依议。钦此。查此事有害无利，窒碍难行，合无仰恳天恩伤即停止，并饬总理衙门向外国公使婉为开导，将山西铁路、矿务作为罢论。俾三晋永为完善之区，大局幸甚！天下幸甚！除将藩司详文，暨绅士商民公呈抄录咨达总理衙门外，谨专折密呈。

《军机处题本抄档》，铁路（5）①

在此专折里说："奴才查前抚臣胡聘之拟开铁路、矿务两事，大为地方之害，碍难办理，请为皇太后、皇上详细陈之。……且查铁路合同内载，借款赢绌，国家概不干预等语"，可见修路是晋商务局借外款兴造，自负盈亏。此专折里说："矿务合同内载，矿师勘定何乡、何山、何种矿产，禀请山西巡抚查明，果与地方情形无碍，发给凭单，方准开票等语"，这说明晋矿合同规定主权在我，

---

① 《山西巡抚毓贤折——阖省绅民公同递禀求止铁路》，《外债史资料》，第397—398页。

外商不能为所欲为，有些矿事必征得晋抚的同意方可办理。证明没有出卖国权。

在此专折中又说："细译各节，皆属未定之词。况经手之人，或已交卸，或已病故，虽曩日订有合同，似不能坚执为据。"毓贤是有名的顽固派，刘鹗的冤对，调抚山西，到任后调查前抚胡聘之准订的矿务合同后，在上奏时也不得不承认这样的事实："细译各节，皆属未定之词"，说明此合同确属争执议论之中的草约。他也认为："虽曩日订有合同，似不能坚执为据"，即"未定之词"，安能作为凭据，这个道理是十分清楚的。都证明刘蕙孙《铁云先生年谱长编》中按语等所言是事实，而不是开脱之词。既然合同未定，尚未成约，不能"为据"，又凭什么给刘鹗定罪？故在晋矿问题上，说刘鹗是"汉奸"，实为訾謷之词。鲁迅先生说："世俗交谪，称为'汉奸'"（《中国小说史略·清末之谴责小说》）。

据刘蕙孙说：

> 外商的意图则第一要向中国政府直接取得路矿权利；第二，利息可以少要，三十年内一切大权要须归之外商，正在坚持不下时，弹劾案起。①

刘鹗力争国权，坚执不下，正在商议中，就受到山西京官邢邦彦、云南举人沈鋆章的联名弹劾。胡聘之按总理各国事务衙门指令："著将现办情形及拟定章程刻日具奏"②，也不得不匆匆上奏。邢邦彦、沈鋆章弹劾的主要内容说胡聘之将山西潞安、泽州、沁州、平定三府一州典与洋人；徐树铭奏诉说将铁轨开矿包与商人，此两点，在总理各国事务衙门奏中："山西京官原呈，谓将潞安、泽州、沁州、平定三府一州典与洋人；徐树铭原奏，谓将铁轨开矿包与商人，均

---

① 见《年谱长编》，第46页。
② 见《年谱长编》，第44页。

属言之过甚。即山西京官，两次公呈将合同章程逐层弁驳，亦多附会"①，说明山西京官等弹劾、奏诉多言之"过甚""附会"，均属不实之词。

总理各国事务衙门奏："原订借款章程，利息既重，国家应得余利，几同虚指"②，假使原订借款章程如此，但也不能以此给刘鹗定罪，因为合同由英人起草，又没有完成，没有定夺，正在争议中的合同，不能据此而论胡聘之、刘鹗的是非功罪，这才是公道的和实事求是的科学态度。

总理各国事务衙门奏："原呈所指方孝杰、刘鹗二员，声名甚劣，均著撤退，毋令与闻该省商务"③，因订合同时"力争国权"，刘鹗也被英人解聘。"方孝杰、刘鹗两员奉旨撤退后，义国商人罗沙第、俄国商人璞科第，即各耸其公使先后来臣衙门催办"④，"臣等遂博考西国矿路章程，又与义商罗沙第、俄商璞科第将原订章程，逐一增改。……并将刘鹗、方孝杰所立公司名目一律删除，统归山西商务局承办，俾一事权"⑤。又罗振玉《刘铁云传》云："廷旨罢晋抚，由总署改约。欧人乘机重贿当道，凡求之晋抚不能得者，至是悉得之。"⑥以上诸多事实证明后订条约又与鹗无关。

综上所述，晋矿合同原为英人起草，是在争议中的，"皆属未定之词"，"不能坚执为据"；后订合同由总署与外商"逐一增改"，由山西商务局承办，刘鹗所设立公司名目又被一律删除，本人也被强行"撤退"、免职、不"闻该省商务"，故与刘鹗无关。前后事实证明，清政府是以"莫须有"罪名："垄断矿利，贻祸晋沂"作为主

---

① 见《年谱长编》，第44页。
② 见《年谱长编》，第44页。
③ 见《年谱长编》，第44页。
④ 见《年谱长编》，第45页。
⑤ 见《年谱长编》，第45页。
⑥ 见《资料》，第368—369页。

要量刑根据，将他流放新疆，定罪不以事实作为第一根据者，则必然导致冤假错案。

（本文原载于日本清末小说研究会《清末小说通讯》第 41 期，1996 年 4 月）

刘鹗修路开矿刍议二题

一 借洋款 兴路矿

刘鹗极力主张借洋款修建路矿，这种思想在其《矿事启》中说得很明白：

> 范文正公曰："天下兴亡，匹夫与有责焉。"诚至论也。仆自甲午以后，痛中国之衰弱，虑列强之瓜分，未可听其自然。思亟求防御之方，非种种改良不可。欲求改良必先开风气，欲开风气必先通铁路，欲通铁路必先筹养路之费，舍农工商矿更有何赖？而农工商三者之利其兴也，必在风气大开之后。缓不济急，只有开矿一事见效易而收效速，为当务之首矣。然二十年开矿者不下三、四十处，率皆半途而废。盖以华人非所专长，故易败也。又思凡外国商力所到之地，即为各国兵力所不到之地，则莫若用洋商之款，以兴路矿，且前可以御各强兵力之侵逐，渐可以开通风气，鼓舞农工。卒之数十年期满，路矿仍为我有，计之至善者也，故毅然决然为之。[①]

这种主张和思想，表现了刘鹗的远见和卓识。刘鹗在《风潮论》

[①] 见刘德隆等编《刘鹗及老残游记资料》，以下简称《资料》，四川人民出版社1985年版，第132页。

中说：

> 以用外国款兴路矿与用中国款兴路矿相比较，则用中国款是也。而中国究竟有款与否，其实不可不核也。若中国无款，则路矿遂不能办，路矿不能办，而生利之源绝矣。以无款而路矿不办，与借洋款而路矿速办相比较，则借洋款者是矣。①

要想"民富国强"，必兴路矿，"国无素蓄"必借洋款，利用外资来开办。清代借洋款办各种事业并非始于刘鹗，他只不过是在甲午战争之后积极提倡者之一。《中国清代外债史资料》② 记载了清代（自1853—1911年间）的外债情况。共借外债多少？都做什么用了呢？请见下表。

清代外债用途分类统计表

用　　途	金　　额	备　　注
镇压人民起义的外债	22,874,906 两	
中法战争的外债	21,935,786 两	
其他军政费外债	12,381,292 两	
甲午中日战争的外债	380,775,866 两	
铁路外债	348,010,118 两	
工矿外债	33,552,561 两	
实业外债	7,435,858 两	
各省督府借债	37,677,604 两	
清政府各部借债	22,158,384 两	
庚子赔款外债	450,000,000 两	包括庚子年间水线借款
总　　计	1,336,802,375 两	

---

① 见《资料》，第140页。
② 中国人民银行总行参事室编：《中国清代外债史资料》，以下简称《外债史资料》，中国金融出版社1991年版。

可见清朝借外债名目繁多，总计 13 亿多两白银。其中甲午战争前借款 67,097,829 两白银。最早始于咸丰三年（1853）上海道台向上海洋商借款。其中实业借款 9,893,345 两白银①。这说明，在刘鹗提倡借款兴办路矿之前，即在甲午战争之前清政府就借了一些洋款，其中有些洋务派官僚李鸿章、张之洞等就已经借洋款办实业了。刘鹗提倡借款办路矿何罪之有？

在世界近现代几乎各国在加速自己经济发展的过程中都引进外国的资金和技术，如今这是人所共知的常识。

处在社会主义初期阶段的中国，改革开放大量吸收外资，亦当务之急。香港《明报》1994 年 9 月 1 日载，中国 1993 年跃进世界第二大外资引进国，外国直接投资 260 亿美元。全球整个发展中国家引进外资 800 亿美元。中国占其 32.5%。世界上最先进，最富有的资本主义国家美国 1993 年引进外资 320 亿美元，居世界之首。由此看来发达的资本主义国家需要引进外资，发展中国家需要引进外资，社会主义国家需要引进外资，贫穷落后的国家尤其需要引进外资。国家本身没资金来办各种事业，引进外资和技术以求发展，是最好的办法。中外近代、现今皆然。刘鹗"毅然决然"借洋款兴路矿，表现了他远大的眼光和高明的见解。

二　两种不同的路矿观

光绪二十四年（1898）晋抚胡聘之准予英人投资开采晋矿，英人草拟合同，英福公司在华经理刘鹗正与英人争议合同过程中，尚未定夺，便被山西京官邢邦彦、云南举人沈鋆章联名弹劾。"光绪东华录二十四年四月：'总理各国事务衙门奏：……奉上谕，都察院奏山西京官呈诉山西兴办铁路流弊滋多，请饬停办一折。'"② 据此我

---

① 详见《中日甲午战争前外债统计表》，《外债史资料》第 140 页。
② 刘蕙孙：《铁云先生年谱长编》，齐鲁书社 1980 年版，第 43—44 页。

们可知山西京官等弹劾的内容是呈诉山西兴办铁路滋多流弊,奏请停办的。

此年《山西举人张官等呈都察院文——洋债不可轻借,铁路必不可轻开》云:"总之,洋款万不可轻借,铁路必不可轻开,民心绝不可轻失。张官等实因消隐患、顺舆情起见,用是不避忌讳,叩恳据情代为具奏。"① 又《护理山西巡抚布政使何枢折——借款筑路不顺舆情》(光绪二十五年十一月十八日)云:"伏查晋省创办铁路、矿务二事,谈时务而急近功者,昧于久远之图者,罔不谓其事一成,即为无穷之利赖。然臣几经熟思审处,旁参舆论,体察情形,觉利之有无,渺不可知,而流弊则诚难免矣。"② 彼时山西举人张官等的呈文、护理山西巡抚布政使何枢的奏折,都是反对兴办山西路矿的,即认为:"洋债不可轻借,铁路必不可轻开","利""渺不可知,而流弊则诚难免"。那么借洋款兴办路矿"流弊"何在?光绪二十六年晋抚毓贤的奏折是晋矿风潮中保守落后思想集中典型的体现,是其概括和总结。

《山西巡抚毓贤折——阖省绅民公同递禀求止铁路》云:"奴才到任后,据阖省举人、贡生范宗璋等共一百九十二人,阳曲县阖属绅民李祥等共二十八人,又据省城米、面、钱、当各商及各行商人王兴茂等共四百三十人,均公同递禀,求止铁路,以卫民生。"③ 从毓贤到任后给皇太后、皇上的奏折中,我们看到山西路矿风波已闹到相当的规模。那么晋省绅民为什么共同递禀求止山西路矿,奏折中奏述甚详,有五个方面的原因:

> 奴才查前抚臣胡聘之拟开铁路、矿务两事,大为地方之害,

---

① 《山西举人张官等呈都察院文——洋债不可轻借,铁路必不可轻开》,《外债史资料》,第395—396页。
② 《护理山西巡抚布政使何枢折——借款筑路不顺舆情》,《外债史资料》,第396页。
③ 《山西巡抚毓贤折——阖省绅民公同递禀求止铁路》,《外债史资料》,第397页。

碍难办理,请为皇太后、皇上详细陈之。查晋省山河,夙称天险,实为神京右辅……。若兴办铁路,门户洞开,则险要化为通途,一旦有事,强邻可以长驰直入。此铁路不可开者一也。

立政贵顺民心,好恶与同,断难相强……。皆谓铁路一开,生机立蹙,万民待命,人心惶惶。此铁路不可开者二也。

……若铁路一开,所有车马行店,以及肩挑负贩,皆成无用。小民无可谋生,将恐尽成饿莩。此铁路之不可开者三也。

……在懦弱者固能隐忍,在豪强者势必不甘,势迫情急,必致酿成事端。此铁路之不可开者四也。

……即使者矿可开,而煤皆毒臭,铁尽刚脆,不能行远。若开铁路,必须由四大天门行走,山势险峻,绳凿难艰,徒费人工,无利可取。此铁路之不可开者五也。①

毓贤奏折中说不能开铁路的第一个原因:"若兴办铁路,门户洞开,则险要化为通途,一旦有事,强邻可以长驰直入。"意思是修铁路破坏京城西部天险,危及京城的安全。刘鹗的见解与此正好相反,他在《风潮论》中说:"首曰路,路分二种,一曰裕国之路,一曰保国之路,皆不可稍缓者也……。何谓保国之路,一者由西安、兰州过新疆而接俄国铁路,此路宜借英款为之;一者由四川过前后藏而接英路,此路宜借法款为之。此二路者皆由国家保息迅速开办。"②意思是铁路不仅使国家富裕,而且能起到保卫祖国安全的作用,运兵、给养十分迅速。不但不该停办,而且应借洋款迅速开办。无疑刘鹗的思想是正确的。

毓贤奏折不可开办铁路的第二、三个原因:"皆谓铁路一开,生机立蹙,万民待命,人心惶惶","所有车马行店,以及肩挑负贩,皆成无用。小民无可谋生,将恐尽成饿莩"。刘鹗的见解也与此相

---

① 《山西巡抚毓贤折——阖省绅民公同递禀求止铁路》,《外债史资料》,第 397 页。
② 见《资料》,第 141 页。

悖。《刘铁云呈晋抚禀》中说："我国今日之事，患在民失其养。一事而得养者十余万人，善政有又过于此者乎？况有矿必有运矿之路，年丰谷可以出，岁饥谷可以入，隐相酌剂，利益于农民者，更不知凡几。我国出口货值，每不敌进口货之多，病在运路不通。运路既通，土产之销场可旺，工艺之进步可速，倘能风气大开，民富国强屈指可计也。而开矿实为之基矣。"① 毓贤的看法是一种主观唯心的、消极保守的路矿观；刘鹗的看法是符合实际的，是一种唯物的、科学的、积极进取的路矿观。修路开矿，可使"民富国强"。至于毓贤奏折不开路矿的第五个理由："即使者矿可开，而煤皆毒臭，铁尽刚脆，不能行远"，纯属愚昧无知者的胡言，眼光短浅的愚见。

我们看看洋务派官僚鄂督张之洞②怎样认识修路，他说："修路之利，以通土货、厚民生为最大，征兵、转饷次之。"他论述修芦汉铁路有七利，云："其便利有数端：内处腹地，无虑收敌，利一；原野广漠，坟庐易避，利二；厂盛站多，役夫贾客可舍旧图新，利三；以一路控八九省之衢，人货辐辏，足裕饷源，利四；近畿有事，淮、楚精兵崇朝可集，利五；太原旺煤铁，运行便利则开采必多，利六；海上用兵，漕运无梗，利七。"③ 我们在此对张之洞本人勿须全面评价；旨在显示：他关于修路之利的论述，使毓贤山西京官等人的谬论不攻自破。张之洞、胡聘之与刘鹗的路矿观基本是一致的。

光绪二十八年（1902）《山西巡抚岑春煊折——柳太铁路亟宜兴办，改订合同，尚须详议》的奏折④中说："窃维兴利之用，以开路为先"，"运路艰阻，百倍东南。灾欠偶告，全济无术"，"是无铁路，则办赈难"，"商贾懋迁，畏而裹足。本省煤、铁之良，亦皆等

---

① 见《资料》，第129页。
② 张之洞（1837—1909），直隶南皮（今属河北）人，字孝达，号香涛，又号壶公，晚号抱冰，中国近代洋务派思想家。详见《中国大百科全书·哲学》，第1144页。
③ 张之洞：《论修路之利》，引自《中国历代安邦治国方略集要》，海洋出版社1993年版，第759页。
④ 《山西巡抚岑春煊折——柳太铁路亟宜兴办，改订合同，尚须详议》，《外债史资料》，第398页。

诸弃品。客货不入，土货不出，是无铁路，则通商难"，"是无铁路，则运兵转饷难"，"坐是阻隔，风气不开，种种受亏，未可殚述"，都是从反面说明兴办铁路的好处，与刘鹗的路矿观无异。

又光绪二十八年（1902）八月六日《外务部奏折——议复晋抚岑春煊奏柳太铁路商改合同》云："臣等窃维晋省土产饶沃，尤以煤铁为大宗。只因关山阻塞，运道多艰，若修铁路以便转输，于大局实有裨益"，"俟将来西北土货贯注东南，不但晋省商民坐致懋迁之利，即芦汉干路兼收转运之资，揆之地势商情，均为利便"①。最后于此年山西正太铁路遵旨归并中国铁路总公司借洋款兴造，并与华俄道胜沪行订立了合同。都证明刘鹗在国无素蓄的情况下，借洋款兴路矿的富国养民的观点是积极进步的，大有利国计民生的。

世界高度发展的工业化国家，陆、海、空的交通运输都是非常发达的，一个国家发展的程度与交通运输的发展程度是成正比的，不论什么社会性质都是适宜的。现在我国改革开放以来，"要想富，先修路"的至理名言，已成为我国人民的共识，也足以证明刘鹗当年极力主张借洋款兴办路矿，富国养民，不避忌讳，蒙谗受辱，在清末收回利权、排外的风潮中，依然高倡借外款兴办路矿，是正确的，同时也表现了他不寻常的胆与识和无所畏惧的精神。他在国家、民族濒临灭亡的危险时刻提出拯救国家命运的救之之法。他说："一国非之，天下非之，所不顾也。"② "由于腐败的清政府屡借外债，屡丢利权，所以当时借外债几乎是出卖国家利益的同义语。"③ 这是刘鹗被诬蔑为"汉奸"的原因之一，但同时也表现了刘鹗的超然的胆识，以及他奋不顾己的爱国主义精神。

刘鹗认为："兵力所得者，主权在彼；商力所得者，主权在我，万国之公例也。然有一国商力所到之处，则别国兵力即不能到。今

---

① 《外务部奏折——议复晋抚岑春煊奏柳太铁路商改合同》，《清季外交史料》，第163卷，第5—6页。（转引自《外债史资料》第401页）

② 见《资料》，第132页。

③ 吴雁南等著：《清末社会思潮》，福建人民出版社1990年版，第354页。

日亟欲引商权入内者,正恐他日有不幸而为兵权所迫之事,必早杜其而渐之萌,"① 他说:"况路矿与租界犹大有别,租界系永远租与洋人,主权在彼,借款办路矿系我借洋人之款,我请洋人办事,主权在我。"又说:"又思凡外国商力所到之地,即为各国兵力所不到之地,则莫若用洋商之款,以兴路矿,且前可以御各强兵力之侵逐,渐可以开通风气,鼓舞农工。卒之数十年期满,路矿仍为我有,计之至善者也。"② 刘鹗的广引商力而御各列强侵逐的思想,是自己独到的见解,是他人没有论及过的。他用一些具体事例说明自己的"计之至善",是非常人所想到的,表现了刘鹗见解的拔俗独到。

外国人向中国投资,无论过去和现在都是以获得经济利益为目的的。外国投资在中国获利的期限有长有短。山西的路矿兴办,刘鹗主张商借商还,主权在我,严订其制,几十年后归还中国,永享其利,外商获利相对说来是短期的。晚清的社会环境极其恶劣,办路矿,一无资金,二无技术设备,三无专业人才,此三者全部依赖外人,不给外人相当的利润,外商是不肯干的。现在改革开放,引进资金,给外商或投资者以种种优惠,吸引外商,使其觉得有利可图,皆同理。在晚清中国"三无"的情况下,设想给外商某种优惠,也是可以理解的。刘鹗为外商在华经理,参与一些经济活动,自己得到了或外商给他一些经济利益,也不应视为"中饱私囊"。在晋矿问题上,从现有的资料看,尚未发现他有意出卖民族利益的罪证,而是表现了刘鹗足够的胆略和超凡的见识。晚清在路矿利润方面给外商多少才是科学的、合理的,现在难以界定。

(《刘鹗及〈老残游记〉研究》,民族出版社 1995 年版)

---

① 刘鹗:《刘铁云呈晋抚禀》,见《资料》,第 130 页。
② 刘鹗:《矿事启》,见《资料》,第 133、132 页。

试论太谷学派对刘鹗的影响

据刘德隆等编《刘鹗及老残游记资料》载，太谷学派是由安徽石埭人周星垣，在道光年间始创的，他名毂，另字太谷，号空同（也作崆峒）子，故称其为太谷学派。星垣逝后，江苏仪征张积中（字石琴，号黄崖）为学派传人，为太谷学派北派。又由太谷的另一弟子仪征人李光炘（字晴峰，号龙川）为传人，讲学在扬州、泰州，称南宗。太谷学派传人张积中曾在山东长清黄崖山讲学。因为讲学内容不外传，又不记诸文字，有种神秘的色彩，1866年（同治五年），山东巡抚阎敬铭以"传布邪教，纠众谋乱"等罪名，将其剿灭。死者两千余人。史称"黄崖教案"。李龙川病殁，其弟子黄葆年（锡朋，归群）、蒋文田（子明，龙溪）为传人，1902年（光绪二十八年）南、北宗合并，成立学社，在苏州设讲堂，刘鹗等筹集经费。黄葆年逝后，学派衰沉。[1] 刘鹗《致黄葆年》的信中说："窃忆夫子主云溪家时，坐客房之里室，宣巽二之旨曰：'将来天下，二巳传道'。"黄葆年生于道光乙巳年，刘鹗生于咸丰丁巳年，故称"二巳"[2]。学派寄重望于黄、刘。刘对学派的经济支持占主要部分。

刘鹗受太谷学派哲学思想的影响，是很深的，支配着他一生的

---

[1] 刘蕙孙《太谷学派政治思想探略》及严薇青《刘鹗和太谷学派》，见刘德隆等编《刘鹗及老残游记资料》，下简称《资料》，四川人民出版社1985年版。

[2] 见《资料》，第300页。

言行，事业，所作所为。那么太谷学派的思想宗旨是什么呢？

一 从《儒宗心法》（摘选）看太谷学派思想

太谷学派的宗旨是什么呢？《儒宗心法》是太谷学派的小弟子刘大绅于1946年将太谷学派的始祖及传人的遗文选编而成的一部书①。那么太谷学派的思想主张在此书中定会有所披露。尽管此学派的讲学内容秘而不外传，也不记诸文字，但从《儒宗心法》（摘选）我们能窥探这一儒学秘宗的宗旨和传心养性的方法。

刘蕙孙在《儒宗心法·跋》中说："家有诸先生遗书，发之，皆粹然儒者之言。"②鹗为太谷学派传人李晴峰的得意门生，鹗子大绅十四岁起"受学"黄葆年，家有太谷诸君子遗书甚丰。可以说太谷学派的哲学思想是以儒家思想为核心的。大绅年幼便成为黄葆年门下弟子，他对太谷学派思想介绍的言论，同样具有权威性。

《儒宗心法》（摘选）有《周氏遗书抄》十节，提到孔孟等有四节，如《曲阜节 第四》："曲阜仲尼父出，作《春秋》系《周易》，知至知终，肫肫如也"③，对孔子很是敬仰。《嘉庆节 第八》：说途经庐山，查看石刻，"始检孟子之仁义，子思之诚明，曾子之明德，颜子之博约，反复观思，了无所得"，很令其失望和感慨。《戊午节 第九》，又一次游庐山，"复检仲尼，己立立人，己达达人，能近取譬语，熟观沈思，豁有所得，忆孟思曾颜之学，其义一也"。又《学者节 第十》："学者果能循朱张程程周孟思曾之绪，而后寻孔颜之乐，复与几存义之德，庶不负斯进学之解云。"④从上面四节书抄看，星垣非常尊崇儒家孔子、孟子、子思、曾子、颜子、朱子、张载、程颢、程颐、周敦颐的思想，故学者需循诸子之"绪"，这些

---

① 详见《资料》，第568页注①。
② 见《资料》，第564页。
③ 见《资料》，第560页。
④ 《嘉庆节 第八》、《戊午节 第九》、《学者节 第十》，见《资料》，第561页。

人都是有名的儒家的圣贤。可见太谷学派始祖周星垣的思想体系是儒家的。

我们再看一看星垣的传人张积中的遗书。其《黄崖夫子示门弟子书》云："言孔孟之言，而不心孔孟之心，惑也。……后生可畏，孔子称之，尔小子毋自暴也。"① 张积中在教训指示门下弟子所学之"书"中，只提学"孔孟之学"。这个指示非同小可，必然反映太谷学派的宗旨。他在《与秦云樵书》中说："仁义之塞也久矣，苟志于道无不以二氏为归。"② 可见太谷学派，也是以孔孟之道为宗旨的。《儒宗心法》（摘选）中李龙川的《李氏遗书》，主要谈论孔子的言论和思想，还谈到尧、舜、周公、颜子。前三者是孔孟尊崇的古代帝王圣贤；颜子（颜回），孔子弟子，被后世尊为"复圣"。别无他人。

纵观太谷学派始祖传人被收入《儒宗心法》（摘选）之遗书，笔者以为这是此学派独具权威性、纲领性的文章，可见此学派是以孔孟儒学思想为学习内容，以研究、继承、传扬、实行孔孟之道为宗旨的一个哲学学派。

那么此学派主张推崇儒家的哪些思想呢？张积中在《与秦云樵书》中云："仁义之塞也久矣，苟志于道无不以二氏为归。"说明是以孔孟的仁义为中心。在这些遗书中还提到诚明、明德、博约、德、敬、诚、兵、农、礼、乐、命、利、智、性情、欲等。他们在其（所选）遗书中还直接宣讲儒家的言论，或用来规束他们的弟子。"当仁不让""老者安之，朋友信之，少者怀之""己欲立而立人，己欲达而达人"，孔孟儒家诸子的思想融入太谷张、李、黄等的文章、言论中。但从《儒宗心法》（摘选）中极少看到他们所讲释、道的内容，然讲学中涉及儒家的书，四书五经，三教九流，无所不有。未选、未出版的太谷学派遗书也"皆粹然儒者之言"。

---

① 见《资料》，第562页。
② 见《资料》，第562—563页。

《论语·述而》:"富而渴求也,虽执鞭之士,吾亦为之"①,说明孔子对"富"之"渴求",但他强调求富必合义。张积中讲学时说:"《易》称'后以财成天地之道','何以聚人,曰财'。此群圣发微之秘旨,非世儒所能晓也。"又在《示四记弟子书》中说:"予以学导弟子,而纳诸子于利,岂予之心?然而由此而从者,门人可以得万钟之养。"② 张在黄崖时于山东各地开办商号,做买卖,他对"财"的认识和倡导,是对孔子思想的传扬,可以显现太谷学派思想的一大特色。

太谷学派是否主张"三教合一"呢?张积中在《张氏遗书》之《与秦云樵书》中说:

> 仆尝思之:教已三分,其教既异,道亦不同。学佛而不髡缁,于佛之气脉必不贯矣;学道而不黄冠,于道之气脉必不贯矣。于必不贯之势,而欲于兵农礼乐之身,希翼乎作佛升仙之路,明其理则可,成其道则难。窃比则为功,攻异端则为过,方以外之道而行于方之内,不能也;以内之人而达乎方以外,不得也。③

是说以一个儒教的方家,另外学释、道是"不能",也"不得"的,"其教各异,道也不同",是不许也不能合在一起的。但"明其理则可","窃比则为功,攻异端则为过"。刘鹗在《老残游记》桃花山访贤,写玙姑论道时,对三教的比较就是基于张积中的上述《黄崖夫子示门弟子书》、《与秦云樵书》。如第九回:

> 女子道:"其同处在诱人为善,引人处于大公。人人好公,

---

① 见张以文《四书全译》,湖南大学出版社1989年版,第116页;(宋)朱熹《四书集注》,岳麓书社1983年版。
② 见《资料》,第640页。
③ 见《资料》,第562页。

则天下太平；人人营私，则天下大乱。惟儒教公到极处。……所以说：'攻乎异端，斯害也已'。若佛道两教，就有了褊心：惟恐后世人不崇奉他的教，所以说出许多天堂地狱的话来吓唬人。这还是劝人行善，不失为公。甚则说崇奉他的教，就一切罪孽消灭；不崇奉他的教，就是魔鬼入宫，死了必下地狱等辞，这就是私了。"①

这明显的是三教比较，"惟儒教公到极处"，"若佛道两教，就有了褊心"，突出儒教为极好。宣传儒教，也就是宣传太谷学派，另外也起到引人为公、引人为善的社会教化作用。故这是"明其理"，"窃比则为功"。又没有"攻击异端"，否则"为过"，就不合太谷学派宗旨了。故玙姑对三教的看法，与张积中《与秦云樵书》对三教看法是完全一致的。以上是对太谷学派"心"，即哲学思想的特点的论述。此学派是儒学的一个秘宗，一个派别。

二 太谷学派的"修""法"与刘鹗的言行

关于太谷学派这一儒学秘宗的"修""法"，亦即太谷学派门弟子的修身实行的规则，张积中《黄崖夫子示门弟子书》说得明白，要求弟子"行谨""言信""修其德""学孔孟之学，……任孔孟之任""言孔孟之言，……心孔孟之心"，戒"好色""好勇""好货""多欲""不仁"等，这些都是一般儒家的思想、道德、行为规范，但他更强调提出"为天地立心，为生民立命，为往圣继绝学，为季世开太平"②，这虽然也来自儒家的思想，此具体强调，便显出太谷学派的特点。我们考察太谷学派的第三代传人刘鹗的一生思想、言行、事业大都合乎这些修身实行的法则。

---

① 刘鹗：《老残游记》，以下简称"小说"，齐鲁书社1981年版，第108页。
② 见《资料》，第562页。

"为天地立心",我的理解是号召弟子研究天地万物,创造其言论,立说。此源于曾子《大学》:"先致其知,致知在格物。物格而后知至。"① 周太谷推崇的宋儒周敦颐《通书》中说:"圣希天、贤希圣、士希贤",据刘德隆等编《刘鹗及老残游记资料》说,太谷学派讲学时提倡"希贤、希圣、希天",其源于此。"为天地立心"、"为往圣继绝学",圣贤著书立说,并继往圣绝学,与其儒学的思想内容是一脉相通的。故刘鹗在《丙午述怀》中说:"无才学干禄,乃志在圣贤。"② 刘鹗在其一生之中也实现了这一宗旨,不为"圣",也为"贤"。著作文学类五种、考古文字类十二种、史地河工类四种、医学类三种、算学类二种,此外还有音乐、杂作类若干种。③ 做到了"立心""立言"。

"为生民立命",我的理解是号召弟子使百姓安居乐业,生活有着落,精神更愉快。刘鹗《致×同道》云:

> 与世浮沉,世间法也;翛然远引,出世法也;而皆非圣人之道。必也于与世浮沉之中,寓翛然远引之志,与世无违,与世莫逆,其庶几乎?念无量众生若集无既而不能救,此道人之大悲也;明知其不能救而必欲登一世于春台,此道人之大慈也;念亿万众中我独得阿耨多罗三邈三菩提,此道人之大喜也;可度之众生以智力度之……④

这段话的思想来源于太谷学派传人张积中"为生民立命"的宗旨。太谷学派要求弟子做到:"一蚁之饥,犹己之饥;一蝶之寒,犹己之寒。"⑤ 八国联军攻陷北京之后,刘鹗北上办赈济,从俄军手中买太

---

① 曾子:《大学》,见张以文《四书全译》,第3页。
② 刘蕙孙标注:《铁云诗存》,齐鲁书社1980年版,第2页。
③ 《刘鹗著作存目》,见《资料》,第532页。
④ 见《资料》,第292页。
⑤ 刘蕙孙:《太谷学派政治思想探略》,见《资料》,第601页。

仓米平粜难民，掩埋死者尸体，护送官商出京，救活了数以万计的人民。他投效河工，使郑州黄河决口合龙，在小说中写给黄大户治好了病。他行医、著医书等，使无数人民免受生命财产的损失。他痛恨酷吏，悲悯他们治下的冤魂。小说中写拯救魏家父女、翠环、翠花、逸云等，也都出于这一法规和思想。在小说中宣传儒教和太谷学派的思想，正是"为往圣继绝学"的一种表现。刘鹗一生所表现的爱国爱民、富国养民的思想，也为中国儒家的传统思想。他坚决主张引进外资、外商，学习外国的科学技术，修路、开矿、整顿农工商，办实业，民富国强，国泰民安，也正是如张氏所示"为生民立命"。刘鹗在《老残游记》中差不多每回都有反对"天下大乱""动乱"或"治乱"，"天下太平"的内容和话语，特别是对"北拳南革"，从其阶级立场出发，极尽反对之能事，称他们是"乱党""瞎捣乱"等等。其反对暴力革命，是为了社会的太平，他的富国养民之策也是为了国泰民安，都是实践张氏"为季世开太平"的表现。治国安邦，修身齐家治国平天下是传统的儒家思想。

刘大绅在《儒宗心法》引言中提到："儒之学在安身立命。"又说："穷则独善其身，达则兼善天下"，出之《孟子》（尽心上）[①]。周太谷《戊午节　第九》提到"己立立人，己达达人"，其出于《论语·雍也》，原话为"己欲立而立人，己欲达而达人"[②]，据《资料》说，在太谷山长等讲学时常用这些儒家之言教导弟子。还有《论语·学而》："汎爱众，而亲仁"[③]，《论语》子贡说的"博施于民而能济众"[④]，都是就近修取仁德之法，张氏之"为生民立命"，来源于上述儒家思想。太谷学派还要求弟子"立功、立言、立德"，此语来源《左传·襄公二十四年》："大上有立德，其次有立功，其次有立言，虽久不废，此之谓不朽。"即希望弟子做出不朽的事业，

---

① 张以文：《四书全译》，第 516 页。
② 张以文：《四书全译》，第 112 页。
③ 张以文：《四书全译》，第 62 页。
④ 张以文：《四书全译》，第 112 页。

或树立圣贤的德性，或立下不可磨灭的功勋，或创立理论、著书立说等。可见这是一种积极向上的人生哲学。如果能很好地做到"为天地立心，为生民立命，为往圣继绝学，为季世开太平"，也就达到上面的三"立"了。刘鹗也就程度不同地做到了上面的各项要求。

太谷学派要求本门弟子修德，遵循孔孟的儒家思想。张积中在其《黄崖夫子示门弟子书》云："不修其德，……人欲以机械而横流，天理以昏盲而否塞"，要求弟子修德以节制人欲，懂得天理。李龙川在《李氏遗书》中云："失性而天地莫位，失情则万物莫育也。孟子道性善道以此也"，"先王之为教也，礼乐而已矣。乐胜则流，必有礼以节之，节之故禁之"①。说明儒家、太谷学派是承认情欲的，要求以理节欲。刘鹗《老残游记·续集》中写逸云的爱情故事，逸云爱恋任三爷，欲火如"火焰山"，后经激烈心理斗争，反复衡量利弊，冷静思考，若做了姨太太，"一百里也没有一个太太平平的"，"也是死多活少"，"扰得人家六畜不安"，破坏了"人家结发夫妻过的太太平平和和气气的日子"，终于断绝了与任三爷的关系。这是以礼节欲的结果。正是"发乎情，止乎礼义"（《〈关雎〉序》）②。刘鹗在小说第九回，借玙姑之嘴批判了宋儒的"好德不好色""存诚"的种种欺人之谈，也都是根据孔孟之道及太谷学派的宗旨。

《周氏遗书抄》之《秦汉节　第五》云："秦汉而下，人知强而天知弱也；唐晋汉周之末，天知几希熄矣。"刘鹗在小说第九回说："只是儒教可惜失传已久，汉儒拘守章句，反遗大旨；到了唐朝，直没人提及"，其认识是一致的。

我觉得刘鹗一生的言行及《老残游记》的思想内容在太谷学派始祖及传人的著作《儒宗心法》（摘选）中都能找到根据。足见太谷学派对刘鹗一生的思想言行事业的影响是根深蒂固的。诚如他给

---

① 见《资料》，第563—564页。
② 见小说，第110页。

黄葆年的信中说："同为空同之子孙，同培古今之道脉，同身同命，海枯石烂，无有贰心。"①

（《刘鹗及〈老残游记〉研究》，民族出版社1995年版）

---

① 见《资料》，第300页。

论刘鹗对维新变法的态度

刘鹗对维新变法持何种态度？这一问题在学术界看法不一。林瑞明认为"以此（高谈阔论的演说者）影射戊戌变法的维新人士"，"刘鹗对于戊戌变法的看法，不免偏颇，且近于苛刻"[①]。刘德隆等说："我们认为刘鹗是赞成维新变法的"，"恐怕不能仅仅根据这些字句（刘鹗给黄葆年的信中语），就论断刘鹗不赞成维新变法"[②]。可见对这一问题有不同见解。笔者从以下三个方面探讨这一问题。

一 刘鹗与维新志士的关系

汤志钧《戊戌变法人物传稿·附录》的《京城保国会题名记》[③]载有刘鹗的名字，说明他是参加了康梁组织的保国会，证明他赞同该会的宗旨。显然他跟维新志士的联系是密切的。

1896年春，鹗在京赋《春郊即目》诗二首。第二首：

> 可怜春色满皇州，季子当年上国游。青鸟不传丹凤诏，黄金空敝黑貂裘！垂柳蹵地闻嘶马，芳草连天独上楼；寂寞江山

---

① 林瑞明：《〈老残游记〉与晚清社会》，刘德隆等编：《刘鹗及老残游记资料》，以下简称《资料》，四川人民出版社1985年版，第448页。
② 刘德隆等：《刘鹗小传》，天津人民出版社1987年版，第94、96页。
③ 见《刘鹗小传》，第94页。

何处是，停云流水两悠悠。①

他回到上海，梁启超、宋伯鲁、汪康年等看到此诗后有唱和之作（见《铁云先生年谱长编》，第36页）。此三人都是著名的维新志士，说明他与梁启超、宋伯鲁、汪康年等有相当的关系。

法国焦士威尔奴（今译儒勒·凡尔纳）的《十五小豪杰》，梁启超译，初刊于《新民丛报》第2号至13号（1902年2月22日至8月4日），刘鹗《壬寅日记》（1902）三月二十四日（5月1日）有"读《十五小豪杰传》，写书签"的记载，盖为出版单行本（1903年横滨新民社出版）前梁请鹗为该书封面题签，说明两者关系密切（详见《资料》，第208页注㉟）。《刘鹗小传》亦论及刘与梁启超、宋伯鲁、沈荩、王五等的关系。

1898年3月由宋伯鲁与戊戌六君子的杨深秀及李岳瑞等发起成立关学会，宣传维新变法。宋伯鲁陕西人，号芝栋，进士出身，被授山东道监察御史，帝党官僚，"与康有为、梁启超交往，并代康有为递呈变法奏章"②，可见宋不仅是个维新志士，并与维新变法的领袖康、梁，御史杨深秀等关系非同寻常，是"帝党、维新派结合之枢纽"③。宋伯鲁是刘的"盟兄弟"。刘鹗《壬寅日记》六月二十日载："前日，西安来电云：院臬以'诬讪宫枡'诬芝洞，已拘拿置狱，乞设法援手？电到时，密马（原文）寻不着，至今日始获。急入城见仁和，始知旨系交地方官管束，可谓喜出望外"④，用电报向刘鹗"乞设法援手"，刘"急""喜"，均说明宋、刘关系甚密。

刘鹗《壬寅日记》六月二十日载："今早子衡、伯厚、沙彪纳先后来"；二十一日载："下午赵子衡同王君、谢君小石来，谈至夜分去。"八月初六日："午后，赵子衡偕王稷臣来"等，赵子衡与刘鹗

---

① 刘蕙孙标注：《铁云诗存》，齐鲁书社1980年版，第3页。
② 详见《中国近代史词典》，上海辞书出版社1982年版，第363页。
③ 汤志均：《戊戌变法人物传稿·宋伯鲁》，引自《刘鹗小传》，第94页。
④ 见《资料》，第178页。

往来颇频，也是刘鹗的好友。刘大绅《关于〈老残游记〉》注："戊戌之岁，舍侨寓北平宣南之椿树下三条赵文洛故宅。文洛公之子子衡先生，与先君为友。方官刑部，因时政维新，拟上书言事，以其文取决于先君。先君曰：治国莫重于养民，为政莫先于立本。今欲上书当由此立言。子衡先生韪之。书未上而新政已摧。先君曰：事未已也。子衡先生因留先君觇究竟，故未南行"①，说明刘鹗不但与维新人士关系密切，而且亲自参与维新上书，态度积极。

在上海，和刘鹗《春郊即目》诗的汪康年，字穰卿，"清末维新派"，曾参加1895年由康有为在上海成立的强学会，1896年与黄遵宪办《时务报》，任经理，聘梁启超为主笔，宣传维新变法的思想②。《壬寅日记》五月初二日："汪穰卿约在稚香馆晚饭"，"先生和汪穰卿本来很好"，说明与维新志士汪康年的关系密切。

沈荩，中国近代维新志士，戊戌变法时与谭嗣同、唐才常交往。变法失败留学日本。1900年康、梁支持的唐才常、林圭、秦力山在长江沿岸联络会党，搞武装勤王，组织自立七军，沈荩为右军统帅。自立军起事失败，他北上京城③。此年正是八国联军的兽兵侵占北京，烧杀抢掠之时，"时刘铁云设平粜局于东华门外，附设一瘗埋局，以掩埋无主尸骸，以沈愚溪（荩）主其事"④，荩被刘任用，自立军始末鹗了如指掌。刘蕙孙在《铁云先生年谱长编》中说（1901年）《天津日日新闻》"大部分的资本系由铁云先生投资，沈虞希（荩）当时在报馆主笔政"。也为刘鹗安排。冒大险保护重用被清政府镇压通缉的维新人士，其仁义之举显示出刘鹗与沈荩关系胜似手足。刘鹗《壬寅日记》七月二十五日、八月初三日、二十三日、九月十三日等都有沈愚溪来访等记载，说明鹗与维新志士关系密切。

---

① 转自刘蕙孙《铁云先生年谱长编》，第47页。
② 详见《近代稗海》（第十二辑）《汪穰卿先生传记》等，四川人民出版社1988年版。
③ 沈荩，见《中国近现代史大辞典》，中共党史出版社1992年版，第971页。
④ 狄葆贤：《平等阁笔记》，转自蒋逸雪《刘鹗年谱》，第32、33页。

李喜所《谭嗣同评传》中写谭嗣同就义前王五等准备劫法场，因法场戒备森严而未果。蒋逸雪说：

> 戊戌之变，五尝欲护谭嗣同出京，故嗣同临刑有诗云："……我欲横刀向天笑，去留肝胆两昆仑。"两昆仑，说者谓：一为康有为，一则王五。五欲为嗣同助，亦缘鹗之介云。①

王五为刘鹗结交的朋友，武艺高强，即《老残游记》中刘仁甫的艺术原型，是刘鹗将其介绍给谭嗣同的，欲救其出京，可见鹗对戊戌变法杰出思想家的爱护和设法解救的大义之举。尽管学术界对"两昆仑"的认识不一，但以为其一多指王五。

刘大杰《刘铁云逸事》中记录的一位老年朋友如是说："刘铁云的思想，实实在在是一个维新派。他提到满清的政治，就愤慨得很。对于当时维新派的六君子，他是满口称赞的。"② 这是刘鹗拥护维新变法的一个侧面佐证。

王文韶，浙江人。咸丰进士，曾任直隶总督、北洋大臣，参加强学会。1898 年以户部尚书、协办大学士入赞军机处，曾疏陈统筹北洋海军、开矿、修路、办学堂，戊戌变法时受命办理矿务铁路总局③。此人参加的强学会，是康有为联络帝党支持的以北京为中心的维新派的重要政治团体。"先生（鹗）在政界活动，是靠李鸿章、王文韶和先曾祖子恕公年谊的关系。"④ 刘鹗与王文韶关系非同一般。

上述人物都是政界、思想界、知识界与刘鹗联系密切的人士，他们大都是维新志士或具有维新思想的人。刘鹗大都与其结为盟友

---

① 蒋逸雪：《刘鹗年谱》，第 7 页。王五，详见陈华新《爱国义侠大刀王五》，《中国青年报》1962 年 1 月 1 日。
② 刘大杰：《刘铁云逸事》，见魏绍昌编《老残游记资料》，中华书局 1962 年版。
③ 参见《中国近代史词典》，第 88 页"王文韶"条。
④ 刘蕙孙：《铁云先生年谱长编》，第 37、38 页。

或关系密切。

二 维新派的政治主张与刘鹗民富国强之策

1898年4月17日,康有为、梁启超等组织二三百人在京成立保国会,其章程计三十条,第一条:"本会以国地日割,国权日削,国民日困,思维持振救之,故开斯会以冀保全。"第九条:"本会同志讲求保国、保种、保教之事,以为议论宗旨。"① 说明了此会成立的目的和宗旨。刘鹗参加了此会,说明他喜欢和承认此会的章程。他在《老残游记·自叙》中说:"吾人生今之时,有身世之感情,有家国之感情,有社会之感情,有种教之感情。其感情愈深者,其哭泣愈痛。"其中的"家国之感情""种教之感情",与保国会章程中的"保国、保种、保教"的思想是相通的。刘鹗为"国""种""教"之将亡而痛哭劲泣,才写小说呼唤国人觉醒,起来急救之。其中的"国"都是指伟大的中国;"种",都是指伟大的中华民族;"教",都是指伟大中华文化的重要组成部分儒家学说。可见维新派与刘鹗在"保国""保种""保教"方面的思想是一致的。此点,《刘鹗小传》《严薇青文稿》均论及。

梁启超云:

> 唤起我国四千年之大梦,实自甲午一役始也。……乙未二三月间,和议将定,时适会试之年,各省举人集于北京者以万数千计。康有为创议上书拒之,梁启超乃日夜奔走号召,连署上书论国事。……既而合十八省之举人,……为大连署以上书,与斯会者凡千三百余人,时康有为尚未通籍,实领袖之。其书之大意凡三事:一曰拒和,二曰迁都,三曰变法。而其宗旨则

---

① 见《康有为政论集》上,第233页。

以变法为归。①

这段文字记载了"公车上书"的发起和简要内容。1895年4月17日，日本强迫清政府签订《马关条约》，消息传来，万民激愤，正在北京会试的康有为、梁启超发动会试举人一千三百余人联名上书，这是康有为七次上书的第二次，即"公车上书"，主张：拒和、迁都、练兵、变法。"拒和"，反对对日签约，"下诏鼓天下之气"；"迁都"，"定天下之本"；"练兵"，"强天下之势"，此三项为"权宜应敌之谋"。宗旨是"变法成天下之治"，提出"富国""养民""教民""议郎制"四项"立国自强之策"。"富国之法有六：曰钞法，曰铁路，曰机器轮舟，曰开矿，曰铸银，曰邮政"，学习外国的科学技术；"养民之法：一曰务农，二曰劝工，三曰惠商，四曰恤穷"；"教民"之法：改革科举制度，变武科为艺科，分科设学堂，开报馆图书馆，设道学一科讲学孔子之道，挽救"风俗民心"；"议郎制"要求公举"博古今、通中外、明政体、方正直言之士"参政议政。②

这是康、梁提出的维新变法改良社会的系统性政治纲领，他们不主张推翻清朝政府的旧体制，想借助皇权，利用和平方式进行从上到下的政治改革，达到把贫穷落后衰弱的半封建半殖民地社会变为国强民富的资本主义社会的目的。这是爱国的、反帝的、变法维新的运动。

下面谈一谈刘鹗的救国之路。刘鹗在《矿事启》中说：

范文正公曰："天下兴亡，匹夫与有责焉。"诚至论也。仆自甲午以后，痛中国之衰弱，虑列强之瓜分，未可听其自然。

---

① 梁启超：《戊戌政变记》附录一《政变起源》，江苏广陵古籍刻印社1990年版，第113页。

② 见《康有为政论集·上清帝第二书》，中华书局1981年版，第114页。

思亟求防御之方，非种种改良不可。欲求改良必先开风气，欲开风气必先通铁路，欲通铁路必先筹养路之费，舍农工商矿更有何赖？而农工商三者之利其兴也，必在风气大开之后。缓不济急，只有开矿一事见效易而收效速，为当务之首矣。然二十年开矿者不下三、四十处，率皆半途而废。盖以华人非所专长，故易败也。又思凡外国商力所到之地，即为各国兵力所不到之地，则莫若用洋商之款，以兴路矿，且前可以御各强兵力之侵逐，渐可以开通风气，鼓舞农工。卒之数十年期满，路矿仍为我有，计之至善者也，故毅然决然为之。①

以上所说思其改良之方是出于爱国的思想。这个出发点，与康、梁是相同的，其背景也是一致的。主张借洋款兴路矿，"渐可以开通风气，鼓舞农工"。又可取得防御列强进一步侵扰之效，这是刘鹗的独立见解，未见他人有如此卓见，但他并不反对"练兵"。

刘鹗在《刘铁云呈晋抚禀》中云：

我国今日之事，患在民失其养。一事而得养者十余万人，善政有又过于此者乎？况有矿必有运矿之路，年丰谷可以出，岁饥谷可以入，隐相酌剂，利益于农民者，更不知凡几。我国出口货值，每不敌进口货之多，病在运路不通。运路既通，土产之销场可旺，工艺之进步可速，倘能风气大开，民富国强屈指可计也。而开矿实为之基矣。②

刘鹗积极主张修路开矿。今日国事"患在民失所养。一事而得养者十余万人"，这里明确提出用开矿修路来"养民"的问题。如果矿开了，路修了，"民富国强屈指可计也"，便可以达到目的了。

---

① 刘鹗：《矿事启》，见《资料》，第132页。
② 刘鹗：《刘铁云呈晋抚禀》，见《资料》，第129页。

刘鹗在他的《风潮论》中说：

> 当轴诸贤，宜去其忌讳之心，直陈于上，而速筹挽救之法也。不然者，一二年后即不堪设想矣。救之之法安在？仍不越修路、开矿、兴工、劝农四项而已。①

刘鹗呼吁有权势的人直接上书，赶紧筹办"修路、开矿、兴工、劝农"四项大事，以挽救国家垂危的命运。按"公车上书"，"修路、开矿"是"富国之法"，"兴工""劝农"是"养民之法"。"从八角琉璃井内把真王请出来。等到真天理国法人情出来，天下就太平了。"② 他把救国的希望寄托在清朝政府的统治集团维新变法，实行新政上了。希望光绪皇帝出来执政，天下就太平了。这与戊戌变法通过和平方式，借皇帝的权力推行变法，拯救国家，实质无二。康有为主张"为国之道，先求不乱，而后求治"（《政论集·中华救国论》），"可静而不可动"（《上清帝第二书》），"有秩序的改革"；刘鹗主张"种种改良"，反对"乱动""天下大乱"，渴望"天下太平"，"富国""养民"，两者思想主张基本相同。

1902 年刘鹗在《致黄葆年》的信中说："天下之安危，匹夫与有责焉。今日国之大病，在民失其养。……弟以养天下为己任。"其中"养天下"，即为"养民"。康有为说："国以民为本，不思养之，是自拔其本也"（《上清帝第二书》）；刘鹗说："治国莫重于养民，为政莫先于立本"（《年谱长编》），二者认识无异。

笔者以为康、梁"公车上书"所提的"富国之法""养民之法"，与刘鹗所说的"富国""养民""民富国强"之策，基本内容是一致的，都是通过开矿山、修铁路、办工厂、兴工、劝农等来实现的。刘鹗比康、梁还有一特殊之处，那就是不但自己提出"富国

---

① 刘鹗：《风潮论》，见《资料》，第 140 页。
② 见刘鹗《老残游记》第十一回，齐鲁书社 1981 年版，第 139 页。

养民"的主张，而且另外亲自实践之、实行之，这是十分可贵的。他曾为修铁路、开矿山奔走呼号，积极向有关当局建议，修成了道清铁路一段。在上海开五层楼商场，办海运公司、上海坤兴织布厂、海北公司，曾筹划办银行、发行公债、鼓铸铜币等（详见前《刘鹗不平凡的一生》），然大都失败。

康、梁提出的"教民之法"，刘鹗实践了不少。他对科举不感兴趣，只考二次不中就罢休了。曾在上海办石昌书局，向罗振玉办的《世界教育》投资，曾对冯恕办的公慎书局投资，为《天津日日新闻》投资，并曾做主笔。他写《老残游记》醒世教民，宣传儒学、太谷哲学。主张用三教特别是儒教诱人为善，引人为公，扭转人心世道。与康、梁主张"立道学一科"，"讲明孔子之道"，"挽救风俗人心"（《公车上书》）大致相同。刘鹗著作考古文字类、史地河工类、算学类、医学类、文学类、音乐类、杂著类书多种[①]。当时就出版了多种，其绝大部分对中国古代文化、文学艺术、教育、科学事业等都有程度不同的贡献，对文学、考古方面的贡献尤为杰出，除极少量的糟粕外，都是非常有益的，起到了"教民"的作用。他在《老残游记》第一回《原评》中说："举世皆病，又举世皆睡。真正无下手处，摇串铃先醒其睡。无论何等病症，非先醒无治法。"这说明他深深体会到"教民"的必要，并做了大量的工作，成绩斐然。老残给梦中危船献向盘和纪限仪，象征学外国的科学技术实业救国，刘鹗派儿子大章、大绅留学日本，他本身也游日本，听西洋哲学课，学习外语等，都是他主张学习外国的科学技术及先进思想的表现。康有为主张"人必先富而后教，必先厚生而后正德"[②]，太谷学派也主张"富而后教"。从"教民"这点上，他与康、梁的维新思想，不但没有分歧，而且做了许多卓有成效的实践。

关于"议郎制"，未见他有赞成和反对的言论。《老残游记》写

[①] 《刘鹗著作存目》，见《资料》，第532页。
[②] 康有为：《中华救国论》，《康有为政论集》，第730页。

道:"又见那老鸦有一阵刮刮的叫了几声,仿佛他不是号寒啼饥,却是为有言论自由的乐趣,来骄这曹州府百姓似的。"① 表现刘鹗对自由民主的呼唤和渴求,对封建专制制度也是一种挞伐。

综上所述,康、梁等维新变法的主张"富国""养民""教民"之法,与刘鹗的"救之之法","富国""养民""教民"的内容实质是基本一致的。他在思想上积极支持维新变法,并在朝廷外另一条路上亲自勇敢实践。

三 "高谈阔论的演说"者与"康、梁之徒出而鼓荡之"

刘鹗《老残游记》第一回,梦中危船上"高谈阔论的演说"者到底影射什么人?有人说是指维新志士。维新改良派的政治目的,就是利用皇帝的权力,以和平的方式进行改革,在中国发展资本主义。保护、利用的是帝党。我们从"高谈阔论的演说"者的讲演内容看,他们主张"骂船主""打掌舵的""杀""管船的","拼着几个人流血",这是一种暴力的手段,而且对象是"船主""掌舵的""管船的",这明显是象征以孙中山为首的资产阶级民主主义革命志士,他们主张以武装革命的暴力手段,推翻清政府的反动统治,革命对象是清朝腐朽反动的统治集团。维新派是用和平方式,保护利用帝党搞维新变法。故笔者断定"高谈阔论的演说"者影射的就是以孙中山为首的资产阶级民主主义革命者,并非维新变法的志士。

《老残游记》第一回,老年晓事的人说:"诸位切不可乱动!倘若这样做去,胜负未分,船先覆了!万万没有这个办法!"老残说:"依我看来,驾驶的人并未曾错……""幸而尚有几个老成持重的人,不然,这船覆的更快了"。作者用老残及老年晓事者的口表明了自己的政治态度:清廷的统治集团没有错,反对推翻清政府的暴力

---

① 刘鹗:《老残游记》第六回,第71页。

革命。这与第十一回写的反对"南革"的思想是完全一致的，同出一辙。作者所反对的、诬蔑的并不是用和平方式搞维新变法、渴望光绪皇帝出来执掌朝政的人士，而是反对以孙中山为首的用武装革命的手段推翻清朝政府的民主主义革命的志士，即"南革"。态度明显。

再者，第一回写道："谁知那演说的人，敛了许多钱去，找了一块众人伤害不着的地方，立住了脚"，"叫别人流血的"；第十一回写"南革"道："他却必须住在租界或外国，以骋他反背国法的手段"，后者是前者最好的注脚。前后对照，"高谈阔论的演说"者影射以孙中山为首的民主主义革命志士，无疑。

1902年11月16日（光绪二十八年壬寅，十月十七日）刘鹗《致黄葆年》的信中说：

> 惟其不能知天，故竟以天下为己任。天下之安危，匹夫与有责焉。今日国之大病，在民失其养。各国以盘剥为宗，朝廷以朘削为事，民不堪矣。民困则思乱，迩者，又有康、梁之徒出而鼓荡之，天下殆哉岌岌乎！……弟以养天下为己任。

"各国以盘剥为宗"，列强八国联军攻占北京，1891年清政府与十一国订立《辛丑条约》，赔款四亿五千万两白银①，对中国人民进行空前的"盘剥"，历次赔款一并加在人民的身上，故"民不堪矣。民困则思乱"，社会动"乱"的可能性极大，这是他最担心的。这是刘鹗的看法。"迩者，又有康、梁之徒出而鼓荡之，天下殆哉岌岌乎"，又如何解释呢？"迩者"，说明不是以前的戊戌变法，而是近来发生的事。那么近来维新派发生了什么事？"鼓荡"什么？我们考查一下，从1900年到1902年（写信时止）"康、梁之徒"的活动。

---

① 中国人民银行总行参事室编：《中国清代外债史资料》，中国金融出版社1991年版，第850页。

"康、梁之徒",指以康、梁为首的维新志士。

1900年,在逃亡日本的康有为、梁启超策划下,支持唐才常成立正气会,不久改为自立会,准备在长江两岸联合会党,组成"自立军"搞武装"勤王","创立自立国","请光绪复辟"。七月唐才常在上海张园召集"中国国会",容闳为会长,严复为副会长,唐才常为总干事。成立自立七军,秦力山率领前军,沈荩率领右军,林圭率领中军,唐才常任诸军督办。因为康有为不寄筹款接济,延期起义时间,而秦力山如期起义,孤军无援,失败。唐才常的起义被出卖,张之洞镇压了自力军运动,唐才常等二十多人被杀害①。

1898年梁启超在日本办《清议报》,康有为1899年在加拿大成立"保救大清皇帝会"②,都继续宣传维新改良的思想;容闳,中国第一个留美学生。回国后,曾任清政府驻美副使等,戊戌变法期间积极参加维新活动③;严复,曾留学英国,是中国近代著名启蒙思想家,曾翻译赫胥黎《天演论》,为维新变法做了思想准备④;唐才常是谭嗣同的朋友,1898年共同组建南学会,创办《湘报》,唐才常等为主编。变法期间,谭嗣同曾电召其入京参加新政,变法失败逃亡日本⑤;秦力山,是谭嗣同的学生,曾参加谭嗣同、唐才常组建的南学会,戊戌变法失败后逃亡日本,任梁启超的《清议报》笔政,为"中国近代资产阶级改良派思想家"⑥;沈荩,也是维新变法的积极分子(见前);林圭,曾在维新派谭嗣同创办的时务学堂读书,梁启超任中文总教习,唐才常任分教习。变法失败后留学日本⑦;章炳麟曾参加强学会(见前),为《时务报》撰稿人,变法失败后,逃

---

① 详见李喜所、元青《梁启超传》,人民出版社1993年版,第133—137页。《中国近代史词典》"自立军"条。
② 见《中国近代史大事记》,《中国近代史词典》,第789页。
③ 详见《中国近代史词典》,第591页。
④ 详见《中国大百科全书·哲学》,第1060页。
⑤ 详见《中国大百科全书·哲学》,第866页。
⑥ 详见《中国近代史词典》,第565页。
⑦ 详见《中国近代史词典》,第430页。

到台湾去日本，结识孙中山。参加了自立军运动的"中国国会"，因自力军运动的宗旨"勤王"和"排满"并提，他不同意，剪掉辫子，毅然走反清之路①。

总之，上述参加自立军运动的全是与康、梁关系密切的维新派骨干人物，这次"勤王"的目的还是让光绪皇帝复位，推行变法的主张，而不是革命，这点没有变化；但这次"勤王"的手段，动用武装暴力，这是维新派从未有过的。这次国会的宗旨，既提"勤王"又提"排满"，尽管这是矛盾的，但"排满"两字也已提出。这也是在维新派的政治纲领中首次出现。从此之后，原主张以和平方式借皇帝权力维新变法的维新志士，一部分逐渐转到革命的道路上来了。

1901年，秦力山、沈翔云、冯自由等在日本创办《国民报》，宣倡革命反清。1902年梁启超在日本创办《新民丛报》，此时主要介绍西方的政治社会学说，宣传维新变法的思想，提倡"民族主义"。此年4月，在孙中山支持下，章炳麟、秦力山等人在日本东京举行"支那亡国二百四十周年纪念会"，章炳麟在《宣言书》上说中国在南明永历帝（1661年）就灭亡了，号召留日学生"雪涕来会，以志亡国"，革命反清。这就是1900年到1902年维新派主要人物的活动情况，其特点就是开始动用武装"勤王"，有人宣传革命"排满"。

前面论及，刘鹗反对"乱动"，即暴力革命，他"忠君爱国"，主张"直陈于上，而速筹挽救之法"，即把救国的希望寄托在清政府统治集团维新变法施行新政策上面了，这与戊戌变法的手段没有根本的区别。他的观点是如果国内有武装斗争暴力革命发生，"船覆的更快了"，国家就先灭亡了。刘鹗之所以第一次对康、梁为首的维新志士表示不满，因为他们首次策划了自立军武装"勤王"；"康、梁之徒"，有些人开始宣传革命"排满"，若挑起内乱，只有加速国家

---

① 详见《中国大百科全书·哲学》，第1144页。

灭亡。故曰："迩者，康、梁之徒出而鼓荡之，天下殆哉岌岌乎！"未见他对戊戌变法时维新派的政治纲领有任何非议的记载。戊戌年三月他参加了康、梁组织的保国会，四月因晋矿问题被弹劾遭查拿，盖避风躲难，故难以参加四月下旬到八月的戊戌变法政治活动，只能暗中观望。

　　康有为、梁启超对义和团和革命党是什么态度呢？维新派领袖康有为认为革命将会使"天下大乱"，"革命非一国之吉祥善事也"，"互相攻击，各自统领，各相并吞，各相屠城，流血成河，死人如麻……，剪其种族数万万，而必至鹬蚌相持，渔人得利也"，称义和团为"拳匪"[1]；诬蔑革命党"救国而国将毙，救民而民殆屠尽，凡倡革者身必死"[2]。"以康有为、梁启超为首的保皇党，极力反对义和团革命运动"，称义和团为"匪""蛇、豕"。"康有为的门徒汪康年竟然在他所办的《中外日报》上，咒骂义和团'虽具人形，其实绝不知为人之理'"；康、梁支持的"自立会大肆污蔑义和团为'贼'，攻击义和团运动是'败国'的根源，极力主张用武力'驱除'"[3]。刘鹗在《老残游记》里说："诸位切不可乱动！倘若这样做去，胜负未分，船先覆了！万万没有这个办法！"咒骂"北拳南革"是"疫鼠传殃成害马"，"癞犬流灾化毒龙"，"此二乱党""瞎捣乱""恶人""恶障""送了国家的性命""阿修罗部下的妖魔鬼怪""反背天理""反背国法""反背人情"等等。他在《风潮论》中说："吾于报纸力抵其（义和团）非。一则曰地方官不禁，将成大患；再则曰地方官不禁，将成大患"，上面事实显示康、梁为首的维新派与刘鹗对"北拳南革"的政治态度是一致的。说明刘鹗的维新改良思想属于康、梁一脉。

---

　　[1] 康有为：《答南北美洲诸华商论中国只可行立宪不可行革命书》，见《康有为政论集》，第479、480、481、487页。
　　[2] 康有为：《法国大革命记》，《康有为政论集》，第591页。
　　[3] 徐凤晨、赵矢元主编：《中国近代史》，辽宁人民出版社1982年版，第476、477页。

综前论述，刘鹗与变法维新派主要人物关系密切，志同道合；维新变法的政治主张、方式、对光绪皇帝的态度与刘鹗的救之之法等，如出一辙，说明刘鹗对维新变法非常赞同，并且勇敢实践；康、梁为首的维新派与刘鹗对"北拳南革"的态度也是一致的。但刘鹗不赞成维新派的武装"勤王"和某些维新志士的革命排满，原因如下：武装、革命，其斗争将引起内"乱""天下大乱"，"胜负未分"，国家先亡；救国救民、"富国""养民"、办实业等良策，必须有一个和平环境，"得休息数十年"、"自强之势可成；而国本可立"；太谷学派要求弟子"为季世开太平"[①]，太谷学派第三代传人悲天悯人的刘鹗，自然反对武装暴力革命。这也是他极力反对"北拳南革"的根本原因。他虽然认为"此二乱党，皆所以酿劫运，亦皆所以开文明也"，但经对上述三方面综合考虑利弊，还是坚决反对之。孙中山领导的资产阶级民主主义革命，推翻了反动腐朽的清朝政府，结束了两千多年的封建帝制，推动了中国社会的向前发展，具有划时代的伟大意义，然而刘鹗极力反对之，反映了其很大的阶级局限性和思想局限性。

（《刘鹗及〈老残游记〉研究》，民族出版社 1995 年版）

[①] 张积中：《黄崖夫子示门弟子书》，见《资料》，第 562 页。

论刘鹗《老残游记》的创作心理动机

艺术家的创作活动，都是由其某种或某些创作动机所驱动的。而某种创作动机，又都是以某种需求为诱因而引发的。"艺术动机是基于需要而生的，它是具有进行一定艺术活动相应能力的主体，在一定环境下所激发起来的指向特定艺术对象的心理动力。"

刘鹗（1857—1909）生活在中国的近代。清政府腐败无能，两次鸦片战争、中法战争、中日战争等均以失败告终，与帝国主义列强签订了一系列不平等的丧权辱国的条约，割地赔款。帝国主义加等对中国进行侵略、掠夺，强行租借领土，划分势力范围，欲豆剖瓜分中国，国家的命运岌岌可危。太平天国革命、捻军起义、义和团运动、戊戌变法等虽均遭到清政府的残酷镇压，但也动摇了清政府的反动统治，广大中国人民深陷水火。作者刘鹗——具有一定创作能力和修养的主体，在客体——复杂危机的国家形势变化的事物的刺激下，深深陷入悲哀、痛苦、愤恨、苦闷、忧伤之中，积郁了许多被压抑的心理能量，需要宣泄。蕴蓄的感受和情感在心中冲腾，在主体一定心理定势的作用下，其理想、主张、感情的宣泄需要寄予小说来实现，以取得心理的平衡，调节自我的精神，引发了刘鹗创作小说《老残游记》的动机。这是他被压抑欲望的升华。作者在《老残游记》的《自叙》中说：

> 吾人生今之时，有身世之感情，有家国之感情，有社会之感情，有种教之感情。其感情愈深者，其哭泣愈痛：此鸿都百

炼生所以有《老残游记》之作也。

> 棋局已残，吾人将老，欲不哭泣也得乎？吾知海内千芳，人间万艳，必有与吾同哭同悲者焉！

说明此书的创作动机是刘鹗以笔代喉舌，宣泄自己积郁被压抑的心理能量的需要而产生的。这是我们从文艺心理学的角度，概括论述刘鹗《老残游记》创作心理动机的引发过程。

此书的思想内容是复杂而丰富的，创作动机又是基于需要而产生的，这就反映了作者的创作动机是出于诸多方面的需要、多层次的需求。那么此书作者都是基于哪些需要而诱发了创作动机的呢？美国著名心理学家马斯洛（也有译成马斯劳的），将人类的需求按着轻重低高分为：生存的需要、安全的需要、归属的需要、尊重的需要、自我实现的需要五个层次，即所谓"需要层次说"。某一作家的创作动机，可能是一种需要为诱因而引发，也可能是二种，一般说来都表现为多方面、多层次的需求而引发的。这些需要有时又交织在一起。下面我们按着美国著名心理学家马斯洛的"需要层次说"，全面深入探讨刘鹗《老残游记》的创作心理动机。

一

刘大绅在《关于〈老残游记〉·著作〈老残游记〉之源委》中说，京曹中有沈虞希、连梦青与《天津日日新闻》之方药雨为友，方于报端登载沈虞希揭李鸿章与沙俄订密约之事，沈被捕而杖死。连梦青被株连，避难上海。连母在原籍不安全，也迎养来沪。梦青"横遭灾祸，资装已失"，不能维持生活，"性格又孤介，不愿受人资助"，以卖文为生，收入"仍不足维持其菽水所需"。"先君知其耿介，且也知其售稿事，因草于一小说稿赠之。连感先君意，不得不受，亦售之商务"，时商务书馆正刊行《绣像小说》。梦青与商务书馆签约时，鹗只写三数回，连续作之，此书便是《老残游记》。看来此书的创作动机，是为了资助连梦青的经济生活的需要而引发的。虽然不是刘鹗经济生活的直接需要，总之是出于一种生活上的紧迫的经济需求。连梦青是清政府追缉的对象，沈虞希的"同党"。沈虞希即沈荩，戊戌变法时与谭嗣同交往密切。1900年与唐才常组织正气会，后改为"自立会"，致力于自立军运动，为右军统帅，后从事反清活动。自然"同党"连梦青也是刘鹗所反对的具有民族民主革命思想的人。刘鹗反对"北拳南革"，却对连梦青真诚相助，岂不矛盾？这是一种什么心理？我国封建社会的知识分子的文化心理，虽以儒教为主导，但是成儒、释、道三者的融合体。三教的共同点，用此书人物玙姑的话说是："诱人为善，引人处于大公。"刘鹗为太谷学派第三代传人之一。为了实现太谷学派"立功、立言、立德""达则兼善天下"的宗旨，和受传统文化心理"善"的驱使，才写小说资助连梦青的。这实际上也是学派归属的需要，也是作者自我实现的需要。刘鹗为用稿费资助梦青生活的经济需要，即为朋友生存的需要，生理的需求，诱发了创作小说《老残游记》的心理动机。按太谷学派教义，"万物皆我胞与，不惟一夫之饥，犹己饥之；一夫之寒，犹己寒之；即一草一木不得其所，亦以为由己所致"，连梦青的饥寒就是自己的饥寒，连梦青生存的经济需求，就是自己的生存需求。刘鹗是这样看的，也是这样做的。按马斯洛的"需要层次说"，生存的需要，生理的需求，这是人类生存最为基本的需求，属于第一个层次。

二

美国心理学家马斯洛的"需要层次说"，把安全的需要作为人类需求的第二个层次。"安全的需要，也是对于秩序和稳定的需要。"

作者在第一回中，写他梦见一艘大帆船："在那洪波巨浪之中，好不危险""实在危险得极"，"看这船上的人都有民不聊生的气象"，这大船"虽有二十三四丈长，却是破坏的地方不少：东边有一块，约有三丈长短，已经破坏，浪花直灌进去；那旁，仍在东边，又有一块，约长一丈，水波亦渐渐浸入；其余的地方，无一处没有伤痕"；"此时人家正在性命交关"，"这一船人实在可危的极"，"这船……破坏不堪，你们全家老幼性命都在船上，难道都在这里等死不成"，可见作者笔下这艘大帆船是漏洞百出，伤痕累累，顷刻间就要倾覆，船上人寒风刺骨，浪花溅身，又湿又寒，又饥又怕，民不聊生，葬身海底的厄运已经临头。在这岌岌可危、生死存亡的紧迫关头，该怎样救人救船？老残认为：一是给船上送去"向盘""纪限仪"；一是告知船主："有风浪与无风浪时驾驶不同之处"，这样就可以摆脱危险，安全靠岸。"将那几个驾驶的人打死，换上几个"，老残不同意："他们船上驾驶的不下头二百人，我们三个人要去杀他，恐怕只会送死，不会成事罢"；船上演说的人号召"打那个掌舵的"、杀"管船的"，老年晓事的人反对："诸位切不可乱动！倘若这样做去，胜负未分，船先覆了！万万没有这个办法！"老残赞道："幸而尚有几个老成持重的人，不然，这船覆的更快了。"风雨飘摇中的破旧大船象征着面临列强豆剖瓜分的古老中国；船载之人，象征着灾难深重深陷水火的中国人民。老残反对"乱动"，即反对暴力革命，推翻反动腐败的清政府，如果"乱动"，他以为"船覆的更快"，即加速国家的灭亡，"胜负未分，船先覆了"。换句话说，他坚决维护这破旧中国封建社会的秩序和安稳，维护清政府的统治，本身的安全也在其中了。他在此回的《原评》中说：

> 举世皆病，又举世皆睡。真正无下手处，摇串铃先醒其睡。无论何等病症，非先醒无治法。具菩萨婆心，得异人口诀。铃而曰串，则盼望同志相助。心苦情切。

从此可以看出作者创作此书的心理动机及其自觉性。他用佛口婆心，心苦情切，呼唤中国人醒来，首先要维护社会的安稳和秩序。然后用"向盘""纪限仪"，即学习外国的科学技术救国。为了实现自己的主张，为了大船"安全"的需要为诱因，才引发创作此小说的心理动机。他反对暴力革命，主张兴办实业，来"富国养民"，未能摆脱其阶级归属和实业救国的需要。

酷吏玉贤伤天害理，逼民为盗。申东造向老残请教"为民除害"，"化盗为民"之良策。申东造的宗旨是："以为民除害为主。果能使地方安静，虽无不次之迁，要亦不至于冻馁。"可见这是申东造为本地的"安静"，即社会的安稳和秩序而实行的举措。老残献一个"包你境内没有一个盗案；倘有盗案，且可以包你顷刻便获"的"至良极美的法则"，即荐讲武功的巨擘，武艺高强的刘仁甫组织十人的小分队防盗破案。老残道：

> 我方才说这个刘仁甫，江湖都是大有名的。京城里镖局上请过他几次，他都不肯去，情愿埋名隐姓，做个农夫。若是此人来时，待以上宾之礼，仿佛贵县开了一个保护本县的镖局。他无事时，在街上茶馆饭店里坐坐，这过往的人，凡是江湖上朋友，他到眼便知，随便会几个茶饭东道，不消十天半个月，各处大盗头目就全晓得了，立刻便要传出号令：某人立足之地，不许打搅的。……至于小盗，他本无门径，随意乱做，就近处，自有人来暗中报信，失主尚未来县报案，他的手下人倒已先将盗犯获住了。若是稍远的地方做了案子，沿路也有他们的朋友，替他暗中捕下去，无论走到何处，俱捉得到的。

作者从第七回："借箸代筹一县策"到第十二回开头，都是以寻访刘仁甫为线索而展开的。第十二回开始写此法的灵验，"至良极美"的效果：

> 刘仁甫见辞不掉，只好安排了自己私事，同申子平回到城武。申东造果然待之以上宾之礼，其余一切均照老残所嘱付的办理。初起也还有一两起盗案，一月之后，竟到了"犬不夜吠"

的境界了。

作者用这么多的笔墨，着意描写治盗的良策，就是为了教给社会如何治盗防盗，维护社会治安和秩序，出之于作者对社会安全的需要，其创作动机是由此而引发的。

作者以这种社会安全为诱因，创作一些对"北拳南革"进行咒骂、诬蔑、反对的情节。说革命的"英雄豪杰"是"乱动"，"只管自己敛钱，叫别人流血的"，"找了一块众人伤害不着的地方，立住了脚"，"幸而尚有几个老成持重的人，不然，这船覆的更快了"。在第十一回中，咒骂义和团"疫鼠传殃成害马"、南革"瘌犬流灾化毒龙"。玙姑、黄龙子、申子平在交谈中称"北拳南革"都是"阿修罗部下的鬼怪妖魔"、"乱党"、"酿劫运"、"恶人"、"瞎捣乱"、"恶障"、"世道却被他搅坏了"、"将来北拳的那一拳，也几乎送了国家的性命，煞是可怕"、"一谈了革命，就可以不受天理国法人情的拘束……。今者，不管天理，不畏国法，不近人情，放肆做去，这种痛快，不有人灾，必有鬼祸"。他用"菩萨婆心"谆谆告诫人们的是："诸位切忌：若搅入他的党里去，将来也是跟着溃烂，送了性命的！""但牢牢记住：事事托鬼神便是北拳党人，力辟无鬼神的便是南革党人。若遇此等人，敬而远之，以免杀身之祸，要紧，要紧！""诸位切不可乱动！倘若这样做去，胜负未分，船先覆了！万万没有这个办法！"老残非常赞成。这似乎是为了个人安全、他人和社会的安全的需要为诱因而引发的创作动机。他反复告诫人们如何避"人灾""鬼祸"呢？必"管天理""畏国法""近人情"，即不要造反，不要暴力革命，进而达到稳定社会秩序，维护清政府腐朽统治的目的。这也是阶级归属的需要。

作者在第十一回的《原评》中说：

> 此卷书亦能辟邪，一切妖魔鬼怪见之亦走。……此卷书若虔心诵读，刀兵水火亦不能伤害。……此卷书佩在身边，亦有

金甲神将暗中保护。……此卷书读十遍亦能洞见鬼物。

可见作者创作此书的心理动机无疑是让人们把此书当作保护自身安全的宝物，以此洞察"鬼物"，驱除"妖魔鬼怪"，防"刀兵水火"伤害。为夸张此书的作用，不惜蒙上迷信的色彩，"佩在身边，亦有金甲神将暗中保护"。刘鹗创作《老残游记》的心理动机是基于自身的安全的需要，他人安全的需要，社会安全的需要而引发的。

三

"归属的需要"，归属和爱的需要，这是在前两个需要得到解决以后才出现的，这是马斯洛"需要层次说"的第三个层次。

在中国近代史上19世纪60年代到90年代中期，出现了所谓的"洋务运动"。二次鸦片战争中国失败，资本主义列强加紧了对中国的侵略和掠夺；太平天国农民革命运动等，沉重打击了清政府的反动统治，清政府陷入"内外交困"的境地。在此情形下，为了维护清政府摇摇欲坠的封建统治，朝廷中一些具有资产阶级思想倾向的封建地主阶级的代表人物恭亲王奕䜣、军机大臣文祥等，在地方有曾国藩、左宗棠、李鸿章、张之洞等，都提出学习西方的"船坚炮利"，"学外人之长技，以成中国之长技"，即学习西方的科学技术，引进机器生产等，以"求强""求富"。编练新式海陆军，兴建近代军工业，制造枪炮船舰，兴办近代工矿交通电讯业等。设立新学堂、派遣留学生等。史称这些人为"洋务派"。为了实现他们的主张，对外实行妥协退让的政策，对内镇压人民的反抗，以求得一个安定和平的环境。他们的根本目的是维护巩固清王朝的统治。由于他们的封建地主阶级的属性及反动腐朽的封建制度不可能使中国富起来，也不可能抵御外来的侵略和欺辱，最后走向失败的道路。

"洋务派"对刘鹗有一定的影响，中日甲午战争之后，实业救国的思潮逐渐高涨，对刘鹗的影响最大。甲午战争前只经营过烟草，

开过书局,而大规模办实业,都在甲午战争失败之后。他在《矿事启》中说:

> 仆自甲午以后,痛中国之衰弱,虑列强之瓜分,未可听其自然。思亟求防御之方,非种种改良不可。欲求改良必先开风气,欲开风气必先通铁路,欲通铁路必先筹养路之费,舍农工商矿更有何赖?而农工商三者之利其兴也,必在风气大开之后。缓不济急,只有开矿一事见效易而收效速,为当务之首矣。

可见刘鹗"痛中国之衰弱,虑列强之瓜分",思极"防御之方","种种改良",应首办矿业修铁路的思想主张。他在《风潮论》中说:

> 若中国无款,则路矿遂不能办,路矿不能办,而生利之源绝矣。以无款而路矿不办,与借洋款而路矿速办相比较,则借洋款者是矣。
> 我国出口货值,每不敌进口货之多,病在运路不通。运路既通,土产之销场可旺,工艺之进步可卜,倘能风气大开,民富国强屈指可计也。而开矿实为之基矣。(《呈晋抚禀》)

可见刘鹗主张引进外资,速办路矿,以实现民富国强。他在《呈晋抚禀》中云:

> 今日亟欲引商权入内者,正恐他日有不幸而为兵权所迫之事,必早杜其而渐之萌,为忠君爱国者当今之急务矣。

又在《矿事启》中说:

> 仆之宗旨在广引商力以御兵力,俾我得休息数十年以极力

> 整顿工农商务，庶几自强之势可成；而国本可立。抚念时局，蚤夜彷徨。捧土塞河，诚自知其不量；竭愚尽萃，要无非忠君爱国之忱，知我罪我，惟诸君裁之。

说明刘鹗竭力引进外资、外商、修路、开矿，以求"民富国强"的思想核心是"忠君爱国"，维护清政府的统治。他曾应洋务派头子湖广总督张之洞电召来武汉，张欲让刘鹗办"铁政铁路"二事。刘曾受聘外商在华经理，后自己也办了一些实业。

第一回，描写梦里在洪波巨浪，风雨飘摇中破烂不堪的大船及民不聊生的船民该如何救护的时候，老残极力主张送上"向盘""纪限仪"，即用学习洋人科学技术，兴办实业来达到"富国养民"的目的，这些描写，明显看出是出诸他的阶级归属的需要。他用"切不可""切忌""牢牢记住"，以"菩萨婆心"呼唤人们要保持社会的"安静"，不要"乱动"，即不要造反，要循"天理"、守"国法"、"近人情"，极尽诬蔑诽谤"北拳南革"之能事；献一县之策，以武艺高强者治盗，效果"至良极美"，这些创作是出之于维护巩固清政府的腐败统治，要有一个和平安稳的社会环境来兴办实业的需要，以"富国养民""忠君爱国"为宗旨，是封建地主阶级归属的需要，爱的需要，而诱发创作动机的。

另外作者写山东废民埝，几十万人的生命财产付诸东流，他对黎民百姓深切的爱和无限的同情。第十三回《原评》中说："惨不忍闻，况目见乎，此作者所以寄泪也。"第十四回《原评》中说："生平有三大伤心事，山东废民埝，是其伤心之一也。"他在小说中描写救翠环、翠花于水火，写信给宫保救魏家父女，写老残亲自调查寻访，费了许多周折和艰辛，使魏家冤案昭雪真相大白，救活十三条人命，写"德慧生救人救澈"。用逸云的话说："无不爱之人，只是不管他是男是女。"第六回写道：

> 想到这里，觉得替这些鸟雀愁苦的受不得。转念又想："这

些鸟雀虽然冻饿，却没有人放枪伤害他，又没有什么网罗来捉他，不过暂时饥寒，撑到明年开春，便快活不尽了。若象这曹州府的百姓呢，近几年的年岁，也就很不好。又有这们一个酷虐的父母官，动不动就捉了去当强盗待，用站笼站杀，吓的连一句话也说不出来，于饥寒之外，又多一层惧怕，岂不比这鸟雀还要苦吗？"想到这里，不觉落下泪来。又见那老鸦有一阵刮刮的叫了几声，仿佛他不是号寒啼饥，却是为有言论自由的乐趣，来骄这曹州府百姓似的。想到此处，不觉怒发冲冠，恨不得立刻将玉贤杀掉，方出心头之恨。

虽然同情之心人皆有之，但以"立功、立言、立德"、"一夫之饥，犹己饥之；一夫之寒，犹己寒之；即一草一木不得其所，亦以为由己所致"、"达则兼济天下"为宗旨的太谷学派第三代传人之一的刘鹗，写上述内容，正是为"种教之感情"而哭泣。上述内容的创作心理动机，是由太谷学派归属的需要而引发的。"续集"中写青龙子、黄龙子、赤龙子、逸云等的思想、活动及老残地狱之游，"外编"的创作也是为了"规劝世人"，都明显看出作者创作动机是太谷学派归属的需要，爱的需要所诱发的。

四

美国心理学家马斯洛的"需要层次说"，把"尊重的需要"列为第三个层次。将其分为二种情况：自尊和他人的尊重。"自尊包括对获得信心、能力、本领、成就、独立和自由等的愿望。来自他人的尊重包括这样一些概念：威望、承认、接受、关心、地位、名誉和赏识。"刘鹗有获得自尊和他人尊重的愿望，成为他创作动机诱因的一部分。

第一回，关于如何救国救民的问题，作者不是正面描写，而是采用了以梦境象征的手法，从而避开与现实的矛盾冲突。这表明主体宣泄自己理想愿望的需要受到压抑，而将真正动机隐埋起来。作者的主张和理想是富国养民，兴办实业，引进外资，修路、开矿、兴工、劝农，但是这些主张和理想尤其受清朝的以慈禧太后为首的顽固派强烈反对。维新派、顽固派、洋务派的斗争也十分激烈。中国的近代，由于帝国主义殖民者在中国横行霸道，胡作非为，中国人的反帝排外情绪普遍高涨，在此情况下，他曾上书直隶总督，建议用外资兴建铁路，受到顽固派的反对，京城的同乡要开除他的乡籍。后又被英福商公司聘用，任华经理，为外商服务，被人们指责为"汉奸"，"怨家满地"；"庚子之乱"，朝廷的顽固派刚毅，要求以"通洋""售国"，对其"明正典刑"。所以他的理想和愿望受到极大的压抑。在宣泄积郁的心理能量时采用梦和象征的手法，曲折地表达了自己的理想和愿望，也表现出明显的被压抑的心理状态。如第一回：

> 忽然起了咆哮，说道："船主！船主！千万不可为这人所惑！他们用的是外国向盘，一定是洋鬼子差遣来的汉奸！他们是天主教！他们将这只大船已经卖与洋鬼子了，所以才有这个向盘。请船主赶紧将这三人绑去杀了，以除后患。倘与他们多说几句话，再用了他的向盘，就算收了洋鬼子的定钱，他就要来拿我们的船了！"谁知这一阵嘈嚷，满船的人俱为之震动。就是那演说的英雄豪杰，也在那里喊道："这是卖船的汉奸！快杀，快杀！"

作者把真正的动机隐藏起来，使人曲折地理解接受自己的主张和理想，宣泄了对他人把自己诬为"汉奸"的愤懑之情，并为自己辩解。这是出于维护自己的名誉和受到他人的尊重的需要，也是为了安全的需要而诱发的创作心理动机。

在第十二回中，老残谈到太谷灯时说："可惜出在中国，若是出在欧美各国，这第一个造灯的人，各报上定要替他扬名，国家就要给他专利的凭据了","这太谷第一个造灯的人,同那寿州第一个造斗的人,虽能使器物利用,名满天下,而自己的声名埋没"。以此推之,彼时中国虽然没有专利法,但自古以来诗文写得好的,皆"名满天下",永传千古。"厕国闻报馆主笔"的刘鹗是深知这一点的。稿费尚可救济朋友。况且按太谷学派的要求,创作小说也是"立功""立言"的表现,可以传世,精神可以永存,长久受到更多人的尊重。

在第二回的《原评》中说:"王小玉说书,为声色绝调。百炼生著书,为文章绝调。"可见作者对自己作品的荣誉感、自豪感,自我欣赏之状可掬。这是一种自尊的心理状态。

在第十一回《原评》中云:"……此卷书亦能辟邪,一切妖魔鬼怪见之亦走。……此卷书若虔心诵读,刀兵水火亦不能伤害。……此卷书佩在身边,亦有金甲神将暗中保护。……此卷书读十遍亦能洞见鬼物",表现了作者的一种自尊和自信,说明作者创作动机是为获得极大成就和重大价值的需求而引发的。

在第八回《原评》中说:"唐子畏画虎,不及施耐庵说虎;唐子畏画的是死虎,施耐庵说的是活虎。施耐庵说虎,不及百炼生说虎;施耐庵说的是凡虎,百炼生说的是神虎。"作者自视文章鬼斧神工,高于一切。第十五回《原评》中说:"乃忽然火起,热上加热,闹中添闹,文笔真有不可思议功德。"是说自己的创作,文笔的功夫修养是很高超的,可见是为了获得荣誉和赞赏的需要而创作的。

第十七回《原评》:"金圣叹批《西厢》拷红一阕,都说快事。若见此卷书,必又说出许多快事",表现了作者的自信心理及希望被人称赞欣赏的心理,即自尊和获得他人尊重的心态。

第四回《原评》曰:"玉贤抚山西,其虐待教士,并令兵丁强奸女教士,种种恶状,人多知之。至其守曹州,大得贤声,当时所为,人多不知,幸赖此书传出,将来可资正史采用,小说云乎者。"第十三回《原评》曰:"野史者,补正史之缺也。名可托诸子虚,事须征诸实在。此两回所写北妓,一斑毫厘无爽,推而至于别项,亦可知矣。"此二《原评》表明作者希望此书流传后世,"补正史之缺","将来可资正史采用"。这说明作者为自己的创作取得史学方面的特殊价值和作用的需要而引发了创作动机。

第十六回《原评》中云:"作者苦心愿天下清官勿以不要钱便可任性妄为也。历来小说皆揭赃官之恶,有揭清官之恶者,自《老残游记》始。"作者愿自己的小说能获得开拓性的成就,得到人们的赏识和敬佩。揭"清官之恶",使他们不至于"误国",仍未能脱离作者阶级归属的需要。从上述《原评》可见作者的创作动机是为了自尊和他人尊重的需要而诱发的。

再看书中人物,无不赞佩老残,他到处受到恭维和尊敬。老残虽表现一定谦虚,但仍然是津津乐道,春风得意,自我陶醉。第三回,老残把抚院内文案高绍殷的小妾咽病治愈后,高到老残寓所探访见他看古板书,赞叹不绝,道:"先生本是科第世家,为甚不在功名上讲求,却操此冷业?虽说富贵浮云,未免太高尚了罢。"高绍殷又说:"姚云翁就将阁下学问怎样,品行怎样,而又通达人情、熟谙世势怎样,说得宫保抓耳挠腮,十分欢喜。"第四回,掌柜说道:"你老真好造化!上房一个李老爷,一个张老爷,都拿着京城里的信去见抚台,三次五次的见不着。……象你老这样抚台央出文案老爷来请进去谈谈,这面子有多大!"又,掌柜说道:"这二年里,住在俺店里的客,抚台也常有送酒席来的,都不过是寻常酒席,差个戈什来就算了。象这样尊重,俺这里是头一回呢。"第六回,申东造道:"还听姚云翁说:宫保看补翁去了,心里着实难过,说:自己一生契重名士,以为无不可招致之人,今日竟遇着一个铁君,真是浮云富贵。反心内照,愈觉得龌龊不堪了!"东造又道:"象我们这些庸材,只好混混罢了。阁下如此宏材大略,不出来做点事情,实在可惜。无才者抵死要做官,有才者抵死不做官,此正是天地间第一憾事!"第十八回,白子寿说:"这种奇案,岂是寻常差人能办的事?不得已,才请教你这个福尔摩斯呢"等等。与老残接触的大小官吏和一般人极尽尊敬、恭维、赞美之能事,颂扬他"宏材大略"、超凡脱俗、本领过人、科第世家、学问经济出众、人品高尚、身价百倍。"老残"是作者的化身，作者在小说中如是写显然是一种自尊，并想获得他人的尊重。综上所述，为了"尊重的需要"也是作者的创作动机的诱因之一。

五

自我实现，按马斯洛的"需要层次说"，是最高层次的需要。人要竭力施展自己的能力，想要实现自己的所有潜力，要"对天赋、能力、潜力等等的充分开拓和利用。这样的人能够实现自己的愿望，对他们力所能及的事总是尽力去完成"。人是需要自我实现的。由于某种条件的限制，不是人人都能得到充分的自我实现。其中部分有艺术修养和创作能力的人，他的理想和愿望，他心中积郁的被压抑的能量，可以通过艺术创造的作品来实现，来宣泄、纾释。"艺术是艺术想象的产物（而且就是它的物态化）"，"艺术想象就是这些积郁于胸的感受或情感的意象表现"（高楠：《艺术心理学》）。在现实中，对实物对象的能量发泄有时因受到种种限制，是办不到的，但是在意象的天地里，可以借助想象或幻想做自己想做的一切事情。可以充分实现自己的一切理想和目标。意象世界被主体主宰着。

他怀着"富国养民"的理想，为实现自己的主张，在第一回里塑造的梦中的一艘破旧的大船，在风雨洪波、惊涛骇浪之中，时刻都有倾覆的危险。这艘大船就象征着岌岌可危的中国。如何使大船安全靠岸和拯救船民呢？他极力反对打"掌舵的"、杀"管船的"、"骂船主"，反对"乱动"，其寓意就是反对人民起来造反，维护中国封建王朝清政府的反动统治和社会秩序。他主张把"向盘""纪限仪"送上。即通过学习外国科学技术，兴办实业，富国养民。他在此回的《原评》中说："更唤醒许多痴汉，不必替人枉送头颅。"即告诫人们，不要追随革命。刘鹗在其《风潮论》中说："当民不聊生之日，有孙汶亦乱，无孙汶亦乱也。当轴诸贤，宜去其忌讳之心，直陈于上，而速筹挽救之法也。不然者，一二年后即不堪设想矣。救之之法安在？仍不越修路、开矿、兴工、劝农四项而已。"作者对救助大船和不聊生船民的描写，正是他这种政治思想的意象活动和物态化。

第三回描写有个候补道台在北柱楼请老残吃饭，席间上下左右，有议论玉贤者。有的说他"办强盗办的好，不到一年竟有路不拾遗的景象"；有的说他"残忍""酷虐""未到一年，站笼站死两千多人"，枉害百姓；宫保准备对他专折明保等等。在此回的《原评》中云："北柱楼一席话，各人俱有不满玉贤之意。只以'路不拾遗'四字美名，无人敢直发其奸。亦由省城距曹州较远，未能得其确耗。"为此，老残告辞宫保，一面探访曹州亲戚，一面"风闻玉守的政声，也要去参考参考，究竟是个何等样人"。于是老残亲自赴曹州探访玉贤的政绩。

老残来曹州府属董家口下船，向店主人老董了解到，玉大人办案"手太辣"，"做了强盗的兵器了"。进而了解到于朝栋家的冤案，是强盗做的圈套，故意栽赃陷害，却无辜站死于家三口，自尽一人。玉大人认为"人赃现获"，便断定他家是"强盗"，对于家父子的真实供词丝毫听不进去，严刑逼供。吴举人欲申述冤情，他"一应不见"，又"不照律例办事"。陈人美欲托"稿案"说情，玉大人也要用站笼将其站起来，极刚愎自用之至。老残宣泄自己的愤懑之情道："玉贤这个酷吏，实在令人可恨！"

老残到王家小店，看一妇人觍觍而泣，回问老董，知道是店主的儿子进城贩买，多喝两杯酒，信口开河，说："玉大人怎么糊涂，怎么好冤枉人"，被玉贤私访的人听见，抓到衙门站死。老残听后极为愤慨，又宣泄说："玉贤真正是死有余辜的人，怎么省城官声好到那步田地？煞是怪事！我若有权，此人在必杀之例。"

住马村集，店伙说店主进城为妹夫收尸去了。原来有个父女一户，其闺女被玉大人的马队什长王三以势霸占，被其父发现后，关在屋里不准出去，王三设了个法子将其毁掉，人和财产统归王三了。

掌柜妹夫知道情况，酒后多言，传到王三耳朵里，王三也设了个法子，硬说他卖的布是偷来的，拉去用站笼站死。

作者在此第五回《原评》中说："玉贤对稿案所发议论，罪不容诛。哀哀我民，何遭此不幸！站笼里多添个屈死鬼，尤其可惨。"抒发了对玉贤的切齿痛恨、对冤屈的百姓无限怜悯之情。

老残到曹州府城，访本府的政绩，"竟是一口同声说好，不过都带有惨淡颜色"。老残喟叹道："深服古人'苛政猛于虎'真是不错。""衙门口有十二架站笼，天天不得空"，真正的盗贼一百个中也没有几个，冤案甚多。老残调查的结论是：玉大人"不过是下流的酷吏，又比郅都、宁成等人次一等了"。可玉大人正加衔晋爵呢。

老残回店闷坐，不禁深有所感，题壁诗一首，专咏玉贤：

得失沦肌髓，因之急事功。
冤埋城阙暗，血染顶珠红。
处处鸺鹠雨，山山虎豹风。
杀民如杀贼，太守是元戎！

揭露玉贤利欲熏心，急于升官，滥杀无辜的丑恶行径，宣泄了作者强烈的义愤之情。老残午饭后望着纷纷大雪，产生了人不如雀、乌鸦骄人的心理活动（见前，此略）。"想到此处，不觉怒发冲冠，恨不得立刻将玉贤杀掉，方出心头之恨。"老残对玉贤的酷虐，义愤填膺，怒不可遏。人不如鸟，生命没有保障，没有言论自由。宣泄心中的不平，恢复了心理的平衡，调节了自我的精神。

老残又抒泄道：

你想，这个玉太尊不是个有才的吗？只为过于要做官，且急于做大官，所以伤天害理的做到这样。而且政声又如此其好，怕不数年之间就要方面兼圻的吗。官愈大，害愈甚：守一府则一府伤，抚一省则一省残，宰天下则天下死！

小说作者在第四回的《原评》中说：

> 至其守曹州，大得贤声，当时所为，人多不知，幸赖此书传出，将来可资正史采用，小说云乎者。

作者揭露玉贤之流，对历朝国家的危害，望引以为鉴。写小说供写正史者采用，历史应给真实记载和公允的评价，这是作者追求的理想愿望，正是作者自我实现的需要。

第十五回，写老残从黄人瑞嘴里了解到贾魏家的命案。刚弼以魏家肯出钱打点，且钱数正好是一条人命的折半，就断定人是魏家女所害，"已成铁案，决无疑义"，并严刑逼供。王子谨与刚弼是"同官"，不好"得罪"，觉得案子有问题，让老残写信给庄宫保，派白子寿来复审。老残说："天下事冤枉的多着呢，但是碰在我辈眼目中，尽心力替他做一下子就罢了。"待宫保回信，亲自送上，闯了公堂。按宫保覆信："请即传谕王、刚二令，不得滥刑。魏谦父女取保回家，候白守覆讯。"解救了魏家父女两条性命。白大人来后，经多方反复调查，细心研究，查明月饼中无毒，砒霜是后来加的。白子寿委派老残调查此案，老残先见死救人，后为沉冤昭雪，皆见义勇为。他吩咐许亮先去齐东村暗中察访毒药的来历；自己去省城中西大药房调查，又拜访神甫克扯斯。以行医为名去齐东村为魏家女治病暗自了解真情，取了王二看到吴二浪子倒药水的证据。又谋划让许亮去省城物色吴二浪子，最后取得物证"千日醉"。他为找解药亲自经泰山东路去访青龙子，不遇。又去玄珠洞寻访，最后取来"返魂香"，救活了十三条人命。为了实现救人的愿望，作者创造了超越现实的情节，即用"返魂香"救活了现实中已不能再活的死了几个月的人命。老残见义勇为，一封信救活魏家父女，比吃了人参果心里还快活。义不容辞，为冤案昭雪，经历千辛万苦，救活十三条人命。这是作者的理想、人格自我实现的需要。

在第十六回的《原评》中云：

> 赃官可恨，人人知之；清官尤可恨，人多不知。盖赃官自知有病，不敢公然为非；清官则自以为我不要钱，何所不可，刚愎自用，小则杀人，大则误国。……作者苦心愿天下清官勿以不要钱便可任性妄为也。历来小说皆揭赃官之恶，有揭清官之恶者，自《老残游记》始。

作者揭清官之恶，目的是"苦心愿天下清官勿以不要钱便可任性妄为也"，"刚愎自用"，"小则杀人，大则误国。"以上昭示天下清官，出于他的社会责任感和"天下兴亡，匹夫有责"的爱国心。"爱国"是有阶级性的。这是作者一种自我实现的需要。

作者写老残给黄瑞和治病；向宫保说明治河之道，不主贾让"不与河争地"之说，应主王景"禹抑洪水"的"抑"字。作者在第十四回的《原评》中说："废济阳以下民埝，是光绪己丑年事。其时作者正奉檄测量东省黄河，目睹尸骸逐流而下，自朝至暮，不知凡几。……作者告予云：生平有三大伤心事，山东废民埝，是其伤心之一也。"作者塑造了两民女翠环、翠花，由废黄河民埝，造成家破人亡，被迫沦为妓女的悲惨故事，宣泄了积郁心中的大量心理能量。抨击宫保"废济阳以下民埝，退守大堤之举""荒谬之至"，对人民的悲惨遭遇寄予无限的同情，对于黄河冲毁的土地财产表现无限惋惜之情。作者在第十三回的《原评》中说："惨不忍闻，况目见乎，此作者所以寄泪也。"作者的创作动机昭然。

作者似乎要尽全力，使国家富强，尽全力欲治黄河，使人民免受灾害，尽全力把受苦受难的魏家父女、翠环翠花等从水火中解救出来，甚至被埋葬几十天的人，能救活也尽全力将他们救活，欲使他们生活在有言论自由、安定的社会环境中。这社会中的清官不随便杀人，不误国。这些就是作者理想中的社会，实际是个乌托邦。作者为了实现这些理想的精神需要而创作，也就是自我实现的需要引发了刘鹗创作《老残游记》的心理动机。自我实现,是马斯洛"需要层次说"的最高层次。

创作动机还存在着潜隐性,有时连作者本身也未意识到,但是在动机发生的心理过程中起作用。此书的创作动机是否存在潜意识呢?也是存在的。

刘鹗在"续编"中写梦游阴曹地府。首先伏见阎王,阎王问罪,按佛家戒经科罪,有人坐了善人小椅子了。这些善人中,有去做城隍的,有投生富贵人家的。这是向世人彰善扬善劝善。写五神问案,严刑处置恶鬼:用骨朵锤、狼牙棒打得血肉飞腥,用油锅炼骨。阴间的刑法都是为"炮炼着去他的恶性的"。"语言积恶石磨研魂",其刑仅次于逆伦,差不多是最重的。尤其是毁人名誉的,阴曹恨这种人最甚。要研磨几十百次,让他们到各种地狱去受罪。"德业积成阴世富,善缘发动化身香",这是彰善瘅恶,劝善惩恶。《老残游记外编》(残稿)也有所谓"规劝世人"之意。作者的希望和理想是人们积善成德,为救世之人。"害世容易救世难",惩恶的理想,在现实中难以实现,在小说中用梦游的方式,在阴曹地府对这种恶人进行严厉的惩罚,尤其是那些犯口罪的人。如此作者宣泄了积郁的大量心理能量。

作者的真情实感不直接抒发,却用梦游地狱的方式来表达,这是一个矛盾,是作者深层意识的显露,刘鹗《致黄葆年》的信中说:

> 圣功大纲,不外教养两途,公以教天下为己任,弟以养天下为己任。各竭心力,互相扶掖为之。上报四重恩,下济三途苦,同为空同之子孙,同培古今之道脉,同身同命,海枯石烂,无有贰心。
>
> 欲以渺渺之身,潜移而默运之。

说明刘鹗为实现学派的理想,"培古今之道脉","海枯石烂,无有贰心","潜移而默运之"的决心。学派的宗旨作为潜意识而深藏,这种思想长期积淀下来，化作潜藏的理性本能，时时在起作用，在创作动机中起作用也是自然的，有时连他自己也未必认识到。

从以上探讨中，我们看到刘鹗《老残游记》的创作动机是由主体多方面、多层次的需要为诱因而诱发的，是综合各种需要在多种因素的配合下而产生的，是非常复杂的。从艺术心理学的角度，科学探讨刘鹗《老残游记》的创作动机，对我们深入准确把握此书的思想内容是不可或缺的，或者说这是对刘鹗《老残游记》研究的重要课题之一。

[此文为"刘鹗及《老残游记》国际学术讨论会"论文，《南京理工大学学报（社会科学版）》1994年第1、2期合刊]

从《风潮论》看《老残游记》

刘鹗的《老残游记》写于1903年至1907年间①。而刘鹗的《风潮论》发表于1907年（月、日不详），是为《天津日日新闻》撰写的社论②，阐述对当前重大政治经济问题的一些看法。可见《风潮论》的写作发表时间，是在《老残游记》的写作时间之内，或相距极近。笔者通过比较研究，发现《风潮论》的某些思想观点，是《老残游记》某些思想内容的概括化、理性化、抽象化。反之，《老残游记》的主要思想内容，是《风潮论》中某些思想观点的具体化、形象化、典型化。

一 核实、昏庸、刚愎与破奇案、废民埝、造冤狱

刘鹗在其《风潮论》社论中云：

---

① 《老残游记》初集、二集（即续集）的写作发表时间，详见刘德隆等编《刘鹗及老残游记资料》（以下简称《资料》，四川人民出版社1985年第一版）第412—414页附录；外编的写作时间为1907年，具体日、月难考，详见樽本照雄《关于〈老残游记〉外编残稿的写作年代——与时萌先生商榷》（《光明日报》1983年4月12日）、刘蕙孙《我所了解的〈老残游记〉外编残稿》、魏绍昌《谈谈〈老残游记〉的写作刊印情况》（《光明日报》1983年5月10日，刘、魏两文同一版面）、张纯《关于〈老残游记〉外编残稿的写作时间——与刘蕙孙先生磋商》[《徐州师范学院学报（哲学社会科学版）》1984年第3期，第90页]。

② 见《资料》，第142页《风潮论》注①。

> 吾之宗旨，惟核实二字而已。吾所以贡诸政府者，贡此核实二字也。吾所以为留学生各报馆之诤友者，亦诤此核实二字也。无论何人之言，胥置之于不理者，谓之刚愎。无论何人之言，而轻于信从者，谓之昏庸，俱失当也。书云："舜好问而好察"，迹言察之一字即核实也，此舜所以为圣人也。其讲求核实之要旨，尤在勿为美名所荧惑，凡妖言耸众听者，必借美名为用。①

又在《风潮论》（七）中说：

> 而最重者在核实二字。核实云者，核则得实矣。②

"核实"就是调查研究，实事求是。恩格斯说："全部哲学，特别是近代哲学的重大问题，是思维和存在的关系问题。"③ 思维和存在的关系也是意识和物质，主观和客观的关系。思维和存在哪个是第一性的，哪个是第二性的，谁决定谁，这是划分唯物主义和唯心主义的唯一标准。刘鹗的思想观点是解决处理事情要以事实为第一根据，不要轻易信从别人的，即不要"昏庸"，也不要什么意见也听不进去，即不要刚愎自用、固执己见，刘鹗说自己的宗旨"唯核实二字"，是"最重者"。这种哲学思想深入他的骨髓，闪烁着唯物主义的光辉，虽然他不是一个彻底的唯物主义者，但这已经十分可贵了。并用这种思想指导他的生活实践。刘鹗在其小说《老残游记》中创造了"核实""昏庸""刚愎"三个典型人物，把自己的哲学理念和政治观点具体化、形象化、典型化。

刘鹗在其小说《老残游记》中塑造了一个认真"核实""核则

---

① 见《资料》，第134、135页《风潮论》（二）。
② 见《资料》，第140页《风潮论》（七）。
③ 《马克思恩格斯选集》第四卷，人民出版社1972年版。

得实"的具体生动形象的典型人物老残。那么老残是怎样"核实","核则得实"的呢?"北柱楼一席话,各人俱有不满玉贤之意。只以'路不拾遗'四字美名,无人敢直发其奸。"有人说:"玉佐臣要补曹州府了";有人说:"他办强盗办的好,不到一年竟有路不拾遗的景象,宫保赏识非凡","所以打算专折明保他";有人说:"佐臣人是能干的,只嫌太残忍些。未到一年,站笼站死两千多人";有人说:"至于真强盗,一百个里也没有几个。"① 议论纷纷,褒贬不一。老残都听在耳里,疑在心上。会见宫保后说:一边去曹州探望亲戚,一面参考玉贤的政声,究竟是何等人?② 先广听不同的强烈反映,才欲亲自察访玉贤的政声。不为美名所荧惑。

  老残亲自从雒口船行董家口,为曹州府属,下船便住进董二房老店。因想沿路打听玉贤的政绩,故缓缓起行。问店主老董而得知:"玉大人官却是个清官,办案也实在麻力,只是手太辣些。初起还办着几个强盗,后来强盗摸着他的脾气,这玉大人倒反做了强盗的兵器了。"老残又追问道:"这话怎么讲呢?"经多次询问,老董才讲出了于朝栋家冤案的详情。老残听完又问:"玉贤这个酷吏,实在令人可恨!他除了这一案不算,别的案子办的怎么样呢?"老董说:"多着呢,等我慢慢的说给你老听。"③ 老残又出门东走二三十步进了王家小店,访得很勤。向店主了解:"你们这玉大人好吗?"那人道:"是个清官!是个好官!衙门口有十二架站笼,天天不得空,难得有天把空得一个两个的。"反映玉贤很残酷。这时眼见得店里一妇女"脸就渐渐发青,眼眶子就渐渐发红",不禁热泪滚下,后又走到院里觑觑而泣,老残观察得很细致。回店问老董是什么缘故?老董说:她的独生子到城里去贩卖,酒后说玉大人怎么糊涂,怎么好冤枉人,被玉大人私访的人听见,抓进衙门,以"谣言惑众"的恶名

---

① 刘鹗:《老残游记》,以下简称"小说",齐鲁书社1981年版,第三回,第30、31页。
② 见小说,第三回,第34页。
③ 见小说,第五回,第58页。

站死。察访到又一冤案。① 老残在董家口了解到玉贤办案太辣,异常残忍,刚愎自用,草菅人命。

第二天晚勤访,住马村集,只有三家车店,二家已满,一家没有人住。老残进去找宿处,听店伙说:"掌柜的进城收尸去了。"晚间老残设了酒,与店伙拉起话来,说明察访是很讲究方法的。问:"你方才说掌柜的进城收尸去了,这话怎讲?"店伙说:"俺们这个玉大人真是了不得!赛过活阎王,碰着了就是个死!"店伙介绍掌柜妹夫被玉大人站死的经过。老残明白:"自然是捕快做的圈套。"问:"他一个老实人,为什么人要这么害他呢?"店伙介绍情况说,府里马队什长王三害了一户的主人,霸占了闺女及家财。掌柜妹夫知道情况,酒后失言,说这些人"没个天理""坏良心",被人传告给王三,没到几个月,玉贤勒令,就把他妹夫毁了。经追根问底,了解到又一冤案。酒喝完了店伙说:"明天倘若进城,千万说话小心!俺们这里人人都耽着三分惊险,大意一点儿,站笼就会飞到脖儿梗上来的。"② 次日早临行,店伙不断叮嘱。老残在马村集了解到玉贤赛过活阎王,随便杀人,部下也仗势害人,横行霸道,残忍酷虐,死有余辜。老百姓根本没有言论自由。

老残到曹州府城察访,又到街上访问本府政绩,"竟是一口同声说好,不过都带有惨淡颜色",说明他广听呼声,细致观察。经多方面调查、核实,于是老残悲叹地说:"苛政猛于虎",申东造问他:"玉太尊究竟是何等样人?"他的结论:"不过是下流的酷吏,又比郅都、宁成等人次一等了。"③ 这是老残掌握大量的一手材料,经由此及彼,去伪存真地分析后得出的结论。老残察访的特点是亲行、勤访、多问、广听、细观、不偏听偏信。他在《风潮论》中说:"书云:'舜好问而好察',迩言察之一字即核实也,此舜所以为圣

---

① 见小说,第五回,第60页。
② 见小说,第六回,第66页。
③ 见小说,第六回,第68—69页。

人也,其讲求核实之要旨,尤在勿为美名所荧惑,凡妖言耸众听者,必借美名为用。"① 老残不为玉贤的美名而荧惑,亲自察访,察而得实,玉贤是个下流酷吏。然而玉贤却借"办强盗办的好""有路不拾遗的景象"而晋升了。作者以为做官的要知人善任,任人唯贤。要知人就必得"核实",必得不为美名所荧惑,只有虚名而无其实者,"守一府则一府伤,抚一省则一省残,宰天下则天下死","历朝国家俱受此等人物之害"②。要任人唯贤,认真"核实",否则将贻害国家。

老残又一个"核实"的典型事例,就是齐河县齐东村贾家十三人中毒而死的命案。白子寿要将此奇案托老残这个"福尔摩斯"去办。老残首先进行科学分析:"服毒一定是不错的,只不是寻常毒药;骨节不硬,颜色不变,这两节最关紧要。"③ 他担心是西洋的什么药,或印度草之类的东西,于是先到省城中西大药房调查,同时布置许亮先到齐东村暗察:有跟洋人有来往的没有?及毒药来历。老残又向既懂西医又通化学的神甫克扯斯请教中毒者可能吃的什么药,说明老残虚心的科学态度④。省城已无可为,就想去齐河县齐东村调查,雇个小车,怕车夫泄漏机关,声称城里没有生意了。到齐东村住下,他拿着串铃暗中给魏家女治病,私下探察,很讲方法。三四天后熟了便探询实情,老残问:"府上这种大户人家,怎会受官刑的呢?"魏老先生吐露此案的真情,是"贾大妮子在他姑妈家里,就同吴二浪子勾搭上了,不晓得用什么药,把贾家全家药死"。老残问:"这毒药究竟是什么?"魏老又提供情况说,贾家死人那天贾家挑水的王二亲眼看见吴二浪子用小瓶往面锅里倒东西。王二心里疑惑没敢吃。老残未敢轻信,根据魏家所闻,他将许亮找来,共同做王二的工作。动员他做了见证,写完又念给他听,情况没有差错,

---

① 见《资料》,第134、135页《风潮论》(二)。
② 见小说,第六回,第74页。
③ 见小说,第十九回,第229页。
④ 见小说,第十九回,第231页。

使其画十字，打手模，十分慎重。取得了人证，完成了"核实"的重要一步①。老残指示许亮，共同到省城，让他先找个眼线，然后物色这吴二浪子。次日晚，许亮禀告已查得吴二浪子的下落及活动的情况。老残又打听详细，周密布置。许亮按老残的安排，跟吴二浪子混在一起，巧妙取得毒药"千日醉"，得到了物证，完成了"核实"的另一重要步骤。老残说："凶器人证俱全，却不怕他不认了。"②老残重证据：人证、物证，不搞逼供信，重调查研究。老残又经泰山东路找青龙子寻解药，未遇。又亲自到里山玄珠洞寻访，终于讨来解药"返魂香"，救活十三条人命③。

老残对案情科学分析，亲自私察暗访重人证物证，不搞逼供信，不辞辛劳，讲究方略，重调查研究，是个"核实"的典型。

其次，白子寿，也是个"核实"，"核则得实"的典型。

白子寿被宫保派遣到齐河县署复审此案，首先向刚弼了解此案如何审法，问了一遍，但未听他的胡言乱语。决定先把全案细细看过两遍，"明日先把案内人证提来，再作道理"，"此刻不敢先有成见"，"只好就事论事，细意推求"④。可以说明他是认真调查仔细研究的。

先提审贾干，得知死者脸没有青紫斑，骨节不僵硬；月饼里有砒霜是入殓后第二天他姐姐发现的，给案子提供疑点和线索。

次传四美斋掌柜王辅庭，得知魏家定做的月饼是自家送来冰糖芝麻核桃仁馅，定做二十斤计八十三块，店里司务先尝过，未觉有毒。

再次传魏谦，得知魏家准备做月饼二十斤，送给贾家八斤，小儿丈家四斤，自家八斤人都吃了，没有中毒的。

再其次，传没有中毒的吃过月饼的魏家管事和两个长工，得知

---

① 见小说，第十九回，第 235 页。
② 见小说，第二十回，第 247 页。
③ 见小说，第二十回，第 251 页。
④ 见小说，第十八回，第 219 页。

长工每人吃了两块都没事，管事分四块，吃完两块，还有两块未吃，留着做见证。一起做的馅子相同的月饼，有人吃了中毒，有人不中毒，问题就在这里。

白子寿将管事未吃的那两块月饼及贾家有砒霜那半块月饼拿来详细对校，并送刚、王两公看，两起月饼皮色完全一样。又把管事带的月饼掰开，给四美斋掌柜仔细看了，王辅庭认准无疑并写了字据①。然后又进行科学的令人信服的分析：

> 白公在堂上把那半个破碎月饼，仔细看了，对刚弼道："圣慕兄，请仔细看看。这月饼馅子是冰糖芝麻核桃仁做的，都是含油性的物件，若是砒霜做在馅子里的，自然同别物粘合一气。你看这砒显系后加入的，与别物绝不粘合。况四美斋供明，只有一种馅子，今日将此两种馅子细看，除加砒外，确系表里皆同。既是一样馅子，别人吃了不死，则贾家之死，不由月饼可知。若是有汤水之物，还可将毒药后加入内；月饼之为物，面皮干硬，断无加入之理。二公以为何如？"②

白公细细观察，科学分析，"核则得实"，雄辩无疑地得出令人信服的无可辩驳的结论：月饼中无毒，魏家父女无罪。具结了案。白公提审贾干，讲清案情重大，自己不懂应请教别人，细心研究，又讲律例。贾干终于说："都是我姐姐叫我做的！饼里的砒霜，也是我姐姐看出来告诉我的"，案子近于大明，没有逼供信。首先是老残，其次是白子寿都是"好问而好察""核则得实"的典型人物，既不轻易信从，也不刚愎自用。在《风潮论》社论中作者认为"核实"二字是他的"宗旨"，是"最重的"。故在《老残游记》中才塑造了"核实"的典型人物。

---

① 见小说，第十八回，第222页。
② 见小说，第十八回，第222页。

从《风潮记》看《老残游记》　　445

刘鹗在《老残游记》中，创造了一个昏庸的典型，这便是庄宫保。在第三回里，候补道请老残在北柱楼吃饭，有人说："因为他办强盗办的好，不到一年竟有路不拾遗的景象，宫保赏识非凡。"宫保听到有走曹州的人说那里有"路不拾遗"的景象后就特别喜欢，"所以打算专折明保他"①。第四回《原评》云："玉贤抚山西，其虐待教士，并令兵丁强奸女教士，种种恶状，人多知之。至其守曹州，大得贤声，当时所为，人多不知"，宫保更不知实情，无论对他的过去和现在，既不调查核实他的政绩到底如何，又轻信了别人的风传，却使"冤埋城阙暗，血染顶珠红"、"杀民如杀贼"、十恶不赦、死有余辜的酷吏玉贤终于升官晋爵。不核实、不了解下官刚弼的人品和能力，却派他到齐河县会审，大施逼供信，制造冤狱，宫保极昏庸之至。

作者又创作翠环、翠花两个民女，因为废黄河民埝而家破人亡，被迫沦为妓女的悲惨故事，这十几万百姓的生命财产，付之东流，是怎样造成的呢？是道员史钧甫根据贾让《治河策》不与河争地的理论创的议。史观察轻信书本，"不谙世故"，不做实地调查研究；庄宫保也自称"这个道理，我也明白"，但轻信了书本和史观察的意见，虽宫保舍不得十几万百姓的身家，筹了三十万两的银子准备移民，民未移，民埝却废了。钱被官吏贪污了，酿成了这场灾难②。我觉得宫保在小说中是个偏听偏信而不"核实"，像《风潮论》中所说的"轻于信从"的昏庸典型。

小说中塑造了两个酷吏，这是刚愎自用的典型。

玉贤，十分残忍酷虐，未到一年用站笼站死两千多人，真正的强盗，一百个里也没几个。枉害了许多良民百姓。"起初还办着几个强盗，后来强盗摸着他的脾气，这玉大人倒反做了强盗的兵器

---

① 见小说，第三回，第30页。
② 见小说，第十四回，第175页。

了。"① 什么"脾气"？就是刚愎自用，不很好"核实"，主观武断。

　　于朝栋家的案子，因为强盗抢过于家屯于家一次，他报了案，强盗怀恨在心。一次强盗在城里夜间作案，打着火把逃走，玉大人等在后追赶，强盗故意把火引到于家屯，移赃于家，借刀杀人。玉大人带着马队，过了此村，因为没见到火和枪，就断定"这强盗一定在这村庄上了"。搜全村，从于家"搜出三支土枪，又有几把刀，十几根杆子"。玉大人问军器从何处来？于学礼申述说："因强盗都有洋枪，乡下洋枪没有买处，也不敢买，所以从他们打鸟儿的回了两三支土枪，夜里放两声，惊吓惊吓强盗的意思。"玉大人喝道："胡说！那有良民敢置军火的道理！你家一定是强盗！"玉大人对于家的申述丝毫听不进，就肯定他家是强盗，接着又搜出强盗移栽的赃物，更坚定了他对于家是强盗的错误认识。带到衙门之后，于学礼的岳父前去申述冤情，玉大人"一应不见"。认为"人赃现获"，就要用站笼站起来。"只有十二架站笼，三天已满"，玉大人就命令将四个半死的每人打二千板，结果打几十板子人就死了。于家父子三人补上了站笼。吴氏曾托三班头儿陈仁美从中设法救人。吴氏自尽之后，陈仁美托稿案救将被站死的于学礼。玉大人说："这人无论冤枉不冤枉，若放下他，一定不能甘心，将来连我前程都保不住。俗话说的好，'斩草要除根'"，"谁要再来替于家求情，就是得贿的凭据，不用上来回，就把这求情的人也用站笼站起来就完了！"结果站死了于家三口，自尽一口。玉大人何等残忍，酷虐，罪不容诛。

　　后来抓住了五六个强盗，有三四个牵连别的案子的都站死了，有两三个只犯于家移赃这一案子，却被玉大人放了，真乃荒唐之至②。玉大人不去"核实"、调查案子的真相，不为冤案昭雪，却草菅人命，反倒政声格外的好，真岂有此理。《风潮论》说："无论何人之言，胥置之于不理者，谓之刚愎"，玉大人极主观武断，刚愎自

---

① 见小说，第四回，第45页。
② 见小说，第四、五回，第45—58页。

用，残忍酷虐之至，罪该万死。

刚愎自用的另一个典型是刚弼。齐河县齐东村贾、魏家的案子，本来是贾家的姑娘贾探春，与吴二浪子合谋作案。吴二浪子曾向贾家求亲，贾老翁算计吴二浪子又赌又嫖，"终久家私保不住"，就把这门亲事搁下了。是贾家的大儿媳魏家的大姑娘给打破的，贾家大妮子怀恨在心。当贾家煮面时，吴二浪子乘人不备，将"千日醉"洒到面里了，造成了贾家十三人的命案。贾家的继子贾干受贾探春唆使，一同诬告贾魏氏与人通奸，用毒药毒害十三条人命。贾家催得紧，抚台派刚弼来会审。他来后，不首先调查核实案情，就对暂时收管的魏家父女严刑逼供，两人皆昏厥过去。魏家的管事同情主人吃这冤枉官司，遂替他筹了些款，求乡绅胡举人去打点。魏家管事救人心切，便按刚弼"十三条人命，一千银子一条，也还值一万三呢。……情愿减半算，六千五百两银子罢"的意见打点，并出了凭据。刚弼以魏家肯出几千两银子打点，而且打点钱数正好是一千两银子一条人命的折半，就肯定这十三条人命是魏家谋害的。主观臆断，也不向别人了解案情，又不去"核实"。又喝令差役严刑逼供，刚弼道："今日替我先拶贾魏氏，只不许拶得他发昏，但看神色不好，就松刑，等他回过气来再拶，预备十天功夫，无论你什么好汉，也不怕你不招！"真乃穷凶极恶。贾魏氏熬不过，又不忍让老父受刑，便招假供。刚弼听了得意地说："我看你人很直爽，所招的一丝不错"，又让他画了手模①，这是个典型的逼供信。待宫保派白子寿复审，刚弼介绍情况时说："此案情形，据卑职看来，已成铁案，决无疑义。"② 经白子寿复审，全面调查、研究、核实，月饼中无毒，魏家父女具结了案，释放回家。这是《老残游记》塑造的另一个只靠逼供信，对案情不多方、全面"核实"的典型的酷吏之二。

"核实"的典型老残、白子寿与昏庸的典型宫保，刚愎的典型玉

---

① 见小说，第十五、十六回。
② 见小说，第十八回，第218页。

贤、刚愎成了鲜明的对照，告诫人们"核实"对为官为民都重要，尤其对做官的更为重要。不"核实"要祸国殃民。故有人说《老残游记》是做官的教科书，是有些道理的。刘鹗在《风潮论》中，把《老残游记》小说中"核实""昏庸""刚愎"的典型人物、典型事件所反映的思想内容概括化、理性化、抽象化。"无论何人之言，胥置之于不理者，谓之刚愎。无论何人之言，而轻于信从者，谓之昏庸，俱失当也"，"而最重者在核实二字，核实云者，核则得实矣"。故刘鹗"贡诸政府者，贡此核实二字也"。

二　速筹救国救民之法与急给大船呈向盘、纪限仪

《风潮论》（七）云：

> 当民不聊生之日，有孙汶亦乱，无孙汶亦乱也。当轴诸贤，宜去其忌讳之心，直陈于上，而速筹挽救之法也。不然者，一二年后即不堪设想矣。救之之法安在？仍不越修路、开矿、兴工、劝农四项而已。①

"仍"字说明现在过去救之之法依然如此。这是他长久以来的政治观点，故在小说中才有梦中救助船民的描写。

刘鹗《老残游记》第一回，塑造了梦中的一艘漏洞百出，在洪波巨浪中飘摇，顷刻之间就要倾覆的大船，船上载着"民不聊生"的船民。这象征着当时的中国和中国人民。老残等三人议论运用什么办法救助大船和船民？老残主张送上"向盘"和"纪限仪"，"有了方向便会走了。"老残主张不要"乱动"，极力反对杀"管船的"、打"掌舵的"、骂"船主"。用梦境象征的手法，说明用外国的科学技术，兴办实业，富国养民，反对人民暴力革命的政治思想主张。

---

① 《风潮论》，见《资料》，第140页。

《风潮论》此部分论及的思想观点与《老残游记》这段描写的思想内容是一致的。再具体比较一下，论文中的"速筹挽救之法也。不然者，一二年后即不堪设想矣"，与小说中的"一只帆船在那洪波巨浪之中，好不危险！""破坏的地方不少""实在危险得极！""就要沉覆""一时救急"，其思想内容是相同的，都是说中国的形势岌岌可危。只是表现手法不同，论文直接阐发，小说用象征曲折表达。论文中说中国人"民不聊生之日"，小说中描写船民"都有民不聊生的气象"，船民象征中国人，内容明显相同。论文中论及救助中国之法"仍不越修路、开矿、兴工、劝农四项而已"，小说中描写如何救助大船，送上"最准的向盘""纪限仪"等，即用学习外国科技，兴办实业救国，思想内容也是相同的，《风潮论》和《老残游记》中这两段思想观点是完全一致的。所以说小说中如何救助大船和船民的描写，是论文中为国为民速筹挽救之法的具体化、形象化、典型化。

三　力抵义和拳、革命党与辱骂"北拳南革"

《风潮论》云："吾厕国闻报馆主笔之日，其时义和拳已纷纷于乡野间矣，……吾于报纸力抵其非。一则曰地方官不禁，将成大患；再则曰地方官不禁，将成大患。乃言者谆谆，听者藐藐，地方官非惟不禁，且宠异之，卒酿庚子之祸"，"义和拳之鄙俚无道。"[①] 作者曾在报纸上大声疾呼，为清政府献计献策，要地方官禁止义和团，否则将成大患。这就是论者对反帝爱国的义和拳，即"北拳"的政治主张和态度。

《风潮论》（六）中云：

> 革命党孙汶一庸才耳，不足为虑也，而附和孙汶者，实有

---

① 《风潮论》，见《资料》，第135页。

奇才异能者在。何以知之，观其以排外、收回利权二美名鼓荡留学生以起风潮，鼓荡各省绅士以起风潮，鼓荡在京各省京官以起风潮，风潮之力量致使政府不得不惧其风潮而顺从之，而其效果，用收回利权之美名以暗竭天下之脂膏，使民饥寒以生内乱，用排外之美名激怒各国以生外患，内乱外患交攻并举，革命党内之以收其利而大事成矣。革命党果可以成大事也耶？曰："否。"①

又在《风潮论》（七）中说：

> 读端午帅致军机处电云："孙汶勾结盐枭于五七月间起事。"此孙汶必败之道也。又译法国《马当报》，革命党之谈论已登前日本报，孙汶之说直梦呓也。吾故曰孙汶庸才也。②

上面两段为论者对孙文领导的民族民主革命，即"南革"的看法和态度，极尽反对污蔑之能事。

我们比较对照一下《老残游记》中是怎样描写义和拳和革命党的。第十一回："疫鼠传殃成害马，瘌犬流灾化毒龙"，以带病毒的疫鼠传染疾病成了害群之马，来诬蔑义和拳运动。咒骂"南革"是"瘌犬"和"毒龙"。通过人物对话，诬蔑"北拳南革"是"乱党""恶人""瞎捣乱""恶障""妇女阴水嫉妒性质""不有人灾，必有鬼祸""阿修罗部下的鬼怪妖魔""事事托鬼神便是北拳党人""说有鬼神，就可以装妖作怪，蛊惑乡愚""力辟无鬼神的便是南革党人""反背天理""反背国法""反背人情"。老残告诫人们"牢牢记住：……若遇此等人，敬而远之，以免杀身之祸，要紧，要紧！"作者对"北拳南革"的诬蔑辱骂无所不用其极。

---

① 《风潮论》，见《资料》，第139页。
② 《风潮论》，见《资料》，第139页。

《风潮论》中对"义和拳"和"革命党"的论述，与《老残游记》中对"北拳南革"的诬蔑辱骂的内容，其本质是完全一致的。刘鹗完全站在腐朽反动的清政府一面。故曰《老残游记》的某些思想内容，是《风潮论》某些政治观点的具体化、形象化、典型化。

四　排外、收回利权与喊杀卖船的汉奸

作者在《风潮论》（二）中说："今日又有近于兴清灭洋之说者二语，一曰'排外'，一曰'收回利权'。东洋之留学生及各省绅士、京官谈之者莫不兴高彩烈，忠义之气勃勃然从喉舌出，吾窃又有所隐忧矣。"[1] 所谓"收回利权"，即把"利"和"权"紧密相联，"利"失即等于"权"失。陈炽早就提过："利之所在，即权之所在，不可轻以假人者也。"郑观应多有类似的观点，后来形成"收回利权"的口号，影响深远。戊戌变法失败后，"实业救国"的思潮有所发展，"庚子赔款"之后，形成一股盛大的潮流，在全国响起发展实业、夺回利权的呼声。1903年掀起"拒俄""拒法"运动，同年燃起收回利权、抵制美货的斗争烈火，到辛亥革命成功前夕，几乎遍及全国，有的留学生及华侨也与此呼应[2]，即刘鹗所说的"排外"。由于清政府的腐败无能，战败、割地、赔款、屡失利权，当时人们把引进外资、外商、借外款视为"卖国"的举动。刘鹗主张实业救国，主张引进外资，反对排外、收回利权。他也兴办实业，做外商在华经理等，也被指责为"汉奸"。刘鹗《老残游记》始写于1903年，与拒俄拒法、抵制美货、收回路矿、夺回利权的斗争兴起同时，故在小说中的第一回有所反映，他用的是象征的手法，通过梦中破旧大船上人们的对话和行动来实现的。小说写道：

---

[1]　《风潮论》，见《资料》，第135页。
[2]　徐凤晨、赵矢元主编：《中国近代史》，辽宁人民出版社1982年版，第514—518页。

正在议论，那知那下等水手里面，忽然起了咆哮，说道："船主！船主！千万不可为这人所惑！他们用的是外国向盘，一定是洋鬼子差遣来的汉奸！他们是天主教！他们将这只大船已经卖与洋鬼子了，所以才有这个向盘。请船主赶紧将这三人绑去杀了，以除后患。倘与他们多说几句话，再用了他的向盘，就算收了洋鬼子的定钱，他就要来拿我们的船了！"谁知这一阵嘈嚷，满船的人俱为之震动。就是那演说的英雄豪杰，也在那里喊道："这是卖船的汉奸！快杀，快杀！"

　　船主舵工听了，俱犹疑不定。内中有一个舵工，是船主的叔叔，说道："你们来意甚善，只是众怒难犯，赶快去罢！"

可见论文《风潮论》的这段论述，与小说《老残游记》这段描写的思想观点是一致的：反对"排外""收回利权"，反对把"兴办实业"、学习外国的科学技术、引进外资等责骂成"汉奸"。

《风潮论》的写作发表时间在《老残游记》的写作发表的时间之内，或距离很近，几乎发生在同一背景下，又是同一作者，我们把它们比较对照研究，对我们很好了解刘鹗的基本哲学思想和政治观点，帮助我们深刻理解、准确把握这部小说的思想内容，把刘鹗《老残游记》的研究推向前进是非常重要的。我们发现论文《风潮论》的某些政治思想观点是小说《老残游记》某些思想内容的概括化、理性化、抽象化；小说《老残游记》是论文《风潮论》某些思想观点的具体化、形象化、典型化。

（此文为"刘鹗及《老残游记》国际学术讨论会"论文，日本清末小说研究会《清末小说》1994年第17号刊载）

《老残游记》——刘鹗救国安天下方略的艺术化

刘鹗的《老残游记》被联合国教科文组织认定为世界文学名著，亦曾被鲁迅先生评为晚清四大"谴责小说"之一，在国内外均有很大的影响。然而这究竟是一部什么内容的小说？评家说法不一。有人说这是一部政治小说，有人说这是一部"做官教科书"，有人说这是一部"做学问做人的教科书"，有人说这是一部"传道的书"，也有人说这是一部"文化小说"，其说不一。笔者认为这部小说，是刘鹗用小说这种艺术形式表达出来的他的救国安天下的方略。为什么这样说呢？请看如下事实。

一 楔子梦中危船的寓言——国家的危势及根源

世界文学名著、中国近代小说《老残游记》，是刘鹗救国安天下方略的形象化、艺术化。在小说第一回楔子中描绘梦中救助一个风雨飘摇中的大船及其船民的寓言故事。作者笔下的大船是个什么样子呢？"那边一只帆船在那洪波巨浪之中，好不危险"，"实在危险得极"，"这船虽有二十三四丈长，却是破坏的地方不少：东边有一块，约有三丈长短，已经破坏，浪花直灌进去；那旁，仍在东边，又有一块，约长一丈，水波亦渐渐浸入；其余的地方，无一处没有伤痕"①。这艘洪波巨浪之中破坏不堪的危险大船，随时都有沉没的危险，象征着当时的中国。因为列强对中国进行侵略，占领租借领土等，故金瓯已缺，面临着存亡绝续，生死攸关。

船上的人呢？"船主坐在舵楼之上"，象征中国的最高统治者。"楼下四人专管转舵的事"，影射军机四大臣，为学者所公认。"前后六枝桅杆，挂着六扇旧帆"，胡适认为是"旧有的六部"，指1900年前设的吏、户、礼、兵、刑、工，六部，故曰"旧"。"两枝新桅"，影射"新设的两部"，指1901年设的外务部和1903年设的商部。"一扇簇新的帆"，指新设的商部，故曰"簇新"。"一扇半新不旧的帆"，新设的外务部是由原总理衙门改设的，故曰"半新不旧"。《老残游记》，始写于1903年。"八个管帆的却是认真的在那里管"，指全国共设八个总督，每个总督督辖一、二、三省不等。作者对他们是抱着称赞态度的。"看这船上的人都有民不聊生的气象"，"北风吹着，身上有浪花溅着，又湿又寒，又饥又怕"，这就是晚清在帝国主义侵凌、清政府残酷统治下，饥寒交迫的老百姓。"高谈阔论的演说"者，象征以孙中山为首的民主主义革命派，他诬蔑说"敛了许多钱去，找了一块众人伤害不着的地方，立住了脚"，"叫别人流血的"。演说者号召打"掌舵的"、杀"管船的"、骂"船主"，老年晓事的人高叫："诸位切不可乱动！倘若这样做去，胜负未分，船先覆了！万万没有这个办法！"得到了老残的赞同。老残是作者的化身，说明作者是反对资产阶级民主革命，反对暴力革命的。用"切""万万"强调绝对不能乱，否则国家将灭亡。他反对打死"驾驶的人"，"驾驶的人并未曾错"，但为什么大船被弄成狼狈不堪的呢？作者写道："一则他们是走'太平洋'的，只会过太平日子。若遇风平浪静的时候，他驾驶的情状亦有操纵自如之妙，不意今日遇见这大的风浪，所以都毛了手脚"，意思是行使国家大权的人，他们都是在太平的环境里管理国家大事的。一遇到内外交困各种矛盾

---

① 刘鹗：《老残游记》，以下简称"小说"，齐鲁书社1981年版，第5页。

激化的社会现状的时候，就不知所措了。"二则他们未曾预备方针。平常晴天的时候，照着老法子去走，又有日月星辰可看，所以南北东西尚还不大很错。这就叫做'靠天吃饭'。那知遇了这阴天，日月星辰都被云气遮了，所以他们就没了依傍。心里不是不想望好处去做，只是不知东南西北，所以越走越错"[1]。意思是说，在如今各种矛盾激化、错综复杂的社会环境下，不知用什么方针政策渡过难关，使社会向前发展。作者认为上面两则是造成目前国家险局的根本原因。然而目前金瓯不整，民不聊生，社会动乱，国家民族灭亡的命运就在眼前，该如何救国救民？"天下兴亡，匹夫有责"，"以养天下为己任"的刘鹗，自然殚精竭虑，苦苦寻求急救之法。

二 "依了我们的话"，"立刻就登彼岸"——急救之法

这艘大船"就要沉覆"，"危险得极"，如何救急，"立刻就登彼岸"，老残的至美良极之策："为今之计，……送他一个罗盘，他有了方向，便会走了。再将这有风浪与无风浪时驾驶不同之处，告之船主，他们依了我们的话，岂不立刻就登彼岸了吗？"于是他们"便将自己的向盘及纪限仪等项取出呈上"[2]。那么上面提到的罗盘、纪限仪象征着什么呢？联系下文"他们用的是外国向盘"，可知其寓意是指学习外国的科学技术，这是个方向，国家大政方针。"将这有风浪与无风浪时驾驶不同之处，告之船主"，是将晚清国家民族面临灭亡，列强的侵略瓜分，经济的落后贫穷，人民的痛苦不堪的特殊现实情况下的救治之法告诉给皇帝为首的统治集团，他们若按着其方法去办，就可以拯救中国，达到预期的目标，"立刻就登彼岸"。那么这种急救之法是什么呢？这在他写这部小说的年限内，1907年发表的论文《风潮论》里阐述得十分清楚：

---

[1] 见小说，第6页。
[2] 见小说，第8页。

> 当轴诸贤，宜去其忌讳之心，直陈于上，而速筹挽救之法也。不然者，一二年后即不堪设想矣。救之之法安在？仍不越修路、开矿、兴工、劝农四项而已。
>
> 以无款而路矿不办，与借洋款而路矿速办相比较，则借洋款者是矣。①

刘鹗的救法就是借洋款，利用外国技术，修路、开矿、兴工、劝农、办实业，走民富国强之路。

1903年刘鹗的《矿事启》发表在《中外日报》上。此时正是刘鹗开始撰写《老残游记》的时候，就是说写此启与其写《老残游记》第一章楔子同时。他在此启中说：

> 仆自甲午以后，痛中国之衰弱，虑列强之瓜分，未可听其自然。思亟求防御之方，非种种改良不可。……又思凡外国商力所到之地，即为各国兵力所不到之地，则莫若用洋商之款，以兴路矿，且前可以御各强兵力之侵逐，渐可以开通风气，鼓舞农工。卒之数十年期满，路矿仍为我有，计之至善者也，故毅然决然为之。②

这里所说的"挽回国运"的办法与《风潮论》中所说的"救之之法"是相同的；这里所说的"计之至善者"，就是小说中所说的"为今之计"。上面的话是对呈"罗盘"，"告之船主"的话的最好注脚。小说中说："告之船主"，《风潮论》中说"直陈于上"，意思是相同的。"上""主"都是指皇帝。可见《老残游记》中所谈的呈

---

① 刘鹗：《风潮论》，见刘德隆等编《刘鹗及老残游记资料》，以下简称《资料》，四川人民出版社1985年版，第140页。

② 见《资料》，第132页。

"罗盘","告之船主"的话,即是救国救民、富国养民的方略,小说将其艺术化。

三 "切不可乱动"——救国安天下之策

在第一回中,用梦境象征的手法写国家的危势、纷乱、民不聊生的惨状。老年晓事的人道:"诸位切不可乱动!倘若这样做去,胜负未分,船先覆了!万万没有这个办法!"其中的"切不可""万万没有",说明他最不赞成,或者最反对动乱。他的主张得到了老残的赞许。这实际上就是作者的主张。刘鹗在《矿事启》中云:"仆之宗旨在广引商力而御兵力,俾我得休息数十年以极力整顿工农商务,庶几自强之势可成;而国本可立"[1],作者的主张是"得休息数十年",没有战乱,有个和平的环境来实现他的政治抱负,救国救民的方略。他在《风潮论》中云:"老子曰:'民不畏死,奈何以死惧之!'民岂不畏死哉?饥寒迫之则不畏死矣","而天下之民不聊生为大可畏也","夫天下之乱,革命党之利也","使民饥寒以生内乱","当民不聊生之日,有孙汶亦乱,无孙汶亦乱也"[2]。说明他最担心的是人民因"饥寒"而发生天下大乱。这样就不能"休息数十年以极力整顿工农商务",他的救国方略又怎能实现。因此他在此书中几乎每回都提到"乱"字。

我们再看一看刘鹗《致黄葆年》的信:

> 今日国之大病,在民失其养。各国以盘剥为宗,朝廷以脧削为事,民不堪矣。民困则思乱,迩者,又有康、梁之徒出而鼓荡之,天下殆哉岌岌乎![3]

---

[1] 见《资料》,第133页。
[2] 以上见《资料》,第139—140页。
[3] 见《资料》,第300页。

此处又提到"国之大病","民失其养","民困则思乱",故自许"以养天下为己任"。

第三回写道,北柱楼人们议论玉贤治盗,曹州"几乎无一天无盗案"。说明社会的动"乱"。

第四、五、六回写玉贤等人的酷虐,"苛政猛于虎","杀民如杀贼","逼民为盗"。

第七回,"借箸代筹一县策",实际是刘鹗为安定整个社会而筹划的,在他看来,既节省人力、财力,又有效地整治社会的"良"策。作者借申东造的嘴说:"自然以为民除害为主。果能使地方安静,虽无不次之迁,要亦不至于冻馁","弟思如赔累而地方安静,尚可设法弥补",说明作者认为为民除害使地方安静的重要。他痛恨玉贤为政酷虐,"民不堪矣",则思乱,即所谓"逼民为盗"。有老残"化盗为民"的"至良极美"之策,荐武艺高强的刘仁甫到城武,"初起也还有一两起盗案,一月之后,竟到了'犬不夜吠'的境界了",即社会安定。此回,老残云:"……因为我二十几岁的时候,看天下将来一定有大乱……",又提到"乱"字。关心社会治安问题。

第八回,作者写"与玉公见面,无非勉励些'治乱世用重刑'的话头",也提到"治乱世"。

第九回,"其同处在诱人为善,引人处于大公。人人好公,则天下太平;人人营私,则天下大乱"。关注天下"太平"和"大乱"。

第十回,《银鼠谚》云:"毙豕殪虎,黎民安堵",作者认为酷虐的苛政,官逼民反,是造成社会不"安"的一个因素。黄龙子说:"小有变动。五年之后,风潮渐起,十年之后,局面就大不同了。"也是在说社会的动荡变化。

第十一回,黄龙子说的"六甲变态",也是写社会变动的。他又说:"北拳之乱""南革之乱""乱党""瞎捣乱"。说"北拳":"说有鬼神,就可以装妖作怪,鼓惑乡愚";谈"南革":"一切违背天理的事都可以做得","不管天理,不畏国法,不近人情,放肆做去,这种痛快,不有人灾,必有鬼祸,能得长久吗?""世道却被他搅坏了"。刘鹗虽说"北拳南革"也能开文明,但其极力诋毁反对的出发点,就是认为他们搅乱社会,破坏了社会的秩序,就不能"得休息数十年以极力整顿工农商务",就不能实现他救国救民的政治理想。

第十二、十三、十四、十五回,写翠环、翠花沦落风尘的情形,是因为当官的玩忽职守,主贾让《治河策》不与河争地之说,废民埝,退守大坝,只会读书,没有实际经验,而造成黄河决口,殃及十几万人民的生命财产,虽不像玉贤等那样逼民为盗,而是间接逼民为娼,男盗女娼,都是社会不稳定的因素。

第十五回到二十回,写刚弼治下的魏家的冤案,官逼民死,"民不堪",则思乱,作者用意显然。

《续集》第二回,逸云道:"近来风气可大不然了,到是做买卖的生意人还顾点体面,若官幕两途,牛鬼蛇神,无所不有!比那下等还要粗暴些!"社会的恶风,冲击到佛门净土,"宋公子蹂躏优昙花"也体现社会的"乱"字。《续集》第五回,慧生道:"这个东西初起还力辩其无,我说子弟倚父兄势,凌逼平民,必要闹出大案来。这件事以情理论,与强奸闺女无异,幸尚未成",这也在写社会风气的恶化。

《续集》第七到第九回,写老残梦游地狱,五神问案,"专讯问那些造恶犯罪的人呢",那老翁对老残道:"你看,五神问案凄惨得很!算计起来,世间人何必作恶,无非为了财色两途,色呢,只图了片时的快活;财呢,都是为人忙,死后一个也带不走。徒然受这狼牙棒的苦楚,真是不值。"[①] 规劝世人不要犯罪作乱,作者的用意昭然。

《续集》第八回,对恶人"血肉飞腥油锅炼骨,语言积恶石磨研魂","所以阴间刑法,都为炮炼着去他的恶性的"。第九回:"德业

---

① 见小说,第328页。

积成阴世富,善缘发动化身香",写老残地狱游,作者的用意在于对人世劝善惩恶,关乎人间社会安宁,也是出于对社会治安的考虑。

《老残游记》外编残稿,也是如此。老残说:"只是这'堂堂塌'三声,就有规劝世人的意思在内。"猛烈抨击犯法的三种人:一种倚官犯法;一种依众犯法;一种倚无赖犯法。他规劝世人干什么?为什么抨击三种犯法的人?就是维护当时的法治,不要作乱犯法,保持社会安定,以实现他富国养民的政治理想。

这部小说是以游历为线索,在内容上还有一条线索贯穿始终,那就是社会治安问题。社会治安是"救国安天下"的重要内容。上述事实可以说明这一点。即作者希望有个安静太平的社会环境,"得休息数十年以极力整顿工农商务"以"救国平天下"。下面谈谈《老残游记》救国安天下之策的几个方面。

(一) 治理黄河

第一回写老残,其名取之"懒残"。"懒残"传说是仙人谪降[①]。此回《原评》中说:"白乐天云:'我是玉皇香案吏,谪居犹得住蓬莱。'此书由蓬莱阁起,可知本是仙吏谪落人间。"作者告诉读者老残的前身及来历。"吏"的职责是治世。"仙吏"下凡带有替天行道,整治人间社会之意。

那么老残这个"仙吏"谪降人间干什么呢?作者在第一回《原评》中说:

> 举世皆病,又举世皆睡。真正无下手处,摇串铃先醒其睡。无论何等病症,非先醒无治法。具菩萨婆心,得异人口诀,铃而曰串,则盼望同志相助。心苦情切。

足见,"仙吏"的使命是治世之顽疾痼弊。他"具菩萨婆心","盼

[①] 详见小说,第一回第 10 页注 [6]。

望同志相助。心苦情切",干什么呢?说穿了就是治国安天下。那么他先从哪里下手?"先醒其睡"。都为人世间治了哪些病症?第一回写老残给黄大户治好了浑身上下溃烂的奇病。象征作者像王景那样首先治理好黄河,为人民除去水患,使人民安居乐业。有史以来黄河常常泛滥成灾,特别是山东、河南段,给人民的生命财产造成严重的损失。这是治国安天下的大事。第十三、十四回写了黄河水患给人民生命财产带来灾难的具体情景。第三回,宫保说:"圣恩叫我做这封疆大吏,别省不过尽心吏治就完了,本省更有这个河工,实在难办……"写出地方官为山东黄河治理犯愁的情况。作者在第十四回《原评》中说:"生平有三大伤心事,山东废民埝,是其伤心之一也。"治好黄河,是刘鹗治国安天下的重大事件,方略之一。

(二) 富国养民

刘厚泽在《刘鹗与〈老残游记〉》中引刘大绅《关于〈老残游记〉》注中的一句话:"先君曰:'治国莫重于养民,为政莫先于立本。'"反映了刘鹗治国的民本思想。在刘鹗《致黄葆年》的信中说:"今日国之大病,在民失其养。"故自许以"养天下为己任","养天下"就是设法使民富国强。《刘铁云呈晋抚禀》中云:"我国今日之事,患在民失其养。一事而得养者十余万人,善政有又过于此者乎?"他在《风潮论》中说:"四百兆之民日就穷困为大可虑也。诗云:'四海困穷,天禄永终。'当民不聊生之日,有孙汶亦乱,无孙汶亦乱也。"从上面言论可以看出刘鹗的养民思想,根深蒂固。

那么刘鹗为什么要养民呢?首先,他受中国传统的民本思想的影响是很深的。孔子说:"古之为政,爱人为大。"[1] 孟子说:"民为贵,社稷次之,君为轻。"[2]《尚书》说:"民惟邦本,本固邦宁。"[3]

---

[1] 《孔子家语·大婚解》。
[2] 《孟子·尽心下》,张以文译注:《四书全译》,湖南大学出版社1989年版,第542页。
[3] 江灏、钱宗武译注:《今古文尚书全译》,贵州人民出版社1990年版,第97页。

这都是民本思想之滥觞。《宋史》说："民者，邦之命脉，欲寿国脉，必厚民生。"① 《明通鉴》说："国以民为本，民安则国安。"② 历代为政者大多把人民看成是国家的根本，反映了中国传统的民本思想。

"民"既然如此重要，那么该如何对待"民"呢？历代为政者，又提出个"养民"问题。《尚书》说："德为善政，政在养民。"③ 宋代谢绛说："夫为国在养民，养民在择吏，吏循则民安，气和而灾息。"④ 康有为说："国以民为本，不思养之，是自拔其本也。"⑤ 孙中山说："不足食胡以养民？不养民胡以立国？"⑥ 这些前人的论述，都说明治理国家，"养民"之重要。

那么如何养民呢？古人都有精辟的论述。孔子曰："政之急者，莫大乎使民富且寿也。"⑦ 管子云："治国之道，必先富民，民富则易治也，民贫则难治也。"⑧ 明代徐光启说："为治之本，务在安民；安民之本，在于足用。"⑨ 明代钱琦说："民者，邦之本；财者，民之命。"⑩ 与刘鹗同时代的康有为在维新变法时提出："养民之法：一曰务农，二曰劝工，三曰惠商，四曰恤穷。"⑪ 以上论述，都是说养民的办法，就是使民富起来。前人有的主张"富而后教"。汉代王符说："为国者以富民为本，以正学为基。民富乃可教，学正乃得义。"⑫ 康

---

① 《宋史》卷四二五《刘应龙列传》。
② 《明通鉴》卷十八，成祖语。
③ 江灏、钱宗武译注：《今古文尚书全译》，第37页。
④ 彭清寿主编：《中国历代安邦治国方略集要》，海洋出版社1993年版。
⑤ 康有为：《上清帝第二书》，《康有为政论集》（下），中华书局1981年版，第126页。
⑥ 《孙中山全集·上李鸿章书》。
⑦ 《孔子家语·贤君》。
⑧ 《管子·治国》。
⑨ （明）徐光启：《农政全书·农本》。
⑩ （明）钱琦：《钱公良测语·治本》。
⑪ 《康有为政论集·上清帝第二书》，第126页。
⑫ （汉）王符：《潜夫论·务本》。

《老残游记》——刘鹗救国安天下方略的艺术化   463

有为提出："人必先富而后教，必先厚生而后正德。"[1] 太谷学派也主张"富而后教"，"养民"，都是有历史渊源的，受传统文化思想影响的结果。他们"学孔孟之学"，"为往圣继绝学"，继承孔子等关于为政使民"富且寿"等思想。

近代杰出的小说家刘鹗认为："土匪云乎哉，饥民而已矣"，"国之大病，在民失其养"，"民困则思乱"，"治国莫重于养民，为政莫先于立本"，故"以养天下为己任"，这些提法与古人前人的"民本""养民""富民"的思想是相通的。显然，刘鹗"养民"的思想，又是受中国传统"民本""养民"思想影响的。其次，刘鹗"富国养民"的方略，在刘鹗看来是晚清中国濒临灭亡危险的形势下，救国救民的实际需要。"民富则国强"，"民安则国安"。再者，他认为其"富国养民"之法：引进外资、科学技术，"修路、开矿、兴工、劝农"，还可以防御列强对中国进一步侵吞和角逐。他在其《矿事启》《刘铁云呈晋抚禀》中都谈到广"引商力以御兵力"的问题，防"各强兵力之侵逐"，"得休息数十年以极力整顿工农商务，庶几自强之势可成；而国本可立"。故他的救之之法也是从战略防御上考虑的，直接与外强作战，因国力衰弱，必然失败。如此这般尚能最终达到"民富国强"的目的。再其次，太谷学派主张"富而后教"，"养民"。刘鹗为太谷学派第三代传人。刘鹗《致黄葆年》的信中说："圣功大纲，不外教养两途"，故他"以养天下为己任"。学派要求"立功、立言、立德"，"穷则独善其身，达则兼善天下"，"万物皆我胞与，不惟一夫之饥，犹己饥之；一夫之寒，犹己寒之；即一草一木不得其所，亦以为由己所致"[2]。所以他"养民"、爱民。"养民"既是目的又是手段，民富则国强，本固则邦宁，又为他实现其富国养民的方略，提供安稳的社会环境。

虽然他在《老残游记》中没有直接描写"救之之法"，"富国养

---

[1] 《康有为政论集·中华救国论》，第730页。
[2] 严薇青：《刘鹗与太谷学派》，见《资料》，第641页。

民"的方略，但他在第一回梦中危船的描写中用象征手法告诉了我们（见前）。

（三）整肃吏治

清蒋赫德云："察吏乃可安民，除害乃可兴利。今百姓大害，莫甚于贪官蠹吏。惩治之法，惟恃督抚纠劾，以其确知属吏之贤不肖也"①，说明察吏以安民，除害对兴利的重要作用，要"惩治"，必须确知属吏表现之好与不好。清李棠阶云："治天下惟在安民，安民必先察吏。今日之盗贼，即昔日之良民，皆地方有司贪虐激之成变"②，说明地方有司贪虐，可逼民为盗，为民除害可以安民和治天下先察吏的道理。清赵光云："安民先察吏，州县为亲民之官，秩卑责重"③，是说州县的父母官，地位虽低，但责任重大，安民必先察吏，说明整饬吏治的重要。刘鹗认为上层官吏没有错，而错的都是下层省、县的一些官吏。刘鹗调查揭露挞伐的也都是下级官吏。这一点，李、赵、刘的认识是有相同之处的。晚清著名政治家左宗棠说："嘉、道以来天下切要之政，莫如讲求吏治"，"天下大乱，由于吏治不修；吏治不修，由于人才不出；人才不出，由于人心不正"④。他是很讲求吏治和正人心的。刘鹗写这部小说之前的1901年，清政府内外交困，为了维护摇摇欲坠的统治，也实行"新政"，在政治方面，也曾提出"整顿吏治"的改革方案。这些清人对吏治方面的论述，对刘鹗的影响更为直接。

在刘鹗看来，整饬吏治，就得确知"属吏之贤不肖"，优进，劣汰，必进行"察吏"，就是必须对官吏的政绩做深入的调查研究。老残是个"仙吏"，替天行道，专治人间社会的顽疾弊病。安民察吏，整饬吏治就是其中之一。请看第三回，写北柱楼席间，人们对玉贤

---

① 见《中国历代安邦治国方略集要》。
② 见《中国历代安邦治国方略集要》。
③ 见《中国历代安邦治国方略集要》。
④ 转自孙占元《左宗棠吏治思想述论》，见《山东社会科学》1995年第3期。

《老残游记》——刘鹗救国安天下方略的艺术化

议论纷纷,褒贬不一,然而宫保,只听浮言"办强盗办的好""有路不拾遗的景象",就"赏识非凡",打算"专折明保"他晋升。那么玉贤到底贤与不贤,宫保应该明察,但他并不确知。老残"风闻玉守的政声,也要去参考参考,究竟是个何等样人"。一般的旅游者,地方官的政声与其何碍?并非专注的对象。老残这个"仙吏",带有治世痼疾的特殊使命,那就是"察吏"。老残"因想沿路打听那玉贤的政绩,故缓缓起行,以便察访",实际就是调查研究,"察吏"。笔者在拙文《从〈风潮论〉看〈老残游记〉》《论刘鹗的朴素唯物主义思想》中详细论述了他"核实"的经过。老残经过多方反复调查研究,玉贤何许人?"赛过活阎王",他造成"地狱世界","衙门口有十二架站笼,天天不得空","未到一年,站笼站死两千多人",人不如鸟雀,"苛政猛于虎",对玉贤的结论是"下流的酷吏,又比郅都、宁成等人次一等了",然而却因宫保的昏庸,没有明察他的优劣,只凭风传就"专折明保",使其终于晋升,这是宫保没有察吏造成的。作者在第七回《原评》中说:"前两回写玉贤之酷烈至矣!此回却以'逼民为盗'四字总束前两回,为玉贤定罪案。"第六回说:"恨不得立刻将玉贤杀掉,方出心头之恨。"第十九回,宫保说:"前日捧读大札,不料玉守残酷如此,实是兄弟之罪",说明宫保对玉贤的实际政绩一无所知。宫保对酷吏怎样处置呢?他说:"将来总当设法。但目下不敢出尔反尔,似非对君父之道。"不敢立即处置,以保自己的红顶子。老残说:"救民即所以报君,似乎也无所谓不可。"处置玉贤,救护百姓,就是报答君王,是完全可以的。宫保"默然"不语,未答应立即除害。作者在第七回《原评》中说:"惜乎老残既不能见用于世,申东造亦仅一小小县令,无从展其骥足,世道之所以日坏也夫。"意思是说,我这样的人又不能被重用为官,若我有权我一定把玉贤之类酷吏杀掉,为民除害,使世道转好。宫保不但不察吏,即使发现了酷吏,也不及时处理,听之任之,所以世道日益变坏了。作者在第六回说:像玉贤之流,"官愈大,害愈甚:守一府则一府伤,抚一省则一省残,宰天下则天下死!"要想挽救国运，安定天下必先察吏，严肃吏治，奖惩分明。"毙豕殪虎，黎民安堵"（《银鼠谚》），道理是十分清楚的。

老残又从人瑞嘴里了解到"一件惊天动地的案子，其中关系着无限的性命，有夭矫离奇的情节"，这便是魏家的冤案。贾家催得紧，抚台派刚弼前来会审。宫保根本不了解刚弼的品行能力。他刚愎自用，主观武断，大施逼供信，谁的意见也听不进去。贾魏氏屈打成招，是老残了解情况后，写信给宫保，才派来白子寿复审，撤了刚弼。作者告诉上官，不要以为下官不贪就是好官，"清官则自以为我不要钱，何所不可？刚愎自用，小则杀人，大则误国"，不要掉以轻心，要察吏。不要只察"赃官"，"清官尤可恨"，更在必察之列。作者写了两个酷吏，而造成他们"害世"的原因，都是因为宫保不了解下官的实绩、品德、能力的结果，又赏罚不明。因此必须严肃吏治。

那么如何察吏？"仙吏"老残为其树立了一个榜样，脚踏实地，深入调查、核实，实事求是。老残察访玉贤的政绩，破奇案的过程，便是如此，不复赘述。

《续集》第二回，"宋公子蹂躏优昙花"，泰安县宋大老爷的儿子仗势凌逼百姓。逼走了斗姥宫尼姑靓云，威胁庙门。第五回德慧生对宋大老爷说："不瞒你说，我已经写信告知庄宫保说：途中听人传说有这一件事，不知道确不确，请他派人密查一查。"也可以说宫保是不了解下情的。这样"倚官犯法"的恶劣行径是老残极力反对的（见《残稿》）。"官幕两途，牛鬼蛇神，无所不有！比那下等还要粗暴"，"州县老爷们比娼妓还要下贱！遇见驯良百姓，他治死了还要抽筋剥皮，锉骨扬灰"。亦须察治。

此外作者在第十四回，写了史观察主贾让《治河策》不与河争地之说，宫保轻信了史观察的意见，废民埝，退守大坝，造成了黄水泛滥，几十万人的生命财产付之东流，老残评论说：

这事真正荒唐！是史观察不是，虽未可知，然创此议之人，却也不是坏心，并无一毫为己私见在内，只因但会读书，不谙世故，举手动足便错。孟子所以说："尽信书，则不如无书。"岂但河工为然？天下大事，坏于奸臣者十之三四，坏于不通世故之君子者，倒有十分之六七也！①

他提醒上官察吏，为官不仅会读书，也要有各方面经验。要调查研究，理论结合实际，否则也会败坏国家大事，造成人民生命财产的巨大损失。会逼民为盗，迫良女为娼，造成社会动乱。这是为官行政，整饬吏治更须注重的大事。

综上所述，"赃官可恨"，必须察治；"清官尤可恨"，"刚愎自用"，如玉贤、刚弼之流，尤须察治；"昏庸"的官吏，如宫保、史观察之类更须察治。安民必先察吏，整肃吏治。

（四）化盗为民，简政节资

"仙吏"老残为了治世，使社会安静，提出一个"化盗为民"之法。第七回，"借箸代筹一县策"，老残说："若求在上官面上讨好……，则只有依玉公办法，所谓逼民为盗也；若要顾念'父母官'三字，求为民除害，亦有化盗为民之法。"东造说："自然以为民除害为主。果能使地方安静，虽无不次之迁，要亦不至于冻馁。……前任养小队五十名，盗案仍是叠出，加以亏空官款，因此罣误去官。"老残道："五十名小队，所费诚然太多。"东造说："不过千金，尚不吃重"，即地方能承担得起。于是老残筹划一个"一年筹一千二百金"，"包你境内没有一个盗案；倘有盗案，且可以包你倾刻便获"的"至良极美的法则"，即荐武艺高强的刘仁甫带领小队治盗。老残谋划说："所以这两省有武艺的，全敌他不过，都惧怕他。若将此人延为上宾，将这每月一百两交付此人，听其如何应用，大约他只要招十名小队，供奔走之役，每人月饷六两，其余四十两，

---

① 见小说，第 176 页。

供应往来豪杰酒水之资,也就够了。"按老残的筹划,原五十人的小队,精简为十人小队,人员减少五分之四。经费"不致赔累","尚不吃重",大大节约了开支。效果呢?"初起也还有一两起盗案,一月之后,竟到了'犬不夜吠'的境界了。"① 关于节省财政开支,刘鹗在《风潮论》中说:

> 今年之乱生于去年岁耗六千万也,今年江北灾区赈款尚未止息,而广东剿匪之用款出,东三省剿匪之用款出,各省小乱剿匪之用款出,购军火之费几何,添兵之费几何,因乱而居民所损之费又几何,恐非二三千万所能限也。然则今年之耗损殆八九千万矣。推知明年,又当如何?②

由于"去年岁耗六千万"过多,加重搜刮人民,"民困则思乱",才有"今年之乱"。"今年之耗损殆八九千万",更加重人民负担,过年会更厉害,会造成"天下大乱"。故必须减轻人民的经济负担,节省财政开支。刘鹗在此文中说:"土匪云乎哉,饥民而已矣",在作者看来要想使社会安静,必须加强治盗。化盗为民的根本办法是精兵简政节资,减轻人民的负担。虽说"代筹一县策",实际上是向清政府建议,献其治国安天下的"妙计"。"民安则国安",国安才能"得休息数十年以极力整顿工农商务",才能民富国强。故这又是刘鹗治国安天下的一个方略。小说把其艺术化。

(五)利用三教,引人为公

汉王符云:"不务治民事,而务治民心","治莫大于道,莫盛于德,莫美于教,莫神于化"③。《周书》云:"治民之体,先当治

---

① 见小说,第146页。
② 见《资料》,第139页。
③ (汉)王符:《潜夫论·德化》。

心。"① 《尉缭子》云："治者，使民无私心。民无私则天下为一家。"② 古代治国者把"治民心"放在首位，"民心"，即百姓的思想，说明道德教化对治世的重要。与刘鹗同时代的康有为说："天下为公，是谓大同。"③ 刘鹗在《老残游记》第五回《原评》中说："玉贤残酷，吴氏节烈，都写得奕奕如生，有功于人心世道不少。陈仁美成吴少奶奶节烈，犹有人心，贤于玉贤远矣。"又子平说："即如'理''欲'二字，'主敬''存诚'等字，虽皆是古圣之言，一经宋儒提出，后世实受惠不少，人心由此而正，风俗由此而醇"，可见作者称赞"有功于人心世道""人心……贤""人心……正""风俗……醇"。鹗《壬寅日记》（1902年）五月初七日记梦云："圣人去矣，人心弊矣，世运之转，不可缓也。……吾人业识，痼弊深矣，我佛慈悲，为我转之，吾所求之"，言外之意，圣人虽去，可用往圣之学治人心之弊，已刻不容缓；拜求佛学扭转人心世道，医人心之痼弊。故刘鹗在《老残游记》中写佛教故事梦游地狱。强调人的道德教化之重要。那么"治民心"，"正""人心"，"醇""风俗"，提高国民的道德，加强教化，就是刘鹗救国安天下方略的重要组成部分。

作者写桃花山访贤，为治盗防盗，使社会安静。玙姑等三人山中辩论，作者把他安排在访贤过程中来写，绝非偶然，因为其间关系甚为密切。用武艺高强的刘仁甫防盗治盗固然重要，但这是治标，是治乱的一个方面。在作者看来，根本是治人心，故在访贤治盗过程中用很多笔墨写山中三人论教。作者借玙姑的嘴论儒释道三教时说："其同处在诱人为善，引人处于大公。人人好公，则天下太平；人人营私，则天下大乱。惟儒教公到极处。"④ 他推崇三教宗旨"诱人为善，引人处于大公"，因为"人人好公，则天下太平"。他认为

---

① 《周书》卷二十三《苏绰列传》。
② 刘春生译注：《尉缭子全译》，贵州人民出版社1993年版，第64页。
③ 《康有为政论集·大同书》，第519页。
④ 见小说，第九回，第108页。

"人人营私,则天下大乱"。尤其赞赏儒教。说:"佛道两教,就有了褊心",但"这还是劝人行善,不失为公",虽不十全十美,但大处是好的。作者意图昭然:规劝人人行善,人人好公,天下太平,乱世可治。玙姑又说:"圣人意思,殊途不妨同归,异曲不妨同工。只要他为诱人为善,引人为公起见,都无不可。所以叫做'大德不踰闲,小德出入,可也。'"①肯定三教对于人心世道:诱人为善,引人为公,正人心的作用。刘鹗认为为了诱人为善,引人为公,提高国民的道德水准,信奉三教,都无不可,人心归正,天下就太平了。康有为《公车上书》里的"教民之法",提到"近日风俗人心之坏,更宜讲求挽救之方。盖风俗弊坏,由于无教。……今宜亟立道学一科",发明传扬孔子之教者给以奖励。康、梁组织"保国会",其《章程》里提到"保教",即保护提倡孔教。前期的维新志士,后期的南革英雄章太炎,曾提出:"第一,是用宗教发起信心,增进国民的道德"②,提倡佛教。同一时代的康、梁、章、刘都主张用宗教正人心、醇风俗,提高国民的道德,这一点是相同的,当然,也有具体不同之处。刘鹗在小说第十一回,对"北拳南革"极尽诋毁之能事:"北拳以有鬼神为作用,南革以无鬼神为作用。说有鬼神,就可以装妖作怪,鼓惑乡愚,其志不过如此而已。若说无鬼神,其作用就很多了:第一条,说无鬼就可以不敬祖宗,为他家庭革命的根原;说无神则无阴谴,无天刑,一切违背天理的事都可以做得,又可以掀动破败子弟的兴头","反背天理","反背国法","反背人情",那就导致"天下大乱"了。就不能"得休息数十年以极力整顿工农商务",就不能实现其富国养民的方略。故对"北拳南革"坚决反对之。

作者写逸云的爱情故事,"贪恋利欲""生出无穷的魔障",破

---

① 见小说,第九回,第109页。
② 章太炎:《东京留学生欢迎会演说词》,见《辛亥革命前十年间时论选集》(上),生活·读书·新知三联书店1978年版,第448页。

坏人家"太太平平和和气气的日子",扰得"六畜不安"是不道德的。学禅宗佛学可以抑制利欲,"不见可欲,使心不乱","'德'字为万教的根基,无德便是地狱"。强调修德、治心的重要。

　　作者为什么写老残的地狱之游?他在第十一回中已透露给我们了,借黄龙子的嘴说:"说无神则无阴谴,无天刑,一切违背天理的事都可以做得,又可以掀动破败子弟的兴头",造成社会的动乱。反过来,说有阴谴有天刑,可使人们不去做"违背天理"的事,可使社会安定。这就是刘鹗的心治。这就是作者创作地狱之游的目的。我们从他的描写中更可看出这一点。他写地狱五神问案"专讯问那些造恶犯罪的人呢"。梁海舟说:"你知道银子是带不来的,你可知道罪孽是带得来的罢!银子留下给别人用,罪孽自己带来消受。"劝诫世人不要逐利犯罪造孽。善人坐小椅子,有的"去做城隍了",有的"投生富贵家去了",善人到阴曹地府是有好结果的。那老翁对老残说:"你看,五神问案凄惨得很!算计起来,世间人何必作恶,无非为了财色两途,色呢,只图了片时的快活;财呢,都是为人忙,死后一个也带不走。徒然受这狼牙棒的苦楚,真是不值。"森罗殿上,五神问案,对造罪孽的人"血肉飞腥油锅炼骨,语言积恶石磨研魂",受各种刑罚。阎罗王说:"我再把阴世重刑的原委告你知道。第一你须知道,人身性上分善恶两根,都是历一劫增长几倍的。若善根发动,一世里立住了脚,下一世便长几倍。……恶根亦然,历一世亦长几倍。可知增长了善根便救世,增长了恶根便害世。可知害世容易救世难。""所以阴间刑法,都为炮炼着去他的恶性的","口过"是"毁人名誉",故罪过最重,"往往一句话就能把这一个人杀了","断送一家子的性命","毁人名誉的人多,这世界就成了皂白不分的世界了,世界既不分皂白,则好人日少,恶人日多,必至把世界酿得人种绝灭而后已","所以放肆无忌惮的无恶不作了"。"德业积成阴世富,善缘发动化身香。"综上所述,整个地狱之游的佛教故事,是劝世人积德行善,不要犯罪造孽。世人如此,天下就太平了。

刘鹗心系"治国安天下"的问题,修身齐家治国平天下是儒家的传统思想。两个酷吏的逼民为盗,他揭露之;地方官的"不谙世故"造成的水灾迫女为娼,他抨击之;代筹化盗为民的良策;反对北拳的"装妖作怪,鼓惑乡愚",南革的"反背天理","反背国法","反背人情";痛恨宋公子仗父凌逼平民。老残的地狱游和残稿中抨击三种犯法之人,都是他规劝世人惩恶积德行善,引人为公,以致天下太平。将小说其全部内容联系起来看,就是一个目的,为了"治国平天下"。"得休息数十年以极力整顿工农商务",学习外国的科学技术办实业,实现他民富国强的政治理想。作者在梦中危船的寓言故事中说:"依了我们的话""立刻就登彼岸",意思是如按作者提出的救国救民之策,即治国安天下的方略去做,国家民族就得救了。

刘鹗救国救民的方略,安定社会的措施,都是出于他爱国爱民的思想,其出发点是好的。他的"救之之法":"修路、开矿、兴工、劝农",引进外资,学习外国的科学技术,办实业,这是晚清末年具有远见卓识的爱国知识分子刘鹗民富国强的方略,很具现实的积极意义。他的治国平天下的方略:治理黄河、富国养民、整顿吏治、化盗为民、简政节资、用三教引人为善,有些是值得肯定的。但作者为了平天下,诱人为公,减少犯罪,用游地狱的故事惩恶劝善,也宣传了封建迷信,三教中有不少封建糟粕和唯心的东西,这都是不可取的。维新派领袖康有为反对暴力革命,说革命会造成"血流成河,死人如麻","内乱相残,必至令外人得利也"[①],刘鹗是赞同这个观点的。加上太谷学派教义"为季世开太平"的影响,故极力诋毁"北拳南革"。但孙中山领导的资产阶级民主革命获得成功的事实,证明刘鹗阶级的局限性和思想的局限性。他认为"船主",只是缺"方针","管帆的却是认真的在那里管","驾驶的人

---

① 康有为:《答南北美洲诸华侨论中国可行立宪不可行革命书》,见《康有为政论集》,第480页。

并未曾错",即上层的统治集团并没有错。然而需要整治的都是省以下的官吏。所以就无需推翻上层统治集团。他认为救国救民之路唯有他的主张是正确的,其余凡有影响社会安定的,全部反对之。清政府的反动腐败、昏庸,是极落后的生产关系的代表,束缚限制"修路、开矿、兴工、劝农"等企图发展生产力的做法。刘鹗实业救国的理想不能实现的道理就在于斯。刘鹗要想实现救国救民的理想,就必然推翻代表反动、腐朽、落后的生产关系的清朝政府,这个道理刘鹗是不能理解的。维新派的变法要求,没有被清政府上层统治集团所接受,以戊戌六君子的被杀而告失败,刘鹗的救之之法,又岂能被上层统治集团所采纳?他单枪匹马,本身既无权力又无足够的资金,"以养天下为己任"又怎能实现?"岂不梦呓耳"。但他"具菩萨婆心","盼望同志相助。心苦情切",以实现他救国安天下的方略,其爱国主义思想是非常令人敬佩的,值得我们大力颂扬的。笔者认为,《老残游记》是刘鹗救国平天下方略的艺术化。其救国平天下的方略是通过小说的艺术形式表现出来的。作者在第十一回《原评》中说:"此卷书凡夫读之,亦不能解释,不能信从。"笔者试作探讨之。

(韩国中国小说学会编《中国小说论丛》第六辑,1997年3月)

论《老残游记》的景物描写

景物描写，烘托气氛，制造氛围，寄情达意，在诗词曲赋中是常见的。只举一例，如马致远的《天净沙·秋思》："枯藤老树昏鸦，小桥流水人家，古道西风瘦马。夕阳西下，断肠人在天涯"，虽被誉为绝唱，然景物描写极为概括，并受格律、字数等限制，笔墨难以挥洒自如，酣畅淋漓。胡适《老残游记·序》认为，中国传统的古典小说中缺乏成功的景物描写，有一些也都是从诗词中转化来的"套语烂调"，《老残游记》作者刘鹗总想"熔铸新词，作实地的描写"，这一点是"前无古人"的[①]。这一点大都被评家所认同。小说中的景物描写，是为交代环境，推动情节的发展，表现人物，为突出主题思想服务的，因此是不可缺少的。中国现代、当代小说写景的技法百花竞秀，多姿多彩，都是由古典小说技法借鉴西方小说技法发展而来的。刘鹗对小说的描写艺术手法是进行了一些开创性的改革。尤其是受西洋小说的影响，在景物的描写上进行了开拓性、创造性的革新。这部小说在景物描写方面，取得了极大的成功。鲁迅在《中国小说史略》中评此小说时说："叙景状物，时有可观。"[②]

---

① 见刘德隆等编《刘鹗及老残游记资料》，四川人民出版社1985年版，第384页。
② 鲁迅：《中国小说史略》，人民文学出版社1981年版，第289页。

一　对声响的描绘

中国古代的诗文对音乐的描绘也有很成功的。我们熟知的有白居易的《琵琶行》诗，韩愈的《听颖师弹琴》诗，小说中的林嗣环《口技》[①] 等，都是脍炙人口的名篇。但《老残游记》对音乐的描写匠心独运，别出心裁。

作者通过"移情"的作用，把无形的音乐描绘成具体的、有形的可感事物，可谓妙笔生花，鬼斧神工。如第二回：

> 王小玉便启朱唇，发皓齿，唱了几句书儿。声音初不甚大，只觉入耳有说不出来的妙境：五脏六腑里，象熨斗熨过，无一处不伏贴；三万六千个毛孔，象吃了人参果，无一个毛孔不畅快。唱了十数句之后，渐渐的越唱越高，忽然拔了一个尖儿，象一线钢丝抛入天际，不禁暗暗叫绝。那知他于那极高的地方，尚能回环转折；几啭之后，又高一层，接连有三四叠，节节高起。恍如由傲来峰西面，攀登泰山的景象：初看傲来峰削壁千仞，以为上与天通；及至翻到傲来峰顶，才见扇子崖更在傲来峰上；及至翻到扇子崖，又见南天门更在扇子崖上：愈翻愈险，愈险愈奇。
>
> 那王小玉唱到极高的三四叠后，陡然一落，又极力骋其千回百折的精神，如一条飞蛇在黄山三十六峰半中腰里盘旋穿插，顷刻之间，周匝数遍。从此以后，愈唱愈低，愈低愈细，那声音渐渐的就听不见了。满园子的人都屏气凝神，不敢少动。约有两三分钟之久，仿佛有一点声音从地底下发出。这一出之后，忽又扬起，象放那东洋烟火，一个弹子上天，随化作千百道五色火光，纵横散乱。这一声飞起，即有无限声音俱来并发。那

[①] （清）张潮编：《虞初新志》中《秋声诗自序》。

弹弦子的亦全用轮指，忽大忽小，同他那声音相和相合，有如花坞春晓，好鸟乱鸣。耳朵忙不过来，不晓得听那一声的为是。正在撩乱之际，忽听霍然一声，人弦俱寂。①

作者用"五脏六腑里，象熨斗熨过，无一处不伏贴；三万六千个毛孔，象吃了人参果，无一个毛孔不畅快"等比喻，写小玉迷人的声音给人的精神享受是何等美好，艺术效果是何等神奇。高唱的"一个尖儿，象一线钢丝抛入天际"，用一线钢丝高速抛向空中所发出的尖厉的声音，比喻"尖儿"声，变成具体可感的东西。把在极高的地方声音回环转折，几喷之后的节节升高，用登泰山，由傲来峰到扇子崖至南天门那样次递升高和奇险作比喻，形象生动，容易理解。作者把声音从高处陡然降下，然后声音又极力千回百转，用"一条飞蛇在黄山三十六峰半中腰里盘旋穿插"，瞬间就围绕多次作比，摹声绘形。把声音的忽起，物化了，赋形了，比作"象放那东洋烟火，一个弹子上天，随化作千百道五色火光，纵横散乱"。把难以想象、琢磨、会意的声音转化为具体的事物，把听觉形象变成了视觉形象，不但生动、具体、形象，也引导读者深入体味欣赏音乐的美，从而获得美的享受。

又如，第十回"骊龙双珠光照琴瑟，犀牛一角声叶箜篌"中一段：

扈姑遂从襟底取出一枝角来，光彩夺目，如元玉一般，先缓缓的吹起。原来这角上面有个吹孔，旁边有六七个小孔，手指可以按放，亦复有宫商徵羽，不似巡街兵吹的海螺只是呜呜价叫。听那角声，吹得呜咽顿挫，其声悲壮。

当时玙姑已将箜篌取在膝上，将弦调好，听那角声的节奏。

---

① （清）刘鹗：《老残游记》，以下简称"小说"，齐鲁书社1981年版，第二回，第19—20页。

论《老残游记》的景物描写　　477

　　胜姑将小铃取出，左手揪了四个，右手揪了三个，亦凝神看着扈姑。只见扈姑角声一阕将终，胜姑便将两手七铃同时取起，商商价乱摇。

　　铃起之时，玙姑已将箜篌举起，苍苍凉凉，紧钩漫摘，连批带拂。铃声已止，箜篌丁东断续，与角声相和，如狂风吹沙，屋瓦欲震。那七个铃便不一齐都响，亦复参差错落，应机赴节。

　　这时黄龙子隐几仰天，撮唇齐口，发啸相和。尔时，喉声，角声，弦声，铃声，俱分辨不出。耳中但听得风声，水声，人马蹩踏声，旌旗熠爚声，干戈击轧声，金鼓薄伐声。约有半小时，黄龙举起磬击子来，在磬上铿铿锵锵的乱击，协律谐声，乘虚蹈隙。其时箜篌渐稀，角声渐低，惟余清磬，铮铩未已。少息，胜姑起立，两手笔直，乱铃再摇，众乐皆息。①

扈姑吹角声"呜咽顿挫，其声悲壮"；扈姑角声将终，胜姑手中七铃"商商价乱摇"；玙姑的箜篌与角声相和，"如狂风吹沙，屋瓦欲震"，化无形为有形。黄龙子"撮唇齐口，发啸相和"，各种乐器齐奏，"俱分辨不出"，但由于"通感"的作用，在老残耳中化为"风声，水声，人马蹩踏声，旌旗熠爚声，干戈击轧声，金鼓薄伐声"，由各种难欣赏的乐器声化为各种易辨的实物声。

再看黑妞说书一段：

　　这姑娘便立起身来，左手取了梨花筒，夹在指头缝里，便丁丁当当的敲，与那弦子声音相应；右手持了鼓捶子，凝神听那弦子的节奏。忽羯鼓一声，歌喉遽发，字字清脆，声声宛转，如新莺出谷，乳燕归巢。每句七字，每段数十句，或缓或急，忽高忽低；其中转腔换调之处，百变不穷，觉一切歌曲腔调俱

---

① 见小说，第十回，第126—127页。

出其下,以为观止矣。①

其中"字字清脆,声声宛转",如"新莺出谷",百啼千啭,如"乳燕归巢",呢喃絮语,把听觉的形象化为视觉形象,具体,可见,达到出神入化的绝妙境界。

长于描写景物中的声音,还如第八回(第98、99页):"桃花山月下遇虎",写虎啸,"远远呜呜的两声",又三个"呜的一声";第十回(第121页),写狼嗥,"只听外面唔唔价七八声,接连又许多声",皆吓得人毛骨森悚,魂飞魄散,但也给静谧的山间带来无限的生机,空谷传响,更突出山间的幽静,用笔不同凡响。此外还如,第十回(第125页)写道:"其时远远听有笑语声。一息功夫,只听回廊上格登格登,有许多脚步儿响,顷刻已经到了面前",通过声音,写出人由远而近的情形。第十回(第120页):"话说子平听得天崩地塌价一声,脚下震震摇动",写山谷雪落,衬托山间的宁静。

描写声音,或传情,或烘托环境,或创造意境等,都是为表现人物,突出中心服务的。

刘鹗描写景物的声响,无论是依声绘形,将声音变成有形的东西,还是依声绘音,将难解的声音变成熟悉的声音,都极为生动、具体、形象,写出了演唱、演奏者高超的技艺及动人心弦的艺术感染力量。或是直接描绘声响,都表现出作者描绘景物声响艺术卓然的功力。刘鹗对音乐的描写达到超逸绝伦的艺术境界,如他不是一个对音乐有高度造诣的人,对音乐就难以有如此深邃的理解和很高的鉴赏能力,即使有神来之笔,其描写也不会达到如此神妙的境地。

二 对光、色彩的描写

人类生活的自然环境是色彩纷呈的,人类创造的景物也是绚丽

---

① 见小说,第二回,第18页。

多彩的。文艺是社会生活的反映，艺术家必然要描写这些景物及色彩。"色，实际上就是不同波长的可见光。"① 经过艺术加工的景物色彩，比原来更美好，更动人。

有人说："色彩是生命的象征，是对美的召唤；人们对色彩的追求，也是对生命的追求，对美的追求。"② 一个高超的文学艺术家，无不注重光和色彩的描写，以增强作品的艺术魅力，给欣赏者以丰富的美感享受。

刘鹗的《老残游记》在写景状物方面对光和色彩的描写是突出的，效果是惊人的。如第二回，大明湖的景物描写就是这样：

> 到了铁公祠前，朝南一望，只见对面千佛山上，梵宇僧楼，与那苍松翠柏，高下相间，红的火红，白的雪白，青的靛青，绿的碧绿，更有那一株半株的丹枫夹在里面，仿佛宋人赵千里的一幅大画，做了一架数十里长的屏风。正在叹赏不绝，忽听一声渔唱。低头看去，谁知那明湖业已澄净的同镜子一般。那千佛山的倒影映在湖里，显得明明白白。那楼台树木，格外光彩，觉得比上头的一个千佛山还要好看，还要清楚。这湖的南岸，上去便是街市，却有一层芦苇，密密遮住。现在正是着花的时候，一片白花映着带水气的斜阳，好似一条粉红绒毯，做了上下两个山的垫子，实在奇绝。③

这是大明湖上铁公祠前一幅瑰丽的画卷，色彩极为鲜丽，南望千佛山上"青的靛青"——梵宇；"白的雪白"——僧舍；"绿的碧绿"——苍松翠柏；"红的火红"——丹枫。"一条粉红绒毯"——南岸苇花映着带水气的斜阳。"澄净的同镜子一般"——大明湖面，

---

① 冉欲达：《文学描写技巧》，中国青年出版社1988年版。
② 赵增锴：《艺术技巧与魅力》，漓江出版社1987年版。
③ 见小说，第二回，第14页。

"格外光彩"——千佛山倒影,楼台树木。整个画面,"火红""雪白""靛青""碧绿""粉红""光彩""斜阳",高下远近相间辉映,色彩缤纷,瑰丽斑斓。湖光山色,令人心旷神怡,陶醉倾倒。

再如第八回,桃花山访贤一段景物描写:

> 子平进了山口,抬头看时,只见不远前面就是一片高山,象架屏风似的,迎面竖起,土石相间,树木丛杂。却当大雪之后,石是青的,雪是白的,树上枝条是黄的,又有许多松柏是绿的,一丛一丛,如画上点的苔一样。骑着驴,玩着山景,实在快乐得极,思想做两句诗,描摹这个景象。①

作者写了山口里的雪景,特别着重描绘雪中大自然的色彩:"石是青的,雪是白的,树上枝条是黄的,又有许多松柏是绿的,一丛一丛,如画上点的苔一样",青、白、黄、绿,在白色的大地上,点缀着不同颜色,色彩缤纷,使景物呈现出勃然生机,给人以美的享受。

再如,第十二回:"寒风冻塞黄河水,暖气催成白雪辞",描写雪月交辉的景观:

> 抬起头来,看那南面的山,一条雪白,映着月光分外好看。一层一层的山岭,却不大分辨得出,又有几片白云夹在里面,所以看不出是云是山。及至定神看去,方才看出那是云、那是山来。虽然云也是白的,山也是白的,云也有亮光,山也有亮光,只因为月在云上,云在月下,所以云的亮光是从背面透过来的。那山却不然,山上的亮光是由月光照到山上,被那山上的雪反射过来,所以光是两样子的。然只就稍近的地方如此,那山往东去,越望越远,渐渐的天也是白的,山也是白的,云

---

① 见小说,第八回,第95页。

也是白的,就分辨不出什么来了。①

这段描写的文字,用了六个"光"、七个"白",写月光下的景物的特色,我们丝毫不感到重复和厌倦。可见作者多么擅长,多么注重"光"和"色"的描绘!先总写南山"一条雪白,映着月光",有"几片白云夹在里面",分不清山与云,但有光有色。接着写白山的"亮光",白云的"亮光"的差异:"云的亮光是从背面透过来的","山上的亮光"是月光照山雪而反射过来的,当然与月光本身也不同。说明作者对生活观察入微,有深刻的感受和体验,因而才写得如此细腻感人。最后写往东望山:"渐渐的天也是白的,山也是白的,云也是白的。"就是这样一个朦胧的月下雪的世界,也能抓住光、色,写出存在的种种不同和无限的趣味,真令人叹服。

还如第八回(第99页),"桃花山月下遇虎",写景物:"只见西边岭上月光之下,窜上一个物件来,到了岭上,又是呜的一声","那虎既到西涧,却立住了脚,眼睛映着月光,灼亮灼亮"。作者抓住"月光",用"灼亮"一词重叠,写出虎特异的眼光,来突现虎威,烘托环境,制造氛围。作者在此回《原评》中自鸣得意说:"施耐庵说虎,不及百炼生说虎;施耐庵说的是凡虎,百炼生说的是神虎",是有道理的。

第二回(第13页),去济南路上所见:"一路秋山红叶,老圃黄花",写出美丽的秋色,传达出作者欢快的心情。

综上所述,说明刘鹗擅于抓住景物中的光、色,突出环境的美,对其光、色彩的描写十分出色。景物中没有光、色彩,景物也就失去光彩神韵,很难给人以美感。

---

① 见小说,第十二回,第148页。

三　对景物形态的描写

　　人间的景物千差万别，各俱形态，如能对各种景物的形态进行具体生动的描绘，写出无穷的趣味，会给欣赏者极为深刻的印象，给人以美的享受。在审美活动中，审美对象越是真实，越是使人获得美感，故作者对景物的形态进行精心巧妙的描写，惨淡经营。《老残游记》这部小说，对景物形态的描写表现出很高的艺术造诣。

　　如第二回（第14页）在写大明湖景物时说："只见对面千佛山上，……仿佛宋人赵千里的一幅大画，做了一架数十里长的屏风。"写出了千佛山的优美的形态。"低头看去，谁知那明湖业已澄净的同镜子一般"，用比喻句写出大明湖水的清澈和平静，如同镜子可映照万物，湖水状态可以想见。"这湖的南岸"，"却有一层芦苇，密密遮住。现在正是着花的时候，一片白花映着带水气的斜阳，好似一条粉红绒毯，做了上下两个山的垫子，实在奇绝"。这个比喻句写出湖岸白色芦苇花映斜阳的形态。"那灯里是新倒上的冻油，堆的象大螺丝壳似的"（第71页），比喻句写出灯里冻油的形态。"那知墨盒子已冻得象块石头，笔也冻得象个枣核子"（第十六回，第199页），比喻句写出冰冻以后，墨盒及水笔的状态。"看天色欲暮，那黄河已冻得同大路一般"（第207页），用比喻句写出黄河已结冰坚实的形态。

　　上述这些都是静的形态描写，在各自环境中与其浑然一体。作者或寄情于景，或制造氛围，或渲染烘托，为表现人物，突出主题思想服务。

　　值得大书一笔的还有景物中的动态描写。刘鹗《老残游记》中的景物，即便是写静景的，也大多静中有动，给人一种流动、变化的美感，毫无呆滞刻板之感觉。如第一回写老残带着望远镜遥望的情景：

论《老残游记》的景物描写　◇◇◇　483

> 朝东观看，只见海中白浪如山，一望无际，东北青烟数点，最近的是长山岛，再远便是大竹、大黑等岛了。那阁子旁边风声呼呼价响，仿佛阁子都要摇动似的，天上云气一片一片价叠起。只见北边有一片大云，飞到中间，将原有的云压将下去，并将东边一片云挤的越过越紧，越紧越不能相让，情状甚为谲诡。过了些时，也就变成一片红光了。①

老残站在阁上，其视点由"东"到"东北"；又由"最近"到"再远"；由"阁旁"到"天上"；由"天上"的"北边"到"中间"，到"东边"。观察点不断移动，景物不断变换。用"白浪如山"，"仿佛阁子都要摇动似的"两个比喻句写出"白浪"和"阁子"的形态和动态。因风大，才浪高，才阁摇，云气"叠起"，"飞"，"压"，"挤"，"变"，才有谲诡的情形。通过一系列动词写出景物变化的无限情趣。用"白""青""黑""红"，写出景物的色彩，表现其自然美。也写"呼呼价"的声响，增加景物的气氛。这段景物描写，写出了景物的广延性、联系性，尤其写出了景物的流动性，好到了极处。

其次，如第二回：

> 过了水仙祠，仍旧上了船，荡到历下亭的后面。两边荷叶荷花将船夹住，那荷叶初枯，擦的船嗤嗤价响；那水鸟被人惊起，格格价飞；那已老的莲蓬，不断的绷到船窗里面来。老残随手摘了几个莲蓬，一面吃着，一面船已到了鹊华桥畔了。②

这段大明湖的景物描写，用"荡""夹""擦""惊起""飞""绷""摘""吃"这些动词，写出了一个生气盎然的景观，宛如影视的活

---

① 见小说，第一回，第3—4页。
② 见小说，第二回，第15页。

动着的画面。

又如第六回：

> 那雪越发下得大了，站在房门口朝外一看，只见大小树枝，仿佛都用簇新的棉花裹着似的。树上有几个老鸦，缩着颈项避寒，不住的抖擞翎毛，怕雪堆在身上。又见许多麻雀儿，躲在屋檐底下，也把头缩着怕冷，其饥寒之状殊觉可悯。①

这是写雪中鸦雀饥寒的状态。"仿佛都用簇新的棉花裹着似的"，用形象的比喻写出雪落树枝的状态。用"缩""避""抖擞""怕""堆""躲"等动词，描绘出寒中鸦雀瑟缩可怜之状。也是一个动景。老残用其与曹州的百姓相比，人不如雀，毫无自由，极力抨击玉贤的酷虐，"苛政猛于虎"，表现作者对苦难人民的怜悯和同情。突出了作者热爱人民的思想品质，深化了主题。

再如第十二回：

> 看见那黄河从西南上下来，到此却正是个湾子，过此便向正东去了。河面不甚宽，两岸相距不到二里。若以此刻河水而论，也不过百把丈宽的光景，只是面前的冰，插的重重叠叠的，高出水面有七八寸厚。再望上游走了一二百步，只见那上流的冰，还一块一块的漫漫价来，到此地，被前头的阐住，走不动就站住了。那后来的冰赶上他，只挤得嗤嗤价响。后冰被这溜水逼的紧了，就窜到前冰上头去；前冰被压，就渐渐低下去了。看那河身不过百十丈宽，当中大溜约莫不过二三十丈，两边俱是平水。这平水之上早已有冰结满，冰面却是平的，被吹来的尘土盖住，却象沙滩一般。中间的一道大溜，却仍然奔腾澎湃，有声有势，将那走不过去的冰挤的两边乱窜。那两边平水上的

---

① 见小说，第六回，第70页。

冰，被当中乱冰挤破了，往岸上跑，那冰能挤到岸上有五六尺远。许多碎冰被挤的站起来，象个小插屏似的。看了有点把钟工夫，这一截子的冰又挤死不动了。①

这一段写黄河冰凌挤压的景象。先写此处河的走向，两岸距离，河宽，大溜宽。用两个"去""走""站""赶""逼""吹""盖""阑""奔腾""澎湃""跑"、六个"挤"、二个"窜"等，计二十多个动词，写黄河冰块前后挤压叠起的动态。"冰面却是平的，被吹来的尘土盖住，却象沙滩一般"，这一比喻句写河边冰的表态，用"许多碎冰被挤的站起来，象个小插屏似的"比喻句，写碎冰叠起的形态。冰"只挤得嗤嗤价响"，河水"奔腾澎湃，有声有势"，这是写景物的声响。整个景物是一个移动、鲜活的画面。

这部小说写动景的地方很多。还如：

这南门城外好大一条城河。河里泉水湛清，看得河底明明白白。河里的水草都有一丈多长，被那河水流得摇摇摆摆，煞是好看。②

才出村庄，见面前一条沙河，有一里多宽，却都是沙，惟有中间一线河身，土人架了一个板桥，不过丈数长的光景。桥下河里虽结满了冰，还有水声，从那冰下潺潺的流，听着象似环佩摇曳的意思，知道是水流带着小冰，与那大冰相撞击的声音了。③

这两段都是写流动的河景，有声有色，大有使人身临其境之感。描写动态的景物，比描写静态的景物要困难得多。刘鹗把动景写得栩

---

① 见小说，第十二回，第147、148页。
② 见小说，第三回，第27、28页。
③ 见小说，第八回，第94—95页。

栩如生，跃然纸上，匠心独运。

刘鹗学习西方小说的艺术手法，对中国传统小说的艺术手法进行了革新，并在《老残游记》这部小说中得以大胆尝试。对当代文艺理论所谓景物描写三要素，即形态、光和色、声音的描写，在近代小说《老残游记》中都达到很高的水平，进入超凡越圣的境地。多把景物的形、光和色、声音有机地融合在一起来描写，浑然一体，谐美自然，具体、形象、典型，使欣赏者的审美情趣得到满足，为主题思想的表达起了非常重要的作用。

（山东省人民政府办公厅、山东省文史研究馆《齐鲁文史》1996年第4期）

论《老残游记》的人物描写

按当代的文艺理论，文学作品描写人物的方法，有直接的和间接的方法。直接描写的方法有人物的肖像描写、心理描写、语言描写、行动描写、细节描写等；间接描写的方法是用社会环境、自然景物、人物反衬烘托等来描写人物的。笔者用当代文艺理论描写人物的方法，探讨《老残游记》人物塑造的艺术技巧及所取得的成就。

一 《老残游记》人物的直接描写

（一）对人物的肖像描写

文学作品为了表现人物的思想、品质、性格、风貌、内心世界等，往往倾注不少笔墨来写人物的容颜、神态、气质、风度、服饰、打扮等，这就是肖像描写。这在中国古典小说中是常见的。如《三国演义》对刘、关、张、诸葛亮、周瑜等人的描写，《水浒传》对宋江、林冲、鲁智深等梁山好汉的描写，都运用过肖像描写。如《三国演义》写刘备道："生得身长七尺五寸，两耳垂肩，双手过膝，目能自顾其耳，面如冠玉，唇若涂脂。"[①]《水浒全传》写鲁达道："头裹芝麻罗万字顶头巾，脑后两个太原府纽丝金环，上穿一领鹦哥绿绒丝战袍，腰系一条文武双股鸦青縧，足穿一双鹰爪皮四缝干黄靴。生得面圆耳大，鼻直口方，腮边一部貉獠胡须，身长八尺，

---

① 罗贯中：《三国演义》上，人民文学出版社1979年版，第4页。

腰阔十围"[1]，不乏其例。

刘鹗《老残游记》的肖像描写的技巧是很高超的。比如第二回（第17、18页）对明湖居曲艺班人的肖像描写：

> 到了十二点半钟，看那台上，从后台帘子里面，出来一个男人，穿了一件蓝布长衫，长长的脸儿，一脸胮肛，仿佛风干福橘皮似的，甚为丑陋。但觉得那人气味到还沉静，出得台来，并无一语，就往半桌后面左手一张椅子上坐下，慢慢的将三弦子取来，随便和了和弦，弹了一两个小调，人也不甚留神去听。……只是到后来，全用轮指，那抑扬顿挫，入耳动心，恍若有几十根弦，几百个指头，在那里弹似的。这时台下叫好的声音不绝于耳，却也压不下那弦子去。

将男弦的容貌、穿着、举止、气质写了出来，肖像的特点也很显明。"一脸胮肛，仿佛风干福橘皮似的"，"那抑扬顿挫，入耳动心，恍若有几十根弦，几百个指头，在那里弹似的"，比喻生动形象，激发读者去联想，从而获得美的享受。

其次，试看对黑妞的肖像描写（第18页）：

> 停了数分钟时，帘子里面出来一个姑娘，约有十六七岁，长长鸭蛋脸儿，梳了一个抓髻，戴了一副银耳环，穿了一件蓝布外褂儿，一条蓝布裤子，都是黑布镶滚的。虽是粗布衣裳，到十分洁净。……这姑娘便立起身来，左手取了梨花简，夹在指头缝里，便丁丁当当的敲，与那弦子声音相应；右手持了鼓捶子，凝神听那弦子的节奏。忽羯鼓一声，歌喉遽发，字字清脆，声声宛转，如新莺出谷，乳燕归巢。

---

[1] 施耐庵、罗贯中：《水浒全传》上，上海人民出版社1975年版，第36页。

写出黑妞的年龄、脸形、发型、头饰、衣着、举止、神态。"鸭蛋脸"、"抓髻"、"银耳环"、蓝布"外褂"、"裤子"、"黑布镶滚"、"凝神",形象也很突出。与她那"字字清脆,声声宛转,如新莺出谷,乳燕归巢"的美妙声音是协调一致的。

再如写白妞登台(第19页):

> 正在热闹哄哄的时节,只见那后台里,又出来了一位姑娘,年纪约十八九岁,装束与前一个毫无分别,瓜子脸儿,白净面皮,相貌不过中人以上之姿,只觉得秀而不媚,清而不寒,半低着头出来,立在半桌后面,把梨花简丁当了几声,煞是奇怪:只是两片顽铁,到他手里,便有了五音十二律似的。……方抬起头来,向台下一盼。那双眼睛,如秋水,如寒星,如宝珠,如白水银里头养着两丸黑水银,左右一顾一看,连那坐在远远墙角子里的人,都觉得王小玉看见我了;那坐得近的,更不必说。就这一眼,满园子里便鸦雀无声,比皇帝出来还要静悄得多呢,连一根针吊在地下都听得见响!
>
> 王小玉便启朱唇,发皓齿,唱了几句书儿。声音初不甚大,只觉入耳有说不出来的妙境。

作者描绘了她的肖像:年龄、脸形、皮肤、相貌、装束。与写男弦、黑妞截然不同的地方就是着意写了白妞的那双眼睛:"如秋水"般明洁,"如寒星"般闪烁,"如宝珠"般美丽,"如白水银里养了两丸黑水银"般黑白分明,转动。用最远的角落里的人都感觉"看见我了"的反映,用"比皇帝出来还要静悄得多"这一比较,用"鸦雀无声"和"连一根针吊在地下都听得见响"来形容,突出其眼睛的神采飞扬,目光的灿灿射人。鲁迅先生说:"要极省俭的画出一个人的特点,最好是画他的眼睛。"[①] 眼睛是心灵之窗,对白妞的眼睛的

---

① 鲁迅:《我怎么做起小说来》,《鲁迅全集》第4卷,人民文学出版社1957年版,第395页。

描写，显示出她的灵心颖性，秀外慧中，这正是她说书技艺超绝的原因，两者取得了完美的统一。这是对艺班三人的肖像描写。

作者对玙姑的肖像描写尤其成功。第八回桃花山访贤（第101页），作者第一次写其肖像：

> 老者到房门口，喊了一声："姑娘，那姓申的客人进来了。"却看门帘掀起，里面出来一个十八九岁的女子，穿了一身布服，二蓝褂子，青布裙儿，相貌端庄莹静，明媚闲雅，见客福了一福，子平慌忙长揖答礼。

第九回（第107、110页）又写她的肖像：

> 慌忙转过头来，见那女子又换了一件淡绿印花布棉袄，青布大脚裤子，愈显得眉似春山，眼如秋水；两腮酡厚，如帛裹朱，从白里隐隐透出红来，不似时下南北的打扮，用那胭脂涂得同猴子屁股一般；口颊之间若带喜笑，眉眼之际又颇似矜矜，真令人又爱又敬。
>
> 那女子嫣然一笑，秋波流媚，向子平睇了一眼。子平觉得翠眉含娇，丹唇启秀，又似有一阵幽香，沁入肌骨，不禁神魂飘荡。

第十一回（第132页）再次对玙姑进行肖像描写：

> 却说申子平正与黄龙子辩论，忽听背后有人喊道："申先生，你错了。"回头看时，却原来正是玙姑，业已换了装束，仅穿一件花布小袄，小脚裤子，露出那六寸金莲，著一双灵芝头扱鞋，愈显得聪明俊俏。那一双眼珠儿，黑白分明，都像透水似的。

如果我们把这三段肖像描写看作是三幅美女图，那么最显眼的就是色彩，第一幅用了"蓝""青"，第二幅用了"绿""花"青"朱""白""红"，第三幅用了"花""黑""白"。作者用了这么多色彩，表现了作者和人物审美的理想和对美的追求。作者三次肖像描写，都写了衣服及衣服的色彩，人物对衣服款式和颜色的选择，最能表现其审美观点和爱好，从而表现出一种人物灵魂深处的美。最重要的就是对玙姑眉眼的描写："眉似春山"两道；"眼似秋水"两汪；"眼珠儿黑白分明，都像透水似的"明洁，何等美丽动人；"眉眼之际，又颇似振矜"，从眉眼间写出人的拘谨的情态。她眉清目秀，"秋波流媚"，"聪明俊俏"，"端庄莹静，明媚闲雅"，"有林下风范"，又有审美的追求，故玙姑在论道之时，才有那非凡的见解，这是自然的。可见作者写人物肖像，是为凸显人物思想品质、表现主题服务的。

作者笔下扈姑、胜姑的肖像描写也栩栩如生（第十回，第125页）：

> 子平亦起身植立。只见前面的（扈姑）一个约有二十岁上下，著的是紫花袄子，紫地黄花，下著燕尾青的裙子，头上倒梳云髻，挽了个坠马妆；后面的（胜姑）一个约有十三四岁，著了个翠蓝袄子，红地白花的裤子，头上正中挽了髻子，插了个慈菇叶子似的一枝翠花，走一步颤巍巍的。进来彼此让了坐。

随着玙姑的介绍，作者写道（第125页）：

> 子平又说了两句客气的套话，却看那扈姑，丰颊长眉，眼如银杏，口辅双涡，唇红齿白，于艳丽之中，有股英俊之气；那胜姑幽秀俊俏，眉目清爽。

扈姑：上穿"紫花袄子，紫地黄花，下著燕尾青的裙子，头上倒梳云髻,挽了个坠马妆";"丰颊长眉,眼如银杏,口辅双涡,唇红齿白,于艳丽之中,有股英俊之气"。胜姑:"十三四岁,著了个翠蓝袄子,红地白花的裤子,头上正中挽了髻子,插了个慈菇叶子似的一枝翠花,走一步颤巍巍的","幽秀俊俏,眉目清爽"。二个姑娘,一个"艳丽""英俊",一个"幽秀俊俏",跟他们动人的演奏是和谐一致的,其美感是相辅相成的。

对黄龙子的肖像描写(第九回,第107、108、111页),玙姑介绍说:

> 这个人也是个不衫不履的人。
> 既非道士,又非和尚,其人也是俗装。
> 着了一件深蓝布百衲大棉袄,科头,不束带亦不着马褂,有五十来岁光景,面如渥丹,须髯漆黑。

表现黄龙子的性格潇洒,不拘小节。从打扮装束看,没去发着缁衣即非佛;头上未戴黄冠,而非道,反映人物不拘三教的思想意识,为太谷学派门人的哲学特色。这种人物的肖像描写是以凸显人物的性格思想为宗旨的。

此外,也描绘了高绍殷、申子平等人的肖像。如第三回(第28页)写高绍殷的肖像:

> 门旁贴了"高公馆"三个字。只见那公馆门口站了一个瘦长脸的人,穿了件棕紫熟罗棉大袄,手里捧了一支洋白铜二马车水烟袋,面带愁容。

第七回(第84页)描绘了申子平的肖像:

> 停了一会,只见门外来了一个不到四十岁模样的人,尚未留须,穿了件旧宁绸二蓝的大毛皮袍子,元色长袖皮马褂,蹬

了一双绒靴,已经被雪泥漫了帮子了,慌忙走进堂屋,先替乃兄作了个揖。

《老残游记》这部小说对人物肖像的描写是很出色的。对老残虽然没有集中描写肖像,但在整部小说中,老残的喜、怒、哀、乐、音、容、笑貌、举止、姿态等给人留下不可磨灭的印象。总上所论,刘鹗对人物的肖像描写是非常成功的。

(二) 对人物心理的描写

人物的心理描写,是揭示人物的灵魂,表现人物思想品德等的重要手段。在中国古典小说里,作者着力描写人物的心理活动情况是缺乏的。严薇青说:"中国古典小说特点之一,即是直接通过人物的具体行动来表现人物的性格特征和内心活动,而不作大段的心理刻画。"[1] 直到近代的刘鹗在《老残游记》的创作中,学习西洋等小说的技法,才大笔描写人物的心理,开了中国近现代小说充分运用心理刻画描写人物的先河。他对中国古典小说创作技法的革新,功不可泯。在心理描写方面取得了杰出的成就。

1. 用"理想型梦幻"描写心理

冉欲达说:"在现实生活中不可能实现的理想,会以梦幻的形式出现在文学作品当中。"[2] 赵增锴说:"文学艺术中的梦境是人物心理的化了妆的形象反映。"[3] 都说得很有道理。

《老残游记》第一回老残梦中危船的描写(第3—9页)及《续集》写的老残梦游地狱(第321—346页),都是这种理想的梦幻,都是人物心理活动的表现。这两大段心理描写是全书的重要组成部分。第一回老残梦中危船,写晚清一个爱国的知识分子老残,在国

---

[1] 严薇青:《老残游记·前言》,齐鲁书社1981年版,第33页。
[2] 冉欲达:《文学描写技巧》,中国青年出版社1988年版,第203页。
[3] 赵增锴:《艺术技巧与魅力》,漓江出版社1987年版,第207页。

运危厄、国土被侵吞、主权在丧失、民不聊生的形势下，主张学习外国的科学技术办实业而富国养民，救国救民。然而他强烈的爱国思想和实业活动不但得不到当局和时人的支持，反而被污成"汉奸"。老残是刘鹗的艺术化身，梦中危船的描写，反映了作者在此情势下的苦闷和愤懑的心理活动及内心世界。表现他崇高的爱国爱民和忧国忧民的思想。这种心理描写，是为突出主题服务的。《续集》中对老残梦游地狱的描写，是为惩恶彰善的，对在人间世界作恶造孽的人，特别是那些犯口罪的人给予惩罚，处以极刑。劝诫世人惩恶行善，促使世风好转，并且减少犯罪，以实现他治国安天下的伟大理想。

这两大部分都是理想型梦幻的心理描写，曲折地表达出刘鹗深邃的思想和冤屈的灵魂的呐喊。

2. 用人物的对话或自述来描写心理活动

文学作品用心理描写表现人物的思想品质，道德风貌的时候，有时采用人物对话，人物自述心理活动的方法，来描写人物心理活动的。这是当代文艺理论提到的另一种心理描写的方法。

《老残游记·续集》写逸云的爱情故事，作者通过德夫人与逸云的对话，逸云的叙述，刻画了人物的心理活动。如第三回（第284、285页）：

> 从此有两三夜也没睡好觉，可没有前儿夜里快活，因为前儿夜里只想好的一面。这两夜，却是想到好的时候，就上了火焰山；想到不好的时候，就下了北冰洋：一霎热，一霎凉，仿佛发连环疟子似的。一天两天还好受，等到第三天，真受不得了！怎么还没有信呢？俗语说的好，真是七窍里冒火，五脏里生烟。又想他一定是慢慢的制买物件，同作衣裳去了。心里埋怨他："你买东西忙什么呢？先来给我送个信儿多不是好，叫人家盼望的不死不活的干么呢？"到了第四天，一会儿到大门上去看看，没有人来；再一会儿又到大门口看看，还没有人来！腿

已跑酸啦，眼也望穿啦。到得三点多钟，只见大南边老远的一肩山轿来了，其实还隔着五六里地呢，不知道我眼怎么那们尖，一见就认准了一点也不错，这一喜欢可就不要说了！可是这四五里外的轿子，走到不是还得一会子吗？忽然想起来，他说倘若老太太允许，他自己不来，先托个朋友来跟师父说妥他再来。今儿他自己来，一定事情有变！这一想，可就是仿佛看见阎罗王的勾死鬼似的，两只脚立刻就发软，头就发昏，万站不住，飞跑进了自己屋子，捂上脸就哭。

把逸云对任三爷的思念及复杂的心理斗争写得活灵活现，惟妙惟肖，极为精彩，显示出写人物心理的非凡能力。用"上了火焰山""下了北冰洋""七窍里冒火，五脏里生烟""仿佛发连环疟子似的""仿佛看见阎罗王的勾死鬼似的"，用几个比喻，描写逸云被爱情煎熬的苦辣酸甜的心理滋味。

《老残游记·续集》第四回（第290—297页），从"那个朋友去了，我就仔细的盘算了两夜"到"从此改为逸云的"，这一大部分心理描写，用"想""又想""想想""心里""想到""盘算盘算"等等，表现心理活动的词汇计出现了三十六次。我们试看其中的一段：

　　……再把那有姨太太的人盘算盘算：十成里有三成是正太太把姨太太折磨死了的；十成里也有两成是姨太太把正太太憋闷死了的；十成里有五成是唧唧咕咕，不是斗口就是淘气；一百里也没有一个太太平平的。我可不知道任三奶奶怎么，听说也很厉害。然则我去到他家，也是死多活少，况且就算三奶奶人不厉害，人家结发夫妻过的太太平平和和气气的日子，要我去扰得人家六畜不安，末后连我也把个小命儿送掉了，图着什么呢？嗳！这也不好，那也不好，不如睡我的觉罢。刚闭上眼，梦见一个白发白须的老翁对我说道："逸云！逸云！你本是有大根基的人，只因为贪恋利欲，埋没了你的智慧，生出无穷的魔障，今日你命光发露，透出你的智慧，还不趁势用你本来具足的慧剑，斩断你的邪魔吗？"我听了连忙说："是，是！"我又说："我叫华云，不叫逸云。"那老者道："迷时叫华云，悟时就叫逸云了。"我惊了一身冷汗，醒来可就把那些胡思乱想一扫帚扫清了，从此改为逸云的。

逸云在该不该嫁给任三爷当姨太太的问题上，苦思冥想，左右衡量，殚精竭虑，心理活动矛盾斗争极为激烈。这般心理活动集中分析了嫁给任三爷做姨太太的结果将是可悲的道理。借助斩断邪魔的理想型幻梦，最后"醒来可就把那些胡思乱想一扫帚扫清了"，达到了儒家"以礼节欲"的境界，表现并宣传了太谷学派的哲学思想。

3. 直接描写人物的心理活动

直接描写人物心理活动的方法，在小说创作中是一种常用的艺术手法。如第六回（第70页）：

因想："这些鸟雀，无非靠着草木上结的实，并些小虫蚁儿充饥度命。现在各样虫蚁自然是都入蛰，见不着的了。就是那草木之实，经这雪一盖，那里还有呢？倘若明天晴了，雪略为化一化，西北风一吹，雪又变做了冰，仍然是找不着，岂不要饿到明春吗？"想到这里，觉得替这些鸟雀愁苦的受不得。转念又想："这些鸟雀虽然冻饿，却没有人放枪伤害他，又没有什么网罗来捉他，不过暂时饥寒，撑到明年开春，便快活不尽了。若象这曹州府的百姓呢，近几年的年岁，也就很不好。又有这们一个酷虐的父母官，动不动就捉了去当强盗待，用站笼站杀，吓的连一句话也说不出来，于饥寒之外，又多一层惧怕，岂不比这鸟雀还要苦吗？"想到这里，不觉落下泪来。又见那老鸦有一阵刮刮的叫了几声，仿佛他不是号寒啼饥，却是为有言论自由的乐趣，来骄这曹州府百姓似的。想到此处，不觉怒发冲冠，恨不得立刻将玉贤杀掉，方出心头之恨。

作者用"因想"、"又想"、三个"想到"直接写出老残的心理活动，表现老残对人不如雀，没有自由，处在饥寒之中的曹州人民的怜悯和同情，对伤天害理的酷吏玉贤的无比憎恨之情。

又如第十三回（第163、164页），写老残看到翠环身上的伤痕后的心理活动：

> 老残此刻敧在炕上，心理想着："这都是人家好儿女，父母养他的时候，不知费了几多的精神，历了无穷的辛苦，淘气碰破了块皮、还要抚摩的；不但抚摩，心里还要许多不受用。倘被别家孩子打了两下，恨得什么似的。那种痛爱怜惜，自不待言。谁知抚养成人，或因年成饥馑，或因其父吃鸦片烟，或好赌钱，或被打官司拖累，逼到万不得已的时候，就糊里糊涂将女儿卖到这门户人家，被鸨儿残酷，有不可以言语形容的境界。"因此触动自己的生平所见所闻，各处鸨儿的刻毒，真如一个师父传授，总是一样的手段，又是愤怒，又是伤心，不觉眼睛角里，也自有点潮丝丝的起来了。

这也是作者直接描写老残的心理活动，表现他对沦落风尘的受虐待的民女的悲悯。

再如第十七回（第209页）写翠环的心理活动：

> 却说翠环听了这话，不住的迷迷价笑，忽然又将柳眉双锁，默默无言。你道什么缘故？他因听见老残一封书去，抚台便这样的信从，若替他办那事，自不费吹灰之力，一定妥当的，所以就迷迷价笑。又想他们的权力，虽然够用，只不知昨晚所说的话，究竟是真是假；倘若随便说说就罢了的呢，这个机会错过，便终身无出头之望，所以双眉又锁起来了。又想到他妈今

年年底，一定要转卖他，那蒯二秃子凶恶异常，早迟是个死，不觉脸上就泛了死灰的气色。又想到自己好好一个良家女子，怎样流落得这等下贱形状，倒不如死了的干净，眉宇间又泛出一种英毅的气色来。又想到自己死了，原无不可，只是一个六岁的小兄弟有谁抚养，岂不也是饿死吗？他若饿死，不但父母无人祭供，并祖上的香烟，从此便绝。这们想去，是自己又死不得了。想来想去，活又活不成，死又死不得，不知不觉那泪珠子便扑簌簌的滚将下来，赶紧用手绢子去擦。

这段心理活动的描写，表现一个陷入火坑的民女渴望得救的激烈心理活动，也是直接描写人物的心理。一面写人物的内心活动，一面写这种心理活动流露于外的人物表情："迷迷价笑""柳眉双锁""默默无语""双眉又锁""泛了死灰的气色""眉宇间又泛出一种英毅的气色""泪珠子便扑簌簌的滚将下来"，心形毕出，血肉兼备。

还如第十二回（第149页），老残从黄河堤上回来，对着雪月交辉的景致，望着星空，作者描写了他的心理活动：

想到："岁月如流，眼见斗杓又将东指了，人又要添一岁了。一年一年的这样瞎混下去，如何是个了局呢？"又想到《诗经》上说的"维北有斗，不可以挹酒浆。"——"现在国家正当多事之秋，那王公大臣只是恐怕耽处分，多一事不如少一事，弄得百事俱废，将来又是怎样个了局？国是如此，丈夫何以家为！"想到此地，不觉滴下泪来，也就无心观玩景致，慢慢回店去了。

他想无情的岁月增中减，正当国家多事之秋，危机日亟，"天下兴亡，匹夫有责"，不禁落下泪来，表现老残忧虑国家前途的崇高的爱国主义精神。

以上均为这部小说中作者直接描写人物心理的例子。

4. 直接描写人物心境

这是一种只描写人物心境，而不具体写心理活动些什么的心理描写的方法。

第六回（第69、70页），老残回到店里，作者描写了他的心境：

> 那窗户上的纸，只有一张大些的，悬空了半截，经了雪的潮气，迎着风霍铎霍铎价响。旁边零碎小纸，虽没有声音，却不住的乱摇。房里便觉得阴风森森，异常惨淡。
>
> 老残坐着无事，书又在箱子里，不便取，只是闷闷的坐，不禁有所感触。

此段一面用环境烘托，一面直接写出他的心境：凄寒惨淡，冷寂沉闷。

第十五回（第182页），写翠环听到人瑞与老残商量拔救翠环的事后，翠环的心境：

> 翠环此刻心里蜜蜜的高兴，正不知如何是好，听人瑞要吃烟，赶紧拿过签子来，替人瑞烧了两口吃着。

表现翠环此时心里"蜜蜜的高兴"，不知所措，赶紧给人瑞烧烟，以取悦人瑞，早日得到拔救的心理状态。

这是刘鹗只描写人物的心境，而不直接揭示人物在想什么的一种心理描写的方法。

当代文艺理论谈到以上几种常见的心理描写方法，近代文学家刘鹗不仅在《老残游记》的人物塑造中开创性加以运用，而且用得非常高明绝妙。他的前人未能很好做到，他为什么能获得如此成功？因为他借鉴了西洋小说的技法，并且认真实践，熟练运用，对后来的小说创作，产生了很大的影响。

（三）对人物的语言行动的描写

在小说的创作中，塑造典型人物最常见的技法就是描写人物的语言和行动，来表现人物的思想品质、道德风貌等。《老残游记》也是主要采用这种方法塑造人物。

1. 对人物语言的描写

我们列举作者通过人物语言描写塑造人物的例子。如第六回（第73、74页）老残与东造交谈：

> 老残道："不然。我说无才的要做官很不要紧，正坏在有才的要做官。你想，这个玉太尊不是个有才的吗？只为过于要做官，且急于做大官，所以伤天害理的做到这样。而且政声又如此其好，怕不数年之间就要方面兼圻的吗。官愈大，害愈甚：守一府则一府伤，抚一省则一省残，宰天下则天下死！由此看来，请教还是有才的做官害大，还是无才的做官害大呢？倘若他也象我，摇个串铃子混混，正经病，人家不要他治；些小病痛，也死不了人。即使他一年医死一个，历一万年，还抵不上他一任曹州府害的人数呢！"

老残的这段话，是说有才的人"过于要做官，且急于做大官，所以伤天害理"的事什么都做，他们只为个人的目的，不顾国家和人民的利益，故他们做的官越大给国家和人民造成的危害就越大。表明老残深刻卓越的政治见解，揭清官之恶。第十六回《原评》中说："作者苦心愿天下清官勿以不要钱便可任性妄为也。"可见作者爱国爱民之心，老残是作者的艺术化身。

第十六回（第197页），人瑞讲了刚弼对行刑的差役所说的话：

> 正要动刑，刚弼又道："慢着，行刑的差役上来，我对你讲。"几个差役走上几步，跪一条腿，喊道："请大老爷示。"

> 刚弼道："你们俩我全知道：你看那案子是不要紧的呢，你们得了钱，用刑就轻些，让犯人不甚吃苦；你们看那案情重大，是翻不过来的了，你们得了钱，就猛一紧，把那犯人当堂治死，成全他个整尸首，本官又有个严刑毙命的处分：我是全晓得的。今日替我先拶贾魏氏，只不许拶得他发昏，但看神色不好，就松刑，等他回过气来再拶，预备十天工夫，无论你什么好汉，也不怕你不招！"

这段话，反映了刚弼卑劣的灵魂，残忍酷虐的丑恶本质。十恶不赦，死有余辜。

第五回（第56、57页），写稿案向玉大人为于学礼求情后，玉大人的言论：

> 玉大人笑道："你们倒好，忽然的慈悲起来了！你会慈悲于学礼，你就不会慈悲你主人吗？这人无论冤枉不冤枉，若放下他，一定不能甘心，将来连我前程都保不住。俗语说的好，'斩草要除根'，就是这个道理。况这吴氏尤其可恨，他一肚子觉得我冤枉了他一家子。若不是个女人，他虽死了，我还要打他二千板子出出气呢！你传话出去：谁要再来替于家求情，就是得贿的凭据，不用上来回，就把这求情的人也用站笼站起来就完了！"稿案下来，一五一十将话告知了陈仁美。大家叹口气就散了。

玉大人所言令人发指，为了保住个人的"前程"，"斩草要除根"，无论"冤枉不冤枉"都要站死。暴露玉大人刚愎自用，草菅人命，惨无人道，罪该万死。作者在此回《原评》中说："玉贤对稿案所发议论，罪不容诛。"

第十八回（第219页），写白子寿对刚弼说的一段话：

> 白公说:"老哥所见甚是。但是兄弟今晚须将全案看过一遍,明日先把案内人证提来,再作道理。或者竟照老哥的断法,也未可知,此刻不敢先有成见。像老哥聪明正直,凡事先有成竹在胸,自然投无不利。兄弟资质甚鲁,只好就事论事,细意推求,不敢说无过,但能寡过,已经是万幸了。"说罢,又说了些省中的风景闲话。

白公说的这段话,表现了他"不敢先有成见",即防止先带框框,不带主观唯心的成分,"就事论事,细意推求",实事求是,争取"寡过"的办案方法。说明白公的公正、无私的思想品格,认真负责,实事求是的谨慎作风。

第九回(第110、111页),玙姑与子平论教时说:

> 女子又道:"凭良心说,你此刻爱我的心,比爱贵业师何如?圣人说的,'所谓诚其意者,毋自欺也。如恶恶臭,如好好色。'孔子说:'好德如好色。'孟子说:'食色,性也。'子夏说:'贤贤易色。'这好色乃人之本性。宋儒要说好德不好色,非自欺而何?自欺欺人,不诚极矣!他偏要说'存诚',岂不可恨!圣人言情言礼,不言理欲。删《诗》以《关雎》为首;试问'窈窕淑女,君子好逑','求之不得',至于'辗转反侧',难道可以说这是天理,不是人欲吗?举此可见圣人决不欺人处。《关雎》序上说道:'发乎情,止乎礼义。'发乎情,是不期然而然的境界。即如今夕,嘉宾惠临,我不能不喜,发乎情也。先生来时,甚为困惫,又历多时,宜更惫矣,乃精神焕发,可见是很喜欢,如此,亦发乎情也。以少女中男,深夜对坐,不及乱言,止乎礼义矣。此正合圣人之道。若宋儒之种种欺人,口难罄述。然宋儒固多不是,然尚有是处;若今之学宋儒者,直乡愿而已,孔孟所深恶而痛绝者也!"

这段话，是玙姑用自己的亲身体验，深刻批判宋儒的"存天理，灭人欲"，"存诚"的"种种欺人"，主张"发乎情，止乎礼义"的"圣人之道"。表明了太谷学派的哲学思想。

第十一回（第140页），黄龙子与玙姑、子平论道时说：

> 还有一个秘诀，我佟数奉告，请牢牢记住，将来就不至入那北拳南革的大劫数了。北拳以有鬼神为作用，南革以无鬼神为作用。说有鬼神，就可以装妖作怪，鼓惑乡愚，其志不过如此而已。若说无鬼神，其作用就很多了：第一条，说无鬼就可以不敬祖宗，为他家庭革命的根原；说无神则无阴谴，无天刑，一切违背天理的事都可以做得，又可以掀动破败子弟的兴头。他却必须住在租界或外国，以骋他反背国法的手段；必须痛诋人说有鬼神的，以骋他反背天理的手段；必须说叛臣贼子是豪傑，忠臣良吏为奴性，以骋他反背人情的手段。大都皆有辩才，以文其说。就如那妒妇破坏人家，他却也有一番堂堂正正的道理说出来，可知道家也却被他破了。南革诸君的议论也有精采绝艳的处所，可知道世道却被他搅坏了。

黄龙子的这段言论，对北拳南革极尽诬蔑诽谤之能事。认为"北拳"，"说有鬼神，就可以装妖作怪，鼓惑乡愚"，"南革"，"说无鬼神"，"违背天理""反背国法""反背人情""搅坏"了"世道"。这表明作者对"北拳南革"的政治立场和政治态度。

我们不必烦琐举例，作者通过典型人物的典型言论，表现了人物的政治思想和观点态度、人物的道德品质和性格特征等。

2. 用人物的行动塑造人物

作者塑造老残调查研究、实事求是的精神和品格，就是通过老残的行动实现的。第三回（第30页），北柱楼席间，人们议论玉贤，褒贬不一，然宫保要专折明保他。老残趁探望曹州亲戚之机，顺便"参考参考"玉贤的政声。于是他坐船从雒口出发，到董家口。在董家店了解到于朝栋家的冤案；在王家小店了解到店主儿子被站死的冤案；到马村集一小车店了解到掌柜妹夫被站死的冤案；又到曹州府街上访其"政绩"，"竟是一口同声说好，不过都带有惨淡颜色"。经反复调查研究，得出"苛政猛于虎"，玉贤"不过是下流的酷吏，又比郅都、宁成等人次一等了"的结论。作者用人物一系列亲自查访多方调查的事实和行动，来表现老残调查研究、实事求是的精神和思想。

其次，白子寿来复审案子，得出月饼中无毒，毒是后加的，魏家父女无罪的结论。把这个奇案交老残这个"福尔摩斯"来侦破。老残答应后，就分析案情。于是在省城访中西大药房、访神甫克扯斯，均无可为。就亲自拿串铃到齐河县齐东村访查，特意以治病为名访魏谦，了解到贾探春与吴二浪子合谋作案，让王二打干证，取得"人证"。又擘画让许亮去省城与吴二浪子鬼混，探得详情，取得"千日醉"，获了物证。"凶器人证俱全"，破了大案。通过老残破奇案进行调查研究的一系列行动，再次表现老残调查研究、求真求实的精神和品质。

为了救活中毒的十三条人命，他亲自访找解药，去泰山东路访青龙子，不遇；又去里山玄珠洞走访，终取得"返魂香"。又亲自去齐东村开棺燃香，救活了十三条人命。通过老残这些行动，表现他热爱人民，"起死人肉白骨"的可贵思想品质。

此外，作者用老残摇着串铃给黄瑞和、高绍殷夫人治好病，亲自向宫保汇报玉贤的劣迹，给宫保写信要求白子寿来复审，闯公堂，拔救翠环、翠花，勇担破奇案之任等等行动，来表现老残见义勇为，行善忌恶，同情怜悯苦难人民的高尚思想和情操。

上面论述的是刘鹗《老残游记》在运用人物的肖像、心理活动、语言、行动的直接描写方法来刻画人物方面，所获得的巨大成功。这部小说在细节描写方面也取得了同样的成功，不再赘述。

二 《老残游记》人物的间接描写

当代文艺理论所谓"通过描写人物周围的自然景物、社会场景、人物反应等方面"[①] 间接描写人物的方法来塑造人物,叫间接描写。《老残游记》采用间接方法描写人物占有相当的比重,在塑造人物形象方面起了很大的补助作用,十分突出和成功。如第二回(第18页)写黑妞说书完了旁坐两人的议论:

旁坐有两人,其一人低声问那人道:"此想必是白妞了罢?"其一人道:"不是。这人叫黑妞,是白妞的妹子。他的调门儿都是白妞教的,若比白妞,还不晓得差多远呢!他的好处人说得出,白妞的好处人说不出。他的好处人学得到,白妞的好处人学不到。你想,这几年来,好顽耍的谁不学他们的调儿呢?就是窑子里的姑娘,也人人都学,只是顶多有一两句到黑妞的地步,若白妞的好处,从没有一个人能及他十分里的一分的。"

此段,通过"其一人"的关于黑妞、白妞比较的议论,侧面写出白妞唱的调儿"好处人说不出""好处人学不到",黑妞照白妞差得很远。衬托出白妞技艺的超拔。

如第二回(第20页)写白妞说书之后的场面及听众的反映:

正在撩乱之际,忽听霍然一声,人弦俱寂。这时台下叫好之声,轰然雷动。

停了一会,闹声稍定,只听那台下正座上,有一个少年人,不到三十岁光景,是湖南口音,说道:"当年读书,见古人形容歌声的好处,有那'余音绕梁,三日不绝'的话,我总不懂。

---

① 夏之放主编:《文艺理论百题》,山东文艺出版社1985年版,第233页。

空中设想，余音怎样会得绕梁呢？又怎会三日不绝呢？及至听了小玉先生说书，才知古人措辞之妙。每次听他说书之后，总有好几天耳朵里无非都是他的书，无论做什么事，总不入神，反觉得'三日不绝'，这'三日'二字下得太少，还是孔子'三月不知肉味'，'三月'二字形容得透彻些！"旁边人都说道："梦湘先生论得透辟极了！'于我心有戚戚焉'！"

此段，通过停歇时的场面描写，"人弦俱寂""叫好之声，轰然雷动"，从侧面烘托出白妞说书的技艺高超。作者用白妞说书停息之际梦湘先生的"透辟"评论，"余音绕梁，三日不绝""三月不知肉味"，形象说明白妞说书的惊魂摄魄的艺术感染力。以上是通过听众的反应和沸腾的场面，间接描写白妞说书技艺达到炉火纯青的艺术境地。

刘鹗对老残的人物刻画，不少地方用的是间接描写的方法，试举几例。如第三回（第32页）：

绍殷再三赞叹不绝，随便问道："先生本是科第世家，为甚不在功名上讲求，却操此冷业？虽说富贵浮云，未免太高尚了罢。"

通过高绍殷的话，间接写出老残出身于"科第世家"，"不在功名上讲求"，视"富贵浮云"的"高尚"品格。如第三回（第32页）：

姚云翁就将阁下学问怎样，品行怎样，而又通达人情、熟谙世势怎样，说得宫保抓耳挠腮，十分欢喜。

通过高绍殷叙述姚云翁对宫保所说的话，侧面写出老残"学问怎样"好、"品行怎样"好、"通达人情"、"熟谙世势"等品学和才干。如第三回（第33页）：

> 宫保坐了，便问道："听说补残先生学问经济都出众的很。兄弟以不学之资，圣恩叫我做这封疆大吏，别省不过尽心吏治就完了，本省更有这个河工，实在难办，所以兄弟没有别的法子，但凡闻有奇才异能之士，都想请来，也是集思广益的意思。"

通过上面宫保的话，间接写出老残"学问经济都出众的很"，是个"奇才异能之士"。又如第四回（第41页）：

> 掌柜的道："我适才听说院上高大老爷亲自来请你老，说是抚台要想见你老，因此一路进衙门的。你老真好造化！上房一个李老爷，一个张老爷，都拿着京城里的信去见抚台，三次五次的见不着。偶然见着回把，这就要闹脾气，骂人，动不动就要拿片子送人到县里去打。象你老这样抚台央出文案老爷来请进去谈谈，这面子有多大！那怕不是立刻就有差使的吗？怎么样不给你老道喜呢！"

通过上面掌柜的话，说"象你老这样抚台央出文案老爷来请进去谈谈，这面子有多大！"间接写出老残超然的身价。再如第十八回（第225页）：

> 又笑向刚弼道："此人圣慕兄不知道吗？就是你才说的那个卖药郎中。姓铁，名英，号补残，是个肝胆男子，学问极其渊博，性情又极其平易，从不肯轻慢人的。老哥连他都当做小人，所以我说未免过分了。"

通过白公向刚弼所说的话，间接写出老残的名号，是"卖药郎中"，"是个肝胆男子，学问极其渊博，性情又极其平易，从不肯轻慢人的",表现老残的学识、性情、修养等卓尔不群。

作者通过几段人物的反映和他人话语的描写,老残的形象就完整了:"姓铁,名英,号补残"是个"卖药郎中",出身"科第世家","不在功名上讲求",视"富贵浮云","高尚","通达人情,熟谙世势","学问经济都出众的很",是个"奇才异能之士","是个肝胆男子,学问极其渊博,性情又极其平易,从不肯轻慢人的",身价很高。这都是用间接描写表现的。

再如刘仁甫的形象大都是通过老残的叙述,间接描写的。如第七回(第80页):

> 刘仁甫在四川住了三年,尽得其传。当时正是粤匪扰乱的时候,他从四川出来,就在湘军、淮军营盘里混过些时。因是两军,湘军必须湖南人,淮军必须安徽人,方有照应,若别省人,不过敷衍故事,得个把小保举而已,大权万不会有的。此公已保举到个都司,军务渐平,他也无心恋栈,遂回家乡,种了几亩田,聊以度日,闲暇无事,在这齐、豫两省随便游行。这两省练武功的人,无不知他的名气。他却不肯传授徒弟,若是深知这人一定安分的,他就教他几手拳棒,也十分慎重的。所以这两省有武艺的,全敌他不过,都惧怕他。

作者通过老残的嘴介绍了刘仁甫的简历及在齐、豫两省武功界的"名气","全敌他不过,都惧怕他",侧面写出他是个武林高手。又如第七回(第81页):

> 我方才说这个刘仁甫,江湖都是大有名的。京城里镖局上请过他几次,他都不肯去,情愿埋名隐姓,做个农夫。若是此人来时,待以上宾之礼,仿佛贵县开了一个保护本县的镖局。

老残的这段话,说明了刘仁甫的身价,"京城里镖局上请过他几次,他都不肯去，情愿埋名隐姓，做个农夫"。也写出他不攀高结贵的安贫乐道的思想品格。还如第七回（第82页）：

> 此人当年在河南时，我们是莫逆之交，相约倘若国家有用我辈的日子，凡我同人，俱要出来相助为理的。其时讲舆地，讲阵图，讲制造，讲武功的，各样朋友都有，此公便是讲武功的巨擘。后来大家都明白了：治天下的又是一种人才，若是我辈所讲所学，全是无用的，故尔各人都弄个谋生之道，混饭吃去，把这雄心便抛入东洋大海去了。虽如此说，然当时的交情义气，断不会败坏的，所以我写封信去，一定肯来的。

老残这段话，侧面写出刘仁甫青年时代报国的豪情壮志，"倘若国家有用我辈的日子，凡我同人，俱要出来相助为理的"，为此成了"讲武功的巨擘"。再如第十回（第128页）：

> 黄龙道："刘仁甫却是个好人，然其病在过真，处山林有余，处城市恐不能久。"

作者通过间接描写其他人物的介绍，在刘仁甫尚未出场之前，读者对其简历、思想、品德、性格、特长就有了一个完整的印象了。

作者写酷吏玉贤、刚弼时，除采用直接描写的方法，也采用间接描写的方法。如第三回（第30、31页）北柱楼席间人们的议论：

> 左边的人道："佐臣人是能干的，只嫌太残忍些。未到一年，站笼站死两千多人。难道没有冤枉吗？"旁边一人道："冤枉一定是有的，自无庸议；但不知有几成不冤枉的？"右边人道："大凡酷吏的政治，外面都是好看的。诸君记得当年常剥皮做兖州府的时候，何尝不是这样？总做的人人侧目而视就完了。"

作者通过席间人们议论说他"太残忍些。未到一年,站笼站死两千多人",表现玉贤为政暴戾恣睢,嗜杀成性。又如第十六回(第198、199页):

> 再说黄人瑞道:"这是前两天的事,现在他还要算计那个老头子呢。昨日我在县衙门里吃饭,王子谨气得要死,憋得不好开口,一开口,仿佛得了魏家若干银子似的。李太尊在此地,也觉得这案情不妥当,然也没有法想,商议除非能把白太尊白子寿弄来才行。这瘟刚是以清廉自命的,白太尊的清廉,恐怕比他还靠得住些。白子寿的人品学问,为众所推服,他还不敢藐视,舍此更无能制伏他的人了。"

作者通过黄人瑞的嘴,从侧面写出刚弼"以清廉自命","刚愎自用"的禀性。

作者对黄龙子的形象,也采用侧面描写的方法。如第九回(第108页):

> 女子道:"既非道士,又非和尚,其人也是俗装。他常说:'儒、释、道三教,譬如三个铺面挂了三个招牌,其实都是卖的杂货,柴米油盐都是有的。不过儒家的铺子大些,佛、道的铺子小些,皆是无所不包的。'又说:'凡道总分两层:一个叫道面子,一个叫道里子。道里子都是同的,道面子就各有分别了。如和尚剃了头,道士挽了个髻,叫人一望而知,那是和尚、那是道士。倘若叫那和尚留了头,也挽个髻子,披件鹤氅,道士剃了发,着件袈裟:人又要颠倒呼唤起来了。难道眼耳鼻舌不是那个用法吗?'又说:'道面子有分别,道里子实是一样的。'所以这黄龙先生,不拘三教,随便吟咏的。"

作者通过玙姑的话，间接描写了黄龙子"既非道士，又非和尚，其人也是俗装"，"不拘三教，随便吟咏的"，对儒、释、道三教的看法："道里子都是同的，道面子就各有分别了"，表现了黄龙子的某些太谷学派的哲学思想和精神面貌。

前文《论〈老残游记〉的景物描写》中所举之例大都是直接写景间接写人的。如第二回，通过对大明湖、千佛山的景物描写，表现老残对祖国、对济南的热爱之情，为其热爱，才有救国救民之想。第一回，用梦中危船和船民的描写，象征中国晚清社会环境的险恶，老残急给大船呈向盘和纪限仪，表现老残高度爱国爱民的思想和精神，社会环境衬托人物的思想品质。

以上是《老残游记》描写人物采用间接描写的方法，作为一种人物刻画的重要手段，取得重大成功的具体例子。从侧面突出人物的思想、性格、品德、才能等，使整个人物形象更加丰满动人。通过社会环境、自然环境从侧面描写人物的例子也不少，不再赘述。

《老残游记》等晚清小说，是中国古典小说向中国现代小说过渡时期的作品。我们用现当代的文艺理论去探讨《老残游记》的人物描写的技巧，发现他无论是对人物的直接描写，抑或是对人物的间接描写都是非常成功的，技巧娴熟，拔新颖异，与现当代小说来比，不在其下，与晚清小说相比，无出其右。人物描写手法的超卓，也是联合国教科文组织认定此小说为世界文学名著的重要原因之一。

（载《刘鹗及〈老残游记〉研究》，民族出版社1995年版）

巧设悬念　妙用白描

一　巧设悬念　勾魂吊魄

悬念是文学艺术常用的一种表现技巧。就是先向欣赏者提出重要的或者引人的人或事，激发欣赏者急欲探究的心理和审美追求，非一睹为快不可。欣赏者的审美心理急欲得到满足，但作者偏不立即说破，故意表现别的什么人和事，然后在欣赏者急不可待地时候才一点一点告诉他们，这就是悬念。这好比是一个上等的宴会，桌上摆满诱人的美酒佳肴，芳香扑鼻，那个嗜酒而又饥肠呱呱的宾客，一见就垂涎三尺，想要立即品尝享用，可又不能，主人正宣讲祝酒词，然而祝酒词又偏偏那么长，没完没了，那宾客馋得抓耳挠腮，正按捺不住忍无可忍的时候，恰好主人宣布：建议大家举杯畅饮！这时宾客方能享用醇香的美酒，品尝佳肴的滋味。因为刘鹗在《老残游记》里提到"福尔摩斯"，姑且就以《福尔摩斯探案集》（一）之《四签名·案情的陈述》为例来说明。福尔摩斯曾帮助摩斯坦小姐的女主人解决了家庭纠纷。小姐特前来请教说："她（女主人）并不认为简单。最低限度，我所请教的案子您不能同样也说是简单的了。我想再也没有任何事情比我的处境更离奇费解了。"[①] 这就为读者提出个悬念，她请教的是什么案子？她"处境更离奇费解"包含什么内容？立即引发读者的探究心理，想马上知道事情的究竟。

---

① [英] 柯南道尔：《福尔摩斯探案集》（一），群众出版社1979年版，第154页。

其后情节渐渐发露，悬念逐步破释。《福尔摩斯探案集》（二）之《死酷党人·恐怖谷》中的麦克默，早晨起来身体不适，翻看《每日先驱报》，载"先驱报社暴徒行凶"的案子。刚放下报纸，房东太太转来一个小孩送到的没有署名的便笺："我有事要和您谈一谈，但不能到您府上来。您可在米勒山上旗杆旁找到我。如您现在肯来，我有要事相告。"① 这也为读者设了一连串的悬念，为什么便笺不署名？是谁写的？为什么不能直接到家来谈？有什么"要事"？人去了会不会有危险？强烈地吸引着读者！文学艺术就是利用欣赏者的探究心理，期待心理，巧设悬念，借以达到使欣赏者爱不释手，引人入胜，撼人心魂的惊人艺术效果。古今中外的文学艺术作品中巧用悬念是常见的。

刘鹗的《老残游记》第十二回，翠环、翠花扶侍老残，题完诗，老残向黄人瑞拱手告别去睡觉，人瑞将他一手拉住说："不忙，不忙！我今儿听见一件惊天动地的案子，其中关系着无限的性命，有夭矫离奇的情节，正要与你商议，明天一黑早就要复命的。你等我吃两口烟，长点精神，说给你听。"这"惊天动地""关系着无限的性命""有夭矫离奇的情节"，并且"明天一黑早就要复命"的大案，立即抓住了读者的心，激发读者急欲了解究竟。设了一个大的悬念。

第十三回，一开头："话说老残复行坐下，等黄人瑞吃几口烟，好把这惊天动地的案子，说给他听"。人瑞没讲，老残一面等着听，一面与翠环论起诗来。人瑞"把一筒烟吃完"，仍不讲案子，却参与论诗。论诗告一段落，老残急了："……只是你赶紧说你那稀奇古怪的案情罢。"人瑞说："不用忙，且等我先讲个道理你听，慢慢的再说那个案子"，还是不涉案子，与老残打哕，引入翠环介绍自己的遭遇。此回整个写"娓娓青灯女儿酸语，滔滔黄水观察嘉谟"，大案不涉，"悬"了起来。

---

① ［英］柯南道尔：《福尔摩斯探案集》（二），第143页。

第十四回:"大县若蛙半浮水面,小船如蚁分送馒头",继续写翠环的遭遇及人瑞与老残商量拔救翠环的情景。只末尾处又提到"……只是你先前说的那个案子呢?我到底不放心。……说了我好放心。"此回又整个仍不涉案情,提而高悬不释。

第十五回开头,老残首先问起这"惊天动地"的案子,人瑞说:"……让我吃两口烟,提提神,告诉你。"到此老残已五次提起这"惊天动地"的案子,皆"悬"而言他,真把读者的心"悬"得欲碎。接着写翠环侍人瑞吸烟,毕而从头讲起大案。讲到县里来人验尸,死的十三人"……既非杀伤,又非服毒,这没头案子就有些难办",正有山穷水尽之势,县里欲写文书上报抚台,又突然接到报告说:"已查出被人谋害形迹",又设了一个悬念,读者不禁探求是谁,用什么方法谋害的?经过情形怎样?正在焦急期待答案之时,忽然外面"起火",四人不得不跑出门外,故事自然戛然而止。作者在此回《原评》中说:"乃忽然火起,热上加热,闹中添闹,文笔真有不可思议功德。"巧设障碍,硬是不让读者听下去。外面纷纷救火,县官王子谨来察灾情,在人瑞介绍下,提起"齐东村一案",欲请老残写信给宫保,要求派白子寿来审案,仍不涉及案情,又一次延宕。子谨欲别,该讲起大案了吧,不料,未等其行,差人又带进一个纵火嫌疑犯,子谨审问了一阵子,又延宕了时间。子谨走了,该讲案情了吧,没有,写火灾后人瑞撮合老残与翠环同房,再次延宕了时间。然后才继续讲大案,案情有进展,说"被人谋害的情形"是贾干与贾探春合告"贾魏氏与人通奸,用毒药谋害一家十三口性命",又设了一个悬念,是真是假?促使读者急欲知晓探索,强化了读者欣赏的动力。人瑞讲,王子谨来审案。贾家催得紧,抚台派刚弼来会审,他大搞逼供信。魏家管家为救主人求乡绅胡举人。作者又设了一个悬念,胡举人能否有所作为?是读者最想知道的,读者的期待心理正强烈,结果黄升进来打断了故事,人瑞转到吩咐"铺盖怎么放法"上去了。又设置了障碍,延宕了时间。

第十六回,老残急忙要问他投到胡举人家怎么样了,人瑞道:

"你越着急,我越不着急!我还要抽两口烟呢!"不讲故事,写翠环烧烟,伙计放铺盖,真把读者"悬"得心急火燎。人瑞讲胡举人答应,魏家管家肯出一千两银一条人命的折半,即六千五百两银子打点,并写了凭据,刚弼却把其作为贾魏氏作案的明证,于是刚弼则施酷刑逼供信,贾魏氏屈打成招。

王子谨气得要死,李太尊也觉得案子不妥。人瑞让老残给宫保写信。宫保回了信,老残拿着信闯了公堂。

第十七回,写老残闯公堂,王子谨读宫保手札,魏家父女被松绑,瘟刚退堂。读者松了一口气,子谨送来鱼翅席,又"老残被人瑞逼成好事"。老残想:"(翠花)也是个有良心的,须得把他也拔出来才好,且等将来再作道理。"能不能拔救出来?怎样拔救出来?又设一小的悬念。但大案仍高"悬"而不解。

第十八回,白子寿来复审,"就事论事,细意推求",经层层审理,多方调查,结论是"贾家之死,不由月饼"造成,魏家父女无罪,沉冤昭雪。诬"贾魏氏与人通奸"合谋作案真相大白,悬念获释。是谁在月饼里加砒霜"暂行缓究",留下一个"悬念"。使故事多添一曲,妙趣横生。但"这十三条命,是个大大的疑案,必须查个水落石出",仍是整个故事贯通始终的大悬念。始终勾吊着读者的魂魄。作者绝不肯把谜底直接全盘兜出。白公将大案交给老残这个"福尔摩斯"来侦破。

第十九回,老残受白公之托,分析案情:"服毒一定是不错的,只不是寻常毒药",必须"查出这个毒药来历"。到底是什么毒药?怎么来的?又设了一个悬念。他访省城里中西大药房,请教既懂西医又懂化学的神甫克扯斯,终无所为。就去齐东村暗察。故意给魏家女看病,魏老透露是贾家大妮子与吴二浪子合谋作案,"不晓得用什么药,把贾家全家药死","贾家正煮面吃,王二看见吴二浪子用个小瓶往面锅里一倒就跑了"。使案子似乎初现端倪,又在读者心里设一悬念,小瓶装的是否毒药,吴二浪子是否真的投毒者?作者没有直接告诉我们,而接着写老残调查的过程,逐步释念。老残找王二调查，使他做了干证，打了手模，取得了人证。又谋划许亮去省城跟吴二浪子鬼混，取得了物证"千日醉"，人证物证俱在，大案破晓，大"悬念"悉释。情节发展似乎有了结局，但作者又巧设了个新的悬念，"似乎这十三个人并不是死，仍有复活的法子"。死者能否复活？用什么办法使其复活，又勾住了读者的心。作者还是不马上告诉我们。写老残到泰山访青龙子找解药，不遇；老残又到里山玄珠洞去寻访，讨回"返魂香"；最后到齐东村开棺、取尸、燃香、救活了十三条人命。新的"悬念"全释。

作者巧设"悬念"，还表现在第七回到第十二回。

第七回，"借箸代筹一县策"，老残荐武术巨擘刘仁甫，治盗防盗，为东造谋划一个"至良极美"的法则，化盗为民，设下一个大悬念，贯穿访贤的始终。刘仁甫何许人？能不能找到？是否能来？直到第十二回，才将刘仁甫请出来，时间一再延宕。中间经过第八、九、十、十一回，都很少提刘仁甫的事。写桃花山玙姑、子平、黄龙子论辩等都是为表现作品的思想内容，突出主题服务的，使全书的哲学意蕴更深邃。

在第八回，又设下几个小的"悬念"，"荒山里面，又无衙署，有什么值日退值？何以前天就会知道呢？这女子何以如此大方？岂古人所谓有林下风范的，就是这样吗？到要问个明白"。大小悬念皆像磁石般吸引读者，逐渐破释，使欣赏者的审美心理逐步得到满足。

总之，"惊天动地"的贾、魏家命案，桃花山访贤等故事，作者皆巧设总的"悬念"，适时又抛设许多小的"悬念"，推动情节向前发展，曲折跌宕，云诡波谲，妙趣无穷，环环紧扣读者的心弦，勾魂吊魄，不断强化欣赏者的探究心理及艺术欣赏的动力，使小说获得了惊人的艺术魅力。

二　妙用白描　魅力无穷

胡适在《〈老残游记〉序》中说："这种白描的工夫真不容易

学。只有精细的观察能供给这种描写的底子;只有朴素新鲜的活文字能供给这种描写的工具。"① 对刘鹗运用白描手法加以高度赞赏。诸多评家在论述《老残游记》艺术特色的时候,也都将其作为一个重点加以评论。白描是中国国画传统的技法之一。它的特点就是用线条勾描,而不着颜色,不作任何渲染铺陈的一种技法。评家把文学上用简笔勾勒,不加任何修饰,简清素洁的描写技巧也叫白描。鲁迅说:"有真意,去粉饰,少做作,勿卖弄"②,即为白描。这也是中国文学作品的传统技法之一。多类文学作品都不乏应用。如李清照《如梦令》:"常记溪亭日暮。沉醉不知归路。兴尽晚回舟,误入藕花深处。争渡。争渡。惊起一滩鸥鹭。"整首小令未着一点颜色,清秀淡雅,而意味无穷,脍炙千古。中国的古典小说,如《三国演义》《水浒传》《红楼梦》《儒林外史》等在描写时也常用这种技法。清朝李渔的《连城璧》也惯用这种技巧。如其《卯集》之《清官不受扒灰谤　义士难伸窃妇冤》,写一个无名知县审无头案的故事。对门街坊糖店、米店由巴斗引起了民事纠纷,他巧妙断案,恰当处理。从"一日在街上经过"到"送知县起轿去了"③,就是用纯白描手法,没有一个润饰铺陈之语,简洁清雅。刘鹗《老残游记》也妙用了这种艺术手法。

在谈《老残游记》白描技法的运用时,人们多以第十二回,老残在堤上所观夜景的描绘为例:"只见那打冰船……就分辨不出什么来了",确是一段精彩的白描。笔者不再赘言(详见前《论〈老残游记〉的景物描写》)。我们看一看《老残游记》第四回(第46、47页),作者对老董讲述于朝栋家冤案情况时的描写:

那强盗抢过之后,打着火把出城,手里拿着洋枪,谁敢上

---

① 胡适:《〈老残游记〉序》,刘德隆等编《刘鹗及老残游记资料》,四川人民出版社1985年版,第388页。
② 鲁迅:《作文秘诀》。
③ (清)李渔:《连城璧·卯集》,上海古籍出版社1992年版,第47页。

前拦阻。出了东门，望北走了十几里地，火把就灭了。玉大人调了马队，走到街上，地保、更夫就将这情形详细禀报。当时放马追出了城，远远还看见强盗的火把，追了二三十里，看见前面又有火光，带着两三声枪响。玉大人听了，怎能不气呢？仗着胆子本来大，他手下又有二三十匹马，都带着洋枪，还怕什么呢，一直的追去，不是火光，便是枪声。到了天快明时，眼看离追上不远了，那时也到了这于家屯了。过了于家屯再往前追，枪也没有，火也没有。

玉大人心里一想，说道："不必往前追，这强盗一定在这村庄上了。"当时勒回了马头，到了庄上，在大街当中有个关帝庙下了马，分付手下的马队，派了八个人，东南西北，一面两匹马把住，不许一个人出去，将地保、乡约等人叫起。这时天已大明了，这玉大人自己带着马队上的人，步行从南头到北头，挨家去搜。搜了半天，一些形迹没有。又从东望西搜去，刚刚搜到这于朝栋家，搜出三枝土枪，又有几把刀，十几根竿子。

玉大人大怒，说强盗一定在他家了，坐在厅上，叫地保来问："这是什么人家？"地保回道："这家姓于。老头子叫于朝栋，有两个儿子：大儿子叫于学诗，二儿子叫于学礼，都是捐的监生。"玉大人立刻叫把这于家父子三个带上来。

这是作者对玉大人及其马队深夜追缉强盗时的描写，几乎是没有任何藻饰和渲染，不着色彩，只是简笔的勾描，"这强盗一定在这村庄上了"，"说强盗一定在他家了"，表现了玉大人的主观武断，故事给人留下深刻而清晰的印象。

再如《老残游记》第九回（第105页）桃花山访贤对西屋的描写：

这西屋靠南窗原是一个砖砌的暖炕，靠窗设了一个长炕几，两头两个短炕几，当中一个正方炕桌，桌子三面好坐人的。西面墙上是个大圆月洞窗子，正中镶了一块玻璃，窗前设了一张书案。中堂虽未隔断，却是一个大落地罩。那汉子已将饭食列在炕桌之上，却只是一盘馒头，一壶酒，一罐小米稀饭，到有四肴小菜，无非山蔬野菜之类，并无荤腥。女子道："先生请用饭，我少停就来。"说着，便向东房里去了。

这是作者对西屋的格局、陈设、桌上酒食饭菜的描写，尽用简笔勾画，未加修饰，没有染色，是白描的艺术手法，反映主人的俭朴和好客及山家的特色。亦令人心驰神往。

又如《老残游记》第七回（第88页），写老残在街上与金二哥邂逅，匆匆写信给刘仁甫的情形：

街上迎面来了一辆小车，半边装行李，半边坐人。老残眼快，看见喊道："那车上不是金二哥吗？"即忙走上前去。那车上人也就跳下车来，定了定神，说道："嗳呀！这不是铁二哥吗？你怎么到此地，来做什么的？"老残告诉了原委，就说："你应该打尖了。就到我住的店里去坐坐谈谈罢。你从那里来？往那里去？"那人道："这是什么时候，我已打过尖了，今天还要赶路程呢。我是从直隶回南，因家下有点事情，急于回家，不能耽搁了。"老残道："既是这们说，也不留你。只是请你略坐一坐，我要寄封信给刘大哥，托你捎去罢。"说过，就向书店柜台对面，那卖纸张笔墨的柜台上，买了一枝笔，几张纸，一个信封，借了店里的砚台，草草的写了一封，交给金二。大家作了个揖，说："恕不远送了。山里朋友见着都替我问好。"那金二接了信，便上了车。老残也就回店去了。

此段，为后来刘仁甫到关帝庙迎候，打下伏笔。用笔清新、淡雅、自然、简练、干净利落，这都是白描艺术手法的艺术效果。

笔者上面举的是纯白描艺术手法运用的例子。此外，也是白描手法，但有少许修饰渲染的成分，这样的例子就更多了。如第十三、十四回，写翠环、翠花讲述黄河水灾的惨状；第十六回写刚弼审案大搞逼供信的情况；第十八回写白太守复审案涉人员，等等，多用白描手法。那么白描艺术手法的作用是什么呢？"在于以简胜繁，以少胜多，以有限胜无限，并用最少量的最能代表事物特质的精炼语言，启迪读者的丰富的想象力，补充作品中的空白，从而在读者的脑海里浮现出完整的艺术形象，获得美的享受。"[1]

白描手法的熟练运用，表明作者的艺术修养已达到炉火纯青的境地。作家如没有深切的生活体验，不能细微地观察生活，没有高度驾驭语言的能力，不能抓住事物的特质，尤其是没有真情实感，都难以很好地运用白描这一艺术手法。

巧设悬念，妙用白描，都是《老残游记》这部小说显著的艺术特色，使小说产生了无穷的艺术魅力，勾魂摄魄，表现了作者超卓的艺术匠心，值得我们学习和借鉴。

(载《刘鹗及〈老残游记〉研究》，民族出版社1995年版)

---

[1] 范胜田：《中国古典小说艺术技法例释》，浙江古籍出版社1989年版，第265页。

论《老残游记》的语言特色

郭沫若《如何研究诗与文艺》中说:"文艺是言语的艺术,因此言语是必要的工具。你总要能够采择言语,驾驭言语,造铸言语,自由自在地把言语处理得来就象雕刻家手里的软泥、画家手里的颜料一样,才能够成功。"[①] 中国近代著名小说家刘鹗,在"采择言语,驾驭言语,造铸言语",自如运用言语方面取得了极大的成功,为评家所啧啧称赏。本文拟从三个方面探讨《老残游记》的语言特色。

一 造语新奇 生动形象

胡适说:"《老残游记》最擅长的是描写的技术;无论写人写景,作者总不肯用套语烂调,总想熔铸新词,作实地的描写。在这一点上,这部书可算是前无古人了。"[②] 这个评价既高又恰如其分,并非溢美之词。从语言的角度看,作者根据不同的时间、地点,不同人物、景物的特征,创造新的语言,切实摹绘,而不是用"套语烂调",作空洞浮泛的描写。造语颖奇,生鲜活美,言前人所未言。德国大文学家歌德说:"现代最有独创性的作家,原来并非因为他们

---

① 郭沫若:《如何研究诗歌与文艺》,见《郭沫若论创作》,上海文艺出版社1983年版,第75页。
② 胡适:《〈老残游记〉序》,见刘德隆等编《刘鹗及老残游记资料》,四川人民出版社1985年版,以下简称《资料》,第384页。

创造出了什么新东西，而仅仅是因为他们能够说出一些好像过去还从来没有人说过的东西。"① 刘鹗就是说出了别人从未说过的话。表现了独创和开拓的精神。

笔者举下列各例说明小说语言这方面的特色。如作者写王小玉说书的反映（第二回，第19页）：

> 五脏六腑里，象熨斗熨过，无一处不伏贴；三万六千个毛孔，象吃了人参果，无一个毛孔不畅快。

如作者写王小玉唱的歌声（第二回，第19—20页）：

> 忽然拨了一个尖儿，象一线钢丝抛入天际，不禁暗暗叫绝。那知他于那极高的地方，尚能回环转折；几啭之后，又高一层，接连有三四叠，节节高起。恍如由傲来峰西面，攀登泰山的景象：初看傲来峰削壁千仞，以为上与天通；及至翻到傲来峰顶，才见扇子崖更在傲来峰上；及至翻到扇子崖，又见南天门更在扇子崖上：愈翻愈险，愈险愈奇。
>
> 陡然一落，又极力骋其千回百折的精神，如一条飞蛇在黄山三十六峰半中腰里盘旋穿插，顷刻之间，周匝数遍。……约有两三分种之久，仿佛有一点声音从地底下发出。这一出之后，忽又扬起，象放那东洋烟火，一个弹子上天，随化作千百道五色火光，纵横散乱。

如写黄龙子发啸与诸乐相和的声音（第十回，第126—127页）：

> 尔时，喉声，角声，弦声，铃声，俱分辨不出。耳中但听

---

① 程代熙、张惠民译：《歌德的格言和感想录集》，中国社会科学出版社1982年版，第76页。

得风声，水声，人马蹩踏声，旌旗熠燿声，干戈击轧声，金鼓薄伐声。

如作者对千佛山的描写（第二回，第14页）：

到了铁公祠前，朝南一望，只见对面千佛山上，梵宇僧楼，与那苍松翠柏，高下相间，红的火红，白的雪白，青的靛青，绿的碧绿，更有那一株半株的丹枫夹在里面，仿佛宋人赵千里的一幅大画，做了一架数十里长的屏风。

如作者写桃花山上的虎威（第九回，第112页）：

却听窗外远远唔了一声，那窗纸微觉飒飒价动，屋尘簌簌价落。想起方才路上光景，不觉毛骨森竦，勃然色变。

如作者写桃花山访贤，子平听瑟入彀的情景（第十回，第121页）：

初听还在算计他的指法、调头，既而便耳中有音，目中无指。久之，耳目俱无，觉得自己的身体，飘飘荡荡，如随长风，浮沉于云霞之际。久之又久，心身俱忘，如醉如梦。

如作者写曲艺艺人王小玉的眼睛（第二回，第19页）：

那双眼睛，如秋水，如寒星，如宝珠，如白水银里头养着两丸黑水银，左右一顾一看，连那坐在远远墙角子里的人，都觉得王小玉看见我了；那坐得近的，更不必说。就这一眼，满园子里便鸦雀无声，比皇帝出来还要静悄得多呢，连一根针吊在地下都听得见响！

如作者写逸云恋爱任三爷激烈的心理矛盾斗争（《续集》第三回，第284页）：

> 这两夜，却是想到好的时候，就上了火焰山；想到不好的时候，就下了北冰洋：一霎热，一霎凉，仿佛发连环疟子似的。……真是七窍里冒火，五脏里生烟。

以上仅十例，其妙处多在前拙文中论及，此处不再评骘。由一斑可见刘鹗造语颖奇之全豹。刘鹗平时细致入微地观察生活中的一切，不同阶层的人和各种事物等，深得其神、骨、髓，积累了大量的素材，待创作过程中需要写人写景的时候，再按照设想的人物特质和景物的特色等，对积累的素材加以精选，去伪存真，改造锤炼，做到切实妥帖、生动、形象，那种鲜活、奇崛的语言就随之出现了。上述语言的特点：生动形象，切实妥帖；言前人所未言，匠心独出；写景，精神百倍，写人，神采超逸。

宋代吴可云："学人能以一棒打尽从来佛祖，方是个宗门大汉子；诗人能以一笔扫尽从来窠臼，方是个诗家大作者。"[①] 刘鹗非凡的语言独创精神，驾驭语言的非凡能力显示出他是个超凡入圣的杰出文学家。

二　语言切合身份　凸显人物特质

老舍说："写作的人要眼观六路，耳听八方，熟悉社会各阶层的语言，才能按时间、地点、人物的思想感情，找出那么一个字，一句话。这也正是写作的难处。"[②] "文学的第一个要素是语言"（高尔

---

① （宋）吴可语，见徐增《而庵诗话》。
② 老舍：《文学创作和语言》，见《老舍论创作》，上海文艺出版社1985年版，第291页。

基语），刘鹗之所以在语言要素方面，获得很大的成功，其中重要的原因是他非常熟悉各阶层的人——官僚阶层：从王公大臣，到省的巡抚，至县令，狱吏等；一般百姓：拳师、隐士、工人、农民、船工、商人、妓女等；文化艺术界：琴师、曲艺艺人、古董收藏家、古文字学家、报馆的主编、编辑、作家、政治思想家等；宗教界：儒、释、道三教的人；外国人：公使、古玩爱好者、商人等。刘鹗的一生接触的事繁复，熟悉多阶层的人，因此刘鹗写小说，能塑造出不同身份的人物形象，并且不同身份的人说不同的话，语言切合人物的身份。他向各阶层人学习语言。

如第六回（第70页），写老残了解了玉贤的苛政，然而正在晋升的第二天，天飘着雪花，他独自坐在屋里，觉得凄森、惨淡、沉闷，"遂从枕头匣内取出笔砚来，在墙上题诗一首，专咏玉贤之事"。诗曰：

得失沦肌髓，因之急事功。
冤埋城阙暗，血染顶珠红。
处处鸺鹠雨，山山虎豹风。
杀民如杀贼，太守是元戎！

老残写诗揭露抨击玉贤急于升官，不惜枉杀无辜的罪恶行径。老残出身科第世家，学问出众，具有爱国爱民的思想，见到玉贤治下的"地狱世界"，发乎情，写诗而抒激愤之怀，当为自然。用题诗的方法表达老残的思想感情，这是一种非常高雅的形式，非常切合人物身份。作者不仅是个杰出的小说家，并且是个诗人，用诗歌抒情言志乃是特长，如作者不会写诗，就不能有老残题壁的描写。说明作者是擅长根据人物思想性格爱好的特质选取最恰当的形式和语言来表现人物的，这正是作者高明之处。如第五回（第55、56页），写玉大人叫差人将于家父子三人站起来的一段对话：

  那玉大人一听,怒道:"胡说!我这两天记得没有站什么人,怎会没有空子呢?"值日差回道:"只有十二架站笼,三天已满。请大人查簿子看。"

  大人一查簿子,用手在簿子上点着说:"一,二,三:昨儿是三个。一,二,三,四,五:前儿是五个。一,二,三,四:大前儿是四个。没有空,到也不错的。"差人又回道:"今儿可否将他们先行收监?明天定有几个死的,等站笼出了缺,将他们补上好不好?请大人示下。"

  玉大人凝了一凝神,说道:"我最恨这些东西!若要将他们收监,岂不是又被他多活了一天去了吗?断乎不行!你们去把大前天站的四个放下,拉来我看。"差人去将那四人放下,拉上堂去。大人亲自下案,用手摸着四人鼻子,说道:"是还有点游气。"复行坐上堂去说:"每人打二千板子,看他死不死!"那知每人不消得几十板子,那四个人就都死了。

这段写"只有十二架站笼,三天已满",然而玉大人还"记得没有站什么人";为了把于家父子三人补上,命令差人将四个"有点游气"的人"打二千板子"致死,也不肯"让他们多活一天",这些典型的具有表现人物特质的语言行动,凸显玉贤嗜杀成性,荼毒生灵,惨绝人寰。凶恶狠毒的言行正切合酷吏身份。

黄龙子,是太谷学派弟子的化身,试看他的言论(第十一回,第135、137、139页):

  黄龙子道:"你看过佛经,知道阿修罗王与上帝争战之事吗?"子平道:"那却晓得,然我实不信。"

  黄龙子道:"这话不但佛经上说,就是西洋各国宗教家,也知道有魔王之说。那是丝毫不错的。"……

  黄龙子道:"……所以各宗教家的书总不及儒家的《易经》为最精妙。《易经》一书专讲爻象。何以谓之爻象?你且看这

'爻'字："乃用手指在桌上画道："一撇一捺，这是一交；又一撇一捺，这又是一交：天上天下一切事理尽于这两交了。初交为正，再交为变，一正一变，互相乘除，就没有纪极了。"……

"道家说道：'天地不仁，以万物为刍狗；圣人不仁，以百姓为刍狗。'又云：'取已陈之刍狗而卧其下，必眯，'春夏所生之物，当秋冬都是已陈之刍狗了，不得不洗刷一番：我所以说是'势力尊者'的作用。上自三十三天，下至七十二地，人非人等，共总只有两派：一派讲公利的，就是上帝部下的圣贤仙佛；一派讲私利的，就是阿修罗部下的鬼怪妖魔。"

按太谷学派的思想要求，不拘三教，崇尚儒教，"窃比则为功，攻异端则为过"[①]，黄龙子的三段话是关于儒、释、道三教教理的言论，正反映太谷学派的宗旨。作者对儒、释、道三教的理论有深入的了解和研究，他所精选的语言，三教的教理，是最能凸显人物思想的，最切合人物身份的。因为作者本身就是太谷学派的传人，最懂该学派的哲学思想，精通三教教理，故才能创造出太谷学派弟子的形象。

第十六回（第193页），写了翠环铺盖如何放法：

老残急于要听他说，就叫："翠环，你赶紧烧两口，让他吃了好说。"翠环拿着签子便烧。黄升从里面把行李放好，出来回道："他们的铺盖，叫他伙计来放。"人瑞点点头。一刻，见先来的那个伙计，跟着黄升进去了。

原来马头上规矩：凡妓女的铺盖，必须他伙计自行来放，家人断不肯替他放的；又兼之铺盖之外还有什么应用的物事，他伙计知道放在什么所在，妓女探手便得，若是别人放的，就无处寻觅了。

---

① 张积中：《张氏遗书·与秦云樵书》，见《资料》，第562页。

这段话写了"马头上规矩",妓女的铺盖"必须他伙计自行来放"的原因,如果作者对妓女的生活不熟悉,绝不会有这段描写,黄升也绝不会有"他们的铺盖,叫他伙计来放"的语言。

《老残游记》续集,第五回(第298页),写逸云向德夫人解释自己不知自己是女人的道理:

> 话说德夫人听逸云说:他此刻且不知道他是女人,怎样嫁人呢?慌忙问道:"此话怎讲?"逸云道:"《金刚经》云:'无人相,无我相。'世间万事皆坏在有人相我相。《维摩诘经》:维摩诘说法的时候,有天女散花,文殊菩萨以下诸大菩萨,花不着身,只有须菩提花着其身,是何故呢?因为众人皆不见天女是女人,所以花不着身,须菩提不能免人相我相,即不能免男相女相,所以见天女是女人,花立刻便着其身。推到极处,岂但天女不是女身,维摩诘空中,那得会有天女?因须菩提心中有男女相,故维摩诘化天女身而为说法。我辈种种烦恼,无穷痛苦,都从自己知道自己是女人这一念上生出来的,若看明白了男女本无分别,这就入了西方净土极乐世界了。"

逸云用《金刚经》《维摩诘经》的经文来解释如今不知自己是女人的道理。此两经均为佛教经典。逸云为泰山斗姥宫的尼姑,是佛教的女教徒,用佛经经文说明自己修行的情形,也为自然,作者精选的佛经教理及其语言最切合人物的身份,若非对佛理有精深的研究,对尼姑的生活不熟悉,则无法塑造逸云的形象。

第六回(第68页),姚云翁转述宫保的话说:"自己一生契重名士,以为无不可招致之人,今日竟遇着一个铁君,真是浮云富贵。反心内照,愈觉得龌龊不堪了!"用了"契重""招致""浮云富贵""反心内照""龌龊不堪"等语,连同话的内容,俨然是个有较高文化素质的抚台,谈吐非凡。宫保自愧不如,反衬出老残品德的高尚。

语言切合身份。

第四回（第43页），掌柜的笑眯眯地迎着说道："你老还要骗我！这不是抚台大人送了酒席来了吗？刚才来的，我听说是武巡捕赫大老爷，他是个参将呢。这二年里，住在俺店里的客，抚台也常有送酒席来的，都不过是寻常酒席，差个戈什来就算了。象这样尊重，俺这里是头一回呢。"这是商人掌柜对老残的恭维话，也从侧面写出老残的身份。语言身份一致。

第十九回（第238页），吴二浪子把钱输干，看陶三坐庄赔了，认为是个赢钱的机会，央求向许亮借钱："好哥哥！好亲哥哥！好亲爷！你再借给我二百银子罢！"为了赌，只要能借着钱，管人叫"亲哥"，叫"亲爷"也可，活灵活现，一个流氓、赌徒的嘴脸，跃然纸上。语言与人物身份是统一的。

综上所论，《老残游记》的人物语言切合人物身份，他谙熟各阶层的人，选取最能凸显人物特质的典型语言，作实地描写，塑造种种不同的人物。人物形象活灵活现，给人真切妥实之感。《老残游记》写景的语言也同样有真切妥实的特色（详见拙文《论〈老残游记〉的景物描写》），此处不再赘述。

三　语言的通俗化

宁宗一说："通俗化作为小说的品格，早在宋元时代的说话人就曾有过高见，所谓'话须通俗方传远，语必关风始动人。'通俗成为话本及以后明清小说流传的决定性条件之一。"[①] 为其通俗，才可能有广泛的读者，为其读者广泛，才可能有深远的影响。

《老残游记》这部小说，其通俗化大众化的语言特色十分鲜明。郭延礼《中国近代文学发展史》说："那种带山东味的北方话"，

---

① 宁宗一：《中国古典小说艺术技法例释·前言》，浙江古籍出版社1989年版，第4页。

"形象质朴极了""山东读者,听起来倍觉亲切"。笔者有感相类。这是一部晚清小说,但是其中的有些语言,在现代当代的北方农村、城市一般群众还广泛地应用着。笔者生于辽宁,关外第一县,就是说这些话长大的,现在依然在说。我乍读这部小说,觉得十分惊奇,在其中所发现的通俗语言,怎么会有这么多我的家乡话呢?有些话比某些现代当代小说的用语还要大众化。比如:"你老""角门""害臊""我明儿还你就截了""急玲人""掌号""左近""挠钩""粟楷""几钟""将就""腌臜""道喜""昨儿个""累坠""宽绰""抱屈""嘟哝""花里胡绍""乏了""不大离""盘算""为么""马褂子""阴曹地府""胡诌"等等。在我所读过的古今小说中,另外很少有一部有这么多我的家乡话,看到倍觉亲切,引起我对故乡儿时的许多回忆。

笔者考查了一下原因:辽宁与山东隔海相望,辽宁人大部分是山东的移民或后裔,世代沿用山东的大众话,是自然的。刘鹗在山东工作居住多年,受山东话的影响是很大的,故写小说用许多山东通俗的大众话。《老残游记》续集中说德慧生的祖上曾"搬到山海关外锦州府去住家",想作者必到过锦州,或有什么联系。刘鹗在北京住过数年,受北方话的影响也十分自然;刘蕙孙在《铁云先生年谱长编》(第125页)中云:"(1905年)秋与郑永昌在天津设立'海北盐公司'。最初拟在东北制炼精盐,运销日本。曾赴东三省活动失败,又对朝鲜经营小额的运销。"又《乙巳日记》九月初七日:"发郑君电,约营口会也",火车必经山海关锦州一线。至当年十月十一日返京,月余在辽宁的沈阳、营口等地活动。此《年谱长编》又说:"先父说当时盐场在旅顺附近的貔子窝","郑永昌的通信处:一为营口……,一为大连……",彼时与辽宁人的接触频繁。铁云游日本(1905年)"从东北去朝鲜,然后由釜山渡海到下关"(《铁云先生年谱长编》第134页)。上述事实说明他与中国北方的联系密切,居住多年,多在山东、北京、天津、辽宁等地活动,很长时间生活在北方人中间,接触不同阶层的人,学习了许多通俗的鲜活的大众话，并把它写进小说中，形成了《老残游记》语言通俗的特色。

翻见《老残游记》的目录，分"回"，并且题目都是对偶的；除前集第十一、十九、二十回和续集第三、四回开端用"却说"（残稿不计），其余每回开端全用"话说"；仅前集第二十回结尾没有"且听下回分解"，其余前集续集每回结尾都用"且听下回分解"，这无论从形式或语言方面都显示出中国传统章回小说的特征，这是中国近代小说，从中国古典小说向现代小说过渡时期所残留的迹象。

刘鹗的《老残游记》，造语颖奇，生鲜活美；写景写人语言真切妥实，语言通俗化，这些都是这部小说语言方面的特色。《老残游记》之所以被联合国教科文组织认定为世界文学名著，在国内外拥有众多读者，在国内外产生重大影响，其语言方面取得巨大成功是重要原因之一。

（载《刘鹗及〈老残游记〉研究》，民族出版社1995年版）

下 编

其他方面的研究

魑魅羞争焰　甘心赴国难

——章炳麟《狱中闻沈禹希见杀》诗赏析

> 不见沈生久，江湖知隐沦。
> 萧萧悲壮士，今在易京门。
> 魑魅羞争焰，文章总断魂。
> 中阴当待我，南北几新坟。

此诗，作者章太炎。他于1903年因给邹容的《革命军》作序等原因，而被捕入狱。沈禹希（1872—1903），即沈荩，字愚溪，也作禹希，湖南长沙人。与谭嗣同、唐才常交往甚密。戊戌变法失败后，他留学日本。归国后与唐才常组织正气会，后改名自立会。后在汉口致力自立军运动。事败后，活动于上海、北京，从事反清活动。1903年因揭露李鸿章与沙俄签订《中俄密约》而被捕，被摧残致死，时年三十一岁。章炳麟在狱中得知沈荩被清政府虐杀的消息，义愤填膺，扼腕作此。

首联："不见沈生久，江湖知隐沦。"他在狱中，惊闻自己的革命同志被反动的清政府杖死的消息，怒发冲冠，久久不能平静。他回忆起沈禹希的有关情况，虽与他好久未能见面，但知道他是隐没江湖之间，在秘密从事革命活动。"不见沈生久"，应为"久不见沈生"，词序的变化是为了适应格律的需要，这在诗词中常见。如陈亮《水调歌头·送章德茂大卿使虏》首句云："不见南师久"，与此句句式相同。"隐沦"，这里是隐没之意。此联以回忆开笔。

颔联："萧萧悲壮士，今在易京门。""萧萧悲壮士"，用典，荆轲刺秦王，燕太子丹易水送别，渐离击筑，荆轲慷慨悲歌："风萧萧兮易水寒，壮士一去兮不复还。"作者用此典赞扬沈禹希是个义无反顾、舍生忘死、铁骨铮铮的壮士。"今在易京门"，"易京"，古城名，"在直隶雄县西北。本汉之易县，汉末公孙瓒据幽州，移镇其地，盛修营垒楼观，谓之易京。临易河"（《中国古今地名大辞典》）。这里指当时京城北京。此句意思是说：现在革命战友沈荩，牺牲在清政府的所在地北京。点出沈荩的牺牲之地。"门"，指沈荩被惨绝人寰的清政府杖死后，悬头城门示众。这里揭露了清政府惨无人道。作者的感情已怒不可遏，用平淡之语出之。也赞颂了他为革命牺牲的义勇行为。

颈联："魑魅羞争焰，文章总断魂。""魑魅羞争焰"，用典。裴启《语林》中说，嵇康夜里灯畔弹琴，见一鬼出现，他突然把灯熄灭，说道："耻与魑魅争光。"此句应为"羞与魑魅争焰"，倒装句与首句类似。用典，表现作者与腐败反动的清政府的统治者处在同一世间感到耻辱，不共戴天，势不两立。"文章总断魂"，意思是，我看到报上发表的许多悲恸哀伤的悼念文章，令人悲愤填膺。

尾联："中阴当待我，南北几新坟。""中阴"，这里指死者的英魂。佛教教义说，人死四十九天之内，未转生之前称"中阴"。此句意思是，我不久就将为革命牺牲，沈荩的英雄魂魄正在阴司等待着我。在祖国南北苍茫的大地上又增加几个新的坟墓。

此诗，歌颂了沈荩慷慨献身坚贞不屈的革命精神，无情地揭露了清政府的惨绝人寰。表现了作者为革命牺牲的决心及悲愤的心情。

此诗，直接抒情，没有任何附着物，不借助于景物。这是此诗显著的艺术特色。其次，用典切当，"萧萧悲壮士"，"魑魅羞争焰"，使诗蕴藉隽永，情思深邃。

此诗风格沉雄雅健，感染力很强。宋·苏轼《读孟郊诗》云："诗从肺腑出，出辄愁肺腑。"是有道理的。

（载《近代爱国诗词精粹鉴赏》，辽宁大学出版社1991年版）

陆沉何日起神州

——黄节《庚子重九登镇海楼》诗赏析

东南佳气郁高楼，天到沧溟地陡收。

万舶青烟瀛海晚，千山红树越台秋。

曾闻栗里归陶令，谁作新亭泣楚囚？

凭眺莫遗桓武恨，陆沉何日起神州！

此诗作者为黄节（1873—1935），原名晦闻，字玉昆，广东顺德人。南社诗人，是"岭南近代四家"之一。曾留学日本，回国后，与人组织国学保存会，创办《国粹学报》，反对清朝统治，鼓吹民族民主革命。辛亥革命后，曾任北大、清华教授。

《庚子重九登镇海楼》，"庚子"，即光绪二十六年（1900）。"重九"，农历九月九日重阳节。"镇海楼"，在广州城北越秀山上。此诗为作者登镇海楼，触物感时而作。题中点明了此诗写作的年代和时令。

首联："东南佳气郁高楼，天到沧溟地陡收。"作者登上广州北面越秀山上的五层镇海楼，觉得祖国东南美好的秋日景象甚为浓盛。放眼南望无际的碧空，连着苍茫的大海。陆地突然收住，便与浪涛滚滚的大海相接。"郁"，聚结。"沧溟"，大海。"佳"字，感情色彩颇为鲜明，表现对广州的"地""天""沧溟""楼"等秋日景象极为热爱和赞美。"陡"，指陆海截然分开。此联概括写出重阳时节登镇海楼所见的海陆的美丽景象。

颔联:"万舶青烟瀛海晚,千山红树越台秋。"承写眺望时所见海上的具体景象。无数的大小船只在无边碧蓝的大海中漂泊,冒着缕缕的青烟;陆地上群山如洗,丹枫如画,天高云淡。越秀山上的越王台坐落在一片清爽洁美的秋色之中。"万舶""千山",写出了海陆的辽阔和壮美。"青烟""红叶",增加了海陆秋光的色彩美,浸透着作者对祖国陆海之爱。对句极为工稳、秀整。

颈联:"曾闻栗里归陶令,谁作新亭泣楚囚?"转。"栗里归陶令",晋代诗人陶渊明,对当时的黑暗社会现实不满,辞去彭泽县令,回乡隐居。"栗里",古地名,陶渊明隐居之地。"陶令",指陶渊明,他曾做彭泽县令,故名。"新亭泣楚囚",西晋灭亡,渡江的士大夫们常到建康(即现在的南京市)南的新亭会饮。周顗慨叹说:"风景不殊,正自有山河之异!"于是众人相对哭泣。丞相王导严正地说:"当共戮力王室,克复神州,何至作楚囚相对!"(《世说新语·言语》)。"楚囚",指楚国的被俘者,这里指无所作为的人。典出《左传·成公九年》:"郑人所献楚囚也。"鸦片战争失败后,广州已成为列强飞扬跋扈自由进入中国的门户。八国联军于1900年七月十四日攻陷天津,八月十四日攻陷北京,烧、杀、抢、掠,无所不为,惨绝人寰。慈禧、光绪及大臣们离京西窜,派奕劻、李鸿章向列强屈膝乞和。面对着祖国美丽可爱的海陆景观和紧迫时局,更激发他对祖国的热爱和对列强及清政府的愤恨之情。他想,如果在国家命运岌岌可危的时候,人们都像陶渊明那样因不满现实又不去改变现实,反而逃避现实,归去隐居,那么祖国不就被葬送了吗?这是对陶渊明逃避现实的严厉批判,是对国难当头,不去拯救祖国而临阵逃脱者的抨击。作者渴望有更多的人去"戮力""光复神州",不要畏惧逃脱,要团结起来,驱除列强,拯救中华。表现了作者在祖国空前危机之时,强烈的爱国思想和焦急的心情。

尾联:"凭眺莫遗桓武恨,陆沉何日起神州!""桓武恨",桓武,为东晋明帝女婿桓温。他曾率众打进关中,占领洛阳,决心收复西晋江北沦陷之地。北伐前曾登上淮北平乘楼,遥望中原,批评西晋宰相王衍，"使神州陆沉，百年丘墟"。然而他却壮志未酬，故曰"恨"。作者这次登楼眺望海陆，正值山河破碎，八国联军攻陷北京之际，他自然联想到东晋的桓温也曾登楼发誓北伐，收复江北失地，但没有实现自己立下的誓言。他提醒教育别人，不能像桓温那样留下"遗恨"，决心驱除列强，光复神州，表现了作者强烈的爱国主义情思和伟大的抱负。"何日"，表现作者对驱除列强的迫切心情。

此诗，首联、颔联写登楼所见的秋日海陆的佳气：高楼、沧海；万舶、千山；青烟、红树，将重九的陆海景象渲染得鲜美如画。侧重写景，融进了对祖国海陆的热爱之情。颈联、尾联抒情。"曾闻栗里归陶令，谁作新亭泣楚囚"，是对祖国前途命运漠不关心、逃避现实者的批判、谴责，也流露出对国家的命运和前途的担心及忧虑之情。最后抒发了决心不留遗恨，迅速光复神州振兴中华的豪情壮志。前两联写景，是后两联抒情的基础。因祖国海陆山河之壮美，他才爱得深，驱除列强，光复神州的决心才更大。意脉赫然。虽然彼时八国联军已攻入北京，列强瓜分豆剖中国的惨剧越演越烈，但作者笔下的并非悲凉晦暗的景象，这是为了激发读者对祖国河山之爱。在如此背景下，抒发的不是哀情，而是光复神州驱除列强的宏图大志，令人精神振奋。作者的抒情直而不露，运用"栗里归陶令""新亭泣楚囚""桓武恨"等典故暗示给读者，婉转表达出深沉、强烈、敦厚的爱国主义思想感情。

我们读罢此诗，更激发了我们对祖国海陆山河的热爱之情，振奋了我们保卫祖国振兴中华的决心和斗志，给我们以鼓舞与力量。

（载《近代爱国诗词精粹鉴赏》，辽宁大学出版社1991年版）

万方兵气此潜藏

——黄节《岳坟》诗赏析

中原十载拜祠堂,不及西湖山更苍。
大汉天声垂断绝,万方兵气此潜藏。
双坟晚蝉鸣乌石,一市秋茶说鄂王。
独有匹夫凭吊去,从来忠愤使人伤。

"岳坟",抗金名将岳飞的坟墓,在杭州西湖畔栖霞岭下。鸦片战争以后,清政府与列强订立一系列丧权辱国的条约,对反帝反封建的爱国斗争无情镇压,它已成为帝国主义封建势力在中国的总代表。1907年民主革命家秋瑾在浙江、徐锡麟在安徽领导的起义被清政府血腥镇压,两人惨遭杀害。1907年、1908年孙中山在两广、云南领导六次起义,也被清政府残酷镇压。民族民主革命陷于低潮。黄节曾在上海组织国学保存会,办《国粹学报》,鼓吹民族民主革命,推翻清朝统治。他曾于1908年拜谒岳坟,感而赋此。他认为"万方兵气此潜藏",岳飞的英雄事迹会鼓舞反帝反封建的革命者继续前进。

首联:"中原十载拜祠堂,不及西湖山更苍。""中原",指河南。河南一带,古为豫州。豫州,地处九州的中心,故称豫州之地为中原。作者此诗自序云:"十年前余两过朱仙镇,拜谒岳王庙,均有诗,今不存。""祠堂",这里指岳飞的庙。"朱仙镇",地名,在今河南开封西南。宋高宗绍兴十年(1140)岳飞在郾城大败金兀术，取得辉煌的战绩后直驱朱仙镇，离汴京四十五里，爱国军民为之振奋。后宋高宗听信秦桧计，在岳飞节节胜利之际，一天连下十二块金牌，令其班师临安，结果以"莫须有"的罪名将其杀害。人们为了纪念岳飞大破金兀术的赫赫战功，在朱仙镇建立庙宇，顶礼膜拜。作者这次在杭州拜谒岳坟时，不禁忆起往事，十年之中曾两次过朱仙镇，前去拜谒岳飞庙。庙地的景观，不如杭州西湖的山色更郁郁苍苍。用朱仙镇的岳飞祠堂与西湖岸边岳飞坟两处的景观加以比较，突出西湖景色的美好。言外之意，岳坟存在的意义远远胜过朱仙镇的岳王庙的意义。采用叙述的艺术手法，"苍"字，点染西湖的山色，极为传神。

颔联："大汉天声垂断绝，万方兵气此潜藏。""大汉天声"，典出《汉书·窦宪传》："振大汉之天声"，指历史悠久、地域广阔的强大中国的声威。"万方"，指全国各地。"垂"，接近，临近，几乎。"兵气"，指抗敌御侮的斗争精神。此句是说，每当中国受到外来侵扰而国家的命运岌岌可危的时候，全国各地的人民抗敌御侮的斗争精神都更受到岳飞抗金事迹的鼓舞，是他们潜在的精神力量的源泉。目前，清政府的腐朽、无能、反动，造成帝国主义列强瓜分豆剖中国的悲剧，国家民族面临灭亡的危险。但是全国各地人民反清、反帝的斗争精神，都会受到岳飞事迹的极大鼓舞，欲拯救中国，必先推翻清政府。这里深婉、含蓄地说明岳坟存在的特殊意义。采用议论的艺术手法。

颈联："双坟晚蟀鸣乌石，一市秋茶说鄂王。""双坟"，同岳飞一齐，以"莫须有"的罪名被害的还有岳飞的儿子岳云，父子葬在一起，故称"双坟"。"乌石"，作者自注："坟依乌石峰。"点出岳坟的具体地点。"一市秋茶"，作者自注云："坟前茶肆数十家。""鄂王"，也有作"岳王"者。岳飞被害后，宋宁宗追封他为鄂王。双坟依偎着乌石山，夜晚蟋蟀不住地鸣叫。岳坟旁的茶肆上人们一边饮茶，一边谈论着岳飞的英雄事迹。表明民族英雄岳飞永垂不朽，永远活在人民心中，作为民族魂而与日月共存。采用了描写的手法。

"秋",点出节令,"晚",点明时间。"鸣"字,又添岳坟凄然的色彩。作者从视觉,再加听觉两个角度写的。

尾联:"独有匹夫凭吊去,从来忠愤使人伤。""匹夫",一般人。"忠愤",爱国激愤。"凭吊",对着岳墓怀念岳飞。作者独自一个人对着岳坟怀念他的英雄业绩,向来精忠报国,奋发有为的前人,都使人感伤缅怀。"从来"一词,说明岳飞的英雄事迹向来是人们爱国、奋发的力量源泉。重点采用抒情的手法。

作者通过拜谒岳墓,表现了他对岳飞的哀悼感伤之情,同时也振奋和鼓舞了他的爱国精神。

此诗,开头颇具特色。从远处着笔,妙在离即之间。所谓离者,地远,在远离杭州的"中原";时长,距今"十载"有余;事异,今拜"岳坟",前拜"岳祠"。即者,前拜岳祠,今拜谒岳坟,虽然相"离",又同时都是凭吊岳飞,事情是相近的。这种开头,既不离题,又增加诗悠远的韵味,也突出了作者对民族英雄岳飞的崇敬之情,深化了主题。

此诗,综合运用多种艺术表现手法。首联,采用叙述的手法;颔联,采用议论的手法;颈联,采用描写的手法;尾联,侧重运用抒情的手法。诗人对岳飞的崇敬之情,洋溢在全诗的字里行间。表明作者艺术手法娴熟,多变。

此诗,格调沉郁,含蓄蕴藉,意味深长。

(载《近代爱国诗词精粹鉴赏》,辽宁大学出版社 1991 年版)

天下兴亡　匹夫有责

——陈去病《为诸生讲史》（选一）诗赏析

> 而今休痛无家国，不见稽山励胆薪？
> 匹妇匹夫咸有责，楚虽三户可亡秦！

此诗，从"无家国"而言，盖写于辛亥革命之前。用诗的形式，为各位学生讲述中国的历史。我们伟大的祖国，有五千年的光辉历史，以史为鉴，可以使人明智。唐·吴兢《贞观政要·任贤》云："以古为镜，可以知兴替。"鸦片战争以后，帝国主义列强侵略瓜分中国的惨剧越演越烈，使中国的山河破碎，主权丧失。在国难当头、国家民族危机空前的时候，他用诗歌教育年轻人，保卫祖国，"匹妇匹夫咸有责"，要卧薪尝胆，"楚虽三户可亡秦"，光复中华是大有希望的，号召全国人民起来斗争，振奋精神。表现了作者高度的历史责任感和爱国心。

首句："而今休痛无家国。""而今"，指出中国人目前所面临的问题是"无家国"。清政府昏愦无能，跟帝国主义列强订立很多卖国条约，割地赔款，主权沦丧，列强肆意瓜分掠夺中国，人民深受宰割、蹂躏。中国名存实亡。正常的中国人无不痛心疾首，义愤填膺。但是，列强绝不会因为中国人的悲伤而放下屠刀，退出中国，相反，中国人若一味的悲哀，不救亡图存，中国将永远沉沦下去。故作者斩钉截铁地说："休痛无家国。"那么究竟该怎么办呢？开了下文。

"不见稽山励胆薪。"承前。作者举出中国历史上,反弱为强,反败为胜,刻苦自励,发愤图强的历史事实,教育青年。此句是说,你们没有看到中国历史上越王勾践卧薪尝胆的故事吗?在春秋时代,吴越两国发生战争,吴国发兵打败了越国,越王勾践及残兵败将被围困在今浙江绍兴、诸暨一带的会稽山上。后吴王夫差赦罪,越王勾践返国。越王勾践决心报仇雪耻,奋发勖励,每天睡在柴草上。在他坐卧的地方挂一苦胆,当坐卧时眼睛望着它,饮食时用口尝尝它,以不忘会稽之耻,决心复国。越国经过一段较长时间的积蓄力量,艰苦奋斗,发愤图强,其国力终于超过了吴国,后来越国发兵把吴国打败。作者用这段史实,教育学生,以其为借鉴,振奋我们的民族精神,悲哀而不奋发是没有益处的,只有卧薪尝胆,奋发图强,才是祖国振兴之路。故"休痛无家国"。

三句:"匹妇匹夫咸有责。"上面谈及,卧薪尝胆,奋发图强。那么让谁这样做呢?作者把眼光放在男男女女,整个中国人身上。"匹妇匹夫",指普通中国妇女和男人。"咸",都。明末清初的顾炎武《日知录·正始》云:"保天下者,匹夫之贱,与有责焉耳。"作者以为,如果全国上上下下,力精图兴,奋发图强,国家是有希望的。国家富强,人民幸福,国家灭亡,人民沦为奴隶。故曰:天下兴亡,"匹妇匹夫咸有责"。

尾句:"楚虽三户可亡秦。"作者欲以历史上以少胜多、以弱胜强的具体事例,教育学生,鼓舞青年,奋发振作,拯救祖国。语出《史记·项羽本纪》:"楚虽三户,亡秦必楚。"意思是楚国虽然人口少,但定能打败强大的秦国。这表明楚必胜的决心。中国彼时是处在被帝国主义列强豆剖瓜分,清政府腐败无能,却残酷压迫革命的人民的局面。国家的命运甚为悲惨。在这种情况下,教育青年学生,不能气馁,要奋发有为,卧薪尝胆。目前国家是衰弱的,但要积蓄力量,我们一定能驱除列强,光复中华。宋·陆游《金错刀行》云:"楚虽三户能亡秦,岂有堂堂中国空无人"句,作者引陆诗之句入诗,天衣无缝,如出诸己。

此诗为绝句，虽然短小精悍，却有一种激发人民振作图强，鼓舞人们前进的巨大力量，具有强烈的艺术感染力。此诗为什么产生如此艺术效果？《庄子·渔父》："不精不诚，不能感人，故强哭者虽悲不哀，强怒者虽严不威。"此诗充满着深邃精诚的爱国之情，是此诗感人的主要原因。其次，此诗用典，以历史事实，表达自己的心态。史实是一面镜子，可以启迪我们的智慧，汲取历史的经验。事实胜于雄辩，故能动人心魄，振聋发聩，产生很强的说服力。全诗共四句，三句用典，不仅使人毫无堆垛之感，反觉自然浑成，紧扣题旨。

此诗，闪烁着作者爱国主义的思想光辉，感情深厚，笔力豪劲，风格沉着。

（载《近代爱国诗词精粹鉴赏》，辽宁大学出版社1991年版）

渴望诞英灵　为国平西戎

——吴禄贞《过华岳狂吟》诗赏析

策马过华岳，我气何熊熊！
手把三尺剑，斫断仙人峰。
问我何为者，恨汝无神功：
西陲正多事，汝独如痴聋；
不能诞英灵，为国平西戎！
累我天山路，长征雁塞风。
既辜生灵望，未免负苍穹；
待我奏凯旋，再拜告天公。

吴禄贞（1880—1911），字绶卿，湖北云梦人。曾入湖北武备学堂，后被清政府派往日本留学，进士官学校骑兵科，参加兴中会、华兴会。归国后调任练兵处监督。1906年曾赴伊犁考察新军。1907年任延吉边务帮办，彼时日本侵略延吉，他曾写《延吉边务报告书》，证明延吉自古为中国领土，戳败了日本侵略阴谋。不久提为延吉边务督办。后被派往德、法考察军务，归来任新军六镇统制，暗中从事革命活动。武昌起义后，他谋划起兵反清直捣北京，联系北方新军，后在石家庄被清政府派人暗杀。他长于诗歌，多抒发革命的豪情和爱国的壮志。此诗盖为1906年赴新疆考察新军过陕西时而作。"华岳"，即我国西岳华山。

开头四句，开门见山，就题兀起。"策马"，用鞭打马。"熊熊",盛、大。主人公挥舞长剑,快马加鞭,日夜兼程,在通往西部边陲的大道上驰骋,不可阻挡。"何",多么。李白《古风五十九首》(三):"秦王扫六合,虎视何雄哉。"他路过祖国西北的华山,扬起通天的宝剑,奋力向仙人峰斫去。"斫",砍。"仙人峰",华山山峰之一。《水经注》载,华山被河神擘成两半,仙人峰上存指印。诗人化用此神话故事。此四句,仅仅二十个字,刻画出抒情主人公顶天立地,气吞山河,怒不可遏的英雄形象。"策""熊熊""把""斫",几个词语平中见奇,俊朗传神。"斫"字,引逗出"仙人峰"来。

次四句,承前。作者采用浪漫主义手法,设想人与仙人峰对话,曲折表达自己的情思。仙人峰你问我,为什么如此怒气冲冲,劈开你的身躯。主人宣泄胸怀:我恨你徒有其名,而没有神仙的本领,不然的话,祖国西部边疆正面临着沙俄帝国主义的侵略袭扰,唯独你装聋卖傻无动于衷。通过对话,写出"我"对"仙人峰"的深重的怨恨,表现了"我"对祖国西部边陲的关切和焦急的心情。一位英雄的爱国主义情怀洋溢在字里行间。

再次四句,紧承。继写"我"对"仙人峰"的怨恨、谴责:你还算什么"仙人",在祖国西部边界受到沙俄帝国主义侵略的时候,你却不给祖国诞生更多的英雄人物,平息驱逐入侵的敌人,让我们千里迢迢辛苦奔波在天山的冰天雪路上,长驱祖国的北部边疆的寒风之中。"诞英灵",《列仙记》载,曾有仙人降落居住在华山。"雁塞",山名,在古梁州,这里指边塞。作者为了表达诗旨的需要,把神话故事和自己的神奇想象融为一体,构思奇特。

结四句,"生灵",百姓。"苍穹",老天。承前,"我"继续在回答中指责"仙人峰":你既然辜负了百姓的热望,当然也就违背了老天的意旨。等待我杀敌胜利归来之后,再恭恭敬敬向老天禀告你的过错。这里也是寓庄于谐。作者把渴望有更多人才来保卫祖国,哀叹现实的人才匮乏,寓"我"对"仙人峰"的诙谐的谈话之中。

此诗,作者采用浪漫主义的艺术构思,以神奇的想象,通过

"我"与"仙人峰"的对话,而谴责"仙人峰",表现作者为祖国的边防而焦急,积极抗击列强侵占我国领土的强烈爱国思想感情。作者谴责"仙人峰":"不能诞英灵,为国平西戎"、"既幸生灵望,未免负苍穹",实际是鞭挞清政府不能造就,并且扼杀保卫祖国人才的社会弊端。作者设想颖异,"手把三尺剑,斫断仙人峰",把"仙人峰"活化,神化,人格化,通过对话,曲折表达出作者的心声,比直抒胸臆更为活泼、生动,情趣盎然,人物性格、形象也跃然纸上。

作者把"仙人峰"人格化,把静景变成动景,这是一种审美的移情作用,深化了诗旨,增加了作品的审美价值。

(载《近代爱国诗词精粹鉴赏》,辽宁大学出版社1991年版)

心却比　男儿烈

——秋瑾《满江红　平生肝胆》词赏析

  小住京华，早又是、中秋佳节。为篱下、黄花开遍，秋容如拭。四面歌残终破楚，八年风味徒思浙。苦将侬、强派作娥眉，殊未屑！　身不得，男儿列；心却比，男儿烈。算平生肝胆，因人常热。俗子胸襟谁识我？英雄末路当磨折。莽红尘、何处觅知音？青衫湿！

  此词，从首句"小住京华"而言，是秋瑾1903年随丈夫移居北京时所作。据郭延礼《秋瑾年谱》说，1903年前她没有到过北京。1904年4月末东渡日本留学，又未经中秋。（作者简介可参看《爱国感情的激越奏鸣》）。

  首韵："小住京华，早又是、中秋佳节。为篱下、黄花开遍，秋容如拭。"她随丈夫于1903年春迁至北京，时在八国联军攻入北京，清政府与列强订立《辛丑条约》之后，中国已经陷入半殖民地的灾难深渊。被列强洗劫的京城颓垣断壁，弹痕累累，满目疮痍。她瞬忽来京城已数月，不觉早过了中秋，已临近重阳节了。篱下开遍的黄色菊花，显示出如擦过悲伤眼泪的愁容，秋色凄凉。这是拟人手法，审美的移情作用。"早""黄花开遍"，说明时当中秋之后，临近重阳时节了。李清照《醉花阴·重阳》："帘卷西风，人比黄花瘦。""黄花"，即菊花，在重阳时节盛开。"拭"，擦。作者交代了地点、时间、季节。

"四面歌残终破楚，八年风味徒思浙。""四面歌残"，用典。《史记·项羽本纪》载，楚霸王项羽的军队被汉刘邦及诸侯的军队包围在垓下，"夜闻汉军四面皆楚歌，项王乃大惊，曰：'汉皆已得楚乎？是何楚人之多也！'"用以比喻祖国多方受侵最终被八国联军攻破京城。秋瑾1907年《普告同胞檄稿》说"我同胞处于四面楚歌声里"，为此句的最好注脚。"八年风味"，她从父命，嫁给封建没落家庭的子弟王子芳，已结婚八年。他用钱在北京买了个小官。此人道德、志趣与她完全不同。她深受丈夫及封建家庭的摧残和凌辱。她生于福建，祖籍浙江绍兴。只十四岁那年回浙江居住，后历居台湾、湖南、北京等地。她看到了祖国的一些美丽风光和深重的灾难，也饱尝了自己婚姻的不幸，真是"无限伤心家国事"（《柬志群》），使她不禁思念起家乡浙江绍兴，那是越王勾践卧薪尝胆之地。

前结："苦将侬、强派作蛾眉，殊未屑"，"侬"，我。"蛾眉"，弯而细的眉毛，非常好看，这里代称女子。"殊"，很，非常。"屑"，顾。在封建社会里男尊女卑。妇女遭到社会的歧视，受封建礼教的种种束缚，没有任何权利和自由，是受奴役的对象。她们的理想和愿望难以实现。在秋瑾看来，性别无法选择，把"我"生作了女儿身，但"我"完全不顾这些，誓"上继我祖黄帝赫赫之威名兮，一洗数千数百年国史之奇羞"（秋瑾《宝刀歌》）。这表明她不甘心命运的安排，反对封建礼教的种种羁绊，树立拯救祖国的伟大抱负："誓将死里求生路"，"我欲只手援祖国"。（秋瑾《宝刀歌》）

换头，"身不得，男儿列；心却比，男儿烈"。她生下来是个女性，而不在男儿的行列里。要想跟男子一样发挥自己的才干，报效祖国，会受到种种限制，但是，她的心却比一般的男儿更激昂豪壮奋发。诚如她自己所说："休言女子非英物"，"为国牺牲敢惜身"（《鹧鸪天·夜夜龙泉壁上鸣》），反映了秋瑾勇于冲破封建礼教桎梏的桀骜刚毅的性格和炽烈高昂的爱国热情。

次两句，"算平生肝胆，因人常热"。"算"，算来。辛弃疾《贺新郎·别茂嘉十二弟》："算未抵、人间离别。"此两句意思是，有生以来,我的热血常为人民而激荡沸腾。这表现了她热爱人民、忧国忧民的思想品质。

"俗子胸襟谁识我?英雄末路当磨折。""俗子",指不深明大义,不把国家民族的命运当己任的人。作者想来,那些凡夫俗子,是不会理解、认识她的思想和行为的。向来英雄豪杰走过的道路是崎岖坎坷的,会遇到许多艰难险阻的,甚至献出自己宝贵的生命。"俗子",不仅不同情,不理解"英雄"的所作所为,反而还会责难,诽谤他们。她的丈夫王子芳,就是这样的俗子凡夫。这一面表现她无人理解的苦闷,一面做好了战胜困难、流血牺牲的准备。

"莽红尘、何处觅知音?青衫湿。""红尘",人世间。"莽",无边无际。"知音",朋友,理解自己的人。典出《列子·汤问》:"伯牙善鼓琴,钟子期善听。伯牙鼓琴,志在高山,钟子期曰:'善哉,峨峨兮若泰山!'志在流水,曰:'善哉,洋洋兮若江河!',伯牙所念,钟子期必得之。"作者面对着苍苍茫茫的世界,到哪里去找同情自己、理解自己、志同道合的为国为民的英雄?作者感到无限的迷惘和惆怅。但这不是绝望,而是渴望其多,感叹人才之少。在国家民族生死存亡的关键时刻,应该有更多的英雄来拯救祖国,国家民族才有希望。这样的人才在作者的眼睛里,尚十分匮乏,故作者焦急地流下了眼泪。"青衫湿",泪水滴湿了青色衣衫。白居易《琵琶行》:"座中泣下谁最多,江州司马青衫湿。"

在封建时代没有社会地位的家庭妇女,能心怀祖国,放眼"红尘",冲破樊笼,以拯救天下危亡为己任,实在难能可贵。比起那些花天酒地,酒醉金迷;饱食终日,无所事事;国家沦亡,无动于衷的"凡夫""俗子",其思想之先进,品格之高尚,民族精神之伟大,令人无限敬佩。

此词,作者直抒胸臆,用典很少,但通俗自然,俱无艰涩之弊。激荡的情怀,一吐为快,故不假雕饰。

此词,壮美和柔美相成相济。"苦将侬、强派作蛾眉,殊未屑"、"身不得,男儿列;心却比,男儿烈",雄奇、豪放、壮美。"算平生肝胆,因人常热","莽红尘、何处觅知音?青衫湿"。慈善、温文、柔美。瑾集壮美和柔美于一身。此词为壮美和柔美的和谐统一。

(载《近代爱国诗词精粹鉴赏》,辽宁大学出版社1991年版)

金瓯已缺总须补　为国牺牲敢惜身
——秋瑾《鹧鸪天　夜夜龙泉壁上鸣》词赏析

> 祖国沉沦感不禁。闲来海外觅知音。金瓯已缺总须补，为国牺牲敢惜身？　嗟险阻，叹飘零。关山万里作雄行。休言女子非英物，夜夜龙泉壁上鸣。

此词的创作年代，约为1904年留学日本乍到时作。郭延礼《秋瑾年谱》亦将其编入此年之作。

1900年，八国联军侵占北京，进行一场空前的浩劫，烧、杀、抢、掠、奸淫妇女，无所不为。1903年，她随丈夫移居北京，耳闻目睹了列强的兽兵对我中华的侵略罪行，深深刺痛了这位爱国女青年的爱国心、民族魂。义和团和北京市民的反抗斗争鼓舞了她的斗志。她在自己的《宝刀歌》中写道："几番回首京华望，亡国悲歌涕泪多。北上联军八国众，把我江山又赠送。"她毅然冲破封建家庭的束缚和丈夫的阻拦，东渡日本寻求救国救民的真理和结识志同道合的革命者，以拯救中华。

首韵："祖国沉沦感不禁。闲来海外觅知音。"以"祖国"开端，开宗明义，表明爱国者把祖国放在至高无上的位置，胸怀祖国，梦寐所思。当祖国受到帝国主义列强的侵略而国势垂危之际，她情不自禁、感慨万端、激愤不已。国内自发的义和团和北京市民等反帝斗争，无不被帝国主义列强和清政府所镇压。在空前严重的民族危机面前，她漂洋过海，离开祖国，赴日本寻求救国救民的道理和志同道合的爱国者，故谦称其"闲来"。如何救国，这是一个极为重大的课题，彼时在中国人的心目中，欲救亡强国，必模仿日本。故趋之若鹜。

次韵："金瓯已缺总须补，为国牺牲敢惜身？"紧承"觅知音"，回答"做什么"和"怎么做"？"金瓯"，华贵的酒器，比喻完好的国家领土。《南宋·朱异传》："我国家犹如金瓯，无一伤缺。"然而"金瓯"已缺。昏庸腐败的清政府，在鸦片战争后签订了一系列丧权辱国的条约。彼时日本已侵占中国领土台湾，沙俄侵占我国的东北，英国侵略西藏，八国联军攻占北京，《辛丑条约》的订立，更使中国陷入半殖民地的深渊。祖国的大好河山被列强吞噬。"总须补"，总得"还我河山"，光复神州。一个爱国者，想要达到这个目的，必有"为国牺牲敢惜身"的崇高精神。她在《宝剑歌》里说："死生一事付鸿毛，人生到此方英杰"，皆显出英雄的本色。表现了秋瑾在国难当头时的高度责任感和为国牺牲的浩然正气。

下阕，换头，"嗟险阻，叹飘零。关山万里作雄行。""嗟"，反映她在东渡日本寻求革命的道路上，遇到的种种艰难险阻之大。"叹"，反映作为一个女子单独漂洋过海，跨越万里关山，作一次不平凡的动人心魄的异国之行之不易。"雄行"，指为寻求救国之路而留学日本这一雄心勃勃的壮举。她在《日人石井君索和即用原韵》诗中云："漫云女子不英雄，万里乘风独向东"，这正是巾帼女子的英雄行为。她冒着"险阻"之难，"飘零"之苦，抛下子女，挣脱种种封建社会对妇女的束缚，毅然东去日本，寻求救国之路，投身拯救祖国的斗争。其崇高的节操，超然的义举，足以名垂青史，"压倒须眉"，为古今人们的楷模。

结句："休言女子非英物，夜夜龙泉壁上鸣。"在男尊女卑的长期封建社会中，妇女没有社会地位，没有施展才能的机会和环境，因此，做出杰出业绩的妇女不多，人们一般认为，可成为英雄的皆男子。"英物"，英雄人物。宋文天祥《酹江月》："水天空阔，恨东风不借、世间英物。"故作者写道，不要说女子就不可成为英雄人物，我就要做女辈之中的英雄，我要为国做出一番杰出的业绩。"龙泉"，宝剑名。《晋书·张华传》："斗牛之间常有紫气。豫章雷焕曰：'宝剑之气，上彻于天。'华问：'在何郡？'焕曰：'在豫章丰城'。即补焕丰城令。焕到县，掘狱基，入地四尺余，得一石函，光气非常，中有双剑并刻题，一曰'龙泉'，一曰'太阿'，是夕斗牛间气不复见。"《世说新语》："王子乔墓在京陵，战国时有盗发之，无所见。惟有一剑，欲进取之，剑作龙吟虎吼。遂不敢进，俄而径飞上天。"又《列士传》："楚王令莫邪铸双剑，止以雄进，剑在匣中悲鸣，群臣曰：'剑有雌雄，鸣者雌，忆其雄。'"此处，"剑鸣"，意谓作者时时渴望投入报国杀敌的疆场。

此词，写秋瑾排除千难万险东渡日本寻找救国救民的真理和战友，抱定为国牺牲的决心，和时时渴望投入革命斗争的迫切心情，表现一个爱国者的凛凛正气，铮铮铁骨，从容不迫，为国献身，视死如归的崇高精神和民族气节。

此词结句，很有特色。词常用某种声音作结。廖世美《好事近》结句："惊起一双飞去，听波声拍拍。"朱敦儒《念奴娇》结句："银河西去，画楼残角鸣咽。"李清照《好事近》结句："魂梦不堪幽怨，更一声啼鴂。"这些结句，不仅使表达多了一个听觉角度，深化了词旨，而且取得余韵悠悠之效。此词结尾一个"鸣"字，实无声，而为虚鸣。作者借剑的虚"鸣"声，巧妙曲折地传达出自己为国杀敌的强烈心声。但给读者以无穷联想，获得美的享受。

一般的诗词多要借景抒情，情景交融的。但此词则不然，直抒襟怀，是一个豪迈的爱国者真情的剖白。炽烈、诚笃，感人肺腑，撼人心魄，取得了良好的艺术效果。

(载《近代爱国诗词精粹鉴赏》，辽宁大学出版社1991年版)

忧国忘家　捐躯济难
——秋瑾《感时》（选一）诗赏析

炼石无方乞女娲，白驹过隙感韶华。
瓜分惨祸迫眉睫，呼告徒劳费齿牙。
祖国陆沉人有责，天涯漂泊我无家。
一腔热血愁回首，肠断难为五月花。

秋瑾满怀救国的豪情，于1904年东渡日本留学，此诗当写于她留学的后期。她在《鹧鸪天》词中云："祖国沉沦感不禁。闲来海外觅知音。金瓯已缺总须补，为国牺牲敢惜身"，她决心为光复中华而献出自己的宝贵生命。她到日本转眼几年，虽壮怀激烈，但壮志未酬。虽然也结识了一些爱国的"知音"，但志士们对如何拯救祖国尚无良策。她万分焦急和忧愁。"诗者，志之所之也。在心为志，发言为诗"（《毛诗序》）。她在祖国岌岌可危的关头，写了这首《感时》诗，抒发了自己的心志。

首联："炼石无方乞女娲，白驹过隙感韶华。""女娲"，传说中的女神。典出《淮南子·览冥训》："往古之时，四极废，九州裂，天不兼覆，地不周载，火爁焱而不灭，水浩洋而不息。猛兽食颛民，鸷鸟攫老弱。于是女娲炼五色石以补苍天，断鳌足以立四极，杀黑龙以济冀州，积芦灰以止淫水。"她在祖国危机空前的紧要时刻，立志为祖国献身，但自己苦于报国无方，为此而寻求最好的办法。"白驹过隙"，"白驹"，指时光；"隙"，指裂缝。典出《庄子·知北游》:"人生天地之间,若白驹之过隙,忽然而已。""韶华",美好的光阴。诗人面对着列强瓜分的惨剧,心急如焚,但愁无报国的良策,因而感慨美丽时光的迅速飞逝,一筹莫展。在迷惘焦急中,带有深沉的哀郁。

颔联:"瓜分惨祸迫眉睫,呼告徒劳费齿牙。"1840 年鸦片战争以后,清政府腐败无能,跟帝国主义列强订立了《中英南京条约》《中美望厦条约》《中俄瑷珲条约》《天津条约》《中英烟台条约》《中俄伊犁条约》《中法新约》《中日马关条约》《辛丑条约》等一系列丧权辱国的卖国条约。帝国主义在中国强占"租界地"和划分"势力范围"。日本帝国主义侵占了我国台湾,沙俄帝国主义侵占了我国东北。特别是中日甲午战争之后,暴露了清政府的虚弱本质,加剧了列强瓜分中国的狂潮。故"瓜分惨祸迫眉睫",祖国民族的命运濒临灭亡。"迫眉睫",形容事情非常紧急,逼到眼前。语出《列子·仲尼》:"远在八荒之外,近在眉睫之内。"此句,作者生动、形象地说明祖国被列强豆剖的艰危局面。她奔走呼号,竭力宣传救国的道理,但仍未能唤起中国人的觉醒。"瓜分惨祸迫眉睫",中国人本应即起驱除列强,帝国主义的瓜分越凶,屠杀越惨,中国人的反抗理应越烈,这才是正常的。但恰恰相反,"呼告徒劳费齿牙",有些中国人已经麻木不仁,这才是最悲惨最要紧的呢。此联前后两句内容的反差,更深刻揭示出问题的严重性。进一层说明作者"感"之所由,深化了题旨。

颈联:"祖国陆沉人有责,天涯漂泊我无家。"明·顾炎武《日知录》云:"保天下者,匹夫之贱,与有责焉耳。"她认识到,祖国遭到列强瓜分豆剖,已到了极为悲惨的境地。拯救祖国于危亡之中,是每个中国人共有的责任。在万分火急之中,她漂洋过海,奔走呼号,号召人民起来斗争。汉·霍去病云:"匈奴未灭,何以家为?"(《汉书·霍去病传》),岳飞曾说:"敌未灭,何以家为?"作者用此典,说明"我"漂泊异域,祖国陆沉,列强未被赶出中国,哪里有家?清·陈恭尹《拟古》诗之三云:"丈夫无国更何家",表现了作者爱国主义的高尚情操。

结句："一腔热血愁回首，肠断难为五月花。"她虽有满腔沸腾的热血，满怀救国的激情，但回头看看祖国那濒临灭亡的危险局面，不免令人回肠九转。"愁"字回总全篇。"肠断"，形容哀伤之甚。悲惨的现实已令人极度哀伤，无意观赏五月盛开的鲜花。五月怒放的鲜花难以排遣她壮志难酬的愁绪。美景反衬愁绪，乐景写哀情，更衬托作者爱国情怀之深重。"难"字写出她的祖国垂亡之愁恨无法开释。

此诗，写作者东渡日本之后，救国无方的苦闷，浓重的愁绪及焦急的心情。

此诗，首联、颔联、颈联，重点记事："炼石无方""白驹过隙"；"瓜分惨祸""呼告徒劳"；"祖国陆沉""天涯漂泊"，写"祖国陆沉"，"炼石无方"等事实。层层铺叙，为愁的原因。最后抒情，归结为"愁""肠断"。结构井序、意脉晰然。以景结尾，使诗余味无穷，增加了审美的价值。诚如宋·沈义父《乐府指迷·结句》云："结句须要放开，含有余不尽之意，以景结尾最好。"词、诗皆然。

其次，"炼石无方""白驹过隙"，典故的运用，增加了诗的含蓄美。

我觉得此诗并无消极的意绪，只有报国无门的焦急和愁苦，充满着强烈的爱国思想与救国无术的矛盾，慷慨悲凉，显见抑塞磊落之气，形成了此诗豪壮沉郁的风格。

（载《近代爱国诗词精粹鉴赏》，辽宁大学出版社1991年版）

义无反顾

——秋瑾《感愤》诗赏析

莽莽神州叹陆沉，救时无计愧偷生。
抟沙有愿兴亡楚，博浪无椎击暴秦。
国破方知人种贱，义高不碍客囊贫。
经营恨未酬同志，把剑悲歌涕泪横。

此诗，从"经营恨未酬同志"而言，当写于秋瑾留学日本归国之后。归国后，她从上海寄给留日同学王时泽的信中说："且光复之事，不可一日缓，而男子之死于谋光复者，则自唐才常之后，若沈荩、史坚如、吴樾诸君子，不乏其人，而女子则无闻焉，亦吾女界之羞也。愿与诸君交勉之。"她对光复中华有急切的紧迫感，有高度的责任感和有为国牺牲的高尚情操。她归国后从事一段民主革命的活动，痛感成效不大。"神州陆沉""光复之事不可一日缓"，然"救时无计"，感愤作此。

首联："莽莽神州叹陆沉，救时无计愧偷生。"一个爱国志士，无不把祖国的利益看作高于一切，拯救祖国是他们崇高的理想，神圣的职责。她曾说："我欲只手援祖国"、"誓将死里求生路"（《宝刀歌》）、"斩尽妖魔百鬼藏，澄清天下本天职"（《宝剑歌》）。她看到地大物博，有五千余年文明历史的中国已陷入濒临灭亡的惨境，无限感慨和悲愤。自己急欲救国济民，但壮志难酬，为拯救祖国的抱负无法实现而感到惭愧不已，痛苦莫及。秋瑾母亲病逝，《挽母联》中云:"爱我国矢志未酬,育我身矣恩未报,愧儿七尺微躯",表达同样的思想感情。在她1907年6月2日寄给徐蕴华的绝命词中云:"痛同胞之醉梦犹昏,悲祖国之陆沉谁挽。日暮途穷,徒下新亭之泪","壮志犹虚,雄心未渝,中原回首肠堪断"。直至牺牲前不久仍抒写"济时无计","壮志犹虚"的感慨。

颔联:"抟沙有愿兴亡楚,博浪无椎击暴秦。""抟沙",把散沙团聚起来。"兴亡楚",比喻光复中华。此句是说,她有使中国人团结起来、驱除列强、推翻清政府的思想和志向。秋瑾留日曾组织"演说练习会",在其简章中说:"唤起国民开化知识。"她写《普告同胞檄稿》《光复起义檄稿》,在于宣传民主革命,唤醒群众。说明她有教育群众,奋起光复中华的愿望。但作为一个革命家宣传群众,发动群众是不够的。"博浪",韩国人张良五世相韩,强秦吞灭韩国后,良招纳刺客在博浪沙用铁椎刺杀强暴的秦始皇未遂。此处暗喻进行反帝反封建的斗争缺乏武装是难以成功的。秋瑾在《宝刀歌》中云:"誓将死里求生路,世界和平赖武装","莫嫌尺铁非英物,救国奇功赖尔收。愿从兹天地为炉、阴阳为炭兮,铁聚六州","但恃铁血主义报祖国",皆反映出杰出的女革命家秋瑾主张武装斗争,暴力革命,表现了她的远见卓识。此联用典,笔墨含蓄而委婉。

颈联:"国破方知人种贱,义高不碍客囊贫。"作者深深体会到,一个山河破碎,受帝国主义侵略瓜分的国家,其衰亡民族所受的欺凌、侮辱、压迫、蹂躏、宰割的滋味。"义高",指理想远大,节操高尚。"客囊贫",指革命者贫穷,环境恶劣。革命者虽然贫困,所处的环境险恶,但因为他们有救国救民的崇高理想,满怀民族的大义,具有高风亮节,所以任何艰难险阻也动摇不了他们的坚强意志,他们将矢志不渝。表现了杰出的女革命家那种坚定的革命意志和高度的爱国主义精神。

尾联:"经营恨未酬同志,把剑悲歌涕泪横。""经营",指反对帝国主义瓜分中国,推翻清朝腐朽统治的革命活动。她觉得虽然做了不少的革命活动,但未能获得很好的成果,恨自己无以报答革命同志。此句照应首联"救时无计愧偷生"。秋瑾并未因为从事革命斗争，遇到困难和挫折，成果甚微而意志消沉。反而更加斗志昂扬，慷慨激愤，热血沸腾。于是她举起宝剑，表示冲锋陷阵，义无反顾，"誓将死里求生路"，"上继我祖黄帝赫赫之威名兮，一洗数千数百年国史之奇羞"。"悲歌"，用典《史记·刺客列传》，荆轲刺秦王，燕太子丹易水送别，高渐离击筑，荆轲悲歌："风萧萧兮易水寒，壮士一去兮不复还"。此处用悲歌表现了秋瑾女侠为国献身的豪壮情怀。她由日本返沪，给留日同学王时泽信中又说："吾归国后，亦当尽力筹划，以期光复旧物，与君相见于中原。成败虽未可知，然苟留此未死之余生，则吾志不敢一日息也。吾自庚子以来，已置吾生命于不顾，即不获成功而死，亦吾所不悔也。"这正是她"把剑悲歌"的真实心理写照。

此诗，颔联对句秀整、工稳。颔联为反对，相反的事物相互映衬。"抟沙有愿"与"博浪无椎"相对，意思相反；"兴亡楚"与"击暴秦"相对，一个为"兴"，建立；一个为"击"，破坏。虽意思相连贯，但事物相背。双音步的平音步"抟沙（平）"与双音步的仄音步"博浪（仄）"相对，双音步的仄音步"有愿（仄）"与双音步的平音步"无椎（平）"相对。单音步的平音步"兴（平）"与单音步的仄音步"击（仄）"相对。双音步的仄音步"亡楚（仄）"与双声步的平音步"暴秦（平）"相对。刘勰《文心雕龙》云："反对为优、正对为劣。"我们虽不能以对句的反正来确定对句的高低优劣，但这反映反对的工巧，对得很不容易。此诗颈联对句，也是意思相反的。

此诗，与秋瑾《柬志群》诗在立意、布局及风格上有异曲同工之妙，有大致相同的主题，都在颔联用典，笔意含蓄蕴藉。只是此诗感情更为炽烈，慷慨悲壮。

（载《近代爱国诗词精粹鉴赏》，辽宁大学出版社1991年版）

无国更何家

——秋瑾《柬徐寄尘》诗赏析

祖国沦亡已若斯，家庭苦恋太情痴。
只愁转眼瓜分惨，百首空成花蕊词。

1907年3月17日，秋瑾女侠和女友登上杭州西子湖畔的凤凰山，凭吊南宋故宫遗址，又到栖霞岭下拜谒岳飞墓。她面对女友吟诗道："死难同胞剩血痕，我今痛哭为招魂。前仆后继人应在，如君不愧轩辕孙。"这一面抒发她对为国牺牲的死难同胞的追念之情，也是在激励她的女友献身革命。这个女友就是徐寄尘，即徐自华，号忏慧，浙江石门（今桐乡）人，南社诗人。她同情支持革命，曾把自己积蓄的三十两黄金捐赠给秋瑾作革命的经费。秋瑾就义后，是她将秋瑾女侠尸骨安葬在西子湖畔岳飞墓旁。徐生性懦弱，对革命顾虑重重，不能脱离家庭和社会的种种束缚而献身革命。1906年，秋瑾曾写诗《柬徐寄尘》，启迪鼓励她投身革命。

首句："祖国沦亡已若斯"，开门见山。1840年鸦片战争之后，腐败无能的清政府与帝国主义列强签订许多卖国条约，割地、赔款，主权丧尽。中国逐步坠入半封建半殖民地的深渊。特别是中日甲午战争之后，帝国主义列强加剧对中国的侵略和掠夺，国穷民困，百业凋敝。中华民族的危机已空前严重，作者看到"若斯"严酷的社会现实，伟大的爱国者不能不把这关系国家存亡的头等要事告诉自己的密友，以商救亡图存的大计。

次句:"家庭苦恋太情痴",在国家民族生死存亡的关键时刻,依恋父母、儿女,舍不得家庭,却置国家存亡于不顾,这样对待家庭,未免太情痴了。"苦"字,批评徐自华家庭观念甚重。"痴",呆、傻。国难当头,不卫国而恋家,这种人等于失去理智,达到傻的程度。为什么呢?国家灭亡,家也保不住了。《汉书·霍去病传》:"匈奴未灭,何以家为?"这是女革命家秋瑾对好友徐自华的教育和启导。让她脱离家庭的种种束缚,投身革命,显示出一个伟大的爱国者,"忧国忘家,捐躯济难",把祖国利益放在高于一切的位置上的崇高的精神品质。

再次:"只愁转眼瓜分惨",中日甲午战争,以腐朽透顶的清政府的彻底失败而告终。向列强暴露了清政府国力虚弱的本质,连东方的小国日本都打不过,还哪有力量与西方强盛的帝国主义国家相较量? 1895年清政府乞和,与日本签订了《马关条约》,日本在中国攫取了许多特权和好处,这样就激发了西方列强对中国的肆意狂掠,强租海湾,争划势力范围,阴谋豆剖中国,掀起瓜分中国的狂澜,五千年的文明古国,"转眼"间就会发生被肢解瓜分的惨剧。"只愁",说明国家的危亡、民族的利益已独占了秋瑾的爱国心。她正告密友徐自华,中华民族已处在极为危险的境地,"天下兴亡,匹夫有责"。劝其断然投身革命。

尾句:"百首空成花蕊词",这是用历史的故事来说明国家的命运和个人的命运是密不可分的,国家的利益和个人的利益是一致的。国家灭亡了,国民的一切都没任何保证了。五代十国后蜀孟昶的妃子花蕊夫人,诗文都写得很好,颇有才气,曾写百首宫词。但后来宋兵灭亡了后蜀,她成了可怜的俘虏。虽然宋主赵匡胤很爱惜她的才能,但终因她念念不忘前君孟昶,而赐她一死。结局依然是十分悲惨的。言外之意是说,你虽然才力华赡,能写出惊人的诗文,如果国家灭亡了,你会像花蕊夫人那样成为敌人的俘虏,免不了一死。那百首惊人的宫词,也挽救不了悲惨的命运。秋瑾语重心长,用历史上的事实,教育劝诫好友徐自华,脱离家庭的束缚,献身革命,把国家民族的利益放在首位。事实胜于雄辩，颇有说服力。

作者写此诗，教育说服挚友徐自华投身革命，接受历史的教训，表现了诗人坚贞不渝，把祖国的存亡看作高于一切的崇高爱国主义精神。

此诗，头三句直抒胸臆。结句妙用典故，使诗意含蓄。总体风格直率，但直而不尽露，直率与委婉相映成趣。"祖国沦亡""转眼瓜分"，救亡图存，十万火急，壮怀激烈；对友人循循善诱，亲祥谦和之态可掬。阳刚之气，带有阴柔之美。

（载《近代爱国诗词精粹鉴赏》，辽宁大学出版社1991年版）

长歌慷慨莫徘徊

——秋瑾《柬志群》诗赏析

> 河山触目尽生哀，太息神州几霸才！
> 牧马久惊侵禹域，蛰龙无术起风雷。
> 头颅肯使闲中老？祖国宁甘劫后灰。
> 无限伤心家国恨，长歌慷慨莫徘徊。

"柬"同"简"，信札。这里是"写诗寄……"之意。"志群"，即陈志群，爱国志士。当时为《女子世界》记者，深得秋瑾信赖。后为《神州女报》记者。秋瑾就义后，他曾编《越恨》一书，悼念革命家秋瑾。此诗题目不一，《秋瑾史迹》题作《书感》，《秋瑾女侠遗集》题作《柬某君》，此依《神州女报》题作《柬志群》。该报此诗后有陈志群扼要说明："右诗系女侠于五月初七（一九○七年六月十七日）自绍兴寄记者者。……"可知此诗的写作时间和地点。秋瑾女侠于1907年7月15日英勇殉难，该诗写于她就义前一个月。

首联："河山触目尽生哀，太息神州几霸才！"以"河山"骤起，笔意高远。"河山"正是爱国者英魂之所系。清政府腐败无能，跟帝国主义列强订立一系列丧权辱国的卖国条约。列强大肆瓜分中国，河山破碎，人民深陷水火，哀鸿遍野。国家和人民的命运到了最悲惨的境地，令人触目生哀。"尽"字，极言祖国、人民已处在目不忍视的灾难的深渊之中。"太息"，叹息。"神州"，指中国。"霸才"，指能拯救祖国，力挽狂澜的杰出人才。作者看到祖国、人民的惨状，不禁深深感叹，偌大的神州，能够叱咤风云，改天换地，光复中华的杰出人才太少了！她渴望其多，以挽救危难中的中华。她呼唤陈志群出来投身拯救中国的斗争，表现作者忧国忧民的思想感情和广揽英杰救国救民的英雄气概。

颔联："牧马久惊侵禹域，蛰龙无术起风雷。"承。"牧马"，指外来的侵略。典出贾谊《过秦论》："胡人不敢南下而牧马。""禹域"，古代帝王大禹的国土，指中国。作者深为帝国主义列强瓜分中国的严峻社会现实而心急如焚，悲痛激愤。"蛰龙"，潜藏的龙，比喻隐蔽着的反对帝国主义侵略，反对清政府反动统治的革命者。"无术风雷"，说明当时掀起暴风骤雨似的反帝反封建的革命条件之不具备，经验之缺乏。再一次呼唤陈志群投身革命，成为革命的"霸才"。"久""侵""禹域"，"蛰龙"尚"无术"，说明"霸才"之匮乏。回应首句。秋瑾《黄海舟中日人索句并见日俄战争地图》诗云："浊酒不销忧国泪，救时应仗出群才"，她特别看中英雄豪杰——"霸才""出群才"在济世救国中的作用，反映出她的英雄史观。

颈联："头颅肯使闲中老？祖国宁甘劫后灰。"承。用反诘句，表示正面的肯定之意。作为革命志士，有为的中国人，绝不能在"河山触目尽生哀""祖国沦亡已若斯"之际，苟且偷生，无所事事，虚度年华，空过一生。决不甘心自己伟大的祖国，在帝国主义列强的瓜分惨剧中和清政府的腐败昏庸的统治中灭亡，即绝不甘心"五千余年古国死"。"劫后灰"，比喻祖国在列强侵吞和清政府的反动统治下灭亡，成为火灾之后的灰烬。表明作者"金瓯已缺总须补，为国牺牲敢惜身"（秋瑾《鹧鸪天》）的壮志豪情，以鼓舞陈志群投身革命。

尾联："无限伤心家国恨，长歌慷慨莫徘徊。"前面诗句中的"尽""久"，此联的"无限"，说明"家国之恨"，达到无以复加的程度。作为爱国志士，在祖国如此悲惨的情景下，更不能犹豫不决，要大义凛然，慷慨高歌，像荆轲刺秦王那样抱着"壮士一去兮不复还"的献身精神，视死如归。大声疾呼志群起来献身革命。

此诗，表现了女革命家秋瑾在祖国山河破碎，国脉微如缕的情况下，那种坚定的誓为祖国献身的高度爱国主义精神。

此诗，刚柔相济。首联"哀""叹"，表现为感情上的温柔、善良；颔联"久惊""无术"，感情上表现为怅惘；"牧马""禹域"，"蛰龙""风雷"使诗意含蓄、蕴藉、委婉。头二联表现为阴柔之艺术美。颈联、尾联："长歌慷慨"，宁甘抛头颅而拯救祖国，气势雄壮、感情豪迈，显示出一种阳刚的艺术美。此诗塑造了骨肉丰盈的柔中有刚，刚柔相济，震撼人心的女革命家的抒情主人公自我形象。郭延礼同志在《秋瑾年谱》中评此诗时说："诗激昂慷慨、悲叹淋漓，风格悲壮遒劲，正是秋瑾晚期诗风的一个显著特点"，是有见地的。

（载《近代爱国诗词精粹鉴赏》，辽宁大学出版社1991年版）

牺牲血肉寻常事　莫怕轻生爱自由
——罗福星《绝命词》(选二) 赏析

独飘彩色汉旗黄，十万横磨剑吐光。
齐唱从军新乐府，战云开处阵堂堂。

海外烟氛空一岛，吾民今日赋同仇。
牺牲血肉寻常事，莫怕轻生爱自由。

罗福星（1884—1914），字东亚，祖籍广东镇平。生于印度尼西亚，随祖父迁移台湾。不堪日本的残酷统治，1906年内迁大陆，在厦门加入同盟会。后在南洋宣传组织华侨参加民主革命。他参加了广州黄花岗起义，负伤。辛亥革命后在台湾领导民众进行抗日斗争，筹划举行全省大起义，驱除日寇，收复台湾，泄密，1914年被日本侵略者杀害。他宁死不屈，在狱中写此《绝命词》。

第一首《绝命词》，侧重写义军雄壮整肃的威容。

前二句："独飘彩色汉旗黄，十万横磨剑吐光。""汉旗黄"，中国人举起的反对日寇的黄色旗帜。"黄"，以示义军为炎黄子孙。"横磨剑"，典出《五代史·景延广传》："晋有横磨大剑十万口，翁若要战则早来。"这是警告契丹首领的话。比喻义军精忠报国，严阵以待。清政府与日本帝国主义在1895年订立了《马关条约》，把台湾拱手割让给日本，点燃了台湾人民反对日本帝国主义侵略的火种。他们多次举起义旗，前赴后继，誓死驱除日本侵略者，收复台湾。

其中以罗福星领导的1913年的斗争规模为最大，参加者九万五千多人。这些炎黄子孙在日本侵略者的猖獗肆虐、残酷践踏下的美丽宝岛台湾，独自高树反抗日本侵略、收复宝岛台湾的黄色大旗，光彩耀眼，迎风飘展。十万义军义愤填膺，高举磨得锋利的锃锃闪光战刀，精神抖擞，严阵以待。"吐"字，把刀活化，威慑敌胆。

后两句："齐唱从军新乐府，战云开处阵堂堂。""新乐府"，汉魏六朝有乐府诗，唐代诗人创作"新乐府"，有写从军内容的，这里指战歌。"齐唱"，表现义军意志和行动的高度统一，士气的昂扬高涨。"战云"，激烈的战斗。两句的意思是，众多的义军高声齐唱从军作战的新乐曲。激烈的战斗结束了，杀得日寇片甲不留，义军凯旋，阵容浩大严整，士气旺盛，斗志昂扬。这是作者的回忆或想象。

此诗，写出义军严整、威武、雄壮的阵容，严阵以待的气势，表现义军同仇敌忾与侵略者决一死战的决心。

作者通过视觉、听觉两个方面写义军的阵容、士气，写得活灵活现。"形象性是构成艺术美的重要因素。"金黄彩色的义旗独自高高飘扬，十万义军佩戴着闪光的利剑，齐声高唱从军的新乐曲，军阵威壮，斗志高昂。"独飘""汉旗黄""横磨剑吐光""齐唱""阵堂堂"，生动形象地写出义军雄风凛凛，士气十倍，势不可挡，足以使敌人胆裂魂飞。这是写义军的"形"。"黄"颇有神韵，写出这是炎黄子孙反对日本侵略，誓死保卫祖国神圣领土的义旗，因此它显得更加鲜明艳丽。"吐"字，赋剑以生命，渴望杀敌。"齐唱""阵堂堂"，写出义军保卫祖国收复台湾战斗思想的高度统一，斗志极为昂扬。此诗不仅写出义军的"形"，也写出义军的"神"。以形写神，通过形象突现题旨。形神完美统一，有很高的审美价值。

第二首《绝命词》，侧重写他誓死保卫台湾的壮志豪情。

首句："海外烟氛空一岛"，日本帝国主义侵略者的炮火硝烟，弥漫了整个美丽的宝岛台湾。宝岛被侵略者践踏，人民被侵略者蹂躏。"空"，穷。"一"，整个。首句写景。《礼记·乐记》："人心之动，物使之然也。感于物而动，故形于声。"触景生情："吾民今日赋同仇"。"赋"，给予。此句意思是，我们中国人民现在团结御侮，对日本帝国主义同仇敌忾。首句为因，此句为果。此句感慨因首句而生发。

后两句："牺牲血肉寻常事，莫怕轻生爱自由。"抒发了自己的心志。作者因为领导抗日收复台湾的起义而被捕，受尽酷刑，坚贞不屈。他认为为祖国牺牲，献出自己的血肉之躯是值得的，是天经地义的，平常的事情。为了祖国领土的完整和人民的自由，不要吝惜生命。

此诗，表现了作者为保卫祖国领土的完整，为收复宝岛台湾而牺牲宝贵生命的决心和英雄气概。

此诗，首句写景，引出所抒之情。谢榛《四溟诗话》："景乃诗之媒，情乃诗之胚"，景是诗的媒介，情是孕育成诗的根本。作者于狱中为抒发炎黄子孙精忠爱国之情，才写这首诗的。由于生活的自由被剥夺，生存的权利被剥夺，牺牲已成必然，其言极真，其情至烈，其词殊率。故《绝命词》多直陈肺腑，此诗亦然。不用任何典故，不假雕饰，直抒胸臆，也为此诗的重要艺术特色。

（载《近代爱国诗词精粹鉴赏》，辽宁大学出版社1991年版）

青史青山尚未忘

——连横《台南》诗赏析

文物台南是我乡，归来何处问行藏？
奇愁缱绻莺江柳，大泪滂沱哭海桑。
卅载弟兄犹异宅，一家儿女各地方。
夜深细共荆妻语，青史青山尚未忘。

连横（1878—1936），近代历史学家，字武公，号雅堂，我国台湾省台南人。1895年日本帝国主义侵略台湾，他当时是个青年，亲历了国破家亡的深重灾难。他立志救国救民，发愤读书，后来成为一个历史学家。曾写了许多爱国诗篇。此诗就是写他怀念沦陷的台湾故乡台南及不忘祖国历史的爱国主义思想感情。

首联："文物台南是我乡，归来何处问行藏？"台湾是祖国美丽的宝岛，自古就是中国的领土。台南是台湾那时政治、经济、文化的中心，与大陆隔海相望。那里有许多中华文化的遗迹、名胜，是作者可爱的故乡。1895年中日订立《马关条约》，清政府把台湾割让给日本，引起全国人民特别是台湾人民的强烈反抗。台湾人民经过艰苦卓绝的百余次战斗，誓死保卫祖国的神圣领土。台南终于1895年10月21日陷落，整个台湾被日寇占领。作者的故居也被侵略者的炮火夷为平地。作者从大陆返回台南，望着一片废墟悲愤交集，慨叹自己的行止，已经没有可容身的地方。"行藏"，行止。"文物"，这里是指中华的文化古迹。

颔联:"奇愁缱绻莺江柳,大泪滂沱哭海桑。"承前。"奇愁",别是一般的愁恨。"缱绻",情意缠绵,难以割舍。"莺江",台南的溪流之一,岸边多柳。"滂沱",形容泪多而不止。"海桑",指沧海变桑田,比喻变化之大。他返回故城之后,看到莺江边上摇曳的柳丝引起他许多美好的回忆。然而现在它已被侵略者的铁蹄践踏,已全然不似自己记忆中的样子,令人愁肠寸断。眼前的凄惨景象:世代居住的房屋已被侵略者焚毁,一片瓦砾,他不禁热泪滂沱,痛哭家乡恶变之巨。

颈联:"卅载弟兄犹异宅,一家儿女各地方。"日本帝国主义吞噬台湾,攻占台南之后,大肆烧杀抢掠,致使中国人家破人亡,妻离子散,背井离乡。多少年来弟、兄还住在异地的房子里,一大家子子孙孙都天各一方。

作者的儿子《连雅堂先生家传》:连氏家址在台南宁南坊,为郑成功当年兵营营地,台湾陷落后,连家被夷为平地。兄弟叔侄流落天涯。从自家的悲惨遭遇,展示日本帝国主义侵略台湾的罪行。从一滴海水而知大海之味,一叶而知天下秋,以一斑而窥全豹,都是以小见大的写法。

尾联:"夜深细共荆妻语,青史青山尚未忘。""荆妻",妻子以荆为钗,形容家境贫寒的妻子,古人多称自己的妻子为荆妻。"青史",古代以竹简记事,削青竹为简,烤干,故历史称为青史。"青山",山名。我国青山有多座,如安徽当涂亦有青山,这里泛指祖国的美丽山河。夜深了,灯熄了,祖国的宝岛被日本侵吞,家乡被侵略者践踏,他悲愤之心难平,久久不能入睡。与自己的妻子窃窃私语:我们是伟大中华民族的子孙,不能忘记祖国的历史,台湾是中国不可分割的一部分,其美丽山河自古属于中国。总有一天我们会驱除侵略者,收复祖国美丽的宝岛台湾,统一祖国。"深"字,说明他们念念不忘故乡宝岛、祖国的历史。"细"字,极有神韵,似怕打搅邻里他人、似担心别人听到、似话长、似详尽,给人以无穷的联想。传神写照,妙在阿堵。

此诗写出日本帝国主义侵占祖国宝岛台湾，给中国人民造成的国破家亡、妻离子散、背井离乡的深重灾难，表现了作者不忘祖国，不忘收复台湾的坚定信念，及热爱祖国、家乡的深厚感情。

此诗运用以小见大的写法。刘熙载《艺概·诗概》云："以鸟鸣春，以虫鸣秋，以造物之借端托寓也。绝句之小中见大似之。"以日本帝国主义侵略台湾，给自家造成的深重灾难，以小见大来反映侵略者在台湾人民、中国人民面前犯下的滔天罪行。以具有典型意义的小题材，反映了重大的主题。

此诗，首尾圆合。题目为《台南》，首联以"文物台南是我乡"破题。尾联，是一幅活动的生活画面，绝好的镜头，以深夜夫妻细语作结，收句"青史青山尚未忘"醒明题旨，卒章显志。

此诗，叙述、描写、抒情熔于一炉，感情真朴，动人心弦。

（载《近代爱国诗词精粹鉴赏》，辽宁大学出版社1991年版）

几时痛饮黄龙酒

——孙文《挽刘道一》诗赏析

半壁东南三楚雄，刘郎死去霸图空。
尚余遗业艰难甚，谁与斯人慷慨同！
塞上秋风悲战马，神州落日泣哀鸿。
几时痛饮黄龙酒，横揽江流一奠公。

孙文（1866—1925），字逸仙，号中山，广东香山（今中山县）人。他领导中国资产阶级民主革命，推翻了中国几千年的封建帝制，创立了中华民国，并为第一任大总统。1894年他在檀香山组织兴中会。1905年在日本组成中国同盟会。1911年武昌起义成功。1912年成立中华民国。1914年在日本建立中华革命党。1923年在中国共产党的帮助影响下决定实行联俄、联共、扶助农工三大政策，并改组国民党。1924年召开中国国民党第一次全国代表大会，根据三大政策，重新解释三民主义。1925年在北京病逝。是个伟大的爱国者，杰出的资产阶级民主革命家。功绩卓著，名垂青史。

"挽"，悼念之意。刘道一，湖南人，曾留学日本，参加了孙中山领导的同盟会。1906年归国，在湖南、江西从事革命活动。湖南暴发起义，他在长沙负责与东京同盟会联系，起义失败，次年被捕，壮烈牺牲，年方二十二岁。此诗为孙中山悼念刘道一而作。

首联："半壁东南三楚雄，刘郎死去霸图空。"开头从远处着笔，先写"三楚"的地理形势。"半壁东南"，指祖国南部的东南方。

"三楚",古代的西楚,东楚,南楚。即现在的江苏、江西、湖南一带。"雄",地理形势险要。交代刘道一从事革命活动的地点,借以引出被悼念者"刘道一"。用险要的地理形势衬托刘道一的革命的英雄气概,地灵人杰。"刘郎",指刘道一。"霸图",宏伟的革命蓝图和理想。即指"驱除鞑虏,恢复中华,建立民国,平均地权"。"空",表现作者对刘道一的革命理想未能实现就为革命献出宝贵生命的痛惜之情。作者把为革命而牺牲的英雄,置身于祖国壮丽的山河之中,形成了情景交融的艺术境界。

颔联:"尚余遗业艰难甚,谁与斯人慷慨同!""遗业",这里指未完成的革命事业。回应首联的"霸图"。"艰难",说明实现"霸图"完成"遗业"之不易。"甚"字,更强调实现这一目标艰难至极。"慷慨",指情绪激昂,勇于献身。作者一面呼唤,要有更多不怕流血牺牲,斗志昂扬的革命者起来斗争,完成这"艰难"的"遗业",一面颂扬像刘道一那样英勇无畏、慷慨捐躯的革命精英的不可多得。

颈联:"塞上秋风悲战马,神州落日泣哀鸿。""塞上",指边疆、战场。"神州",指中国。《史记·孟子荀卿列传》:"中国名曰赤县神州。"在秋风萧萧,形势紧迫的战场上,英雄喋血,战马悲鸣。在夕阳笼罩着的中国大地上人民流离失所,哀鸿遍野。"落日",隐喻清政府的腐朽统治摇摇欲坠。"哀鸿",喻处在水深火热之中的人民大众。此联写出一个清朝反动统治已日薄西山、人民已陷入痛苦的深渊,腥风血雨,极为黑暗的社会环境。此联对句工巧,妥稳,气势非凡。

尾联:"几时痛饮黄龙酒,横揽江流一奠公。""黄龙",此处指清政府,原指金人的都城。《宋史·岳飞传》岳飞曾与部下说:"直捣黄龙府,与诸君痛饮。""奠",用祭品以敬死者。此联意思是,何时能够推翻清政府的反动统治,与革命同志们痛痛快快饮酒祝捷。那时我们要截断汩汩滔滔的长江大河之水,用其当作美酒来祭奠刘道一。此联为全诗思想的高潮,为作者心底的最强音。

此诗，作者对革命烈士刘道一给予高度的评价，对民主革命充满着必胜的信心。表现了伟大的革命家的英雄气概。这一主题，抒发胸臆，用情语表达本为自然，但不完全用情语。情中有景。"半壁东南三楚雄""塞上秋风悲战马""神州落日泣哀鸿"，皆为景语，但"雄""悲""泣"，表明了作者极为鲜明浓重的感情色彩，景中有情。王夫之《夕堂永日绪论》里说："情景名为二，而实不可离。神于诗者，妙合无垠。巧者则有情中景，景中情。"此诗情景交融，思与境谐，妙合无垠。

此诗，悲壮、雄浑、豪迈、遒劲，大笔挥洒，汪洋恣肆，气吞寰宇，为孙中山仅存的一首诗，实在不可多得。

（载《近代爱国诗词精粹鉴赏》，辽宁大学出版社1991年版）

中华之魂永不死　亿万同胞齐奋起
——于右任《从军乐》诗赏析

中华之魂死不死？中华之危竟至此。
同胞，同胞，
为奴何如为国殇，碧血烂斑照青史！
从军乐兮从军乐，生不当兵非男子。
男子堕地志四方，破坏何妨再整理。
君不见白人经营中国策愈奇，
前畏黄人为祸今俯视。
侮国实系侮我民，伈伈俔俔胡尔为？
吾人当自造前程，依赖朝廷时难俟。
何况列强帝国主义相逼来，风潮汹恶廿世纪。
大呼四万万六千万同胞，伐鼓摐金齐奋起！

于右任（1879—1964），字伯循，生于陕西三原。早年就怀着反帝爱国的思想，投身资产阶级民主革命，追随孙中山，为革命作舆论工作。辛亥革命后，历任国民党要职，1964年在台北病逝。多爱国诗作，常怀大陆，又是个书法名家。此诗作于1900年八国联军侵入北京之后。

首四句，以设问句开头，起得突兀，如万钧雷霆骤响。在国家民族的命运生死存亡的关键时刻，提出一个令每个中国人都要认真思考并迅速做出抉择的问题，有五千年文明历史的伟大民族的灵魂到底是有，还是没有？我们是眼看着中华灭亡，还是奋起保卫伟大的中华。他大声疾呼，如五雷轰顶，要震醒四万万六千万中国同胞，让他们来抉择一条光荣的救国之路。不要当可悲的亡国奴，要为拯救祖国而战死在沙场，要用凝固的斑斑碧血的光辉照耀着伟大中国的历史。"碧血"，周大夫苌弘蒙冤受谗，被流放至蜀，后自恨忠而受谤，挖肠而死。蜀人把他的血保存起来，三年后化为碧玉。后来常用"碧血"称为国献身。典出《庄子·外物》："故伍员流于江，苌弘死于蜀，藏其血三年化为碧。""青史"，古人削青竹以记事，故历史称青史。用典自然，浑化无迹。

"从军乐"四句，承上，照应题目，回答中华民族何以"不死"的问题。作者以为中国男儿要以为国从军为快乐，有生不去当兵，不为保卫祖国作出贡献，则不算好男子。这是激发男儿参加保卫祖国，挽救祖国危亡的斗争。作者认为男儿生下来，志向是多方面的，保卫祖国是一个方面，建设祖国也是同样重要的一个方面。只要中国人有志气，团结起来，祖国虽被帝国主义列强毁坏，也不能妨碍重新建设一个伟大的国家。这是激励男儿，树立伟大的理想，为保卫祖国建设祖国作出自己的贡献。以议论入诗。

"君不见"四句，转写帝国主义列强侵略中国的阴谋诡计。"经营"，指侵占中国，攫取权益。作者强烈谴责并揭露帝国主义侵略中国的罪行。列强处心积虑，挖空心思，恶贯满盈。以前惧怕中国，称中国为"黄祸"。"黄祸"，这是帝国主义在19世纪制造出来掩盖其侵略罪行的荒诞的谬论，说中国人要发兵侵略欧洲。然而，恰恰与此相反，欧美侵略者现在却远涉重洋来侵略中国。帝国主义侮辱中国，实际上就是侮辱我国人民。"伈伈俔俔胡尔为"，"伈伈"，恐惧。"俔俔"，胆小。此句意思是，你们还恐惧，胆小干什么？此句为反诘句，达到正面肯定的意思。这是在道理上提高认识，教育激发中国人，要提高勇气，剧起驱逐列强，保卫祖国。

"吾人"四句，诗人指出，我们中国人应当自己掌握自己的命运，创造美好的前程，20世纪帝国主义列强瓜分中国的狂潮恶浪已迫在眉睫。依靠等待腐朽无能的清政府是绝对不可能的。

尾句，竭力大呼，声震神州，惊天动地。中国人奋勇起来，参加革命的队伍吧！诗人远见卓识，以理说服人。全国同胞积极奋起，敲锣鸣鼓，英勇前进，誓为国殇，驱逐列强，保卫祖国，让中华之魂永存。回应首句。首尾圆合。

此诗，直抒胸臆，格调真率，豪情奔放，气势恢宏，不可抑勒。用奔进式表情法。激情如火山突然爆发，喷薄而出。一个爱国者，当自己的祖国民族惨遭覆灭危险的时刻，从肺腑里迸发出来的最强音，是真情的喷射，无所顾忌，毫不隐晦，坦白而直率。所以有人说：这类文学，真是和那作者的生命分劈不开——至少也是当他作出这几句话那一秒钟时候，语句和生命是迸合为一。这种生命，是要亲历其境的人自己创造。……所以这一类我认为是情感文中之圣。（梁启超《中国韵文里头所表现的情感》），是很有道理的。情感是文学艺术获得艺术美的基础。爱国的真情，是此诗取得撼人心魄艺术效果的根本所在。

此诗，以议论入诗，也是重要的特色。如："为奴何如为国殇，碧血烂斑照青史"、"从军乐兮从军乐，生不当兵非男子。男子堕地志四方，破坏何妨再整理"、"侮国实系侮我民，伈伈俔俔胡尔为？吾人当自造前程，依赖朝廷时难俟"，作者通过这些议论，说明中国人不要甘心当亡国奴，要奋起参加革命队伍，树立保卫祖国建设祖国的雄心壮志，要"自造前程"，拯救中国的道理。在"中华之危竟至此"、"白人经营中国策愈奇，前畏黄人为祸今俯视"、"列强帝国主义相逼来"的危殆时刻，在祖国、民族存亡的巨大事件面前，抒发了自己满腔的崇高的爱国之情。此诗，融事、理、情于一炉。因事而感发情生；因感而议；理真则情深；落笔则气壮。

此诗，用强烈的呼告："同胞，同胞……""大呼四万万六千万同胞……"表达自己激越的情感，痛快淋漓，酣畅尽致。有巨大的感召力。

此诗，是声讨帝国主义列强侵华罪行的檄文，是号召中国人民起来与列强进行斗争，保卫祖国的动员令，是中国人民与列强拼以死战的战斗号角。慷慨激昂，气势磅礴，一气贯注。是充满爱国激情的豪壮诗篇。

（载《近代爱国诗词精粹鉴赏》，辽宁大学出版社1991年版）

悲天悯人

——周实《睹江北流民有感》诗赏析

江南塞北路茫茫，一听嗷嗷一断肠。
无限哀鸿蛰不尽，月明如水满天霜。

据载，周实（1885—1911），字实丹，号无尽，江苏山阴（今淮安）人。南社著名诗人，曾加入同盟会。1911年在武昌起义的同时，他领导淮安起义，不幸被当地反动官吏杀害。

此诗写于1906年，当时周实的家乡"江北"，即长江以北的苏北地区闹饥荒。作者看到灾民携老带幼，背井离乡，四处逃难的悲惨景象，他悲天悯人，良心在颤抖，写了这首诗。

首句："江南塞北路茫茫"，"江南塞北"，长江以南和中国的大北方。这是苏北灾民流离失所，逃荒所奔往的地方。"茫茫"，这里指道路悠远漫长而不清楚。开头，展现在读者面前的是辽阔无边的祖国灾难的大地。苏北的原野饿殍遍地，通往长江以南和祖国北方的道路上，衣衫褴褛的灾民，扶老牵幼，步履蹒跚，有气无力地艰难行走着，乞讨着，何处才是他们的归宿？激发读者不尽的联想和想象。言外之意是，他们走投无路，在死亡线上挣扎，令人触目惊心。这是从视觉上写的。

次句："一听嗷嗷一断肠"，承。作者看到灾民逃难的队伍，听到他们饥饿得嗷嗷的凄厉哀吟，真是令人心碎肠断，耳不忍闻。"断肠"，形容极度哀伤。唐·王建《调笑令》："船头江水茫茫，商人少妇断肠。"这里是从听觉形象写难民的惨状的。夜晚的清幽静谧,"流民"的"嗷嗷"声显得尤为清烈,是构成典型环境的重要因素,突出了这一典型环境凄惨的情调,境界全出。

再次:"无限哀鸿蜚不尽","无限",极言难民之多。"哀鸿",悲鸣的大雁,这里比喻痛苦哀吟的难民。典出《诗经·小雅·鸿雁》:"鸿雁于飞,哀鸣嗷嗷。""蜚",这里通"飞",《韩非子·外储说左上》:"墨子为木鸢,三年而成,蜚一日而败。"作者看到流亡的队伍,没有尽头,奔向四面八方,多往塞北江南,目不忍睹。满腔的恻隐之情倾注于笔端。

尾句,作者不再继写"哀鸿",宕开作合,笔转"月明如水满天霜",写凄寒的秋夜。灾民在寒冷的月光下奔走或露宿,这已经是够痛苦难挨的了,然而老天无情,又落下一层冰冷的严霜,这无异于落井下石,灾民的命运又将如何?以景结情。作者通过"满天霜"加强了流民的深重灾难的表达,既突出诗旨,又给读者以无限联想的余地,有悠悠不尽之妙。这是从视觉、触觉上写的。

此诗,写作者目睹苏北灾民流离失所,背井离乡,哀鸿遍野的悲惨景象,表现作者无限同情和痛苦的心态,也蕴含着对现实的极大不满。使读者的心灵产生了强烈的共鸣。

此诗,浑涵得极妙。读者观题《睹江北流民有感》,方知诗中"嗷嗷",是难民饥饿的悲吟声。"哀鸿",是喻逃难的灾民,主题也了然在目。若不看题目,读者很可能把此诗理解成是写秋夜的情景,以悲秋为主题的。故此诗字面可理解一层意思,暗隐一层意思,前者才是作品所要表现的主题。刘勰《文心雕龙·隐秀》云,"隐也者,文外之重旨也","隐以复意为工"是说得很好的。

作者是从视觉、听觉、触觉三个角度抒写所"感"的,交织而成"流民"深陷水火的悲惨图画,创造出情景交融的艺术境界。

风格沉郁、凄婉,感人至深,艺术特色值得我们借鉴。

(载《近代爱国诗词精粹鉴赏》,辽宁大学出版社1991年版)

高风亮节

——周实《拟决绝词》赏析

  卷施拔心鹃叫血，听我当筵歌决绝：
信有人间决绝难，一曲歌成鬓飞雪。
鬓飞雪，拼决绝，
我不怨尔颜色劣，尔无怨我肠如铁！
请决绝，如雷之奋如电掣，如机之断
如帛裂。千古万古，惩此覆辙！
惩覆辙，长决绝，
海枯石烂乾坤灭，无为瓦全宁玉折！

  此词，作于1910年，即辛亥革命的前一年。作者抱着为民主革命献身的决心，并预写了绝命词。"拟"，起草。"决绝"，绝命。宋·卢氏有《绝命词》、辽·萧后有《绝命词》。此诗题意是预先写好了绝命词，表示为国牺牲的决心。

  开头四句："卷施拔心鹃叫血，听我当筵歌决绝：信有人间决绝难，一曲歌成鬓飞雪。""卷施拔心"，《尔雅·释草》："卷施草，拔心不死。""鹃叫血"，杜鹃暮春鸣叫，啼声哀切，啼至口目流血而身亡。作者用兴法开头，不仅有"先言他物以引起所咏之词"的作用，还有比喻象征的作用，与诗的主题密切相关。作者用"卷施拔心"来比喻革命者英魂永在，用"鹃叫血"比喻革命者鞠躬尽瘁，死而后已。此词开头之兴法与《古诗为焦仲卿妻作》开头用"孔雀东南飞，五里一徘徊"的兴法有异曲同工之妙。作者面对筵会，引吭高吟绝命词。他知道在人间想决以死命是极难的事，因为生命是极其宝贵的。今天他下定了为革命牺牲的决心，已经是双鬓斑白了。

下四句："鬓飞雪，拚决绝，我不怨尔颜色劣，尔无怨我肠如铁！"紧承。"尔"，你，指头发。此四句的意思是，头发已经斑白了，我要与帝国主义列强和腐朽的清政府拼得一死。头发呀，我不怨你颜色不好看，你也没有怨我抱定牺牲的决心，意志像钢铁般坚强。此四句，将头发拟人，用"我"与头发对话的方法，表现抒情主人公不以决别而悲恸的钢铁心肠，有寓庄于谐之妙。"鬓飞雪"，为此句开头，重复上句末尾，这在修辞学上叫顶针。

再次五句："请决绝，如雷之奋如电掣，如机之断如帛裂。千古万古，惩此覆辙！""请决绝"，请让我为革命牺牲。"如雷之奋如电掣"，或许自己死得像霹雷那样奋激，像闪电那般炽烈，震动影响很大，死得很有价值，轰轰烈烈。"如机之断如帛裂"，或许自己死得像织布机断了，像绸绢撕裂那样，震动影响不大，未能死得其所。"千古万古，惩此覆辙"，要永远记住这个血的教训，不能做无益的牺牲，要死得更有价值，对革命和祖国更有益。作者用生动形象的比喻来说明牺牲的意义和影响有所不同。

结四句："惩覆辙，长决绝，海枯石烂乾坤灭，无为瓦全宁玉折！"紧承，用顶针的修辞格，与前密不可分。"惩覆辙"，要警戒革命失败作无益的牺牲。要为祖国死得轰轰烈烈，永决人世。"海枯石烂乾坤灭"，这里是比喻，无论革命出现任何危险的情况，就是海枯石烂，天崩地陷，也要保持革命者的高尚气节，矢志不移。"无为瓦全宁玉折"，这是比拟，典出《北齐书·元景安传》："大丈夫宁为玉碎，不为瓦全。"英雄好汉宁可做美玉而被粉碎，也不做泥瓦而保全。意思是，宁可为祖国为革命牺牲自己宝贵的生命，也不能苟且偷生，碌碌无为。

此词，气势磅礴，豪情超迈，大义凛然，慷慨激昂，悲壮沉雄，令人惊心动魄。

此词，紧扣题旨，以"决绝"贯穿全词。似彩绳串珠，将四段紧密连接起来，层次分明，脉络晰然。

此词，重叠错综，痛快淋漓。"决绝"在每段中重复出现，谓之"重迭"，但每段内容又有不同，分"歌决绝""拚决绝""请决绝""长决绝"四段，错综变化。不重叠不能表达其炽烈、激越、高昂的爱国情怀。回还往复使人感到情意深重，感情内容又错综变化，逐层深化，最后推向高潮。清·魏禧《日录论文》："文之感情痛快驰聚者，必须往而复还。往而不还则势直气泄，语尽味止；往而复还则生顾盼，此呜咽顿挫所以出也。"说得很有道理。

此绝命词，以兴法开头，又运用顶针的修辞格。"一曲歌成鬓飞雪。鬓飞雪，拚决绝"；"千古万古，惩此覆辙！惩覆辙，长决绝"，即为顶针。一面将前后联系得紧密无间，一面起强调加深感染的作用。

此词，总的节奏急促铿锵，激越昂奋。长短句相间，短句节奏快而强，长句节奏较之慢而缓，使此词的气势如狂飙遂巨澜，起伏向前，恢宏非凡，声调似周期性变化运动，抑扬顿挫，节奏感十分鲜明。

此绝命词，以为国、为革命而决绝为题旨，将其满腔的爱国之情宣泄无遗。列·托尔斯泰说："一切作品要写得好，它就应当……是从作者的心灵里歌唱出来的。"此绝命词是爱国者心灵的歌，情感真挚而炽烈，痛快而淋漓。

（载《近代爱国诗词精粹鉴赏》，辽宁大学出版社1991年版）

卧薪尝胆

——周实《感事》诗（选一）赏析

薪胆生涯剧苦辛，莫忧孱弱莫忧贫。
要从棘地荆天里，还我金刚不坏身！

此诗是周实的三首《感事》诗之一。19世纪中叶到20世纪初，从鸦片战争到辛亥革命之前，中国逐步沦为半殖民地。腐败无能的清政府与列强订立许多卖国条约，割地赔款，丧权辱国，造成国贫力弱。甲午战争，中国彻底失败，于是帝国主义列强豆分瓜剖中国的气焰十分嚣张。祖国、民族面临空前严重的危机，激发无数的爱国志士的民族感、爱国心，他们纷纷寻求光复神州、富国图强的道路。周实在《拟决绝词》中云："海枯石烂乾坤灭，无为瓦全宁玉折"，表现了作者高度的爱国主义精神。

首句："薪胆生涯剧苦辛。"作者直接以"薪胆"，即卧薪尝胆开篇。《史记·越王勾践世家》载，公元前494年吴王夫差发兵进攻越国，越国大败，越王勾践被俘。"吴即赦越，越王勾践返国，乃苦身焦思，置胆于坐，坐卧即仰胆，饮食亦尝胆也。曰：'女忘会稽之耻耶？'"后越国经过一个时期的发愤图强，刻苦自励，国力变强，终于打败了吴国，报了仇雪了耻。作者以为，中国人要想报仇雪耻，富国强兵，也必须像越王勾践那样，卧薪尝胆，发愤图强，艰苦奋斗。要能在生活中吃大苦耐艰辛，这是国家振兴之本。"生涯"，生活。毛滂《浣溪沙》："本是青门学灌园，生涯浑在乱山前。""剧"，指出要使祖国振兴国人必付出极大的代价。

次句:"莫忧孱弱莫忧贫。"承。"孱",弱小。作者以为,假使中国人如此发愤图强下去,长此以往,就不必愁国家衰弱,不必愁国家贫穷,国家会因此由弱而变强,由贫而转富。作者极力主张,并大声疾呼,要卧薪尝胆,奋发图强。

后两句:"要从棘地荆天里,还我金刚不坏身。""棘地荆天",荆棘为丛生多刺的灌木,比喻祖国的贫穷落后,建设祖国存在着种种的艰难险阻。"还我",讨还归我。说明祖国原来本是非常强盛的,由于帝国主义列强的侵略瓜分和清政府的腐朽统治而变得衰弱贫穷了。这里是光复中华,重新建国之意。"金刚不坏身",原指佛体。《涅槃经·金刚身品》:"如来身者,是常住身,不可坏身,金刚之身。"此诗用以比喻强大的不可摧毁不可战胜的祖国。这是一个爱国赤子从心底迸发出来的爱国之歌,光辉誓言。并呼吁鼓励自己的同胞"莫忧孱弱莫忧贫",要"卧薪尝胆",披荆斩棘,把我们的祖国建设成为一个神圣不可侵犯的强大国家。表现了作者高度的爱国主义精神。

此诗,作者的本意,是要光复中华,发愤图强,克服和战胜一切困难,把祖国建设成一个强盛的伟大国家。但如此字样在此诗里一字不漏。作者另外用一套语言,说要过"薪胆生涯""从棘地荆天里,还我金刚不坏身",既直率又含蓄,既让人一看就懂,又避免坦露。作者的情怀通过用典、比喻婉转出之,生动、形象、含蓄,又扩大了诗的内涵。韵味颇觉醇厚,绵长,耐人咀嚼。有"不着一字,尽得风流"之妙。

清·李重华《贞一斋诗话》云:"诗缘情而生,而不欲直致情;其蕴含祇在言中,其妙更在言外",是有道理的。

(载《近代爱国诗词精粹鉴赏》,辽宁大学出版社1991年版)

坠作自由花

——林文《感怀》（选一）诗赏析

> 落叶闻归雁，江声起暮鸦。
> 秋风千万户，不见汉人家。
> 仆本伤心者，登临夕照斜。
> 何堪更回首，坠作自由花。

据载，林文（1887—1911），初名时爽，字广尘，福建侯官（今福州）人。1905年东渡日本留学，先学军事，后学法律。在日加入同盟会，是该会福建分会会长。任《民报》社经理。曾多次参加同盟会领导的起义。1911年广州黄花岗起义，与黄兴率众攻入总督衙门，英勇奋战，后遇清军增援部队，欲劝阻，高呼"汉人不打汉人！"中弹殉难。是广州黄花岗七十二烈士之一。此诗，从"不见汉人家"而言，当作于留学日本时期。

首联："落叶闻归雁，江声起暮鸦。"以景兴起。"落叶""归雁"，交代了节令，"暮"字点出了时间。在一片萧萧的落叶声中，一行南飞的大雁嘤嘤飞过，消失在晚云中间。从江涛声里飞回的暮鸦在树上栖息。这是写秋天傍晚的景色，是从视觉、听觉两个方面写的。闻"归雁""江声"，这是听觉形象。"落叶""起暮鸦"这是视觉形象。"落""闻""归""起"，都是动态。归雁鸣而人闻其声，江浪激而人闻其响，声、响的本质也是动，因而曲折地写出动的景象，也衬托出傍晚的沉静。作者仅用十个字，就描绘出一幅秋天傍晚活动着的画面，生动形象，生机盎然，给人以美的感受。"落""归""暮"，给画面渲染凄凉的色调，传达出作者哀郁的心绪。清·吴乔《围炉诗话》："诗以情为主，景为宾，景物无自生，惟情所化，情哀则景哀，情乐则景乐。"借景以引其情。

次联："秋风千万户，不见汉人家。"承前启后。"秋风千万户"承前写景。他心事茫茫，看到坐落在江边的千万户人家，顿生异国他乡之感，于是心底迸发出"不见汉人家"的慨叹。启后，此句转入抒情，对祖国家乡无限思念。

"仆本伤心者，登临夕照斜"一联，"仆"，自己的谦称。从"伤心"一词，可见作者的心情是哀郁的，国家民族到了垂危的时刻，作为一个爱国者，他不能无动于衷，不能不悲痛。"本"字，说明长期以来他的心境便是如此，忧国忧民的思想时时萦绕着他。原想登高远眺，排解一下浓重的家国之思，但他看到"夕阳无限好，只是近黄昏"，又联想到祖国，虽然美丽，已近沦亡。于是怆然而泪下。

尾联："何堪更回首，坠作自由花。"中日甲午战争之后，加速了列强瓜分中国的步伐。清政府用屠杀的手段，残酷镇压人民来维护腐朽的反动统治。山河破碎，血雨腥风，神州大地已不堪回首。国家兴亡，匹夫有责。一个爱国者，救国救民，为国而牺牲，这是天经地义的。秋天，他看到众芳纷坠，林叶凋零，想到人总有一死，终要像花儿飘落一样离开人世。这是自然规律，但要死得有价值。他又想到当前祖国形势的艰危日迫，他决心为拯救祖国，为人民的自由而牺牲。于是他发出"坠作自由花"的光辉誓言，表现他为国为民而牺牲的决心。后来他在黄花岗起义中壮烈牺牲，为拯救祖国流尽了最后一滴鲜血，实践了自己的诺言。

作者以感伤的心绪，沉郁的笔致，写出了他对家国的深情思念和忧虑，表达了他为匡世济民而献身的决心。

此诗运用白描的艺术手法。白描是中国传统的绘画技法，只用墨线勾描，不渲染，不着色。引到文学上来就是"有真意，去粉饰，少做作，勿卖弄"（鲁迅《作文秘诀》）。此诗前七句运用简笔勾勒，不假雕饰，不用烘托，不敷颜色，不渲染，笔墨经济而简省，但以简胜繁，取得笔酣墨饱，浓颜重彩所不能达到的艺术效果。调动了读者的思维，根据所提供的情境的轮廓，去进行审美联想和想象，从而获得美感的享受。

此诗，委婉含蓄。他对祖国、同胞深情思念，而不直陈，用"秋风千万户，不见汉人家"写出他的异国他乡之感。他誓为拯救祖国而献身，而不直言，用"何堪更回首，坠作自由花"婉转含蓄地表达出来。作者给我们提供一个模糊、朦胧之美的艺术境界，激发读者无穷的联想和想象。"想象是在情境非常不明确性的认识阶段上发生作用，情境越是习以为常越是清楚明确，它为想象力提供的活动场所也越少"（彼得罗夫斯基主编《普通心理学》）。委婉含蓄的艺术境界，给读者创造一个广阔的飞腾的想象的场所。

此诗，无一处用典，无一处议论，这是此诗的另一特色。清·吴乔《围炉诗话》："诗贵有含蓄不尽之意，尤以不着意见声色，故事议论者为上。"

此诗，情景交融，雄奇雅健，沉郁含蓄，别具特色。

（载《近代爱国诗词精粹鉴赏》，辽宁大学出版社1991年版）

入梦有歌思易水　上弦无调不凉州

——陈更新《偶题》诗赏析

冠盖当前半沐猴，漫天阴霾动人愁。
由来尚气轻成病，底事怀才总抱忧。
入梦有歌思易水，上弦无调不凉州。
乾坤正气消磨尽，昔日将军有断头。

陈更新（1890—1911），字铸山，福建侯官（今福州）人。黄花岗七十二烈士之一。出身贫寒。1905年得到亲友的支持，留学日本学习体育。归国后入炮术学校，成绩优异，曾被某体育会聘为教授。1911年去香港筹划广州起义。黄花岗起义时曾亲自击毙清官兵多人，英勇果敢，终因弹尽援绝而被杀害。

首联："冠盖当前半沐猴，漫天阴霾动人愁。"作者从腐败的清政府的官吏丑恶形象写起。"冠盖"，衣帽和车子，"盖"，古时车上的盖子。这里代指清政府的官员。"沐猴"，猕猴。《史记·项羽本纪》："人言楚人沐猴而冠耳。""霾"，空气杂以烟、尘等物，而造成的阴暗现象，比喻清政府统治黑暗无比。在作者眼里，清政府大小官吏的形象令人十分憎恶，一半像人一半像猕猴，就是他们把社会搞得乌烟瘴气，满目疮痍，看了令人发愁。表现了作者对清政府的腐朽统治强烈的愤懑和无可奈何的心情。

颔联："由来尚气轻成病，底事怀才总抱忧。""尚气"，崇高气节。"底事"，为什么。王澜《念奴娇》："燕子归来，雕梁何处，底事呢喃语。"此联意思是崇尚义气节操是中华民族的优良传统，这样的人是容易生病的，为什么怀才不遇，心中总是忧愁缱绻。这是诗中议论。用疑问句发人寻绎，亦使诗顿宕生辉。

颈联："入梦有歌思易水，上弦无调不凉州。"此联用典，《史记·荆轲传》载，荆轲刺秦王，燕太子丹易水送别，高渐离击筑，荆轲唱起悲壮的歌子："风萧萧兮易水寒，壮士一去兮不复还。"此歌经常进入作者的梦境。梦是人生活的折光，是潜意识的反映，白日有所想，夜晚有所梦。他在梦中哀吟易水送别时荆轲所唱的悲壮的歌曲，自己想做像荆轲那样的壮士，视死如归，义无反顾。言外之意，自己想要为推翻清政府的腐朽统治和反对列强瓜分中国，在拯救祖国的斗争中献出自己的一切。这正是爱国者强烈愿望的反映。巧妙地揭示出作者的心理活动。"凉州"，指《凉州曲》，乐曲名。"凉州"，汉置，在甘肃、青海、宁夏、内蒙古一带。"上弦"句是说，自己所弹奏的全是描写在边疆与入侵的敌人作战的歌曲。他把"心事付瑶琴"，曲折地表现出他保卫疆土反对帝国主义瓜分中国，欲冲锋陷阵的决心。

尾联："乾坤正气消磨尽，昔日将军有断头。"由于帝国主义的侵略屠杀，清政府的血腥统治，把天地间的浩然正气消磨殆尽。蕴含着作者无限的激愤。尽管如此，但毕竟还有"断头将军"的存在。作者以"断头将军"自喻。《三国志·张飞传》，严颜守巴郡，被张飞所获，飞令其投降，严颜曰："我州有断头将军，无降将军。"作者以此曲曲折折传达出作者欲弘扬天地间的正气，为拯救祖国，甘做"断头将军"，宁死不屈的英雄气概。

此诗，用婉转曲折的表情法，表达出自己的思想感情。这是此诗最为昭著的艺术特色。作者有高度的爱国主义思想，准备为拯救祖国献出自己的宝贵生命，义无反顾。但作者并不直抒胸臆，而是用在梦里唱荆轲刺秦王易水送别时唱的歌和思念易水送别的梦境婉转地折射出来。作者渴望驰骋疆场，为祖国建功立业，但作者不直述，而是用"上弦无调不凉州"，把自己的情怀赋予瑶琴，用琴声曲折地表达出来。婉转曲折，耐人寻味。

　　此诗，含蓄蕴藉。"冠盖当前半沐猴"，表现作者对清政府深恶痛绝，但没有直说。用"冠盖"隐喻清政府的大小官吏。作者揭露清统治的无比黑暗，亦不直言，而是用"漫天阴霾"暗喻；写自己宁为玉折不为瓦全，坚贞不渝的革命气节，用"昔日将军有断头"来表达。此诗，婉转含蓄，产生了"玩之者无穷，味之者不厌"的艺术效果。

（载《近代爱国诗词精粹鉴赏》，辽宁大学出版社1991年版）

巫山高

王 融

想象巫山高,薄暮阳台曲。
烟霞乍舒卷,猿鸟时断续。
彼美如可期,寤言纷在瞩。
怃然坐相思,秋风下庭绿。

《巫山高》:乐府《鼓吹曲·汉铙歌》名。又题作《同沈右率诸公赋鼓吹曲》。"巫山",山名,在四川巫县东南。

诗人通过对巫山自然美及其神话传说的描写,寄托自己的一种朦胧的情感和追求,同时似乎又不乏惆怅和失望。

"想象巫山高,薄暮阳台曲。"首句以"想象"冠领,说明这是想象中事。"薄暮",傍晚。"阳台",为神话中巫山神女出没的地方。宋玉《高唐赋》中说,楚怀王在巫山高唐观遇巫山神女,女依依离去,对怀王云:"妾在巫山之阳,高丘之阻,且为朝云,暮为行雨,朝朝暮暮,阳台之下。""曲",幽僻。首联意思是说,想象那巍峨的巫山耸入云端,傍晚时那巫山的阳台景色幽美、环境僻静,这是巫山神女出没的地方。此诗一开始便把读者带入神话的境界,使读者心驰神骋,想象飞腾。

二联,"烟霞乍舒卷,猿鸟时断续。"承前,写巫山神女出没处的傍晚景象。"烟霞",傍晚的彩云。"乍",忽然。此联的意思是说,傍晚时分,在那高耸的巫山幽僻的阳台,彩云忽然舒展翻卷,猿鸣鸟啼断断续续。"蝉噪林愈静，鸟鸣山更幽"，作者用猿啼鸟鸣来凸显巫山阳台环境的清幽。

三联，"彼美如可期，寤言纷在瞩。"转写巫山神女。"彼美"，那美人。《诗经·陈风·东门之池》有"彼美淑姬，可以晤言"句。此处指巫山神女。"如"，好像。"可"，正。"期"，期待，盼望。"寤"，醒来。"言"，助词。这两句意思是说，巫山神女正期待盼望着约会，我从幻觉中醒来，那巫山神女飘然绝美的仙姿好像纷然在我的眼前。这里写想象中巫山神女那美好的希冀，是有所寄托的。以巫山神女的期望，寄托作者自己对心上人的怀恋。美学上叫"移情"作用。

尾联，"怃然坐相思，秋风下庭绿。"作者从想象中回到了现实。"怃然"，惆怅的样子。巫山神女正期待着那幸福美好的相会，可诗人何时与自己的心上人相晤言？故惆怅地坐在庭院里，倍加思念心上人。这时一阵冰凉的秋风吹过庭院里的花草树木。情景相生，余韵悠然。

此诗突出的艺术特色，就是作者以巫山神女的故事，寄托自己对心上人的无限思念。这种手法在古代诗词中多有应用。如李清照的《行香子》词，就是借七夕牛女相会的神话故事，寄托自己对丈夫的缱绻离情。这类诗词都有一种含蓄美、朦胧美。作者不直接把真意说破，因此使读者产生一种神秘感，使作品具有巨大的艺术魅力。

（载《汉魏六朝诗歌鉴赏辞典》，中国和平出版社1990年版）

饯谢文学离夜

王　融

所知共歌笑，谁忍别笑歌。
离轩思黄鸟，分渚蔎青莎。
翻情结远旆，洒泪与行波。
春江夜明月，还望情如何。

此诗，作者写饯别友人谢朓，表现了惜别的深情。"饯"，以酒食送行。"谢文学"，指谢朓，南齐代表作家。与沈约、王融等共创"永明体"。曾任宣城太守，人称"谢宣城"，又任文学（相当后世的教官），人亦称"谢文学"。

首联，写饯行时热烈欢腾的场面及友人的不忍离别。"所知共歌笑"，"知"，知心朋友。此句意思是说，朋友们在一起纵情欢乐，载歌载笑。"谁忍别笑歌"，有谁忍心告别这种友情洋溢的场面呢！此联以饯行时朋友"歌笑"的场面来突出离别之不"忍"。

二联，写饯行时的处所，为离友身只影单而惆怅。"离轩思黄鸟"，"轩"，这里指饯别时的堂室。"黄鸟"，黄雀，常群栖。《诗经·葛覃》有"黄鸟于飞，集于灌木"句，谢朓《春思诗》有"巢燕声上下，黄鸟弄俦匹"句。王诗此句意思是，我送您离开这饯别的处所，就为您这只离群的黄鸟而感伤。"分渚蔎青莎"，"渚"，水中的小块陆地。"蔎"，"隐"。"莎"，多年生草本植物，块茎叫香附子。谢朓《和何议曹郊游诗二首》有"霢霂青莎被，潺湲石溜泻"

句。王诗此句意思是说，您这只黄鸟在江渚上分离，很快就会隐没在青青的莎草中了。此联，用群栖的黄鸟分离，比喻朋友之间的离别，含蓄，隽永。两句对仗。

三联，写江边送别时的悲伤情景。"翻"，翻然，改变貌。"旆"，旗帜，这里指挂旗的船。此联意思是，我的感情不断起伏，就像系在您远行的船上，我的眼泪跟随着您的乘船激起的波浪而不断落下。此两句也是明显的对仗句。

尾联，写别后回望春江夜月而怅惘的心境。"春江夜明月"，景色何等迷人，良宵佳景，是应该与朋友同游共赏的，然而却在这般美好的夜晚与挚友离别，不禁使人黯然。"春"字点明季节；"夜"字点出送别的时间；"江"字点出送别的地点；"明月"写出送别时的环境。"还望情如何"，"还望"，回望。与曹丕《善哉行》"还望故乡，郁何垒垒"中的"还望"同意。王诗此句意思是，回望友人孤帆远影夜空尽，悲伤的心情是难以形容的。乐景写哀情，倍增其哀。作者未直抒此时心情，而以"情如何"作结，激发出读者的审美联想，有无穷余味。

此诗，通过饯行、送别时情景的描写，表达了作者对友人的深情厚谊。此诗明显的艺术特色，就是运用了对仗。首联、二联、三联皆是，尾联虽不用对，但诗句仍齐整。尽管当时尚未产生律体，可四联八句已备律体雏形。其次，比喻的巧妙运用、语言的含蓄隽永，也是值得今人借鉴的。

（载《汉魏六朝诗歌鉴赏辞典》，中国和平出版社 1990 年版）

临江王节士歌

陆　厥

　　木叶下，江波连，秋月照浦云歇山。秋思不可裁，复带秋风来。秋风来已寒，白露惊罗纨。节士慷慨发冲冠，弯弓挂若木，长剑竦云端。

　　《临江王节士歌》为乐府《杂歌谣》名。有人以为此曲题为《汉书·艺文志》载《临江王》及《节士秋思歌》误合而成。"临江"，古地名，有二：一汉置县名，当今四川忠县；一南朝宋置郡名，故治今安徽和县东北。"节士"，有气节壮志的人。

　　作者陆厥早亡，"少有风概"，那么此首"节士歌"，当为作者自我抒写豪情壮志和风度气节。

　　开端，"木叶下"，树木的叶子纷纷落下。《楚辞·九歌·湘夫人》有"袅袅兮秋风，洞庭波兮木叶下"句。"江波连"，江面上的波浪连续不断。这两句写的是景象，那么造成这种景象的原因是什么，作者没有写出，而是通过景象描写暗示给我们。一叶知秋，睹浪而晓风。这种暗示的方法，耐人寻味，激发了读者的审美情趣。"秋月照浦云歇山"，"秋月"点出时节，说明这是个秋月朗照的晚上。"浦"，岸边。屈原《九章·哀郢》："背夏浦而西思兮，哀故都之日远。""歇"，停、息。"云歇山"，指云凝聚在山巅。头三句，意思是说，一个秋天的夜晚秋风吹来，树叶纷纷落下，江水荡起了波澜，明月朗照在江岸上，乌云凝聚在山头。这是个秋天凄肃的夜晚。

"秋思不可裁，复带秋风来。"刘勰《文心雕龙》云："情以物迁，辞以情发"，人的感情随着景物的变化而变化，文章是为感情而产生的。秋天景物的变化，引起诗人的一片愁思。然而这种愁思是无法裁减的。"裁"，削减。与鲍照《拟行路难》："愿君裁悲且减思"中"裁"同意。"复带秋风来"，秋天引起人们不可裁减的愁思，又把秋风带给了人间。在人们的愁思难遣之时，又给人们的心底增添了一片凄寒。

"秋风来已寒，白露惊罗纨。"此句开始的"秋风来"，重复上句末的词语，这在现代修辞学上叫"顶针"。前后承接十分紧密，同时又是后句所言事物的原因。秋风吹来，天气寒冷，故"白露惊罗纨"。"白露"，秋天的露水。《诗经·蒹葭》有"蒹葭苍苍，白露为霜"句。"罗纨"，两种轻薄的丝织品，这里指穿这种丝织品的人。此句意思是说，因为天寒，秋天的露水使穿轻薄衣服的人惊觉天气凉了。此两句，承写秋夜的寒冷。

"节士慷慨发冲冠，弯弓挂若木，长剑竦云端。"秋风萧瑟，天气寒冷，燕国节士荆轲刺秦王的悲壮事迹激励着作者。"慷慨发冲冠"，"慷慨"，情绪激昂。《史记·刺客列传·荆轲传》易水送别云："（荆轲）又前而歌曰：'风萧萧兮易水寒，壮士一去兮不复还！'复为羽声慷慨。士皆瞋目，发尽上指冠"，"慷慨发冲冠"本此。人怎样激动奋发也难以冲动帽子，用的是夸张手法。"弯弓挂若木"，"弯弓"，弓箭。"若木"，古代神话中日出之地的树木，即扶桑。弓箭怎么长也挂不到"扶桑"上，也是夸张手法。"长剑竦云端"，"竦"，耸。剑怎么长也不能耸入云端，又是夸张。阮籍《咏怀》（三十八）云："弯弓挂扶桑，长剑倚天外"、"岂若雄杰士，功名从此大"，赞扬了为国建功立业的英雄豪杰，他们将永垂不朽。陆厥化用阮诗之句，塑造一个慷慨激昂比荆轲更为豪壮、愤慨欲与天公搏击、顶天立地、气冲霄汉、战胜一切的节士的高大形象。作者塑造和歌颂的是他理想中的节士形象，或者说他要做一个这样的节士，所向披靡，战胜一切，这便是此诗命意之所在。

　　此诗运用了多种艺术手法：用历史、神话故事深化题旨，自然浑成；用暗示手法激发读者的审美联想，耐人咀嚼；用顶针修辞格，使诗前后联系紧密，因果关系更加显明；运用了夸张等手法，生动形象地塑造了气概非凡的节士形象。很值得我们学习。

（载《汉魏六朝诗歌鉴赏辞典》，中国和平出版社1990年版）

严先生祠堂记

范仲淹

先生，汉光武之故人也，相尚以道。及帝握赤符，乘六龙，得圣人之时，臣妾亿兆，天下孰加焉？惟先生以节高之。既而动星象，归江湖，得圣人之清，泥涂轩冕，天下孰加焉？惟光武以礼下之。

在《蛊》之上九，众方有为，而独"不事王侯，高尚其事"，先生以之。在《屯》之初九，阳德方亨，而能"以贵下贱，大得民也"，光武以之。

盖先生之心，出乎日月之上；光武之量，包乎天地之外。微先生不能成光武之大，微光武岂能遂先生之高哉？而使贪夫廉，懦夫立，是大有功于名教也！

仲淹来守是邦，始构堂而奠焉。乃复为其后者四家，以奉祠事，又从而歌曰："云山苍苍，江水泱泱，先生之风，山高水长。"

《范文正公集》卷七

范仲淹知杭州时，曾在严光的故里桐芦为其修建祠堂，遂作此文以"记"。严光曾与东汉光武帝刘秀同窗，刘秀登极，严更名隐居，刘秀曾遣人寻他，授其谏议大夫，他不受，退而隐居富春江。作者修祠写记颂扬他"泥涂轩冕"，"不事王侯"，心"出乎日月之上"的高风亮节，和使"贪夫廉，懦夫立"的德威。

作者颂扬严光，却不单写其一人，而是把他与光武帝并写，"两两相形"，从他们相辅相成，相得益彰的关系中，表现严光的高尚品质和节操，在写法上独具一格。首段写严光与光武帝"相尚以道"，严"以节高之"，帝"以礼下之"；二段，写严"不事王侯，高尚其事"，帝"以贵下贱，大得民也"；三段写没有先生"不能成光武之大"，没有光武"岂能遂先生之高哉"，这些都是作者把两者放在"相尚以道"，相得益彰的关系中写人物，凸显主题的具体例证。此文写法，与欧阳修《释祕演诗集序》有相似之处，都能使文章活脱而不呆板，且无喧宾夺主之感，恰到好处，产生了较好的艺术效果。

　　此文运用许多对偶句。每组对偶句中写的人和事都是对应的，颇为妙绝，令人叹服，可见作者驾驭语言的功力。

　　明·王骥德《曲律》（卷三）云："尾声以结束一篇之曲，须是愈著精神，末句更得一极俊语收之，方妙"，文亦然。此文用诗结尾，别开生面，歌颂了严光的高尚节操，精辟而神俊，并有余韵娓娓，悠悠不绝之妙。

（载《古代小品文鉴赏辞典》，山东文艺出版社1991年版）

岘山亭记

欧阳修

　　岘山临汉上,望之隐然,盖诸山之小者。而其名特著于荆州者,岂非以其人哉。其人谓谁?羊祜叔子、杜预元凯是已。方晋与吴以兵争,常倚荆州以为重,而二子相继于此,遂以平吴而成晋业,其功烈已盖于当世矣。至于风流余韵,蔼然被于江汉之间者,至今人犹思之,而于思叔子也尤深。盖元凯以其功,而叔子以其仁,二子所为虽不同,然皆足以垂于不朽。余颇疑其反自汲汲于后世之名者,何哉?

　　传言叔子尝登兹山,慨然语其属,以谓此山常在,而前世之士皆已湮灭于无闻,因自顾而悲伤。然独不知兹山待己而名著也。元凯铭功于二石,一置兹山之上,一投汉水之渊。是知陵谷有变,而不知石有时而磨灭也。岂皆自喜其名之甚而过为无穷之虑欤?将自待者厚而所思者远欤?

　　山故有亭,世传以为叔子之所游止也。故其屡废而复兴者,由后世慕其名而思其人者多也。熙宁元年,余友人史君中辉以光禄卿来守襄阳。明年,因亭之旧,广而新之,既周以回廊之壮,又大其后轩,使与亭相称。君知名当世,所至有声,襄人安其政而乐从其游也。因以君之官,名其后轩为光禄堂;又欲纪其事于石,以与叔子、元凯之名并传于久远。君皆不能止也,乃来以记属于余。

　　余谓君知慕叔子之风,而袭其遗迹,则其为人与其志之所存者，可知矣。襄人爱君而安乐之如此，则君之为政于襄者，又可知矣。此襄人之所欲书也。若其左右山川之胜势，与夫草木云烟之杳霭，出没于空旷有无之间，而可以备诗人之登高，写《离骚》之极目者，宜其览者自得之。至于亭屡废兴，或自有记，或不必究其详者，皆不复道。

熙宁三年十月二十有二日，六一居士欧阳修记。

《欧阳修全集》卷四十

本篇以岘山的景观开头："岘山临汉上，望之隐然，盖诸山之小者"，写得非常简略。然而对使岘山闻名的历史人物晋羊祜叔子、杜预元凯却写得较多。重点抓住两人的功烈、仁德加以评论，肯定两人"皆足以垂于不朽"。文章摇曳生姿，作者由此而产生疑虑，云："余颇疑其反自汲汲于后世之名。"那么作者的疑虑是否有道理？作者用《晋书》等书的有关记载，羊祜叔子担心后世之名不能与岘山同在，"因自顾而悲伤"，杜预元凯"铭功于二石"，来印证两人确是"皆自喜其名之甚而过为无穷之虑""自待者厚而所思者远"，这是作者对"足以垂于不朽"者太爱好自己的名声，太看重自己，为此想得过多过远的一种批评。文章这样写，为下文作了垫铺，正是作者的巧妙安排，匠心独运处。

下文，作者写了亭子的兴废情况，但用墨不多。对史中辉的政绩、受人爱戴、知名度的记载较多，也给予充分肯定。那么作者对史中辉抱什么态度呢？作者没有明确告诉读者，耐人寻味，让我们去从史中辉与叔子、元凯的类比中得出结论。叔子、元凯两人功烈、仁德"皆足以垂于不朽"，然"汲汲于后世之名"，受到作者的批评；史中辉的功业、仁德也得到作者的肯定，但不及叔子、元凯，亦欲与两子之名"并传于久远"，作者对史中辉的批评应有甚于两子。作者批评两子"汲汲于后世之名""自待者厚"，意外之旨，希望史中辉能建大功立大业，忧国忧民，不要太看重自己及其后世之名。但作者却没有写，让读者自己去体味，委婉含蓄，含不尽之意于言外。东坡云："言止而意不尽，尤为极至。"

此文，如行云舒卷，挥洒俊逸，立意高远，风格独特。欧阳修《醉翁亭记》，与此文的体裁相同，都是亭记，但写法迥然而异。《醉翁亭记》，用了不少的笔墨写亭周的自然环境，及早晚、四季的景物变化，优美动人。采用写景抒情相结合的艺术手法，是千古脍炙的名篇。《岘山亭记》，对岘山、亭子自然风光的描写是很简略的，重点写与岘山、亭子有关的古今人物，抒发自己的感慨，含蓄蕴藉，意味深长。清姚鼐评此文时说："欧阳公此文神韵缥缈，如所谓吸风饮露，蝉蜕尘埃者，绝世之文也"，两文，各臻其妙。

（载《古代小品文鉴赏辞典》，山东文艺出版社1991年版。《岘山亭记》选自《欧阳修全集·居士集》卷四十，个别文字今据《钦定四库全书荟要》乾隆御览本《文忠集》修改）

六一居士传

欧阳修

六一居士初谪滁山，自号醉翁。既老而衰且病，将退休于颍水之上，则又更号六一居士。

客有问曰："六一，何谓也？"居士曰："吾家藏书一万卷，集录三代以来金石遗文一千卷，有琴一张，有棋一局，而常置酒一壶。"客曰："是为五一尔，奈何？"居士曰："以吾一翁，老于此五物之间，是岂不为六一乎？"客笑曰："子欲逃名者乎，而屡易其号，此庄生所诮畏影而走乎日中者也；余将见子疾走大喘渴死，而名不得逃也。"居士曰："吾固知名之不可逃，然亦知夫不必逃也；吾为此名，聊以志吾之乐尔。"客曰："其乐如何？"居士曰："吾之乐可胜道哉！方其得意于五物也，太山在前而不见，疾雷破柱而不惊；虽响九奏于洞庭之野，阅大战于涿鹿之原，未足喻其乐且适也。然常患不得极吾乐于其间者，世事之为吾累者众也。其大者有二焉，轩裳珪组劳吾形于外，忧患思虑劳吾心于内，使吾形不病而已悴，心未老而先衰，尚何暇于五物哉？虽然，吾自乞其身于朝者三年矣，一日天子恻然哀之，赐其骸骨，使得与此五物皆返于田庐，庶几偿其夙愿焉。此吾之所以志也。"客复笑曰："子知轩裳珪组之累其形，而不知五物之累其心乎？"居士曰："不然。累于彼者已劳矣，又多忧；累于此者既佚矣，幸无患。吾其何择哉？"于是与客俱起，握手大笑曰："置之，区区不足较也。"

已而叹曰："夫士少而仕，老而休，盖有不待七十者矣。吾素慕之，宜去一也。吾尝用于时矣，而讫无称焉，宜去二也。壮犹如此，今既老且病矣，乃以难强之筋骸，贪过分之荣禄，是将违其素志而自食其言，宜去三也。吾负三宜去，虽无五物，其去宜矣，复何道哉！"

熙宁三年九月七日，六一居士自传。

《欧阳修全集》卷四十四

欧阳修从熙宁元年（1067）就上书恳请退休，迟迟未得批准。他于熙宁三年（1070）七月由青州（今山东益都）知州移官蔡州（今河南汝阳）知州，时年六十四岁，年迈体衰，思前忧后，情怀万种，挥笔写下了这篇文章。

此文是欧阳修晚年生活的自传。古往今来，人们写自传，惯常用第一人称的写法，直言其生平事迹。但是此篇不落窠臼，打破一般自传文章的俗套，采用了主客问答的方式，别开生面，妙趣横生，给人一种鲜活之感。此文，通过"六一居士"与"客"的问答，写出欧阳修晚年要求退休的原因和生活的乐趣，反映了他此时复杂的思想感情。汉赋常常采用主客问答的方式，司马相如的《子虚赋》就是如此，借楚使者子虚与齐国乌有先生的问答，讽喻了封建统治阶级奢侈淫逸的生活。枚乘的《七发》赋，通过吴客与楚太子的问答，告诫王公贵族淫靡腐化的生活是造成疾病的根本原因，欲根治疾病必须从思想上开始。两赋都采用了主客问答方式，其中的"子虚""乌有先生""吴客""楚太子"，都是虚拟的人物。不过本文中的"客"或是假托的人物，而"六一居士"则为真实的人物。主客问答的形式，作为文学艺术的表达方式，古已有之，但用这种形式写自传，实属罕见。

这篇自传，在艺术表达上的另一奇特之处，就是利用他人的口吻说话。作者为之写传的"六一居士"，似乎是另外一个人，其实就是他自己。此传就是用他人的口吻写成的。《史记》中作者发表评论时也常用"太史公曰",同是这种口吻。陶渊明《五柳先生传》云:"先生不知何许人也,也不详其姓字。宅边有五柳,因以为号焉……"显然是用他人口吻为自己写传。可见作者受《史记》和《五柳先生传》的影响是很大的。诚如鲁迅先生《致魏猛克信》中所说:"新的艺术,没有一种是无根无蒂,突然发生的,总是继承着先前的遗产。"

这篇自传,采用主客问答的形式,提高了文章的美学价值和读者的审美情趣。"客曰""客笑曰""客复笑曰""与客俱起,握手大笑曰""已而叹曰",不仅活现了人物的神态,而且使文章感情流动变化,气势跌宕起伏,给人以美的享受,取得一般自传一味呆述而无法达到的艺术效果。

此文,语言洒脱,写法颖奇,笔力疏宕,是一篇独具特色的古代散文。

(载《古代小品文鉴赏辞典》,山东文艺出版社1991年版。《六一居士传》选自《欧阳修全集·居士集》卷四十四,个别文字今据《钦定四库全书荟要》乾隆御览本《文忠集》修改)

祭石曼卿文

欧阳修

维治平四年，七月日，具官欧阳修，谨遣尚书都省令史李敭，至于太清，以清酌庶羞之奠，致祭于亡友曼卿之墓下，而吊之以文，曰：

呜呼曼卿！生而为英，死而为灵。其同乎万物生死，而复归于无物者，暂聚之形；不与万物共尽，而卓然其不朽者，后世之名。此自古圣贤，莫不皆然；而著在简册者，昭如日星。

呜呼曼卿！吾不见子久矣，犹能仿佛子之平生。其轩昂磊落，突兀峥嵘，而埋藏于地下者，意其不化为朽壤，而为金玉之精；不然，生长松之千尺，产灵芝而九茎。奈何荒烟野蔓，荆棘纵横，风凄露下，走燐飞萤！但见牧童樵叟，歌吟而上下，与夫惊禽骇兽，悲鸣踯躅而咿嘤。今固如此，更千秋而万岁兮，安知其不穴藏狐貉与鼯鼪？此自古圣贤亦皆然兮，独不见夫累累乎旷野与荒城！

呜呼曼卿！盛衰之理，吾固知其如此；而感念畴昔，悲凉凄怆，不觉临风而陨涕者，有愧乎太上之忘情！尚飨！

《欧阳修全集》卷五十

石曼卿（994—1041），名延年，宋城（今河南商丘）人。欧阳修《石曼卿墓表》云："曼卿落落可奇"，"状貌伟然，喜酒自豪"，平生不得遂其志，豪宕不羁，"文章劲健称其意气"。是他的好友，在其死后二十六年，欧阳修写祭文吊念，表现两人间的深情厚谊。

作者首先概述遣人祭亡友曼卿，吊之以文的经过。点明了时间，被遣人的姓名和官职、祭祀的地点及祭品。接着，承写祭文的内容。

作者赞扬石曼卿生时是个杰出的人物，死后也会成为神灵的。作者认为人们暂时形成的躯体同万物一样有生有死，最终又化为乌有。但是不与万物一同消失，而超出一般，永垂不朽的是后世的名声。"此自古圣贤，莫不皆然；而著在简册者，昭如日星"，这里称颂曼卿生得超然杰出，死后会同圣贤一样名垂青史，昭如日月。

然后，作者再呼曼卿英名，无限凄怆，进一步议论赞扬："其轩昂磊落，突兀峥嵘，而埋藏于地下者，意其不化为朽壤，而为金玉之精"，他生时气宇非凡，心胸坦荡光明，死后埋在地下也不会化成腐朽的土壤，而成为金、玉的精华。不这样，也会从你的躯体生长出千尺的青松，九茎的灵芝。这里进一步称颂他"生而为英，死而为灵"，赞扬他的不朽。这样一个杰出之才，死后墓地景象怎么样呢？荒野里烟雾笼罩，墓地上野草蔓藤丛生，荆棘到处都是，风声凄悲，露水霖落，燐火飘走，萤光飞动。墓地上放牧的儿童、打柴的老人上上下下，受惊的飞禽、徘徊的走兽，在那里悲鸣寄生，咿咿嘤嘤地叫。作者写出如今墓地上一片荒凉凄森的景象，是牧童樵叟出没、飞禽走兽寄生的地方。生时曼卿"轩昂磊落，突兀峥嵘"，有奇才而得不到重用；死后墓地应"生长松之千尺，产灵芝而九茎"，但却是一片令人恐怖的荒塚。作者真是悲哀愤懑填胸臆。这透露出作者对当时统治集团极端不满的情绪。彼时作者罢参知政事，出任亳州知州，正是不得志而心绪拂郁之时，更促使他对亡友的深情悼念。作者说，再过千年万载，野兽也会在墓里打洞，古来的圣贤也难免。曼卿，生不得志，死后曼卿和圣贤一样，都是一片凄凉，使作者心情无限哀伤和凄楚。此段以议论为主，写荒塚的凄杀景象，也运用记叙描写的方法，情景兼胜，凄婉哀绝。

最后，写自己虽然知道生死的道理，但是感慨追念以前的相互情谊，悲凉凄怆，不禁迎风落泪，不能像圣人那样"忘情"，故

"吊之以文"。此段以抒情为主，紧扣题目，照应开头。

此文表现了作者对亡友沉痛悼念之情及政治上失意的悲凉心境。作者采用了记叙、议论、抒情相结合的艺术手法。写得活泼动人，毫无呆滞之感。运用许多的对偶句，不齐的文句中见齐整，有种参差错落之美。墓地景象的描写，使人极感凄杀阴森，毛骨悚然，堪为成功之笔。文中作者三次悲呼亡友之名，增强了文章的气势，渲染了悲凉的气氛，传达出作者肺腑的哀厉之音，情感真挚，凄惋动人，催人泪下，此文之所以给人以美的享受，取得震撼人心的艺术效果，其根本原因就是以真情动人。

（载《古代小品文鉴赏辞典》，山东文艺出版社1991年版。《祭石曼卿文》选自《欧阳修全集·居士集》卷五十）

龚自珍《小游仙词十五首》的艺术特色

龚自珍（1792—1841）是我国近代史上杰出的思想家、文学家。他出生在乾隆五十七年，主要生活在嘉、道年间，这正是中国腐朽的封建社会欲解体、资本主义将萌芽的时期。他出身官宦之家。祖父敬身，乾隆进士，官至云南迤南兵备道。父亲丽正，嘉庆进士，官至江南苏松太兵备道。外祖父段玉裁是近代闻名的文学家、经学家。母亲也有很高的文化素养。他从小在外祖父段玉裁的教导下学经习文，天资聪颖，并接触许多学术界名流。在青年时代就"风发云逝，有不可一世之概"。二十岁写《明良论》指斥时弊，"奈之何不思更法"，有改革社会的远大抱负。在封建社会里"学而优则仕"，他早年科举不能遂其意。特别是嘉庆二十四、五两年，他二十八、九岁，两次参加会试而落第。不能登进士第，就不能委任高官，远大的政治抱负则无法实现。有人劝他通过考军机章京，或许能得到皇帝的赏识，以达到自己的政治目的。不料，又不中。他受到沉重打击。他悔、他恨、他惆怅、他欲揭军机处的内幕。他祖、父都做过军机处的军机章京，他非常熟悉那里的情况。为表达此时复杂的思想情怀，他写下了《小游仙词十五首》，颇具特色。

一 游仙的形式 浪漫主义的构思

龚自珍的《小游仙词》是由游仙诗发展而来的。游仙诗源远流长。战国时代伟大诗人屈原的诗作《远游》《离骚》的某些内容，就是游仙诗之滥觞。汉朝，司马相如的《大人赋》也是以游仙为题材的。到了三国曹氏父子时代，游仙诗已臻成熟。曹操的《气出唱》《秋胡行》，曹丕的《折杨柳行》，曹植的《升天行》《五游》《仙人篇》《远游篇》等都是游仙诗。特别是《昭明文选》更以"游仙诗"为一类，选了东晋何劭、西晋郭璞的游仙诗，后来效仿者甚多。唐代诗人李白的《梁甫吟》，就是绝妙的游仙诗。唐欧阳询《艺文类聚》中（卷七十八，灵异部上）《仙道》所收汉至唐前游仙诗及以游仙为内容的诗赋作品近百篇。五代曹唐所作多"游仙诗"。"游仙诗"在中国文学史上形成了一个有影响的文学传统。这种诗颇具浪漫主义色彩，充满丰富奇幻的想象，以神奇瑰玮的境界寄托作者的思想感情，引人入胜。龚氏继承了这个悠久的文学传统。

龚自珍说："庄骚两灵鬼，盘踞肝肠深"（《自春徂秋，……》），足见庄子、屈原对他的影响之深。他继承了庄、屈、李白等人的艺术风格和表现手法。庄子曾论及自己的文章："以谬悠之说，荒唐之言，无端崖之辞，时恣纵而不傥，不以觭见之也。以天下为沈浊。不可与庄语，以卮言为曼衍，以重言为真，以寓言为广。独与天地精神往来而不敖倪于万物，不谴是非，以与世俗处。其书虽瑰玮，而连犿无伤也，其辞虽差参而諔诡可观。"（《庄子·天下》）体现了其作品的浪漫主义特色，奇幻、瑰玮、諔诡的风格。如《庄子·逍遥游》：

> 藐姑射之山，有神人居焉。肌肤若冰雪，淖约若处子，不食五谷，吸风饮露，乘云气，御飞龙，而游乎四海之外……
> 夫列子御风而行，泠然善也，旬有五日而后反。

这都是《庄子》中人幻化为神或"托配仙人"而游于天的故事。这与龚自珍《小游仙词十五首》将人幻化为仙游仙境，借以抒情言志的浪漫构思是一致的。

他受屈原的影响是很大的。屈原的《远游》写他悲痛时俗，愿轻举远游，向仙人王子乔求教。至天宫，游东、西、北、南四方。最后写与造化游，周游四荒六漠，"下峥嵘而无地兮，上寥廓而无天"。屈原的《离骚》也有游仙的内容：

> 驷玉虬以乘鹥兮，溘埃风予上征。朝发轫于苍梧兮，夕予至乎县圃。欲少留此灵琐兮，日忽忽其将莫。吾令羲和弭节兮，望崦嵫而勿迫。路曼曼其修远兮，吾将上下而求索。饮予马于咸池兮，总予辔乎扶桑。折若木以拂日兮，聊逍遥以相羊。

这些都是后来游仙诗的渊源。这与龚氏《小游仙词十五首》有极为相似的浪漫主义构思。

龚自珍云："庄、屈实二，不可以并，并之以为心，自白始；儒、仙、侠实三，不可以合，合之以为气，又自白始也"（《最录李白集》）。他推崇李白继承了庄、屈的文学传统及儒、仙、侠合为一体的艺术风格。如李白《梦游天姥吟留别》：

> 我欲因之梦吴越，一夜飞渡镜湖月。湖月照我影，送我至剡溪。谢公宿处今尚在，渌水荡漾清猿啼。脚著谢公屐，身登青云梯。……霓为衣兮风为马，云之君兮纷纷而来下。虎鼓瑟兮鸾回车，仙之人兮列如麻。

这是李白的一首梦游诗，也是一首游仙诗。

上述庄、屈、李的诗文，浪漫主义的构思，游仙的形式，龚氏《小游仙词十五首》与其一脉相承。龚氏向他们学习艺术创作的形式和风格，明显反映出继承庄、屈、李等前人的文学传统。

更主要的是，龚氏想揭穿军机处的内幕，写难以明言的内容和表达复杂的思想感情，内容决定形式，采取浪漫主义的构思，可以遮人耳目。否则，"避席畏闻文字狱"，会有掉脑袋之虞。龚氏维新改革的先进思想与腐朽黑暗社会的激烈冲突，理想和现实的尖锐矛盾，磊落不羁之才，豪放热烈的性格，都决定他采用积极浪漫主义的构思，以游仙诗的形式来抒情言志。

二　妙用象征　情意曲达

中国古代文学理论中，尽管没有"象征"这一说法，但"象征"这种艺术手法，早已在古代作家的创造实践中得到应用。象征是一种艺术表现手法，而比喻是对语言进行修饰加工，属修辞范畴。"象征是事物的影射，是事物相互间的借喻，是真理的暗示和譬比。"（艾青《诗论》）。象征是《小游仙词十五首》的显著艺术特色之一。如第一首：

历劫丹砂道未成，天风鸾鹤怨三生。
是谁指与游仙路？抄过蓬莱隔岸行。

此词表面是说，长时间炼丹而未能成功。骑着鸾鹤在天风中飘飞，终生有怨，死有余恨。别人指给我一条在天上浮游的道路，抄过蓬莱仙山隔岸飞行。此间的象征意义，是说自己未中进士，终生遗憾，死有余恨。别人指出以考军机章京而最终实现政治抱负的道路。再如《小游仙词三》：

玉女窗中梳洗成，隔纱偷眼大分明。
侍儿不敢频频报，露下瑶阶湿姓名。

此词，字面是写仙人窗内梳妆，侍儿在外面不敢多多打扰。实际影射军机章京在军机处办公，传达机要的人担心妨碍他们而不敢频频打扰，待在门外等着叫唤自己的名字。又如《小游仙词五》：

寒暄上界本来希，不怨仙官识面迟。

饶幸梁清一私语，回头还恐岁星疑。

此词字面是写天宫仙人见面很少言语，仙官见面不认识是自然的事。织女星的侍儿梁清私下一低语，还得回头看看木星，担心引起他的怀疑。实际影射紫禁城里官员见面很少寒暄，军机处是处理国家军政大事的地方，十分机密，军机章京偶尔暗自说话，都恐别人怀疑。再如《小游仙词十》：

仙家鸡犬近来肥，不向淮王旧宅飞。

却踞金床作人语，背人高坐著天衣。

字面意思是说仙家的鸡犬也养肥了，连鸡犬都蹲在金床上学着仙人说话，背身高高坐着穿着天衣。实际象征各部曹的人员，他们考入军机处就飞黄腾达，春风得意的样子。作者进行辛辣的讽刺，入木三分。

总之，《小游仙词十五首》用的都是象征手法。他"历劫丹砂道未成"，恐失去实现远大政治抱负的机会，因而"怨"；别人"指与游仙路"，欲通过考军机章京，进而得到皇帝的赏识，达到升迁，以实现自己政治抱负的目的。不料，"众女蛾眉自尹邢，风鬟露鬓觉伶俜。扪心半夜清无寐，愧负银河织女星"（《小游仙词十五》），他落榜了，恨考场的不正之风，"上方倘有东黄祝，先乞灵符制鼋神"（《小游仙词十四》）；他"伶俜""无寐""愧"；他讽刺鞭挞"仙家鸡犬近来肥""仙姨初嫁可怜虫"，种种复杂的思想感情交织在一起。为了把不能不说，又不便直说，不好明言的思想感情表达出来，只能用暗示、影射的方法，即象征的手法。清朝的军机处，原是在雍正朝设立的处理军事要务的临时机构，因为它对皇帝的统治有利，便常设而不废了。它是军机大臣掌管军国大事，为皇帝处理军政要务的机要部门。龚氏想揭穿它的内幕，若正言直述，会遭到灭顶之灾，于是采用了象征的手法。

龚氏此词，运用象征手法，也有受庄、屈影响的一面。庄子是杰出的哲学家、文学家；屈原是伟大诗人，他们都擅长用象征手法。《庄子》许多寓言都有象征意义。如鹓鶵与鸱：

> 惠子相梁，庄子往见之。……曰："南方有鸟，其名鹓鶵，子知之乎？夫鹓鶵发于南海而飞于北海，非梧桐不止，非练实不食，非醴泉不饮。于是，鸱得腐鼠，鹓鶵过之，仰而视之，曰：'吓！'今子欲以子之梁国而吓我邪？"

作者用鹓鶵象征自己理想的远大，品格的高洁，以鸱象征胸襟狭窄，思想龌龊，以己之心度别人之腹的凡夫、小人。又如"空髑髅"，通过象征手法，影射战国时代人民生活的悲惨痛苦，并揭示造成这种黑暗社会现实的根源是不合理的等级制度，手法颇为高妙。

屈原诗歌运用象征手法非常娴熟。如《离骚》："余既滋兰之九畹兮，又树蕙之百亩。畦留夷与揭车兮，杂杜衡与芳芷"；"制芰荷以为衣兮，集芙蓉以为裳"等等，都象征他的心灵芳美，品格高尚。

龚氏学习了庄、屈的艺术风格和表现手法，尤其是继承了庄、屈的象征手法。

三 熔儒、释、道典故和神话传说于一炉

在中国的历史上，自汉武帝采用董仲舒的建议"罢黜百家，独尊儒术"，儒家学说倍受尊崇。西汉后期佛教传入中国，东汉后期道教在此前道家思想的基础上形成，于是中国传统文化就逐步形成以儒教思想为中心，儒、释、道并存的结构。到了隋唐，佛、道勃兴，三教成鼎足之势，但不免要相互融合渗透。宋代以后，中国知识分子的文化思想多以儒家占上风，但也同时掺杂佛、道的思想观念，形成了儒、佛、道三家融合的状态。三者的思想观念在他们的文学

艺术中得到反映，当为自然。作为中国封建社会末期的知识分子，龚自珍受这种传统文化格局的影响是相当深刻的。因此龚自珍在他的《小游仙词十五首》等诗中运用大量的儒、释、道典故、神话传说等，这是此诗显著的艺术特色之一。

龚自珍受庄子的影响颇深。庄子是道家的代表人物。龚氏非常精通道家的典籍故事等。

龚自珍在他的外祖父段玉裁的指导下，十二岁开始研究儒家经典。他曾沉醉于庄（存与）刘（逢禄）公羊经学，是著名的公羊经学家，对儒家经典的运用驾轻就熟。

龚自珍曾精心研究佛典，对大乘佛学造诣颇深，著作甚丰。龚氏《己亥杂诗》第七十八首云："狂禅辟尽礼天台。"《己亥杂诗》第三一五首云："忽然搁笔无言说，重礼天台七卷经。"可见龚氏对佛教经书顶礼膜拜的情形。因为他对儒、释、道都精通，并深有研究，故对其典籍故事的运用自然信手拈来，出神入化。

由于当时社会的压迫，文网之严酷，迫使他追求恍惚迷离、诡谲瑰丽的艺术境界。他说"第一欲言者，古来难明言。姑将谲言之，未言声又吞"。（《自春徂秋，……》）这也促使他用儒、释、道神话传说等来表达他不能不说、不能尽说、不能明言的思想感慨。

龚氏《小游仙词十三》：

金屋能容十种仙，春娇簇簇互疑年。
我来敢恨初桄窄，曾有人居大梵天。

其中"金屋"，出自《汉武故事》；"十种仙"，佛教典故，佛家有十种仙；"疑年"，出于《左传·襄公三十年》，儒家经典；"大梵天"，道家有"四梵天"，佛家有三梵天即大梵、梵辅、梵众三天。此诗熔儒、佛、道经典故事传说于一炉。又如《小游仙词四》：

珠帘揭处佩环摇，亲荷天人语碧霄。

别有上清诸女伴，隔窗了了见文箫。

其中"佩环"出于《礼·玉藻》、《礼·经解》，为儒家经典。"天人"出自《云笈七签·马明生真人传》；"上清"也出自《云笈七签·道教三洞宗元》，都是道家典籍；"文箫"，出裴铏《传奇》，为神仙故事。融儒、佛、道典籍故事于一体。又如《小游仙词八》：

露重风多不敢停，五铢衫子出云屏。
朝真袖屦都依例，第一难笺《璎珞经》。

其中"五铢衫子"，典出唐谷神子《博异志》，为神话故事。"真"，真人，始于《庄子》，道家经典。"《璎珞经》"，佛经名。此诗融儒、佛、道典籍故事而为一。龚氏《小游仙词十五首》差不多篇篇如此，其特色是显而易见的。

龚自珍《小游仙词十五首》，积极浪漫主义的构思，游仙诗的形式，象征的艺术手法，儒、释、道典籍故事的博引综采，语言的艰僻古奥，构成了它的显明的艺术特色。文学传统的继承，传统文化格局的影响，社会现实的黑暗严酷，个人的理想、性格和审美追求等是形成上述艺术特色的根本原因。

（载《龚自珍研究文集》，浙江古籍出版社1994年版，另载：山东省社会科学界联合会《山东社会科学》1993年第2期，中国人民大学书报资料中心《中国古代、近代文学研究》1993年第5期全文转载）

辛亥革命烈士陵园解说词

1840年，英国首先以舰坚炮利发动了侵略中国的鸦片战争，继而帝国主义列强对中国进行了多次侵略战争。中国社会已逐步半封建半殖民地化，国家民族岌岌可危。对此，爱国者无不忧心焦虑，仁人志士不断探求救国救民之路，这其中伟大的革命先行者孙中山建立的同盟会及其所领导的辛亥革命就是突出的代表。

孙中山先生领导的辛亥革命是反帝反封建的资产阶级民主革命，于1911年终于推翻了2000多年的封建帝制，1912年成立了中华民国，在中国历史上具有划时代的伟大意义，将永垂青史。反帝反封建的革命任务虽没有彻底完成，但为中国新民主主义革命彻底反帝反封建打下了基础。

1905年，孙中山先生在日本东京把革命反清的力量统一组织起来，成立了同盟会，山东籍同盟会会员就有50多人。山东同盟会的主盟人，先后有徐镜心、丁惟汾、谢鸿焘、彭占元、蒋衍升等。在同盟会的组织领导下，辛亥革命运动在山东轰轰烈烈地开展了起来，成为整个辛亥革命的重要的一部分。辛亥革命在济南、青岛、烟台、黄县、登州、荣成、诸城、文登、安丘、寿光、广饶、临沂等地，如火如荼，蓬勃发展，并且牺牲了无数的民主革命志士。他们为共和抛头颅，洒鲜血，谱写了可歌可泣的英雄史篇。他们的光辉业绩，崇高的爱国主义精神，将炳耀千秋，与世长存。让我们永远记住他们的名字，并以之砥砺我们振兴中华的斗志。

徐镜心（1873—1914），字子鉴，山东黄县（现龙口市）人。

自幼聪慧超人，20 岁文章出众，考中秀才，补廪生。

1894 年甲午战争，中国失败，日本强行订立了《马关条约》，中国损失巨大，强烈刺激了他的民族自尊心、爱国心，他萌生了推翻反动腐朽的清王朝统治的思想。对甲午海战为国壮烈牺牲的英雄邓世昌、丁汝昌等非常崇敬。

1903 年，他东渡日本寻求救国救民的道理和方法，进早稻田大学法律系学习。在东京结识了孙中山先生，参加了同盟会的组建工作和成立大会。同盟会总部设在东京，全国分五个支部，徐镜心为北方支部负责人，是山东同盟会主盟人。

1906 年徐镜心与谢鸿焘、陈纪云等归国，在烟台设立分部，联络全国特别是山东革命者，宣传革命，组织革命力量，创办了东牟公学、育英学校师范班。

同年，南方革命形势高涨，为了发动北方革命，他奉孙中山先生的意旨，与张继赴奉天（沈阳），开辟北方战线。任《盛京时报》（日办）主编，撰文数百篇，揭露清政府的反动腐败。还与张继深入东北各地讲演，进行革命宣传发动工作。

1907 年宋教仁赴东北，与徐镜心在沈阳共建辽东支部，负责人还有新军军官吴禄贞、蓝天蔚、张榕等。为配合南方惠州起义而招兵买械，因泄密，徐镜心等不少革命党人被捕，后经连承基营救出狱。

1910 年，因母病归鲁，在山东与邹耀廷、徐文炳筹建黄县农会。次年与刘冠三在济南办戏曲改良社，为革命进行宣传发动工作。

1911 年 10 月，武昌起义成功，辽东支部张榕、徐镜心等开会研究，准备搞奉天独立，同盟会与革命军人组成联合会，派人促成关内滦州新军起义。准备 11 月中旬采取和平手段驱逐奉天清督赵尔巽，结果走漏消息，行动失败。

1911 年 11 月回到山东，谋划山东独立，在济南成立各界联合会，选夏溥斋为会长。同时指示烟台同盟会会员孙暇臣举行独立起义，结果成功，通电全国。

联合会里的同盟会会员动员第五镇军官,开会研究配合武昌起义问题。各界代表纷纷要求独立,会上说服孙宝琦巡抚答应独立,孙最终同意。会上选孙为山东都督,贴出《独立宣言》,写下《山东独立纪事》。

山东宣布独立后,受到反动势力的反对,特别是清政府起用袁世凯后,革命党人处境艰难。徐镜心被迫离开济南去上海。山东反动势力勾结起来,用武力进行威胁,取消了山东独立。

徐镜心在上海组织"中华民国共和急进会",又召开山东旅沪学界同乡会,通过七项决议,推进革命。

1911年年末抵达青岛,会见刘冠三。去烟台,闻说王传炯为清舞凤舰舰长,据有兵权,是个两面派,欲图不轨,又去大连。奉天革命党领导的辽南革命运动发展迅速,后来起义被反动势力镇压,只好返回山东。

徐镜心到烟台,积极组建"北部共和急进会",并在成立大会上讲话,王传炯的部下率兵包围会场,后由人调解解围。同时部署人到登州、黄县活动。这时反动当局要取消共和急进会,此会迫不得已转移至大连。

1912年年初,去登州部署革命工作,发展孙丹林等11人入同盟会。在徐镜心领导下登州起义成功,自任参谋长,推连承基为临时都督。接着连、徐率武装民兵赴黄县,组织发动起义,夺取了龙口。

1912年2月,南京政府派胡瑛为山东都督,成立军政府,徐镜心任参谋。由于内讧,清兵有可乘之机,黄县落入敌手,数十位革命者被杀害。

1912年3月,袁世凯阴谋篡夺了中华民国临时大总统职位。8月同盟会改为国民党,徐镜心任山东理事长。孙中山先生视察济南、青岛,徐镜心、刘冠三陪同。同年被选为国会参议院议员。

1913年,赴京任宪法起草委员会委员。袁世凯千方百计笼络徐镜心,威逼利诱,徐毫不动摇。袁世凯在上海刺杀了宋教仁,同党人劝镜心离开北京,他毅然留京发动倒袁。同年袁世凯与五家外国银行订立借款合同，因为没有通过国会，徐镜心公开发表声明，要对他进行弹劾，并密谋讨袁。

此时孙中山、黄兴等看透了袁世凯险恶用心，号召全国进行二次革命讨袁。袁世凯下令国会取消国民党。袁世凯为称帝制造舆论，让日本法律顾问有贺长雄抛出《共和宪法持久策》，徐镜心发表《驳有贺长雄〈共和宪法持久策〉》一文，说："蔑视宪法起草委员会，即是蔑视国会，蔑视国民国会，即是蔑视国家，即为共和之蟊贼，即为国民之罪人。"

1914年3月，袁世凯把徐镜心视为他称帝的障碍，授意陆建章制造假证，陷害徐镜心，将其逮捕入狱，百般利诱，软硬兼施，镜心志坚如铁，视死如归。同年4月，押赴刑场，他大义凛然，宁死不屈，为共和献出了自己宝贵的生命，时年41岁。由日本友人仓谷箕藏和丁佛言收尸，丘于北京。

1916年由亲人将尸体运回黄县安葬。1936年由黄县迁往济南辛亥革命烈士陵园安葬，居正位，两侧为英烈刘溥霖、薄子明。

刘溥霖（1888—1913），山东沂水县人。父亲刘次哲曾任民国元年山东省临时议会议员。有四兄弟，均为同盟会会员。

他17岁考中秀才。看到国家民族濒临灭亡的边缘，他投奔在济南办山左公学的同盟会骨干刘冠三，并在该校学习，参加了同盟会。因为宣传革命该校被反动当局查封，便与刘冠三去青岛，同陈明侯、吕子仁办震旦公学，他拆卖家产并募捐资助办学。有进步思想的留日学生纷纷来校，宣传革命，社会影响很大，后学校亦被查封。他只好回到沂水。

一次，刘溥霖去青岛给在日本留学的哥哥刘淦霖汇钱，于旅馆与在正阳关起义失败而投奔震旦公学的熊成基邂逅，熊不知震旦公学被查封，故困在旅馆。溥霖用此钱资助熊成基赴东北进行革命活动。

1910年，山东农村学校办农会讲习班，培训办农会的人员，刘溥霖被县里推荐。刘的用意在于利用学校这个基地联系发动革命者，当时的同盟会会员有蔡子升、萧兰池、单霄泉、臧庚文等都来农村学校学习。溥霖的妻子孙建平来女子师范就读，她也是同盟会会员，不幸溘然病故。他非常悲痛，写挽联道："剩水残山，荆棘满目，死矣诚得死所，惜无净土三尺，掩尔躯壳；新愁旧恨，忆绪填胸，生也有何生趣，聊借闲云一片，啥我灵魂。"表现了他高度的爱国思想，对黑暗的晚清社会现实无比痛恨及对爱妻的深切悼念之情。

农会讲习班结业后，他又考入济南按察司法官养成所，还报考了体育学校，都为了广泛接触进步分子，以利于宣传发动群众。为了更好达到这一目的，在济南建立两个联络点：一是宜春轩钟表铺，刘溥霖创设的；一是万顺恒洋货铺，革命党人蓝盛九（字毓昌）创立的。刘、蓝等组织革命团体，经常在两处活动。刘冠三步行几省串联革命党，同吕子仁返回山东，认为起事时机成熟，与刘溥霖、蓝盛九、蔡子升等商议，扩大联络点，暗设机关，于是将宜春轩迁往商埠五里沟。

1911年武昌起义成功，全国纷纷响应。山东各界开会，丁佛言提出八条，让山东巡抚孙宝琦允准山东独立，并选孙宝琦为大都督，刘溥霖认为这种独立靠不住，积极准备起事。认为革命必须有武装，便将刘冠三在青岛购买的武器运来一批。刘溥霖与警察队长张子歆关系甚密，准备联合他共同截夺由津浦路南运的军械，打算起义，结果被张子歆告密。1911年12月，张带领巡警围攻宜春轩钟表铺和万顺恒洋货铺，当场砸死蓝盛九，刺伤了刘溥霖，逮捕溥霖三兄弟、孙绍周、萧兰池等18人，溥霖在被审过程中，面对反对势力，慷慨陈词，毫无惧色，宣传革命，痛斥反对派，不少清兵因之感悟，影响很大。经营救和在舆论的压力下，反动当局释放了15人。溥霖、孙绍周、萧兰池在高等法院审判后，经黄兴、刘冠三及他人多方营救才被释放。

刘、孙、萧三人被释后奔南京。刘任北阀军混成旅炮兵营营长，孙任书记，驻扎徐州。因混成旅被解散，溥霖入留日预备学校。不久该校被查封。1913年，他去北京，走山西。袁世凯为实现皇帝梦，在全国大肆逮捕杀害革命党人，刘溥霖于是东渡日本，并在那里会见了孙中山先生。

袁世凯是共和的大敌，他不仅篡夺临时大总统的职位，并且想当皇帝。孙中山先生特派刘溥霖回国，委任他为山东革命党支部长，在山东组织反袁。刘溥霖回青岛不久，就被日本宪兵逮捕，被山东代理都督靳云鹏引渡，1915 年 11 月 26 日押赴济南刑场，被杀害。在刑场，他大义凛然，气贯长虹，绝命诗云："取义成仁分内事，永留碧血化长虹。"他"毁家纾难，从无吝啬。献身革命，十年一日"。

薄子明（？—1919），日照人，1910 年参加同盟会。据丁惟汾《山东革命党史稿》说，山东革命党之有武装功名最大者，一为吴子仁，一为吕大洲、薄子明。

1913 年，袁世凯阴谋称帝，大肆镇压革命党，派靳云鹏代理山东都督。革命党人看到济南反动势力气焰嚣张，查禁甚严，故奔走青岛。靳云鹏在青岛勾结德督查拿革命党。吴大洲、薄子明谋攻沂、曹二州，泄密，故奔往大连。后又潜回青岛，密购武器，归大连。1914 年，日军占领了青岛，日人仓谷箕藏，是徐镜心的朋友，在日本军司令部供职，曾给革命党很大帮助。1915 年，子明等秘密来到青岛，召集革命党人，准备武装，但发现多为短枪。于是拟从大连购进武器，但必须躲过青岛海关，因检查甚严，决定选择胶县大港上岸。薄子明、赵光等率 60 余人前去接应，等三日不见货到。结果袁世凯的部队，闻讯前来围攻，而且是子明兵力的十倍。子明机智勇敢，指挥应敌，浴血奋战，坚持到日暮有两人牺牲，余者从海路突围，返回青岛。山东讨袁交战，这是第一仗。

薄子明欲攻沂州，沂州防营营长与子明为友，子明让其呼应。于是组织百余人的敢死队，准备二只船，预定在日照一地海岸登陆。结果海上进发，遇大风雨，只好入小港湾暂避。风雨不停，勇士上岸找吃的，被当地所驻袁军发现，千余人来围剿。子明指挥勇士据丘而射，众寡悬殊，十分危急。子明肩中一弹，血流不止，仍裹伤指挥，士气高昂。日落之后，子明率十余人潜入敌后，成夹击之势。敌不敢进，于是退至青岛。子明等落入日本宪兵之手，被严刑逼供。他坚贞不屈，义正词严，日人称他为"铁汉"。山东都督靳云鹏闻讯重贿日吏，以求引渡。总理孙中山通电日宪兵首脑，要求放人。日宪兵以驱逐革命党人为由，释放了他们。

志士们去上海，会见中华革命党总务部长陈其美，陈请总理命薄子明为山东革命军岱南司令。陈其美受总理命欲夺肇和、应瑞、通济三舰，分队出击，薄子明率众攻警察总局。夺三舰未成，死者甚众，被迫撤退。

1915年12月11日，袁世凯在北京称帝，年号"洪宪"。1916年总理特派居正为中华革命军东北军总司令，兼督师山东，在青岛建立司令部，薄子明为第一支队司令。

次年5月4日，薄子明率200人夜发青岛，西进周村，子明、大洲两路进攻，城下，通电全国，宣布独立。当夜居正率兵攻潍县，经过流血战斗，周密部署，分路进攻，将城攻下。

周村攻下之后，西南护国军军务院委任子明为第八军军长。到各县公布讨袁檄文、中华革命军大元帅命令。护国军军务院周应时至山东，与大洲、子明等谋划进攻济南之事，于是成立山东军政府，推大洲为山东讨袁军都督，子明为总司令。后来原山东都督靳云鹏逃走，张怀芝继任，欲攻周村，先犯邹平，派人来请革命军退出周村，遭拒绝，于是子明率军迎敌，保邹平，经激战，寡不敌众，而撤退。

1917年9月10日在孙中山主持下，于广州召开非常国会议员会议，成立军政府。选中山为大元帅，恢复约法，称"护法之役"。山东议员刘冠三、丁惟汾等参加大会。总理任刘冠三为山东招讨使。冠三回山东，分兵六路，这时山东始有护法之师。薄子明被任命为第一军司令。以后周村之师缩编为第二混成旅，子明为旅长。后来反动势力行调虎离山之计，他只好奔走上海，居法租界，而后遭人诬陷，被英巡警逮捕。虽经总理上下百般营救，仍于1919年6月27

日被杀害。

1935年国民党中央常委会决议褒旌山东革命先烈，追赠徐镜心、刘溥霖、薄子明为上将，追赠赵锡九等十人为中将，追赠蓝毓昌等十人为少将。他们的英雄事迹，将永远鼓舞炎黄子孙勇往直前。

看今日山东辛亥革命烈士陵园，它坐落在济南风光旖旎的千佛山东麓，树木掩映。辛亥革命烈士墓碑高耸矗立，象征英烈人生价值之崇高，苍松翠柏象征着英烈精神之长存。陵园的主体部位安葬着英烈徐镜心、刘溥霖和薄子明。长长的墓道两侧还安葬着16名英烈。辛亥革命山东烈士墓1934年始建，新中国成立后人民政府严加保护，1983年重修竣工。整个陵园庄严肃穆。

安息吧，英烈们！你们的在天之灵，定会为祖国今日的繁荣昌盛而感到骄傲和自豪。你们富国强国的宏愿已经和正在实现。

（载《济南市爱国主义教育基地巡礼》，济南出版社1998年版）

试谈历史文化名城济南几处名胜古迹的保护和开发问题

济南是我国历史文化名城,对历史文化名城济南的名胜古迹该如何保护和开发,是一个值得研究的问题。济南市政府1989年就制定了济南历史文化名城保护规划,说明济南党政领导对这一问题非常重视。笔者仅就历史文化名城济南几处名胜古迹的保护和开发问题谈谈自己的拙见。

万竹园的保护问题

据《六百年沧桑万竹园》《万竹园考》《济南名园——万竹园》介绍,远在元朝,此园就翠竹成林,景色幽然,故名。明隆庆年间宰相殷士儋退居于此。清康熙年间诗人王苹幽居于此。清末民国年间山东督军、省长张怀芝购得此园扩建而成。集南方庭院、北京王府、北方四合院风格于一体,和谐俊美。园内建筑有亭、台、楼、阁、堂、廊、桥,古雅典重。

多个庭院以花木为名:玉兰院、石榴院、木瓜院、海棠院,争秀斗奇。院内有泉水多股:白云泉、望水泉、登州泉、白龙湾等,如同玉带绕园穿庭过院。建筑物上有精美的石雕、木雕、砖雕,刀法奇巧。西挎一花园,画廊、花径、清泉、怪石、翼亭有机谐美地组合,绿竹掩映,乃称"万竹园"。这一大型庭院建筑群充分显示出中华古典园林庭院建筑艺术的精美和中国文化的风韵,为全国罕见,济南独有，是宝贵的民族文化遗产。

　　1992年万竹园被定为省重点文物保护单位，1993年被推荐为第四批全国重点文物保护单位，同年被收入《中国传统民居图集》。它具有古典艺术、美学的价值和一种独特的艺术魅力。古代历史文物之所以宝贵，就是因为它不能再造，再造就是"赝品"，失去了它的真正历史价值，历史的真实性。这种宝贵的民族文化遗产，是中华文化的建筑艺术精品之一，非几座洋楼所能比拟取代。拆除和迁建都应履行法定有关手续。

　　对万竹园的保护和开发，笔者提出以下拙见：

　　一、保护它、宣传它、弘扬它。向游人宣传中国古典园林庭院建筑的特色、艺术价值、美学价值等，很好地继承和弘扬中华文化的优良传统，进行爱国主义教育，充分发挥它的社会效益。

　　二、把趵突泉公园与万竹园通统为一体，两园合为一园，会招揽更多的国内外游客。原万竹园门在里，缩回而闭塞，难以充分发挥它应有的社会效益和经济效益。趵突泉公园天下闻名，合并以后游趵突泉的游客，必然游万竹园，这样就给宣传、游览万竹园提供了很好的机遇。反过来，万竹园为原趵突泉公园提供一个游人喜观乐游、赏心悦目的景观，增加了趵突泉公园的文化内涵，能招揽更多的游客，可充分发挥它的社会效益和经济效益。这样万竹园与趵突泉公园是相辅相成的。据说市领导已经决定这样做，这个决策是有远见的。

　　三、有利于以园养园。两园合并，相得益彰。两个效益越好，万竹园越能得到很好的保护、修缮和开发，就越能发挥两个效益，可形成良性循环。

　　四、万竹园前院原地修复。前院刚毁不久，大门、门框、梁、柱、窗等尚存，依过去的照片、墙基复原是能够办到的。最前院两边的厢房房基还在，依照片复原也是可能的。前院的几层正堂虽已掀走房顶，但框架残存，复原是比较容易的了。没有留下前院建筑资料数据、完好的砖瓦，如何"迁建"？就地复原，大体上可以恢复原貌。相比较来看，还是原地修复好。实际上这是完全可能的。

五、让万竹园堂堂皇皇，赫然显露，充分展示在国内外游人面前。因为这是我国第一批公布的历史文化名城，济南仅有，全国罕见的，集江南庭院、北京王府、北方四合院建筑风格于一体的和谐精美的古典园林庭院建筑群。让游人去充分游览它、欣赏它、热爱它。这是宣传、继承、弘扬我国传统建筑艺术首先应该做到的，并且应该大作文章，即使游人对济南的观感与"历史文化"名城济南统一起来，名副其实。国务院关于保护历史文化名城的指示说："保护一批历史文化名城，对继承悠久的文化遗产，发扬光荣革命传统，进行爱国主义教育，建设社会主义精神文明，扩大我国的国际影响，都有着积极意义。"笔者认为，万竹园前院应就地修复，好好保护前后院，让其直接面向大街，不要在其前盖高层建筑，并控制外围建筑的高度。

充分显示历史文化遗存，突现历史文化名城的"历史文化"的特色及古城的风貌。鲁迅先生说："有地方色彩的，倒容易成为世界的，即为别国所注意。"作为历史文化名城济南，只有很好地保护历史文化古迹，才可能尽快走向世界。

关于趵突泉的开发

济南是闻名天下的泉城。济南七十二泉中又以趵突泉为最大。关于趵突泉，古籍多有记载。何谓趵突泉？《趵突泉志》云：《正字通》："趵，跳跃貌。突，出现貌。""此泉出现跳跃，下直上出，故名趵突云。"

《趵突泉志》记载趵突泉的沿革，古今名称之异。《春秋》："桓公十八年，公会齐侯于泺"，"泺"，即趵突泉。汉桑钦《水经》："济水又东北泺水出焉"，趵突泉称"泺水"。南北朝郦道元《水经注》亦称"泺水"，又称"娥姜水"，因娥姜庙在其岸边。宋时开始出现趵突泉之名，又叫温泉，因泉水冬暖，均见于曾巩诗和文《齐州二堂记》。宋时亦称"槛泉"，苏辙、赵抃均有咏题涉"槛泉"的诗。金、元、明、清虽仍称趵突泉，但金时又名"瀑流泉"。明时又称"第一泉"。可见趵突泉历史之悠久。泉边有不少人文景观，自古以来就构成了以趵突泉为中心的人文景点。据清任弘远撰《趵突泉志》载趵突泉古昔之盛：泉边有历山堂、泺源堂、胜概楼、娥姜庙、槛泉坊、通乐园、趵突泉坊、吕仙祠、白雪楼、徐公祠、二十四泉草堂、杜康亭等，其中趵突泉坊、徐公祠、二十四泉草堂、杜康亭等，当时已不存在。

清末刘鹗《老残游记》载："这趵突泉乃济南府七十二泉中的第一个泉，在大池之中，有四五亩地宽阔，两头均通溪河。池中流水，汩汩有声。池子正中间有三股大泉，从池底冒出，翻上水面有二三尺高。据土人云：当年冒起有五六尺高，后来修池，不知怎样就矮下去了。这三股水，均比吊桶还粗"（第三回）。说明当时泉池水面积较大。

1984年吴岩《趵突泉和大明湖》的文章中说："30年前的趵突泉，范围较小，一个亭子一泓池水而已。"写出新中国成立前趵突泉的冷清和范围狭小。

新中国成立后，1954年人民政府将其开辟为公园，景观经过整修、扩建、增设，现占地3.4公顷。

园内有不少文化景点，有李清照纪念堂（1959年建）、吕祖庙（原名娥姜祠，始建于北魏）、来鹤桥（1964年改建）、蓬山旧迹坊（明代建）、沧园（原为纪念明文学家李攀龙所建，1987年辟为王雪涛纪念馆）、白雪楼（原毁，今重建）等。如今又将万竹园划归于趵突泉公园，不仅为趵突泉公园增一大文化景观，而且也加浓了趵突泉公园的文化氛围。

据记载："趵突泉泉群共有名泉38处，其中漱玉泉、金线泉、皇华泉、卧牛泉等15处名泉位于公园内。"趵突泉公园是以泉水为主体的文化公园，随着万竹园的开通，它的名声将弘扬国内外。

关于趵突泉的开发，笔者以为大有可为。此公园是个文化公园，如何增强它的文化氛围，发挥它的两个效益，试作以下探讨。

一、办一个李清照研究资料馆，与李清照纪念堂配套。收集珍藏古往今来李清照作品版本、李清照及其作品研究的著作、论文、资料等，可设一李清照著作版本、作品研究的著作、论文、资料展厅。另设一李清照研究资料查阅厅，为国内外李清照研究的专家学者提供方便，促进李清照研究的深入进展。原件供珍藏展览用；复印件供查阅用。这将会增加李清照纪念堂的文化内涵，加浓了公园的文化氛围。增添了一个展馆，其社会效益、经济效益会大大提高。这个建议一经李清照辛弃疾研究所（市民盟办）提出，立即得到趵突泉公园管理处领导的支持。

二、充分发挥趵突泉泉水的两个效益。园内的泉水目前仅局限在观赏的功能上，这远远是不够的。据说经过化验，泉水里含多种稀有元素矿物质，可增进人民的身体健康。笔者的想法是将泉水引到园外合适相宜的地方，建一浴池或游泳池、疗养所，供人们洗浴，可治皮肤病、关节炎、风湿痛等疾病。冬天把泉水加热，供人们洗浴，治病疗效会更佳。洗浴池边还可建疗养大楼，其社会效益、经济效益更为可观。趵突泉水可制矿泉水，供人饮用，为人民造福。

三、可用泉水酿酒。已有趵突泉特酿、趵突泉啤酒上市。但愿其真用趵突泉水酿制，名实相符。

从古至今，让趵突泉水及其他泉水白白流走，就等于把滚滚的财源付诸东流。如果把泉水开发好，每年可创经济效益千百万，社会效益也会更大。

千佛山的保护和开发

千佛山，古名历山。位于济南市南，像一座屏障。海拔285公尺。山色秀美，风光旖旎，是济南人民、国内外游客的好去处。"春秋称靡笄山，战国称靡山，南北朝称舜山、庙山、舜耕山。"隋开皇年间，凿山窟雕石佛甚众，"千佛山"以此而得名焉。上建千佛寺。

元朝开始在"九九"重阳这一天有庙会。山上有兴国禅寺、历山院、辛亥革命烈士陵园等胜迹（见《历史文化名城济南》）。

刘鹗《老残游记》对千佛山有段精彩的描绘："到了铁公祠前，朝南一望，只见对面千佛山上，梵宇僧楼，与那苍松翠柏，高下相间，红的火红，白的雪白，青的靛青，绿的碧绿，更有那一株半株的丹枫夹在里面，仿佛宋人赵千里的一幅大画，做了一架数十里长的屏风。"这段描写令人赞叹不已。

解放后，千佛山开辟为公园，对过去的名胜古迹进行保护修缮，增加一些新游览点。

中国的传统文化是儒、释、道的融合体。"千佛山"之名，又以"佛"为主体。那么此景点应如何保护和开发？笔者有如下拙见。

要焕发出新的精神。"佛"是中国传统文化的重要组成部分之一。其中有许多唯心、迷信的东西，是应该剔除的糟粕。在现代科学高度发展的今天，我们还应去制造千佛山"佛"的氛围吗？花了大量资金，开凿"万佛洞"，在进山门上山的石阶两旁放置了不少新石雕佛像，据说每尊几万元。实在显不出时代的精神和风貌。

构成"千佛山"名字由来的那些景观，山上的历史文化遗存，应该很好地保护和修葺。山上那些古石佛像是古人崇拜的偶像。试想，若山下石阶两旁卓立着古今科学家的雕像或奥运英雄、为国争光的体育健儿的雕像，这是我们今天崇拜的偶像，岂不更有时代精神？新雕的石佛像已经雕成，不要毁，把它移到山上，铭记雕成的时间，以免以假乱真。

笔者建议，在千佛山下，选址建全国第一座中华民族英雄祭堂。在此堂中雕塑中国历史上各个时代的民族英雄像，铭刻他们彪炳千秋的不朽功绩，招引国内外炎黄子孙前来祭祀朝拜。这是加强中华民族凝聚力、进行爱国主义教育、弘扬爱国主义优良传统的大事。这些民族英雄就是我们炎黄子孙心中不可缺少的"佛"，心中永驻的"神"，他们是炎黄子孙中华儿女千秋万代永远崇拜的偶像，使千佛山千年的石雕艺术又得到继承和弘扬，其社会效益、经济效益无法估量。对促进社会主义精神文明、物质文明的建设意义重大，同时也显示出千佛山公园的时代精神和风貌。笔者认为这是千佛山公园在开发上应办好的大事。要投巨资，争取国内外炎黄子孙的资助，这是千秋基业，万世大计。我觉得千佛山的开发要遵照"旧的要保住，旧则自旧；新的要创新，新则自新"的原则。前些年有人想在故宫院内建些小型仿古建筑，当时故宫博物院院长吴仲起说："有了几个假古董，人家就会怀疑那些真古董。""造成以假乱真的现象，这对保护文物建筑都是有害的"（见《中国古都研究》）。由此看来，千佛山新开的"万佛洞"、新雕的放置石阶旁的石佛像，实际上对保护千佛山的名胜古迹是不利的。因此，笔者以为千佛山公园在保护开发的过程中应焕发出新的光彩，要具有时代的精神风貌和特色。

关于历史文化名城济南，在历史文化古迹的保护和开发问题上，尚须广泛研究，深入探讨，提高认识。笔者仅就历史文化名城济南几处名胜古迹的保护和开发问题，试举数例，表明我们在这方面还有许多问题需要研究和探讨，在开发方面有非常美好的前景，并非是几处文化古迹全面保护开发的设想和见解。

（载《告慰历史与未来——中国历史文化名城保护与开发问题研究论文集》，山东友谊出版社1996年版）

试谈对中国古代建筑及其
遗址的保护和弘扬

我们伟大的祖国是世界著名的文明古国之一，有五千多年的光辉历史，其文明史更加久远。有许许多多的名胜古迹。因为文明历史悠久，有的名胜古迹保护完好，有的遭到不同程度的损坏，有的是人为的，有的是自然的。这些文化遗存，都是非常宝贵的。它有丰富的文化内涵，是古文明历史的载体。具有历史的真实性，因为历史时代已经过去。其真实的文化遗存，就显得格外珍贵，具有巨大的宝贵价值。是无法替代的。"是当时当地文化艺术的结晶"，"是千百年来历史变革的政治、经济、文化、宗教、艺术和风俗习惯的长期积淀，蕴藏着深深的文化内涵"。对于继承、弘扬古代文化、进行爱国主义教育，对于精神文明和物质文明的建设，有非常重要的意义，既然如此，那么对古代建筑及遗址等应怎样保护和弘扬呢？拙见如下：

一、对确有很高历史价值、文明价值，又对继承弘扬古代文化、爱国主义教育、两个文明建设有重大意义，对原来建筑的具体形体风貌有据可依的，如果有足够的财力，这样的古建筑在原来的基础上都可以重建或修复。比如岳阳楼、滕王阁、长城等。历史上有名的阁楼的重修，意义重大，虽然不是原来的阁楼，但原有文化内涵是存在的，很有游览观赏价值，并带来很大的经济效益，丰富了人们生活活动的内容。类似的阁楼建筑等，就可以据上面的原则加以修复和重建。我们所谙知的岳阳楼，建于唐初，宋仁宗时，"滕子京谪守巴陵郡。越明年，政通人和，百废具兴，乃重修岳阳楼"。范仲淹写了"记"。后来历代迭有兴废，新中国成立后重新修葺。是经过几次兴废修复重建的历程的。现在保存下来的古代建筑中，有的就是历经多次修复重建才得以保存下来的。又如滕王阁，原为唐滕王都洪州（今南昌）时建在章江门上，明朝后毁废，后景泰年间重建在章江门外，改名"西江第一楼"，成化年间经过整修，改为"滕王阁"，后又被焚毁，康熙年间又重建，后又被毁，新中国成立后近些年重建。其文化内涵基本不变。如西安著名的大雁塔，也是经过整修的。新中国成立后整修塔顶，发现明代铭文砖，就说明了这一点。故宫中的宫殿，有的也是毁于火灾，之后又重建，才得以存在到今日。有些古代建筑，多有几经被毁，几经重建，毁坏后又重建，才得以保存下来的经历。如果有的古建被毁，而不重建，不仅我们现在看不到它的形体，惟恐过若干年连遗址也找不到了。秦朝的阿房宫，汉朝的未央宫，唐朝的大明宫等，为什么至今我们想找它的遗址都非常难，都得通过考古发掘，原因就是毁了没有重建。重建了之后，不管怎样，一百年后也成了古代建筑。但决不是滥建，而是根据前面的原则重修。比如黄帝陵的重建，其各方面的意义就非常重大了。

二、对古代建筑及其遗址的保护。没有必要重新修建的，那就要遵循"旧的要保住，旧则自旧"的原则，很好地保护起来。在欧洲，有的建筑，就遵循这样的原则保护起来了。"建筑是石头的史书"，"这些文物的价值，就在于它们真实地记载了历史，保护它们，就是保护历史，维护历史的真实性"。比如意大利古罗马科里色姆斗兽场等，还有一些古代建筑的残垣断壁等，依然保持旧有的风貌。但是外国的古代建筑，也不是一律"旧则自旧"，英国的白金汉宫、法国的凡尔赛宫、俄国的白宫，也都是不断整修的，欧洲的一些古老的教堂也是如此。笔者提倡，对有价值的古代建筑，在上面提到原则的基础上要整修或重建，既不失古代建筑的风貌，又具有古代文化的内涵，恢复或基本恢复历史的本来面貌。当然还得本地财政允许。比如中国伟大的长城，关键、重要、能发挥多种效益的地方，要修复，不是关键、重要、又不能发挥多种效益的地方要保护好，"旧则自旧"。但，我以为对所有古建筑，都采用"旧则自旧"的方针是要不得的。除了长城，烽火台等为纯砖石结构外，大部分古建筑的梁、柱、椽均为木质，都需要防腐、防虫、涂漆等，即要及时维护，保护好，不能任其"旧则自旧"下去。道理是明白的。

1860年英法联军焚毁了这个闻名世界的圆明园，使它成了一片废墟。今天对圆明园遗址如何处理？见解不一致。笔者的想法是，它是帝国主义英法联军侵略中国、毁坏闻名世界的人类文明的暴行的见证；是我国清朝末年朝政腐朽，积弱无能，被帝国主义欺辱的见证，是一种国耻。这是对世代青年人进行教育，不忘国耻，牢记帝国主义侵略中国的历史和暴行，进行爱国主义教育的一个基地。这是非常必要的，毋庸置疑。但笔者以为，留下几个典型的焚毁的遗址，专做爱国主义教育的基地，足矣。偌大的园子，要根据原来的景观重建。国家存有不少此园的档案资料，每个景观的画图等。尽量据此恢复原来的风貌。成为国内外游客观览的胜地，两个效益都是非常可观的。未建之前，将每个废园景观一一拍成影视纪录片，重建后的景观也一一拍成影视纪录片。可建一个圆明园兴废资料馆，常常放映圆明园未毁时的景观；被毁坏后的惨象；修复后的景观。这个废园，只有在改革开放的社会主义祖国的今天才得以重建。这样既起到痛恨帝国主义列强，不忘国耻的教育作用，又起到热爱社会主义祖国的教育作用。这样一举多得。笔者的主张，圆明园要重建，留下几个典型废址，作为爱国主义教育基地，蛮好。

三、对古代建筑的保护，不仅要保护它的本身，而且还要保护它的周围环境，和文化氛围。

笔者曾到过浙江金华的八咏楼。宋代女词人李清照曾避难金华，游览过八咏楼，题诗道："千古风流八咏楼，江山留与后人愁。水通南国三千里，气压江城十四州。"南北朝时，齐隆昌太守沈约所建，今日的八咏楼，人们在双溪边上根本看不到八咏楼，它被淹没在曲折的小巷，新楼旧宅之间，被拥挤得窒息了，已失去了当年的"风流"和气势，周围的地盘全被侵占。周边根本没有什么传统文化的氛围。因此保护古代建筑，要保护或创造与古代建筑和谐一致的美好环境和文化氛围，才能更好的吸引和感染游客，起到它应起的作用。为此要规划古建筑周边的环境，限制周围建筑的高度等，都是非常必要的。

四、关于古代建筑或遗址的迁建问题。如果因城市建设，或修路等某种需要，需要迁建的。首先必须按照文物法，履行各种审批手续。再者必须按着文物法规定，用原来古代建筑的多种数据，用原来的砖瓦木石，选址迁重建。比如武汉的黄鹤楼，就是因为修武汉长江大桥，铁路需要通过原址，迫不得已，才按国家文物法的规定，迁建在现在的地址上的。但也有以迁建为名，毁掉文物，说要迁建，而不留任何数据，毁坏原来的构架、构件，或砖石的，这种恶劣的行径，置国法之不顾，肆意破坏古代建筑或遗址的情况屡屡发生。实际也是置中华民族古代建筑艺术或文明而不顾。全国有的地方，有抢占文化遗址搞建筑的、建厂房的，有从文化遗址取土烧砖的不法行为。都应按文物法及时得到处理，以便更好保护古代建筑及其遗址。

五、关于中国古代建筑艺术的继承和弘扬的问题。

全国解放后，特别是改革开放以来，建成了一个个新兴城市，一座座几层、几十层、近百层的洋楼洋厦，拔地而起，鳞次栉比。有人主张：新建筑，应该体现社会主义时代这一特色和风貌。似乎是唯有建设洋楼洋厦，建得越多越高，就越能体现时代的特点和风貌。一座几十万，上百万人口的新兴城市，看不到一座或几座中国传统的建筑，这就给我们提出一个问题，中国传统的古代建筑艺术如何得到继承和弘扬？邓小平提出建设有中国特色的社会主义，这是一种伟大的理论，在中国城市的建设中，在政治经济等方面容易体现中国的社会主义特色，那么在城市的一个区，或整个城市的建筑上也应该具有中国的特色。否则中国传统建筑艺术怎么得以继承和发展，岂不成为一句空话。鲁迅先生说："有地方色彩的，倒容易成为世界的，即为别国所注意。"罗哲文《历史文化名城是建设有中国特色社会主义的强大支柱》中说："外来文化必须在本国、本民族、本地区原来文化传统的基础上创造和发展，最后成为本国、本民族、本地区的东西。"其道理是令人赞服的。笔者认为，在建设有中国特色社会主义的时代，要在全国建设一些不仅在政治、经济、文化教育等方面有中国特色的城市，而且在建设风格里有中国传统品味特色的新兴城市。这些城市才更能为世界所瞩目，更快走向世界。

中国传统的古代建筑艺术的精华需要继承，要融进或采用现代建筑科学理论、手段、材料等，使中国古代建筑艺术发扬光大。中国传统古代建筑，每个时代都有继承的一面，同时也有融入每一时代进步的科学技术的一面。中国最古老的城墙，一般是夯筑的土墙，随着科学技术、建筑材料的进步，后来的城墙、万里长城，都成为砖砌的了。我想秦代的阿房宫，在建筑科学艺术、材料的使用上，与明清的故宫是不会完全一样的，都有随着时代发展，科学技术进步，不断改进的一面，也有继承的一面。西方古今建筑亦然，古代罗马的科里色姆斗兽场，与西班牙的现代斗牛场、世界现代的体育场，也很有不同之处，都有继承和改进的两方面。在中华民族全面振兴的时代，中华民族传统建筑艺术如何继承和发展，这是个重要课题。

对待中国古代建筑及其遗址的态度，其实就是如何对待中华文明，对待本民族历史的态度问题。我们很好的保护它，爱护它，其自觉性的加强也表现出中华民族振兴的意识提高。人人都来爱护古代文化，也表现了中国人文化素质和爱国主义精神的提高。

（本文系1997年"全国城市社科院创建文明城市理论研讨会"获奖论文，惜未寻得所发表论文，只能根据作者原手稿整理而成）

中国传统文化的批判和继承

我们的伟大祖国是世界上鲜有的文明古国，是人类文明发祥地之一。考古发掘表明，从生活在这片土地上的原始人，到今天的中国人，已有几十万年的历史，他们创造了光辉灿烂的中华文化。这种文化对世界，特别是亚洲太平洋地区的影响是很深的，形成了以中国儒学为中心的亚洲文化圈，使中华民族成为当今世界最有凝聚力和吸引力的一个民族。

中国传统文化是悠久的，博大的，复杂的，我们应当吸取精华，剔除糟粕。精华是中华民族的宝贵财富，是我们前进的基地和力量。糟粕是中华民族前进的绊脚石，是包袱。那么中国传统文化有哪些精华呢？需要我们深入发掘和研究，严格谨慎地加以筛选。我认为中国传统文化有以下几方面的精华：

首先，中国传统文化具有朴素的人道主义。儒学是中国传统文化的主要源流和代表，孔子是儒学的创始人。他主张"仁者爱人"。所谓"爱人"，就是对人要热爱，要关怀，要友好，要尊重，这是"符合人类本性的，是人类精神文明的结晶"，是中国传统文化的精髓。它具有"整个人类性的文化要素和观念，具有永恒的价值"。孔子又在《论语·雍也》中说："夫仁者，己欲立而立人，己欲达而达人"，《论语·颜渊》中说："己所不欲，勿施于人"，这是提倡严于律己，追求个人道德的完善，也是善良、友爱的广阔胸襟和境界的表现，是"仁"的一种体现。孔子建立了以"仁"为中心的道德体系，基本精神和某些观念，不仅过去、现在，就是将来也会显示巨大的生命力。

其次，中国传统文化讲究"中庸"，这是一种以协调平衡为特点的哲学思想。提倡人与人之间要相互忍让，相互谅解，相互帮助，相互支持。这种哲学对解决人际间的矛盾、民族间的矛盾、现在国与国之间的矛盾是不可或缺的。这种以协调、平衡为特色的哲学思想，无疑是非常重要，并具有生命力的。如果人际间的矛盾不注意平衡、协调，能引起犯罪等等不良后果，增加社会的不利因素；民族间，国家间的矛盾不很好平衡、协调，会引起战争；自然与人类之间不很好协调、平衡，人类最终会毁灭自己。当然只讲协调、和谐、人际关系，而不讲阶级和阶级分析的方法也是不行的。但必须承认平衡协调的积极作用，不能把协调只看作是消极的东西。中国不能没有平衡协调，整个世界不能没有平衡协调，否则人类将陷入灾难。"罗马俱乐部"是专门研究全球问题的国际性大型组织，这个组织的领导人贝切伊提出一个"新人道主义"。他认为这是拯救目前人类的药方，要求人类放弃异常的个人主义，关心和爱护别人，协调人与人之间的关系，使全人类协调发展，最终才能解救人类的困境。虽然这种"新人道主义"是一厢情愿，但他承认他的"新人道主义"来源于中国"仁者爱人"的哲学思想。协调性，平衡性，不仅是中国文化的精粹，也是人类文明的珍贵财富。

再次，儒家主张"杀身成仁"，"舍生取义"。这衍生出中国人保卫祖国，为正义牺牲的精神，这是十分宝贵的。它成为一种民族精神，融化在中国人的血液里，贯穿整个中国的历史。为了祖国的解放，为新中国的诞生，用马列主义毛泽东思想武装起来的中国人民牺牲了二千七百万。为了保卫祖国，抗击外来的侵略，在八年抗日战争中，在抗美援朝的伟大斗争中牺牲了千百万爱国壮士。他们与敌人展开殊死搏斗，可歌可泣，气壮山河。特别是近百年来，无数的革命志士为中国人民的解放事业抛头颅，洒热血，前仆后继，其伟大精神是代代相传的中华民族的英魂之所在，这种精神应大大发扬。

再其次，中国的传统文化里，还有一种"刚健有为、自强不息"的精神。孔子说："发愤忘食，乐而忘忧""刚健文明""天行健，君子以自强不息"。这种刚健有为、自强不息的精神，在我国产生了巨大的力量，鼓舞历代的人们发愤图强，艰苦奋斗，顽强拼搏。

此外，在中国传统文化中，还有孔子提出的忠恕、诚实、信用、智慧、中和、恭敬、宽惠、勤敏、俭约、正直、知耻、见利思义等等，二千多年来一直成为中国人行为的准则和道德规范。这些道德哲学，对我们今天建设社会主义精神文明，加强现代化企业管理，创造一个安定、团结的社会环境，都是可以借鉴的，不仅中国需要，全世界都需要。因此它超越国界、超越时空，属于全人类的文化财富，具有永恒的价值。作为一个中国人，我们有资格，也应该为我们的祖先创造了如此光辉灿烂的传统文化，而感到骄傲和自豪。

但是，在我们中国的传统文化里，也确实存在着一些糟粕，这是我们沉重的包袱，也是我们前进的绊脚石，是我们应当毫不吝惜，断然抛弃的。

首先，孔子的哲学，一为"仁"学，一为"礼"学，是由两部分组成的。其"礼"学是提倡"君为臣纲，父为子纲，夫为妻纲"，由此而衍生出了封建宗法等级制度和观念，产生了特权主义、专制主义、门阀主义、大丈夫主义等等。一些身居高位的人，就利用手中掌握的权利大搞特权，这是中国传统文化的痼疾，一直影响到现代，这是我们首先必须剔除的。

其次，儒家哲学提倡"学而优则仕"，"修身、齐家、治国、平天下"，注重政治，提倡治术。读书读好了可以当官，不提倡读书人去经商、去搞科技，这样就培养了历代社会上人们的官本位意识，助长了权欲思想。当官成了人们，特别是知识分子的奋斗目标。这种思想意识历代积淀下来，就影响了中国历史上工、农、商业及科学技术事业的发展，因为这不是历代优秀知识分子拼力追求的目标。

再次，在价值论上是反功利主义的。孔子提倡"君子喻于义，小人喻于利"，董仲舒说："正其义不谋其利，明其道不计其功"，都是重义轻利的。把道德看成高于物质利益和享受。追求道德的完善，人格的实现，成为高于一切的东西。这样就束缚了人们千方百计、孜孜以求地去创造物资财富。必然造成经济落后。

再其次，在中国的传统文化里，有因循守旧、缺乏创新精神的消极面。孔子说："述而不作，信而好古"。他认为"礼"是周公作的，用不着自己再去作了，只讲述就可以了，不需要去创新。崇拜热爱先王之道，这对古代传统文化的继承是有好处的，过了头就形成一种因循守旧的保守意识，敬老过了头就必然要抑制少有保守思想的青年人的创造力和聪明才智的发挥，违背了人类的科学精神和创新精神。

此外，"不患寡，而患不均"，这是平均主义的根源；"唯女子与小人为难养也"，这是中国轻视妇女的根源。如此等等均属糟粕，凡属糟粕都是应该剔除的，这是因为与中国的现代化是格格不入的。

我们对待传统文化的态度，要批判地继承，经过严格筛选，吸取精华，剔除糟粕，扬而有弃。对外来的文化，也要根据我们的国情，用马克思主义的观点和方法，谨慎选择，择其优而用之。

但是，有些人却极力宣扬民族虚无主义，主张"全盘西化"，即全面资本主义化。电视片《河殇》第一集《寻梦》中说："并不是中国文化有什么特殊和奇怪。它的漫长，恰恰是整个古老世界的最后挣扎"，在其第六集《蔚蓝色》中说：儒家文化"在走向衰落，形成了一种可怕的自杀机制，不断残杀自己的精英。……纵使它有千年珍奇，今天也难免玉石俱焚了"，又说："只有蔚蓝色的海风化为雨水，重新滋润这片干旱的黄土时，……才有可能使巨大的黄土高原获得生机"。意思就是说，中华文化必然灭亡，只有蓝色文化才能使中国获得生机，只有"全盘西化"，才能拯救中国。这些说法是违背历史事实的，其结论更是荒诞无稽的。传统文化中的"石"，即糟粕，是被我们剔除的对象，其灭亡是自然的，但是传统文化的"玉"，即精华，是决不会焚毁的。在这个问题上，我们的结论与《河殇》作者的结论恰恰相反。根据如下：

首先，中国传统文化有许多精华，如前面论及。有些已超越时间、空间、民族、国界，在人类文化史上具有永恒的价值，因此说，他的精华是不会焚毁的。

其次，世界上仅有的几个文明古国，如埃及的古代文明、两河流域的古代文明、罗马的古代文明、希腊的古代文明、玛雅的古代文明，都因为异族入侵而出现断层，惟有中国古代文明源远流长，从未间断，并连续不断地延伸和扩展。"文化的各个门类的发展系列，保有完整连续的形态"，这在世界文化史上是绝无仅有的。这充分说明，中国传统文化是有其无限的生命力的，这是经过人类文化历史的考验的，所以说中国传统文化的精华是不会灭亡的。

再次，而今世界，亚洲四小龙的经济腾飞，被世界有识之士及学者研究认为，那是受中国儒家文化影响的结果。日本的企业把中国的儒学，《三国演义》《孙子兵法》等当作企业管理人员的必修课程。新加坡用中国的儒学管理社会。说明中国传统文化精华的智慧、力量和价值是巨大的，由此证明它是不会毁灭的。现在，西方的汉学家研究中国传统文化，已成为一种风尚。1988年1月在巴黎召开全世界诺贝尔奖获得者大会，破天荒地作了一个宣言，其中说："如果人类要在二十一世纪生存下去，必须回头二千五百年，去吸取孔子的智慧。"可见中国传统文化的精华是不能焚毁的，中华文化将弘扬世界。

（此文作者用"牛心"笔名，发表在济南市社会科学联合会《泉城论坛》1989年第5、6期合刊）

后　　记

出版《求真集》是刘瑜先生的遗愿。此书即将出版，作为整理者，本人既感欣慰，又觉遗憾，更是惶恐。欣慰者：本书在先生仙逝四周年之际终于付梓，完成了先生的遗愿，若先生有灵，当含笑九泉。遗憾者：先生一生论文颇丰，但因突然驾鹤，论文未能收集齐全，如《唐诗百科大辞典》中的《唐诗精鉴》部分是先生供稿的，但该书未注明作者，先生已逝，无从确定哪些章节是先生所写，慎重起见，只能放弃收录，另有其他书亦是如此。先生曾言，因早期发表论文时参考文献稀缺，或因各种因素导致的论文中有些不妥之处，现应更正，既力求真实，也对读者负责。但斯人未能完成心愿，溘然长逝。整理本书时，除先生改过之处，尽可能保持原貌，引文能找到原书的则按原书文字。本人作为整理者终无法按照先生标准来做，况先生藏书已捐赠故乡辽宁省绥中县档案馆，故本人在整理先生论文时缺乏原始资料参阅，必致此书有些不妥之处无法更正。惶恐者：本人才疏学浅，整理先生论文虽强拖残躯，焚膏继晷，仍错处极多，深知有负先生厚望，心实难安。恭候读者批评指正。

本书的整理和出版得到了中国社会科学院古代史研究所副研究员刘凯先生、中国社会科学出版社宋燕鹏先生的大力支持和帮助，在此谨致谢忱。

本人谨以此书敬献给热爱刘瑜先生的读者。亦献给我敬爱的刘瑜先生，望由此书，寄托我之哀思！

徐洪佩
二〇二四年二月
于大溪地寓所